藤田勝久著

汲古叢書125

史記秦漢史の研究

汲古書院

はしがき

中国古代文明の成立は、最初に各地域を統合した秦帝国と、それを継承した漢王朝の時期にあたる。この秦漢時代には、皇帝を中心とする中央官制や、地方に官僚を派遣する郡県制を施行し、その制度は伝統中国の基礎となった。そのため秦漢統一国家の制度と地方行政・思想文化は、重要なテーマとして注目され、それは司馬遷の『史記』と班固の『漢書』を基本とする文献史料によって研究されている。とくに二十世紀の七〇年代以降では、考古学の発見による文物や、簡牘・帛書に書かれた出土文字資料が増加し、豊富な秦漢史研究が進められている。しかし前漢時代の武帝期までの歴史については、基本となる『史記』の史料研究が欠かせない。それは歴史学では、『史記』と『漢書』の歴史叙述や、考古文物との比較によって、そこに描かれた史実を読み解こうとするからである。本書は、武帝と司馬遷の時代背景、『史記』秦漢史料の素材と編集の問題から出発し、同時代の視点から古代国家と地域社会の特質を考察しようと試みるものである。

司馬遷が著した『史記』（《太史公書》）は、中国古代史の基本史料であり、最初の総合的な通史として正史の第一にあげられる。また古代の人物を生きいきと描いていることから、文学や思想の分野でも高く評価され、これまで司馬遷と『史記』に関して多くの著作がある。その研究の視点は、つぎのように分類できる。

一は、武帝の時代に生きた司馬遷の生涯と、『史記』の成立過程を考察すること。

二は、『史記』の構造とその編集意図を考察すること。これは十二本紀と十表、八書、三十世家、七十列伝の世界を考察し、司馬遷の取材と歴史観・メッセージを探ることである。

三は、このような『史記』の性格をふまえて、考古文物や出土資料と、フィールド調査をあわせた中国古代史の研究を進めること。これには古代通史と東アジアの世界史という側面がある。

四は、後世において『史記』がどのように読まれ、影響を及ぼしたかを考えること。これは古典としての漢学、歴史文学の享受や、百家全書の役割をもっている。また中国史学史のテーマであるとともに、日本の『史記』受容という文化交流史ともなる。

このうちよく知られているのは、一に、司馬遷と『史記』の成立にかかわる問題であろう。このテーマは日中両国で多く論じられてきたが、一般的な書物に対して専門的な研究書は少ない傾向にある。なかでも司馬遷の生涯は、太史公自序や各篇の論賛、『漢書』司馬遷伝の記述を中心としており、刑罰を受けて発憤したという心情を取りあげたものが多い。しかし『史記』の成立については、列伝の人物像だけではなく、さらに『史記』の全体的な構造を通じた検討が大切である。こうした点について、佐藤武敏『司馬遷の研究』（汲古書院、一九九七年）は、王国維「太史公行年考」（一九一七年）や李長之『司馬遷之人格与風格』（一九四八年）、顧頡剛「司馬談作史考」（一九五一年）、岡崎文夫『司馬遷』（一九四八年、二〇〇六年復刊）など先人の成果によりつつ、司馬遷の家系や司馬談と歴史、司馬遷の生年・旅行・官歴、李陵の禍、『史記』の編纂過程、『史記』の書名や内容上の特色などを詳細に考察しており、今後の基礎となる研究である。しかし父と司馬遷の生涯や『史記』の性格については、なお不明な点が残されている。

二に、『史記』の構造と編集意図では、版本の字句異同や、歴代の注釈・考証をふまえた豊富な文献研究がある。これは今日に伝わる文献テキストの考察であり、『史記』の各篇にみえる制度や人物像、編集意図、歴史観などがテーマとなっている。しかし『史記』の各篇によって人間の真実を探り、その編集意図を考えるときに、当時の社会背景が十分にわからなければ、現代の文学と同じ扱いとなり、約二一〇〇年前に書かれた著述の意味が失われてしまう。だから『史記』の本質を探り、司馬遷のメッセージを読もうとすれば、どのような時代背景で著述されたのかという社会の実態を理解する必要がある。司馬遷は人物を描くときに、「空言」ではなく「行事（行為、事績）」で描く手法を取ると述べている。また『史記』の特色は、紀伝体というスタイルにあり、本紀と十表、八書、世家、列伝をあわせた立体的な歴史叙述にあるといわれる。したがって『史記』の事件や人物像は、各篇を扱うだけではなく、紀伝体といわれる『史記』の全体構造のなかで位置づける必要がある。

三に、歴史学や思想史では、『史記』『漢書』などの文献と出土資料による研究を進めている。たとえば秦漢史では、政治制度、法律、社会経済、思想文化、社会史などの考察に、『史記』『漢書』を基本史料としている。これに加えて、出土資料を利用した精緻な研究が進んでいる。しかしこの場合も、宋代の版本を伝えた『史記』のテキストを前提として、出土資料を準テキストのように補助資料とする傾向がある。言い換えれば、父と司馬遷が著述をしたとき、漢代の文字資料や伝承のあり方について社会情勢を考慮し、竹簡や帛書の資料を編集した《太史公書》の原形を明らかにしようとする考察は少ない。また歴史学では、秦代以前は『史記』を利用し、漢代では『漢書』を引用して『史記』を参照している。『史記』『漢書』の比較研究は一つのテーマとなっているが、その素材と編集の違いも一つの問題である。したがって中国古代史の研究では、『史記』を史料として利用する前に、それが著述された当初の原形を考察し、その史料的性格を明らかにしておく必要がある。つまり『史記』は、どこまでが史実で、どこまで物語の要素をふくむかを知ることで、歴史研究の基礎にすることができる。その手がかりは、漢代までの古墓や井戸で発見された簡牘・帛書に書かれた書籍や文書、記録である。

『史記』の構造と編集については、これまで漢王朝の書籍（公文書、経書、諸子など）を利用して、漢代の伝承や語り物、旅行による取材をふくむという複雑な来源が論じられてきた。しかし今日に伝わる文献は、その成立時期や編集が不明な資料もあり、『史記』の素材と編集を説明するには不十分であった。これについて武帝期までの出土資料は、当時の第一次資料として情報を伝えるだけではなく、司馬遷が『史記』を編集した以前の資料として、その素材を考証する手がかりとなる。また武帝期以降の出土資料は、『史記』の成立よりも後の時代であるが、同じように著述の素材と関連する資料を伝えている場合がある。このように戦国、秦漢時代の出土資料を分析することによって、『史記』の素材と原形を明らかにする方法が可能となる。

拙著『史記戦国史料の研究』（東京大学出版会、一九九七年、中文訳、上海古籍出版社、二〇〇八年）は、出土資料と比較する方法によって、司馬遷が依拠した戦国史資料の素材と『史記』の編集手法を考察し、歴史研究の基礎にできる部分を提示しようとしたものである。その結果、秦本紀と戦国世家では、司馬遷のコメントを除いて、創作した部分がきわめて少なく、先行する諸資料（系譜、紀年、故事、説話など）を骨格として、興亡の原理を示すという独自の観点から編集したことを明らかにした。これは司馬遷が、著述にあたって漢王朝の書籍などを基本にしたことを証明しており、『史記』全体の構造に通じる編集手法である。そして戦国時代の連続した紀年は、秦の系統に属する六国年表の「秦記」と、戦国中期以降に趙系統の紀年を基礎とし、両者には暦法の相違があることを論じた。また馬王堆帛書『戦国縦横家書』との比較では、司馬遷の著述よりも前の時代に亡くなった人物が、『史記』と共通する戦国故事を副葬していることから、その部分は先行する故事を組み込んでいるが、そこには司馬遷の編集ミスによる編年の誤りがあることを指摘した。

この時点では、比較の対象となる出土資料はまだ一部に限られていた。その後も中国では、戦国楚簡や、秦代の里耶秦簡、漢代の張家山漢簡をはじめとして、司馬遷の時代より以前の重要な資料が公開されている。また近年では、購入された上海博物館蔵楚簡や、清華大学所蔵戦国竹簡、岳麓書院所蔵秦簡の法制資料、北京大学所蔵の竹簡も増えており、武帝期より後の資料では、尹湾漢墓簡牘や居延漢簡、敦煌懸泉漢簡などにも『史記』の社会を補う情報がある。そこで拙著『中国古代国家と社会システム――長江流域出土資料の研究』（汲古書院、二〇〇九年）では、戦国時代から秦漢時代までの中央と地域社会で、どのように文字資料によるメッセージが伝達されたかを考察した。これは古代社会の文書・書籍の伝達と情報処理に関する考察であると同時に、古墓に副葬された書籍が当時の情報を伝えていることを想定し、司馬遷がどのような資料を利用したかという社会背景となっている。また一方で、司馬遷が利用しなかった系統の資料を、社会全体の情報のなかで理解する必要性を指摘した。この簡牘と帛書については、それ自体の性格を考察する視点が大切である。こうした漢代までの状況をふまえて、司馬遷はどのような観点から資料を取捨選択して『史記』を編纂したかという問題を深めることができる。このように漢代資料のなかで位置づける方法は、従来の『史記』の文献研究では顧みられなかった視点である。それは戦国、秦漢時代の出土資料（竹簡、木簡、木牘、帛書など）を分析することによって、はじめて検討できるようになった出土資料学の方法である。

しかしこの方法では、漢代の伝承や語り物、旅行による取材について十分に説明することができない。これまで述べた史料研究では、『史記』は文字に書かれた素材をもとに編集するのが基本方針で、漢代の人々による伝承や、現地の取材は少ないという結論であった。これに対して、司馬遷は漢代に上演された語り物を利用したという説や、旅行による取材、司馬遷の創作が多いという説が根強く残っている。この『史記』史料の研究を補足するのが、考古遺跡の情報とフィールド調査である。これについても、これまで中国の遺跡とフィールド調査による歴史研究はあるが、『史記』の取材や編集との関係を考察し、そこに描かれている歴史叙述を読み解くために現地調査をしたものは、それほど多くはない。

これについて私は、本書に収録した「司馬遷の取材と旅行」(二〇〇〇年) のあと、拙著『司馬遷とその時代』(東京大学出版会、二〇〇一年)、同『司馬遷の旅』(中央公論新社、二〇〇三年) を刊行し、その後も『史記』史跡の調査を続けてきた。このフィールド調査によって、司馬遷の旅行ルートを全面的に踏査し、それを『史記』の各篇と比べることによって、あたらめて旅行の取材は少ないことを論証した。その結果、漢代の人びとによる伝承や、旅行の取材による素材は少ないが、その体験は歴史地理や世界観、歴史観、人物評価に影響を与えたと考えている。また『史記』の物語的なエピソードにも、当時の社会背景をふまえた史実を反映する場合があることを見出した。拙著『史記戦国列伝の研究』(汲古書院、二〇一一年) は、このような文献と出土資料をふまえた資料学の方法と、フィールド調査による考察を継承して、戦国史を展望したものである。このように『史記』戦国史の研究では、漢代までの全体的な文字資料と情報伝達のあり方を理解し、中国出土資料の分析とフィールド調査による史実の考察を進めてきた。

この戦国史につづく課題は、『史記』秦漢史料の構成と歴史観を考察し、古代国家と社会の研究を進めることである。『史記』のなかで、秦漢史は篇数と分量で半分以上を占めており、漢代は司馬遷の同時代史である。そのため秦漢史の位置づけは重要である。さらに『史記』『漢書』などの文献と出土資料、考古文物をふまえて、古代史の復元と叙述を試み、中国古代文明の成立を位置づけることが目標となる。この出土資料をあわせた古代社会の研究は、従来の『史記』の文献研究に加えて、著述の背景となる文字資料を俯瞰した上で、簡牘や帛書の素材を編集した《太史公書》の原形を明らかにするという方法による。また『史記』秦漢史の研究では、簡牘・帛書の釈文を準テキストのように補足するだけでは不十分であり、簡牘それ自体の機能による情報から古代社会の実態を考え、フィールド調査による史実の復元という方法が追加される。これは『史記』研究を資料学として進める新しい視点である。そのとき『史記』の研究には、つぎの点が注意される。

（1）『史記』の構造と歴史観を考えるためには、その対象として、古伝説から春秋・戦国、秦漢時代までの諸篇をふくめて考察しなくてはならない。『史記』の素材と編集は、大きく二つの部分に分けることができる。1に伝説の帝王から秦代までの歴史は、『史記』が唯一の通史となっており、『尚書』『春秋左氏伝』『国語』『呂氏春秋』『戦国策』『説苑』『新序』や諸子などの文献のほかに、出土資料をふくめた理解が求められる。とくに司馬談と遷は、孔子の『春秋』を継ぐことを意識しており、歴史を位置づける著述の主体は、春秋、戦国時代より以降から秦漢時代にある。2に『史記』の漢代史料では、同じように素材となる文献や、『漢書』の編集との異同、漢代の人びとによる伝承、出土資料やフィールド調査との関係が問題となる。

（2）父と司馬遷が理解した古代社会像と、中国古代史の歴史事実とを区別して考えることである。たとえば『史記』は、五帝本紀の黄帝からはじまるが、今日では古伝説の批判をうけ、さらに考古学の成果によって、新石器時代から殷周時代より以降への歴史と説明されている。また司馬遷が利用した故事や説話は、ほんとうに史実であるかは明らかではない。しかし『史記』の本質を知るために大切なのは、司馬遷たちがどのように古代社会を認識して、先行資料を取捨選択したかという点である。つまり司馬遷たちが叙述した世界と、古代の史実とを区別して考える必要がある。本書では、司馬遷たちの認識と編集方法を『史記』の取材と歴史観と表現し、中国古代の史実と区別している。こうした『史記』の構造と性格の理解は、中国古代史を復元する基礎となり、説話とみなされたエピソードからも史実の背景を読み取ることができよう。

本書は、このような観点から、『史記』成立の社会背景と、秦漢史の素材と編集を考察するものである。これにフィールド調査と考古遺跡の情報をふくめた史実を再検討し、中国古代国家と地域社会の特質の解明を試みている。主な対象は、『史記』太史公自序と封禅書、秦始皇本紀、陳渉世家、項羽本紀、漢代本紀、秦楚之際月表、漢代諸表である。

その構成は以下の通りである。

序章「簡牘・帛書の発見と『史記』研究」は、従来の文献研究や、出土資料を使った学説史を整理し、前漢時代までの出土資料について説明する。そして漢代の社会情勢のなかで、司馬遷たちが利用した素材と情報を理解し、出土資料を用いた『史記』の分析方法について述べている。また漢代では、『漢書』と比較する問題を整理している。

第一章「司馬遷と《太史公書》の成立」は、太史公自序と封禅書を中心として、父と司馬遷が著述する時代背景を論じたものである。とくに父と司馬遷が役職とした太史令は、史官とする説や、また秦代から後漢時代まで存在しながら、なぜ司馬遷の父子だけが歴史叙述をするにいたったかという問題を、武帝期の社会情勢から考えてみた。

第二章「司馬遷の旅行と取材」は、これまで漢王朝の資料とならんで、重要な素材といわれる司馬遷の取材を考察したものである。ここでは二十歳の旅行が、著述の取材を主目的とするものではなく、仕官するまえに祭祀儀礼を学ぶという説を確認した。さらに『史記』では、現地の取材で得た資料は少ないが、旅行の体験や見聞は、のちに著述をするとき、その歴史地理の記述や、世界観と歴史観、人物の評価に生かされたことを論じている。

附篇一「『史記』陳渉世家のフィールド調査」は、歴史の舞台を歩くという方法によって、何が新しくわかるかという意義を述べたものである。附篇二「『史記』の編集と漢代伝承」は、鴻門の会のエピソードを例として、漢代の人びとによる伝承と『楚漢春秋』の関係を考えている。

以上は、『史記』太史公自序の構成や、武帝と司馬遷にかかわる同時代史である。つづく第三章以降は、『史記』秦漢史料の考察である。ここでは『史記』の素材と構成を分析して、その歴史観と史実との関係を展望しようと試みた。その過程で、史実ではないとおもわれたエピソードも、出土資料にみえる情勢とくらべることによって、古代社会を復元する手がかりになると考えている。

第三章「『史記』秦始皇本紀の歴史叙述」は、秦始皇本紀の構造と特徴を論じている。第一節「始皇帝と秦帝国の興亡」では、秦の統一より以前は、先祖の功徳と秦王政の事績を積極的に評価しながら、統一後は始皇帝と二世皇帝の不徳を示唆することによって、その滅亡を描こうとしていると考えた。また第二節「始皇帝と諸公子について」では、『史記』に記されていない始皇帝の夫人を推測し、扶蘇と胡亥や諸公子の背後には諸国の婚姻と外交関係にかかわりがあり、それが秦王室の政権構造に関連するとみなした。

第四章「『史記』と里耶秦簡」は、秦帝国（始皇帝と二世皇帝）の南方統治を記した里耶秦簡の内容を概観し、それが『史記』秦代史の叙述や、秦帝国の滅亡とどのようにかかわるかを論じたものである。また里耶秦簡にみえる地方統治の原理は、出土した長江流域をこえて、秦代の郡県制を知る重要な情報となっている。

第五章「『史記』秦漢史像の復元」は、秦末から楚漢戦争の時期にかかわる陳渉と劉邦、項羽の史実をとりあげた。ここでは出土資料と比較して、史実として疑わしいエピソードにも、当時の人びとが直面した社会背景が反映することを論じている。またフィールド調査による考察をふくんでいる。

第六章「『史記』項羽本紀と秦楚之際月表」は、秦本紀や呂后本紀とならんで、本紀に立てるのは不当といわれる項羽を、なぜ本紀に配列したかを論じたものである。ここでは項羽本紀をみる限り、秦と漢の紀年によっているが、「秦楚之際月表」に注目すると、むしろ楚の紀年が主要資料であることを指摘した。つまり秦二世元年に諸国の叛乱が起こったあとの八年は、楚王と項羽に集約される楚の時代が存在したのであり、そのため司馬遷は天命を受けた王者とみとめて項羽本紀を作成したとおもわれる。

第七章「項羽と劉邦の体制」は、秦末に項梁と項羽が楚の体制を継承し、それが秦の滅亡後に項羽の体制になったことを論じたものである。これに対して劉邦は、当初は楚の体制下にありながら、漢王となってから秦の体制を継承している。この時期では、どのようにして情報を入手して叛乱したかという軍事基盤と、漢王朝までの戦略と情報伝達の手段を論じて、秦と楚の社会システムを説明している。

第八章「『史記』呂后本紀の歴史観」では、高祖を継承した呂后の時代が、恵帝と呂后（高皇后）の紀年を基礎とする政治をおこなったために、両者をあわせて呂后本紀を立てたことを論じている。ここでは呂后の人物像に、とくに運命観の位置づけが強くみえることに注目した。あわせて『史記』呂后本紀の叙述と、『漢書』恵帝紀、高后紀の編集について整理している。

第九章「『史記』漢代諸表と諸侯王」は、秦を継承した漢王朝の初期に、郡国制という二重統治をしているため、『史記』の漢代諸表と世家・列伝を参考にして、東方諸侯王と王国の動向を考察したものである。第一節「張家山漢簡『秩律』と漢王朝の領域」と第二節「漢代の郡国制と諸侯王」では、近年に漢代王墓の考古発掘がすすみ、出土資料も増加していることをふまえ、張家山漢簡「秩律」と徐州楚王陵の印章・封泥によって、漢王朝の領域と楚国・東方地域をめぐる問題を検討する。

終章「『史記』の歴史叙述と秦漢史」は、本書のまとめと展望を述べたものである。ここでは父と司馬遷の取材と編集、『史記』の構造と歴史観について整理し、秦漢時代の国家と地域社会の特質を展望している。

これらの考察を通じて感じたのは、『史記』秦漢史料の本質は、記録を収録した史書や、伝承と説話をふくむ文学という性格よりも、むしろ太史令（天官）の任務として、天命の移動と歴史叙述を意識する思想書の要素をもつということである。そこでは必ずしも正確な事実を羅列するよりも、王朝の興亡と人物の盛衰、治乱存亡と事変を典型的な姿で描きだそうとしている。つまり『漢書』芸文志の分類で、六芸の春秋家に通じるこの著作は、先行資料の虚実を交えながらも、人間の運命を叙述する歴史観が重要であったとおもわれる。そこで当初の題名は、天官にかかわる

《太史公書》と名付けられたのであろう。また司馬遷は、先行する諸資料を取捨選択して、本紀や世家を編集するとき、とくに編年と人物の行為に注意をはらっている。紀年資料や系譜と複数の記事資料を組み合わせる編集は、『史記』の大きな特徴である。そのため『史記』は、年代学をふまえた総合的な通史であり、虚実を交えた紀伝体という歴史世界を示すことになった。それが父と司馬遷によって達成されたのは、家系や個人的な才能にもよるであろうが、それは古来の儀礼と歴史観を総括し、武帝時代の由来を示そうとする社会的な要請に対して、太常に所属する太史令が遭遇した事情によると考えている。これが『漢書』の成立との違いである。

以上が、本書の構成である。このように『史記』の史料分析は、素材と編集を明らかにするだけでなく、『史記』の全体構造に通じる歴史観や、その背景となる統一国家と地域社会の理解につながるものである。これが文献と出土資料によって、《太史公書》の原形を明らかにしようとする史料研究の立場である。司馬遷の『史記』は、こうした漢代社会の政治、経済や思想と、中央と地方の情報伝達のあり方を示し、古代中国の社会と人物を叙述している。それと同時に、諸民族の世界を描いた東アジアの世界史でもあり、中国の科学技術を示す百家全書でもある。本書では、前漢末に劉向たちがおこなった漢王朝の図書整理に先立つ『史記』の性格を明らかにし、東アジアの起点となる中国古代文明の意義を提示できればと願っている。

なお本書では、著述をする当初の書名を示すときは《太史公書》とし、本紀や列伝の篇名をあげるときは『史記』と記した。また煩雑をさけるため、本文では『史記』の篇名だけを記して巻数を省き、前後の関係が明らかなときは書名も省略した。『漢書』についても巻数を省いた場合がある。これらの全体は、『史記』『漢書』篇目を参照していただきたい。

目次

史記秦漢史の研究

序章　簡牘・帛書の発見と『史記』研究

はじめに

司馬遷が著した『史記』（《太史公書》）は、中国古代史の基本となる歴史書であり、文学や思想のうえでも重要な古典である。しかし『史記』のテキストは、宋代以降の版本を基礎としており、漢代に作成された原本ではない。そのため『史記』の文献研究では、書誌学的な版本の系統や、本文の字句の考証、歴代の注釈について豊富な蓄積がある。その考証を集めた注釈として、瀧川亀太郎『史記会注考証』（以下『会注考証』、一九三二〜三四年）、水澤利忠『史記会注考証校補』（一九五七〜七〇年）、池田四郎次郎著・池田英雄増補校訂『史記補注』上（本紀・世家）、下（列伝）（一九七二年、一九七五年）や、王叔岷『史記斠證』（中央研究院歴史語言研究所、一九八三年）、韓兆琦編著『史記箋証』（江西人民出版社、二〇〇四年）などがあり、『史記』点校本二十四史修訂本（中華書局、二〇一三年）のテキストが刊行された。(1)また『史記』の成立については、これまで司馬遷の個人的な経歴や、伝来文献との比較によってその構成が検討され、多くの成果が蓄積されている。(2)

司馬遷の個人的な経歴は、太史公自序と『史記』各篇の論賛や、『漢書』巻六二司馬遷伝に引用された「任安に報ずる書」（任少卿に報ずるの書、『文選』にも収録）を基本としている。しかし、そのわずかな記載から『史記』成立の経過や著述意図を位置づけるのは容易ではない。また個人的な経歴を重視すれば、『史記』を創作とみなす要素が強調される。『史記』は紀伝体という体裁をもっており、十表や八書をふくむ全体的な構造を明らかにするには、個人的な経歴による説明や、各篇の人物評価だけでは不十分である。父と司馬遷は、孔子の『春秋』を継ぐことを意識しており、その叙述の主体は春秋時代から、かれらが生きた同時代の武帝期まで及んでいる。さらに『史記』と比較する諸文献は、その成立年代と伝本の経過にはなお不明な点があり、決定的な証拠を欠くところがある。こうした点は、文献研究の制約を示している。

これに対して中国では、二十世紀以降に簡牘（竹簡、木簡、木牘）と帛書の資料が発見されるようになった。[3] 二十世紀の前半には、敦煌漢簡、居延漢簡の発見があり、一九七〇年代以降には、長江流域の古墓から出土した書籍、法律、文書類の資料がある。近年では、古城の井戸から出土した里耶秦簡などの資料が追加される。古墓から発見された書籍は、思想史や書誌学を中心として研究が進められ、最近では購入された竹簡も参考資料となる。このなかで古墓の資料には、戦国時代から秦漢時代の書籍や文書をふくんでいる。これは司馬遷が『史記』を編纂する際に存在した同時代の資料と、著述の素材を類推させる資料であり、『史記』の成立事情を知る手がかりとなる。

簡牘・帛書の発見が古文献研究に与えた意義については、裘錫圭「中国出土簡帛古籍在文献学上的重要意義」（一九九九年）が、三つの意義を述べている。[4] その一は、貴重な佚書が提供されたこと。二は、これまで伝わっていた古書の早い時期の書物が提供されたこと。その例として、『老子』『論語』『礼記』『孫子』などを挙げている。三は、古書の真偽や、その時代、源流について認識を得ることができたこと。ここでは兵書のほか、『鶡冠子』、帰蔵、医学書、算数書などをあげている。しかし私は、さらに四として、総合的な性格をもつ書物の編纂過程の解明に寄与することが加えられるとおもう。とくに司馬遷の『史記』は、歴史と文学の古典であるとともに、百科全書の要素をもつ総合的な歴史書である。そのため出土資料が増加してくると、『史記』の素材と編集や、構造と歴史観について新たな知識をもたらすようになる。

第一に、『史記』と類似する出土資料によって、司馬遷が素材とした先行資料の性格の一端がわかることである。これは漢代までに、竹簡と帛書による文字資料が、どのように書き写され伝達したかという状況を知ることによって、司馬遷が利用した素材のあり方が明らかになる。もし漢武帝より以前の出土資料の一部に、『史記』の素材と共通する内容があれば、『史記』が文字資料を利用した過程を科学的に証明できると考える。また司馬遷が『史記』を著述したあとに編纂された『戦国策』の戦国故事や、『説苑』『新序』の説話などの伝来文献についても、その一部が漢代以前の出土資料にみえており、その成立と『史記』との関係を論じることができるようになる。これは『史記』を文献テキストとして内部の史料批判をするのではなく、竹簡・木簡と帛書の素材を編集した《太史公書》の原形を理解する方法として、文献と出土資料を使った研究ができる。

第二に、近年の出土資料には『史記』と共通しない書籍や文書・記録が多く、これも『史記』の素材と編集との相違を知ることができる。たとえば行政文書や法制史に関する出土資料は、文献を補う歴史資料とみなされているが、こうした出土資料は司馬遷があまり利用しなかった系統の文字資料のあり方を反映している。したがって『史記』の素材と編集は、中国簡牘の全体のなかで相対的に位置づけることが必要である。これは『史記』史料の研究を、簡牘それ自体のあり方をふまえた出土資料学とする方法である。このような簡牘研究の進展を理解することによって、王国維の言う文献（紙上の材料）と出土資料（地下の新材料）を独自の学問として比べる二重証拠法に近づくことができよう(5)。

第三に、出土資料は当時の書籍・文書のあり方を示すとともに、『史記』では不明であった史実が復元できる。たとえば出土資料には、父と司馬遷の経歴や、太史令の役割を補う情報を提供している。また天文・暦譜を示すものや、黄老思想、諸子などにかかわる内容をふくんでいる。さらに張家山漢簡『二年律令』の「秩律」「史律」には、太史令の秩禄と史官になる者の規定がある。これらも『史記』の成立事情を知る手がかりとなる。それと同時に、『史記』のエピソードには、実際の史実として問題があるとしても、出土資料から当時の社会背景を反映していることがわかる場合がある。これに考古遺跡とフィールド調査の情報を加えれば、さらに『史記』の性格と特徴を明らかにし、史実を再構成することができる。

このように簡牘・帛書の意義は、（一）『史記』の素材と編集に対する外部資料として比較できること、（二）司馬遷が利用しなかった資料をふくめて、秦漢時代の出土資料学として『史記』研究が進められること、（三）考古遺跡・フィールド調査の情報をくわえて史実を復元するという三つの段階があげられる。『史記』が成立した漢代は、まだ紙が書写材料として普及しておらず、司馬遷は竹簡や帛書、木簡に書かれた書籍や文書をもとにして、独自の歴史観から著述をしたことが想定される。この意味で『史記』史料の研究は、紙写本と版本のテキストより以前の原形を理解して、その構成と歴史叙述を考えることが大切である。本書では、司馬遷が生きた漢代社会のなかで、書籍や文書、記録という文字資料のあり方を考え、『史記』が描いた同時代の古代社会を再構成しようと試みている。これは出土資料の内容を歴史学の補助とする従来の方法から一歩進めて、『史記』の分析を出土資料学として歴史研究を進める新しい方法によるものである。

序章では、まず歴代の注釈が、どのように『史記』の素材について考察してきたかをたどっておきたい。つぎに中国出土資料の形態と内容を概観し、それらが『史記』の編集に関係する社会背景を考えてみる。そのうえで司馬遷の経歴と、漢太史令の思想にかかわる資料を紹介して、簡牘・帛書の発見が『史記』研究に貢献する意義を述べてみよう。

一　『史記』注釈と出典研究

司馬遷が、父の遺志を受け継いで『史記』を著した状況は、太史公自序でつぎのように述べている。

1太史公執遷手而泣曰、余先周室之太史也。自上世嘗顯功名於虞夏、典天官事。後世中衰、絶於予乎。汝復爲太史、則續吾祖矣。今天子接千歳之統、封泰山、而余不得從行、是命也夫、命也夫。余死、汝必爲太史。爲太史、無忘吾所欲論著矣。……幽厲之後、王道缺、禮樂衰、孔子修舊起廢、論詩書、作春秋、則學者至今則之。自獲麟以來四百有餘歳、而諸侯相兼、史記放絶。今漢興、海内一統、明主賢君忠臣死義之士、余爲太史而弗論載、廢天下之史文、余甚懼焉、汝其念哉。遷俯首流涕曰、小子不敏、請悉論先人所次舊聞、弗敢闕。（父の著述を継承）

2（司馬談）卒三歳、而遷爲太史令、紬史記・石室金匱之書。（太史令となる）

3太史公曰、唯唯、否否、不然。余聞之先人曰……。漢興以來、至明天子、獲符瑞、封禪、改正朔、易服色、受命於穆清、澤流罔極、海外殊俗、重譯款塞、請來獻見者、不可勝道。臣下百官力誦聖德、猶不能宣盡其意。……且余嘗掌其官、廢明聖盛德不載、滅功臣世家賢大夫之業不述、墮先人所言、罪莫大焉。余所謂述故事、整齊其世傳、非所謂作也、而君比之於春秋、謬矣。（壺遂との対話）

4百年之間、天下遺文・古事靡不畢集太史公。……罔羅天下放失舊聞、王迹所興、原始察終、見盛觀衰、論考之行事。略推三代、錄秦漢、上記軒轅、下至于茲、著十二本紀、既科條之矣。……凡百三十篇、五十二萬六千五百字、爲太史公書。序略、以拾遺補藝、成一家之言、厥協六經異傳、整齊百家雜語、藏之名山、副在京師、俟後世聖人君子。第七十。（自序第七十の説明）

これによれば、漢王朝が成立してほぼ百年たった武帝期に、ことごとく「天下の遺文・古事」が太史公に集まり、父と司馬遷は「史の記」や「石室・金匱の書」を見ることができたことになる。司馬遷に委ねた父の著述構想は、「明主、賢君、忠臣、死義之士」が対象である。司馬遷が太史令となったあと、上大夫の壺遂との対話では、武帝までの儀礼と制度改革のなかで、「余れ所謂、故事を述べ、その世伝を整斉す。所謂、作るには非ざるなり」という。その対象は父とよく似ており、「明聖の盛徳」と「功臣、世家、賢大夫之業」である。また《太史公書》の説明では、「天下の放失せる旧聞を網羅する」ことや、「六経の異伝を協え、百家の雑語を整斉する」方針を述べている。

さらに『漢書』司馬遷伝にみえる「任安に報ずる書」では、『史記』の著述意図を述べた有名な言葉がある。

僕竊不遜、近自託於無能之辭、網羅天下放失舊聞、考之行事、稽其成敗興壞之理、凡百三十篇。亦欲以究天人之際、通古今之變、成一家之言。

ここでも司馬遷は、「天下の放失した旧聞を網羅し、これが行事（事績）を考え、その成敗と興壊の原理をかんがえ」、「天人の際を究め、古今の変に通じ、一家の言を成さん」と欲している。これらは『史記』が、司馬遷の創作ではなく、多くの部分は先行する資料を収集して編集したことを示している。司馬遷が、どのような書物を見て編集したかということは、『史記』に引用された書名によって知ることができる。

『漢書』司馬遷伝の論賛では、「故に司馬遷は左氏・国語に拠り、世本・戦国策を采り、楚漢春秋を述べ、其の後事を接いで、天漢に訖《おわ》る。其の言は秦漢に詳らかなり」と述べている。しかし『戦国策』は前漢末に劉向が編纂した書物であり、『楚漢春秋』も今日には佚文しか残されていないことから、班固が言うように、武帝期の司馬遷が利用したかどうかは直接的に明らかにできない。

『史記』の歴代注釈では、こうした『史記』が引用した書物について、伝来の文献との比較に注目している。南朝宋の裴駰「集解」、唐の司馬貞「索隠」、唐の張守節「正義」は、『史記』の三家注として宋代以降の版本に合刻されている。そこに引用された諸家の注釈には、諸本と対照した字句の考証がある。たとえば『史記』晋世家を例にとれば、三家注では司馬遷の時代前後に成立した以下の書籍と照合している。

〔集解〕左伝、世本、礼記、穀梁伝、公羊伝、韓詩外伝

〔索隠〕世本、春秋、左伝、国語、尚書。〔正義〕世本、国語、左伝

また『史記』趙世家では、以下のような書籍と対照している。

〔集解〕春秋、左伝、新序、韓詩外伝、戦国策、穀梁伝、淮南子

〔索隠〕穆天子伝、世本、左伝。〔正義〕山海経、穆天子伝、左伝、世本、司馬法

これらは本来、本文の字句や用語、年代、人名、地名、制度などの説明に、他の文献を引用している。これは『史記』を読むための考証であるが、同時に他の文献との比較になっており、文章の類似という点からみれば、司馬遷の利用した素材との関係を示唆している。

瀧川『会注考証』では、巻末の「史記総論」に「史記資材」の項目を設けている[6]。そこでは『漢書』司馬遷伝の論賛にいう『世本』『戦国策』『楚漢春秋』のほかに、以下のような書名をあげている。これは、おおむね六経（経書）、公文書、諸子、文学の賦にいたる配列であり、司馬遷が引用した書物の概略をうかがうことができる。

＊詩、韓詩内外伝、書、古文尚書、書序、易、礼、周官（周礼）、春秋、春秋左氏伝、春秋公羊伝、春秋穀梁伝、国語、鐸氏微、虞氏春秋、呂氏春秋、春秋雑説、董仲舒春秋災異記、論語、孝経、中庸、弟子籍、五帝徳、帝繫姓、夏小正、王制、諜記、五帝繫諜、尚書集世、春秋暦譜諜、五徳暦譜、禹本紀、山海経、秦記

＊蒯通長短説、令甲、功令、列侯功籍

＊太公兵法、司馬法、管子、晏子春秋、孫子、呉子、魏公子兵法、老子、老萊子、墨子、李悝李克書、商君書、申子、荘子、孟子、鄒衍子、鄒奭子、淳于子、慎子、田駢子、接子、環淵子、劇子、尸子、長盧子、吁子、公孫固子、公孫龍子、荀子、韓子、新語

＊離騒、宋玉・唐勒・景差賦、賈誼賦及論著、司馬相如賦

『史記』にみえる書名は、さらに金徳建『司馬遷所見書考』（一九六三年）で考証され、その後も張大可「論史記取材」（『史記研究』一九八五年）は、金氏の考証を継承して、以下の一〇二種に整理している[7]。

1六経及び訓解書（二三種）、2諸子百家及び方技書（五二種）、3歴史地理及び漢室檔案（二〇種）、4文学書（七種）

また原富男『補史記芸文志』（一九八〇年）は、各年代ごとに司馬遷の時代までの典籍を整理し、『史記』執筆の背景を説明している[8]。しかしこれらの考察は、書名の考証が中心であり、書籍の各篇ごとの形態や、それらが『史記』のなかにどのように組み込まれているかという編集は、まだ十分には意識されていない。

これに対して、『史記』の素材を別の点から指摘した成果がある。それは梁玉縄『史記志疑』（清乾隆、一七八七年）や、『会注考証』の注釈にみられる。ここでは出典との比較から、さらに一歩進んで年代と編集との関係を指摘する観点が強くなっている。いま『史記』趙世家をみておこう[9]。

梁玉縄は、後世の資料とともに先行する文献を指摘するが、晋出公十一年の知伯の事件では「左傳末篇無其事、史公或別有據、故説苑亦載之也」とあり、『左伝』と異なる『説苑』などの素材を推測している。趙世家の全体では、つぎのようになる。

〔志疑〕山海経、大戴礼、穆天子伝、淮南子、国語、左伝、世本、説苑、新序、戦国策、呂氏春秋、荀子、韓詩

外伝

瀧川『会注考証』では、趙世家の冒頭に「愚按、此篇左傳・國策所不載甚多、史公別有所據。論贊云、吾聞馮王孫曰、趙王遷其母倡也云云。豈他事亦有得之於馮者乎」と述べており、『左伝』『戦国策』と別の来源が多いことについて、漢代の馮氏からの伝聞を指摘している。これは顧頡剛「司馬談作史」（一九五一年）と同じように、文献のほかに人が伝えた伝承を推測している。(10) しかし顧頡剛と瀧川氏は、いずれも趙国の伝承の一部について、その由来を指摘するだけで、趙世家の骨格となる「趙紀年」の存在や、紀年の性格と特徴にはふれていない。さらに瀧川氏は『左伝』『戦国策』をふくむ詳細な注釈を加え、晋文公となる重耳の説話は「重耳以下、本僖（公）二十三年左伝」「本僖二十四年左伝」「本僖二十八年、昭（公）十三年左伝」と対応させている。他の対照する書物は、以下の通りである。

〔会注考証〕大戴礼、穆天子伝、国語、左伝、説苑、新序、荀子、韓詩外伝、呂氏春秋、戦国策、韓非子、淮南子、孟子、商君書

これらは歴代の注釈を進めて、司馬遷が依拠した出典を示唆する考証である。しかし梁玉縄、瀧川氏らの注釈では、まだ『史記』各篇の全体的な構成を分析するにはいたっていない。また典拠となる書物は、その成立した時期の形態や、司馬遷が見た書物と同じ写本か異本かという問題があり、とくに後世に編纂された『戦国策』『説苑』『新序』との関係が問題となる。

こうした文献研究に対して、出土資料を利用した発想の異なる考証が現れた。その最初は王国維の研究である。(11)「殷卜辞中所見先公先王考」（一九一七年）と「殷卜辞中所見先公先王続考」（同年）は、甲骨文字の拓本と比較して、『史記』殷本紀にみえる王の系譜（王名）を考証したものである。王国維は、その後も新出資料が新しい学問領域を開くことを指摘し、『古史新証』（一九三五年）では、紙上の材料と地下の新材料を比較する二重証拠法を提唱してい

る。地下の新材料の学問は、今日の簡牘学にあたり、『史記』をそのまま信じる「信古」と、その史実を疑う「疑古」の立場に対して、あらたに簡牘学をふまえた「釈古」の方法となるものである。

また王国維「太史公行年考」（一九二九年）は、司馬遷が太史令になった年に、索隠が引く『博物志』の経歴を、敦煌漢簡と比較して信頼性があることを考証した。[12] そして司馬遷が太史令となり「五年にして太初元年（前一〇四）に当たる」という記事に付けられた、唐・張守節の正義注の考証と比較した。

太史令、茂陵顯武里、大夫司馬（遷）、年二十八。三年六月乙卯除、六百石。（索隠引く『博物志』）

案、遷年四十二歳。（張守節の正義）

しかし王国維は、『博物志』にみえる「二十八」は「三十八」の誤りとみなし、逆算して景帝の中元五年（前一四五）を生年とした。司馬遷の生年は、この二つの説を中心に議論されているが、この考証は敦煌漢簡の研究から派生したものといえよう。また郭沫若「《太史公行年考》有問題」（一九五五年）は、この生年の考証を批判し、武帝建元六年（前一三五）とする説を支持した。[13] 郭沫若氏は、さらに敦煌漢簡の例を挙げて簿書の信頼性を論証しており、これも簡牘研究の一部ということができよう。

このほか陳直『史記新証』（一九七九年）、『漢書新証』（一九五九年）は、金文や出土資料によって新たな注釈を試みたものである。[14] このとき『史記新証』の分量は少ないが、『漢書新証』が先に出版され、さらに一九七九年に補訂されたという経過から、前漢初期の考証は両書を合わせて参照する必要がある。陳直氏は、『漢書新証』初版の自序で、その体例は楊樹達『漢書窺管』（中国科学出版社、一九五五年）にならって、古物による注釈をさらに進めるという。それは約七割を古物によって考証したものである。その主要な資料として、敦煌漢簡や居延漢簡と、青銅器、漆器、封泥、漢印、貨幣、石刻の各部分を引用している。この時点では文字や名称の考証が多く、『史記』各篇の編集を論ずるにはいたっていない。その理由は、まだ出土資料が断片的で、その分量と内容に限界があり、敦煌漢簡や居延漢簡は武帝期より以降の資料ということもあげられる。こうした『史記』と考古資料との比較考証は、その後も続けられている。(15)

以上のように、歴代の注釈や従来の研究では、文献との比較によって『史記』の出典を指摘しているが、まだ各篇の編集を考察する段階ではなかった。また二十世紀には、甲骨文字や器物銘文などの出土資料によって、『史記』の記述を補足する研究があらわれている。しかしこの時点では、まだ出土資料の内容が限られており、長文の文書や書籍は少なかった。その後、戦国、秦漢時代の古墓に副葬された資料や、井戸の資料によって、司馬遷が著述した武帝期より以前の書籍や文書、記録の形態が具体的にわかるようになった。その簡牘・帛書の資料は、『史記』の素材と編集をめぐる新たな情報を提供している。

二　『史記』の素材と出土資料

漢武帝の時代には天下の書籍を収集しており、司馬遷たちはその資料を見ることができた。そのとき司馬遷は「天下の放失せる旧聞を網羅」し、「六経の異伝を協え、百家の雑語を整斉す」と述べていたが、このような状況は『漢書』芸文志の記述が参考となる。『漢書』芸文志には、前漢末に劉向たちが整理した漢王朝の図書目録があり、ここから書物の分類を知ることができる。(16)しかしそれらの書物のうち、秦代の『呂氏春秋』のように成立が明らかな書物もあれば、その最終的な成立が問題となる書物もある。たとえば劉向が編纂したという『戦国策』や『説苑』『新序』などは、『史記』と共通する内容をもちながら、『史記』より後に編集されたため、司馬遷が素材としたものかどうかは明らかではない。したがって『漢書』芸文志の目録や、経書と諸子の伝来文献と比較して、『史記』の編集過程を明らかにすることには困難があった。

これに対して、戦国秦漢時代の古墓に副葬された資料には、その書写年代がわかる文書と書籍がある。そこで司馬遷の時代よりも前の資料で、しかも『史記』と類似の内容をもつ場合には、それを『史記』の素材に関連する資料とみなせると考える。また司馬遷が成書した《太史公書》は、宣帝期より以降になって中央で読まれたといわれ、劉向が図書を整理したときにも諸侯王に与えることを禁止した例があることから、なお世間には広く流布していなかった可能性がある(17)。したがって司馬遷の時代より後であっても、前漢後半期以降の出土資料に『史記』の素材と関連する場合がある。

『史記』と出土資料との関係は、拙著『史記戦国史料の研究』第一編第一章「『史記』と中国出土書籍」（一九九七年）、『史記戦国列伝の研究』序章「戦国、秦代出土史料と『史記』」（二〇一一年）で紹介した。また拙著『中国古代国家と社会システム』序章「中国出土資料と古代社会」（二〇〇九年）では、長江流域の出土資料について整理している。この中国出土資料は、出土状況や分布によって大きく三つに分けることができる(18)。ここでは表1によって、前漢末までの出土資料を簡単にながめておこう。

一は、戦国・秦漢時代の長江流域や、漢代の内郡にあたる地域の古墓から出土した簡牘や帛書である(19)。漢代の資料では、一九七二年に発見された山東省銀雀山一号漢墓の竹簡や、一九七三～七四年に出土した湖南省長沙市の馬王堆三号漢墓の帛書と簡牘、一九七五～七六年の湖北省雲夢県の睡虎地十一号秦墓の竹簡（睡虎地秦簡）、一九七三年の河北省定県八角廊漢墓の竹簡、一九七七年の安徽省阜陽双古堆漢墓の竹簡などがよく知られている。とくに睡虎地秦簡と馬王堆帛書は、その後の歴史学と思想史の研究で大きな転換点となった資料である。このほかにも一九八六～八七

表1　簡牘・帛書の年代と区分

年代	西北の簡牘	長江・東方の井戸、古墓など	
戦国時代 前453、403 ～ 前221	四川青川秦墓木牘 天水放馬灘秦墓		曾侯乙墓、信陽楚墓 戦国楚簡（望山など） 包山楚墓、新蔡楚墓 郭店楚墓竹簡 〔上海博物館蔵楚簡〕 〔清華大学蔵戦国簡〕 雲夢睡虎地秦墓竹簡
秦代 前206		里耶秦簡	雲夢龍崗秦簡 王家台、周家台秦簡 〔岳麓書院蔵秦簡〕 〔北京大学蔵秦漢簡牘〕
前漢時代 前202～ 武帝 〔王莽〕 後23	敦煌漢簡、居延漢簡 居延新簡、金関漢簡 敦煌懸泉漢簡 額済納漢簡 　大通漢簡 　武威漢簡	南越国木簡 益陽簡牘 （戦国～三国） （『史記』） 長沙走馬楼 漢代簡牘	江陵張家山漢墓 江陵鳳凰山漢墓 沅陵虎溪山漢墓 馬王堆漢墓帛書、簡牘 阜陽双古堆漢簡 睡虎地漢墓簡牘 紀南松柏漢墓簡牘 天長漢墓簡牘 　山東銀雀山漢墓 　定県八角廊漢墓 　尹湾漢墓簡牘 　楽浪木簡（平壌）
後漢時代 25～220	居延漢簡、武威漢簡 敦煌漢簡、懸泉漢簡	長沙走馬楼 後漢簡牘 長沙東牌楼 後漢簡牘	（班固『漢書』）
三国時代		長沙三国呉簡 郴州三国呉簡	

年に出土した湖北省荊門市の包山二号楚墓の竹簡、一九九三年の郭店一号楚墓の竹簡、一九八六年の甘粛省天水放馬灘秦墓の竹簡と木板地図、一九八三〜八四年に出土した江陵張家山漢簡、一九九九年の湖南省沅陵虎渓山漢墓の簡牘などの資料があり、武帝期より以降の天長漢墓簡牘や尹湾漢墓簡牘などをふくめて、その出土は二十一世紀の今日までつづいている。また古墓から出土した資料ではないが、一九九四年に購入した上海博物館蔵楚簡や、二〇〇八年に収蔵した清華大学蔵戦国竹簡、二〇〇七、〇八年に収蔵した岳麓書院蔵秦簡、二〇〇九年に収蔵した北京大学蔵秦簡牘と前漢竹書がある。[20]これらの出土資料には、『史記』が成立する以前の書籍と文書をふくんでおり、その編集を考えるうえで、より全体的な展望がひらけるようになった。

二は、古城の井戸から出土した簡牘資料である。[21]一九九六年に発見されたのは湖南省長沙市走馬楼の三国呉簡であるが、二十一世紀の初めには湖南省龍山県の里耶秦簡や、長沙市走馬楼の漢代簡牘、長沙東牌楼後漢簡牘などの発見がある。里耶秦簡は、秦代の洞庭郡に所属する遷陵県の古城から発見された資料であり、その数量は木牘を主とする約一七〇〇〇点に文字があるといわれている。その内容は、郡県制の県廷に関する行政文書や記録であり、『史記』秦始皇本紀とくらべると、素材とおもわれる資料はふくまれていない。しかし里耶秦簡は、秦帝国の地方行政の実態を知る貴重な資料群であり、『史記』の歴史像と秦代社会を復元する基礎となる。また二〇一三年には、湖南省益陽市の兎子山遺跡にある九つの古井で約一三〇〇〇余枚の簡牘が発見されている。

三は、西北辺境のフィールド遺跡から出土した木簡などである。[22]これには二十世紀の初めに発見された敦煌漢簡や居延漢簡があり、その後も七〇年代の居延新簡のほか、九〇年代には敦煌懸泉置の漢簡などがある。また辺境では、青海省の大通漢簡や、甘粛省の武威漢簡などをはじめ、古墓から出土した暦や書籍、軍事関係の文書がある。ただし、これらは武帝期より以降の墓であり、直接的に『史記』の素材と関連する資料ではない。

以上では、長江流域の古墓の年代が早く、司馬遷が著述をした武帝期までには、多くの書籍や文書、記録、書信などが文字に書かれていた。西北辺境の遺跡などから出土した資料は、シルクロードの河西四郡に拠点を置いた武帝期より以降の行政文書などである。その中間に位置するのが、近年に増加しつつある井戸の資料である。そこで『史記』の素材を探るという目的からすれば、とくに年代の早い古墓の書籍が注目され、漢代までの文字資料の普及状況を知ることができる。また井戸から出土した里耶秦簡などは、司馬遷が『史記』を著述する以前の第一次資料であり、今後は地方行政と文書伝達をふくめて、中国古代史を復元する情報を提供することになる。ここでは本書にかかわる内容を、いくつかに分けて確認しておこう。

1 『史記』の年代学と出土資料

『史記』には、歴史の基本となる本紀のほかに、年代学に関する十表の部門がある。それは古代の系譜を記した「三代世表」のあと、周王室を中心とする「十二諸侯年表」を作成している。ここでは最初の紀年を共和元年（前八四一）としており、それが古代紀年を考える基礎となっている。また戦国、秦代を記した「六国年表」は、その序文で「秦記」を素材にしたと述べている。項羽と劉邦の時代では「秦楚之際月表」を作成し、漢代では六種類の諸表を作成している。これらの系譜や紀年は、その年代に矛盾や誤りをふくむ場合もあるが、基本的に『史記』本紀や世家に採用され、これが編年をする歴史書としての価値をもっている。この複数の区分と性格をもつ年代学について、これまで出土した暦譜や系譜、紀年資料から、以下のような事情がわかる。

三代世表は、『史記』五帝本紀や三代世表の論賛で、『大戴礼』五帝徳、帝繫篇のような系譜と『尚書』を利用して共和までの世表を作成したと述べている。これは六経とその異伝として漢代に伝えられた系譜である。この系譜の一部が、『史記』殷本紀の系譜とほぼ一致していたことは、すでに王国維の研究より以降に明らかにされている。しかし司馬遷は、第一次資料としての甲骨文を分析したわけではない。司馬遷は、漢代に伝えられた系譜を利用したのであり、それが殷代の甲骨文と共通する系譜をよく伝えていたと考えている。この経過は、包山楚簡などの卜筮祭禱簡や、清華大学蔵戦国竹簡（以下、清華簡）の「楚居」「繋年」によって知ることができる。

殷代の甲骨文に先王の祭祀を記したように、戦国時代の包山楚簡「卜筮祭禱簡」には楚の先祖を記している(23)。たとえば包山楚墓の墓主は、先祖として「楚先、老僮・祝融・鬻熊」を祭り、遠祖として「荊王、熊繹より武王まで」を祭っている。また直接の近祖として「昭王」の系統や父母などを祭っている。これに対して、受期や所詎の竹簡にみえる「宣王」「威王」は祭祀の対象ではなく、実在の王として現れている。これらは『史記』楚世家の系譜と比較できるだけでなく、楚の先祖の名が戦国時代までの意識と共通することを示している。ここで注目されるのは、卜筮祭禱簡の形式とその役割を担う人々である。卜筮祭禱簡では、最初に楚国の紀年と月日を記して、そのあと墓主の健康を占っている。しかし結果が良くない場合には、災いを払うために先祖を祭り、再び占って吉兆を得ている。ここには楚暦を作成する人と、祭祀をする人、卜筮の占いを担当する三種類の人々がうかがえる。これは殷代の甲骨文にみえる職種や、漢代の太常（奉常）に所属する太史、太祝、太卜の職種とよく似ている。そして先祖の名は、それが実在の人物ではないとしても、祭祀の系譜として伝えられ、それが『史記』楚世家の系譜と共通している。このような事情からみれば、漢代には殷王朝や楚国の系譜が伝えられており、その一部は出土資料にみえる系譜と共通することが明らかとなった。これが三代世表の素材に関する背景であろう。

つぎに十二諸侯年表は、序文で春秋暦譜牒を読んで周厲王の記述があったことを述べている。この年代区分には、清華簡「楚居」と「繋年」が注目される(24)。楚の系譜を記した「楚居」は、『世本』に帝王の居所を記した「居篇」があり、この資料にも楚王の居所を記すことから名づけられたものである。その系譜は季連から始まり、戦国時代の楚悼王まで二十三位の楚公・楚王について、その居所と遷徙を主に記している。この楚公・楚王の系譜は、『史記』楚世家の系譜と少し相違がある。この系譜をみると、季連と絰伯、遠仲のあと穴熊まで系譜が途絶えている。そして穴熊のあとは連続した系譜があり、熊勇や若敖と焚冒をへて、武王より以下の楚王に続いている。これは『史記』の年代でいえば、十二諸侯年表の「熊勇」の前から始まり、六国年表の「恵王（献恵王）」から「悼哲王（悼王）」までの系譜に対応している。したがって「楚居」は、三代世表、十二諸侯年表、六国年表に対応する楚の系譜であるが、在位年数を記していない。これは先にみた祭祀の系譜と関連している。

『竹書紀年』のように紀年を記した「繫年」一三八枚は、李学勤氏や『清華大学蔵戦国竹簡（壹）』の説明によれば、つぎのような特徴がある。(25)「楚居」「繫年」が書かれたのは、おおよそ戦国中期の楚粛王の時か、あるいは宣王の時代といわれている。「繫年」は、第一章の周初から始まっており、周厲王、共和、幽王の記事がある。しかし実際は、西周に関係するのは前四章で、叙述の要点は東遷以後（春秋戦国時代）にあるという。ここで遡れるもっとも早い年代は「共和元年」である。「繫年」第一章では、「共伯和立、十又四年、厲王生宣王、宣王即位、共伯和歸于宗」という。そして第五章から第二十三章までは、晋紀年と楚紀年をほぼ年代順に並べた資料を配列している。この年代区分から、晋と楚の国では東周に遷った春秋時代の紀年資料があり、その一部に西周時代の記事を追加していることがわかる。これは十二諸侯年表の構成とよく似ている。これを類推とすれば、十二諸侯年表は周の共和元年から始まるのではなく、同じように東周時代の平王元年（前七七〇）以降に重点があった可能性がある。その経過を示す事件として遡れる紀年が、周厲王が出奔したあとの共和時代と、宣王、幽王の紀年だったのではないだろうか。この経過は、『史記』秦本紀で不連続な紀年が、ほぼ春秋時代にあたる襄公元年（前七七七）から始まっており、十二諸侯年表の最初にみえる秦仲、荘公の在位を追加する形式とよく似ている[26]。したがって春秋時代の諸侯国では、東遷以後に紀年資料を記録していた可能性があり、その少し前の西周末まで遡ったものと考えられる。

六国年表は、序文で「秦記」を基礎にしたと述べており、これに関する紀年資料には睡虎地秦簡『編年記』、周家台秦墓の暦譜などがある[27]。周家台三〇号墓から出土した秦始皇三十四年の暦譜は、一年のカレンダーであるが、そこに官僚・官吏の着任や出張などが書き込まれており、それは一種の紀年資料としての性格をもつことになる。この形式は、岳麓書院所蔵秦簡の「質日」や尹湾漢墓簡牘の「暦譜」にもみえている。このほか秦紀年では、里耶秦簡の紀年が注目される。この木牘には、秦王政二十五年（前二二二）から二世皇帝二年（前二〇八）までの紀年と月の朔日を記すといわれており、すでに秦暦の復元が試みられている[28]。これらは司馬遷が「秦記」を利用したという記述を裏づけることになる。他国では『史記』と共通する戦国紀年は出土していないが、睡虎地秦簡の『日書』には、秦暦と楚暦とを対照した資料がある[29]。また戦国楚簡には、楚国の「大事紀年」あるいは「以事紀年」という形式がみえており、これは事件を基準にした年代表記の方法である。たとえば包山楚簡では、「大司馬昭陽が晋の師を襄陵に敗る歳」より以降に、七ヶ年に及ぶ楚紀年がわかっている[30]。他の内容は、その事件が『史記』本紀や楚世家に記述がなく、正確な年代を決定することは困難である。ただし『史記』趙世家の後半（邯鄲に遷都以降）には、趙紀年の利用が想定される。この趙紀年と秦紀年では、同一事件の年代が一年ほど相違する場合がある。その原因は、戦国秦の暦が十月歳首であるのに対して、楚国の紀年は三ヶ月のズレがあることを類推とすれば、趙国の暦法との違いが反映されているのではないかと推測している[31]。

秦楚之際月表では、直接的に素材となる出土資料はみえない。しかし工藤元男氏が指摘されるように、睡虎地秦簡『日書』にみえていた秦暦と楚暦の差異は、この月表を理解する手がかりとなる[32]。それは秦楚之際月表で、基準となる秦暦が十月を年初とするのに対して、二段目と三段目に置かれた楚と項羽の項目では、正月が年初となっており、秦暦と三ヶ月のズレがある。しかも月表の記載は、楚と項羽の項目にもっとも多く、漢王（劉邦）の段にみえる記事は、ほとんどが楚との関係を示す事件である。ここから秦楚之際月表は、楚暦をもとにした項羽に代表される楚の時代が存在したことを示しており、けっして「秦漢之際月表」ではないのである。この時代では、湖南省の沅陵虎溪山漢墓の『日書』に、当時の紀年を補う資料がある。報告によれば、『日書』閻氏五生、閻氏五勝という篇の注に、楚漢戦争時の事件と人物を記す例を紹介している(33)。ここでは陳渉、項羽のような字ではなく、陳勝、項籍の諱を記しているが、『史記』の記述とかかわる可能性がある。

「陳勝反攻秦以十月壬申發、此正當西方、實不當有功」「楚將軍項籍助趙」「攻秦巨鹿下章邯降項籍、以八月西略秦」「陳豨以丙午誅軍吏、丁未引其兵來攻」

漢代諸表では、『漢書』巻一高帝紀下の末尾に、つぎのような記述がある。

初、高祖不脩文學、而性明達、好謀、能聽、自監門戍卒、見之如舊。初順民心作三章之約。天下既定、命蕭何次律令、韓信申軍法、張蒼定章程、叔孫通制禮儀、陸賈造新語。又與功臣剖符作誓、丹書鐵契、金匱石室、藏之宗廟。雖日不暇給、規摹弘遠矣。

ここでは漢代に天下が定まったとき、蕭何が律令を整え、韓信が軍法を申べ、張蒼が章程を定め、叔孫通が礼儀を定め、陸賈が『新語』を作ったという。このとき『漢書』では、このほか「功臣と符を剖き誓いを作り、丹書した鉄契」を、金匱（金属の箱）と石室に収めて宗廟に所蔵したと記している。これは司馬遷が太史令になって見たという「石室・金匱の書」と共通している。そこで司馬遷の素材の一つは、功臣たちを封じた割符（鉄契）ということになる。『史記』の漢代諸表には、諸侯王と列侯、功臣たちを封じた詳しい記載がみえるが、これらは漢代の記録を素材

図１　『史記』十二本紀と十表

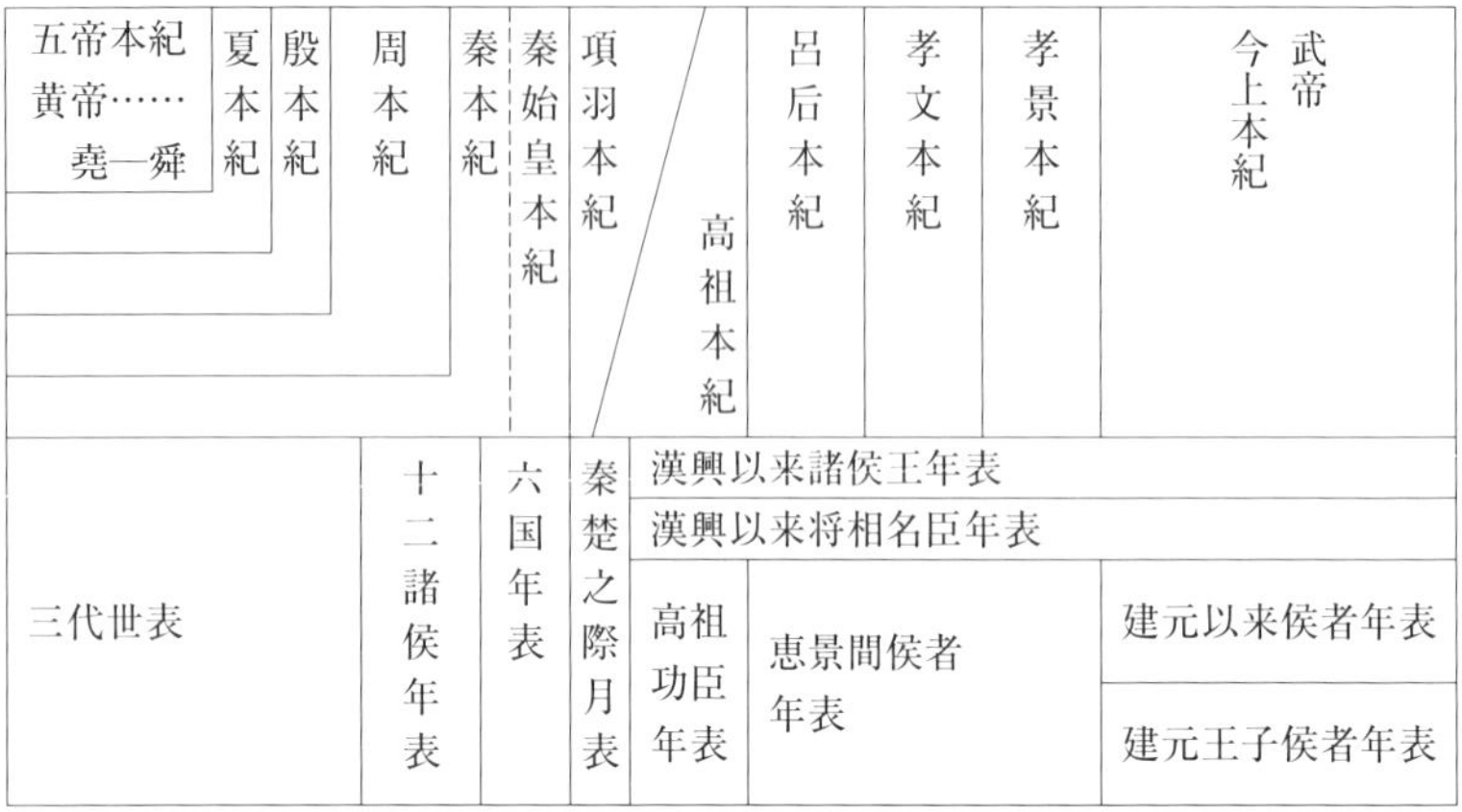

とした事情を示しているといえよう。

漢代紀年については、張家山漢簡「暦譜」に高祖、恵帝、呂后二年までの紀年と朔日を記している。また馬王堆帛書「五星占」は、直接的には占星術の資料であるが、ここに秦代から陳渉の「張楚」や、高祖、恵帝、呂后の「高皇后」にかかわる紀年を記している[34]。これは呂后は、恵帝の死後に称制したといわれながら、実際には呂后の紀年を持っていたことを示しており、呂后本紀の編集に関する背景となっている。

このように暦譜、系譜、紀年資料の出土資料が増えてくると、『史記』十表の年代区分は、それぞれの素材のあり方に制約された形で編集していることがわかる。図１は、本紀と十表の関係を示したものである。これによれば、『史記』では本紀と十表の区分が相違しており、司馬遷の歴史観は本紀の編集に反映しているとおもわれる。

２　記事資料と出土書籍

『史記』本紀と世家、列伝では、先にみた系譜と古代紀年によって記事資料を編年している。司馬遷は、著述にあたって『書』『詩』の経書をはじめ、経書の異伝、諸子の伝説を素材にしたと述べており、このほかにも人物の説話や、戦国諸国の戦国故事などを収録している。[35] それは出土資料の内容からみれば、『史記』の記事資料の多くは司馬遷の創作ではなく、漢代の武帝期までに書写された書籍の集散と一致していることがわかる。

李学勤氏をはじめ、思想史の研究では、出土書籍を『漢書』芸文志との比較で説明している。[36]『漢書』芸文志の目録は、六芸略、諸子略、詩賦略、兵書略、数術略、方技略の六分類である。六芸略の春秋家（二十三家、九百四十八篇）では、『春秋』『春秋左氏伝』などの書物と、『国語』『新国語』『世本』『戦国策』『奏事』『楚漢春秋』のあとに、『史記』（太史公百三十篇）を分類している。

春秋古経十二篇、経十一巻。左氏伝三十巻。公羊伝十一巻。穀梁伝十一巻。鄒氏伝十一巻。夾氏伝十一巻。左氏微二篇。鐸氏微三篇。張氏微十篇。虞氏微伝二篇。公羊外伝五十篇。穀梁外伝二十篇。公羊章句三十八篇。穀梁章句三十三篇。公羊雑記八十三篇。公羊顔氏記十一篇。公羊董仲舒治獄十六篇。議奏三十九篇。国語二十一篇。新国語五十四篇。世本十五篇。戦国策三十三篇。奏事二十篇〔秦時大臣奏事、及刻石名山文也〕。楚漢春秋九篇。太史公百三十篇（『史記』〔十篇有録無書〕）。馮商所続太史公七篇。太古以来年紀二篇。漢著記百九十巻。漢大年紀五篇。

ここでは『史記』の素材となった紀年、系譜、記事資料、戦国故事に関する書籍は、すべて春秋家に分類され、もっとも総合的な書物が『史記』である。そして『史記』では、諸子略、詩賦略、兵書略、数術略、方技略に分類された書物も利用している。

こうした書籍で注目されるのは、経書（六芸）とその異伝である。司馬談は遺言のなかで、周厲王と幽王の後、春秋時代になって王道がすたれ、礼楽が衰えたため、孔子が『詩』『書』を論じ、『春秋』を作ったと信じていた。[37] また『春秋』の最終である「獲麟」より以来、四〇〇年以上の間に「史の記」が散佚したため、漢武帝の時代にその著述を継ぐことを意識している。さらに司馬遷は、自序のなかで父を継ぐことを意識している。それは周公が亡くなって五〇〇年して孔子が現れ、孔子が亡くなって現在まで五〇〇年という巡り合わせと、『易』『春秋』『詩』『書』『礼』『楽』を継承する意識である。

太史公曰、先人有言。自周公卒五百歳而有孔子。孔子卒後至於今五百歳、有能紹明世、正易傳、繼春秋、本詩書禮樂之際。意在斯乎、意在斯乎。小子何敢讓焉。

このような経書は、秦始皇帝の焚書によって、博士の官に所蔵する以外に『詩』『書』と諸子百家の書物の所有を禁止された。しかし漢代になって、しだいに書物が整理され、孔子旧宅の壁中から経書が出土した伝えや、秦の博士であった伏生が伝えた今文『尚書』の例がある(38)。この間の事情を、自序の列伝第七十を作成した記述では、つぎのように説明している。

維我漢繼五帝末流、接三代統業。周道廢、秦撥去古文、焚滅詩書、故明堂石室金匱玉版圖籍散亂。於是漢興、蕭何次律令、韓信申軍法、張蒼爲章程、叔孫通定禮儀、則文學彬彬稍進、詩書往往間出矣。自曹參薦蓋公言黃老、而賈生・晁錯明申・商、公孫弘以儒顯。百年之間、天下遺文・古事靡不畢集太史公。

このような事情に対応して、漢代までの経書に関連する出土書籍がある。李零氏は、簡帛古書の六芸類について、4楽類と6春秋類を除き、つぎの関連資料をあげている(39)。

1詩類：阜陽双古堆漢簡『詩経』、上博楚簡「孔子詩論」など。2書類：郭店楚簡と上博楚簡「緇衣篇」。3礼類：武威漢簡『儀礼』。5易類：上博楚簡『周易』、馬王堆帛書『周易』、馬王堆帛書「二三子問」、馬王堆帛書「繫辞」「易之義」「要」「繆和」「昭力」、阜陽双古堆漢簡『周易』。

その後の研究によれば、経書の「易、書、詩、礼、楽、春秋」は、戦国時代に一連の経典とみなされていた可能性がある。たとえば戦国中期といわれる郭店楚簡の「六徳」には、「諸《これ》を詩・書に観れば則ち亦た在り。諸を礼・楽に観れば則ち亦た在り。諸を易・春秋に観れば則ち亦た在り」とみえている。また郭店楚簡の「語叢一」には、「易は天道・人道を会する所以なり」「詩は古今の恃（志）を会する所以なり」「春秋は古今の事を会する所以なり」という表現がある。これらは「詩、書、礼、楽、易、春秋」を並べており、『易』『詩』『春秋』の性質を述べたものである。浅野裕一氏は、郭店楚簡にみえる六経の作成年代を戦国前期（前四〇三～三四三年）より前に遡ると推定している。[40]郭店楚簡には、このほか道家と儒家などの資料がある。経書の異聞では、上博楚簡の『容成氏』に、堯より以前の帝王と舜、禹より以下の禅譲を記している。阜陽双古堆漢簡には、文帝期までの『周易』の断簡三〇〇余枚と『詩経』の断簡一七〇枚がある。[41]『史記』では、歴史叙述や格言のような役割に『詩』『書』『易』などを引用しているが、こうした資料はその一部が出土したといえよう。

諸子や説話に関する資料も多く出土しており、その研究が進んでいる。[42]たとえば慈利石板村戦国墓の竹簡には、『国語』呉語や、『逸周書』『管子』『司馬法』などの書物があるといわれる。郭店楚簡には、『老子』などの道家の文献と、儒家の文献がある。上博楚簡には、儒家や道家、易や兵家、説話などの資料がある。漢代では、山東省銀雀山竹簡『孫子』『孫臏兵法』『尉繚子』『六韜』などの兵書があり、軍事思想の観点から考察が進んでいる。馬王堆帛書には『老子』と古佚書がある。これらの出土書籍も、漢代までの書籍の普及を伝えている。

こうした出土書籍で注目されるのは、『呂氏春秋』や『説苑』『新序』『戦国策』と関連する資料である。これは『史記』の素材と編集に関して、つぎのような意義をもっている。[43]『史記』には、『呂氏春秋』と諸子や、『説苑』『新序』に関連する説話、『戦国策』と共通する戦国故事がある。しかし『戦国策』と『説苑』『新序』は、前漢末に劉向によって編纂されたものであり、その成立は『史記』の著述より遅い後世の書物である。この点について、阜陽漢簡の一号木牘は「《儒家者言》章題」として、上中下の三段に『孔子家語』や『説苑』『新序』と関連する四十七の章題を記している。二号木牘は「《春秋事語》章題」として、上中下の三段に『説苑』『新序』と関連する章題を記している。このほか約一〇〇条の竹簡には、『説苑』『新序』『左伝』『国語』と同じ内容があるという。また馬王堆帛書『戦国縦横家書』は、楚漢の際までに書写された戦国故事二十七篇の輯本であり、この墓主は、前漢の文帝十二年（前一六八）に亡くなった長沙国丞相の息子と考証されている。この帛書に『史記』や『戦国策』と共通する戦国故事があり、一篇は『韓非子』と関連する内容であった。したがって前漢末に編纂された『戦国策』と『説苑』『新序』や、その作成に疑問がもたれていた『孔子家語』は、その一部が司馬遷の時代より以前に存在しており、それを『史記』の素材にできたことを証明している。

このように出土書籍が増えてくると、司馬遷が『史記』を著述するとき「六経の異伝を協え、百家の雑語を整斉す」という状況は、ほぼその通りを伝えていたことになる。そして武帝期より後に編纂された『説苑』『新序』『戦国策』も、司馬遷より前の時代に存在した説話や戦国故事を一部にふくむことが確認できるのである。

それでは司馬遷が素材とした漢王朝の書籍と、地方の古墓から出土した書籍は、なぜ共通した性格をもつのだろうか。また『史記』の素材となった記事資料と伝来の文献、出土書籍の一部に、構文や字句が相違するのは、どのような理由によるのだろうか。この点は、つぎのように説明できよう(44)。

中国の出土資料は、その大半が地方から出土しており、秦漢時代の都城で発掘されたものではない。しかし古墓と井戸、遺跡から出土した資料は、秦漢時代の郡県制でいえば、ほとんどが県レベルの地方官府とその周辺社会の情報とみなすことができる。このうち漢代の古墓には、地下の官吏に通告する簡牘（告地策、冥土への旅券）を副葬する場合がある。これは地上の制度と同じように、地下の世界に通行するとき、墓主が随行する人や車馬、物品などを記した擬制文書である。馬王堆三号漢墓では、物品のリスト（蔵物一編）を送るという文書を副葬しており、これは遣策に対応している。張家山漢墓の遣策には、携行品の一つとして竹笥に入れた書籍（書一笥）という表記がある。したがって古墓の資料は、地方社会で実際に使用された文書や書籍が、保存し廃棄した資料の一部として所有され、墓主にとって個人的な携行品として副葬されたのではないかと考えている。それが司馬遷が利用した中央の書籍と、地方出土の書籍との共通点となっている。

そのとき『史記』の素材と、伝来の文献、出土書籍にみえる字句の相違は、漢王朝の図書と、個人が所有した書籍が異本（字句と編集が異なるテキスト）であることによると想定している。これまで中国の出土書籍は、『漢書』芸文志の目録と関連して考察されており、目録に見えない書物は新しい佚文として注目されている。しかし漢代の書籍は、前漢末に定本に整理されるまで、王朝の秘府にある書籍や、太史の書籍、個人所有の書籍に異本があった。そこで地方に普及した典籍にも、同じような傾向があり、その異本を出土書籍が反映しているとみなすのである。したがって司馬遷が利用した素材は、この典籍の異本の一つであり、そのため古墓の異本と字句が異なると推測される。古墓に副葬された書籍は、地方に普及した典籍の異本を反映しており、それが漢王朝の書籍と関連している。

なお古墓から出土した睡虎地秦簡や、張家山漢簡『二年律令』などの法制資料について補足しておこう。これらの法制資料は、同じように書籍とみなしてよいのだろうか。大庭脩氏は、国家の法制資料や行政文書の原本を個人が所有するはずはなく、律令などは書籍にあたるとみなしている(45)。しかし法律などの文書は、厳密な意味では書籍ではない。なぜなら『漢書』芸文志では、まだ律令と法律を書籍として分類していないからである。しかし唐代に編纂された『隋書』経籍志では、漢代の制度や漢晋の律令を図書として扱っている。『隋書』経籍志、史部の書籍（正史、古史、雑史、覇史、起居注、旧事、職官、儀注、刑法、雑伝、地理、譜系、簿録）には、つぎの書籍がある(46)。

職官：漢官解詁三篇（漢新汲令王隆撰、胡広注）、漢官五巻（応劭注）、漢官儀十巻（応劭撰）
儀注：漢旧儀四巻（衛敬仲撰。梁有衛敬仲漢中興儀一巻、亡）
刑法：律本二十一巻（杜預撰）、漢晋律序注一巻（晋僮長張斐撰）

つまり法律などの法制資料は、墓主が保存した資料であるが、当時は書籍として認識されていないとおもわれる。その理由は、典籍に異本はあるが一篇の書と認識されているのに対して、律令などは改定した場合には、最新の資料を追加・補足する保存資料の性格をもっているからである。そのため保存した文書や記録は、漢王朝では図書と認識しておらず、それが後世になって定着したとき、はじめて書籍に分類されたのであろう。

このとき『史記』の素材と編集について、もう一つ注意すべき点がある。それは司馬遷が利用した記事資料の性格である[47]。すでに戦国、秦漢時代では、『史記』の素材と関連する記事資料が存在していた。だから説話のようなエピソードも、さまざまな形で文章になっていたのである。しかし『史記』と異なる資料も多く残されている。その一例をみると、戦国、秦漢時代の伍子胥に関する伝説は、『史記』伍子胥列伝と異なる資料であった。反対に『史記』孫子（孫武）列伝と共通する資料は、銀雀山漢簡『孫子』の説話であり、これは武帝期の資料である。また『史記』蘇秦列伝や、穣侯列伝、孟嘗君列伝、春申君列伝と関連する戦国故事は、文帝期の馬王堆帛書『戦国縦横家書』と共通していた。したがって司馬遷が利用した資料は、春秋、戦国時代に近い第一次資料ではなく、一定の編集をへて漢代に伝えられた書籍と共通するという傾向がある。そのため春秋、戦国時代の人物ほど、伝承に変化があり異同が多くなる。『史記』先秦史料を分析するときには、このような史料的性格に注意する必要がある。

3　秦漢資料と『史記』の取材

『史記』の取材では、年代の基準となる系譜、紀年資料と、人物に関する記事資料を組み合わせている。しかし『史記』では、素材となる資料のほかに、秦漢時代の法令や行政文書、財務の資料が存在したと述べている。(48)それは秦帝国の滅亡に際して、蕭何が咸陽の都にあった「秦の丞相・御史の律令、図書」を収めた例や、秦代に張蒼が柱下の史となって「天下の図書、計籍」に熟知し、郡国の上計を扱ったというエピソードにみえている。近年の出土資料では、こうした『史記』の素材とは違う系統の簡牘が増えている。このような文書や記録の利用について、司馬遷が利用した系統の書籍との関係は、つぎのように考えられる。

秦漢時代の法令には、睡虎地秦簡『秦律十八種』『秦律雑抄』『效律』『法律答問』や、張家山漢簡『二年律令』『奏讞書』があり、岳麓書院所蔵秦簡の律令雑抄と、睡虎地漢墓簡牘にも律令がある。これらの法令は、地方で出土した資料であるが、それは中央で作成された法令、あるいは中央と地方のやり取りを記したものである。したがって漢王朝の中央にも存在した資料である。しかし『史記』戦国史料では、秦本紀や商鞅列伝の一部をのぞいて、法令の本文を引用した部分は少ない。これは裁判や財務に関する資料も同じである。

つぎに行政文書では、睡虎地秦簡の「語書」と秦代の里耶秦簡がある。(49)里耶秦簡は、基本的に県の官府の行政文書である。これまで公表された里耶秦簡には、上級官府からの命令や、県廷より以下の組織に発信・受信した文書の控えがある。また物品の出入に関する財務の資料もある。ここにみえる文書伝達と情報処理の方法は、中央と地方で共通する規格であり、それは秦統一直後の郡県制で厳密に規定されている。したがって秦帝国では、地方官府でも多くの文書と記録を作成しており、こうした文字資料によって実務の運営をしていたのである。これは中国古代の文書行政について、新しい知識をもたらした。(50)これまで秦帝国は、戦国諸国を占領して統一したが、わずか十五年の短期間で滅亡した。そのため秦の統一政策は、十分には地方に浸透しなかったといわれる。そして秦の制度は、漢王朝に継承され、武帝期より以降にしだいに文書行政が整備されてゆくと想定していた。その実例は、敦煌漢簡や居延漢簡の行政文書と、交通上の郵駅にあたる懸泉置で出土した漢簡である。ここには武帝期に設置された西方辺境の郡県で、中央と地方の文書行政を実行している。しかし漢代の文書システムの規格は、この里耶秦簡の方法を継承している。したがって秦国では、四川省青川県秦墓の木牘と睡虎地秦簡の規定からもうかがえるように、統一以前から文書伝達のシステムが形成されており、この情報伝達の方法が、秦代の里耶秦簡をへて、漢代の居延漢簡や懸泉漢簡にも継承されていたのである。これは文書行政と、文字資料の情報処理、実務の運営という行政統治の成立を、一〇〇年以上も遡らせることになる。この情報処理の技術は、南郡の長官が下した睡虎地秦簡「語書」とあわせて、戦国時代に形成されていたことを示している。さらに包山楚簡の文書簡によれば、戦国中期の楚国でも原形となる文書伝達の方法がみえている[51]。したがって戦国時代では、各国が都城を遷都して、戦国中期に王号を称して覇権を争う時期には、すでに文書を伝達して処理をする情報技術を形成していた可能性がある。この情勢は、戦国中期より以降に『戦国策』の戦国故事が増え、外交文書や書信の伝達に関する記述がみえることに対応している[52]。しかし『史記』では、中央で集約された情報は一部にとどまっており、行政文書の本文を引用する例は少ない。その理由は、司馬遷が地方官府と共通する資料を入手できなかったか、あるいは中央にある行政文書をあえて利用しなかったことが推測される。このとき司馬遷が利用した系統と、出土資料にみえる法制資料や、行政文書、財務の資料には、『史記』の素材に関連して二つの特徴がある。

一は、司馬遷が利用した系統は、『漢書』芸文志にみえる書籍の形態が多いのに対して、利用していない系統の法制資料や行政文書、財務の資料は、竹簡に保存された資料や、木簡と木牘に書かれた文書と記録である。これは漢王朝の官府にある文書と、地方出土の簡牘との違いではなく、『史記』の素材に関する性質の違いを示している。

二は、司馬遷が利用した系統は、その内容からみると、太史令が所属する太常の資料を基本としている。それは太常の職務に関連する祭祀儀礼や、太史令に関する暦・紀年資料があり、そのほかに系譜や、戦国故事、説話などの記事資料である。これに対して『史記』と共通しない系統の資料は、丞相と御史大夫に関する律令と行政文書や、廷尉に関する裁判の案件、治粟内史に関する財務資料などに属している。ここには『史記』が、漢王朝の書籍と記録を重視しており、とくに太常と太史の書籍に関連するという性格がうかがえる。

こうした特徴を、皇帝の詔書で補足しておこう。『史記』では、中央の資料である王の命令や、皇帝の詔書の利用が問題となる。漢代の詔書については、張家山漢簡「津関令」によって、その一端がわかるようになった。大庭脩「漢代制詔の形態」（一九六三年）では、『史記』に皇帝の詔書や、臣下の上奏文などを収録していることを指摘していたが、さらに「津関令」によって詔書を作成する手順が明らかになった。[53]「津関令」には、上奏された規定が皇帝の裁可をうけて「詔」となる過程などを示している。これは『史記』儒林列伝の「功令」のように、詔書が作成される形態と一致していることが裏づけられる。こうした詔書と『史記』の関係は、つぎのような特徴がある。

『史記』秦始皇本紀には、統一後の記事資料として、二十六年条に皇帝の称号を決める「制」や、郡県制とする命令、三十四年条に焚書の「制」、三十七年条に始皇帝が亡くなるときの璽書の伝え、二世皇帝元年条に始皇帝の廟を造る詔と、刻石に追記をする「制」がある。[54]これらは詔書と上奏文などを利用した可能性がある。しかし注意されるのは、それは儀礼や制度に関する内容が中心であり、直接に民に関する命令ではないことである。このような傾向は、『史記』孝文本紀と『漢書』文帝紀の詔書を比べるとよくわかる。[55]『史記』孝文本紀では、元年〜三年と、六年、十三年以降に詔書が集中してみえており、それは「上曰」という記載が多い。その内容は、皇帝の儀礼と、皇室、官僚、諸侯王に関するものと、郡・国に関するものであり、庶民に関する記事が少ないという特徴がある。これに対して

『漢書』文帝紀では、「詔曰」という表記が多く、『史記』にみえない詔書を引用している。その内容には、災害や奴婢の恩赦、庶民に対する租税の減免や恩赦など、一般の民に関する記述がふえている。したがって『漢書』が追加した記事をみると、あらためて『史記』孝文本紀が、文帝の即位と祭祀・儀礼に関する資料が多く、庶民に関する記述が少ないことがわかる。これは大きくみれば、『史記』孝文本紀の素材は、太史令が所属する太常に関連する内容にあたり、これも司馬遷の歴史観と『史記』の素材に関する手がかりとなる。

このように漢代では、『史記』の素材のほかにも、すでに多くの文書や記録、書籍が存在しており、父と司馬遷が著述をするときには、素材となる諸資料を選ぶ時代になっていたのである。その資料を取捨選択する過程のなかに、司馬遷の歴史観が反映されているはずであり、ここに『史記』と『漢書』の編集との違いをうかがうことができる。つまり司馬遷は、系譜・紀年資料や、中央の議論、祭祀儀礼、予言や人物評価に関する記事資料を利用しており、多くは太常に属する系統の資料と共通している。反対に、『史記』秦始皇本紀や孝文本紀に収録していないのは、律令や裁判の資料、里耶秦簡のような行政文書、財務の資料のように、行政と司法系統の資料である。これは漢王朝でいえば、丞相と御史大夫や、治粟内史（のち大農、大司農）、廷尉の史料に属している。このような資料の利用は、太史公自序で、父が太史令となったときに「太史公既掌天官、不治民」というように、「民を治める」方面よりも、天官の職務を重視する立場と共通している。しかし『漢書』では、司馬遷が利用しなかった系統の史料を収録して編集している。表2は、この『史記』の素材と関係する部署と、出土資料、関連する各篇を示したものである。

このほか『史記』には百科全書の要素があり、これに対応する出土資料がある。たとえば八書や扁鵲倉公列伝に関連して、科学技術や医学、地理知識、占いなどに関する出土資料がある。天官書にみえる天文や占星術は、『史記』の素材と同じではないが、馬王堆漢墓帛書にみえている。封禅書と河渠書にみえる山川祭祀や河川工学は、張家山漢

表2　『史記』と漢王朝の資料

官府	部署と資料	出土資料	関連の篇
太常	諸侯王、列侯の任命		漢代の諸表
	石室・金匱の書		
(祭祀)	太史：紀年資料と記事	睡虎地秦簡『編年記』	本紀、十表など
	天文、暦譜	周家台秦墓簡牘	暦書、天官書
(諸陵)	太祝：祭祀の資料	秦刻石	封禅、河渠書
	各国の系譜	包山楚簡、楚居など	十表、世家など
	太卜：占いの資料	戦国楚簡の卜筮祭禱簡	日者、亀策列伝
	太医：医学の資料	張家山漢簡など	扁鵲倉公列伝
	都水：水利、算数書	里耶秦簡、岳麓「算数書」	河渠書
		張家山漢簡「算数書」	
(学問)	博士：六芸の書物	郭店楚簡など	本紀、儒林列伝
	諸子の書物	上海博物館蔵楚簡など	世家、列伝など
	説話、戦国故事	馬王堆帛書など	
	兵書	銀雀山竹簡など	孫子列伝
	学問、詩賦など		孔子世家、屈原列伝
郎中令	宮殿、郎、謁者の資料		漢代の本紀など
少府	帝室財政、文書、技術	張家山漢簡「算数書」	河渠書、平準書
大鴻臚	大行令：三代の礼		礼書
丞相	皇帝の詔書、命令など	秦器物銘文	漢代の本紀
(行政)	中央と地方の行政文書	里耶秦簡	
御史	律令などの法律文書	睡虎地秦簡、龍崗秦簡	蕭相国世家
(文書)		岳麓書院所蔵秦簡	本紀、平準書
		睡虎地漢墓簡牘	
	視察・報告の資料		貨殖列伝、外国列伝
廷尉	司法、裁判の案件	包山楚簡の文書簡	李斯列伝
(刑獄)		秦簡『法律答問』	酷吏列伝
		秦漢時代の『奏讞書』	
大司農	財政に関する文書	里耶秦簡	河渠書、平準書
(穀貨)		岳麓書院所蔵秦簡	
校尉等	兵書、軍事の資料	銀雀山漢簡	孫子列伝

簡の算数書や、香港中文大学が購入した漢簡「河隄簡」がある。医学関係の書物には、馬王堆帛書の医書があり、ここには婦人科の書、小児科の書があるといわれている。(56) こうした医書の内容は、『史記』扁鵲列伝の伝えと医学資料の来源を推測させる。(57)

扁鵲名聞天下。過邯鄲、聞貴婦人、卽爲帶下醫。過雒陽、聞周人愛老人、卽爲耳目痹醫。來入咸陽、聞秦人愛小兒、卽爲小兒醫。隨俗爲變。秦太醫令李醯自知伎不如扁鵲也、使人刺殺之。至今天下言脈者、由扁鵲也。

これによると扁鵲は、行く先の国の俗にしたがって専門を変えたという。かれは、趙の邯鄲で婦人を大切にすると聞くと、婦人科の医者となり、秦の咸陽に行き小児を愛すると聞くと、小児科の医者になった。こうした伝えは、どこまで事実かわからないが、漢代の医書に同様の内容をふくむのは、たしかに古代社会の実状をふまえた伝説であったことがうかがえる。

『史記』趙世家には、趙簡子のとき夢による予言で、趙氏が七世にして晋に代わると記しており、それを「書して之を蔵む」という。また簡子に道で出会った者が帝の命を伝えて、胡服への改革を予言する記事にも「簡子、書して之を府に蔵む」とある。このような夢の予言を記して保存したという伝えに対して、岳麓書院所蔵秦簡に「占夢書」と整理された資料がある。(58) その内容は、陰陽五行学説による占夢書といわれるが、夢占いに関する文字資料を伝えた点で興味深いものがある。

地理知識では、天水放馬灘秦墓から出土した木板地図がある。ここには戦国秦の西方の交通と関所などの事情を伝えている。(59) また馬王堆帛書には「地形図」「駐軍図」などの地図があり、今の湖南省から広東省の方面にいたる交通や集落の状況を記している。これらもまた司馬遷の旅行や、『史記』の歴史地理と交通ルートを復元する資料ということができる。

さらに『史記』には、戦国秦漢時代にかけて、君主や封君、貴族から官吏、庶民におよぶまで、書信によって意志を伝達した事例を多く記している。これらも直接的に『史記』の素材を示すものではないが、近年では書信の実物が増加しており、当時の社会情勢を知る参考となっている。(60) このように直接的な素材ではなくても、出土資料には『史記』の社会背景を理解する内容が追加されている。『史記』が、こうした科学技術に関する内容をふくむ背景としては、漢代の太常府の組織が関係している。『史記』の素材については、太史令と太祝、太卜に関連して、紀年資料や系譜の存在を推測した。しかしさらに、太医には医学の資料が関連し、都水には水利と算数書が関連する。そして博士の官には、六芸、諸子の書、説話、戦国故事、詩賦など多くの書物が存在しており、それは書籍の普及と文書伝達の技術を反映している。したがって『史記』に科学技術の原形となる記述がみられるのは、漢代の太常に代表される当時の伝統技術の普及を反映しているものであろう。

『史記』の素材に関連しては、漢代の人びとによる伝承と、司馬遷の旅行による取材の問題がある。これらは本書の第二章附篇二「『史記』の編集と漢代伝承」、第二章「司馬遷の旅行と取材」で考察しており、『司馬遷の旅』（二〇〇三年）では、旅行ルートを踏査して『史記』の取材と叙述について考えてみた。(61) その結果、司馬遷が旅行した地域の情報は少なく、『史記』の基本となる情報が黄河流域に集中する状況とは異なることを指摘した。ただし旅行の取材は、素材としてはあまり利用されなかったが、『史記』を著述する際の貴重な体験となり、その見聞は歴史地理や歴史観、人物評価に生かされたとみなしている。

以上のように、中国出土資料の内容を分析し、それを伝来の文献をあわせて『史記』の取材を考えてみると、そこから『史記』の編集と、司馬遷の歴史観を探る手がかりを見いだせることがわかる。それは直接的に『史記』の素材となる出土資料と、その社会背景となる間接的な資料をふくめて、さらに『史記』の歴史叙述の特色が明らかになると考えている。

三　漢太史令と出土資料

1 黄老思想、天文の資料

中国の出土資料には、父と司馬遷の経歴と思想についても新しい情報を与えるものがある。ここでは漢太史令に関連する出土資料を整理しておこう。

太史公自序では、司馬氏の先祖が代々「天官」の職を司ると認識し、司馬談が天官と『易』、道論を学んで、仕官したあと道家を高く評価する「六家の要旨」を残したと伝えている。

昌生無澤、無澤爲漢市長。無澤生喜、喜爲五大夫。卒、皆葬高門。喜生談、談爲太史公。太史公學天官於唐都、受易於楊何、習道論於黃子。太史公仕於建元元封之間、愍學者之不達其意而師悖、乃論六家之要指曰……。

そこで父の思想は、とくに道家を中心とするともいわれるが、佐藤武敏氏は、儒家の思想をあわせもつと考えている(62)。それは父が、司馬遷に儒家の教育をほどこしており、また著述を息子に委託するとき孔子の編纂した『春秋』を継ぐことを強調していることなどによる。こうした経過から、父と司馬遷にとっては、天官の思想とともに、道家や儒家の思想が影響を及ぼしたことがわかる。ただし文献では、これまで漢代初期の天官や、黄老思想にかかわる資料の成立がよくわからなかった。出土資料には、これらと関連する内容をふくんでいる。

典籍に関する出土資料では、戦国早期の信陽楚墓竹簡がもっとも早い。この竹書には「周公」をふくむ文字があり、儒家に関する資料とみられているが、断片が多く、その性格は明確ではない。李学勤氏は、この資料を『墨子』の断片ではないかと想定している。(63)

黄老思想と儒家の文献を共通してふくむのは、郭店楚墓竹簡である。(64)その年代は戦国中期といわれるが、ここに『礼記』緇衣篇と同じ文章や、儒家の資料、『老子』など道家の篇がある。上海博物館蔵楚簡は、出土地域は不明であるが、戦国中期の楚に伝えられた儒家、道家、兵家、雑家などの文献八〇種あまりといわれている。(65)漢代では、馬王堆漢墓帛書に、文帝期までに書写された『周易』『老子』など儒家・道家の資料がある。とくに帛書「老子乙本巻前古佚書」は、「六家の要旨」にかかわるといわれ、その内容にも注目すべきものがある。それは天道を重視する思想や、存亡と興壊に関する観点であり、『経法』論約篇には以下のように言う。(66)こうした興亡の原理を探る視点は、《太史公書》の構想と共通するものである。

故執道者之観於天下也、必審観事之所始起、審其刑（形）名。刑（形）名已定、逆順有位、死生有分、存亡・興壊有處。然后參之於天地之恆道、乃定禍福・死生・存亡・興壊之所在。

故に道を執る者が天下を観ることは、必ず審らかに事の始めて起こる所を観て、其の形名を審らかにする。形名が已に定まれば、逆・順の位が有り、死・生の分が有り、存亡・興壊の処が有る。然る后に、之を天地の恒道に參すれば、乃ち禍福や死生、存亡、興壊の在る所を定めることができる。

儒家の資料では、阜陽漢簡と定県八角廊漢墓の竹簡が補足される。定県漢墓は、前漢末の中山王の墓といわれ、司馬遷の時代より後の資料である。しかしそこには『論語』のほか、後世の『孔子家語』と類似する「儒家者言」の資料がある。(67)『史記』仲尼弟子列伝の論賛によると、司馬遷は弟子の姓名を「弟子籍」『論語』から採ったというが、今日に伝わる『論語』とは相違がある。かえって『孔子家語』に、仲尼弟子列伝とよく似た記述がある。そこで、これまで『孔子家語』は後世の偽書という説もあったが、定県漢墓の資料と比べてみると、『孔子家語』の一部は前漢末までに存在したことになる。だから『史記』仲尼弟子列伝では、それ以前に書写された『孔子家語』と類似する資料を利用した可能性が出てきたといえよう。

天文に関する資料では、湖北省随県の曾侯乙墓から出土した漆絵箱に、戦国初期までの「二十八宿」名がみえている(68)。これは蓋の中央に「斗」の字があり、東西に蒼龍と白虎の図案がある。また睡虎地秦簡には『日書』と呼ばれる占いがあり、工藤元男氏は、この『日書』の原理を考察し、また定県漢簡『日書』や、阜陽漢簡『日書』、江陵九店楚墓竹簡『日書』、江陵張家山二四九号墓の『日書』、天水放馬灘秦簡『日書』、江陵王家台秦簡『日書』などの比較をしている(69)。これらの『日書』では、二十八宿占いに関する記述があり、阜陽漢簡『日書』では祭祀、土木の吉凶を伝えている。湖北省の周家台三〇号墓からは、秦代の暦譜のほか、二十八宿占いや五行占などの資料が出土している(70)。こうした出土資料は、『史記』天官書の思想と関連している。

漢代では、張家山漢簡の暦譜が、高祖から呂后までの年月と朔日を記していたが、これは十月を歳首とする秦の顓頊暦を継承したものであることが確認できる。馬王堆帛書には、「五星占」「天文気象雑占」という天文占いの資料がある。「五星占」の土星紀年には、秦始皇帝、漢(高祖)、孝恵帝、高皇后、文帝の紀年を記し、一部に「張楚」という陳渉の国号を残している。これは、星占の資料であるとともに、紀年資料としての価値をもっている(71)。このほか山東省臨沂県の銀雀山二号墓の竹簡「元光元年暦譜」は、まさしく司馬談が太史令であった時代の顓頊暦を示している(72)。これは一年の干支と、節季を書写した形式である。

この天文占いの資料は、必ずしも『史記』天官書にみえるような国家や王侯を占う内容ではなく、もう少し下の官吏など個人の吉凶を占うものが多い。しかし戦国、秦漢時代の『日書』や星占の発見は、司馬談の時代までに天文資料が竹簡・帛書に書写されたことを物語っている。だから司馬談は、唐都や楊何・黄子から、それぞれ天文・易・道論を学んだといっても、口述のほかに書写された書籍を利用したのであろう。

2 史に関する規定

父と司馬遷の経歴では、張家山漢簡の『二年律令』が手がかりを与えている。たとえば太史公自序では、司馬談が太史公となる状況について、唐都から天官の思想を学び、楊何から『易』、黄子から道論を学んだといっている。ここで問題となるのは、父がどのような経過で仕官したかということである。また漢太史令の秩禄と役割についても、なお不明な点がある。これについて佐藤武敏氏は、司馬談が最初に道論と天官を学び、建元年間に仕官したあと『易』を学んだとする。(73) そして太史丞・太史令の官職につくことができたのは、『漢書』芸文志の小学家にみえる任用規定によって、太史のテストで九千字以上を読んで史になったと推測している。

漢興、蕭何草律、亦著其法曰、太史試學童、能諷書九千字以上、乃得爲史。又以六體試之、課最者以爲尙書御史書令史。吏民上書、字或不正、輒擧劾。

張家山漢簡『二年律令』の「史律」には、この間の事情を裏づける規定がある。(74)

史・卜子年十七歳學。史・卜・祝學童學三歲、學佴將詣大史・大卜・大祝、郡史學童詣其守、皆會八月朔日試之。（史律四七四簡）

史と卜の子は年十七歳で学びはじめる。史と卜、祝の学童は三年ほど学ぶと、学佴はかれらを連れて太史、太卜、太祝のところに行き、郡の史の学童は其の郡守のところに行き、皆な八月朔日を期日としてかれらを試験する。

これによれば、史（書記）となるのは太史だけではなく、太卜と太祝と一緒に、いずれも「史」とみなされ、また試験官となっている。これに関連する試験の規定は、『漢書』芸文志とよく似た内容になっている。

試史學童以十五篇、能風（諷）書五千字以上、乃得爲史。有（又）以八體試之、郡移其八體課大史、大史誦課、取最一人以爲其縣令史、殿者勿以爲史。三歲壹并課、取最一人以爲尚書卒史。（史律四七五、四七六簡）

史の学童は十五篇によって試験をし、五千字以上を暗誦し書くことができて、やっと史となることができる。また八体によって試験をし、郡は其の八体の結果を太史に送る。太史は試験の結果を読んで、成績最高の一人を其の県の令史とし、成績最低の者は史としてはいけない。三年に一度、試験結果を集めて、その成績最高の一人を尚書卒史とする。

この規定によると、史の学童は『史籀《しちゅう》』十五篇を学び、五千字以上を誦読できれば史となることができるという。ここでは『漢書』芸文志の「九千字以上」に対して、「五千字以上」となっているが、その原理はまったく同じである。そして『漢書』芸文志では、優秀な者が尚書御史の史書令史にするというが、「史律」では県の令史となり、三年後に試験をして、そこで最高の者が尚書卒史となっている。

史の学童に対して、別の規定では、卜の学童は「史書三千字」と「卜書三千字」を学び、三万言以上を誦読し、祝の学童は「祝十四章」を学んで、七千言以上を誦読することを課題としている(75)。

張家山漢墓の年代は、暦譜に高祖五年から呂后二年までの紀年を記しており、『二年律令』は呂后二年のものといわれるが、高祖時代の規定をふくんでいる(76)。したがって「史律」は漢代初期の規定であるが、武帝期の任用を知る手がかりとなる。そこで、もし「史律」が武帝期にも適用されていれば、司馬談はこの規定によって史に任用されることができる。そして司馬談は、子の遷にも十歳で「古文」を暗誦させているから、史の子であった遷も「史律」の規定によって史となることが可能である。ただし武帝期では、このほか博士弟子の制度が創設されており、司馬遷の場合は、この新たな規定によって任用されたのかもしれない(77)。

そのとき武帝期の太史について、司馬遷は「任安に報ずる書」で文史・星暦の役割をもつといい、卜や祝と同じように軽んじられたと表現している。そして『続漢書』百官志では、後漢時代に太史令が天時・星暦を司ると記しているる。そこで太史が、天文と星暦を司る史官であるとすれば、卜は占いを扱う史官で、祝は祭祀を扱う史官という区分となる。この太史、太祝、太卜の役割は、甲骨文にみえる暦と、貞人、祭祀をおこなう三種の職務や、戦国楚簡の卜筮祭禱簡にみえる三種の職務と関連している。

また『左伝』にも、太史が天文を説明し、祝・卜の官と並べる記事がある。『左伝』昭公十七年条には、日食に際して祝・史が祭祀を問い、太史が天文を説明している。

夏六月甲戌朔、日有食之。祝・史請所用幣。……大史曰、在此月也。日過分而未至、三辰有災。於是乎百官降物、君不擧、辟移時。樂奏鼓、祝用幣、史用辭。……當夏四月、是謂孟夏。

『左伝』定公四年条には、周王室が魯国に祝・卜・史などの官を賜ったという伝えがある。

子魚曰、……昔武王克商、成王定之、選建明德、以藩屛周。故周公相王室、以尹天下、於周爲睦。分魯公以大路・大旂、夏后氏之璜、封父之繁弱、殷民六族、條氏・徐氏・蕭氏・索氏・長勺氏・尾勺氏、使帥其宗氏、輯其分族、將其類醜、以法則周公。用卽命于周。是使之職事于魯、以昭周公之明德。分之土田倍敦・祝・宗・卜・史、備物・典策、官司・彝器、因商奄之民、命以伯禽而封於少皥之虛。

これらは大きくみれば、祝・卜・史という史官の伝統につながるものかもしれない。そして漢代初期では、太史、太卜、太祝は「史」とみなされているが、こうした祭祀と学問にみえる太史には、記録を編纂して歴史書を著述するという役割はみられない。

『二年律令』には「秩律」という規定があり、これによって『史記』にみえない漢初の中央と地方の秩祿と官制を知ることができる。ここで注目されるのは、奉常（のち太常）が秩二〇〇〇石であることを記した四四一簡と、その属官の名称、太史令の秩祿である。

大卜、大史（太史）、大祝、宦者、中謁者……秩各六百石。（四六一～四六四簡）

ここでは漢初の太史令が、同じく奉常の属官である太卜や太祝たちと並んで、ともに秩六〇〇石の官であったことがわかる。また司馬遷が宮刑を受けて、出獄したあと着任した中書令は、王国維が推測したように中書謁者令で、それが中謁者であれば、やはり秩六〇〇石の官であることになる(78)。これまでは『大唐六典』巻九引く『漢旧儀』や『続漢書』百官志などの規定によって、中書令を秩一〇〇〇石の官とみなし、武帝が司馬遷の出獄後に優遇したという解釈もあった。しかし中謁者の俸祿が武帝期にも続いていれば、司馬遷は秩祿がほぼ同じで、少府に所属する宦官の職務に就いたということになる。これも司馬遷の経歴を補足する情報である。

『二年律令』の「傅律」には、司馬談の身分を補足する資料がある。これまで太史公自序では、談の父・喜が「五大夫」であったというだけで、その官職を記していなかった。五大夫とは、漢代の二十等爵制のうち第九等級の爵位であり、第一等級の公士から第八等級の公乘までが民であるのに対して、吏となる身分に属している(79)。この五大夫の爵をもつ者の子が、どのように待遇されるか文献では不明であるが、「傅律」の規定でその一端がわかるようになった。

不更以下子年廿歳、大夫以上至五大夫子及小爵不更以下至上造年廿二歳、卿以上子及小爵大夫以上年廿四歳、皆傅之。公士・公卒及士五（伍）・司寇・隱官子、皆爲士五（伍）。疇官各從其父疇、有學師者學之。（三六四～六五簡）

不更以下の者の子は年二十歳で、大夫以上から五大夫までの者の子、及び小爵の不更以下から上造にいたるものは年二十二歳で、卿以上の者の子、及び小爵の大夫以上のものは年二十四歳で、皆な之を兵籍に付ける。公士と公卒、及び士伍、司寇、隠官の子は、皆な士伍の身分とする。官を世襲するものは、それぞれ其の父に従って世襲させ、学師がいる者は学師に学ばせる。

ここでは「傅」という兵籍に付けられる年齢に、父の爵の等級によって差があることがうかがえる。それは不更（四等級）以下の子が二十歳であるのに対して、大夫（五等級）以上から五大夫（九等級）の子などは二十二歳、卿以上（一〇等級以上）の子などは二十四歳で兵籍に付けられている。だから五大夫の子であった司馬談は、兵役の面で優遇されており、そのほかにも有利な待遇をもつ身分であったことが推測できよう。また父の官を世襲する者に規定があり、これは父の太史令を継承する司馬遷にも関連する規定となる。これらは、父と司馬遷の経歴に関する資料である。

このように出土資料には、黄老思想と儒家や、天文・星暦、「史律」に関する資料がふくまれており、これらは『史記』を著述をするときに影響を及ぼした書物とも関連している。しかし黄老思想の資料は、歴史の変化を示す記述がありながら、『史記』の骨格となる記事が少なく、儒家の資料も、春秋時代より以降では『史記』の主要な構成部分ではない。また天文資料も、『史記』天官書の記述と関連しており、紀年資料の一部に天文、災異の記載があるが、それ以外の諸篇では主要な素材となっていない。そのため『史記』では、さらに多くの諸資料を利用して編集する必要があり、それが先にみた系譜と紀年資料や、説話、戦国故事などの記事資料である。

四　『史記』成立の諸問題

これまで出土資料によって『史記』の素材を分類し、その編集との関係を明らかにする視点について述べてきた。その方法は、出土資料によって漢代までの文書や書籍の形態を考え、それを伝来の文献とあわせて、『史記』の構造と歴史観を明らかにするという方法である。これによれば司馬遷は、漢王朝に集められた文書と書籍を主な素材とし、①年代の骨格になる系譜、紀年と、②記事資料を大きな区分として歴史を叙述したことになる。この編集方法は、『春秋左氏伝』の形式に近いといえよう。しかし『史記』は、本紀の通史だけではなく、紀伝体という特色をもっている。それは十二本紀と、それを取り巻く三十世家と七十列伝のほかに、十表、八書という部門で構成されている。これについても出土資料には、司馬遷の思想と歴史評価に手がかりを与える場合がある。この『史記』の成立にかかわる問題として、いくつかの方面から展望しておこう。

1古伝説・説話と公羊学

その一は、『史記』の古代本紀に関する認識である。『史記』五帝本紀（黄帝・顓頊・帝嚳・堯・舜）は、黄帝から始まる歴史を叙述している。それは『書』に記載された堯、舜、禹の聖王より遡る歴史観となっている。しかし五帝本紀の構成をみると、黄帝と顓頊、帝嚳に関する記述はきわめて少なく、実質は堯、舜の記述を中心としている。この特徴は、三代世表でも同じで、冒頭に黄帝、顓頊、帝嚳の三項目があるにすぎない(80)。

黄帝者、少典之子、姓公孫、名曰軒轅。（以下、四九九字）

帝顓頊高陽者、黄帝之孫而昌意之子也。（以下、一一一字）
帝嚳高辛者、黄帝之曾孫也。（以下、二〇六字）
帝堯者、放勛。（以下、一〇五七字）
虞舜者、名曰重華。（以下、一五三六字）

こうした『史記』五帝本紀の構成と、夏本紀、殷本紀、周本紀、河渠書にかかわる資料として、上海博物館蔵楚簡の『容成氏』がある。李零氏の説明によると、『容成氏』の残簡は五三枚であるが、内容からみて第一簡や最後の部分に脱簡があるといわれる。五三枚目の背面を「訟成氏」と読んで、これを『莊子』胠篋篇にみえる上古帝王の「容成氏」とみなし、内容を七部分に分けている(81)。

第一部分：容成氏など最古の帝王（二十一人）　　第五部分：夏の禹
第二部分：帝堯より以前の古帝王　　第六部分：殷の湯王
第三部分：帝堯　　第七部分：周の文王と武王
第四部分：帝舜

ここで注目されるのは、『史記』の古代本紀とのかかわりである。司馬遷は、五帝本紀の論賛で、『尚書』にみえる堯より以前に、雅訓ではないとしても百家の語に黄帝のことを記し、それは「五帝徳」「帝繫姓」などにみえるという。また司馬遷自身の旅行の印象として、黄帝と堯・舜ゆかりの地に風教の違いを感じたと述べている。さらに殷本紀の論賛では、契から成湯（湯王）以来のことを『書』『詩』から採ったと述べている。そして『史記』本紀に対して、今日に伝えられる『書』『詩』や、『大戴礼』五帝徳、帝繫篇との関連が認められる。しかし『容成氏』の伝えは、明らかに『史記』の構文とは異なってなり、素材が違うことを示している。

また第五部分とされた禹の伝説では、『尚書』禹貢篇、『周礼』職方氏、『爾雅』釈地とも違う「九州」を記しており、また異なる禹の治水伝説を示している。(82) これらは『史記』夏本紀や河渠書の叙述に対して、やはり素材の異なる伝えを示している。

しかし戦国楚簡『容成氏』に書写された帝王の伝説は、直接的に『史記』の素材ではなくとも、秦漢時代より以前に古代社会を理解した変遷を示しており、それは司馬遷が素材とした漢代の経書と異なる異聞があったことを示している。この意味で『容成氏』の伝えは、また『史記』本紀の歴史観を知る貴重な資料となる。

その二は、『史記』宋微子世家の「宋襄の仁」にかかわる説話と公羊学の評価である。ここには襄公が楚と泓水《おうすい》のほとりで戦ったとき、敵の軍陣が揃うまで攻撃を待ち、かえって敗れたという有名な故事がある。

十三年夏、宋伐鄭。子魚曰、禍在此矣。秋、楚伐宋以救鄭。襄公將戰、子魚諫曰、天之弃商久矣、不可。冬十一月、襄公與楚成王戰于泓。楚人未濟、目夷曰、彼衆我寡、及其未濟擊之。公不聽。已濟未陳、又曰、可擊。公曰、待其已陳。陳成、宋人擊之。宋師大敗、襄公傷股。國人皆怨公。公曰、君子不困人於阸、不鼓不成列。子魚曰、兵以勝爲功、何常言與。必如公言、卽奴事之耳、又何戰爲。……十四年夏、襄公病傷於泓而竟卒。子成公王臣立。

宋世家の論賛では、先祖の微子を称え、宋の混乱は宣公より後にあると述べて、つぎのように記している。

太史公曰、……襄公之時、修行仁義、欲爲盟主。其大夫正考父美之、故追道契・湯・高宗、殷所以興、作商頌。襄公既敗於泓、而君子或以爲多、傷中國闕禮義、襃之也、宋襄之有禮讓也。

これによれば襄公は、仁義を修めて盟主になろうとした。そして泓水の戦いでは、君子のなかに襄公を評価する人がいるのは、中国に礼儀が失われたことを傷み、それで褒めたのだと述べている。このように襄公の敗北を評価する思想は、集解で指摘するように、公羊伝の僖公二十二年条にみえている。

冬十有一月己巳朔、宋公及楚人戰于泓。宋師敗績。……宋公與楚人期戰于泓之陽。楚人濟泓而來。有司復曰、請迨其未畢濟而繫之。宋公曰、不可。吾聞之也、君子不厄人。吾雖喪國之餘、寡人不忍行也。既濟未畢陳。有司復曰、請迨其未畢陳而擊之。宋公曰、不可。吾聞之也、君子不鼓不成列。已陳然後襄公鼓之。宋師大敗。故君子大其不鼓不成列、臨大事而不忘大禮。有君而無臣。以爲雖文王之戰、亦不過此也。

そのため索隠のように、襄公の盛徳が喜ばれなくなったため、司馬遷はこれを褒めたという説明がある。(83)これは司馬遷が、公羊学派の董仲舒に学び、その影響を受けているともいわれることに関連する。これに対して中井履軒の注は、司馬遷が公羊伝の説を述べながら、実は襄公を善としないと解釈している。(84)

この両者のうち、どちらの解釈がよいかは、太史公自序の作成意図をみても明確ではない。そこでは襄公が泓水で傷ついたが、君子はどちらを褒めるだろうか、というだけである。(85)したがって司馬遷の評価は、その出典となる用語だけではなく、宋世家の構造と歴史観に即して理解する必要がある。

そこで注目されるのは、『史記』と公羊伝にみえる構文の比較である。『史記』宋世家と比べてみると、公羊伝には襄公の言として「君子不厄人」「君子不鼓不成列」という構文が関連しているが、全体として公羊伝の記述から『史記』宋世家を編集することはできない。また『左伝』僖公二十二年条では、つぎのように記している。

冬十一月己巳朔、宋公及楚人戰于泓。宋人既成列、楚人未既濟。司馬曰、彼衆我寡、及其未既濟也、請擊之。公曰、不可。既濟而未成列、又以告。公曰、未可。既陳而後擊之、宋師敗績。公傷股。門官殲焉。國人皆咎公。公曰、君子不重傷、不禽二毛。古之爲軍也、不以阻隘也。寡人雖亡國之餘、不鼓不成列。子魚曰、君未知戰。勍敵之人、隘而不列、天贊我也。阻而鼓之、不亦可乎。猶有懼焉。……

ここでは宋世家の「目夷」との対話を、『左伝』で「司馬」とし、『左伝』に「宋人既成列」「門官殲焉」などの字句をふくめ、必ずしも構文は一致していない。しかし『左伝』の構文を、公羊伝と比べると、全体的な構文は『史記』の叙述に近いといえよう(86)。

こうした歴史叙述に、もう一つの手がかりを与えるのが馬王堆帛書『春秋事語』である(87)。『春秋事語』の一三章「宋荊戰泓水之上章」には、つぎのような説話がある。

> 宋荊戰弘（泓）水之上、宋人□□陳（陣）矣、荊人未濟。宋司馬請曰、宋人寡而荊人衆、及未濟擊之、可破也。宋君曰、吾聞【之】、君子不擊不成之列、不童（重）傷、不禽（擒）二毛。士匽爲魯君槀（犒）師曰、宋必敗。吾聞之、兵□三用、不當名則不克。邦治適（敵）亂、兵之所〔迹〕也。小邦□大邦、邪以〔攘〕之、兵之所□也。諸侯失禮、天子誅之、兵□□□也。故□□□□□□□於百姓、上下無卻然後可以濟。伐、深入多殺者爲上、所以除害也。今宋用兵而不□、見間而弗從、非德伐回、陳（陣）何爲。且宋君不佴（耻）不全宋人之腹〔頸〕、而佴（耻）不全荊陳（陣）之義、逆矣。以逆使民、其何以濟之。戰而宋人果大敗。

注釈の説明によれば、士匽の評論が『左伝』や公羊伝・穀梁伝にみえない部分という。ここでは事件の経過は同じであるが、たしかに「宋、必ず敗れん」という批判を記している。また呉栄曾氏は、戦国時代にさまざまな春秋学があり、『春秋事語』の構成は政治の利害得失に注目することから、公羊伝・穀梁伝よりは、『左伝』の性質に近いとみなしている(88)。したがって司馬遷に公羊学の影響があったとしても、『史記』本文の構造では、『左伝』や『春秋事語』の性格に近い資料を素材にしたとおもわれる。

そこで「宋襄の仁」に関する評価は、宋世家の構造のなかで、どのように位置づけているかによって、その意図が明らかになるであろう。その方法は、拙著『史記戦国史料の研究』の戦国世家の論文で考察しているが、宋世家の構成に即していえば、襄公十二年に会盟をしたとき「小国が盟を争うは、禍なり」という目夷の諫言を聴かなかった例が象徴するように、襄公の事績は衰退への暗示となっている。これは論賛にみえる公羊伝の表現で判断するのではなく、『史記』の構造による編集意図の分析によって、春秋時代の歴史評価がわかる例である。

このような状況をみると、『史記』の構想や思想が公羊学の影響であるのかは、再検討する必要がある。(89)『史記』を全体としてみた場合、その構想は春秋学だけではなく、孔子が六芸を編纂したという事業全体を受け継ごうとした可能性がある。つまり本紀と世家は、中国古代の通史となっているが、『書』『春秋』を継ぐものであり、八書の諸篇は、六芸と太史令に関連する理論的な部分とみなすことができる。ただし十表は、入手した資料に制約はあるが、これまでの紀年資料と系譜、諸侯王と列侯の記録をもとにした独自の部門となっている。また列伝には、諸子に関する篇や、事績の顕彰がみられるが、単なる発憤の書ではない。このような『史記』の全体構想をみるとき、個人的な文学の要素や、春秋公羊学の影響を強調するのは、その一部にすぎないことがわかる。『史記』成立の問題は、紀伝体の諸篇の全体をふまえて、その構造と歴史観を考察すべきである。

2　『史記』『漢書』の編集

『史記』の構成は、秦代までの歴史は唯一の連続した叙述として、独自の基本史料となっている。しかし秦帝国の地方社会で生活し、二世皇帝のときに叛乱した人物や、項羽と劉邦の時代より以降は、『漢書』と共通した記述となっている。そこで『史記』秦漢史料で問題となるのは、『漢書』の編集との比較である。

『漢書』の著作は、司馬談と遷の父子と同じように、父・班彪の遺志をついだ家学である。(90)班彪は、洛陽の後漢王朝に仕え、徐令の任務を終えたあと著述に従事した。このとき班氏一族では、班斿が劉向とともに漢王朝の図書を校定し、子の班嗣が蔵書を所有するという便宜があった。班彪は、これまで『史記』の太初以後を書きつぐ揚雄・劉歆らの人々を不足として、前史の遺事を採り、異聞を集めて「後伝数十篇」を作成した。その論評には、司馬遷に良史の才を認めるが、史料の選択・記述の体裁や、黄老を崇び五経を軽視する点、項羽本紀・陳渉世家の位置づけ、人物の字・本籍などの不備を指摘する。そのため「後伝」は、本紀・列伝のみとして世家を除くという。

建武三十年（五四）に父が亡くなると、班固は郷里に帰り、その著述をつづけようとした。しかし明帝期に国史を改作すると密告する者があり、京兆尹の獄につながれ家書は没収されたが、弟の班超は兄が獄死することを恐れて上書した。そのため校書部に召されて蘭台令史（秩一〇〇石）となり、他の同僚と世祖本紀を作成し、のち校書郎となって功臣・平林・新市・公孫述の事績を論じて、列伝・載記二十八篇を作って上奏した。このあと明帝に著述を許され、永平年間から章帝の建初年間まで、約二〇余年にわたり『漢書』の完成に努めた。

『漢書』巻六二司馬遷伝の論賛には、父と同じ『史記』評を引用し、班固も共通した考えをもっていた。しかし班固は、漢が堯の運を継いで帝業を立てたものとし、司馬遷が百王の末に漢王朝を置き、秦帝国や項羽と同列にする編集を改めて、高祖から平帝の十二代と王莽まで二三〇年の歴史書とした。これは『史記』の通史を継ぐ著作から、前漢一代となる断代史への変化である。その後、班固は母の喪により官を去ったが、和帝の永元初に竇憲に従って匈奴に出征し、竇憲の罪に連座して官を免じられた。また洛陽令によって逮捕され、永元四年（九二）に獄中で亡くなった。このとき班固の著述は未完であったらしく、妹の班昭が『漢書』の講読を行なうほか、詔によって馬続らとともに表八巻と天文志一巻を作成し、それが今日に伝えられている。ここに『漢書』は王朝に公認され、班氏の一族が作成した儒家の史観による歴史書という性格をもっている。

『漢書』一〇〇巻の構成は、紀伝体の断代史で、帝紀十二巻、表八巻、志十巻、列伝七十巻から成る。『史記』本紀に関連する帝紀は、巻一高帝紀、巻二恵帝紀、巻三高后紀、巻四文帝紀、巻五景帝紀、巻六武帝紀である。

ここでは高帝紀のあと、恵帝紀を設けて高后紀と分けている。また『史記』孝景本紀と孝武（今上）本紀は、前漢末に失われ、とくに孝武本紀は封禅書の記述を用いたといわれている。(91) そのため『漢書』景帝紀と武帝紀は、独自の篇となる。また『漢書』では、『史記』のように世家の部門がなく、すべて列伝に編入している。たとえば『史記』項羽本紀と陳渉世家は、一緒に巻三一陳勝・項籍伝としている。『史記』呂后本紀の内容は、『漢書』では外戚伝などに一部を移している。こうした部門の変化は、表八巻、志十巻や、列伝の配列にもみえている。『史記』と『漢書』では、早くから体例や字句の異同が注目され、呉福助『史漢関係』（一九七五年）は、『史記』と『漢書』の構成が、どのように変化しているかを比較している。(92)

表3　『史記』十表、八書の区分

	史　記	漢　書
書・志	1礼書、2楽書	2礼楽志
	3律書、4暦書	1律暦志
	5天官書	6天文志
	6封禅書	5郊祀志
	7河渠書	9溝洫志
	8平準書	4食貨志、卜式伝
	—	3刑法志
	—	7五行志
	（貨殖列伝）	8地理志
	—	10芸文志
表	1三代世表	8古今人表
	2十二諸侯年表	
	3六国年表	
	4秦楚之際月表	1異姓諸侯王表
	5漢興以来諸侯王年表	1異姓諸侯王表
		2諸侯王表
	6高祖功臣侯者年表	4高恵高后文功臣表
		3王子侯表、6外戚恩沢侯表
	7恵景間侯者年表	4高恵高后文功臣表
		5景武昭宣元成功臣表
		3王子侯表、6外戚恩沢侯表
	8建元以来侯者年表	5景武昭宣元成功臣表
		6外戚恩沢侯表
	9建元已来王子侯者年表	3王子侯表
	10漢興以来将相名臣年表	7百官公卿表

表3は、『史記』の十表、八書と『漢書』を比べたものである。『漢書』の志の部門では、『史記』八書の名称を変えて継承しており、刑法志、五行志、地理志、芸文志は、新しく設けた篇である。とく

に刑法志は法律の沿革、地理志は郡県の戸口統計を記し、芸文志は王朝の図書目録を収録するなど、行政・文化の有用な部門を創始している。ただし地理志は新しい篇であるが、総論となる各地の風俗は、『史記』貨殖列伝の風俗地理を継承したものである。

『漢書』の表では、『史記』の三代世表、十二諸侯年表、六国年表にあたる時代は該当しない。ただし古今人表という人物評価を一覧したものがある。『漢書』の漢代諸表は、おおむね『史記』の区分にそっているが、百官公卿表は独自の内容である。

列伝は、楚漢の際の陳勝・項籍伝から、漢代の人物・グループの伝記を配列し、匈奴をはじめ外国列伝のあと、王莽列伝と班固の叙伝で終る。これらは構成と用語の点で、『史記』より整然とした体裁をめざしている。

このような『史記』と『漢書』の構成は、その素材と編集からみれば、つぎのような場合がある。

（一）『漢書』で『史記』と同じ本文を引用する篇。たとえば『史記』曹相国世家、留侯世家、陳丞相世家は、『漢書』では、蕭何曹参伝、張陳王周伝となっているが、本文は基本的に同じである。また朝鮮列伝は、『漢書』西南夷両越朝鮮伝に組み込まれているが、ほぼ同文である。ほかにも基本的に構文が共通する篇がある。この場合は、『史記』の注釈とあわせて、『漢書』の顔師古注など諸家の注釈によって、本文の校訂と解釈ができる。(93)

（二）『史記』の構成と評価を変えている篇。代表的なものは、『史記』で項羽本紀、陳渉世家とするものを、列伝にする例である。また『史記』高祖本紀は、『漢書』高帝紀に対応するが、その内容には出入りがある。『漢書』では、事件の月日や順序が入れ替わっていたり、記事の省略や追加がある。また一部には、『史記』と異なる詔書・奏言など公文書の引用がみえる。これは『史記』と『漢書』の編集の違いであると共に、歴史評価に関係している。なお『史記』秦楚之際月表では、漢王の元年に遡った年から記述があり、漢二年は十月から始めている。これは漢が秦の暦を継承して、十月を年初としているためであり、『史記』高祖本紀と『漢書』高帝紀の記述も同じである。しかし『漢書』異姓諸侯王表では、「漢元年一月」から始めて「二年一月」以降に続けている。これは『漢書』のほうが、後漢時代の暦をもとに整理をして誤っている例である。このように『漢書』が編集を変えている場合は、両方をふまえて事件の状況を判断する必要がある。

（三）『史記』とは異なる素材を組み込み、新しい篇を作成している篇。たとえば『漢書』恵帝紀は、『史記』呂后本紀の時代を分割した篇であるが、その素材は『史記』とは違う紀年資料を利用している。また『漢書』武帝紀は、『史記』の封禅書と同じ記載とは違って、独自の紀年と記事資料による歴史叙述となっている。この場合は、『漢書』が独自の基本史料となるが、その史料批判が必要である。そのほかにも『漢書』では、司馬遷が利用しなかった系統の史料を収録している。

このように『漢書』は、歴史書として『史記』よりも整然としている印象を与える。しかし『漢書』では、複雑な経過を捨象して、一つの解釈に整理した形跡がうかがえる。したがって『史記』秦漢史料では、『漢書』との比較が必要であり、両者の素材と編集のあり方や、班固の歴史観も関係してくる。これについても出土資料には、参考となる内容がある。たとえば『漢書』百官公卿表と関連する漢王朝の中央官制や地方行政については、張家山漢簡『二年律令』と『奏讞書』がある。(94)とくに『二年律令』の「秩律」は、漢代初期の中央と地方の官制を伝える資料である。また徐州市の獅子山漢墓にみえる印章と封泥は、前漢時代の諸侯王国の官制を知る資料である。(95)また南越国の官署遺跡から出土した木簡や、南越王墓の印章などは、漢王朝とは異なる南越国の機構を知る資料となる。(96)前漢末では、江蘇省の尹湾漢墓から出土した簡牘がある。(97)ここには東海郡の「集簿」や、所属する県の官職一覧表、官吏の転任記録、木謁などがあり、これも『史記』『漢書』にみえる地方社会をうかがう参考資料である。秦漢史では、このほかに考古学の遺跡やフィールド調査による情報も、当時の社会を知る手がかりとなる。

おわりに

『史記』は、中国古代史の基本史料となる通史である。ここには黄帝から夏殷周の三代、春秋戦国、秦漢時代の歴史を描いており、とくに秦始皇帝より以前の先秦史では、唯一の連続した史料となる。司馬遷は、この著述の取材について、漢王朝が成立して約一〇〇年が経過した武帝期に多くの図書が集まり、こうした諸資料を利用して編集したと述べている。しかし司馬遷の経歴がドラマチックであり、『史記』には伝説や物語も多いため、歴史書だけではなく、文学・思想の古典としての価値をもっている。また司馬遷が著述した当時は、文字に書かれた資料が少ないとみなして、漢代の人々の口承や、上演された語り物、旅行の取材による物語性を強調する説がある。そこで『史記』によって中国古代史を研究するには、どの部分が史実を反映しており、どこまでが司馬遷の創作によるのかを知る必要がある。また先行資料をもとに編集した部分についても、その複数の素材の性格を明らかにし、その編集方法と特徴を解明しなくてはならない。このような『史記』の構造分析によって、はじめて司馬遷の歴史観を知り、『史記』を歴史史料として使用することができる。

『史記』の素材と編集については、これまで文献との比較や、『史記』の内部を分析する史料批判が試みられたが、決定的な証拠を欠くという制約があった。しかし中国では、二十世紀から簡牘と帛書に書かれた出土資料が発見され、『史記』の外部にある第一次資料によって、『史記』の史料研究を進めることができるようになった。ここから出土資料の内容と機能を分析し、先行する諸資料を編集した《太史公書》の原形を復元することが可能となる。このように簡牘に書かれて成立した『史記』は、三国・晋代より以降に紙写本となり、宋代から印刷された版本となった。これが今日の『史記』テキストとなっている。本書で試みるのは、『史記』を文献テキストとするまえに、簡牘・帛書を編集した当初の《太史公書》の原形を復元し、その構造と歴史観を明らかにすることである。ここで述べた要点は、つぎの通りである。

一、中国出土資料の分布には、長江流域の古墓と井戸の資料、西北の漢簡があり、『史記』の素材と関連するのは、とくに武帝期より以前の長江流域の簡牘・帛書である。近年では、上海博物館や中国の大学が購入した戦国、秦漢時代の竹簡も参考となる。このうち系譜、紀年資料の形式をみると、それは『史記』三代世表、十二諸侯年表、六国年表、秦楚之際月表、漢代諸表の区分と共通している。これは司馬遷が独自に年代区分をしたのではなく、漢代に利用した系譜・紀年資料の制約を受けて、『史記』の年代学としたことを示唆している。『史記』では、こうした紀年の間に記事資料を編年しており、このような諸資料の編集が『史記』を歴史書とする大きな特徴である。

二、司馬遷は、著述にあたって『書』『詩』の経書をはじめ、経書の異伝、諸子の伝説を素材にしたと述べ、このほかにも人物の説話や、戦国故事などを収録している。中国の出土資料が増えてくると、こうした素材を類推させる書籍が多くなっており、それは『漢書』芸文志の図書目録と対比されている。これによって司馬遷の時代より後に編纂された『戦国策』『説苑』『新序』の説話も、すでに一部は武帝期以前に書写されていたことが明らかとなった。このとき司馬遷が利用した漢王朝の図書と、地方から出土した書籍が類似する理由については、戦国、秦漢時代にかけて中央と地方に普及した書籍のうち、古墓の墓主が随行品の一部とみなしたため、その入手した書籍を反映していると推測した。ただし司馬遷の時代には、普及した書籍に異本が多く、それが定本として定着するのは、前漢末に劉向と劉歆たちが王朝の図書を整理した後のことである。したがって古墓の書籍と、司馬遷が利用した『史記』の素材とは、異本による字句の相違があるとおもわれる。また『史記』の素材では、戦国時代の出土文献に異聞が多く、銀雀山漢簡の『孫子』説話や馬王堆帛書『戦国縦横家書』の戦国故事のように、漢代の資料に近いという傾向がある。そのため司馬遷は、直接に春秋戦国時代の資料を利用したのではなく、漢代に伝えられた説話や戦国故事を利用した可能性があり、その内容は時代の経過による変遷を受けている。

三、これまで発見された出土資料は、その大半が『史記』の素材とは違う系統の文書や記録である。その内容には、中央官府と関連する法制資料や、行政文書、財務、実務を運営する記録がある。これらの資料は、『史記』の素材に反映されていないとしても、漢代までの社会情勢を示す第一次資料である。たとえば里耶秦簡では、地方行政の文書伝達と情報処理の規格が成立している。これは秦帝国になって初めて制度を統一したのではなく、すでに戦国時代に地方行政を運営する情報技術を整えていたことを示している。その転換期は、戦国中期に諸国が都城を遷都し、王号を称して独立を示したことに象徴されるであろう。これは『戦国策』の戦国故事や、簡牘の発見が戦国中期以降に増えることと一致している。また『史記』の素材とくらべてみると、司馬遷が利用した系統は、太常と太史令の職務に関連して、祭祀儀礼や天文、暦、系譜、紀年資料と、それに関する公文書、博士の官が所有する書籍が多いという特徴がある。これらは『漢書』芸文志の六芸略春秋家に分類された書籍と、諸子などの書籍にあたる。反対に、司馬遷が利用していない系統の資料は、丞相と御史大夫に関する律令と行政文書や、治粟内史に関する財務資料、廷尉に関する司法裁判の案件などである。これらは厳密には、まだ書籍の形態となっていない文書と記録である。ここに『史記』では、漢王朝の地方行政と民に関する実務とは異なる系統を中心とし、書籍の形態となった資料を利用するという性格がうかがえる。つまり出土資料によれば、戦国時代より以前に利用できる史料に制約はあるが、司馬遷の時代では、すでに多くの文書や書籍のなかから素材を選択できる状況になっていたのである。また『史記』の素材では、文字資料だけではなく、漢代の人びとによる伝承や、司馬遷の旅行による取材との関係が問題となる。

四、出土資料には、父と司馬遷の職務であった漢太史令と、その思想に関する内容がみえている。たとえば父が学んだという黄老思想や、天文に関する資料があり、漢代の学問のあり方を知ることができる。また張家山漢簡『二年律令』の「史律」には、太史、太祝、太卜を史官として、その任用に関する規定がある。これらは父と司馬遷の経歴や、『史記』の成立をめぐる手がかりとなる。

五、『史記』の成立に関しては、古代本紀の異聞となる資料があり、司馬遷の歴史観との関係をうかがうことができる。また司馬遷に影響を及ぼしたという春秋公羊学についても、その思想に関連する資料がある。『史記』秦漢史の研究では、さらに『漢書』の素材と編集の違いが問題となる。『漢書』では、漢王朝の成立から武帝時代まで『史記』の記述を継承しているが、その素材と位置づけは少し異なる場合がある。それは①『史記』とほぼ同じ本文を引用する篇、②『史記』の構成と評価を変えている篇、③新しい素材を組み込み、別の篇を作成する場合がある。ここでは司馬遷が利用しなかった系統の史料を収録している。こうした出土資料による『史記』史料の研究と、フィールド調査をあわせた考察によって、秦漢統一国家と地域社会の実情に近づけると考える。

以上のように司馬遷は、《太史公書》の編集に際して、伝来の文献と出土資料にみえる文書や記録、書籍のなかで、暦譜、系譜、紀年、文書、記事資料、天文、書信など、各種の性格をもつ諸資料を基本的に利用している。それは本紀や世家、列伝にみえる人物像だけではなく、十表、八書のような部門にもみえている。ただし注意されるのは、司馬遷が先行資料を利用したといっても、それをモザイクのように引用したのではなく、独自の歴史観によって記事を取捨選択して歴史を叙述したという点が重要である。その素材には、紀年や系譜、公文書のように変化が少ない資料とともに、時代の変遷を受けた疑わしい説話と記事資料も利用している。さらに漢代の人びとによる伝承や、自分の体験による当時の印象を加えている。したがって『史記』の構造は、太史公自序や各篇の論賛と、「任安に報ずる書」にみえる李陵の禍による発憤の心情や、列伝の人物像によって説明するだけでは不十分である。『史記』秦漢史の研究は、《太史公書》を著述をした社会背景をふまえて、素材と編集の史料的性格と、司馬遷の歴史観をふまえた通史と紀伝体という全体構造を理解する必要がある。

このような『史記』史料研究を基礎として、司馬遷が利用しなかった新出資料をふくむ中国古代史の研究が進展できると考えている。本書の各章では、司馬遷の取材と『史記』の成立を概観したあと、『史記』秦漢史料の構造と歴史観を考察する。そして最後に、同時代史としての古代国家と地域社会の特質を展望してみたい。(98)

注

（1）『史記』のテキストは、『史記』点校本二十四史修訂本（中華書局、二〇一三年）をもとに、必要に応じて、宋慶元黄善夫刊本（百衲本）、水澤利忠・尾崎康・小沢賢二解題『国立歴史民俗博物館所蔵黄善夫本・国宝史記』（汲古書院、一九九六～九八年）などで補正する。歴代の注釈や校訂は、梁玉縄『史記志疑』（一七八七年、中華書局、一九八一年）、瀧川亀太郎『史記会注考証』（東方文化学院東京研究所、一九三二～三四年）、水澤利忠『史記会注考証校補』（史記会注考証校補刊行会、一九五七～七〇年）、池田四郎次郎著・池田英雄増補校訂『史記補注』上（本紀・世家）、下（列伝）（明徳出版社、一九七二年、一九七五年）や、王叔岷『史記斠證』（中央研究院歴史語言研究所、一九八三年）、韓兆琦編著『史記箋証』（江西人民出版社、二〇〇四年）などを参照する。

（2）『史記』の研究史と諸説は、楊燕起・陳可青・頼長揚編『歴代名家評史記』（北京師範大学出版社、一九八六年）が後世の評価を収録しており、『史記研究集成』全一四巻（華文出版社、二〇〇五年）、張新科・高益栄・高一農主編『史記研究資料萃編』（三秦出版社、二〇一一年）に整理されている。日本では、内藤湖南『支那史学史』（一九四九年、『内藤湖南全集』第十一巻、筑摩書房、一九六九年）、岡崎文夫「支那史学思想の発達」（岩波講座『東洋思潮』四、一九三四年）、池田四郎次郎・池田英雄『史記研究書目解題稿本』（明徳出版社、一九七八年）、池田英雄『史記学五〇年——日・中「史記」研究の動向』（明徳出版社、一九九五年）、青木五郎・中村嘉弘編著『史記の事典』（大修館書店、二〇〇二年）などがある。『史記』に関する論文は多いが、佐藤武敏『司馬遷の研究』（汲古書院、一九九七年）は基本となる研究である。

一般書には、岡崎文夫『司馬遷』（一九四七年、研文社、二〇〇六年復刊）、バートン・ワトソン著、今鷹真訳『司馬遷』（筑摩書房、一九六五年）、大島利一『司馬遷と「史記」の成立』（清水書院、一九七二年）、シャヴァンヌ著、岩村忍訳『司馬遷と史記』（新潮社、一九七四年）、伊藤徳男『「史記」と司馬遷』（山川出版社、一九九六年）などがある。発憤著書の説は、武田泰淳『司馬遷——史記の世界』（一九四三年、のち講談社、一九九七年など）でよく知られている。宮崎市定「身振りと文学——史記成立の一試論」『「史記」を語る』（以上、『宮崎市定全集五』史記、岩波書店、一九九一年）は、とくに語り物の利用を強調している。

（3）　拙著『史記戦国史料の研究』第一編第一章「『史記』と中国出土書籍」（東京大学出版会、一九九七年）、同『史記戦国列伝の研究』序章「戦国、秦代出土史料と『史記』」（汲古書院、二〇一一年）では、戦国期を中心に出土資料の概略を述べた。その後も新出資料の発見は続いており、拙著『中国古代国家と社会システム——長江流域出土資料の研究』序章「中国出土資料と古代社会」（汲古書院、二〇〇九年）は、それを補うものである。

（4）　裘錫圭「中国出土簡帛古籍在文献学上的重要意義」（『中国出土資料研究』三号、一九九九年、『北京大学古文献研究所集刊1』北京燕山出版社、一九九九年、『中国出土古文献十講』復旦大学出版社、二〇〇四年）。

（5）　王国維は「最近二三十年中中国新発見之学問」（一九二五年、『王国維遺書』第五冊、静安文集続編、上海古籍書店、一九八三年）で、こうした新発見が新しい学問領域を開くことを指摘し、『古史新証』（影印本、一九三五年、清華大学出版社、一九九四年）では、紙上の材料（文献史料）と地下の新材料（出土資料）を合わせて考察する二重証拠法を提唱した。これは『史記』と出土資料の関係を考えるうえで有効な方法であるが、簡牘学そのものを充実させる必要がある。

（6）　瀧川亀太郎『史記会注考証』「史記総論」史記資材（東方文化学院東京研究所、一九三二〜三四年）。

（7）金徳建『司馬遷所見書考』（上海人民出版社、一九六三年）、張大可「論史記取材」（『史記研究』甘粛人民出版社、一九八五年）など。

（8）原富男『補史記芸文志』（春秋社、一九八〇年）では、「見存」現存する典籍（孔子以前、孔子及びその徒、六国時代、秦代、司馬遷以前、父と司馬遷の時代）、「引用」（司馬遷以前、司馬遷自身）、「解説」（司馬遷とその時代）に分けて一覧している。

（9）梁玉縄『史記志疑』（中華書局、一九八一年）、瀧川前掲『史記会注考証』による。ちなみに池田四郎次郎『史記補注』（明徳出版社、一九七二年）は、字句の校訂や解釈が中心で、出典は「左伝、戦国策、説苑、新序、淮南子」の資料にとどまっている。

（10）顧頡剛「司馬談作史」（一九五一年、『史林雑識初編』中華書局、一九六三年）では、趙世家と馮唐伝の伝承について、司馬談が趙人の馮氏から聞いたと推測している。

（11）王国維「殷卜辞中所見先公先王考」（一九一七年）、「殷卜辞中所見先公先王続考」（同年、以上『観堂集林』巻九に収録）。また同「史記所謂古文説」（一九一六年、『観堂集林』巻七）、同「史籀篇疏証序」（一九一六年、『観堂集林』巻五）にも『史記』に関連する考証がある。その論文が著された経過は、佐藤武敏『王国維の生涯と学問』（風間書房、二〇〇三年）に詳しい。

（12）王国維「太史公行年考」（『観堂集林』巻一一、一九二九年）。

（13）王国維「太史公行年考」、郭沫若「《太史公行年考》有問題」（『歴史研究』一九五五年五期）、李長之『司馬遷之人格与風格』（生活・読書・新知三聯書店、一九四八年、上海開明書店、一九八四年、台湾里仁書局、一九九七年）、李長之著・和田武司訳『司馬遷』（徳間書店、一九八八年）などの生年をめぐる諸説は、佐藤武敏「司馬遷の生年」（前掲『司馬遷の研究』第三章）で紹介し、前一四五年説を支持している。

（14）陳直『史記新証』（天津人民出版社、一九七九年）、同『漢書新証』（一九五九年、第二版、天津人民出版社、一九七九年）。『漢書新証』初版の自序には「我之方法、以本文為経、以出土古物素材証明為緯。……其体例完全倣楊氏窺管……。有百分之

七十、取証於古物、其余管見所及、一併付入。我所引用之素材、主要在居延敦煌両木簡。次則銅器・漆器・陶器・封泥・漢印・貨幣・石刻各部分」とある。

(15) 李学勤『東周与秦代文明』増訂本（文物出版社、一九九一年）、江村治樹『春秋戦国秦漢時代出土文字資料の研究』（汲古書院、二〇〇〇年）は、各国の武器や青銅器、陶器、貨幣などの器物銘文を集成して、戦国諸国の特徴を考察している。また陳家寧『史記商周史事新証図補（壹）――殷・周・秦《本紀》新証図補』（天津人民出版社、二〇一一年）がある。

(16) 『漢書』芸文志の六分類は、以下の通り。

　六芸略：易、書、詩、礼、楽、春秋、論語、孝経、小学

　諸子略：儒家、道家、陰陽家、法家、名家、墨家、縦横家、雑家、農家、小説家

　詩賦略：屈原賦之属、陸賈賦之属、荀卿賦之属、雑賦、歌詩

　兵書略：兵権謀、兵形勢、兵陰陽、兵技巧

　数術略：天文、暦譜、五行、蓍亀、雑占、形法

　方技略：医経、経方、房中、神僊

『漢書』司馬遷伝の論賛では、六芸略春秋家に収録された「左氏・国語」「世本・戦国策」「楚漢春秋」を取るというが、『戦国策』は前漢末に編纂された書物である。拙稿前掲「『史記』と中国出土書籍」。

(17) 『漢書』司馬遷伝では、宣帝のときに外孫の平通侯・楊惲が《太史公記》を祖述し、遂に宣布したという。しかし劉向の図書整理のころ、東平王の劉宇が来朝して、諸子と《太史公書》を上疏して求めたとき、そこには戦国時代の合従連衡の策謀や、漢初の謀臣の奇策、天官の災異、地形の要害などを記すため、諸侯王に与えるのは良くないと許可されなかった。したがって《太史公書》は前漢末までに広く地方に普及したわけではない。

(18) 拙稿前掲「中国出土資料と古代社会」で説明したように、古墓の資料は、戦国秦漢時代の都城・県城や封君の地の周辺にあり、文書・記録と書籍、書信などをふくむ。井戸の資料は、基本的に県城などの官府で保管され廃棄されたものであり、行政文書や記録が多い。フィールドの資料は、漢代西北の辺郡では、民政・軍政系統に所属する候官、隧、関所、郵駅など

の施設から出土しており、井戸の資料と類似の系統が多く、両者は比較の対象となる。

(19) 胡平生・李天虹『長江流域出土簡牘与研究』(湖北教育出版社、二〇〇四年)、拙稿前掲「中国出土資料と古代社会」など。

(20) 上海博物館蔵楚簡、清華大学蔵戦国竹簡は、古文字学や思想史で注目され、北京大学蔵秦漢簡牘には、始皇帝と二世皇帝を記した「趙正書」などがあり、岳麓書院蔵秦簡には法律文書や算数書などをふくむ。これらの購入した簡牘は、真贋や配列の問題が議論されている。また湯浅邦弘『竹簡学――中国古代思想の探究』(大阪大学出版会、二〇一四年)がある。

(21) 拙稿前掲「中国出土資料と古代社会」一九頁で一覧している。また湖南省文物考古研究所「益陽市兎子山遺址考古発掘簡介」(武漢大学簡帛研究中心、簡帛網二〇一三年七月二二日)、「益陽市兎子山遺址考古発掘概況」(『中国文物報』二〇一三年一二月六日)が追加される。

(22) 大庭脩『木簡』(学生社、一九七九年)、同『木簡学入門』(講談社学術文庫、一九八四年)、永田英正『居延漢簡の研究』序章(同朋舎出版、一九八九年)、李均明『秦漢簡牘文書分類輯解』(文物出版社、二〇〇九年)などに分類と総括がある。

(23) 陳偉『包山楚簡初探』(武漢大学出版社、一九九六年)、池澤優「祭られる神と祭られぬ神」(『中国出土資料研究』創刊号、一九九七年)、工藤元男「包山楚簡『卜筮祭禱簡』の構造とシステム」(『東洋史研究』五九―四、二〇〇一年)、陳偉等『楚地出土戦国簡冊〔十四種〕』(経済科学出版社、二〇〇九年)、拙稿「包山楚簡と楚国の情報伝達」(前掲『中国古代国家と社会システム』)。

(24) 李学勤「清華簡九篇綜述」(『文物』二〇一〇年五期)、清華大学出土文献研究與保護中心編、李学勤主編『清華大学蔵戦国竹簡(壹)』(中西書局、二〇一〇年)、浅野裕一「清華簡『楚居』初探」(二〇一一年、浅野裕一・小沢賢二著『出土文献から見た古史と儒家経典』汲古書院、二〇一二年)、拙稿「『史記』の年代学と清華簡『楚居』『繫年』」(『愛媛大学法文学部論集』人文学科編三五、二〇一三年)。

(25) 李学勤「清華簡《繫年》及有関古史問題」(『文物』二〇一一年三期)、清華大学出土文献研究與保護中心編、李学勤主編『清華大学蔵戦国竹簡(貳)』(中西書局、二〇一一年)、浅野裕一「史書としての清華簡『繫年』の性格」(前掲『出土文献から見た古史と儒家経典』)。

（26）『史記』秦本紀には「秦嬴生秦侯。秦侯立十年卒。生公伯。公伯立三年卒。生秦仲。秦仲立三年、周厲王無道、諸侯或叛之。……周宣王卽位、乃以秦仲爲大夫、誅西戎。西戎殺秦仲。秦仲立二十三年、死於戎」以後の系譜と紀年資料がある。また秦始皇本紀の末尾に付記された秦系譜でも、周の東遷時期にあたる「襄公立、享國十二年。初爲西畤。葬西垂。生文公」以降の系譜を収録している。これも東遷前後の記載から始まっており、同じような情報の制約となっている。

（27）拙稿「『史記』戦国紀年の再検討」（前掲『史記戦国史料の研究』第一編第三章）。

（28）張培瑜・張春龍「秦代暦法和顓頊暦」（湖南省文物考古研究所編『里耶発掘報告』岳麓書社、二〇〇七年）。

（29）工藤元男『睡虎地秦簡よりみた秦代の国家と社会』第四章「睡虎地秦簡『日書』の基礎的検討」（創文社、一九九八年）。

（30）湖北省荊沙鉄路考古隊『包山楚墓』、同『包山楚簡』（文物出版社、一九九一年）。

（31）拙稿前掲「『史記』戦国紀年の再検討」、同「『史記』趙世家の史料的考察」（一九八九年、前掲『史記戦国史料の研究』第二編第二章）。

（32）工藤前掲「睡虎地秦簡『日書』の基礎的検討」。

（33）湖南省文物考古研究所、懐化市文物処、沅陵県博物館「沅陵虎溪山一号漢墓発掘簡報」（『文物』二〇〇三年一期）、郭偉民「虎溪山一号漢墓葬制及出土竹簡的初歩研究」（北京大学・達慕斯大学・中国社会科学院主辦『新出簡帛研究――新出簡帛国際学術研討会論文集』文物出版社、二〇〇四年）、前掲『長江流域出土簡牘与研究』四四七～四五〇頁。

（34）馬王堆帛書の天文資料については、劉乃和「帛書所記〝張楚〟国号与西漢法家政治」（『文物』一九七五年五期）、劉楽賢『馬王堆天文書考釈』第三章「《五星占》考釈」（中山大学出版社、二〇〇四年）など参照。

（35）『史記』では、春秋時代以前の歴史叙述や、格言のような役割に『詩』『書』などを引用する例がある。これは『書』『詩』など文献との比較研究があり、甲骨や金文資料とかかわりをもっている。古国順『史記述尚書研究』（文史哲出版社、一九八五年）、陳桐生『史記与詩経』（人民文学出版社、二〇〇〇年）。

（36）李学勤「馬王堆帛書与《鶡冠子》」（一九八三年、『李学勤集』黒龍江教育出版社、一九八九年）では、帛書を『漢書』芸文志の六分類に従って説明するなど、出土資料との関連を指摘している。

（37）太史公自序の父の遺言にみえる。その事情は、佐藤武敏「司馬談と歴史」（前掲『司馬遷の研究』第二章）に詳しい。
（38）朱淵清著、高木智見訳『中国出土文献の世界』（創文社、二〇〇六年）に概略がうかがえる。
（39）李零『簡帛古書与学術源流』下篇「簡帛古書導読一：六芸類」（生活・読書・新知三聯書店、二〇〇四年）。
（40）浅野裕一「新出土資料と諸子百家」（『中国研究集刊』三八号、二〇〇五年）では、郭店楚簡の書籍を作成してから伝達するまでの期間を問題とし、別の地域からの長期にわたる伝達を想定する。たとえば六経の作成年代は、それ以前の戦国前期（前四〇三〜三四三年）とする。
（41）文物局古文献研究室・安徽阜陽地区博物館、阜陽漢簡整理組「阜陽漢簡簡介」（『文物』一九八三年二期）、韓自強『阜陽漢簡《周易》研究』（上海古籍出版社、二〇〇四年）。
（42）拙稿「『史記』諸子列伝の素材と人物像」（前掲『史記戦国列伝の研究』第一章）。
（43）胡平生「阜陽双古堆漢簡与《孔子家語》」（『国学研究』七巻、北京大学出版社、二〇〇〇年）、拙稿「馬王堆帛書『戦国縦横家書』の構成と性格」「『戦国策』の性格に関する一試論」（前掲『史記戦国史料の研究』第一編第五章、第六章）。
（44）拙稿前掲「中国出土資料と古代社会」、大庭脩「冥土への旅券」（『漢簡研究』同朋舎出版、一九九二年）、拙稿「張家山漢簡『津関令』と漢墓簡牘」（前掲『中国古代国家と社会システム』第十章）。
（45）大庭脩「雲夢出土竹書秦律の概観」（『秦漢法制史の研究』創文社、一九八二年）。
（46）拙稿「『史記』の成立と史学」（『愛媛大学法文学部論集』人文学科編三〇、二〇一一年）。
（47）拙稿前掲「『史記』諸子列伝の素材と人物像」。
（48）拙稿前掲「戦国、秦代出土史料と『史記』」。
（49）拙稿「戦国秦の南郡統治と地方社会」（前掲『中国古代国家と社会システム』第三章）。
（50）拙稿「里耶秦簡の文書形態と情報処理」（前掲『中国古代国家と社会システム』第五章）、同「里耶秦簡と出土資料学」（渡邉義浩編『中国新出資料学の展開』第四回日中学者中国古代史論壇論文集、汲古書院、二〇一三年）。
（51）拙稿前掲「包山楚簡と楚国の情報伝達」。

(52) 拙著前掲『史記戦国史料の研究』終章「史料学よりみた戦国七国の地域的特色」。
(53) 大庭脩「漢代制詔の形態」(一九六三年、前掲『秦漢法制史の研究』)、同「張家山二四七号漢墓出土の津関令について」(『大阪府立近つ飛鳥博物館報』七、二〇〇二年)、同「張家山二年律令簡中の津関令について」(『史料』一七九、皇學館大学史料編纂所、二〇〇二年)など。
(54) 鶴間和幸『秦帝国の形成と地域』(汲古書院、二〇一三年)第四章「秦始皇帝の東方巡狩刻石に見る虚構性」。
(55) 拙稿「張家山漢簡『津関令』と詔書の伝達」(前掲『中国古代国家と社会システム』第九章)。
(56) 馬王堆漢墓帛書整理小組編『馬王堆漢墓帛書〔肆〕』(文物出版社、一九八五年)など。
(57) 山田慶児「扁鵲伝説」(『夜鳴く鳥』岩波書店、一九九〇年)。
(58) 朱漢民、陳松長主編『岳麓書院所蔵秦簡〔壹〕』「占夢書」(上海辞書出版社、二〇一〇年)。
(59) 曹婉如・鄭錫煌・黄盛璋・鈕仲勳・任金城・鞠徳源編『中国古代地図集(戦国―元)』(文物出版社、一九九〇)、甘粛省文物考古研究所編『天水放馬灘秦簡』(中華書局、二〇〇九年)。考察には、何双全「天水放馬灘秦墓出土地図初探」(『文物』一九八九年二期)、曹婉如「有関天水放馬灘秦墓出土地図的幾個問題」(『文物』一九八九年一二期)、拙稿「戦国秦の領域形成と交通路」(拙著『中国古代国家と郡県社会』第一編第二章、汲古書院、二〇〇五年)、雍際春『天水放馬灘木板地図研究』(甘粛人民出版社、二〇〇二年)、張修桂『中国歴史地貌与古地図研究』第十一章「放馬灘戦国秦墓出土古地図」(社会科学文献出版社、二〇〇六年)などがある。
(60) 佐藤武敏『中国古代書簡集』(講談社、二〇〇六年)、拙稿「中国古代の書信と情報伝達」(前掲『中国古代国家と社会システム』第十二章)、高村武幸「漢代文書行政における書信の位置づけ」(『東洋学報』九一―一、二〇〇九年)など。
(61) 佐藤前掲「司馬談と歴史」、同「司馬遷の旅行」(一九七七年、前掲『司馬遷の研究』第四章)では、漢代伝承と司馬遷の旅行に関する諸説と『史記』との関係を考証している。拙著『司馬遷の旅』(中央公論新社、二〇〇三年)では、見聞がある『史記』各篇と取材との関係を論じている。『史記』の歴史地理に関しては、許盤清『史記地図集』(地震出版社、二〇一〇年)が、事件や戦争に対応する詳細な歴史地図を作製しており参考となる。

(62) 佐藤前掲「司馬談と歴史」。
(63) 河南省文物研究所編『信陽楚墓』(文物出版社、一九八六年)は、儒家の思孟学派に関する資料とみなしているが、李学勤「長台関竹簡中的《墨子》佚篇」(『簡帛佚籍与学術史』時報出版、一九九四年)は、『墨子』の逸篇と考えている。
(64) 荊門市博物館『郭店楚墓竹簡』(文物出版社、一九九八年)。
(65) 馬承源主編『上海博物館蔵戦国楚竹書』一〜五(上海古籍出版社、二〇〇一〜二〇〇六年)。
(66) 浅野裕一『黄老道の成立と展開』第一部第四章「『経法』の思想的特色」(創文社、一九九二年)参照。
(67) 定県漢墓竹簡整理小組「定県四〇号漢墓出土竹簡簡介」、同「《儒家者言》釈文」(以上、『文物』一九八一年八期)、河北省文物研究所定州漢墓竹簡整理小組『定州漢墓竹簡《論語》』(文物出版社、一九九七年)。
(68) 湖北省博物館編『曾侯乙墓』(文物出版社、一九八九年)。
(69) 工藤元男『占いと中国古代の社会』第二章「『日書』の発見」(東方書店、二〇一一年)。
(70) 湖北省荊州市周梁玉橋遺址博物館編『関沮秦漢墓簡牘』(中華書局、二〇〇一年)。
(71) 劉楽賢『馬王堆天文書考釈』第三章「《五星占》考釈」(中山大学出版社、二〇〇四年)、本書の第六章「『史記』項羽本紀と秦楚之際月表」。
(72) 陳久金・陳美東「臨沂出土漢初古暦初探」(『文物』一九七四年三期)、吉村昌之「出土簡牘資料にみられる暦譜の集成」(冨谷至編『辺境出土木簡の研究』朋友書店、二〇〇三年)など。
(73) 佐藤前掲「司馬談と歴史」。
(74) 張家山漢簡『二年律令』は、張家山二四七号漢墓竹簡整理小組『張家山漢墓竹簡〔二四七号墓〕』(文物出版社、二〇〇一年)、同整理小組『張家山漢墓竹簡〔二四七号墓〕』釈文修訂本(文物出版社、二〇〇六年)、彭浩・陳偉・工藤元男主編『二年律令與奏讞書』(上海古籍出版社、二〇〇七年)がある。「史律」の条文は、廣瀬薫雄『秦漢律令研究』第三部第三章「張家山漢簡『二年律令』史律研究」(汲古書院、二〇一〇年)に訳注と考察がある。また李学勤「試説張家山簡《史律》」(『文物』二〇〇二年四期)、梁方健「由張家山漢簡《史律》考司馬遷事迹一則」(『斉魯学刊』二〇〇三年五期)の考察があり、梁

氏は司馬遷の二十歳の旅行が史の身分として史跡を訪ねたことに関連させている。

(75)「史律」には、太史に関連して太卜、太祝の資料がある。

〔卜學〕童能諷書史書三千字、誦卜書三千字、卜六發中一以上、乃得爲卜、以爲官佐。其能誦三萬以上者、以爲477卜上計、六更。缺、試脩法、卜六發中三以上者補之。478

（史律、四七七、四七八簡）

以祝十四章試祝學童、能誦七千言以上者、乃得爲祝、五更。大祝試祝、善祝・明祠事者、以爲冗祝、冗之。

（史律、四七九簡）

不入史・卜・祝者、罰金四兩、學佴二兩。

（史律、四八〇簡）

(76) 整理小組などは呂后二年とするが、曹旅寧『張家山漢律研究』（中華書局、二〇〇五年）では、暦譜の経歴や、恵帝の諱である「盈」を避けていないことなどから、高祖の「二年律令」ではないかと考えている。また『奏讞書』の案件には、同じ規定が高祖時代にもみえている。

(77)『漢書』巻六武帝紀では、元朔五年（前一二四）六月に博士弟子の制度を設けている。『史記』儒林列伝には、公孫弘が功令とすることを申請し、その規定がみえている。

爲博士官置弟子五十人、復其身。太常擇民年十八已上儀狀端正者、補博士弟子。郡國縣道邑有好文學、敬長上、肅政教、順鄉里、出入不悖所聞者、令相長丞上屬所二千石、二千石謹察可者、當與計偕、詣太常、得受業如弟子。一歲皆輒試、能通一蓺以上、補文學掌故缺。其高弟可以爲郎中者、太常籍奏。卽有秀才異等、輒以名聞。其不事學若下材及不能通一蓺、輒罷之、而請諸不稱者罰。

佐藤武敏「司馬遷の官歴」（前掲『司馬遷の研究』第五章）一八二〜一八八頁では、鄭鶴声『司馬遷年譜』（上海商務印書館、一九三一年）の説と同じように、博士弟子の制度によって試験を受け郎中になったと考証する。西川利文「漢代博士弟子制度について」（『鷹陵史学』一六、一九九〇年）などに考察がある。

(78) 王国維「太史公行年考」は中書令を中書謁者令とする。山田勝芳「前漢謁者・中書・尚書考」（『集刊東方学』六五、一九九一年）は、武帝が最初に司馬遷を中書令に任命したとし、佐藤前掲「司馬遷の官歴」二三八〜二四三頁は、武帝のときに中書謁者が設けられ、『漢書』百官公卿表にもとづいて成帝のとき中謁者令に改名されたとする。

(79)『二年律令』「傅律」の爵と年齢については、拙稿「漢代の徭役労働と兵役」(前掲『中国古代国家と郡県社会』)で一覧している。

(80) 漢代の簡牘をみれば、二つの文字に重複記号を付記し、数字は「廿」「卅」などの表記としており、『史記』の文字数は目安である。鶴間和幸『秦の始皇帝』(吉川弘文館、二〇〇一年)一五～一六頁では、『史記』本紀の文字数を比較している。

(81) 馬承源主編『上海博物館蔵戦国楚竹書(二)』(上海古籍出版社、二〇〇二年)、邱徳修『上博楚簡容成氏注釈考証』(台湾古籍出版、二〇〇三年)など。

(82) 陳偉「禹之九州与武王伐商的路線」(『報告集Ⅱ二〇〇三年度』早稲田大学二一世紀COEプログラム：アジア地域文化エンハンシング研究センター、二〇〇四年)。また浅野裕一「『容成氏』における禅譲と放伐」(浅野裕一編『竹簡が語る古代中国思想』汲古書院、二〇〇五年)など。

(83)『史記』宋世家の論賛の索隠に、

襄公臨大事不忘大禮、而君子或以爲多、且傷中國之亂、闕禮義之擧、遂不嘉宋襄之盛德。故太史公褒而述之、故云褒之也。

(84)『史記会注考証』には中井履軒の注を引用するが、本書では大阪大学懐徳堂文庫復刻刊行会監修『懐徳堂文庫本・史記雕題』(吉川弘文館、一九九一～九三年)による。

公羊說謬。但太史公委曲斡旋焉、非宋襄爲是也。言宋襄一敗塗地、無足取也已。然君子或多之者、非實以爲善也。蓋傷禮義廢闕之甚。放於宋襄且多之而不譏、其意可悲也云尓。

(85) 太史公自序の作成意図を述べた部分に、

嗟箕子乎、嗟箕子乎。正言不用、乃反爲奴。武庚既死、周封微子。襄公傷於泓、君子孰稱。景公謙德、熒惑退行。剔成暴虐、宋乃滅亡。喜微子問太師、作宋世家第八。

(86) これには穀梁伝や『淮南子』泰族訓にも関連する記述がある。また『韓非子』外儲説左上に、

宋襄公與楚人戰於泓谷上。宋人既成列矣、楚人未及濟。右司馬購强趨而諫曰、楚人衆而宋人寡、請使楚人半涉未成列而擊之、必敗。襄公曰、寡人聞、君子曰、不重傷、不擒二毛、不推人於險、不迫人於阨。不鼓不成列。今楚未濟而擊之、害義。請使楚人畢涉成陣、而後鼓士進之。右司馬曰、君不愛宋民、腹心不完、特爲義耳。公曰、不反列、且行法。右司馬反列。楚人已成列撰陣矣。公乃鼓之、宋人大敗。公傷股、三日而死。此乃慕自親仁義之禍。夫必恃人主之自躬親、而後民聽從。是則將令人主耕以爲上。服戰鴈行也、民乃肯耕戰、則人主不泰危乎、而人臣不泰安乎。

(87) 馬王堆漢墓帛書整理小組編『馬王堆漢墓帛書〔参〕』(文物出版社、一九八三年)、野間文史『春秋事語』(馬王堆出土文献訳注叢書、東方書店、二〇〇七年)。

(88) 呉栄曾「読帛書本《春秋事語》」(『文物』一九九八年二期)。吉本道雅「史記述春秋経伝小考」(『史林』七一―六、一九八八年)は、『史記』が『左伝』を優先する立場を認めながら、宋世家の論賛に引用された事例によって、左氏説を排除し公羊説を採用する二者択一の判断とみなしている。

(89) 岡崎前掲『司馬遷』二「司馬遷に与えた時勢の影響」(丁)儒学の勃興、三「史記について」では、司馬遷は当時の春秋学者と尚書学者から充分な知識を得たが、公羊学者ではないとする。佐藤武敏「『史記』の内容上の特色」(前掲『司馬遷の研究』附篇第二章)では、「古今の変に通ず」に重点がある基本的見解と、各部門の特色を総括している。

(90) 鄭鶴声編『班固年譜』(商務印書館、一九三一年)、安作璋『班固与漢書』(山東人民出版社、一九七九年)、稲葉一郎「『漢書』の成立」(前掲『中国史学史の研究』第二部第三章)。

(91) 索隠は褚少孫の補足とするが、佐藤武敏「『史記』の編纂過程」(前掲『司馬遷の研究』第七章)四三二～四三三頁では、銭大昕が褚少孫より後人が補ったという説を支持している。『史記』封禅書は、『漢書』郊祀志に継承され、西脇常記・狩野直禎訳注『漢書郊祀志』(平凡社、一九八七年)がある。

(92) 『漢書』の史料は、王利器「《漢書》材料来源考」(『文史』二一輯、一九八三年)があり、呉福助『史漢関係』(文史哲出版社、一九七五年)は、『史記』の失われた十篇や、『史記』と重複する篇をあげている。

(93) 『漢書』の版本には唐・顔師固の注を刻しており、王先謙『漢書補注』は諸家の注釈を集めている。これらの注釈は、『史記』の素材と史実の考証を補うものとなっている。

（94）『二年律令』「秩律」の県は、拙稿「秦漢帝国の成立と秦・楚の社会」（前掲『中国古代国家と郡県社会』）で一覧している。

（95）本書の第九章第二節「漢代の郡国制と諸侯王」。

（96）広州市文物考古研究所ほか「南越国宮署遺址出土木簡」（広州市文物考古研究所編『羊城考古発現与研究』文物出版社、二〇〇五年）、広州市文物考古研究所、中国社会科学院考古研究所、南越王宮博物館籌建処「広州市南越国宮署遺址西漢木簡発掘簡報」（『考古』二〇〇六年三期）。

（97）連雲港市博物館・中国社会科学院簡帛研究中心・東海県博物館・中国文物研究所編『尹湾漢墓簡牘』（中華書局、一九九七年）。

（98）『史記』秦漢史の時代では、秦漢帝国という用語があり、ここには秦代と漢代が連続した専制国家というイメージがある。また秦代と漢代は連続してとらえるのではなく、秦帝国と漢帝国を分ける考えもあるが、漢王朝は基本的に秦代の制度を継承している。そこで本書では、全体では秦漢統一国家という表現を用い、個別には通用されている秦帝国と漢王朝と表記する。ただし学説などでは、論者の表記を用いることもある。

第一章　司馬遷と《太史公書》の成立

はじめに

『史記』の研究では、父・司馬談と司馬遷の生きた時代背景を明らかにし、《太史公書》の成立を考える必要がある。その基本史料は『史記』太史公自序（以下、自序ともいう）と「任安に報ずる書」である。「任安に報ずる書」は、征和二年（前九一）ころに書かれたといわれ、『漢書』巻六二司馬遷伝と『文選』巻四一に収録されているが、『史記』の成立に関しては、いくつかの問題点がある。[1]

一に、『史記』は司馬談と司馬遷の父子による家学といわれるが、かれらは司馬氏の家系をどのように意識していたのか。つまり司馬氏に関する天官や周太史の伝えと、『史記』の著述はどのように関係するのか。

二に、父と司馬遷は天文・星暦を司る太史令となって著述をしたというが、その職務には記録や修史の役割があったのかどうか。また司馬父子より前後の太史令は書物を残しておらず、司馬遷たちだけが著述をしたのは、どのような歴史的背景によるのか。それは武帝期の社会情勢とどのような関係があるのか。

三に、『史記』が通史で紀伝体の構成をもつのは、どのような理由があるのか。また司馬遷が著述を終えたとき、当初の題名を《太史公書》と名付けたが、その史料的性格はどのようなものだろうか。さらに《太史公書》は、公的な許可を受けた著述か、あるいは私的な著述かという問題がある。これらは父と司馬遷が、太史公、すなわち天官を意識した漢太史令であったことにポイントがあるとおもわれる。

これについて佐藤武敏『司馬遷の研究』（汲古書院、一九九七年）は、先行研究をふまえて、司馬氏の家系と、司馬談と歴史、司馬遷の経歴や、『史記』の編纂過程と内容の特色について詳しく論じており、基本となる研究である(2)。また父と司馬遷の事績では、自序のほかに『史記』封禅書の記述も深く関連している。そこで本章では、太史公自序の構造を分析し、とくに父と司馬遷の時代背景となる武帝期の儀礼改革と、《太史公書》の成立について考えてみたいとおもう。

一　司馬談の遺言をめぐって

まず『史記』太史公自序の構成をみておこう。表1のように、自序は前半の三部分と後半のⅣ部分から成っている。Ⅰは、先祖の伝説と戦国・秦漢時代の家系である。司馬氏の先祖は、春秋時代に晋から秦の少梁（陝西省韓城市）に移り住み、この地が戦国、秦代をへて司馬遷の故郷となっている(3)。Ⅱは、司馬談の学問と思想や、太史令となる事績を記し、ここに諸子を論じた「六家の要旨」がある。Ⅲは、司馬遷の経歴と、二十歳の旅行、郎中への仕官、著述までの経過を記している。後半のⅣ部分は、《太史公書》各篇の要旨と意義を説明し、最後は「太史公曰」の論賛で終わっている。ちなみに『漢書』司馬遷伝では、前半は『史記』太史公自序とほぼ同じであるが、後半の各篇の要旨は項目だけとして、その後の経歴と「任安に報ずる書」の書信などを追加している。ここでは前半部分を中心として考察する。

Ⅰ司馬氏の家系は、つぎのように記している。

表１　『史記』太史公自序の構成

Ⅰ　【先祖の伝説、司馬氏が少梁に入る。衛・趙・秦に分散。】
戦国～秦漢時代の秦にいる家系。……喜生談、談爲太史公。

Ⅱ　太史公（司馬談）學天官於唐都、受易於楊何、習道論於黄子。
太史公仕於建元元封之間。……乃論六家之要旨曰、
【六家（陰陽・儒・墨・法・名・道家）の要旨】
太史公既掌天官、不治民。有子曰遷。

Ⅲ①遷生龍門、耕牧河山之陽。年十歳則誦古文。二十而南游……
【司馬遷の旅行】、郎中に仕官。
是歳天子始建漢家之封、而太史公留滞周南、不得與從事。故發憤卒。……

太史公執遷手而泣曰、【司馬談の遺言、著述を委ねる】
遷俯首流涕曰……。

②卒三歳而遷爲太史令。……五年而當太初元年……暦の改定。
太史公（司馬遷）曰、先人有言……。

上大夫・壺遂との対話。『春秋』、空言と行事など。

③於是論次其文。七年而太史公遭李陵之禍、幽於縲紲。
【乃喟然而嘆曰……。発憤して著述する者たちの思い】
於是卒述陶唐以來、至于麟止、自黄帝始。

Ⅳ　《太史公書》各篇の要旨を述べる。
五帝本紀１～今上本紀12。三代世表１～漢興以来の年表10。
礼書１～平準書８。呉世家１～三王世家30。
伯夷列伝１～太史公自序70　【著作の説明。第七十。】

太史公曰、余述歴黄帝以來至太初而訖、百三十篇。

昔在顓頊、命南正重以司天、北正黎以司地。唐虞之際、紹重黎之後、使復典之、至于夏商、故重黎氏世序天地。其在周、程伯休甫其後也。當周宣王時、失其守而爲司馬氏。司馬氏世典周史。惠襄之閒、司馬氏去周適晉。晉中軍隨會奔秦、而司馬氏入少梁。……在秦者名錯、與張儀爭論、於是惠王使錯將伐蜀、遂拔、因而守之。錯孫靳、事武安君白起。……靳孫昌、昌爲秦主鐵官、當始皇之時。……昌生無澤、無澤爲漢市長。無澤生喜、喜爲五大夫。卒、皆葬高門。喜生談、談爲太史公。

ここで問題となるのは、司馬氏が天地を司る家系であり、代々周史を司っていたかということである。これに関する記述は、Ⅱの司馬談の遺言にみえている。それは元封元年（前一一〇）に、司馬遷が使者として西南夷に派遣され、そこから帰って武帝に報告しようとして、周南（洛陽）にいた父と対面したときのことである。司馬遷の生年は、これまで景帝の中元五年（前一四五）とする説と、武帝の建元六年（前一三五）とする説が有力である。(4) そこでどの説をとるかによって十歳で古文を学習したことや、二十歳の旅行の年代が異なるが、元封元年の事績は確かな年代である。このとき司馬談は、武帝が泰山で挙行する封禅の儀式に参与できず、息子の司馬遷に著述の継承を委ねた。これが著述の第一の動機といわれている。

余先周室之太史也。自上世嘗顯功名於虞夏、典天官事。後世中衰、絶於予乎。汝復爲太史、則續吾祖矣。今天子接千歳之統、封泰山、而余不得從行。是命也夫、命也夫。余死、汝必爲太史。爲太史、無忘吾所欲論著矣。且夫孝始於事親、中於事君、終於立身。揚名於後世、以顯父母、此孝之大者。夫天下稱誦周公、言其能論歌文武之德、宣周邵之風、達太王王季之思慮、爰及公劉、以尊后稷也。幽厲之後、王道缺、禮樂衰。孔子脩舊起廢、論詩書、作春秋、則學者至今則之。自獲麟以來四百有餘歳、而諸侯相兼、史記放絶。今漢興、海內一統。明主・賢君・忠臣・死義之士、余爲太史而弗論載、廢天下之史文、余甚懼焉。汝其念哉。

ここで司馬談は、司馬氏の先祖が虞舜や夏の時代に天官を司り、「周室之太史」であったと伝えている。その後に衰えたが、自分が漢太史令となったことに続いて、子の遷にそれを継承せよと告げている。そして太史となって、父の論著しようとしたことを忘れるなという。それは周公旦が整えた王道や礼楽が衰えたあと、孔子が『詩』『書』を論じ、『春秋』を述作して復興した事業をモデルとするものである。具体的な内容としては、漢代にいたる「明主、賢君、忠臣、死義之士」をあげ、天下の史文を論載する意思を述べている。この司馬氏の家系は、Ⅳ後半の列伝第七十の意図を述べた部分にも簡略な記載がある。

この内容について佐藤武敏氏は、司馬氏の先祖が帝顓頊の時代に天・地を司った重・黎を継承し、その子孫は夏・商の時代までつづき、周の程伯休甫がその後裔であり、周宣王のとき天地を司る職務を失って司馬氏となったという伝えは、『国語』楚語下の記事にもとづく伝承であると指摘している(5)。佐藤氏は、司馬氏が代々「周史」を司ったこと、あるいは「周室の太史」となったという説は、周の史官に司馬氏の姓が見えないことや、司馬氏は軍事関係に多いことから、根拠が明らかではないといわれる。しかし戦国、秦漢時代の家系は、実際の系譜によるとおもわれ、司馬談のときに初めて太史令の官職についたことで、天官を重視し史官を世襲したという思想にもとづき、その家系を作ったと推測している。この見解は、基本的に妥当であろう。

このように司馬氏が、代々に天官や太史であった事実は疑わしい。したがって司馬氏が史官の家系であったから、父と司馬遷が歴史書を編纂したという説は成立しない。しかしその実態はともかく、父と司馬遷は「周太史」や他国の太史・史官をどのように認識していたのだろうか。つまり歴史事実としての天官や周太史の役割ではなく、かれらが『史記』の中で太史や著述をどのように意識しているかという問題である。

佐藤武敏氏は、司馬談の著作について、かなり早い時期から歴史に興味をもち、遺言にみえる歴史編纂の意図は、

表2　『史記』の周太史・孔子、諸国の太史など

太史など	年代と記事	出典
周室・史佚	天数を伝える。神に殷紂王の誅を告げる。	天官書、斉世家
〃	成王に、日を択んで叔虞を立てることを請う。	晋世家
周太史・伯陽	幽王期、「史記」を読んで周の滅亡を予言。	周本紀
周太史	前705。卜占で、陳完の子孫と陳の衰亡を予言。	陳世家、田斉世家
周　史	魯文公14。彗星が北斗に入り、晋君の死を予言。	十二諸侯年表
周太史	楚昭王27。赤雲の天象を「楚王に害」と説明。	楚世家
周守蔵室之史	孔子と同時代。老子の経歴。	老子列伝
周太史・儋	秦献公11。秦が周を継ぎ覇王となることを予言。	周本紀、秦本紀
孔子	晋文公６。「史記」を読んで文公事績を説明。	晋世家
〃	「史記」を読み、楚荘王の陳の復国を評価。	楚世家
〃	楚昭王が大道に通じることを評価。	楚世家
太史・伯	周幽王の時、鄭桓公に洛陽へ転地を進言する。	鄭世家
史	秦文公13。初めて史有りて事を紀す。	秦本紀
史	秦繆公14。上帝の夢を見、史が記して府に蔵む。	封禅書
史　官	魯釐公15。日食を史官が記さず、これを失す。	十二諸侯年表
晋太史・董狐	別人が晋霊公を弑したが「趙盾弑其君」と記す。	晋世家、趙世家
斉太史・兄弟	「崔杼弑荘公」と記し、殺されても直筆した。	斉世家
史　官	鄭簡公25。晋平公が疾を卜占し、史官に聞く。	鄭世家
太史・趙	楚が陳を滅ぼし、晋平公に陳氏が斉に行く予言。	陳世家

孔子の『春秋』にならおうとしたもので、道家思想とのかかわりだけでなく儒家的な考えにもとづくとする[6]。そして司馬談が著述した篇は、刺客列伝をはじめ張儀列伝、魯仲連鄒陽列伝、李斯列伝、樊酈滕灌列伝、酈生陸賈列伝、張釈之馮唐列伝、滑稽列伝の戦国・秦漢諸篇と、衛康叔世家・晋世家などの可能性があり、その特色は個人やグループの列伝のほか、本紀・世家も構想にふくまれていたと想定している。このように司馬談は、すでに著述の構想をもち、部分的に著述した篇があると指摘されている。この点をさらに補足してみよう。

表2は、『史記』にみえる太史に関する官を一覧したものである。西周の史佚は、周室の天数を伝える人物であるが、神に誅伐を告げたり、周成王に封建する日を進言している。つぎに西周末から春秋・戦国時代の周太史などの役割は、直接に記録をする役職ではなく、ある事象を占

い予言する人物となっている。たとえば、①周本紀の幽王期では、周太史の伯陽が「史の記」を読んで周の滅亡を予言した。また②春秋時代の陳国では、周太史が卜占によって、陳完の子孫が異国に行き陳が衰亡することを予言しており、これは田敬仲完世家にも同じ記述がある。③十二諸侯年表の魯文公十四年条では、彗星が北斗に入ることをもって、周史が七年後の宋・斉・晋君の死を予言し、晋君の場合は予言が的中する。④春秋時代の楚国では、昭王二十七年に王が軍中で病んだとき、赤雲が鳥のように拡がり、それを周太史は「楚王に害あり」と説明している。このとき孔子が、その解釈に従わなかった昭王を誉めている。同じように孔子の時代には、老子が周の蔵室の史であったという伝えがある。戦国時代では、⑤秦献公十一年に周太史儋が献公に対面し、周を継いで秦が覇王となることを予言しており、この記事は周本紀や秦本紀、封禅書、老子列伝にもみえる。したがって『史記』では、周太史が「史の記」や天象・卜占によって予言や論断をする姿が描かれており、必ずしも記録をつかさどる史官ではない。

これに対して、他国の太史などには、もう少し広く記録をする場合がみられる。①西周末の幽王の時には、鄭で太史・伯が周の混乱をみて、鄭桓公に洛陽の土地柄の良いことを告げ転地を進言している。春秋時代では、②秦文公十三年に「初めて史有りて事を紀《しる》す」という。また③秦繆公十四年には、繆公が上帝の夢を見て、それを史が記して府に蔵めた。④魯では、十二諸侯年表の釐公十五年条に、日食を史官が記さず、これを失したと記す。⑤晋では、霊公が弑されたが、晋太史・董狐は趙盾に責任があるとみて「趙盾弑其君」と記したことがみえる。⑥斉では、太史が同じように「崔杼弑荘公」と記し、崔杼が太史を殺したが、そのたびに弟が直筆を続けたという有名な話がある。⑦鄭では、簡公二十五年のとき鄭子産が晋に行き、晋平公が疾を卜占したが、そこに出てくる言葉を史官が解釈できず、鄭子産にたずねた話が載っている。このほか⑧陳では、楚が陳を滅ぼし、太子が晋に逃げたとき、太史・趙は晋平公に陳氏が斉に行くという将来を告げているが、これは先の周太史の予言と同じである。

これらの記事は、『春秋左氏伝』と共通する資料にもとづく場合があり、必ずしも『史記』独自の評価ではない(7)。しかしそれにもかかわらず、諸国の太史は一般に事件や夢・天象を記録し、あるいは卜占の解釈、進言、予言などを役割としており、周太史には解釈と予言・論断の要素が強いようである。とすれば司馬談が意識した天官としての周太史には、記録する役割や、直筆をするという意識もみえるが、とくに論断と予言にウェイトがあることがわかる。

そこで司馬談の遺言をみると、周太史を意識する背景として、周の天下を漢王朝が継承する意識が注目される。たとえば発憤の発端として、「今、天子は千歳の統を接いで、泰山に封ぜんとし、而して余れ従行するを得ず。是れ命なるかな、命なるかな」といい、また周公が文王・武王の徳をたたえ、その道が衰えたのちも孔子が『詩』『書』を論じ、『春秋』を述作して復興したが、その記述が終わる獲麟より以来の四百有余歳にして諸侯の「史の記」が失われたと述べている。

この言を『史記』封禅書の記述と比べてみると、三代、とくに周から漢への周期を示唆する点で一致している。封禅書の冒頭には、舜と夏、殷、周の三代を述べて、周公が祭祀制度を整えたことにつづき、周の礼楽が廃れ、幽王の敗北と周の東遷を記している(8)。そして秦の祭祀制度を記述したあと、春秋時代の孔子以降に位置づけている。

其後百有餘年、而孔子論述六蓺、傳略言易姓而王、封泰山禪乎梁父者七十餘王矣。……其後百餘年、秦靈公作呉陽上時、祭黄帝。作下時、祭炎帝。後四十八年、周太史儋見秦獻公曰、……。其後百二十歳而秦滅周、……。其後百一十五年而秦幷天下。

これによれば、周公から孔子を経て三八三年余りで秦の統一となり、司馬談が遺言をした元封元年まで約四九四年となる。また太史公自序では、同じように後文に、周公から五百年で孔子が現れて、周の衰えた礼儀制度の秩序を正し、孔子が亡くなってから五百年の武帝期に、それを継承する者が現れるという意識を述べている。

太史公曰、先人有言。自周公卒五百歳而有孔子。孔子卒後至於今五百歳、有能紹明世、正易傳、繼春秋、本詩書禮樂之際。意在斯乎、意在斯乎。

この先人とは司馬談を指すといわれ、あわせて父子の自負につながるものである。(9) ただし実際の年数は、十二諸侯年表の魯哀公十六条にいう前四七九年の孔子の死から、元封元年までは三六九年となり、司馬談のいう概数とは大きく違っている。(10) しかし重要なことは、自序と封禅書にみえる伝えでは、周公から漢武帝期まで一〇〇〇年、孔子から司馬談まで五〇〇年という共通した歴史認識をもつことである。したがって遺言で、天子が千歳の一統をつぐとき従行できなかったという意味は、周公の時代から孔子による復興をへた漢代までの年代観を示しており、自分こそがちょうど役目を担当すべき時期にあたるのに、それが果たせなかったということになろう。ここにみえる司馬談の年代観は、つぎのようになる。

周文王・武王が殷を滅ぼし、成王のとき周公旦が補佐して制度を整える。このとき司馬氏は周の太史。
周厲王の出奔から、共和時代、宣王の即位、周幽王の敗北をへて、周の礼儀が乱れる。
孔子による「六芸」の編纂と、礼儀制度の復興。（周公旦の卒から約五〇〇年）
戦国、秦代に史の記録が散乱。秦の焚書。（孔子から約四〇〇年）
漢武帝による封禅と礼儀制度の復興。（孔子の卒から約五〇〇年）

このようにみてくると、あらためて父と司馬遷の前に位置づけられる孔子の存在が注目される。これまで孔子は、司馬遷の著述と『春秋』との関係が重視されているが、(11) さらに『史記』では孔子が「史記」や史文による論断や編集をする記述がある。これらは先の記事とあわせて、以下のようにみえている。

1孔子因史文次春秋、紀元年、正時日月、蓋其詳哉。至於序尚書、則略無年月、或頗有、然多闕、不可錄。故疑則

傳疑、蓋其愼也。（三代世表・序文）

2是以孔子明王道、干七十餘君、莫能用。故西觀周室、論史記舊聞、興於魯而次春秋、上記隱、下至哀之獲麟。（十二諸侯年表・序文）

このほか孔子は、諸国の「史の記」を読んで論じている。たとえば晋文公六年には、「史の記」を読んで文公の事績を説明し、楚国では「史の記」を読んで楚荘王が陳を復国させたことや、楚昭王が大道に通じることを評価している。したがって孔子は、諸制度の記録を編集しただけでなく、諸国の「史の記」を読んで論断と評価をしていることがわかる。これは周太史の役割に通じるものであり、それを総括する位置づけをもつといえよう。

以上のように、周と漢の対比と孔子の位置づけからみれば、司馬談の遺言は、つぎにように解釈できる。すなわち周代の礼儀制度は、周公によって整えられたが、そのとき司馬氏は天官として事象を論断する周太史の職務にあった。そして同じように周を受け継ぐ漢王朝になると、ちょうど一〇〇〇年たった武帝期に、司馬談は太史令の職務になったことを強調する。そこで天官としての意識は、自分が太史令になったことと同時に、周公―孔子を継ぐ周期にあたり、事象を総括して論断するという時代の意識によるのではなかろうか。だからこそ司馬遷も、この周期に自分たちが運命づけられた発端として、自序の冒頭で『国語』楚語下にみえる天官を司馬氏の先祖とみなし、それを周太史の系譜に位置づけたものであろう。そして父の談が、当初の目標としたのは、孔子が『春秋』など旧聞を修めた事業をついで、春秋末から漢代までに失われた史文を集めて、天官の論断と人物の評価を論載するということになろう。

このように想定すれば、司馬氏の家系が天官であったという事実に合わないにもかかわらず、あたかも歴史的な事績のように記述する意識が説明できる。このとき司馬談の著述構想は、一に、周公旦―孔子、孔子―武帝期の太史令という周期を意識し、孔子を継いで天下の史文を論載し、天官としての叙述をすることである。二に、『春秋』のあとを継いで「明主、賢君、忠臣、死義之士」の事績を描くことである。その内容は、列伝の構想とも関連している。この構想が、どのように『史記』に結びつくかを考えるために、漢太史令の役割を検討してみよう。

二　漢太史令の役割

太史公自序の前半は、Ⅱに司馬談が太史公（太史令）となって天官を掌ったとし、Ⅲに司馬遷の経歴を記している。ここにみえる太史令は、歴史を著述する史官という説や、あるいは反対に記録の任務はなく『史記』を私史とみなす説があり、その役割が焦点となっている(12)。それでは漢太史令の職掌は、どのようなものであろうか。

『漢書』巻一九、百官公卿表上には、つぎのようにみえる。

奉常、秦官、掌宗廟禮儀。有丞。景帝中六年、更名太常。屬官有太樂・太祝・太宰・太史・太卜・太醫六令丞。又均官・都水兩長丞。又諸廟寢園食官令長丞、有廱太宰・太祝令丞。五時各一尉。又博士及諸陵縣皆屬焉。景帝中六年、更名太祝爲祠祀。武帝太初元年、更曰廟祀、初置太卜。博士、秦官、掌通古今。秩比六百石、員多至數十人。武帝建元五年、初置五經博士。宣帝黃龍元年、稍增員十二人。元帝永光元年、分諸陵邑屬三輔。王莽改太常曰秩宗。

これによると太史令は、秦代に設けられていた奉常（のち景帝期に太常と更名）に所属し、奉常は宗廟・礼儀を担当していた。同じ役所には太史令のほかに、太楽、太祝、太宰、太卜、太医の官と、博士の官などが置かれている。また漢代では、皇帝の陵墓に城郭をもつ都市を建設して、その陵邑に新県を設置したが、この諸陵県も太常の管轄にあった。したがって前漢では、太史令が祭祀儀礼にかかわる官庁に所属するほかは、詳しい役割は明らかではない。

『続漢書』百官志第二五は、司馬遷より後の時代であるが、その職掌を詳しく記している。

太常、卿一人、中二千石。本注曰、掌禮儀祭祀。毎祭祀先奏其禮儀、及行事、常贊天子。毎選試博士、奏其能否。大射・養老・大喪、皆奏其禮儀。毎月前晦、察行陵廟。丞一人、比千石。本注曰、掌凡行禮及祭祀小事、總署曹事。……

太史令一人、六百石。本注曰、掌天時・星曆。凡歳將終、奏新年曆。凡國祭祀・喪・娶之事、掌奏良日及時節禁忌。凡國有瑞應・災異、掌記之。丞一人。明堂及靈臺丞一人、二百石。本注曰、二丞、掌守明堂・靈臺。靈臺掌候日月星氣、皆屬太史。

ここにみえる太史令は、秩六百石の官で、天時と星暦を司り、年末には新年の暦を奏上し、国家の祭祀として葬儀・婚姻にかかわり、良日や時節禁忌を上奏した。また国家に瑞応や災異がある場合には、これらを記録する。そして属下には、副官の丞一人がおり、明堂および霊台を管理する丞一人が置かれ、霊台では日月や星気を司ることが任務であった。したがって後漢時代では、太常の役割はほぼ等しく、その属官の太史令は天文・暦・葬儀・婚姻を担当し、また時節における行事の指示、天の事象や災異の記録と、明堂・霊台の図書を管理していることになる。これらは制度上の役割であり、どこまで実状を反映しているか不明である。そこで秦漢時代の太史令をみると、つぎのような任務がうかがえる。

秦代では、始皇帝三十四年（前二一三）の焚書の記載が参考となる。秦始皇本紀では、このとき李斯が上奏して、史官の「秦記」以外の記録を焼き、博士の官の所蔵は許すが、天下の詩・書・百家語を郡県で焼くことを進言した。

臣請史官非秦記皆焼之。非博士官所職、天下敢有藏詩・書・百家語者、悉詣守・尉雜焼之。

したがって秦では、史官が「秦記」を保管し、奉常に所属する博士の所に詩・書・百家語などの書籍があり、少なくとも奉常の属官に書籍を読み所蔵する任務が認められよう。このほか『漢書』芸文志、六芸略、小学の『蒼頡篇』の説明では、秦の太史令が「博学七章」という字書を作成したと述べている[13]。これらは学問と記録、書籍、文字に関する役割である。

つぎに呂不韋が編纂した『呂氏春秋』十二紀には、秦代までに伝えられた太史の役割を載せている[14]。これによると太史は、孟春の月に立春を天子に謁し、同じように孟夏の月には立夏を、孟秋の月には立秋を、孟冬の月には立冬を告げている。また季冬紀には、この月に太史に命じ、諸侯の順次を決めて犠牲を出させ、皇天上帝社稷の祭祀に供えさせている。これはどこまで秦代の制度を反映するものか不明であるが、ここには『続漢書』百官志にみえる太史令と同じように、時節を告げ、祭祀に関係する役割がうかがえる。

前漢時代の初期では、張家山漢簡『二年律令』に「史律」の規定がある[15]。これによれば、史（書記）となるのは太史だけでなく、太祝、太卜もまた史とみなされ、学童の試験をおこなっている。これは学問と文字の学習に関する役割である。これまでは、司馬談より以前に太史令となった人物は不明である。武帝期に太史令となるのは、司馬談と遷の父子である。司馬談は、太史令となるまえに「天官を唐都に学び、易を楊何に受け、道論を黄子に習う」学問を学んでいる。そして道家と陰陽家、儒家、墨家、法家、名家の学問思想を要約する「六家の要旨」を著している。ここでは佐藤武敏氏の考察をもとに、太史令の活動をみておこう[16]。

一に、太常の属官として祭祀に関する役割がみえる。たとえば司馬談は、武帝の封禅に先がけて、地と天の祭りを担当している。司馬遷は、郎中のときから武帝の巡行に随行し、山川祭祀にも立ち会っている。たとえば河渠書の論賛に、「余、従いて薪を負い、宣房を塞ぐ。瓠子の詩を悲しんで河渠書を作る」という記述は、『漢書』武帝紀の元封二年（前一〇九）夏四月条に、泰山を祀ったあと黄河の決壊箇所で祭祀をした体験にもとづくといわれる。また元封三年に太史令となって以降も、司馬遷は皇帝の山川祭祀への巡行に随行している。封禅書には、武帝が元封三年から、翌四年、五年、太初元年、二年、三年、天漢三年に巡行したことを記すが、佐藤氏は太史令が祭祀の記録を担当し、そのため封禅書はその記録にもとづくと推定されている。ここには、祭祀儀礼への参加が確認できよう。

二に、天文暦法に関する役割がみえる。太初元年（前一〇四）に、司馬遷は太初暦の改定に参加している。この経過は、自序に「五年而當太初元年、十一月甲子朔旦冬至、天歴始改、建於明堂、諸神受紀」と記すだけであるが、『漢書』巻二一律暦志上には詳しい記載がある。(17) これによれば、武帝元封七年に漢が興って百二年目になったため、大中大夫の公孫卿と壺遂、太史令の司馬遷らが、新暦の作成を奏言した。しかし最初は御史大夫の兒寛に、博士たちと協議して、暦の正朔と服色を決定せよという詔勅が下され、やがて七年を太初元年に改めることに決めた。そこで公孫卿と壺遂・司馬遷のほかに、侍郎の尊、大典星の射姓らに詔して、漢暦を作ることを協議させた。ところが射姓らは、自分たちは計算することができないので、暦学に通じた者を募って精密に作成することを上奏した。その結果、治暦の鄧平や、長楽司馬の可、酒泉候の宜君、侍郎の尊と、民間の治暦者とを合わせて二十余人が集まり、その中に司馬談に天官を教えた唐都と、巴郡の落下閎がふくまれていた。その方法は、唐都が二十八宿を区分して分度の距離を定めるのに対して、落下閎と鄧平は律によって暦を推算するものであった。そして司馬遷に詔して、鄧平の作成した八十一分律暦を採用させたという。

このような経過をみれば、太史令は天文を専門とする部署として、御史大夫の役所よりも正確な計算を協議することができたが、まだ古い技法にもとづいていたことがわかる。しかし重要なことは、太史令の司馬遷は新しい暦法の推算を判断・評価できたという点であり、これは新しい技術に対する上層部の対応の差異を示している。(18) 同時に、新しい暦法を作成した鄧平が太史丞になったことは、天文星暦を司る任務にかなうものである。また律暦志では、昭帝の元鳳三年（前五五）に、太史令の張寿王が上書して、新暦の誤りを正すことを述べたが、多くの観測をへても「太初暦」が最もよく、元鳳六年にその是非が確定したと伝えている。

これに関連して、宣帝期には『呂氏春秋』と同じように太史丞が時節に関する提言をしている。大庭脩氏は、地湾（A33、肩水候官）から出土した居延漢簡によって、元康五年（前六一）「詔書冊」を復元された。[19] その内容は、太史丞の定が夏至に先立ち、兵をやめ、水火を改めることを提案している。

御史大夫吉昧死言、丞相相上大常昌書言、大史丞定言、元康五年五月二日壬子日夏至、宜寢兵、大官抒井、更水火、進鳴鷄、謁以聞、布當用者。（居延漢簡一〇・二七）

この提案は、太常の蘇昌の手をへて丞相の魏相に上申され、御史大夫の丙吉が上奏したもので、大庭氏は、太史丞の役割が『続漢書』百官志にいう時節禁忌の上奏にあたると指摘している。この文書は、中央の詔書が丞相を通じて地方に伝達されたものである。

三に、天文の事象を論断している。天官書の論賛では、司馬遷が先行する「史の記」をみて行事（事実）を考えている。この「史の記」には百年間の記事があることから、漢初から武帝期までの天文と事件を記した資料であり、司馬遷が記した記録ではない。したがって太史令は、天・地の事象を記した記録から論断したことがうかがえる。

余觀史記、考行事、百年之中、五星無出而不反逆行、反逆行、嘗盛大而變色。日月薄蝕、行南北有時。此其大度也。

その参考として、『三国志』魏書巻二文帝紀には、漢の太史令が天の瑞祥を説明する職務がみえる。ここでは太史令の単颺が黄龍の瑞祥を説明し、この国に王者が興る兆しで、五十年以内にまた現れると予言し、それを記した殷登が四十五年後に確認している。

初、漢熹平五年、黄龍見譙、光祿大夫橋玄問太史令單颺、此何祥也。颺曰、其國後當有王者興、不及五十年、亦當復見。天事恆象、此其應也。內黄殷登默而記之。至四十五年、登尚在。三月、黄龍見譙、登聞之曰、單颺之言、其驗茲乎。

四に、前漢末の成帝期には、劉向が行った王朝図書の整理にかかわる役割がみえる。(20)『漢書』巻三〇芸文志の序文には、つぎのような分担を記している。

至成帝時、以書頗散亡、使謁者陳農求遺書於天下。詔光祿大夫劉向校經傳・諸子・詩賦、步兵校尉任宏校兵書、太史令尹咸校數術、侍醫李柱國校方技。每一書已、(劉)向輒條其篇目、撮其指意、錄而奏之。會向卒、哀帝復使向子侍中奉車都尉歆卒父業。歆於是總羣書而奏其七略。

漢王朝の図書は、光禄大夫の劉向が中心となって、六芸略にあたる経伝と諸子・詩賦の部門を整理し、歩兵校尉の任宏に兵書、太史令の尹咸に数術、侍医の李柱国に医書をふくむ方技部門を担当させている。このとき太史令は、天文・暦譜・占書をふくむ数術略を専門としており、これは天象の記録と保管から派生する役割とみなすことができる。

このように漢代の太史令・丞の役割は、秦代につづいて、太常の役所に関する「史」の学習と試験や、祭祀儀礼と山川祭祀への参加、暦の改定、時節の行事の提案、天象の論断などがあり、そこから派生して数術略の図書の整理を担当している。これらは、おおむね『続漢書』百官志に伝える職務と同じであることが確認できる。したがって漢代の太史令は、太常に所属する祭祀儀礼と学問や、天文、星暦にかかわる任務を基本にするといえよう。(21)そこで問題となるのは、太史令に史官として記録をする役割があるかということである。

これについては二つの説がある。(22)唐の劉知幾は、記録と天時・星暦の二つの職掌を認めている。しかし王国維は、記録をふくまないと考えている。これに対して佐藤武敏氏は、従来の説を検討して、太史令の職掌には記録をふくむとみなしている。(23) その根拠は、一に、『漢書』司馬遷伝の「任安に報ずる書」に星暦だけでなく文史もあげられ、それは文章と歴史にあたるという。

僕之先人非有剖符丹書之功、文史星暦近乎卜祝之間、固主上所戯弄、倡優畜之、流俗之所軽也。

二に、『続漢書』百官志には、天時・星暦だけでなく、国に瑞応・災異があるときはこれを記すと言うことによる。また別の論拠として、太史公自序に「(司馬談)卒三歳、而遷為太史令、紬史記・石室金匱之書」とあり、司馬遷以前にあった史官の記録や、石室・金匱の書を読むことができたため、太史の職掌に記録をふくむと推定する。さらに編纂した著述を《太史公書》と名づけたことや、五日に一日の休暇が与えられる漢代官僚の勤務状況では、官庁で職掌以外の仕事をするのは困難であることからも、執筆は公認されたものであり、個人的な私史ではないと推測している。ただし国家が承認した勅撰の史書ではない。

以上のように、漢太史令は、学問や文字の学習、天時・星暦に関する職務を基本とし、実際に山川祭祀への随行や、暦と時節の提示、記録とその解釈、図書の保管などを担当していることが確認できる。したがって佐藤氏が指摘されるように、その職掌に記録をふくむという考え方は妥当であろう。しかし一般に記録をつかさどる職務から進んで、総合的な歴史叙述をするという、いわゆる修史の任務があるかということは検討の余地がある。これまでの事例からみれば、太史令の職務そのものに、歴史書を著作するという直接的な要因を見出すことはできないようにおもう。また『史記』は、本紀や列伝だけではなく、十表、八書、世家をふくむ紀伝体の構造となっており、その構想がどのような経過によるかを明らかにする必要がある。

この点について、太史令をめぐる記録作成の情勢は別の視点を提示してくれる。つまり太常の属官では、太史令と同じように、太祝、太卜も「史」とみなされていた。また博士の官には「古今に通ずることを掌る」役割があり、実際に議論や記録の役割をもっている。たとえば秦代では、王朝の書籍を管理しており、太初暦の改定に際しても、御史大夫と一緒に議論に加わっている。司馬遷の《太史公書》を補足した褚少孫は、元帝・成帝期の博士であったといわれる(24)。さらに一般に文章を起草し記録をするのは、丞相の史や、御史大夫の属官、郎中令（のち光祿勳）、少府など他の官府の属官も同様である(25)。『漢書』百官公卿表には、御史大夫の下に両丞があり、その役割に図書の保管と、公卿の奏事を受け、文章を起草することを述べている。郎中令の属官には、論議を任務とする大夫があり、そのうち中大夫は武帝太初元年に光祿大夫となって、秩は比二千石に改められた。少府は、帝室財政を司る官府であるが、ここにも尚書などの官がある。これらは、いずれも文章を起草する役割をもっている。つまり漢王朝では、太常に所属する太史令だけでなく、太祝、太卜、博士の官にも史の職務がある。また丞相、御史大夫・郎中令など他の官府に所属する属官にも、書記の役割がある。この中央の官府を通じた文書の作成と伝達は、秦漢時代の文書行政としてよく知られている(26)。したがって一般に文章を書き、記録を担当するというだけでは、歴史叙述の任務があるとはみなされない。そこには中央官庁の文書伝達と記録という職務をこえて、さらに総合的な著述をする社会背景と動機が必要であろう。

このように漢王朝では、太史令だけではなく、他の官府に所属する書記も、同じように記録をまとめて著述をする可能性があった。しかし実際に、総合的な歴史書にあたる著述をしたのは、歴代の太史令や他の官府の書記ではなく、司馬談と司馬遷の父子だけであった。そこで《太史公書》の成立については、武帝期の社会背景が問題となる。

三　武帝の時代——封禅と太初改暦

これまで漢代の太史令で、総合的な歴史叙述をしたのは司馬遷たちだけであることをみてきた。それではなぜ、この父子が天文や暦の記録からすすんで、修史のような著作をする特別な動機をもったのだろうか。岡崎文夫氏は、司馬遷に与えた時勢の影響として、武帝の外征、経済的な動き、政治の動き、儒学の勃興をあげている。(27)これに関連して、武帝期の祭祀儀礼をめぐる制度改革も、父子に大きな影響をおよぼしたと推測される。

もう一度、太史公自序をみてみよう。まずⅠの部分で、司馬氏が代々天官であったという伝えは、のちに加えられた意識であるとみなした。つぎにⅡとⅢの部分では、父子はあいついで太史令になったが、その職務は太常に属する祭祀儀礼と、天文・星暦を司る任務のなかで、他の諸官府の官吏と同じように記録をするもので、必ずしも史官として修史をする役割は認められなかった。しかし司馬談が著作の継承を遺嘱したのは、この時期が周公―孔子、孔子―自分たちに連なる周期にあたるという意識が一つの契機であった。これは制度の改革と関連している。そこで著述の背景として、ここでは武帝時代までの皇帝の巡行と山川祭祀、封禅、太初改暦に代表される諸制度の改定が、どのような状況であったかを考えてみよう。

司馬談の遺言には、武帝が千歳の統業を接ぐときに随行できなかったと述べるように、著述を委嘱する背景には皇帝の巡行と封禅の挙行がある。そこで『史記』封禅書をみると、古の舜が泰山に巡行したことをはじめ、夏殷周の三代にも祭祀が行われており、春秋時代の斉桓公も封禅を試みようとしたが実施しなかったと記している。そして孔子の論述が行われ、封禅などを伝えているが、ここまでは封禅の実施について不明であった。そのあと最初に封禅を実施したのは、秦始皇帝である。(28)

秦始皇本紀と封禅書によれば、統一のあとに皇帝と称して、水徳をはじめ、冬十月を年首とし、黒色をたっとび、音律、衣服、法令などを整えた。そして始皇二十八年に、始皇帝は東方に巡行して、斉と魯の地方の儒生・博士七十人に封禅の儀式を議論させたが、これをしりぞけた。そのあと始皇帝は泰山に上って刻石し、封の儀式をしたことを示し、梁父で禅の儀式を行っている。それは、太祝が雍で上帝を祭祀するやり方に似るというが、内容は秘密で記されなかった。のちに始皇帝は、方士の言を多く聞いている。

このような情勢では、秦代に諸制度の改革と封禅が実施されたはずである。しかし父と司馬遷は、始皇帝の統一を認めながら、封禅についていては慎重な態度をとっている。おそらくその一因は、秦代に孔子を受け継ぐ文化が破壊されたという認識があるようにおもわれる。たとえば司馬談は、孔子のあと「獲麟より以来四百有余歳にして、諸侯相い兼ね、史の記放絶す」というが、自序の後半にみえる列伝第七十の説明では、つぎのように記している。

維我漢繼五帝末流、接三代統業。周道廢、秦撥去古文、焚滅詩書、故明堂石室金匱玉版圖籍散亂。於是漢興、蕭何次律令、韓信申軍法、張蒼爲章程、叔孫通定禮儀、則文學彬彬稍進、詩書往往間出矣。自曹參薦蓋公言黄老、而賈生・晁錯明申・商、公孫弘以儒顯。百年之間、天下遺文・古事靡不畢集太史公。

つまり漢王朝が夏殷周の三代の統業を継ぐとき、周の道は廃れて、始皇帝の時代には焚書を行って書籍・資料が散乱した。そのため漢王朝の成立から、ほぼ百年たった武帝の時代に「天下の遺文・古事」が太史公にすべて集まることになったという。また封禅書には、始皇帝の事業を伝えながら、一方で封禅の儀式はできなかったという異説を記している。

始皇封禪之後十二歳、秦亡。諸儒生疾秦焚詩書、誅戮文學、百姓怨其法、天下畔之。皆譌曰、始皇上泰山、爲暴風雨所擊、不得封禪。此豈所謂無其徳而用事者邪。

このような位置づけからすれば、始皇帝が天下の巡行と封禅を挙行したにもかかわらず、一方で滅亡の背景とする異説を記し、周の道は漢王朝に受け継がれると考えたようである。

それでは漢代の祭祀儀礼は、どのように進められたのだろうか。封禅書では、劉邦が漢王となった二年に関中を掌握したとき、秦の祝官を召し、太祝・太宰を置いて、もとの儀礼を継承させたという。また項羽を破って皇帝となったあと、長安に祠祝官・女巫を置き、高祖十年（前一九七）には県の社稷や民里の社を祭らせることにしたが、なお全国的な祭祀を統轄していない。これは漢王朝の当初には、東方の諸侯王国があるためで、のちに文帝のとき名山大川の祭祀を太祝の管轄としている。

始名山大川在諸侯、諸侯祝各自奉祠、天子官不領。及齊・淮南國廢、令太祝盡以歳時致禮如故。

文帝期になると、しだいに祭祀儀礼が整えられてゆく。文帝十五年（前一六五）には、黄龍があらわれ、黄色をたっとぶべきと進言した公孫臣を召して博士とし、諸生と改暦・服色を起草させた。また夏四月には、雍の五時を祠っている。さらに十六年には、趙人の新垣平が望気をもって進言した五帝廟を造り、博士と諸生には皇帝の巡狩と封禅のことを議論させ、翌十七年を後元年（前一六三）と改元している。しかし後元年に、新垣平が汾陰の地に周鼎が出る気があるといい、汾陰の廟を修めたが、これが偽りであると告訴する者があり、新垣平は誅伐された。これ以後、文帝は正朔や服色・神明の改定に興味を示さず、巡狩と封禅などが中止された。そして景帝期には、祠官の儀礼はもとの通りであったと伝えている。

したがって漢王朝では、文帝期に改暦・服色や巡狩・封禅の儀礼が議論されたが、実施されなかったことがわかる。そしてこれまで祭祀や議論にたずさわったのは、祠官や博士などであり、太史令ではなかった。ただし文帝期の改定については、『史記』巻八四屈原賈生列伝に、賈誼の起草によると記している。(29)

賈生以爲漢興至孝文二十餘年、天下和洽、而固當改正朔、易服色、法制度、定官名、興禮樂、乃悉草具其事儀法、色尚黄、數用五、爲官名、悉更秦之法。孝文帝初卽位、謙讓未遑也。諸律令所更定、及列侯悉就國、其説皆自賈生發之。於是天子議以爲賈生任公卿之位。

このときは賈誼を謗る者があり、文帝から賈誼は疎まれて、その議論は用いられず、長沙王の太傅にさせられた。これによれば武帝の諸制度の改定は、実際は賈誼の起草が先駆ということになる。この経過は、封禅書や『漢書』郊祀志ともに記していない。

つぎに表3をもとに、武帝期の状況について考えてみよう。(30)武帝が即位した当初は、景帝期の呉楚七国の乱が鎮圧されたあとで、平準書には、戦争と災害がなければ倉庫や財物は満ち足りていたと記している。そして建元元年（前一四〇）五月に詔して、祠官に山川の祭祀を修めさせており、この翌年頃に司馬談が太史令となった。しかし封禅書によれば、この当時は竇太后が黄老の言を聞いて儒術を好まなかったので、儒術にもとづく明堂を城南に建設することや、巡狩・封禅・改暦・服色の議論をはじめることができなかった。それが始まるのは、建元六年に竇太后が亡くなった後のことである。

『漢書』武帝紀の元光元年（前一三四）五月条では、武帝が賢良に詔して「古今王事の体」を明らかにすることを命じており、そこで董仲舒や公孫弘らが召されたと記している。封禅書では「文学の士、公孫弘等を徴す」とあり、ここから古代制度の探究がはじまることになる。翌二年冬十月には、武帝は初めて雍に行幸して五畤を祠り、始皇帝と同じように西方の祭祀がスタートする。

ところがこの年から、漢王朝にとって長期的な憂いとなる事件が起こっている。それは一に匈奴との戦争と、二に黄河の氾濫である。(31)元光二年には、大行の王恢が建議して、御史大夫・衛尉・太僕・太中大夫らの将軍とともに馬邑に駐屯したが、その謀りは失敗に終わり、王恢は下獄死した。しかしこれ以後、衛青や霍去病などの匈奴戦争がつづくことになる。また三年夏に、黄河が濮陽で決壊したときには、氾濫は十六郡におよび、卒一〇万人を発して決河を

表3　文帝・武帝時代の祭祀と戦争・災害

文帝13	前167	始名山大川在諸侯、諸侯祝各自奉祠、天子官不領。及斉・淮南国廃、令太祝盡以歳時致礼如故。（封禅書）
後元	163	趙人・新垣平が周鼎の気をいい汾陰の南に廟を作るが、偽り。これ以後、文帝は正朔・服色・神明の改革を怠る。（封禅書）
武帝		即位のとき、倉庫や財物は満ち足りていた。（平準書）
建元元	前140	祠官に山川の祭祀を修めさせる。
2	139	初めて茂陵の邑を置く。この頃、司馬談が太史令となる。
3	138	黄河の水害。茂陵に徙る者は戸ごとに銭20万・田2頃を賜う。
元光元	134	「古今王事の体」の解明を詔し、董仲舒・公孫弘らが出る。
2	133	10月、初めて雍に行幸し〔五帝の〕五時を祠る《→秦の祭祀》。
3	132	夏に黄河の氾濫。卒10万を発して決河を救い、龍淵宮を起てる。
6	129	衛青の匈奴戦争が始まる。
元朔2	127	五原・朔方郡の設置。郡国の豪傑などを茂陵に徙民させる。
3	126	【A説：この頃、司馬遷の旅行】
5	124	太常の博士弟子の制度。図書の収集がはじまる。
元狩元	122	前年に苑で白鹿を得る。雍で一角獣の白麟を獲る。（封禅書）
2	121	～4年。霍去病の匈奴との戦争。
4	119	山東で水災。朔方以南に70余万人を徙民させる。（平準書）
6	117	司馬相如「封禅の文」、漢の『春秋』を提案（列伝）
元鼎元	116	【B説：この頃、司馬遷の旅行】鼎を汾水のほとりで得る。
2	115	黄河の氾濫。関東の民を江南の地に徙民させる。
4	113	冬、天子が雍に行き、后土の祭祀を有司と太史公（司馬談）、祠官の寛舒に諮問。〔地を祭る〕后土祠を汾陰のほとりに立てる。 天子は始めて郡県を巡行し、泰山に至る。（封禅・平準書） 6月に后土祠の旁で「宝鼎」を得る。宝鼎の歌を作る。
5	112	冬10月、雍に行幸、五時を祠る。司馬遷が郎として随行。 冬11月、〔天を祭る〕泰時を甘泉に立てる。 太史公（司馬談）と祠官の寛舒らが、泰時の祭祀について進言。 秋、南越を伐つため泰一に告げ、太史が国を指す。（封禅書）
6	111	司馬遷が西南夷へ使者として旅行。
元封元	110	冬、武帝が朔方で匈奴に威を振るう。黄帝を祠り甘泉に帰る。 封禅の儀を起草→儒者や、太常の諸生の礼を退ける。（封禅書） 正月、東の海上に行き八神を祠る《→斉の祭祀》。方士の任用。 夏4月、泰山に登る。封禅の儀式。平準の設置。（平準書）
2	109	冬10月、雍に行幸、五時を祠る。……夏4月、泰山を祠る。 武帝が黄河工事の祭祀を行ない、司馬遷が随行する。（河渠書）
3	108	司馬遷が太史令となる。
太初元	104	司馬遷が、太初暦の作成に参加。一連の制度改革が完了する。

救い、龍淵宮を起てた。これものちに黄河氾濫と治水が頻繁につづき、また穀物を輸送する漕運路の建設と関連している。こうした周辺諸民族の問題や、国内の黄河の氾濫は、封禅の前提となる天子の徳に反するものである。

一方、元朔元年（前一二八）冬十一月には、郡国の守・相クラスの中二千石と礼官・博士に賢者を推挙しなければ罰することを詔し、有司もまた孝廉を察挙しない場合の処罰を奏議している。さらに五年には、太常に所属する博士弟子の制度が整えられ(32)、この年に王朝の図書収集がはじまっている。

したがって武帝の即位から元朔年間までは、一方で長期的な憂いとなる匈奴との対外戦争と黄河の氾濫が起こり、これらは御史大夫や大司農の官などによって、現実の対応が行われている。しかしもう一方で、古の制度の探究と祭祀儀礼の見直しが始まり、これらは太常に属する博士などの官を中心にしたものとおもわれる。そのとき賢者を推挙する礼官と博士の官の情勢をみれば、太史令の司馬談は古の制度を説明する要請と天官の視点のなかで、しだいに祭祀の見直しと賢者の任用などを認識したことになろう(33)。そしてこれ以降、さらに天の事象と祭祀儀礼とのかかわりが強くなっている。

元狩元年（前一二二）冬十月、武帝は雍に行幸し、五時を祠ったが、そこで白麟を捕えて「白麟の歌」を作った。これは『春秋』が獲麟で終わるのに対応して、新たな画期となる天の事象が現れたことになる。このとき封禅書では、済北王が天子封禅のときとみなして泰山とその傍邑を献じ、また常山王に罪があって常山郡としたため、五岳はすべて天子の郡になったという(34)。

また『史記』司馬相如列伝によれば、元狩六年（前一一七）ころに、漢の『春秋』を作ることを述べたことがある(35)。それは司馬相如が晩年になって、病と称して免官し、茂陵に住んでいたとき、武帝がその書をすべて収めさせるように命じた。ところが使いが行ってみると、すでに相如は亡くなっており、家に書はなかった。妻は、相如が書を著すたびに人が持ち去ったので、もともと家には書がなかったが、使者が来たとき奏上するようにと、かれが生前に託した「封禅の文」一巻を差し出した。そのなかに、天下に瑞祥が現れた今こそ「封禅」を実行するように勧め、新たな漢の『春秋』一書を作って、六芸を七芸にすべきだと書かれていた。その後、五年たって后土（地の神）を祭り、八年にして封禅が挙行されたと記している。

元鼎元年（前一一六）には、鼎を汾水のほとりで得た。そこで四年冬十月に、天子が雍に行き、有司を通じて后土の祭祀を太史公（司馬談）と祠官の寛舒らに諮問させ、十一月には地を祭る后土祠を汾陰のほとりに立てている。この年に武帝は、滎陽に行って洛陽に帰り、はじめて東方へ巡行したという。そして夏六月には、后土祠の旁で宝鼎を得たことから「宝鼎の歌」を作り、封禅書の後文では、宝鼎を得てより武帝が公卿・諸生と封禅を議論したと述べている。

このような情勢で、五年冬十月に武帝は雍に行幸して五畤を祠ったあと、十一月に天を祭る泰畤を甘泉の地に立て、太史公と祠官の寛舒らが、泰畤の祭祀について進言している。またその秋には、南越を伐つため泰一の神に武運を祈るとき、太史は、星座を描いた霊旗を奉じ伐つべき国を指したという。この太史は司馬談である。

このように元狩、元鼎年間には、獲麟や宝鼎の出土など、しだいに漢王朝の徳を示す天の事象が現われ、祭祀儀礼と諸制度の見直しが本格化している。このとき太史令であった司馬談は、太常の属官としての任務のほか、天と地を祭る儀式の議論に参加し、また天文・星暦を司ることに関連して、現実の戦争や災害などを解釈していたと推定される。つまり漢王朝では、武帝の建元年間までは、天の瑞祥にともなう受命の変遷は重要な問題となっていなかった。しかし元狩、元鼎年間を転換期として、古から武帝期までの天命の移動を説明する必要が生じてきた。このとき天の事象と地上の事件を説明する役職は、太史令の司馬談であった。だから司馬談より以前の太史令は、古今の祭祀制度に対する切実な要請がなかったが、司馬談の時代には、封禅をふくむ祭祀の歴史を総括する必要が生じたとおもわれる。これが封禅書にみえるような、舜から三代をへて、周、秦、漢王朝にいたる記載となったのであろう。

ところが司馬談は、制度改革が最終段階に近づき、いよいよ封禅の儀式を挙行する元封元年（前一一〇）に、儒者や太常の諸生とともに退けられたようである。(36) そのとき武帝は、方士たちの言に従っている。したがって司馬談の遺言は、太常の属官として祭祀儀礼の議論にかかわりながら、最後の段階で退けられた憤りとして理解できよう。それを裏づけるのは、封禅書の記述である。その末尾には、皇帝の祭祀を記したあと、太常の属官による祭祀が恒常的なものであり、その他の祭祀は一時的であると区別して、論賛では明確に方士たちの欺瞞を批判している。

太史公曰、余従巡祭天地諸神名山川而封禪焉。入壽宮侍祠神語、究觀方士祠官之意。於是退而論次自古以來用事於鬼神者、具見其表裏。後有君子、得以覽焉。

これは山川祭祀や封禅に随行したと述べることから、司馬遷による評価とみなせよう。しかしここには、太常の属官である太史令こそが、祭祀儀礼の由来を示して論断する専門家であるという自負がうかがえ、司馬談にも通じる意識であったとおもわれる。

以上のように、武帝時代までの情勢をみると、司馬談が太史令となる以前には、文帝期の賈誼の議論をのぞいて、皇帝の巡行・封禅や諸制度の改定は切実な問題となっていなかった。しかし武帝期に、しだいに天の瑞祥があらわれ、古代制度の解明や祭祀儀礼などの改定が議論されるようになると、他の諸官府とともに太常の属官も議論にかかわっている。それは元狩、元鼎年間を転換期として、元封年間に続いている。このように武帝期の改革は、まさに父と司馬遷が太史令であった時代と重なっている。この祭祀儀礼と関連して、周辺の諸民族との外征や、辺郡の設置がおこなわれている。(37) 表4は、武帝期の儀礼改革と諸民族の関係を示したものである。

表4　武帝時代の儀礼改革と諸民族

年代（前）	西南民族	北方民族	東南民族	東方民族
武帝				
建元元、140		この頃、		
2、139		張騫が西域に遠征1		
3、138			閩越が東甌を囲む	
4、137				
5、136				
6　135	のち、西夷攻略		唐蒙が南越に行く	
元光元、134			（枸醤の情報）	
2、133		馬邑の役		
3、132	〔⇒檄文〕			
4、131				
5、130	南夷道の建設			
6、129		衛青の匈奴攻撃1		
元朔元、128	〔⇒西夷に通ず〕	衛青の匈奴攻撃2		東夷降る、蒼海郡
2、127		衛青の匈奴攻撃3 朔方、五原郡	（←張騫が帰国）	
3、126	西南夷道の廃止	朔方城を築く		蒼海郡を廃止
4、125				
5、124		衛青の匈奴攻撃4		
6、123		衛青の匈奴攻撃5 衛青、霍去病の攻撃		
元狩元、122	滇へ使者（竹杖）			「獲麟」
2、121		霍去病の匈奴攻撃 武威、酒泉郡の設置		⇒封禅の議論
3、120				
4、119		衛青、霍去病の攻撃 張騫が西域に行く2		
5、118	（司馬相如の死）			「封禅の文」
6、117		霍去病の死		
元鼎元、116			（⇒司馬遷の旅）	「鼎」の出現
2、115				
3、114				
4、113				「宝鼎」の発見
5、112	（⇒司馬遷の旅） （⇒司馬遷の旅）	西羌が反す 匈奴が五原に入る	南越王が反す 番禺に集結	
6、111	西南夷を平らげ、 五郡を置く	西羌を平らげる 張掖、敦煌郡を置く	南越国が滅び、 九郡を置く	
元封元、110		匈奴に18万騎で閲兵	東越が降る	（泰山で封禅）
2、109	益州郡を設置		（武帝の東巡）	朝鮮を撃つ
3、108		酒泉郡を分ける		衛氏朝鮮が滅び、 楽浪など四郡設置
4、107		（武帝の北巡）		
5、106			（武帝の南巡）	
6、105	益州、昆明が反す			
太初元、104		「暦法、制度の改正」		（泰山へ行幸）

ただし武帝期の改革は、これで完了したわけではない。皇帝の巡行と封禅が実施されても、なお改暦と諸制度の改定が残されている。そこで太初元年に改暦が実施され、諸制度の改定が完了することになる。したがって司馬遷たちは、武帝の一連の儀礼改革に遭遇して、天官として太史令の使命を意識し、封禅に代表される諸制度の変遷を説明しようとしたのであろう。自序では、このような事情を「太史公、既に天官を掌り、民を治めず」と記している。だから司馬談の遺言には、周公―孔子の周期を意識して、古代制度の沿革を説明する職務を強調しているが、このような要請は武帝以前の太史令にはなかったと想定される。そのため父子は、古代の年代観と関連して、長期的な天変を説明するという任務を、太史令に意識したものとおもわれる。また太初年間に一連の改革が完成したあとは、これ以降の太史令などが、諸制度の由来を再び探究することはない。父と司馬遷の著述の背景は、このように太史令に関係する武帝期の儀礼改革をみることによって、とくに歴史の記録と論断を意識した理由がわかると考える。

四　《太史公書》の成立

これまで漢太史令は、他の官府の書記と同じように記録の職務をもつが、とくに修史の任務はみられないことをみてきた。そして司馬談と司馬遷が、後世の歴史書にあたる著述を志したのは、武帝期の一連の儀礼改革に遭遇して、天官としての太史令の役割を強く意識するようになり、古今の制度の由来を説明し、すぐれた人物を残そうとする構想によると想定した。それでは《太史公書》の構造は、どのように武帝時代の封禅や太初改暦と関係するのかを考えてみよう。これは自序のうち、ⅡとⅢの部分が中心となる。

まず司馬談の著作構想には、二つの視点がある。一は、周公旦―孔子、孔子―武帝期の太史令という周期を意識し、封禅書にみられるような古代制度の沿革を説明する視点である。二は、『春秋』のあとをつぎ漢代までの「明主、賢君、忠臣、死義之士」を描くという人物評価の視点である。これについて李長之、顧頡剛、佐藤武敏氏は、司馬談の執筆した篇を推定しているが[38]、それは個人やグループ列伝と世家である。この二つの視点には、『史記』の通史と列伝の一部がみえている。司馬遷は父の構想を継承して、《太史公書》を完成させたが、その年代観や構成は少し変化している。

司馬遷の著述は、元封三年に太史令となった時期から行われるが、壺遂との対話にみえるように、当初は司馬談の構想を受け継ぐものであった。

且余嘗掌其官、廢明聖盛德不載、滅功臣・世家・賢大夫之業不述、墮先人所言、罪莫大焉。余所謂述故事、整齊其世傳、非所謂作也、而君比之於春秋、謬矣。

しかしその構想は、のちに変化するとおもわれ、それは太初暦の作成と大いに関係がある。つまり司馬談が対象とした時代は、周から孔子まで約五〇〇年、孔子から漢武帝期まで約五〇〇年という周期のなかで、とくに孔子より以降の春秋時代から漢代であったとおもわれる。司馬遷が完成した著述は、儒家の経典の範囲をこえて、伝説時代の黄帝から漢武帝期までの通史となっている。ここには編集方針の変化があり、それは太初改暦の事業から派生するとみなされる。

その一は、太初暦の改定にともなう古代の年代観である。当然のことながら暦の検討には、年代の逆算や、改暦の起点などを決めなくてはならない。そこで中国古代には多くの伝えがある中で、司馬遷は古代紀年のわかる年を、十二諸侯年表に記す「共和元年」とした。それ以前は、黄帝を一つの起点に置いて、五帝本紀と三代世表の開始としている。このような構成は、司馬談の著作構想をこえた通史となるものであり、年代学の影響がうかがえる[39]。

図1　『史記』の構成と年代観

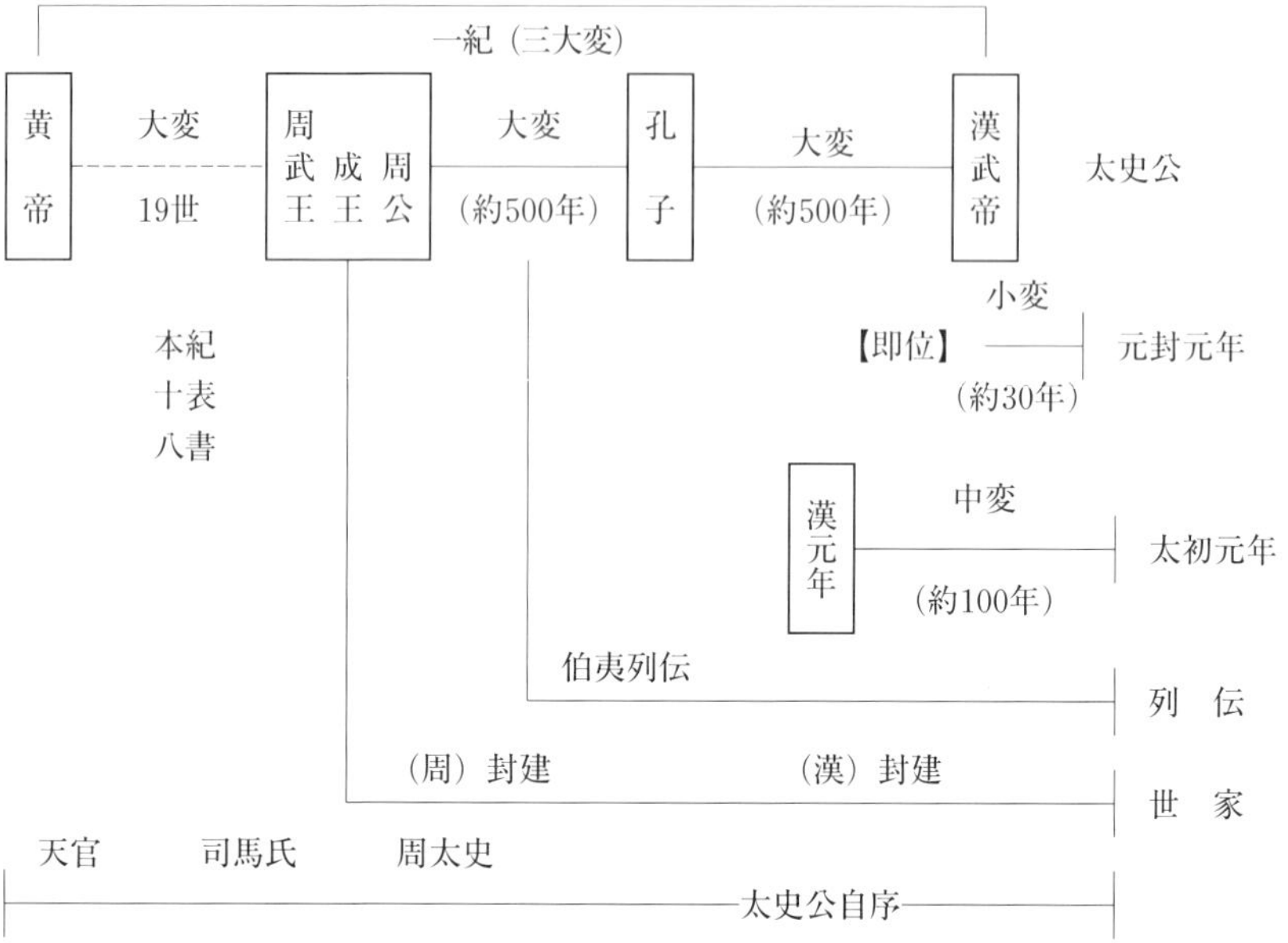

その二は、これと関連して、太初改暦を終点とする世界観の認識である。『史記』の範囲は、自序に著述のまとめとして「是に於いて卒に陶唐以来を述べ、麟止に至る」とあり、これによれば陶唐（堯）から始め、白麟を捕えた武帝元狩元年を下限とすることになる。しかしもう一方で、末尾の列伝第七十の論賛には「太史公曰く、余、黄帝より以来、太初に至るまでを述歴し、而して百三十篇を訖る」とあり、ここには黄帝から武帝太初年間までと記している。この太初年間とは、著述の下限を設定したものであり、司馬遷の年代観を示している。[40] たとえば天官書には、天変をつぎのように述べる。図1は、その概略を示したものである。

夫天運、三十歳一小變、百年中變、五百載大變。三大變一紀、三紀而大備。此其大數也。爲國者必貴三五、上下各千載、然後天人之際續備。

これによれば、武帝の即位（前一四〇）から元封元年（前一一〇）までは約三〇年で小変となり、漢元年（前二〇六）から太初元年（前一〇四）までは約一〇〇年で中変となる。また司馬談の構想である孔子から漢武帝までは、約五〇〇年で一大変となり、周公から孔子まで約五〇〇年という認識をもっていた。しかし司馬遷は、さらに黄帝から始めている。これは三代世表の周武王条に「黄帝より武王に至るまで十九世」とみえ、もし仮に一世を三〇年とすれば約五七〇年で、周公から遡ることおよそ五〇〇年の一大変となる。したがって黄帝から漢武帝の太初元年までは、ほぼ一紀（三大変）とする年代観をもつことになる。(41)この周期は、司馬談が構想した年代をこえている。そこで当初は、父の著作構想をついで『春秋』の終わりである「麟止」にならっていたが、太初元年を転換点とする世界認識の大きな変化によって、司馬遷は太初年間を著作最終の区切りに改めたと想定するのである。ここには『史記』の通史と紀伝体に通じる著述の原形がみえている。

司馬遷の著述にとって、もう一つの転換期は李陵の禍である。(42)この事件は天漢三年（前九八）に起こり、そののち幽閉と刑罰を終え、中書令となって著述をつづけるが、自序では「是に於いて其の文を論次す。七年にして太史公、李陵の禍に遭う」と記すだけである。

於是論次其文。七年而太史公遭李陵之禍、幽於縲紲。乃喟然而嘆曰、是余之罪也夫、是余之罪也夫。身毀不用矣。退而深惟曰、夫詩書隱約者、欲遂其志之思也。昔西伯拘羑里、演周易。孔子戹陳蔡、作春秋。屈原放逐、著離騷。左丘失明、厥有國語。孫子臏腳、而論兵法。不韋遷蜀、世傳呂覽。韓非囚秦、說難・孤憤。詩三百篇、大抵賢聖發憤之所爲作也。此人皆意有所鬱結、不得通其道也、故述往事、思來者。於是卒述陶唐以來、至于麟止、自黃帝始。

このとき古の著書は、『詩』三百篇は多くが賢聖の発憤して作られたといい、『書』『周易』『春秋』「離騒」『国語』『孫臏兵法』『呂氏春秋』『韓非子』などは、鬱屈するところがありながら通ぜず、往事を述べて後世に残したものという。これが『史記』の発憤著書説の根拠となっている。しかしここにあげた書物の成立は、一部が実状にあわないし、[43] また先にみた陶唐から麟止までを述べるという時代観も、著述の構成と一致しない。さらに各篇の意図を総括した部分では、五帝本紀第一の黄帝から記し、自序の論賛では太初で終わることを述べていた。したがってこの表現には、孔子に代表される著述をつぐという誇張があり、その変化は「任安に報ずる書」によって補足することができる。「任安に報ずる書」では、李陵の禍にいたる経過を述べたあと、同じように『周易』『春秋』などの著作が残された理由を記し、自己の著述をつぎのように総括している。[44]

僕竊不遜、近自託於無能之辭、網羅天下放失舊聞、考之行事、稽其成敗・興壞之理。凡百三十篇、亦欲以究天人之際、通古今之變、成一家之言。草創未就、適會此禍、惜其不成。是以就極刑而無慍色。僕誠已著此書、藏之名山、傳之其人通邑大都、則僕償前辱之責、雖萬被戮、豈有悔哉。

ここには「天下の放失せる旧聞を網羅し、之が行事を考え、其の成敗・興壊の理を稽《かんが》う」という思想がみえている。この総括は、太史公自序の列伝第七十の説明にみえる《太史公書》全体の意図とあわせて、司馬遷の歴史観を知るために重要な部分である。

維我漢繼五帝末流、接三代絶業。……百年之閒、天下遺文古事靡不畢集太史公。太史公仍父子相續纂其職。曰、於戲、余維先人嘗掌斯事、顯於唐虞、至于周、復典之、故司馬氏世主天官。至於余乎、欽念哉、欽念哉。罔羅天下放失舊聞、王跡所興、原始察終、見盛觀衰、論考之行事。略推三代、錄秦漢、上記軒轅、下至于茲、著十二本紀、既科條之矣。並時異世、年差不明、作十表。禮樂損益、律曆改易、兵權山川鬼神、天人之際、承敝通變、作八書。二十八宿環北辰、三十輻共一轂、運行無窮。輔拂股肱之臣配焉、忠信行道、以奉主上、作三十世家。扶義俶儻、不令己失時、立功名於天下、作七十列傳。凡百三十篇、五十二萬六千五百字、爲太史公書。序略、以拾遺補藝、成一家之言、厥協六經異傳、整齊百家雜語、藏之名山、副在京師、俟後世聖人君子。第七十。

その著述は、少なくとも司馬談の構想をこえ、通史として成敗・興壊の原理を探ることを明確に示している。ただし注意されるのは、李陵の禍までは著作が完成しておらず、そのため刑罰を受けたということである。司馬遷が苦難をへたあとでは、著述の内容もいっそう深化したとおもわれる。佐藤武敏氏は、李陵の禍の影響として、司馬遷が挫折を経験したあと、不遇な生涯を送った人びとに対して、悲しみや同情をもって見つめる視点や、漢武帝や高級官僚に対する風刺や批判があると指摘している(45)。そして征和二年に完成したとみなされている。

以上から、司馬遷の著作期間は、三つの段階にわけることができる。

（一）元封三年（前一〇八）～太初元年（前一〇四）まで約五年間。父の構想を受けつぎ作業をすすめた期間。

（二）太初元年～天漢三年（前九八）まで約七年間。父の構想から、新時代の到来と改暦の事業のため、過去に遡り太初年間までの通史とする。

（三）天漢三年～征和二年（前九一）以降まで。李陵の禍のあと著作を完成する期間。

ただしこれは著作期間の区分であり、実際の執筆は幽閉などの期間をのぞく必要がある。そのとき《太史公書》と名づけたのは、これまでの考察から、太初年間までの世界を総括するという視点が太史令のものであり、まさに父と司馬遷がその時代に遭遇したということにあるのではないだろうか。そして司馬遷は、父の構想を守りつつも、さらに編集を拡大して一大著述を完成させたのであり、この意味において《太史公書》は司馬遷に集約される著述とみなすことができよう。しかしこの時期には、歴史書を編纂するという明確な認識はなく、この著述は歴史叙述を基本としながら、虚実をまじえた太史令の理論的な書と意識された可能性がある。

こうした父と司馬遷の構想が、二人の置かれた時代の変化や泰山封禅の影響によって、どのように『史記』の構成に反映されているかを考えてみよう。『史記』本紀の構成には、つぎのような特色がある。

第一に、封禅書の年代観は、司馬談の構想を、司馬遷が継承したものである。封禅書の序文では、「古より天命を受けた帝王で、封禅をしなかったものがあるだろうか。封禅の瑞祥が無くて実行した者はいるが、瑞祥を見て泰山に至らなかった者はない」と述べ、『尚書』を引用して帝舜を最初としている。

自古受命帝王、曷嘗不封禪。蓋有無其應而用事者矣、未有睹符瑞見而不臻乎泰山者也。……尙書曰、舜在璇璣玉衡、以齊七政。……歲二月、東巡狩、至于岱宗。岱宗、泰山也。……五月、巡狩至南嶽。南嶽、衡山也。八月、巡狩至西嶽。西嶽、華山也。十一月、巡狩至北嶽。北嶽、恆山也。皆如岱宗之禮。中嶽、嵩高也。五載一巡狩。禹遵之。

しかし封禅書の本文では、武帝の元封元年の泰山封禅を最後とせず、さらに太初改暦などの一連の改革が終了する太初年間まで記している。これは司馬遷の体験を加えたものであり、司馬談の構想を継承したものといえよう。

第二に、司馬遷は封禅書の年代観とは違って、『史記』の歴史を黄帝から初めており、これは古典の記述のほかに、旅行の見聞や、封禅に関する議論が影響している。たとえば『史記』五帝本紀では、その記述を黄帝から始めている。このような年代観について、五帝本紀の論賛では、百家の書には経書とは異なる黄帝の伝えがあり、現地を訪問してその風教が異なることを実感している(46)。

太史公曰、學者多稱五帝、尙矣。然尙書獨載堯以來、而百家言黃帝、其文不雅馴、薦紳先生難言之。……余嘗西至空桐、北過涿鹿、東漸於海、南浮江淮矣、至長老皆各往往稱黃帝・堯・舜之處、風教固殊焉、總之不離古文者近是。

ここには司馬遷の旅行の影響がある。司馬遷が黄帝ゆかりの空桐山を訪れたのは、第二回の旅行であり、黄帝を認識する契機となる。『漢書』武帝紀では「(元鼎)五年冬十月、行幸雍、祠五畤。遂踰隴、登空同、西臨祖厲河而還」

と記している。

しかし注目されるのは、封禅書の伝えと議論のなかに、すでに舜より前の帝王として、黄帝が封禅をしたという記載である。たとえば、秦文公のときには「或曰……蓋黄帝時嘗用事、雖晩周亦郊焉」とあり、斉桓公のときには、管仲の言に「古者封泰山禪梁父者七十二家、而夷吾所記者十有二焉」とあり、懐氏、虙羲、神農、炎帝、黄帝、顓頊、帝嚳、堯、舜、禹、湯王、周成王が命を受けて泰山で封禅したと伝えている。

武帝期の例では、元封元年に黄帝の冢に行ったときの伝えがあり、そのあと泰山で封禅をしている。つまり武帝期の現実は、儒家がいう『尚書』の堯・舜・禹の時代設定を越えて、すでに歴史の起源を拡大し、伝説の黄帝まで遡って理解しようとしていたのである。

其來年冬、上議曰、古者先振兵澤旅、然後封禪。乃遂北巡朔方、勒兵十餘萬、還祭黄帝冢橋山、釋兵須如。上曰、吾聞黄帝不死、今有冢、何也。或對曰、黄帝已僊上天、羣臣葬其衣冠。旣至甘泉、爲且用事泰山、先類祠太一。

したがって黄帝を起点とする『史記』の年代観は、古典の記載や旅行の影響のほかに、泰山封禅をめぐる議論のなかに、すでにみえている。それを黄帝に始まり太初年間に終わる設定としたのは、司馬遷である。このように黄帝につづく帝顓頊からの歴史を述べる点では、列伝のなかでただ一つ通史の構成をもつ太史公自序とも共通している。

第三に、封禅書にみえる年代観は、『史記』本紀の構想に反映している可能性がある。図2は、『史記』本紀と封禅書の歴史観を示したものである。ここには、つぎのような共通点がある。

（1）封禅書の年代観は、舜から漢武帝の太初年間であったが、封禅の議論や伝えには黄帝から始まるという思想がみられた。これは『史記』五帝本紀で、黄帝から始まるという構成と一致している。(47)（2）封禅書では、古の天命を受けた王者は、すべて封禅をしたと述べ、その天命の移動を説明している。その大きな流れをみると、『史記』に

図２　『史記』本紀と封禅書

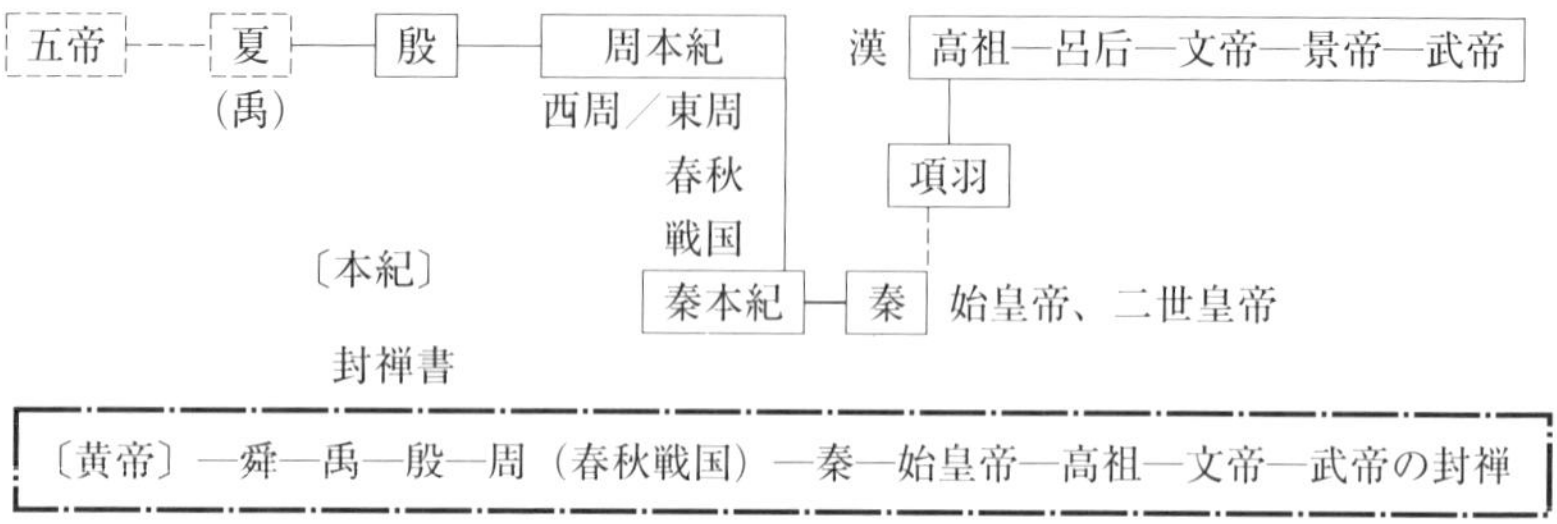

みえる五帝本紀、夏、殷、周の三代、秦本紀と秦始皇本紀、漢の高祖から武帝までの構成と一致している。例外は、秦帝国が滅亡したあとに項羽本紀を設け、高祖本紀のあとに呂后本紀を設けていることである。ただし秦楚之際月表の序文では、項羽に天命を認めており、本紀に値することになる[48]。また呂后本紀は、天命の移動というよりは、王者（高后）の紀年をもつことを評価したのではないかと考えている[49]。

この『史記』本紀の年代観は、封禅書にみえる年代観と、天命の移動を説明する構成とよく似ており、いわば封禅書は『史記』本紀の骨格ともいえるものである。ここに武帝期の儀礼改革が著述に与えた影響がみられ、太史公自序にみえる通史の構成とも共通している。そして自序によれば、本紀を補佐して取り巻く世家は、天体の二十八宿のような世界とみなしている。

こうした通史の構成は、八書も同じである。『史記』の八書は、礼、楽、律、暦、天官、封禅、河渠、平準の部門であり、これまで制度史や文化史にあたるといわれてきた。しかしその内容をみると、必ずしも漢王朝の重要問題を並べたものではなく、とくに太常と太史令にかかわる内容を中心とするようである[50]。

たとえば礼書は、武帝の太初元年までの王者の礼儀を述べるが、これは太常の基本的な職務にかかわる。楽書は、礼・楽ともに政教の助けとなるものであり、太常の属官には太楽がある。律書は、暦書とともに、太史令の職務である暦数に関連する。天官書は、天の星座・職官と地上の戦争・災害・実りなどの関係や、歴史の天変を記し、まさしく太史令にかかわる一篇である。したがってこれまでの諸篇は、太常と太史令に関係することがわかる。

つづく封禅書は、すでにみたように王者の祭祀儀礼にかかわり、漢武帝の巡行・封禅と、礼制の改革・太初暦の制定までを記述していた。河渠書は、禹の治水から武帝の黄河治水までの水利事業を記しており、中国最初の水利史にあたる。しかし佐藤武敏氏は、この一篇が武帝の水利を評価したのでなく、批判的立場から記述したとして、現実の対策とのかかわりを指摘している(51)。つまり河渠書は、現実の水利対策を示すとともに、太常が管轄する山川祭祀の実態を描いたものといえよう。平準書は、穀物・貨幣・布帛など財物の変遷や、租税・財政政策の沿革を記し、漢代経済史にあたるといわれる。しかし武帝期に、財政難となって新たな財政改革が試みられる背景には、匈奴との戦争や黄河水害などのほかに、皇帝の祭祀儀礼にともなう費用の増大とも関連があった(52)。だからこの新政策の名称をもつ篇は、具体的に少府の皇室財政と、大司農の国家財政の推移を記している。ここでは天子の奉養にともなう変化を説明しており、あるいは太史令の職務にかかわる一篇となるかもしれない。

したがって『史記』八書は、おおむね太史令の職務に関連する項目を配列していることがわかる。また反対に『史記』では、『漢書』百官公卿表と刑法志・地理志のように、官僚機構や法律制度・郡国の戸口統計など王朝の重要な部門を記していない。ここから八書の内容は、ただ文化や制度の歴史を記載したものではなく、帝室と太常にかかわる儀礼関係の問題について、その沿革や実状を描こうとしたものとみなされる。もしそうであれば、司馬談もその問題に関与していたのであり、一部は司馬談によって整理されていた可能性もあるのではなかろうか。

それでは十表の意義は、どのように考えられるのだろうか。司馬遷は、元封元年の遺言で初めて著述を志し、太史令となった元封三年（前一〇八）から太初元年（前一〇四）まで、公務を果たしながら、父の著作を受けつぐ作業をすすめたとおもわれる。そのとき太史令には多くの図書が集まり、「史記・石室金匱の書」をみる恵まれた条件にあったという。しかし王朝の図書収集は、父の遺言より前の元朔五年から始まっており、司馬談も十数年にわたって同じ状況にある。また天下の書籍を収集して、新たな制度改革に生かすという点では、他の諸官府の官吏も利用できたとおもわれ、けっして太史令が特別な立場であったとは考えられない。とくに異なるのは「史記・石室金匱の書」などの資料であろう。

司馬遷は、秦代に詩・書などの書籍が失われ、漢代になって律令・軍法・章程（算数書）・礼儀などの資料が整えられ、しだいに詩・書などの書籍も収集されたと述べているが、その中で秦代に散乱した資料を「明堂・石室・金匱の玉版・図籍」と表現している。これについて『漢書』巻一高帝紀下では、つぎのように記している。

天下既定、命蕭何次律令、韓信申軍法、張蒼定章程、叔孫通制禮儀、陸賈造新語。又與功臣剖符作誓、丹書鐵契、金匱石室、藏之宗廟。

このうち功臣に割符をさいて誓いを作り、鉄券に丹朱で記した文書とは、『史記』漢代年表に関連する諸侯王・列侯の資料を指すものであろう[53]。これらを金匱・石室に収め、さらに宗廟に蔵めたという。ところが太史公自序では、同じような資料の所蔵について、「宗廟」を「明堂」と言い換えている。漢代の明堂は、武帝元封二年に泰山のふもとに作られているが、そのほかにも計画されていた。一は封禅書に、武帝即位のとき長安城の南に明堂を建設し諸侯を朝する計画を立てたが、実施されなかったという。二は自序に、太初元年の改暦のとき「明堂を建て、諸神紀を受く」とあるように、新暦を納める儀式をした場所である。したがって司馬遷が言う明堂とは、かつては宗廟で、城外にある建物ということになり、長安城の南に礼制建築遺跡があるのは、これを示唆する施設であろう[54]。

漢王朝には、秦代以来の丞相・御史の律令・図書のほかに、おそらく城外に建設された宗廟・明堂の文書類があった。つまりこれらは『漢書』百官公卿表、御史大夫の蘭台の図書と、『続漢書』百官志の太史令条にいう明堂・霊台の図書にあたり、また前漢末の劉向の図書整理にみえる「中書」「太史書」を追加する資料である(55)。そして丞相・御史では、当時の公文書・上奏文・律令・戸口統計などの記録を保管するのに対して、とくに明堂では、古い過去の記録や儀礼の文書を中心とするようである。太史令は、「太史書」と「石室金匱の書」の二系統の書籍・文書と、博士の図書などを利用して、過去から現在の歴史を説明したものと推定できる。これは他の諸官府の文官より有利な立場にある。

これに関連して『三国志』魏書巻二文帝紀に、金策著令を石室に所蔵し、百官の資料として軍法、制度、地方行政の政事、六芸の書物を整理させている。

（延康）元年二月壬戌、以大中大夫賈詡爲太尉、御史大夫華歆爲相國、大理王朗爲御史大夫。置散騎常侍・侍郎各四人、其宦人爲官者不得過諸署令、爲金策著令、藏之石室。

（同年）秋七月庚辰、令曰、軒轅有明臺之議、放勛有衢室之問、皆所以廣詢於下也。百官有司、其務以職盡規諫、將率陳軍法、朝士明制度、牧守申政事、縉紳考六藝、吾將兼覽焉。

したがって漢王朝では、祭祀儀礼に関する古の系譜や、紀年資料、諸侯王や列侯の系譜となる史料があり、その一部は「史記・石室金匱の書」として保存されていた。これらの史料は、十表の作成と関連する素材である。

このように『史記』列伝、本紀、世家、八書、十表の構造をみると、あらためて父の構想が重視され、それを継承した司馬遷の構想による《太史公書》の原型を見出すことができよう。ここには武帝期の漢太史令をめぐる情勢によって、『史記』が通史と紀伝体の構成をもつ背景がうかんでくる。

『史記』の紀伝体は、本紀を骨格とする通史に、世家と列伝を加えて、いわば二次元のように歴史世界を理解しようとする手法である。この通史には、封禅に代表される天命の移動を説明する視点があり、それは本紀のほかに、十表と八書、世家の構想をふくんでいる。これに対して列伝の部門は、すぐれた人物を評価する視点がある。このような二つの視点は、すでに司馬談が構想したものであり、司馬遷が継承した『史記』の構成となっている。したがって『史記』の通史と紀伝体の構想は、古代から漢武帝の時代に至るまでの由来を説明する天官の職務と関連しており、それは武帝時代の社会変化と一連の儀礼改革に遭遇した父と司馬遷によって、はじめて歴史書のような構成になったと推測されるのである。

このように司馬遷と《太史公書》の成立をみると、太史公自序は、司馬氏の家系と父子の経歴、著述目的を述べただけではないようである。すなわち冒頭では、先祖の功徳による隆盛を示唆し、つぎに父の思想と事績によって子の司馬遷が太史令となり、著述を完成させるという編集は、世家の構成によく似ている(56)。そして自己の事績として《太史公書》の著述を誇ることは、あたかも諸子列伝で著述の背景となる行事を叙述する形式に近い。しかも太史公自序は、著述全体の序論であるとともに、それは列伝で唯一の五帝時代に連なる伝記として位置づけられている。

それでは最初の総合的な歴史叙述は、なぜ漢王朝の諸官府の史官や書記ではなく、太常に属する太史令の司馬遷たちが著述したのだろうか。それは司馬遷より以降に、『史記』を書き続けようとした人々や、後漢時代の班彪・班固によって著述された『漢書』と比較してみれば、その一端をうかがうことができよう(57)。『漢書』の構成は、『史記』の通史の体裁に対して、断代史という体裁であることが知られている。そのため『漢書』高帝紀の論賛では、漢王朝の創始者である高祖・劉邦が、堯の命運を受けて天の秩序を得たと述べている。このように漢王朝を独立させて著述する『漢書』の視点では、『史記』の通史のように、古からの天命の移動や封禅の由来を説明する必要はない。また『漢書』は、太常に所属する職務に関連した私的な著述《太史公書》とは違って、後漢王朝の皇帝に認められた歴史書である。班固は、明帝期に校書部の蘭台令史（秩一〇〇石）となり、他の同僚と世祖本紀を作成した。のちに校書郎となって功臣・平林・新市・公孫述の事績を論じ、列伝と載記二十八篇を作って上奏した。このあと皇帝に著述を許され、永平年間から章帝の建初年間まで、約二〇余年にわたり『漢書』の完成に努めている。したがって漢武帝までの歴史を、通史として説明しようとする視点は、武帝期の司馬談より以前にはなく、また司馬遷より以降にもなかったのである。《太史公書》の構想は、このような武帝時代の要請を受けているということができる。(58)そのため前漢末の図書分類でも、《太史公書》は教訓の意義をもつ六芸の『春秋』の系統をつぐ著述として、その素材となった系統の図書と同じように、春秋家に類別されたものであろう。『漢書』芸文志の春秋家の説明では、古の王者には史官があり、事を記したものが『春秋』で、言を記したものが『尚書』という。そして孔子は、左丘明とその史記をみて、行事と人道により、毀誉褒貶を示したと述べている。(59)

以上のように、『史記』の成立とその史料的性格を知るには、ここでみた武帝時代の父と司馬遷の歴史観をふまえて、各篇の取材と編集や、そこに叙述された史実を考証する必要がある。

おわりに

ここでは『史記』の成立事情を考えるために、司馬遷の時代と太史令の役割を中心に検討してきた。その要点は、つぎの通りである。

一、司馬談は、周太史が占い・予言をふくむ論断を役割とし、また自分が周公と孔子を受け継ぐ周期にあたると認識していた。しかし司馬氏に天官や史官であった伝えは実情ではなく、司馬談の意識によって『国語』楚語の記事を引用したとおもわれる。したがって司馬氏が、代々史官の家系であるという説明はできない。

二、秦漢時代の太史令は、奉常（太常）に所属し、儀礼や天文・暦法、山川祭祀、図書の保管などを職務とするものであった。その関連で天文観察に対応する地上の記録を保存・解釈する必要があり、ここに歴史の記録と整理という役割をもつことになる。しかし実際に古今の図書を整理して歴史の著作を編纂したのは、司馬父子だけであった。これは太史令に修史の役割があるという説明では解釈できない。『史記』が成立した背景には、父と司馬遷が置かれた武帝期の情勢を知る必要がある。

三、父と司馬遷の著述構想は、司馬談の個人的な発想によるものではなく、武帝期に周を受けついで天下の制度を改定し、天地の祭祀や封禅の儀式を挙行しようとする時代の情勢が深くかかわっていたとおもわれる。司馬談より以前には、太史令や博士が所属する太常は、皇帝の儀礼・祭祀を施行し、また学問や皇帝陵邑の人々を管轄する役所であったが、決して修史を任務としていたわけではない。しかし武帝期になって、しだいに天の事象が現れ、諸制度の改定が議論されるようになると、太史令には歴史の由来を記録して、それを論載する任務を強く認識するようになったと考えられる。その後は、皇帝の祭祀儀礼が一応整ったことや、諸陵邑の管轄を三輔に移管する行政改革などから、太史令が修史の役割をもつことはみられない。

四、こうした武帝時代の儀礼と制度改革は、父と司馬遷に歴史の由来を論断するだけではなく、《太史公書》の本紀、十表、八書の通史や、世家、列伝にかかわる全体構想に影響を与えたと想定される。その一つは、泰山封禅の由来にみえる天命の移動と、『史記』本紀の関連である。『史記』の具体的な史実は、各篇の取材と編集や、司馬遷の歴史観をふまえて、そこにみえる歴史叙述を考証する必要がある。

五、武帝時代の著述背景の変化は、漢王朝の文書や図書との関係からもうかがえる。戦国・秦代の諸国には、現実の公文書や奏言・事件などを記録する御史系統の官があり、漢代では長安城内の御史に所属する蘭台などの図書が存在していた。これに対して太史は、長安城外に位置したとおもわれる明堂や、霊台に保管された図書をみることができた。つまり漢王朝には、少なくとも二系統の文書や図書が存在していたのであり、これが前漢末に劉向が王朝の図書を整理したとき現れる「中書」「太史」の書であろう。したがって太史令の図書には、行政文書や法律・戸口統計の資料などよりも、古い天文・祭祀の記録や書籍をふくむものであり、それが「太史公、既に天官を掌り、民を治めず」という意識につながるとおもわれる。しかし司馬遷によって、はじめて総合的に歴史記録を論断する著述が試みられたのは、本来の太史令の役割を越えるものであった。反対に御史の系統は、のちに歴史記録を保存・整理する役割を拡大してゆくのであり、後漢の班固が蘭台令史となって、公文書や法令資料をも活用しながら『史記』をつぐ『漢書』を著作する背景につながるものであろう。ただし前漢武帝期までの段階では、漢王朝の官府で歴史書を編纂しようとする明確な意志をもたなかったために、できあがった《太史公書》は今日の歴史書とは異なる性質をもっていた。それは《太史公書》が、太史令の役割にかかわる著述であり、書物と記録にもとづきながらも虚構をまじえ、興亡の原理を説明し、賢者の人物評価をするという思想的な書物とみなすことができる。だから司馬遷は、李陵の禍のあと中書令となって書物を完成したにもかかわらず、父の職務を継承した《太史公書》という題名を付けたと考えられる(60)。そして後世、歴史書と認識される第一の要因は、司馬遷の年代観による系譜や紀年、記事資料の編集にある。

六、父と司馬遷の歴史観では、それぞれの時代背景をうけて少し変化がみられた。司馬談が重視したのは、堯、舜、禹から始まり、殷を滅ぼした周の統一であった。そして周公旦の制度が周厲王、幽王のときに乱れてくると、孔子が礼儀を復興した。しかし戦国、秦代に戦乱や焚書によって史の記が失われ、ふたたび漢王朝の図書収集と、武帝の封禅によって復興が完成する。だから封禅書は、司馬談の思想と共通する舜の封禅から始まっている。しかし司馬遷は、父の死後も一連の武帝巡行に随行し、太初改暦と制度改革までを見聞した。そのため当時の風潮をふまえて、暦や制度を開始したという黄帝からスタートする歴史観をもったとおもわれる。

このように『史記』太史公自序と封禅書の記述をふまえて、漢太史令の歴史的役割を検討してみると、そこには『史記』が当初から歴史書として著述されたものではなく、武帝期に祭祀儀礼を総括する社会背景が影響していたことがわかるであろう。この意味で、『史記』は通史と紀伝体の構造をもつ著述であり、文学的な創作ではない理由が明らかである。したがって『史記』の成立を、自序や各篇の論賛と「任安に報ずる書」によって、司馬遷の個人的な経歴から説明する視点は、一面しかとらえていないことになる。すなわち一般に、司馬遷は李陵の禍によって刑罰を受けたため、発憤して『史記』を著作した契機が強調されているが、その著述《太史公書》は、父の構想を受けて継承した部分と、そこから自身の構想ですすめた全体構造の体系を理解すべきである。

以上は、司馬遷の時代からみたスケッチにすぎない。つぎには著作背景と『史記』の成立をこえて、『史記』の構造と特色を考察する必要がある。次章では、もう一つの『史記』成立の問題として、司馬遷の旅行と取材の関係を検討してみよう。

注

（1）中国の研究には、楊燕起・兪樟華編『史記研究資料索引和論文専著提要』（蘭州大学出版社、一九八九年）、徐興海主編『司馬遷与《史記》研究論著専題索引』（陝西人民教育出版社、一九九五年）などの目録がある。わが国では、池田四郎次郎・池田英雄『史記研究書目解題稿本』（明徳出版社、一九七八年）、池田英雄『史記学五〇年――日・中「史記」研究の動向』（明徳出版社、一九九五年）、拙稿「『史記』『漢書』研究文献目録（日本篇）」（『「史記」「漢書」の再検討と古代社会の地域的研究』愛媛大学、一九九四年）、同「日本の『史記』研究」（『愛媛大学法文学部論集』人文学科編七、一九九九年）、吉原英夫編『「史記」に関する文献目録』（北海道教育大学札幌校、一九九七年）、青木五郎、中村嘉弘編著『史記の事典』（大修館

書店、二〇〇二年）に研究動向がうかがえる。また内藤湖南『支那史学史』（一九四九年、『内藤湖南全集』第一一巻、筑摩書房、一九六九年）、岡崎文夫「支那史学思想の発達」（岩波講座『東洋思潮』四、一九三四年）、稲葉一郎『中国史学史の研究』第二部第二章「『史記』の成立」（京都大学学術出版会、二〇〇六年）などがある。

（2）佐藤武敏『司馬遷の研究』（汲古書院、一九九七年）は、歴代注釈や、王国維「太史公行年考」（『観堂集林』巻十一、一九二九年）、鄭鶴声『司馬遷年譜』（商務印書館、一九三三年）、李長之『司馬遷之人格与風格』（生活・読書・新知三聯書店、一九四八年、上海開明書店、一九八四年再版、李長之著・和田武司訳『司馬遷』一九八〇年、徳間書店、一九八八年）など諸説の検討をふまえて、司馬談と司馬遷の経歴や、『史記』の編集過程を詳細に論じている。ここでは佐藤氏の研究を基礎にして、《太史公書》の成立にかかわる問題を整理してみたい。

（3）司馬遷の郷里は、拙著『司馬遷とその時代』（東京大学出版会、二〇〇一年）エピローグ、第一章で紹介しており、小林岳「司馬遷祠墓訪問記」（『長江流域文化研究年報』第三号、二〇〇五年）の調査がある。

（4）司馬遷の生年は、大きく二つの説が有力である。A景帝中元五年とする説は、王国維、鄭鶴声、張大可、施丁、瀧川亀太郎、佐藤武敏氏などで、太史公自序の太初元年条の正義に「案、遷年四十二歳」とあることなどを根拠とする。B武帝建元六年とする説は、桑原隲蔵、山下寅次、郭沫若、李長之、袁伝璋、趙生群氏などの見解で、元封三年条の索隠引く『博物志』の「太史令茂陵顯武里司馬（遷）、年二十八、三年六月乙卯除、六百石」や、「任安に報ずる書」などの記事を根拠とする。生年の問題は、父が亡くなったときの年齢というだけでなく、二十歳の旅行の年代や、『史記』の性格にかかわる重要な問題である。諸説については、楊燕起・陳可青・頼長揚編『歴代名家評史記』上篇「『史記』総論」論作者生平（北京師範大学出版社、一九八六年）、張新科・高益栄・高一農主編『史記研究資料萃編』一「司馬遷研究」0001司馬遷生年（三秦出版社、二〇一一年）、佐藤武敏「司馬遷の生年」（一九七九年、前掲『司馬遷の研究』第三章）を参照。

（5）佐藤武敏「司馬遷の家系」（一九七二年、前掲『司馬遷の研究』第一章）。

（6）佐藤武敏「司馬談と歴史」（一九八四年、前掲『司馬遷の研究』第二章）三九頁では、司馬氏の早期の家系を初めて伝えたのは司馬談で、それは天官の重視と、史官世襲の思想を表したという。さらに司馬遷が系譜化し、記録化したものが自序の前半部とする。

(7) たとえば陳完の子孫の予言は、『春秋左氏伝』荘公二十二年条にみえ、僖公十五年条には「夏五月、日有食之。不書朔與日、官失之也」とある。また襄公二十五年条には、斉の崔杼が大史を殺す話がある。ただし表記は、異なる場合がある。

(8) 『史記』封禅書の周の祭祀は、

周公既相成王、郊祀后稷以配天、宗祀文王於明堂以配上帝。自禹興而修社祀、后稷稼穡、故有稷祠、郊社所從來尚矣。

(9) 索隠は「先人謂先代賢人也」とし、正義は「司馬談」とする。岡崎文夫『司馬遷』(一九四八年、研文社、二〇〇六年復刊)では、『孟子』盡心章句下の「由孔子而來、至於今百有餘歲。去聖人之世、若此其未遠也。近聖人之居、若此其甚也。然而無有乎爾、則亦無有乎爾」の語を引いて、同じく孔子が伝えた道統を自ら発揚しようとする決心を示すと考えている。

(10) 梁玉繩『史記志疑』巻三六に、「案、周公至孔子其年歲不能的知、恐不止五百歲。若孔子卒至漢太初之元、三百七十五年。何概言五百哉。蓋此語略取於孟子、非事實也」という。

(11) 李長之前掲『司馬遷之人格与風格』第三章「司馬遷与孔子」では、孔子の影響をうけた『史記』の記事をあげている。また春秋学では、董仲舒の春秋公羊学や、孔子の『春秋』との関係、空言と行事などが争点となっており、『春秋左氏伝』とのかかわりも重要な問題である。

(12) 『史記』については、内藤湖南『支那史学史』、岡崎文夫「支那史学思想の発達」、バートン・ワトソン、今鷹眞訳『司馬遷』(筑摩書房、一九六五年)、大島利一『司馬遷と「史記」の成立』(清水書院、一九七二年)、エドゥアール・シャヴァンヌ、岩村忍訳『司馬遷と史記』(新潮社、一九七四年)、宮崎市定『史記を語る』(岩波書店、一九七九年)、澤谷昭次「『史記の作者たち』について」(一九七九年、『中国史書論攷』汲古書院、一九九八年)、白寿彝『《史記》新論』(求実出版社、一九八一年)など、多くの著書で論じられている。また山田伸吾「漢太史令の世界」(『名古屋大学東洋史研究報告』二、一九七三年)は、とくに天官としての位置づけを強調する。伊藤徳男『「史記」と司馬遷』(山川出版社、一九九六年)では、『史記』を私撰の書とするが、武帝は『史記』の完成に便宜をはかり、宮廷所蔵の記録・文書・図書の閲読と書写を許したとする。中西大輔「『史記』の私撰説・官撰説について」(『國學院雑誌』一〇九—五、二〇〇八年)に諸説の紹介がある。

（13）『漢書』芸文志に、「蒼頡七章者、秦丞相李斯所作也。爰歴六章者、車府令趙高所作也。博學七章者、太史令胡母敬所作也。文字多取史籀篇、而篆體復頗異、所謂秦篆者也。……漢興、閭里書師合蒼頡・爰歴・博學三篇、斷六十字以爲一章、凡五十五章、幷爲蒼頡篇」とあり、『説文解字』叙にも「秦始皇帝初兼天下、丞相李斯乃奏同之、罷其不與秦文合者。斯作倉頡篇、中車府令趙高作爰歴篇、大史令胡毋敬作博學篇。皆取史籀大篆、或頗省改。所謂小篆者也」とある。大西克也「秦の文字統一」、福田哲之「漢簡『蒼頡篇』研究」（以上、渡邉義浩編『中国新出資料学の展開』第四回日中学者中国古代史論壇論文集、汲古書院、二〇一三年）など参照。

（14）『呂氏春秋』孟春紀第一に、「是月也、以立春。先立春三日、太史謁之天子曰、某日立春、盛徳在木。天子乃齋。……迺命太史、守典奉法、司天日月星辰之行、宿離不忒、無失經紀、以初爲常」とあり、以下に農事や楽・祭祀などの記述がある。また季冬紀第十二には、「是月也……天子乃與卿大夫飭國典、論時令、以待來歳之宜。乃命太史、次諸侯之列、賦之犠牲、以供皇天上帝社稷之享」とある。

（15）張家山漢簡『二年律令』「史律」に史となる規定がある。本書の序章「簡牘・帛書の発見と『史記』研究」。

（16）佐藤武敏「司馬遷の官歴」（前掲『司馬遷の研究』第五章）では、太史令時代の事績として四点をあげている。①は『史記』編纂の準備として史料を読み、太初元年以降からの執筆。②は暦法の改正に関係したこと。③は祭祀関係の仕事とその記録。また自序の集解引く如淳説の『漢儀注』から、④に上計に関する職務を想定している。ここでは、上計の任務を除いておく。

（17）太初改暦の経過は、佐藤前掲「司馬遷の官歴」のほか、川原秀城『中国の科学思想――両漢天学考』Ⅲ太初改暦と司馬遷（創文社、一九九六年）、平勢隆郎『中国古代紀年の研究』（汲古書院、一九九六年）、小沢賢二『中国天文学史研究』第六章「『太初暦』の暦元」（汲古書院、二〇一〇年）に関連する考察がある。

（18）同右の川原氏は、司馬遷が暦法上の敗北を契機として『史記』の執筆を開始したといわれる。しかし新暦の計算をした者が太史丞となり、そのまま司馬遷が太史令であることは、その上司として改暦の評価ができたことになる。したがって改暦を敗北とみなすことは困難であり、また著述構想がこれ以前に遡ることは本稿の論述からも明らかであろう。この点は、稲葉一郎『中国の歴史思想』第二章「司馬遷父子と『史記』」（創文社、一九九九年）でも指摘している。

（19）大庭脩「居延出土の詔書冊」（一九六一年、『秦漢法制史の研究』創文社、一九八二年）参照。

（20）漢代の図書については、佐藤前掲「司馬遷の官歴」、拙著『史記戦国史料の研究』第一編第一章「『史記』と中国出土書籍」（東京大学出版会、一九九七年）など参照。

（21）『漢書』芸文志の六芸略・小学家では、漢初に蕭何が起草した法律に「太史試學童、能諷書九千字以上、乃得爲史。又以六體試之、課最者以爲尙書御史史書令史」とあり、史となる者の試験をしている。また小学家に「蒼頡一篇」があり、博学七章は太史令・胡母敬の作という。このほか前漢末では、太史令ではないが劉向のように星宿を観察する儒家が現れている。『後漢書』張衡列伝第四九では、安帝のとき張衡が太史令となって渾天儀を作り、天文を論じている。しかし他には、太史令が歴史叙述をした例は見えない。

（22）劉知幾『史通』外篇「史官建置」は「著述を以て宗とし」、それに暦象日月陰陽管数星暦を掌ると考える。しかし王国維「太史公行年考」は、天時星歴を掌るが、紀事を掌らないとする。

（23）佐藤前掲「司馬遷の官歴」三「太史令時代の司馬遷」１「太史令としての司馬遷」。

（24）『史記』三代世表の「張夫子問褚先生曰」の索隠に「褚先生名少孫、元・成間爲博士」とあり、また『漢書』巻八八儒林伝、王式条に「後東平唐長賓・沛褚少孫亦來事式、問經數篇……張生・唐生・褚生皆爲博士」という経歴がみえる。

（25）大庭脩「漢王朝の支配機構」（一九七〇、前掲『秦漢法制史の研究』）は、各官庁の機構の中で丞相史などの文官を説明している。また『漢書』地理志の末尾には、丞相が潁川の人・朱章に風俗地理を整理させているが、これは『史記』貨殖列伝の記述に共通する部分がある。

（26）秦漢時代の文書行政は、永田英正「文書行政」（『殷周秦漢時代史の基本問題』汲古書院、二〇〇一年）、籾山明「中国の文書行政」（『文字と古代日本』二、吉川弘文館、二〇〇五年）で、丞相、御史大夫、大司農、廷尉を通じた文書伝達を指摘している。

（27）岡崎前掲『司馬遷』二「司馬遷に与えた時勢の影響」。

（28）始皇帝の統一をめぐる記事は、すでに戦国中期から十月歳首の顓頊暦を採用しており、始皇帝の称号や秦水徳説などに史料批判が必要と指摘されている。栗原朋信「史記の秦始皇本紀に関する二・三の研究」(『秦漢史の研究』吉川弘文館、一九六〇年)、鶴間和幸「司馬遷の時代と始皇帝」(一九九五年、『秦帝国の形成と地域』汲古書院、二〇一三年)など参照。

(29) 賈誼は十八歳で郎中となり、二十一歳で太中大夫となった。改定の議論は『漢書』礼楽志にもみえる。なお司馬遷が、秦始皇本紀の論賛で、賈誼の「過秦論」に共感し利用する背景については、鶴間和幸「漢代における秦王朝史観の変遷」(一九九五年、『秦帝国の形成と地域』第二編第一章)、佐藤武敏「『史記』に見える過秦論」(『中国古代史研究』第七、一九九七年)など参照。

(30) 『史記』巻一二孝武(今上)本紀は、封禅書で補われたことが指摘されており、ここでは封禅書と『漢書』武帝紀を基礎とする。漢代祭祀と武帝期の封禅は、金子修一「漢代の郊祀と宗廟と明堂及び封禅」(一九八二年、『古代中国と皇帝祭祀』第二部第三章、汲古書院、二〇〇一年)、目黒杏子「前漢武帝の封禅――政治的意識と儀礼の考察」(『東洋史研究』六九―四、二〇一一年)、同「前漢武帝の巡幸――祭祀と皇帝権力の視点から」(『史林』九四―四、二〇一一年)、同「前漢における上帝・山川祭祀の体系と展開」(『日本秦漢史研究』一四、二〇一四年)の考察がある。

(31) 前漢の水利事業は、拙著『中国古代国家と郡県社会』(汲古書院、二〇〇五年)第二編第一章「漢王朝と水利事業の展開」、第二章「漢代の黄河対策と治水機構」などで考察している。

(32) 官吏任用制度については、福井重雅『漢代官吏登用制度の研究』(創文社、一九八八年)、西川利文「漢代博士弟子制度について」(『鷹陵史学』一六、一九九〇年)、同「漢代博士弟子制度の展開」(『鷹陵史学』一七、一九九一年)、佐藤前掲「司馬遷の官歴」などがある。

(33) 『史記』礼書の冒頭に、大行の礼官に儀礼を聞くという関連性がある。

太史公曰、洋洋美德乎。宰制萬物、役使羣衆、豈人力也哉。余至大行禮官、觀三代損益、乃知緣人情而制禮、依人性而作儀、其所由來尙矣。

(34) 『史記』封禅書に、「其明年、郊雍、獲一角獸、若麃然。……於是濟北王以爲天子且封禪、乃上書獻太山及其旁邑、天子以他縣償之。常山王有罪、遷、天子封其弟於眞定、以續先王祀、而以常山爲郡、然後五岳皆在天子之邦」とある。

(35)『史記』司馬相如列伝に、
相如既病免、家居茂陵。……使所忠往、而相如已死、家無書。問其妻、對曰……。其遺札書言封禪事、奏所忠。忠奏其書、天子異之。……司馬相如既卒五歳、天子始祭后土。八年而遂先禮中嶽、封于太山、至梁父禪肅然。

(36) 司馬談が封禅の儀式に与らなかった背景は、注(12)の著作や佐藤前掲「司馬談と歴史」などに指摘がある。

(37) 周辺諸民族との関係は、佐藤武敏「『史記』外国列伝を読む」(『大阪市立大学東洋史論叢』一二、二〇〇二年)があり、東アジアの歴史を考えるうえで大切である。

(38) 李長之前掲『司馬遷之人格与風格』第六章「司馬遷之体験与創作(下)」二「《史記》中可能出自司馬談手筆者」、顧頡剛「司馬談作史」(一九五一年、『史林雑識』中華書局、一九六三年)、佐藤前掲「司馬談と歴史」。

(39)『史記』五帝本紀や三代世表の系譜は「五帝徳」「帝繫姓」によるという。十表の年代学は、本書の序章、拙稿「『史記』の年代学と清華簡『楚居』『繫年』」(『愛媛大学法文学部論集』人文学科編三五、二〇一三年)を参照。

(40)『史記』の下限には諸説がある。『史記志疑』と会注考証は、「麟止」までの記事を『春秋』が「獲麟」で終わる意味とする。張大可『司馬遷評伝』(南京大学出版社、一九九四年)では、諸説を①麟止、②太初、③天漢、④武帝末に分け、顧頡剛前掲「司馬談作史」が、自序の二つの区分を司馬談と司馬遷の違いとする説を継承し、太初説を支持している。

(41) 天官書にみえる天変について、岡崎前掲『司馬遷』では『孟子』盡心章句下の記事と同じく、一治一乱の歴史哲学を継承して古今の興亡を叙述したというが、その概数は異なっている。
孟子曰、由堯舜至於湯、五百有餘歳。若禹皐陶、則見而知之、若湯則聞而知之。由湯至於文王、五百有餘歳。若伊尹・萊朱、則見而知之、若文王則聞而知之。由文王至於孔子、五百有餘歳。若太公望・散宜生、則見而知之、若孔子則聞而知之。

このほか張大可「論司馬遷的歴史観」(『史記研究』甘粛人民出版社、一九八五年)は、『史記』が大一統歴史観にもとづくとして、秦始皇帝までの一覧表を作成している。なお三代世表では、黄帝から武王に至るまで十九世というのに対して、「従湯至紂二十九世、従黄帝至紂四十六世」という記述もあり、漢武帝までの年代は概数とみなすべきであろう。

（42）この経過は、李長之前掲『司馬遷之人格与風格』など多くの研究でふれているが、佐藤武敏「李陵の禍」（前掲『司馬遷の研究』第六章）に詳しい考察がある。
（43）『春秋左氏伝』の著者の相違や、呂不韋・韓非子は失脚する前に著作・編著をするなど、実状に合わない記述がある。
（44）「任安に報ずる書」が書かれた年代は、太始四年とする王国維の説があるが、趙翼『廿二史箚記』や佐藤氏の説に従って征和二年とする。澤谷前掲「『史記の作者たち』について」は、発憤の背景を考察している。
（45）佐藤武敏「『史記』の編纂過程」（前掲『司馬遷の研究』第七章）では、第一期の太初元年～天漢三年、第二期の太始二年（前九五）～征和二年（前九一）として、李陵の禍より以前と以後で分けている。八書では、李陵の禍より以前に礼書、楽書、律書、暦書、天官書の五篇が作成され、以後に封禅書と河渠書、平準書が作成されたという。
（46）本書の第二章「司馬遷の旅行と取材」。
（47）拙稿「『史記』の歴史観と叙述」（『愛媛大学法文学部論集』人文学科編一七、二〇〇四年）。
（48）本書の第六章「『史記』項羽本紀と秦楚之際月表」（一九九五年）。
（49）本書の第八章「『史記』呂后本紀の歴史観」（一九九三年）。
（50）佐藤前掲「『史記』の編纂過程」では、八書のうち礼・楽・律・暦・天官の五書は、太初暦の制定と、礼制の改革がその契機とする。そして封禅・河渠・平準書は、武帝期の重要テーマの歴史で、李陵の禍のあとに作成されたとみなしている。中里謙一「『史記』の『八書』について」（太田幸男・多田狷介編『中国前近代史論集』汲古書院、二〇〇七年）は、「天人の際」との関係を考察している。
（51）佐藤武敏「『史記』河渠書を読む」（『中国水利史の研究』国書刊行会、一九九五年）、拙稿「『史記』河渠書と『漢書』溝洫志――司馬遷の旅行によせて」（『中国水利史研究』三〇、二〇〇二年）。
（52）山田勝芳「前漢武帝代の祭祀と財政――封禅書と平準書」（『東北大学教養部紀要』三七、一九八二年）は、封禅書が祭祀・巡行の光の部分で、平準書は祭祀の膨大な経費を記す影の部分にあたり、外征などで財政が逼迫したあと礼制改革を始めた批判を示唆するという。

（53）『史記』の漢代年表には、形式は異なるが諸侯王・列侯の詳細な記録がある。また割符については、工藤元男「戦国の会盟と符」（『東洋史研究』五三―一、一九九四年）、李開元「秦末漢初の盟誓」（『東方学』九六輯、一九九八年）に考察がある。
（54）一九五六年に漢長安城の南で、周囲に水溝をもつ礼制建築遺址が発見された。その位置づけは、佐藤武敏『長安』（一九七一年、講談社学術文庫、二〇〇四年）、王仲殊『漢代考古学概説』（中華書局、一九八四年）に紹介があり、王莽期の明堂あるいは辟雍といわれるが、武帝期の明堂を考えるうえで参考となろう。
（55）注（20）に同じ。
（56）拙著前掲『史記戦国史料の研究』第二編「戦国七国の史料学的研究」の戦国世家を参照。
（57）『史記』の評価では、前漢末から後漢時代にかけて、その著述をしようとした人々のコメントがある。『漢書』司馬遷伝の論賛では、劉向や揚雄が、司馬遷に「良史の才」を認め、『史記』を実録とみなしたという。

然自劉向・揚雄博極羣書、皆稱遷有良史之材、服其善序事理、辨而不華、質而不俚、其文直、其事核、不虛美、不隱惡、故謂之實錄。

ただし注意されるのは、実録とする評価には「事の道理をよく順序だて、明弁で華ならず、質美でいやしくなく、文章が直裁で、事は的確で、善美をむなしくせず、悪を隠さず」とあり、必ずしも記録をもとにした歴史書という意味ではないことである。ここには、まだ歴史書の始まりとする考えとは違うようである。後漢以降に、御史の系統が歴史官としての性格をもつことは、小林春樹「後漢時代の蘭台令史について」（『東方学』六八、一九八四年）など参照。
（58）武帝期の動向は、拙稿「司馬遷と武帝――時代が『史記』に与えた影響は何か」前・後篇（『月刊しにか』第一三―四、五号、二〇〇二年）でも簡単に述べている。
（59）佐藤前掲「『史記』の体裁上の特色」四九〇～四九三頁。
（60）《太史公書》から『史記』への名称の変化は、佐藤武敏「『史記』の体裁上の特色」（前掲『司馬遷の研究』附篇、第一章）に詳しい。

第二章　司馬遷の旅行と取材

はじめに

司馬遷の経歴と『史記』の成立では、かれの旅行と取材が重要な問題となっている。司馬遷は『史記』を著述するにあたって、漢王朝が所蔵していた多くの文書や書籍を利用したと述べていた。これは伝来の文献や出土書籍と比較しても、先行する諸資料を組み込んだ編集の形跡がうかがえ、その事情を正確に伝えていることが証明できる(1)。司馬遷は、これらの先行資料を取捨選択して、独自の歴史観から『史記』を編纂している。それは『史記』戦国史料を例にすれば、およそ九割以上の分量は、先行する文字資料を利用したことがわかる。

しかし『史記』の著述は、書写された資料の利用だけにとどまらない。それはもう一つの取材源として、漢代の人物から父と司馬遷が聞いた伝承と、旅行による取材と見聞があり、そのほかに語り物や民間の歌謡などを利用したといわれている(2)。とくに司馬遷の旅行は、各地で諸国の資料や古老の伝えを取材したといわれ、説話の素材とも関連している。したがって『史記』の構造と歴史観を考えるには、文字資料の利用のほかに、旅行による取材や人びとの伝承などを、どの程度に利用したのかという問題がある。

漢代に、父の司馬談が聞いたという部分や、司馬遷の見聞は、わずかであるが知られている(3)。しかし旅行による取材は、なお不明な点が多い。たとえば司馬遷は、二十歳のときに江南から山東の方面を旅行して長安に帰っている。

その後も、使者として雲南の地域まで行き、あるいは皇帝に随行して各地を旅行した。その範囲は、漢王朝の約三分の二にあたる内郡の領域を踏査したことになる。この意味において、司馬遷は当時の大旅行家ということができよう。この最初の旅行について、その目的は、これまで一般に『史記』執筆のための取材とみなされている。これに対して、王国維「太史公行年考」は、その目的を仕官前の宦学のためとし、佐藤武敏氏は諸説を再検討して、①国家の祭祀箇所の探訪、②儒教の礼の学習、③史跡の調査という三点をあげている。(4) また司馬遷の旅行は、王国維が考証して以来、その年代と回数、ルート、目的が問題となっているが、その体験と『史記』の叙述との関連は十分には明らかにされていない。さらに二十歳の旅行は、司馬遷の生年とも関係している。

そこで本章では、まず二十歳の旅行について、当時の社会条件とあわせ、その目的と意義を考えてみたい。つぎに第二回以降の旅行ルートと見聞を通じて、『史記』の取材とのかかわりを検討する。また旅行の体験が、どのように『史記』に反映されているかを知るために、周辺世界や屈原の見聞によって、司馬遷の歴史観や人物評価との関係を考えてみたいとおもう。旅行の見聞は、本章の末尾に原文を一覧し、ここでは訳文で説明する。なお本章の初出論文を公表したあとも、『史記』の史跡を調査しており、その情報を補足している。(5)

一　二十歳の旅行について——司馬遷の生年

『史記』太史公自序には、司馬遷が二十歳のとき南方・東方へ旅行したことを記している。この第一回の旅行は、司馬遷の生年がいつかによって年代が変わってくる。(6) たとえば司馬遷が、景帝の中元五年（前一四五）に生まれたとする説では、この年は元朔三年（前一二六）となる。また武帝の建元六年（前一三五）に生まれたとする説では、元鼎元年（前一一六）のことになる。このうち、どちらが当時の情勢に適合するかは後述するとして、先に旅行ルートを確認しておこう。

二十のとき南方の長江・淮水に旅して、会稽山に上り、禹穴（禹の墓）を探った。そのほか（舜が葬られた）九疑山を遠望し、沅水と湘水に（船で）浮かんだ。北方では、汶水と泗水を渡り、斉と魯の都で学業を講じた。そこでは孔子の遺風を観て、鄒の嶧山では郷射の儀礼を学んだ。また鄱や薛・彭城の地では苦難にあった。そこから梁（魏）と楚の地域を過ぎて、（長安まで）帰った。

この記述は、きわめて簡単であり、そのままでは旅行ルートが一貫しない。そのため王鳴盛、王国維、鄭鶴声、佐藤武敏氏などは、『史記』にみえる旅行と資料収集の関係や、そのルートの復元を試みている[7]。

王国維は、司馬遷の旅行を全部で六回とみなし、太史公自序の二条（第一、第三回）をふくめて、関連する史料十六条を網羅した（本章の文末に一覧）。このうち二十歳の旅行は、自序に記された訪問地が、必ずしも旅行順ではないとする。そして他の旅行資料とあわせて、おおよそ以下のようなルートを復元している。

〔長安〕……長沙、屈原の沈んだところをみる（巻八四屈原賈生列伝）―沅水・湘水（自序）―九疑山を窺う（自序）―廬山で禹の九江を観る（巻二九河渠書）―会稽で禹穴を探る（自序）―姑蘇・五湖（河渠書）―春申君の故城（巻七八春申君列伝）―淮陰（巻九二淮陰侯列伝）―淮水・泗水・済水・漯水（河渠書）―汶水・泗水、斉・魯の都、鄒の嶧山に郷射（自序）―魯、仲尼の廟堂（巻四七孔子世家）―鄱・薛・彭城（自序）―薛（巻七五孟嘗君列伝）―豊・沛（巻九五樊酈滕灌列伝）―梁・楚（自序）―大梁の墟（巻四四魏世家、巻七七魏公子列伝）……〔長安〕

ここで注意されるのは、旅行に関連する史料十六条が、すべて『史記』各篇の本文ではなく論賛だけに記されているという点である。そして王国維の復元では、古の帝王のコメント（巻一、五帝本紀）、祭祀に関する記述（巻二八封禅書、巻三二斉太公世家、巻六一伯夷列伝）、秦の直道と長城（巻八八蒙恬列伝）、第三回の西南夷への旅行（自序）をのぞいて、残る十条を第一回の旅行にかかわる記述と理解している。この復元されたルートは、佐藤武敏氏もほぼ妥当としているが、すべてが第一回の旅行の見聞にもとづくコメントかという問題がある。ここでは少なくとも、太史公自序にみえる訪問先を基本としておきたい。つぎに旅行の目的については、以下のような説がある。

第一は、著述の取材とみなす説である(8)。『西京雑記』第六には「古の諸侯の史記」を収集したという。

漢承周史官、至武帝置太史公。太史公司馬談、世爲太史。子遷年十三使乘傳、行天下、求古諸侯史記、續孔氏古文、序世事。作傳百三十巻、五十萬字。

これと同じ説は、『太平御覧』巻二三五職官三三太史令条に引く『漢旧儀』にもみえている。ここでは司馬遷が、十三歳のときに使者となって伝に乗り、天下をめぐって諸侯の史の記を求めたという記載がある。王国維などの研究では、この十三歳という年齢は誤りと考証している(9)。ただし一般には、司馬遷が各地を旅行して資料を収集し、そのために生き生きとした描写をふくむと理解している。

第二は、取材とは異なるその他の旅行である(10)。たとえば公務の旅行で博士の視察に随行したという説や、自由な青春放浪あるいは私費旅行とする説も、これに関連しよう。

ここで問題となるのは、これまでの研究では注目していないが、漢代の制度と二十歳という年齢のもつ意味である。それは一に、徴兵と傜役の問題がある。漢代の景帝・武帝期では二十歳とは兵籍に付けられる年齢である(11)。そして昭帝の始元末（前八二）以降に、兵役年齢は二十三歳に変更されたといわれる。したがって武帝期では、一般には二十歳で兵籍に付けられたあと、仮に従軍しないとしても、なお成人男子には傜役の負担があり、自由に旅行することはできないはずである。これをどのように解消したかは重要な問題である。そのとき旅行の形態は、従軍によるという仮定も生じるが、これは儀礼の学習と、薛の地で困ったことを記しており、軍隊に所属するとはみなせない。二は、漢代の交通制度とのかかわりである。漢代の交通では国内と辺境に関所が設けられ、私用旅行で郡の領域をこえた関所の通過には、県の官府が発給した伝（通行証）が必要であった。[12] したがって武帝期に、司馬遷が他の郡県を通過して、長期間に自由な旅行をすることは不可能であったとおもわれる。

このように漢代の兵役・徭役や、当時の交通制度のなかでみれば、自由な放浪や、私的な旅行とみなすことは困難である。また費用の点を説明することができない。そこで二十歳の旅行は、少なくとも漢王朝あるいは所属する茂陵県の承認があったと想定しなくてはならない。それでは国家に認められた旅行とする場合、どのような時代背景をもつのだろうか。

第三は、旅行の目的は資料の収集ではなく、学業を学ぶためという見解がある。王国維は、衛宏『漢旧儀』で使者とする説を否定し、未だ仕官する前の学習にあたると推測している。また佐藤武敏氏も、調査・学習を目的とした旅行と考えている。[13] 佐藤氏の内容と根拠は、つぎの通りである。

①は、名山祭祀の場所を確認することである。たとえば会稽で禹穴を探ったというのは、禹が会稽で亡くなった伝えと、『史記』秦始皇本紀の三十七年条に「会稽に上り、大禹を祭る」とあるように禹の墓所にあたる。また九疑山を望むことは、ここに帝舜の墓があるためとする。その傍証として、馬王堆三号漢墓帛書の「長沙国南部地図」に、九本の柱状をもつ山を描き、頂上に「帝舜」の字を記すことをあげている。[14] そのとき秦始皇本紀、三十七年十一月条に「行きて雲夢に至り、虞舜を九疑山に望祀す」とあり、また『漢書』巻六武帝紀、元封五年（前一〇六）冬条に「行きて南に巡狩し、盛唐に至り、虞舜を九嶷に望祀す」とあるように、司馬遷は九疑山まで行ったのではなく、遠くから望祀したのであろうと推測する。

②は、礼の学習である。ここでは孔子ゆかりの地で礼を中心とする学習をし、鄒の嶧山で郷射の礼を学んだとする。③は、史跡の調査である。その例として、屈原の汨羅、廬山、春申君の故城、孟嘗君の封邑の薛国故城、豊・沛の漢の功臣の故地、大梁の廃墟などを指摘する。

以上の三つの目的から佐藤氏は、父が司馬遷を太史公に仕官させ、史官を世襲させようとしたための大旅行と推測する。そして旅行と著述との関係では、訪問を明記している各篇では十分に見聞が利用されていないという。しかし貨殖列伝など、その他の諸篇に旅行の成果がみられると推測している。このうち、①禹・舜の墓地の見聞と、②礼の学習は、太史公自序に明記されており問題はない。

したがってこれまでの諸説では、自序の訪問先と目的をみるかぎり、第一、第二の目的は、明確な記載がない。第三の目的は、儀礼の学習と史跡の訪問をしており、もっとも妥当とおもわれる。しかし史跡の調査は、当初からの目的であったのか、あるいは旅行先の見聞として記したのかは、なお十分には明らかではない。また父が旅行させたとすれば、その費用をどのように理解するかという問題がある。そこでもう少し、旅行の背景となる当時の社会条件を考えてみよう。

ここで考慮しておくことは、司馬遷の生年が二説に分かれるということである。つまりA説（前一四五年）によるか、B説（前一三五年）によるかで、その時代背景は大きく相違する。そこでまずA説にしたがって、司馬遷の旅行は元朔三年（前一二六）あるいは翌年までとする社会状況を検討してみよう。(15)

この時期は、司馬談が仕官して十四年目ころにあたる。そして元朔五年（前一二四）に王朝の図書収集が始まる二年前のことである。これは儒学による博士弟子の制度と同じ時期に始められており、太史公自序で述べるように、秦代で散佚した書籍を収集する大事業である。だからもし父が元朔三年に、著述の取材のために司馬遷を旅行に行かせたとすれば、それは漢王朝の図書収集よりも先に、太史令がその子に史料の収集を命じたことになる。これはきわめて不自然であろう。

また父が司馬遷を世襲させるために旅行に行かせたとすれば、これも漢王朝の情勢とあわない。たとえば武帝期では、元光元年（前一三四）に古代制度の見直しが始まり、歴史の由来を知る必要が生じている。そして司馬談が太史令の職務を強く意識するのは、元狩元年（前一二二）に麟を捕獲する瑞祥より以降とおもわれる。したがって元朔三年の時期は、まだ儀礼の改革が本格化しておらず、太史令に仕官させようとする動機は弱いとおもわれる。もし司馬談が、わが子を世襲させようとするなら、元狩年間より以降のほうが妥当であろう。また父が望んだとしても、子の世襲は制度的に可能だったのであろうか。

ここで注目されるのは、博士弟子制度の設置によって、司馬遷が郎中になったという解釈である。(16) この制度は、元朔五年に儒学による官吏任用制度としたものである。そこで司馬遷が、仮に設置の第一期に採用されたとしても、元朔五年か六年となり、A説では司馬遷が二十二、二十三歳のときである。したがってこの制度を、それ以前にあたる二十歳の旅行の説明とすることはできない。

このように司馬遷の旅行を、A説にしたがって元朔三年とみなすとき、父が子に命じて諸国の資料を収集するという情勢にはないことがわかる。また儀礼を学習するという解釈も、その社会背景を十分には説明できないのである。

それではB説によって、旅行の年代を元鼎元年（前一一六）とすれば、どうであろうか。この時期は、すでに王朝の図書収集が始まってから約八年が経過し、司馬談自身も著述の便宜を受けていた時代である。また元狩元年の瑞祥より以降、元鼎元年には汾水のほとりで鼎を得るなど、太史令の役割と、天地の祭祀が強く意識される時期である。したがって司馬談が、わが子に世襲を望むということは、大いにありうることである。しかし先にみた兵役・徭役制度を、どのように解消し、またどのようにして旅行させたかという問題が残る。そこで当時の時代背景をみると、兵籍にある期間でも旅行が可能な条件が見出せる。それは、やはり博士弟子の制度に関連する。[17]

この制度は、太常が「民の年十八以上」の儀状端正なるものを選び、博士弟子に補すものである。選ばれる者は、採用される以前に誦説の能力を試す予備試験があり、古文の暗誦が必要といわれる。そして博士弟子に採用されると、徭役が免除され、一年後に「射策」の試験がある。その結果、もし①一芸（一経）以上に通じた者は文学掌故となり、②高弟者（優秀）は郎中、③秀才異等（特に優秀）の者は徴召となる。

そこで茂陵に移住していた司馬遷が、元朔五年以降に博士弟子に採用されたとすれば、元狩五年（前一一八）の十八歳から、元狩六年（前一一七）の十九歳のころが想定される。もし二十歳の旅行が、これに関連するとすれば、博士弟子の「射策」の試験後か、あるいは試験に合格して仕官する前の旅行ということになる。ここでは旅行の主目的は、儀礼の学習にあり、著作の取材ではない。また帝王の遺跡は、儀礼に関連するが、五帝のうち黄帝、顓頊、帝嚳を言わず、舜・禹は儒学の『書』の範囲にある。そのあと司馬遷は、郎中となっており、功令の規定によれば成績の優秀者にあたる。

このように仮定すれば、二十歳の旅行では徭役を免除され、儀礼制度を学ぶ記述と一致する。そして郎中となるのは、元鼎二年（前一一五）頃のことで、A説のように郎中となって十数年の経歴の空白がなくなる。また郎中となって、元鼎五年（前一一二）の武帝の随行に接続する。そして司馬遷が、すでに郎中となって皇帝の儀礼に参加していれば、元封元年（前一一〇）に父が子に太史令となることを期待した背景をうかがうことができる。

ただしこの想定には、なお傍証が必要である。それは一に、孔安国や董仲舒に学んだという学問との関係であり、二は、太史令の世襲につながる根拠である。

まず司馬遷と、孔安国・董仲舒との関係を確認しておこう。(18) 孔安国は、孔子の子孫で、『漢書』巻八八儒林伝には司馬遷が『尚書』を学んだと述べている。

孔氏有古文尚書、孔安國以今文字讀之、因以起其家逸書、得十餘篇、蓋尙書茲多於是矣。遭巫蠱、未立於學官。安國爲諫大夫、授都尉朝。而司馬遷亦從安國問故。遷書載堯典・禹貢・洪範・微子・金滕諸篇、多古文說。

そして武帝のとき博士となり、のち臨淮郡（元狩六年、前一一七設置）の太守となった。また諫大夫は、『漢書』百官公卿表に、郎中令の属官で、元狩五年（前一一八）に置かれたという。したがって孔安国が、臨淮太守となる前、長安にいた元狩五、六年は、B説で司馬遷が十八、十九歳の頃となり、学問を受けることが可能である。これが二十歳の旅行で、孔子の廟を訪れたとき、その人柄を思って立ち去りがたかったという感激につながっているのであろう。

董仲舒は、太史公自序に「董生に聞く」とあり、服虔注はこれを董仲舒という。『漢書』巻五六董仲舒伝によると、『春秋』を治めて景帝のとき博士となり、武帝即位のとき江都の相となり、建元六年（前一三五）には遼東の高廟の火災に災異を論じている。のちに膠西王の相となったが、病と称して家（晩年、茂陵に移る）に帰り、修学・著書に専念した。家には、廷尉の張湯らが質問にやって来たといい、張湯が廷尉の位にあったのは元光三年（前一二六）～元狩二年（前一二一）のことである。したがって董仲舒の場合は、博士弟子の時代ではなく、また十歳の頃に古文を教授されたとは思えない。おそらく「董生に聞く」とは、司馬遷が茂陵に居るとき、何らかの教えを受けたのではなかろうか。これはまた『史記』において、春秋公羊学の影響にも関連する。

つぎに父が世襲を期待した任官に対しては、「任安に報ずる書」で父の職務によると述べている。

僕賴先人緖業、得待罪輦轂下、二十餘年矣。……僕少負不羈之才、長無鄕曲之譽、主上幸以先人之故、使得奉薄技、出入周衞之中。

「任安に報ずる書」が書かれたのは、征和二年（前九一）といわれ、この二十余年前という言によれば、仕官したのは元鼎年間となり、A説ではなくB説に合致する。また『史記』巻二六暦書、周の「疇人」に引く集解注に「如淳曰、家業世世相傳爲疇。律、年二十三傅之疇官、各從其父學」とあり、後世では父の学を継ぐ規定を設けたようである。したがってこの説明を参考にすれば、司馬遷は郎中に任官したあと、将来は中央官庁や郡県の長吏に転任するのでなく、二十三歳より以降に疇官に登録され、父の太史令を継ぐと予定されたのではないだろうか。そうすれば司馬談の遺言は、父が知っていたという現実的な意味をもってくるし、二十歳の旅行は儀礼の学習と、始皇帝が封禅した伝えをもつ第二回と第五回巡行の名山大川の調査に結びつく可能性があろう[19]。

さらにA説とB説の妥当性をめぐっては、司馬遷が訪れた名山祭祀の問題がある。『史記』封禅書によれば、漢代初期に全国的な祭祀を統轄していなかった。それは東方に諸侯王国があるためで、斉国や淮南国が廃されたあとに、ようやく奉常に所属する太祝が祭祀を管轄している。

始名山大川在諸侯、諸侯祝各自奉祠、天子官不領。及齊・淮南國廢、令太祝盡以歳時致禮如故。

そこで司馬遷が、儀礼の学習をするとしても、諸侯王の王国にある名山は祭れないはずである。『史記』淮南・衡山列伝によると、劉安の父である淮南厲王の劉長は、高祖の末子であったが、文帝六年（前一七四）に謀反を企てたことが発覚し、厲王は蜀に移される途中で絶食して亡くなった。このとき天柱山と廬山は、いずれも淮南国にあった。その二年後、厲王の四人の子が列侯となり、文帝十六年（前一六四）に劉安が淮南王になるなど、残った三人が厲王の地を分けて受け継いだ[20]。

淮南王の劉安は、景帝のときに起こった呉楚七国の乱（前一五四）に加わらず安泰を保ち、客を集めて『淮南子』の編纂をした。しかし武帝の元朔五年（前一二四）に、自分の太子が免職にした人物が長安で上書した事件をきっかけとして、二県の領地を没収され、元狩元年（前一二二）に謀反の罪で自殺している。その後、この地は九江郡となった。また衡山王となった劉賜も、元狩元年に謀反の罪で自殺し、領地は衡山郡（のち盧江郡）となった。ここに天柱山がある。

こうした淮南王の謀反から、司馬遷の旅行年代を特定する説がある。王達津氏は、A説にあたる元朔三年ころに淮南王が謀反を企てているならば、とても司馬遷が南方を旅行できる状況になく、B説の元鼎元年の旅行としてこそ理解できるという。(21) しかし、この説には批判もあり、たしかに謀反だけでは判断できない。

謀反のきっかけは元朔五年のことで、淮南王が自殺して、国が廃絶したのが元狩元年であった。また衡山王の国が、衡山郡となるのも元狩元年である。だから元朔三年の時点では、まだ謀反の情勢が世間に知られておらず、旅行に支障があるかどうかわからない。むしろ重要なのは、旅行の時に天柱山（衡山）の所属がどこにあったかであろう。

元狩元年より以前は、まだ淮南国と衡山国が存在し、天柱山は衡山国にふくまれていた。また盧山は、のちに豫章郡に編成されるが、かつて厲王のときは淮南国であった。そこでもし元朔三年の旅行なら、衡山国の傍らの長江を通過できても、始皇帝が訪れた天柱山の祭祀を調査できないだろう。しかしB説によって元鼎元年の旅行とするなら、すでに衡山郡となっており、名山祭祀の調査が可能である。司馬遷は、二十歳の旅行で九疑山と湘山（沅水・湘水）にふれ、会稽山を訪れており、第七回の旅行で武帝は天柱山を祭祀している。これは武帝のときに、始皇帝のように会稽山を南岳とする位置づけから、天柱山を南岳とする評価に変わったのではないかとおもう。

このように二十歳の旅行の目的を考えてみると、まず私的な旅行の可能性は少ない。また公的な旅行としても、各地の諸資料を収集するという側面は、ほとんど見出すことができない。そこで可能性があるのは、仕官する前の研修、あるいは儀礼の学習とする説であり、想定されるのは司馬遷が博士弟子に採用され、その関連において儀礼を学ぶという目的である。これは自序で述べているように、舜や禹の墓をさぐり、斉・魯の都で学んだと述べており、祭祀の伝承を記す旅行の内容ともうまく合う。その旅行ルートは、始皇帝の巡行と祭祀遺跡に近く、武帝の巡行を意識した訪問かもしれない。司馬遷は南方を訪れて、始皇帝が巡行した湘山と会稽山の祭祀を確認している。これらの名山は秦代の五岳（嵩山、恒山、泰山、会稽山、湘山）にふくまれ、その後も泰山、嵩山の近くを通過した。そのほか長江では、はるか遠くの九疑山にある舜の墓を遠望するなど、旅行は祭祀儀礼と深く結びついている。これらの特徴をみるかぎり、司馬遷の旅行目的は、儀礼の学習と祭祀遺跡の確認にウェイトがあるといえよう。

しかし旅行の年代を、A説のように元朔三年とすれば、当時の社会情勢とは必ずしも一致しない。『史記』儒林列伝では、まだ元朔三年の時点で儀礼の学習は本格化していなかった。また著述の取材としても、まだ漢王朝の図書収集が始まっていない時期である。これらは父の期待した司馬遷の旅行が、社会の動向より早いことになってしまう。

反対に、B説にしたがって元鼎元年の旅行とすると、社会の情勢とうまく合致している。たとえば、このとき司馬遷が儀礼を学習したとすれば、それは博士弟子の設置と、儀礼を学ぶ社会情勢のあとになり、旅行もまた時代の要請をうけていたことになる。かれは天の瑞祥が現れたあと、天子の儀礼と世界の一新という目的にそって、武帝の封禅に先立つ始皇帝の祭祀遺跡をたどり、自らも儀式のための礼を学習した可能性がある。それがかれの仕官と結びついている。このように想定すれば、公費による旅行となり、二十歳の旅行から帰って郎中となることも理解できる。また A説のように、郎中になってから十数年の経歴の空白がなくなるのである。

したがって二十歳の旅行では、その目的と社会背景をたどってみると、司馬遷の生年は、武帝建元六年（前一三五）とするB説が良いとおもわれる。ちなみにA説の根拠となった正義注についても、新しい考証がある。それは日本の上杉家に伝えられた『史記』黄善夫本（『史記（十二）』古典研究会叢書、漢籍之部二十八巻、汲古書院、一九九八年）の自序に、正義注の「年二十八」に「二、一本作三」という書き入れがあるが、趙生群氏によって宋・王応麟『玉海』巻四六、正義注の佚文に「史記正義、博物志云、遷年二十八、三年六月乙卯除、六百石」とあることが確認された。(22) したがって張守節が見た『博物志』にも「遷年二十八」とあったのであり、「案、遷年四十二歳」というのは張守節の考証による推定であったことがわかる。

ただし旅行の見聞と著述とのかかわりは、まだ不明な部分が残されている。つぎに『史記』のなかに、旅行の見聞と体験がどのように生かされているのかを、第二回以降の旅行とあわせて検討してみよう。

二　司馬遷の旅行と見聞

司馬遷の旅行は、第一回につづいて以下のような年代とルートが復元されている。たとえば鄭鶴声氏は元封五年の第七回までとし、佐藤武敏氏は元封六年の第八回までとする。(23) ただし旅行と『史記』の取材を比べる点からいえば、第七回までのルートにすべての見聞がふくまれており、ここでは第七回までの年代を示しておく。

第二回：元鼎五年（前一一二）郎中として武帝に随行。西のかた空桐に至る。

第三回：元鼎六年（前一一一）使者として西南夷に派遣。巴・蜀から邛・笮・昆明の方面。

第四回：元封元年（前一一〇）封禅への参加、武帝に随行。北辺から帰る。

第五回：元封二年（前一〇九）郎中として武帝に随行。泰山を祭り、黄河の決壊箇所に至る。

第六回：元封四年（前一〇七）太史令として武帝に随行。涿鹿から代をへて帰る。

第七回：元封五年（前一〇六）太史令として武帝に随行。南郡から天柱山をへて山東から帰る。

『史記』の取材とのかかわりで司馬遷の見聞がみえるのは、すべて論賛の部分である。これを分類すれば、大きく三つの地域に設定できよう。

一は、秦漢時代の関中とその周辺である。関中（漢代の三輔）には、左馮翊に司馬氏の郷里である夏陽県（陝西省韓城市）があり、その地は戦国時代の魏・秦国から秦漢時代の内史にふくまれ、司馬遷のよく知る地域であった。その後、父と司馬遷は右扶風の茂陵（武帝の陵邑）に移り、任官してからは長安城で勤務し、おそらく周辺の伝えを聞いたであろう。また第二回の旅行ルートは、郎中として武帝に随行したもので、雍の祠りをしたあと、隴山を越えて甘粛省の境域に入り、空桐山に登っている。したがって、もし司馬遷が取材による情報を『史記』に記述したとすれば、第一に関中の伝聞資料が多いはずである。

二は、長安から南方と東方の地域である。第一回の二十歳の旅行は、長江・淮水流域など南方地方を中心とし、黄河流域を通過して長安に帰っている。したがって関連するのは、戦国秦が旧楚の都を占領した南郡から雲夢方面と、楚の東国、戦国斉・魏国など、秦漢王朝の東方にある地域である。また第四回の旅行では、泰山で封禅の儀式を行ったあと、東の海上に浮かんで碣石・遼西に至り、九原と直道を通って甘泉に帰ったといわれる。このとき今の遼寧省の秦碣石宮の付近に、漢武帝期の「望海台」かといわれる建築遺址があり、ここに一行は留まったものであろう(24)。第五回の旅行では、冬十月に雍に行幸し、五時を祠ったが、春には緱氏に幸し、山東の東莱に至っている。夏四月には泰山を祭ったあと、黄河が決壊した瓠子に至って河川祭祀と資材を運ぶことを行い、武帝は瓠子の歌を作成している。司馬遷が、この黄河の祭祀に参加したことは、河渠書にもみえている。第六回の旅行は、武帝に随行して雍から蕭関を出て、涿鹿・代をへて帰ったとする。第七回の旅行は、第一回とよく似たルートである。ここでは旅行による取材地として、主に戦国時代の楚・魏・斉・燕国の領域がふくまれるが、趙・韓国の地域はほとんど通過していない。そ

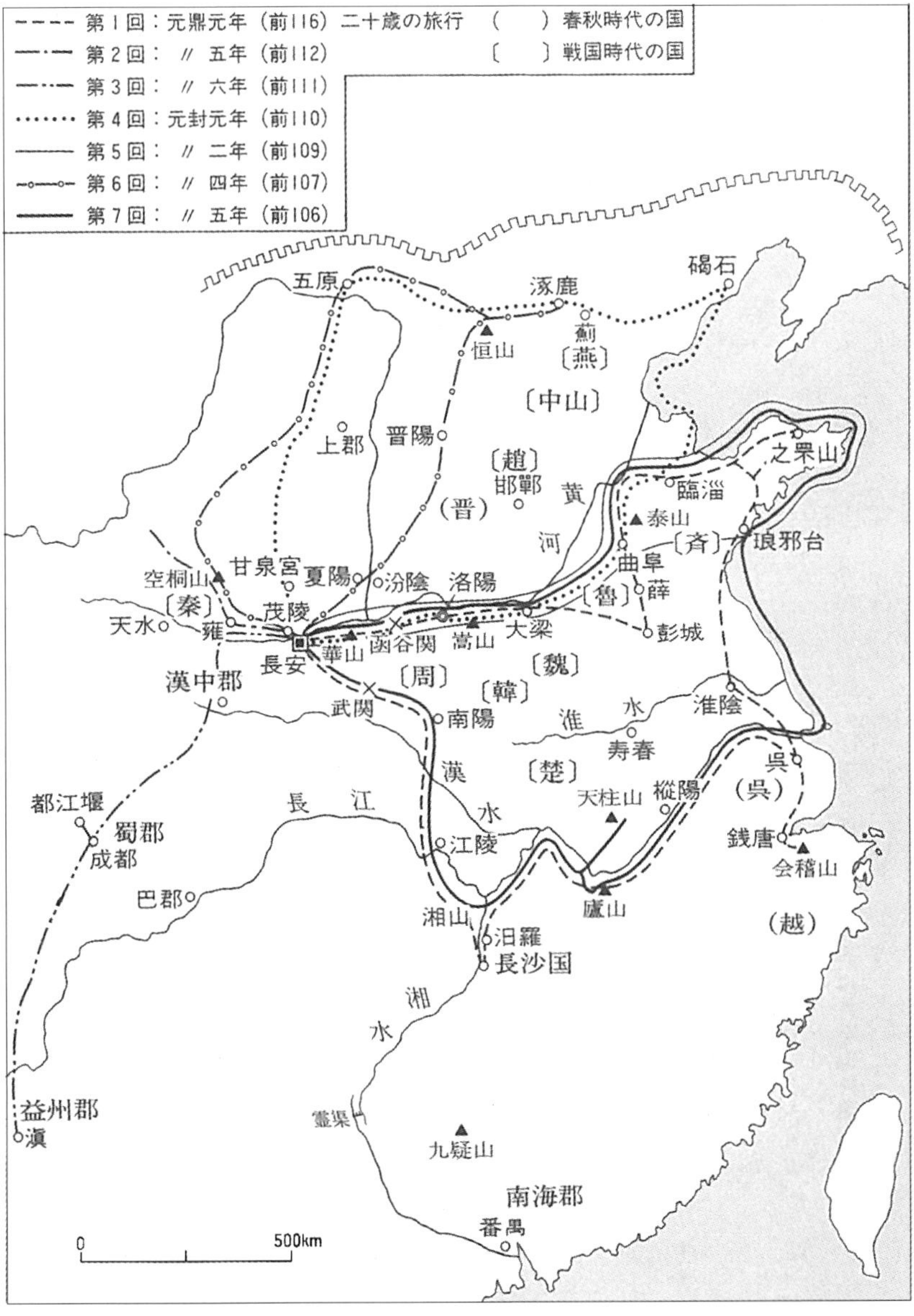
第1回：元鼎元年（前116）二十歳の旅行
第2回：〃 五年（前112）
第3回：〃 六年（前111）
第4回：元封元年（前110）
第5回：〃 二年（前109）
第6回：〃 四年（前107）
第7回：〃 五年（前106）
（　）春秋時代の国
〔　〕戦国時代の国
五原
涿鹿
碣石
恒山
薊
〔燕〕
〔中山〕
上郡
晋陽
〔趙〕
邯鄲
黄
河
（晋）
之罘山
臨淄
泰山
〔斉〕
琅邪台
曲阜
空桐山
甘泉宮
夏陽
汾陰
洛陽
〔魯〕
薛
〔秦〕
茂陵
天水
雍
長安
華山
函谷関
嵩山
大梁
彭城
〔魏〕
〔周〕
〔韓〕
漢中郡
武関
南陽
淮
水
淮陰
寿春
漢
〔楚〕
呉
（呉）
都江堰
長
江
天柱山
樅陽
水
蜀郡
成都
江陵
銭唐
会稽山
巴郡
湘山
廬山
汨羅
（越）
長沙国
湘
水
益州郡
滇
霊渠
九疑山
南海郡
番禺
0
500km

図　司馬遷の旅行ルート

こでもし旅行による取材が生かされているならば、旧楚・魏・斉・燕の情報が多いはずであろう。

三は、西南地方である。司馬遷の巴・蜀と昆明方面への旅行は、第三回のみである。これは秦始皇帝や漢武帝の巡行ルートとは異なり、司馬遷独自の旅行である。しかし司馬氏の先祖には、戦国中期に活躍した司馬錯がおり、かれが蜀を征服したことで秦に蜀地方の情報が入った。したがって西南方面では、司馬錯の伝承と、司馬遷の旅行による取材の可能性がある。ここでは『史記』西南夷列伝、司馬相如列伝との関係が問題となろう。

それでは旅行した地域と『史記』の取材は、どのような関係にあるのだろうか。佐藤武敏氏は、『史記』に旅行を明記する篇で、見聞が必ずしも十分に記述に生かされていないと指摘している。(25) それは五帝本紀、封禅書、河渠書、斉太公世家、魏世家、孔子世家、伯夷列伝、孟嘗君列伝、魏公子列伝、春申君列伝、屈原賈生列伝、蒙恬列伝、淮陰侯列伝、樊酈滕灌列伝であるが、自序にみえる第三回の旅行は、西南夷列伝の異民族の風俗などに利用されたとする。そして旅行を明記しなくても、旅行の成果がうかがえる篇として、二つの例をあげている。1は、顧炎武『日知録』巻二七史記通鑑兵事に、楚漢戦争の兵事を詳細に叙述するという指摘をうけて、項羽本紀と高祖本紀にみえる地形の叙述をあげている。2は、貨殖列伝にみえる各地の風俗の記述で、これを旅行と対比させている。

そこで司馬遷の旅行の影響を考えるには、『史記』各篇の叙述について、各地域ごとに見聞と比較する必要がある。これについて拙著『司馬遷の旅』（二〇〇三年）では、各地域ごとに司馬遷の見聞と比較して、現地の情報がどのように『史記』の本文と関係するかを調査した。この点を、各地域に即してみておこう。

一は、関中とその周辺の見聞がある。『史記』の史料が秦漢王朝の本拠地である関中を中心とするのは、秦本紀、秦始皇本紀、六国年表が「秦記」にもとづき、漢王朝が秦の図書を収めた経過からみて当然の結果といえよう。しかし旅行による見聞は、どのように生かされているのだろうか。

まず戦国時代では、秦の封君である『史記』穣侯列伝と白起列伝の例がある[26]。穣侯列伝は、昭王時代の封君を描いており、秦紀年と戦国故事を配列して編集した典型的な一篇である。これに対して白起列伝は、同じような構成をもつが、他の秦国人物に比べて紀年資料が豊富で、楚・趙にかかわる戦争を記している。しかも秦の白起は、かれと共に長平の戦いに従軍した司馬氏の先祖・司馬靳の将軍でもある[27]。

そこで白起列伝の紀年をみると、昭王四十四年までは基本的に秦本紀・六国年表の紀年と共通しており、相違する場合は華陽の戦いをのぞいて、白起列伝のほうに誤りが多い。また秦本紀には、白起以外の軍人が他国を攻撃する記事があり、白起の紀年は秦の戦役からセレクトしたことがわかる。反対に、秦王の進軍や会盟などは、四十七年条に秦王が河内に行き長平の戦いを援護したほかは、白起列伝に記されていない。ただし昭王四十五、四十六年条の紀年資料と、四十七〜四十九年条にみえる趙との戦いの背景は、やや詳細で月を記すが、この場合も白起だけの紀年ではなく、他の人物の戦役と共通している。また四十五年条の上党守・馮亭をめぐる話は、『戦国策』趙策一の故事の概略であり、四十八年条の趙との戦争が『戦国策』秦策一と共通するように、一部は上党と長平をめぐる別の資料が想定される。そこで白起列伝では、独自の資料はきわめて少なく、また司馬靳に由来するとおもわれる伝承も、ほとんど見出すことができない。わずかにあるとすれば、末尾に記す白起が自殺に追い込まれる経過と、「秦人これを憐れみ、郷邑皆な祭祀す」というような漢代の伝聞であろう[28]。だから一部に伝聞をふくむとしても、それを列伝の骨格とすることはできないのである。

それでは司馬遷の旅行との関係は、どうであろうか。白起の戦役のうち、戦国楚の都・郢（紀南城）を占領した事件は、司馬遷が二度にわたって旅行した地域にあたっている。しかし楚世家や白起列伝には、秦の占領にかかわる伝聞や、楚の側からみた情勢は記されていない。南方社会の情勢は、包山楚簡や睡虎地秦簡の分析によって明らかになりつつある。[29] また白起時代の戦役のうち伊闕、安邑、華陽などの地は、訪問した可能性があるが、『史記』各篇では詳しい記述を見出すことができない。だから白起列伝では、ほとんど通過していない趙国に別の資料が予想され、旅行した地域に詳しい記載がないのである。

このほか秦国の人物では、『史記』蒙恬列伝の論賛に、かれが長城や直道を見聞したと記している。

> 太史公曰く、私は北辺に行き、直道を通って帰った。そこで蒙恬が秦のために建造したという長城や亭障の跡を見ると、山を削って谷を埋め、直道を開通させた労力は、本当に百姓の力を軽んじたものであった。

蒙恬列伝の構成は、穣侯列伝や白起列伝と同じように、秦紀年＋記事資料を中心に編集されている。[30] したがって伝聞の可能性は、長城・直道の短い概略や、蒙恬が自殺に追い込まれる叙述くらいである。ただし蒙恬列伝の人物評価につながる点は注意される。

『史記』樗里子列伝は、秦紀年＋記事資料で構成されている。この末尾に、昭王七年に樗里子が亡くなった後、漢代に天子の宮殿に挟まれるという伝えと、秦人の諺を伝えているが、これは数少ない例である。[31]

このように関中とその周辺は、漢王朝の中心地であり、父と司馬遷が生活した地域であるが、見聞にもとづくとおもわれる資料はきわめて少ない。それは司馬遷の先祖にあたる司馬靳と白起の情報も、同じように短い伝聞にとどまっている。

二に、長安の東方地域では、『史記』孔子世家に、孔子の郷里である魯の曲阜を訪れたときの見聞がある。

> 太史公曰く、……私は、孔子の書物を読み、その人柄を思い浮かべた。魯を訪ねて、仲尼（孔子）の廟堂や車服、礼器を観たが、そこでは諸生が時節に応じて儀礼を学んでいた。私は回りを徘徊し、ここを立ち去りがたかった。

しかし孔子世家の全体は、春秋時代の紀年と記事資料で構成されている。佐藤武敏氏は、末尾にみえる孔子の冢と廟の記述や、漢代で高祖が祭ったという伝えを、司馬遷が魯に旅行したときの見聞としているが、それはわずかな情報である。

春秋、戦国時代では、『史記』斉太公世家に斉国の地勢に関する見聞がある。ここでも斉太公世家に、現地の取材による情報は、ほとんどみられない。

太史公曰く、私が斉を訪れたとき、そこは泰山より琅邪の方面につづき、北は海に面していた。肥えた土地（膏壌）は二千里もあり、その民は心が広く闊達で、知を隠すことが多かった。これは斉の天性である。太公（呂尚）が聖をもって国の本を建て、桓公の盛時には善政を修め、諸侯と会盟をして覇者を称したのは、当然ではなかろうか。大国の風があるのは洋々たるものだ。

つぎに戦国諸国では、『史記』戦国世家と戦国四君の列伝がある。(32) 魏の信陵君に関しては、『史記』魏世家と魏公子列伝に見聞がある。

太史公曰く、私は、魏の都・大梁の廃墟を訪れた。その廃墟の人々は、つぎのように言った。秦が魏を破ったとき、黄河の運河を引いて大梁を水攻めにしました。三ヶ月たって城郭が壊れたので、魏王は降伏を請い、とうとう魏は滅びたのです、と。説明する者は誰も、魏王が信陵君を用いなかったので、国が削られて滅んだと言うが、私はそうは思わない。それは、まさに天が秦国に海内を平らげさせようとした時だったのだ。（魏世家）

太史公曰く、私は大梁の廃墟を訪れて、夷門があったという場所を問い求めた。その夷門は城の東門であった。天下の諸公子たちのなかにも、士を喜ぶ者は多くいる。しかし信陵君が岩穴に隠れるような隠者に接する態度や、下の者に交わって恥としないのは理由のあることだった。諸侯の中で名声がトップであるのも、けっして虚名ではない。だから高祖は、この地を通り過ぎるたびに民に奉祠させて絶えることがなかった。（魏公子列伝）

魏世家の構成は、秦紀年と趙紀年、記事資料の利用によるとおもわれ、本文に旅行による取材は少ない。ただし秦始皇本紀の二十二年条に、関連する「王賁攻魏、引河溝灌大梁、大梁城壊、其王請降、盡取其地」という記述がある。また魏公子列伝は記事資料が多いが、ここにも本文に取材の情報はみられない。

司馬遷が旅行した南方では、『史記』楚世家に関する現地の情報が少ない。また東方と北方では、『史記』燕世家と田敬仲完世家に戦国時代の紀年資料が乏しく、かつ戦国故事の編年に誤りをふくんでいた。これらは『史記』戦国史料の特徴として、秦紀年を各国に分散して利用し、遠方になるほど情報が少ないためとみなしている。ここでも燕世家と田敬仲完世家に関して、司馬遷が通過した見聞や、取材による資料は確認できない。

一方、司馬遷がほとんど通過していない趙世家では、とくに邯鄲に遷都した敬侯以降に趙紀年を利用している。それは十月を歳首とする秦紀年と比べて、暦法の異なる趙紀年と推測したが、これは旅行ルートとは一致しない。そこで趙の紀年資料は、旅行の取材によるものではなく、別に入手したと考えられる。

戦国斉では、『史記』孟嘗君列伝に封邑である薛国故城の見聞を述べており、二十歳の旅行でも「鄱や薛・彭城の地では苦難にあった」という印象を残していた。

太史公曰く、私は、かつて薛を通り過ぎたことがある。その風俗は、閭里（村落）に暴桀の子弟が多く、鄒や魯（の風俗）とは異なっている。その理由を問うと、孟嘗君が天下の任俠たちを招致したので、悪事をする者が薛城の中に入ってきました。それは、おおよそ六万家くらいでした、と答えた。世間で孟嘗君が食客を好み、自ら喜んだと伝えるのは、まったく虚名ではなかったのだ。

孟嘗君列伝の構成は、簡単な系譜と紀年資料の間に、多くの戦国故事・説話を利用しており、これらは『戦国策』など先行資料が想定できるものであった。したがって司馬遷は、孟嘗君の封邑を訪れているにもかかわらず、ほとんど現地の伝聞を本文に利用した形跡がないのである。同じように、楚の春申君列伝の論賛では、ゆかりの故城で見聞を記しているが、その列伝の構成は、先行する文字資料が推測でき、伝聞の部分はきわめて少ないとおもわれる。

太史公曰く、私は楚に行き、春申君の故城を観たが、その宮室は盛んであった。初め、春申君が秦の昭襄王に説いて、身体をはって楚の太子（考烈王）を帰国させたとき、その智恵は明晰であったが、あとで李園に制せられたのは、おいぼれたからであろう。

このように魏公子列伝、孟嘗君列伝、春申君列伝の本文では、見聞や取材による資料を利用した形跡がないが、いずれも人物評価に関連している点は注目される。

秦代では、始皇帝の巡行ルートとの関係が問題となるが、これについては鶴間和幸氏が、現地調査と伝承をふまえた検討をしている。(33) ここで司馬遷は始皇帝とよく似たルートを旅行しながら、秦始皇本紀の本文では、わずかに湘山祠で禿げ山にした話や、泗水での鼎引き上げ失敗の話などにとどまっている。

秦末の叛乱では、必ずしも旅行の見聞によるものではないが、陳渉世家の本文に冢墓の祭祀に関する伝聞を記している。(34)「今に至るも血食す」とは、武帝期にも祭祀が続いていたことを示している。

陳勝雖已死、其所置遣侯王將相竟亡秦、由渉首事也。高祖時爲陳渉置守冢三十家碭、至今血食。

淮水の流域では『史記』淮陰侯列伝に、韓信の郷里で若いころの見聞がある。(35)

太史公曰く、私が淮陰に行ったとき、淮陰の人は次のように話してくれた。韓信は、庶民の時からその志が一般の人々とは異なっていた。かれの母が亡くなると、貧乏で葬儀ができなかったが、かれは高台の地に墓を造り、その旁らには（墓守の）一万家を置けるようにした、と。私が、その母の墓を訪ねてみると、まことにその通りであった。

淮陰侯列伝の本文では、郷里のエピソードとして、①亭長に寄食した話、②漂母が食事をめぐんでくれた話、③韓信の股くぐりを記しており、それは項羽が敗北したあと、韓信が楚王になったときに報いた話と呼応している。しかし司馬遷の見聞では、母の墓の印象を記しているだけである。

沛県では、『史記』樊・酈・滕・灌列伝に、高祖・劉邦の郷里での見聞がある。ただし樊噲の列伝は、紀年資料＋戦功記録をふくむ記事資料、伝承で構成されているが、旅行の取材とおもわれる資料はみられない。(36) ここで「聞くところとは違っていた」とは、あるいは樊他広から聞いた司馬談の伝えかもしれない。

太史公曰く、私は、豊と沛に行った。そこで遺老に問い、故の蕭何と曹参、樊噲、滕公の家を訪ね、その日常をみると、聞くところとは違っていた。かれらが最初に包丁をふるって狗を屠殺したり、繒（絹）を売ったりしていたとき、どうして将来、自分たちが（高祖の）驥尾に附して、漢王朝で名をはせ、その功徳が子孫に及ぶと知っていただろうか。

以上のように一、二の地域では、『史記』戦国世家と秦漢時代の列伝が、書写された紀年、記事資料を基本としており、司馬遷の旅行による見聞は必ずしも多くないことがわかる。その地域では、『史記』秦本紀と戦国世家には黄河流域の西側の情報が多く、司馬遷が旅行したはずの南方や東方、北方の情報が少ない。だから司馬遷は、旅行の取材によって『史記』の本文を補うことはしなかったのである。また司馬遷が通過していない趙の地域では、趙世家に趙国の紀年資料を利用していた。これは『史記』の素材と、旅行の見聞による情報がまったく一致していないことを示している。したがって旅行の主目的は、著述の取材や、諸国の資料収集ではないことが明らかである。

ここで注意されるのは、司馬遷が旅行していない地域は、どのような資料にもとづくかということである。これを『史記』貨殖列伝について検討してみよう。(37) 貨殖列伝の地理と風俗は、つぎの九区分と総論になっている。

1関中、2三河の周辺、3燕から遼東、4洛陽以東の斉・魯、5梁・宋、6西楚、7東楚、8南楚、9潁川・南陽方面、総論となる地理記述

たとえば巴・蜀の地方では、長安の関中地域とあわせて漢代の地理を記している。

巴蜀亦沃野、地饒卮・薑・丹沙・石・銅・鐵・竹・木之器。南御滇僰、僰僮。西近邛笮、笮馬・旄牛。然四塞、桟道千里、無所不通、唯褒斜綰轂其口、以所多易所鮮。

こうした地理は、地利と交易、物産、交通、都会、道、山川などを述べているが、どの地域もほぼ同じような形式である。全体の分量は、1関中と、2三河（河東、河内、河南の三郡）の部分がやや多く、あとは簡略な記述となっている。

そこで司馬遷の旅行と比べてみると、必ずしも訪れた地域の情報は多くない。1関中では、巴蜀・西南地方の地理は、きわめて簡単である。また3燕から遼東、4洛陽以東の斉・魯、6西楚、7東楚の長江流域も、司馬遷の訪問先であるが、けっして情報が多いわけではない。しかし注目されるのは、司馬遷が旅行していない地方も、同じ形式で情報がみえることである。それは3燕から遼東の北方では、烏桓などの記述と、8南楚の地方では、南越王国の都・番禺の記載である。これらは司馬遷が旅行していないのに、同じような形式で地理風俗を記している。もし司馬遷が、旅行の見聞を『史記』貨殖列伝に反映させたのなら、かれが訪れた地域の情報が多く、訪れていない地域の情報が少ない傾向になるであろう。これは貨殖列伝の素材が、別の資料にもとづくことを示唆している。

想定される一つは、漢王朝が各地の風俗を調査した資料である。その手がかりは『漢書』地理志に、郡・国の戸口統計のあとに収録された記述である。ここには『史記』貨殖列伝とよく似た表現の風俗地理がある。その記述の来源は、成帝の時に丞相の張禹が、朱贛に各地の風俗を編集させたと言っており、『史記』の記述より長くなっている。

その区分は、分野説にもとづく十三州の地である。

孔子曰、移風易俗、莫善於樂。……成帝時、劉向略言其地分。丞相張禹使屬潁川朱贛條其風俗、猶未宣究。故輯而論之、終其本末著於篇。

1秦、2魏、3周、4韓、5趙、6燕、7斉、8魯、9宋、10衛、11楚、12呉、13粤地

そこで武帝の時代にも、司馬遷が『史記』を編纂するまえ、こうした風俗の調査があれば、『漢書』地理志の前身となる資料を利用できることになる。

『漢書』武帝紀では、元狩六年（前一一七）に、博士たち六人を分けて天下に巡り行かせ、郡国の様子を丞相、御史大夫に報告させている。また元鼎二年（前一一五）には、江南の水害への対策として、博士などを分けて視察させたが、この詔書に「江南の地は、火耕水耨す」という表現が使われている。この表現は、『史記』平準書、貨殖列伝の地理総論と、『漢書』地理志、『塩鉄論』通有篇に共通してみえている。(38)

さらに『漢書』巻六四下、終軍伝には、元鼎年間に博士の徐偃たちが「風俗」を調査した例がある。のちに終軍も謁者となって、見聞を報告している。

元鼎中、博士徐偃使行風俗。偃矯制、使膠東・魯國鼓鑄鹽鐵。還奏事、徙爲太常丞。……（終）軍爲謁者、使行郡國、建節東出關。……軍行郡國、所見便宜以聞。還奏事、上甚說。

これらの例からは、武帝期に各地の調査資料があったことをうかがわせる。司馬遷が、父の遺言をうけて著述にとりかかるのは元封三年（前一〇八）に太史令となって以降のことである。だからこれより以前に、博士などによる各地風俗の報告書があったことになる。『史記』貨殖列伝の地理は、司馬遷の体験をふまえながら、訪れていない地域をふくめて、こうした報告にもとづいて記された可能性がある。『漢書』地理志の記述形式がよく似ているのは、武

帝期から前漢末までの調査資料をもとに、成帝期に再編集したものを記録したのではないだろうか。
このように司馬遷の旅行をたどり、『史記』の叙述との関係をみると、旅行の見聞がある地域も『史記』の本文には情報がほとんど反映されていないことがわかる。また『史記』の素材となった内容は、長安とその周辺に多く、故事や説話が黄河流域に広がるのに対して、司馬遷が訪れた南方の長江流域や、東方の山東、燕など地域の情報がきわめて少ない。これは旅行の主目的が『史記』の取材ではないことを明示しており、出土資料を利用して『史記』史料の編集を考察した結果と同じである。

三　帝王の遺跡と諸民族——年代観と世界観

これまで司馬遷の旅行は、著述のために各地の諸資料を収集するという取材が主な目的ではないことをみてきた。それでは旅行の体験は、『史記』の叙述に反映されていないのだろうか。ここでは西南の地域をふくめて、旅行の見聞と体験が著述にあたえた影響を考えてみよう。

その一は、歴史地理と交通ルートの知識を得たことである。岡崎文夫氏は[39]、武帝時代の外征の情報が史地学の視野を開かせ、経済・政治の動きや儒学の勃興が『史記』の描写に関連することを指摘している。また佐藤武敏氏は、楚漢戦争の兵事の地形の叙述への影響を指摘している[40]。たしかに『史記』本紀、世家、列伝の各篇では、歴史地理と交通ルートがかなり正確に記されている。たとえば戦国時代の蘇秦の活動は、『戦国策』の戦国故事では趙から放射状に各国に遊説するのに対して、『史記』蘇秦列伝では、交通路に沿って遊説ルートを描いている形跡がうかがえる[41]。したがって『史記』各篇の歴史地理には、旅行の体験が生かされたであろう。

その二は、『史記』の年代観への影響である。すでに二十歳の旅行で、司馬遷は儀礼を学ぶ間に、古の帝王の遺跡を見聞していた。それは九疑山にあるという舜の墓の望祀であり、また会稽山にある禹の墓の訪問であった。これは『尚書』で、堯─舜─禹を聖人とする範疇にある。しかし司馬遷の著述は、巻一「五帝本紀」の黄帝─顓頊─帝嚳─堯─舜の事績から始まっている。この年代観には、第二回の旅行の影響がみられるとおもう。この旅行は、太史公自序には記していないが、『漢書』巻六武帝紀に、長安から雍、隴西、空同へ行き、祖厲河を通って帰ったという行程がみえている。『史記』五帝本紀の論賛に「余、嘗て西のかた空桐に至る」というのは、このときの体験にもとづくといわれる。

（元鼎）五年冬十月、行幸雍、祠五畤。遂踰隴、登空同、西臨祖厲河而還。

ここで注意されるのは、第一回の旅行では舜と禹の遺跡を述べるだけであったのに対して、第二回の旅行では、皇帝に同行して黄帝の遺跡を訪れていることである。『漢書』武帝紀をみると、黄帝の記述はこれが初めてではなく、その前から五帝への意識が変化している。たとえば武帝の元光元年の詔では「上參堯・舜、下配三王」と言い、なお初期の段階では堯と舜が最古であった。しかし元朔元年十一月の詔には「五帝三王所繇昌也」とあり、同六年六月の詔には「朕聞五帝不相復禮、三代不同法」とあるように、「五帝」という表現があらわれる。ただし詔に「五帝」とみえても、遺跡の訪問は記されていない。しかし武帝は、元鼎五年に雍の祭祀を終えたあと、はじめて隴を越えて黄帝の伝えをもつ空桐山に登っている。だからこの旅行では、これまで堯と舜、禹の帝王しか言わなかったのに対して、あらたに黄帝の遺跡をめぐったことが特徴である。これは『漢書』武帝紀にみえるように、元封元年の行幸でもくり返され、司馬遷の第四回以降の旅行ルートにも共通している。

元封元年、冬十月……（武帝）還、祠黄帝於橋山、乃歸甘泉。

したがって武帝期の現実は、儒家がいう堯・舜・禹の時代設定を越えて、すでに歴史の起源を拡大し、伝説の黄帝まで遡って理解しようとしていたのである。このような情勢は、封禅書と同じように帝王以来の天命の移動を説明する思想に結びつき、さらに司馬遷が『史記』本紀を構想するときに、黄帝からスタートする年代観に影響を与えたとおもわれる。この封禅書の思想と『史記』本紀の構想については、第一章で述べている。

その三は、『史記』の世界観への影響である。第三回の旅行は、自序にみえるように、郎中の時代に使者として西南夷に行ったものである。

ここに於いて、わたくし遷は、仕えて郎中となった。のちに使を奉じて西のかた巴・蜀以南を征し、南のかた邛・笮・昆明を略し、還って命を報じた。

この旅行は、司馬遷に周辺諸民族に対する視野を開かせることになり、とくに重要な意義をもつとおもわれる。この点を、『史記』巻一一六西南夷列伝の内容に即して検討してみよう。表1のように、『史記』西南夷列伝は大きく八部分で構成されている。

①は西南夷の概略である。ここでは夜郎や滇など諸民族を説明しており、武帝期に郡県を設置する⑦の記事とほぼ対応している。⑦の年代は、司馬遷の旅行と同時期にあたっており、両者は当時の見聞・記録にもとづく可能性がある。①の習俗を記した部分は貴重である。

②「荘蹻王滇」の故事は、楚の将軍であった荘蹻が滇の王になったという説話で、西南夷列伝だけにみえる。これまで多くの考察があり[42]、たとえば和田清氏は、「楚威王時」という年代を疑い、「荘蹻」の名を借りたものとする。久村因氏は、今本『華陽国志』は『史記』の記述に似ているが、その佚文は『後漢書』西南夷列伝に近く「楚頃襄王時」とあることに注意する。また蒙文通氏は、『華陽国志』の古本を復元し、年代は楚頃襄王十九年（前二八〇）のころと

表１　『史記』西南夷列伝の構成

①西南夷の概略。夜郎や滇などの諸民族
　西南夷君長以什數、夜郎最大……此皆巴蜀西南外蠻夷也。

②楚威王のとき楚将軍の荘蹻が巴・黔中以西を攻略し、滇の王となる話
③秦の五尺道の開通。秦の滅亡から、漢王朝が成立したときの状況

④建元六年、王恢が東越を攻めたとき、蜀の枸醬が南越に入る情報を得る
　唐蒙が、夜郎の道を開くことを建言。巴蜀の卒を発して道路を建設
　司馬相如が西夷邛・筰に郡を置くことを建言。

⑤巴蜀四郡が西南夷道を建設。公孫弘が視察し弊害を述べる。

⑥元狩元年に張騫が帰国し、蜀布・竹杖が身毒国を通じて大夏に入る報告

⑦滇王が「自大」とする説話。夜郎が入朝して王となる。
　南越が敗れたあと、諸民族の地域を郡とする。
⑧滇王に入朝をうながす。
　元封二年、巴蜀の兵を発し、滇王が漢に入朝する。滇王の印を賜る記事。
　西南夷君長以百數、獨夜郎・滇受王印。滇小邑、最寵焉。

修正するが、荘蹻が滇に王となった可能性は少ないという。そしてこの資料は、先秦の旧籍に見えないので、司馬遷の見聞によると推測している。

ここで注意されるのは、司馬錯と秦資料との関係である。なぜなら荘蹻が、巴・黔中より以西を攻略しながら帰国できなかったのは、秦がこの地を占領したためというが、『史記』では戦国秦の資料が比較的に豊富だからである。すでに秦は恵文王九年（前三一六）に、司馬錯の建言によって蜀を滅ぼし、巴・蜀の情報を得ている。そこでもし司馬錯の伝承あるいは秦資料があれば、蜀方面の動向と、秦・楚の関係は正せるはずである。しかし司馬錯の事績は、『史記』秦本紀と六国年表のほかは、張儀列伝に蜀攻撃を勧める奏言が見えるだけである。これは『戦国策』秦策一の故事とほぼ等しく、戦国故事に類する記述と想定できる。これ以外には、司馬錯に関する記載はない。また秦本紀に戦国秦の資料がありながら、西南夷列伝に楚将軍・荘蹻の説話を記すということは、両者は来源が異なることを示唆する。したがって荘蹻の

説話は、秦資料や司馬錯の伝えではなく、司馬遷の独自の見聞にもとづく可能性がある。

これに関連して、司馬遷が訪れた蜀には、戦国時代に蜀守の李冰が建造した都江堰がある。しかし河渠書には、洪水の害を除くために二江を成都に穿ち、他の諸渠と同じく舟をやり、余りあれば灌漑に使うという概略を記し、論賛でも「西のかた蜀の岷山及び離碓を瞻る」と記すだけである。したがって蜀の見聞による記述は少なく、李冰の伝承は『華陽国志』『水経注』の文献研究や、現地調査と考古学資料による復元が試みられている。(43)

③秦漢時代の記述は、きわめて簡略である。ここでは巴蜀の概略が、『史記』貨殖列伝の地理記述に関連する程度である。また『漢書』巻八九循吏伝には、景帝期末に蜀郡守となった文翁が善政をし、「文翁終於蜀、吏民爲立祠堂、歳時祭祀不絶。至今巴蜀好文雅、文翁之化也」と記すが、このような地方行政の見聞は『史記』には見えない。

④は建元六年（前一三五）王恢が東越を攻めたとき、唐蒙が蜀の枸醬が南越に入る情報を得たことから、西南夷の道を開くことを建言する記事である。これは『史記』南越列伝に対応するが、唐蒙が上書し、それを皇帝が許可して、使者として派遣されたあと報告しているように、長安で入手できる情報とおもわれる。

⑤巴蜀の西南夷道の建設に対して、司馬相如が西夷に使者となる経過は、『史記』司馬相如列伝の概略となっている。司馬相如列伝には、巴・蜀の民が動揺する情勢に対して、皇帝の意を知らせる檄文を収録し、諸民族の地に郡を設置する記載がある。したがって蜀と西南夷道の建設をめぐる情勢は、むしろ司馬相如列伝のほうに旅行の見聞の影響があるかもしれない。(44)また西南夷より匈奴戦争に集中すべきという公孫弘の奏言は、『史記』平津侯列伝と関連している。

⑥は元狩元年（前一二二）に張騫が帰国して、蜀布・竹杖が身毒国を通じて大夏に入る話である。これは『史記』大宛列伝に対応する。その内容は張騫の上言によるもので、武帝は王然于らを西夷に派遣して身毒国への道を求めさ

せており、これも長安で得られる情報に属する。

⑦では南夷を制圧して、夜郎が入朝して王となっている。その後に諸民族の地域を郡とする事件は、司馬遷の旅行の時期とみなされている。したがって、これは旅行に関連する記事かもしれない。

⑧は元封二年に滇王が漢に入朝し印章を賜る記事で、第三回の旅行より以降のことである。この年に司馬遷は、また西南夷を旅行したと想定する説もあるが、ここでは簡単な概略にとどまっている(45)。

このように『史記』西南夷列伝は、司馬錯にかかわる地域であり、また司馬遷も旅行したはずなのに、見聞によるとおもわれる記述は少ない。この傾向は他の旅行の場合と共通しており、第三回の旅行でも資料収集が主目的ではないことを示している。

ただし旅行の意義は、これにとどまらない。たしかに著述の取材に関しては、見聞や伝承はほとんど記述に利用されていなかった。しかし著述の構想からみれば、この西南夷への旅行は司馬遷に大きな影響を及ぼしたとおもわれる。西南夷列伝の論賛には、つぎのように言う。

太史公曰、楚之先豈有天祿哉。在周爲文王師、封楚。及周之衰、地稱五千里。秦滅諸侯、唯楚苗裔尚有滇王。漢誅西南夷、國多滅矣、唯滇復爲寵王。然南夷之端、見枸醬番禺、大夏杖邛竹。西夷後揃、剽分二方、卒爲七郡。

ここでは南夷に進出する発端として、番禺に枸醬を見たこと、大夏に竹杖を見たことをあげるように、この地に赴くことによって、他の南越と大宛方面へのルートを実感したと想像される。また司馬相如の檄文からは、巴・蜀地方の民心を知り、公孫弘の奏言からは匈奴戦争との比較をすることになる。したがってこれらの見聞は、西南夷だけでなく、漢王朝の周辺にいる諸民族への視野をもつことになり、外国列伝の構想に結びつくものである。

「荘蹻王滇」故事は、歴史事件として問題が多いとしても、司馬遷が論賛で「楚の先祖には天祿があったのであろうか」と、滇王を楚の苗裔とみなしている点は重要である。これは『史記』匈奴列伝、南越列伝、東越列伝、朝鮮列伝と並んで、すべて周辺民族の起源を中国に関係する人物で説明しているように、司馬遷の世界観を知る手がかりとなろう。(46)

これに関連して、『史記』外国列伝の問題がある。(47) たとえば『史記』の匈奴列伝や南越列伝、朝鮮列伝、大宛列伝などの篇は、司馬遷が旅行していない地域である。しかしそれにもかかわらず、『史記』では他の列伝と同じような構成による叙述がある。これは明らかに旅行の取材によるものではない。漢王朝では匈奴には使者を使わしており、中行説のような人物の言がある。また南越への使者には陸賈がおり、大宛列伝では張騫の報告がある。そこで『史記』外国列伝の一部は、漢王朝に提出された当時の報告書にもとづく記述かもしれない。

その四は、儀礼、封禅、山川祭祀の実状を見聞したことである。たとえば封禅書の論賛には、司馬遷が天地・諸神の祭祀に随行し、名山大川の祭祀や、封禅にかかわったことを記しており、各時代の旅行に対応する。

太史公曰く、私は、天地や諸神・名山川を巡って祭ったり、封禅する旅に随行した。そこでは寿宮に入り、神を祠る語を間近に聞き、方士と祠官の意を究め観ることができた。そこで退いて、古より以来の鬼神への祭祀を順序だてて論じ、つぶさにその表裏を明らかにした。後世に君子があれば、この事情をみることができよう。

山川祭祀にかかわる水利の利害については、河渠書の論賛にも記述がある。この見聞は、会稽の禹の遺跡、岷山と李冰の水利事業である離碓への旅行に対応する。(48)

太史公曰く、私は、南方の廬山に登り、そこから禹の開通したという九江を観た。そして遂に会稽山と太湟に至り、姑蘇山に上って五湖（太湖）を望んだ。東方では、洛汭と大邳、迎河を窺い、淮水や泗水、済水、漯水、洛水の渠道（水利）を通過した。西方では、蜀の岷山と離碓（都江堰）を見た。北方では、龍門より朔方の方面を訪れた。それは「甚しいかな、水が利害を為すことは」という通りである。また私は随行して薪を負い、宣房の決河を塞いだ。（武帝が詠んだ）瓠子の詩を悲しんで、この河渠書を作る。

これら封禅書・河渠書の訪問先は、各時代の旅行ルートに対応するように、けっして一度の見聞を記したものではない。したがって司馬遷は、何度にもわたる旅行の体験から、のちに著述をする段階になって、あわせて八書の一部に記したことがうかがえる。

ところで封禅書・河渠書の祭祀儀礼や水利事業の記述は、当時の匈奴戦争などの軍事費とあわせて、その反面が平準書に記されているという見解がある。山田勝芳氏は、封禅書が祭祀儀礼を記すのに対して、平準書ではそのため財政困難に陥った、いわば光と影の部分を描いたと指摘している。(49) たしかに封禅・河渠書と平準書は、武帝時代の重要問題であるが、そのほか礼・楽・律・暦・天官書もまた、祭祀儀礼の実状に関連する篇である。ここから旅行の体験は、のちに『史記』八書の構想にもかかわるであろう。

以上のように司馬遷は、郎中時代までの旅行によって、司馬談の著述構想をこえる現実に遭遇していた。そして太史令の時代をふくめた旅行の影響は、直接的な取材よりも、むしろかれの地理知識や、年代観、世界観、祭祀儀礼にかかわる体験として、のちの著述構想に生かされたとおもわれる。

四　屈原・賈誼の人物評価

これまで旅行の見聞は、ほとんど直接的な材料となっていないが、その体験は叙述の背景に生かされたことをみてきた。そのほか旅行との関連で注目されるのは、『史記』にみえる人物評価である。これまでも孔子世家、白起列伝、魏公子列伝、孟嘗君列伝、春申君列伝、秦始皇本紀、陳渉世家、淮陰侯列伝、樊酈滕灌列伝の人物評価と関連することをみてきた。ここでは『史記』屈原・賈生列伝をもとに、司馬遷の体験と心情を考えてみよう。

『史記』屈原・賈生列伝の論賛で、司馬遷は長沙に行くとき、屈原が身投げした汨羅の淵で涙を流したと述べており、これは二十歳の見聞とみなされている。しかし第一回の旅行は、これから仕官して世に出ようとする青年時代であり、この希望に満ちた時期になぜ悲壮な涙を流したのかという疑問がある。このときはまだ父の遺言を受けておらず、かれ自身に著述の意志もない状況で、いったい司馬遷は屈原の何に同情したのであろうか。ここにまた司馬遷の体験と旅行が、著述に及ぼした影響を知る手がかりがあるようにおもわれる。

表2は、『史記』巻八四屈原・賈生列伝の構成を示したものである。ここには以下のモチーフがある。

①では、屈原の経歴を記す。屈原は、戦国楚の王族で、懐王のとき左徒となり信任を受けた。そして博聞で、治乱に明らかであったが、上官大夫の讒言を信じた楚王に疎まれた。

②そこで「離騒」を著した事情とそのコメントがある。

③屈原が斥けられたのち、楚懐王は秦の張儀に二度欺かれた。屈原は、張儀の釈放と、秦に行くことを諫めたが、楚王は聞き入れなかった。その結果、懐王は秦で客死した。これは『史記』楚世家と同内容である。

④頃襄王が即位し、子蘭が令尹となる。ここでは君主が賢者を任用しない不明へのコメントがある。これを聞いた令尹子蘭が、上官大夫をそそのかして屈原を讒言させ、頃襄王は屈原を江南に遷した。

⑤屈原は、江南に行く途中の長江のほとりで漁父に出会い、懐沙の賦を作って、石を抱えて汨羅に身投げする。ここに『楚辞』漁父、懐沙の賦を引用している。

⑥屈原の死後、あえて直諫する者がなく、楚は数十年後に秦に滅ぼされたことを記している。

これは『史記』列伝の編集パターンのなかで、きわめて特異な構成とモチーフとなっている。一に、『史記』で著作を残した人物の列伝は、その優れた事績を顕彰するエピソードだけで完結している。この形式を諸子列伝とすれば、管晏列伝、老子韓非列伝、司馬穰苴列伝、孫子呉起列伝、仲尼弟子列伝、孟子荀卿列伝などがこれにあたる(50)。また同じような人物を並べた刺客列伝や游侠列伝なども、同じような構成をもつ集伝である。ところが屈原列伝は、①と③が経歴と事績であるが、その他の部分は論賛に近いコメントと、屈原の賦でその主張を代弁している。しかも短い事績では、楚王に信任されたと言いながら疎まれ、その後も直諫したが聞き入れられず、頃襄王のとき讒言によって遷されたというように、けっして事績の顕彰ではない。むしろここでは、正しき行いをしながら、世に受け入れられないという主張が強く表れている。これは論説を中心とした形式であり、韓非列伝に近い形式である。そのため屈原列伝は、切実な主張の背景として、司馬遷が李陵の禍のあと作成したといわれている(51)。

その二は、戦国・秦漢時代では、紀年と記事資料を組み合わせた列伝があり、それは人物の盛衰を示唆する内容で構成されている。しかし屈原列伝は、こうした紀年をもつ列伝と似た形式でありながら、盛衰よりも運命を強く位置づけた篇となっている。このとき司馬遷は、汨羅に行ったことを記しながら、本文には旅行による独自の記事はみられない。

それではなぜ、このように事件・事績と論賛をあわせた特異な列伝が作成されたかを、つづく賈生列伝によって考えてみよう。賈誼の列伝は、大きく四つに分けられる。

①賈誼は、文帝のとき最年少の二十余歳で博士となり、のち太中大夫となった。そして漢王朝としての正朔、服色、制度、官名、礼楽などを改めることを起草したが、讒言によって文帝に疎まれ、長沙王の太傅に遷された。

②長沙では、自分の命が長くないと思い、途中の汨羅で「屈原を弔う賦」を作った。

表２　『史記』屈原賈生列伝の構成

①屈原は楚の王族で、楚懐王のとき左徒となり信任を受けた。
博聞彊志、明於治亂、嫺於辭令。入則與王圖議國事、以出號令。……
上官大夫が讒言をし、屈原は信じた楚王に疎まれた。

②そこで「離騒」を著した。およびそのコメント。
離騷者、猶離憂也。夫天者、人之始也。……人窮則反本、故勞苦倦極、
未嘗不呼天也。……屈平之作離騷、蓋自怨生也。……上稱帝嚳、下道齊桓、
中述湯武、以刺世事。明道德之廣崇、治亂之條貫、靡不畢見。

③屈原が斥けられたのち、楚懐王は秦の張儀に二度欺かれた。
屈原は、張儀の釈放と秦に行くことを諫めたが、楚王は聞き入れない。
楚懐王は秦で客死した。〔『史記』楚世家と同内容〕
④長子頃襄王立、以其弟子蘭爲令尹。楚人既咎子蘭以勸懷王入秦而不反也。
令尹子蘭が、上官大夫に屈原を讒言させ、頃襄王は屈原を江南に遷す。

⑤屈原は長江のほとりで漁父に出会い、懐沙の賦を作り、汨羅に身投げする。
「『楚辞』漁父、懐沙の賦」

⑥屈原の死後、あえて直諫する者がなく、楚は数十年後に秦に滅ぼされた。
自屈原沈汨羅後百有餘年、漢有賈生、爲長沙王太傅、過湘水、投書以弔屈原。

①賈誼は雒陽の人。文帝のとき二十余歳で博士、太中大夫となる。
漢王朝の正朔、服色、制度、官名、礼楽などを改めることを起草。
讒言によって文帝に疎まれ、長沙王の太傅に遷された。

②長沙では、湘水を渡るとき、汨羅で「屈原を弔う賦」を作った。

③長沙王の太傅となり、「服鳥の賦」を作った。

④のちに文帝の少子、梁懐王の太傅となる。
文帝が淮南王の子を列侯とすることを諫め、聞き入れられなかった。
数年して梁懐王が亡くなり、賈誼もまた三十三歳で亡くなった。
後世の子孫の記述。……而賈嘉最好學、世其家、與余通書。

③さらに長沙で命が長くないと思い、「服鳥の賦」を作った。

④のち梁懐王の太傅となり、しばしば文帝を諫めるが、聞き入れられなかった。数年して懐王が亡くなり、賈誼もまた三十三歳で亡くなった。

これをみると賈生列伝も、事件・事績の間に、コメントと賦を挿入する特異な構成である。またその事績も、若くして博士となり、漢王朝の制度改革を起草した時点までは、わずかに顕彰といえるが、そのあとは文帝に疎まれ、長沙に遷され、三十三歳で亡くなるまで、一貫してその苦難の境遇が強調されている。これは屈原列伝と、まったく同じである。したがって屈原・賈生列伝は、同じく不遇に至った人物の列伝であり、しかも賈誼が「屈原を弔う賦」を作ることによって、両者はより緊密に結びつけられている。そして論賛には、以下のようにいう。

太史公曰く、私は、離騒・天問・招魂・哀郢の諸篇を読み、その志を悲しんだ。そして長沙に適き、屈原がみずから沈んだという汨羅の淵を観た。そこで涙を流し、かれの人柄を深く想わずにはいられなかった。

ここで司馬遷は、屈原の著した諸篇を読んで、その志を悲しみ、汨羅の淵に行って、その人柄を想い涙を流したという。また賈誼が屈原を弔うとき、かれは屈原のこうした最後を怪しんだが、司馬遷は「服鳥の賦」を読んで、ともに早く亡くなることに、茫然として自失するというのである。

そこで、このような司馬遷の心情が、もし二十歳の旅行の見聞とすれば、先に述べたように当時の情勢とあまりに違いすぎる。それは少なくとも、司馬談が亡くなったあと、太史令の職務とともに、著述の継承を意識するようになって、はじめて屈原の著述が理解されるはずである。また賈誼の孫にあたる賈嘉と「余（司馬遷）」は書を通じたといい、文帝期の儀礼の改革案を父の先駆として意識することも、父の死後のことであろう。そこでこれは元封五年（前一〇六）に、第七回の南方旅行をした感慨という可能性が生じる。しかし屈原賈生列伝では、二人が正しい直諫をしながら、ともに君主が聞き入れず、不遇な最後に同情する結末からみれば、ここには李陵の禍による影響を考えざるをえない。したがって元封五年以降の旅行は、史書に不明であるが、屈原賈生列伝の論賛は、司馬遷がさらに後の訪問のとき、自分の境遇に引きつけて記したとみなすほうが良いのではなかろうか(52)。ともかく列伝の論賛は、一度の旅行だけでなく、二度目あるいは三度目以降の旅行の心情が描かれている。これは司馬遷の体験が、何度も重なりあって著述に影響を及ぼした例となろう。

ところで屈原賈生列伝の特異性は、これだけではない。それは『史記』の七十列伝のなかでも、伯夷列伝と並んで特別な位置を与えられている。つまり伯夷列伝第一につづいて、管晏列伝第二から仲尼弟子列伝第七までは、孔子が編纂した異聞にあたる春秋時代の列伝である。また商君列伝第八から魯仲連鄒陽列伝第二三までは、戦国時代の列伝である。そして呂不韋列伝第二五から蒙恬列伝第二八は、基本的に秦代列伝であるが、屈原賈生列伝第二四は、その戦国列伝と秦代列伝の中間に位置している。したがって冒頭の伯夷列伝が、従来までいわれるように『史記』列伝の総論にあたるとすれば、屈原賈生列伝は、戦国と秦代列伝とを区分する、いわば中間の総論として位置づけられている。これは屈原賈生列伝が、著述構想の最終的な段階で、列伝に配列されたことを示唆するのではないだろうか。この編集意図を、伯夷列伝との共通性から検討してみよう。

司馬遷は、屈原列伝の論賛で、その著作への共感を示していた。それは「離騒・天問・招魂・哀郢」の諸篇であり、また本文に収録した「漁父」「懐沙」の賦も、そこに共鳴する心情があればこそ採録したものであろう。そのポイントは、どこにあるのだろうか。

まず一は、屈原が正しい行いをし直諫をしながら、讒言によって楚王に疎まれ、また自殺にいたることである。ここには「離騒」が怨みから発し、正しき者が誹謗されるという司馬遷のコメントに象徴され、また「漁父」「懐沙」

の賦に、潔癖をいさぎよしとする主張にも通じるものがある。二は、「離騒」のコメントとして、上は帝嚳から、中は殷湯王・周武王、下は斉桓公までの治乱に精通したことを高く評価していることである。これはまた運命を天に問う「天問」篇の主張に通じる観点である。(53) これらは司馬遷の受刑の体験と、興亡・盛衰の原理を明らかにする『史記』の歴史観に通じるものがある。

つぎに賈誼の「屈原を弔う賦」では、同じく正邪が反対になる風潮が批判されている。そして一例として、清廉な伯夷が貪とされ、盗人の盗跖が廉潔とされる比喩は、とくに印象深い。また「服鳥の賦」では、万物の変化を述べ、天・道はともに慮るべからずという問いかけをしている。

萬物變化兮、固無休息。斡流而遷兮、或推而還。形氣轉續兮、變化而嬗。……天不可與慮兮、道不可與謀。遲數有命兮、悪識其時。

したがって屈原と賈誼は、ともに君主に受け入れられず、遷されたという境遇が共通するだけでなく、治乱を明らかにする歴史観においても、すぐれた見識をもつとみなされていたことになる。これは司馬遷の境遇と歴史観に通じるものである。さらに賈誼の主張で注目されるのは、とくに伯夷と盗跖を対置させ、天道を問うという論調で、これは伯夷列伝の記述に呼応するものがある。この類似は、どのようにして生じるのであろうか。

『史記』伯夷列伝は、列伝の第一であるとともに、これまで総論にあたるという見解が多い。(54) そこで表3によって、伯夷列伝の構造をみておこう。

①天下の禅譲について、堯が許由に譲ろうとしたが、受けずに隠遁したことを記す。太史公の論賛では、箕山に登った見聞と、孔子が呉太伯と伯夷を評価したことを述べる。

②孔子の伯夷・叔斉の評価と、孤竹君の二子が首陽山で餓死する伝説を述べる。

表３　『史記』伯夷列伝の構成

①天下の禅譲について、堯が許由に譲ろうとしたが、受けずに隠遁した。
〔太史公の論賛〕箕山に登る。孔子が呉太伯と伯夷を評価したこと。

②孔子の伯夷・叔斉の評価。……孤竹君の二子が、首陽山で餓死する伝説
由此觀之、怨邪非邪。

③或曰、天道無親、常與善人。（伯夷・叔斉と、天道に関する異説）
若伯夷・叔齊、可謂善人者非邪。積仁絜行如此而餓死。……
盜蹠日殺不辜、肝人之肉、暴戾恣睢、聚黨數千人橫行天下、竟以壽終。
是遵何德哉。……或擇地而蹈之、時然後出言、行不由徑、非公正不發憤、
而遇禍災者、不可勝數也。余甚惑焉、儻所謂天道、是邪非邪。

④諸々のコメント：
子曰……故曰……。賈子曰、貪夫徇財、烈士徇名、夸者死權、衆庶馮生。
（『易』繫辭）……伯夷・叔齊雖賢、得夫子而名益彰。顏淵雖篤學、
附驥尾而行益顯。巖穴之士、趣舍有時若此、類名堙滅而不稱、悲夫。
閭巷之人、欲砥行立名者、非附青雲之士、惡能施於後世哉。

③伯夷・叔斉と天道に関する異説を述べ、ここに有名な「天道、是か非か」という問いかけがある。

④最後は、賈誼などのコメントで終わっている。

ここで気づくことは、全体がきわめて簡略であり、伯夷と叔斉の事績は②に代表される伝説のみで、残りは論賛もしくはそれに近いコメントで構成されている。③は伯夷と叔斉に始まるが、その位置づけは②の伝説とは異なり、盗蹠との対比や、「天道、是か非か」という問いかけがある。そして④のコメントには、賈誼の言をふくめ、りっぱな行いをしながら世に埋もれた人々を顕彰する意図を述べている。したがって全体は、ほぼ論賛ともみなされ、これが李陵の禍以降の記述といわれる。

また伯夷列伝では、司馬遷が第四回の旅行で、伯夷ゆかりの孤竹国（遼西郡）付近を通過したにもかかわらず、その事績は取材によらない資料で叙述している。反対に、司馬遷は箕山に登り、許由の塚を記しながら、本文にはその叙述がない。ここから伯夷列伝の場合も、旅行の取材より、諸資料の伝えと論点が重視されたことがわかる。

そこで屈原・賈生列伝と比べてみれば、伯夷列伝は世に受け入れられなかった人々を扱いながら、両者には共通して天への問いかけと、人間の運命を問う思想がみられる。しかもそこには賢者を顕彰し、あるいは盛衰の原理を明らかにするというよりは、むしろ失脚に至る運命を強調している。そして伯夷・盗跖との対比や、天道の問いかけは、すでに屈原・賈誼の思想に一部の原型を見出すことができた[55]。だから伯夷列伝と屈原賈生列伝は、司馬遷のもっとも遅い時期の歴史観がふくまれており、春秋・戦国列伝が作成されたあと、その最後に配置された可能性がある。つまり司馬遷の旅行に関していえば、何度かの体験のうちに、かれの歴史観にかかわる重要な人物として、伯夷と屈原・賈誼を認識し、そこに正しき者を評価するという主張を託して、列伝の区分となる位置に配列したのではないかと考えるのである。

したがって汨羅の旅行は、記録として確認できないが、二十歳の旅行の印象ではなく、李陵の禍のあとの心情を示すものであろう。そして『史記』屈原・賈生列伝の構成と、司馬遷の心情を比較してみると、そこには何年もの旅行体験が複雑に重なって、著述の構想に影響したことがうかがえる。

それでは『史記』では、なぜ旅行の見聞を十分に利用しなかったのであろうか。それは司馬談の遺言で述べるように、孔子が周までの諸制度の記録を編纂した事業を受け継ぎ、天官（太史）の立場から歴史を論断しようとしたことに関連する。父と司馬遷は、武帝時代に天下の書籍が太史令にすべて集まったと述べ、ともに「天下の放失した旧聞を網羅し、その行事（事績）を考える」ことを基本の方法としていた[56]。また自序では壺遂との対話で「余れ所謂故事を述べ、其の世伝を整斉す、所謂作るには非ざるなり」と述べている。そのため司馬遷は、孔子以降の放失した史文・異聞を集め、父の構想にならって、著述の主体を春秋・戦国、秦・漢時代としながら、さらに六芸の異聞をあわせて黄帝時代まで遡り、国家の興亡と個人の運命を考えようとしたとみなされる。したがって『史記』は、基本的に先人が書いた文字資料を第一とし、そのため旅行の見聞は資料として活用されず、むしろ論賛のコメントや叙述の背後に生かされたものであろう。

おわりに

ここでは『史記』の構造に関連して、司馬遷の旅行や取材が、どのように著述に反映されているかを検討してきた。その要点は、つぎの通りである。

一、二十歳の旅行は、仕官をするまえに儀礼を学ぶことを主目的としている。そのため訪問地は、孔子の郷里である曲阜と、嶧山で郷射の儀礼、九疑山や会稽山での禹・舜の祭祀、始皇帝の巡行と関係する地域を記している。『史記』に記された見聞には、著述の取材や自由な旅行に関する記載はみられない。また武帝期の情勢をみると、司馬遷が景帝中元五年（前一四五）に生まれたとするA説では、二十歳の旅行は元朔三年（前一二六）となるが、この時期は漢王朝の図書収集も始まっておらず、儀礼の改革も十分には意識していない時代であった。しかし武帝建元六年（前一三五）に生まれたとするB説では、元鼎元年（前一一六）の旅行となるが、この時期は博士弟子の制度が設置されたあとで、郎中に仕官するまえの状況に合致するとおもわれる。またA説では、廬山と天柱山は諸侯王の王国にふくまれていたが、B説では漢王朝の郡県となり、祭祀の調査が可能となる。こうした社会背景から、司馬遷の生年は、建元六年のB説がよいと考える。この点は、『玉海』の正義注が引く『博物志』の佚文に「遷年二十八」とあることからも傍証されている。

二、司馬遷が郎中となって以降の旅行は、西南夷への派遣のほか、郎中・太史令として武帝の巡狩と祭祀儀礼に随行するものであった。したがってこの時期でも、旅行は著述のための取材が主目的ではない。それは戦国七国を例とすれば、『史記』戦国史料の大半が秦・漢の本拠地（京師）と楚、趙、魏などの西方周辺に集中している。また戦国故事や説話などのエピソードは、単独の説話と各国の戦国故事をのぞいて、おおむね黄河流域に拡がっている。これは『史記』秦漢史料でも、中央の情報が多いという傾向はよく似ており、司馬遷が旅行した西南、南方、東方、北方地域の情報は少ないことを示している。また漢代の人々による伝承も、ごく一部にすぎず、旅行の見聞や伝聞を『史記』の素材として過大に評価することはできない。このような特徴は、『史記』を司馬遷の創作とみなし、文学的な側面を強調する観点とも異なっている。つまり『史記』の構成は、漢代までに書写された文字資料の編集した部分が多く、旅行での見聞・伝承や語り物の利用は、それほど多くないのである。これは「天下の放失した旧聞を網羅し、その行事を考える」という基本方針によると考える。

三、司馬遷の旅行は、著述の取材が主目的ではなかったが、旅行の見聞と体験は、さなざまな方面で影響を与えている。それは1に、歴史の背景となる地理や、交通ルートの正確な情報を得ている。これらは本紀、世家、列伝の多くの場面で、リアリティーをもたせることに貢献している。また司馬遷の年代観や世界観、歴史観、祭祀儀礼に対する認識、人物評価に影響を与えている。

2は、漢代の時代背景をうけて、黄帝から始まる年代観を採用している。とくに第二回の西方への旅行から以降は、黄帝の遺跡への言及がみえ、それは『史記』五帝本紀・三代世表の作成を考える手がかりとなる。

3は、周辺諸民族に対する世界観の認識を得ている。これは第三回の西南夷への旅行が典型である。武帝時代には、匈奴との戦争をはじめ、南越・朝鮮・西南夷など諸民族との争いがあったが、それは司馬遷にとって遠い戦争であった。しかし実際に西南夷に赴き、そこで南越・大夏へのルートの話や、匈奴戦争とあわせた外交政策の議論を考えて、諸民族に対する視野を開かれたとおもわれる。これはのちに『史記』外国列伝を作成する背景となり、司馬遷の世界観にかかわる問題となる。

4は、儀礼・封禅や山川祭祀と、それにかかわる財政政策の実状を目のあたりにしている。これは武帝期の改革を理解し、八書の構想と結びつく要素をもっている。

5は、各地での旅行の見聞が古代社会の人物評価に影響している。それは見聞がある『史記』本紀、世家、八書、列伝に示されている。とくに『史記』伯夷列伝と屈原賈生列伝では、旅行の見聞にかかわる人物の事績と運命を通じて、列伝を配列する構想にも関連しているとおもわれる。

このように『史記』の史料研究と、旅行の取材をたどることによって、司馬遷の創作部分は少なく、先行する文字資料を基本として編集したことが確認できる。司馬遷の旅行は、直接に各地の諸資料を収集することを主目的とするものではなかったが、武帝時代の社会での見聞と体験は、著述に大きな影響をあたえたということができる。また『史記』五帝本紀、河渠書、屈原賈生列伝の論賛をみれば、その見聞は一度の旅行だけではなく、何度にもわたる旅行の体験をあわせて、『史記』の歴史叙述の背後に生かされていることがわかるであろう。この意味でいえば、司馬遷の旅行と取材は、『史記』の成立を知るうえで重要なテーマとなる。拙著『司馬遷の旅』（二〇〇三年）は、同じような方法で『史記』各篇の旅行ルートと考古遺跡をたどり、地域ごとに社会背景と取材との関係を考えたものである。あわせて参照していただければとおもう。

注

（1）漢王朝の図書収集と、司馬遷の著述については、拙著『史記戦国史料の研究』第一編第一章「『史記』と中国出土書籍」

（東京大学出版会、一九九七年）、同『史記戦国列伝の研究』序章「戦国、秦代出土史料と『史記』」（汲古書院、二〇一一年）、本書の第一章「司遷と《太史公書》の成立」などを参照。

（2）宮崎市定「身振りと文学——史記成立の一試論」（一九六五年、『宮崎市定全集』第五巻、岩波書店、一九九一年）では、語り物を利用した点を強調する。また張大可「論史記取材」（『史記研究』甘粛人民出版社、一九八五年）は、司馬遷の用いた史料を、①皇室所蔵図書檔案、②金石、文物、図像及び建築、③游歴訪問、実地調査、④諸侯史記、⑤他人口述材料、⑥歌謡詩賦、里語俗諺に分類する。

（3）顧頡剛「司馬談作史」（一九五一年、『史林雑識』中華書局、一九六三年）、李長之『司馬遷之人格与風格』（上海開明書店、一九四八年）、佐藤武敏「司馬談と歴史」（一九九二年、『司馬遷の研究』第二章、汲古書院、一九九七年）、李開元「論『史記』叙事中的口述伝承」（『周秦漢唐文化研究』第四輯、三秦出版社、二〇〇六年）、本書の附篇二「『史記』の編集と漢代伝承」など。

（4）司馬遷の旅行は、王鳴盛『十七史商榷』巻一子長游蹤、王国維「太史公行年考」（『観堂集林』巻一一）、鄭鶴声『司馬遷年譜』（商務印書館、一九三三年）をはじめ多くの考察があり、佐藤武敏「司馬遷の旅行」（一九七七年、前掲『司馬遷の研究』第四章、汲古書院、一九九七年）に整理と考証がある。また鶴間和幸「司馬遷の時代と始皇帝」（一九九五年、『秦帝国の形成と地域』第二編第三章、汲古書院、二〇一三年）は、始皇帝伝説に関連する司馬遷の旅行を検討している。

（5）拙著『司馬遷の旅』（中央公論新社、二〇〇三年）では、地域ごとに司馬遷の旅行ルートを踏査して、『史記』と現地の記述を比べている。ここでは『史記』の本文に旅行の見聞が少ないことが確認できる。また旅行ルートでは、山川祭祀や儀礼、墳墓に関する史跡が多い。しかし拙著『項羽と劉邦の時代』（講談社、二〇〇六年）の取材では、古戦場に関する司馬遷の見聞がみられなかった。たとえば項羽と劉邦が対面した漢覇二王城（河南省滎陽）や、陳（河南省淮陽）や、垓下の古戦場（安徽省霊璧県）と垓下故城（安徽省固鎮県）、項羽が亡くなった烏江（安徽省和県）にも現地の見聞は『史記』にみえない。これは司馬遷の旅行と見聞が儀礼・祭祀を中心としており、古戦場に対する関心との相違を示している。

（6）景帝中元五年とするA説は、王国維、鄭鶴声、張大可、施丁、瀧川亀太郎、佐藤武敏氏などで、太史公自序の太初元年条の正義に「案、遷年四十二歳」とあること、人びとの交流関係などを根拠とする。B説は、武帝建元六年とする桑原隲蔵「司馬遷の生年に関する一新説」（一九二九年、『桑原隲蔵全集』第二巻、岩波書店、一九六八年）、山下寅次、郭沫若、李長之、袁伝璋、趙生群氏などの見解で、元封三年条の索隠引く『博物志』の「太史令茂陵顕武里司馬（遷）、年二十八、三年六月乙卯除、六百石」や、「任安に報ずる書」などの記事を根拠とする。諸説については、施丁『司馬遷行年新考』（陝西人民教育出版社、一九九五年）、佐藤武敏「司馬遷の生年」（前掲『司馬遷の研究』第三章）、袁伝璋『太史公生平著作考論』第一章「司馬遷生年考論」（安徽人民出版社、二〇〇五年）、張新科・高益栄・高一農主編『史記研究資料萃編』一「司馬遷研究」0001司馬遷生年（三秦出版社、二〇一一年）など参照。

（7）王鳴盛、王国維、鄭鶴声氏の諸説については、佐藤前掲「司馬遷の旅行」に詳しく紹介されている。以後、旅行に関する佐藤氏の説は、この論文による。

（8）エドゥアール・シャヴァンヌ、岩村忍訳『司馬遷と史記』（新潮社、一九七四年）三六〜三八頁では、司馬遷の旅行について、かれはよく聞き観察し、地方の古い伝承を著作に引用し、いたるところで記録・文書を捜索したが、歴史的事件が起こった環境条件を記述することによって、それに生命をあたえることはしなかったという。宮崎前掲「身振りと文学」では、「司馬遷の時代には、まだ記録された史料というものは甚だ少なかったのであろう。しかも彼は漢以前の悠久な歴史を書こうとしたので、勢いその材料を民間に伝わる口碑に求めざるを得なかった。そしてかかる口碑には地域性があり、それぞれの土地によって語られる題目が異なっていた。そこで彼はよく、こまめに旅行した。旅行した先々で民間の口碑を求めては、その中に出てくる遺跡を探った」とする。岡崎文夫『司馬遷』（一九四八年、研文社、二〇〇六年復刊）一五頁では「旅行の主目的であった文籍蒐集の事については何らの記載も見出されぬ」とする。

（9）『太平御覧』巻二三五職官三三太史令条に、

漢舊儀曰、承周史官、至武帝置太史公。司馬遷父談、世爲太史。遷年十三使乘傳、行天下、求古諸侯之史記。

（10）王達津「読郭沫若先生《太史公行年考有問題》後」（『歴史研究』一九五六年三期）は、元狩六年と元鼎二年に博士を分かって天下に循行させたとき、一緒に随行したとみなす。加地伸行『史記』（講談社新書、一九七八年）は、青春の放浪という。

(11)　漢代の兵制は、浜口重国「漢の徴兵適齢に就いて」(一九三五年、『秦漢隋唐史の研究』上巻、東京大学出版会、一九六六年)をはじめ、山田勝芳『秦漢財政収入の研究』(汲古書院、一九九三年)、重近啓樹『秦漢税役体系の研究』第五章「兵制をめぐる諸問題」、第六章「兵制の研究」(汲古書院、一九九九年)、渡辺信一郎「漢代更卒制度の再検討」(一九九二年、『中国古代の財政と国家』第二章、汲古書院、二〇一〇年)の考察がある。また拙稿「漢代の徭役労働と兵役」(『中国古代国家と郡県社会』汲古書院、二〇〇五年)参照。

(12)　大庭脩「漢代の関所とパスポート」(一九五四年、『秦漢法制史の研究』創文社、一九八二年)では、居延漢簡にみえる通関文書を利用してその制度を論じており、これ以降に漢代交通の研究が進んでいる。

(13)　王国維「太史公行年考」、佐藤前掲「司馬遷の旅行」。また大島利一『司馬遷と「史記」の成立』(清水書院、一九七二年)は、父の命令により、古典の学問を終えた息子への修学旅行とする。

(14)　馬王堆漢墓帛書整理小組編『馬王堆漢墓帛書・古地図』(文物出版社、一九七七年)、『中国古代地図集(戦国―元)』(文物出版社、一九九〇年)など。

(15)　武帝期の祭祀・制度改革をめぐる情勢は、本書の第一章「司馬遷と《太史公書》の成立」参照。

(16)　佐藤前掲「司馬遷の生年」では、郎選の方法として、王鳴盛が、1任子、2富訾、3献策上書、4孝廉、5射策甲科、6良家の子をあげることを紹介し、鄭鶴声氏らの博士弟子の制度で郎中になったという説を支持する。なお『漢書』巻五八児寛伝によれば、かれは郡国の選で博士にいたり、業を孔安国に受け、初期の「射策」で掌故となった合格者である。のち廷尉の文学卒史から、侍御史、中大夫、左内史となり、司馬相如が亡くなったあと元封元年(前一一〇)に御史大夫となって、司馬遷らと共に太初暦の改定にたずさわった。その卒年は、『漢書』百官公卿表下によると、太初二年(前一〇三)である。もし司馬遷が、児寛とほぼ同期であるとすれば、経歴や卒年が大きく異なる。

(17)　その制度は、『史記』巻一二一儒林伝、『漢書』巻八八儒林伝の公孫弘の上奏文にみえ、西川利文「漢代博士弟子制度について」(『鷹陵史学』一六、一九九〇年)、同「漢代博士弟子制度の展開」(『鷹陵史学』一七、一九九一年)などの考察がある。

(18)　これまで司馬遷は、十歳で「古文」を暗誦したが、いずれの説でも茂陵に移ってから以降とみなしている。それはかれが、董仲舒や孔安国のような当時の学者から教育を受けたと考えるからである。その年代と年齢については、佐藤前掲「司馬遷の生年」などの考察がある。

(19)『書』舜典を引く『史記』封禅書では、巡狩の名山を泰山・衡山・華山・恒山・嵩高山とする。しかし同書には、秦統一後の名山を嵩高山・恒山・泰山・会稽山・湘山としており、五嶽は相違する。いま二十歳の旅行ルートは、これ以前に漢王朝の管轄となっていない恒山をのぞいて、残りは秦代の五嶽に近い。したがって司馬遷は、秦代の伝えによる五嶽と四瀆（黄河、長江、済水、淮水）に従って、湘山と会稽山を訪れたのかもしれない。そこで、もし司馬遷が始皇帝の封禅にかかわる祭祀の地を訪れたとすれば、A説では年代があわず、鼎が出土した元鼎元年のB説に説得性がある。

(20)『史記』巻一一八淮南衡山列伝。

(21) 王達津前掲「読郭沫若先生《太史公行年考有問題》後」。

(22) 趙生群「従《正義》佚文考定司馬遷生年」（『《史記》文献学叢稿』二〇〇〇年）。また趙氏は、『玉海』巻一二三の太史令条に「索隠曰、博物志、太史令司馬遷年二十八、三年六月乙卯除、六百石」とある記事を指摘している。

(23) 諸説は、佐藤前掲「司馬遷の旅行」に詳しい。ただし旅行の回数について、王国維は六回、佐藤氏は八回とし、またその他の説もある。ここでは第七回までの旅行で、司馬遷の見聞はほぼ満たされており、ここまでを共通する見解としておく。

(24) 遼寧省文物考古研究所「遼寧綏中県〝姜女墳〟秦漢建築遺址発掘簡報」（『文物』一九八六年八期）では、秦始皇帝が東方を巡行した「碣石宮」のほかに、前漢の建築遺跡を発掘したという。また鶴間和幸「秦始皇帝長城伝説とその舞台」（『東洋文化研究』一、一九九九年）は、その周辺の遺跡を紹介している。

(25) 佐藤前掲「司馬遷の旅行」。

(26) 拙稿「『史記』穣侯列伝の編集方法」（一九八六年、前掲『史記戦国列伝の研究』第二章）。

(27) 太史公自序に、「(司馬)錯孫蘄、事武安君白起。而少梁更名曰夏陽。蘄與武安君阬趙長平軍、還而與之倶賜死杜郵、葬於華池」とある。

(28)『史記』巻七三白起列伝に、

（29）武安君引劍將自剄曰、我何罪于天而至此哉。良久曰、我固當死。長平之戰、趙卒降者數十萬人、我詐而盡阬之、是足以死。遂自殺。武安君之死也、以秦昭王五十年十一月。死而非其罪、秦人憐之、鄉邑皆祭祀焉。
（30）陳偉『包山楚簡初探』（武漢大学出版社、一九九六年）、拙稿「包山楚簡よりみた戦国楚の県と封邑」（一九九九年、前掲『中国古代国家と郡県社会』）、工藤元男『睡虎地秦簡よりみた秦代の国家と社会』（創文社、一九九八年）など。
（31）蒙恬列伝の構造は、本書の第三章第二節「始皇帝と諸公子について」で示している。また鶴間和幸「秦長城建設とその歴史的背景」（一九九七年、前掲『秦帝国の形成と地域』第三編第五章）に、秦長城と蒙恬をめぐる考察がある。
（32）『史記』巻七一樗里子列伝では、死に至る経過を以下のように記している。
昭王七年、樗里子卒、葬于渭南章臺之東。曰、後百歳、是當有天子之宮夾我墓。樗里子疾室在於昭王廟西渭南陰鄉樗里、故俗謂之樗里子。至漢興、長樂宮在其東、未央宮在其西、武庫正直其墓。秦人諺曰、力則任鄙、智則樗里。
（33）拙稿「『史記』戦国四君列伝の史実」（一九八九年、一九九一年、前掲『史記戦国列伝の研究』第四章）。
（34）始皇帝の巡行の歴史背景は、鶴間和幸「秦帝国の形成と東方世界」（前掲『秦帝国の形成と地域』第一編第三章）、同前掲「司馬遷の時代と始皇帝」や、本書の第三章第一節「始皇帝と秦帝国の興亡」など。
（35）陳渉の事績は、本書の附篇一「『史記』陳渉世家のフィールド調査」参照。
（36）淮陰侯韓信の事績は、本書の第九章第二節「漢代の郡国制と諸侯王」で述べている。
（37）本書の附篇二「『史記』の編集と漢代伝承」。
（38）佐藤前掲「司馬遷の旅行」では、『史記』貨殖列伝と旅行ルートとの関連を指摘している。
（39）西嶋定生「火耕水耨について」（『中国経済史研究』第一部第四章、東京大学出版会、一九六六年）など。
（40）岡崎前掲『司馬遷』二「司馬遷に与えた時勢の影響」。
（41）佐藤前掲「司馬遷の旅行」。
（42）拙稿「『史記』蘇秦・張儀列伝と史実」（一九九二年、前掲『史記戦国列伝の研究』第三章）。
（43）和田清「滇王荘蹻故事」（『羽田博士頌寿記念東洋史論叢』東洋史研究会、一九五〇年）、久村因「史記西南夷列伝集解稿

（1）～（4）」（『名古屋大学教養部紀要』人文科学、社会科学一四、一五、一六、一八、一九七〇～七四年）、蒙文通「荘蹻王滇辨」（一九六三年、『蒙文通文集』第二巻、巴蜀書社、一九九三年）。また任乃強校注『華陽国志校補図注』荘蹻入滇考（上海古籍出版社、一九八七年）では、莫與儔の説を承け、楚頃襄王の時の人で、江水を経て夜郎に入ったことを考証している。

(43)　鶴間和幸「古代蜀の治水伝説の舞台とその背景――蜀開明から秦李冰へ」（一九九五年、前掲『秦帝国の形成と地域』第三編第二章）、大川裕子「秦の蜀開発と都江堰――川西平原扇状地と都市・水利」（『史学雑誌』一一一―九、二〇〇二年）。

(44)　『史記』巻一一七司馬相如列伝で、西南夷に関する事績までは五つの構成となる。

①経歴、②卓文君とのエピソード、③巴蜀の民への檄文、④西夷への使者、⑤蜀父老の言を借りた風諭の辞

このうち③④⑤は、奏言や天子の裁可を得た記事で、文章となっている。そこで独自の伝聞としては、やや長文の②の説話がある。列伝によれば、司馬相如の死後、五年たって始めて后土を祭る（元鼎四年、前一一三）という。だから司馬遷は、相如の死から約七年後に蜀・西南夷の地を訪れたことになり、その伝聞を得たのかもしれない。

(45)　佐藤前掲「司馬遷の官歴」では、第三回の旅行を中郎将郭昌と衛広の派遣に従軍したものとみなす。しかしその時は邛・筰にしか達せず、昆明まで至るのは、『漢書』武帝紀の元封二年（前一〇九）秋条に「又遣將軍郭昌・中郎將衞廣發巴蜀兵平西南夷未服者、以爲益州郡」とみえるように、将軍郭昌と中郎将衛広が西南夷を平らげ益州郡を設置した二回目の時とする。

(46)　西南夷の性格は、考古学資料による分析が必要である。貴州省博物館「貴州考古十年」、雲南省博物館「十年来雲南文物考古新発現及研究」（以上、『文物考古工作十年――一九七九～一九八九』文物出版社、一九九〇年）、貴州省博物館考古組・貴州省赫章県文化館「赫章可楽発掘報告」（『貴州田野考古四十年――一九五三～一九九三』貴州民族出版社、一九九三年）などに概略がうかがえる。

(47)　佐藤武敏「『史記』外国列伝を読む」（『大阪市立大学東洋史論叢』一二、二〇〇二年）は、『尚書』禹貢篇、『礼記』王制篇、『春秋公羊伝』などの儒家文献が中華意識による理念的なものであるのに対して、漢と関係があった外国の歴史を叙述したものと評価している。これは東アジアの歴史を考えるうえで大切な問題である。

(48) 佐藤武敏「『史記』河渠書を読む」(『中国水利史の研究』国書刊行会、一九九五年)、拙稿「『史記』河渠書と『漢書』溝洫志——司馬遷の旅行によせて」(『中国水利史研究』三〇、二〇〇二年)。

(49) 山田勝芳「前漢武帝代の祭祀と財政——封禅書と平準書」(『東北大学教養部紀要』三七、一九八二年)。

(50) 諸子列伝にあたる論賛には、その著述が伝わる人物は、その行事(事績)を述べるといい、代表的な事績を中心とした叙述となっている。その要点は、拙稿「『史記』諸子列伝の素材と人物像」(前掲『史記戦国列伝の研究』第一章)で述べている。

(51) 佐藤武敏「『史記』の編纂過程」四「李陵の禍以後の編纂」(前掲『司馬遷の研究』第七章)。

(52) 「任安に報ずる書」の冒頭に、武帝の東方巡行に随行し、また翌年の年初には雍への祭祀に同行するという。これは中書令になった後も、随行があることを示しており、記録に残らない他の旅行がうかがえる。

(53) 小南一郎「楚辞天問篇の整理」(『東方学報』京都七一、一九九九年)では、天問篇にみえる屈原の歴史記述は、不十分ではあるが、司馬遷の歴史観につながると指摘している。

(54) 『史記』伯夷列伝に言及する研究は多い。岡崎前掲『司馬遷』三「史記について」は、伯夷列伝が、1世間に流布した世伝と、2列伝の総論の部分から成り、それは孔子の意を体して個人を評価する信条をもっていたという。佐藤前掲「『史記』の編纂過程」では、屈原賈生列伝と同じく、伯夷列伝を李陵の禍より後の作成と考えている。

(55) 伯夷の伝説は、『荘子』譲王篇、盗跖篇などにみえるが、天を問うのは賈誼の特徴である。

(56) 本書の第一章「司馬遷と《太史公書》の成立」。

『史記』論賛の見聞史料（王国維があげた十六条と、司馬遷が周南で父と対面する場面）

（1）太史公曰、……余嘗西至空桐、北過涿鹿、東漸於海、南浮江淮矣。至長老皆各往往稱黃帝・堯・舜之處、風教固殊焉。（巻一、五帝本紀）

（2）太史公曰、余從巡祭天地諸神名山川而封禪焉。入壽宮侍祠神語、究觀方士祠官之意。於是退而論次自古以來用事於鬼神者、具見其表裏。後有君子、得以覽焉。（巻二八封禅書）

（3）太史公曰、余南登廬山、觀禹疏九江、遂至于會稽太湟、上姑蘇、望五湖。東闚洛汭・大邳・迎河、行淮・泗・濟・漯洛渠。西瞻蜀之岷山及離碓。北自龍門至于朔方。曰、甚哉、水之爲利害也。余從負薪塞宣房、悲瓠子之詩而作河渠書。（巻二九河渠書）

（4）太史公曰、吾適齊、自泰山屬之琅邪、北被于海、膏壤二千里。其民闊達多匿知、其天性也。（巻三二斉太公世家）

（5）太史公曰、吾適故大梁之墟。墟中人曰、秦之破梁、引河溝而灌大梁、三月城壞、王請降、遂滅魏。說者皆曰魏以不用信陵君故、國削弱至於亡、余以爲不然。天方令秦平海內、其業未成、魏雖得阿衡之佐、曷益乎。（巻四四魏世家）

（6）太史公曰、……。余讀孔氏書、想見其爲人。適魯、觀仲尼廟堂車服禮器、諸生以時習禮其家、余祗迴留之不能去云。（巻四七孔子世家）

（7）太史公曰、余登箕山、其上蓋有許由冢云。孔子序列古之仁聖賢人、如吳太伯・伯夷之倫詳矣。余以所聞由・光義至高、其文辭不少概見、何哉。（巻六一伯夷列伝）

（8）太史公曰、吾嘗過薛、其俗閭里率多暴桀子弟、與鄒・魯殊。問其故、曰、孟嘗君招致天下任俠、姦人入薛中蓋

六萬餘家矣。世之傳孟嘗君好客自喜、名不虛矣。（巻七五孟嘗君列伝）

（9）太史公曰、吾過大梁之墟、求問其所謂夷門。夷門者、城之東門也。天下諸公子亦有喜士者矣。然信陵君之接巖穴隱者、不恥下交、有以也。名冠諸侯、不虛耳。高祖每過之而令民奉祠不絕也。（巻七七魏公子列伝）

（10）太史公曰、吾適楚、觀春申君故城、宮室盛矣哉。初春申君之說秦昭王、及出身遣楚太子歸、何其智之明也。後制於李園、旄矣。（巻七八春申君列伝）

（11）太史公曰、余讀離騷・天問・招魂・哀郢、悲其志。適長沙、觀屈原所自沈淵、未嘗不垂涕、想見其爲人。及見賈生弔之、又怪屈原以彼其材、游諸侯、何國不容、而自令若是。讀服烏賦、同死生、輕去就、又爽然自失矣。（巻八四屈原賈生列伝）

（12）太史公曰、吾適北邊、自直道歸、行觀蒙恬所爲秦築長城亭障、塹山堙谷、通直道、固輕百姓力矣。（巻八八蒙恬列伝）

（13）太史公曰、吾如淮陰、淮陰人爲余言、韓信雖爲布衣時、其志與衆異。其母死、貧無以葬、然乃行營高敞地、令其旁可置萬家。余視其母冢、良然。（巻九二淮陰侯列伝）

（14）太史公曰、吾適豐沛、問其遺老、觀故蕭・曹・樊噲・滕公之家、及其素、異哉所聞。方其鼓刀屠狗賣繒之時、豈自知附驥之尾、垂名漢廷、德流子孫哉。余與他廣通、爲言高祖功臣之興時若此云。（巻九五樊酈滕灌列伝）

（15）二十而南游江・淮、上會稽、探禹穴、闚九疑、浮於沅・湘。北涉汶・泗、講業齊・魯之都、觀孔子之遺風、鄉射鄒嶧。戹困鄱・薛・彭城、過梁・楚以歸。（巻一三〇太史公自序）

（16）於是遷仕爲郎中、奉使西征巴・蜀以南、南略邛・笮・昆明、還報命。是歲天子始建漢家之封、而太史公留滯周南、不得與從事、故發憤且卒。而子遷適使反、見父於河洛之閒。（太史公自序）

附篇一　『史記』陳渉世家のフィールド調査

はじめに

『史記』は中国古代史の基本史料であり、文学・思想書としてもよく知られている古典である。このうち『史記』に描かれた始皇帝までの時代は、唯一の連続した通史である。しかし秦帝国で起こった叛乱から、項羽と劉邦の時代をへて、漢王朝の武帝期までの歴史は、『漢書』の歴史叙述と共通している。そのため『史記』の秦漢史は、『漢書』とあわせた文献研究が中心であり、近年では中国の出土資料を利用した研究が進展している。(1)

中国の出土資料には戦国時代から秦漢時代にかけて、竹簡や帛書（絹布）に書かれた書籍や、竹簡や木簡、幅の広い木牘に書かれた保存資料と文書、記録、書信などがある。これらは司馬遷が『史記』を著述するときに存在した同時代の資料である。これによって『史記』では、どのような系統の資料を利用し、どのように編集したかという方法を知ることができる。(2) しかし出土資料を利用した『史記』研究では、文献の補助資料とするだけではなく、簡牘（竹簡、木簡など）と帛書（絹布）それ自体の機能を理解し、漢代の文字資料のあり方をふまえた、『史記』の原形を復元する視点が大切である。

『史記』の研究では、これに加えて現地のフィールド調査による考察も有効である。私は、『司馬遷とその時代』（二〇〇一年）、『司馬遷の旅』（二〇〇三年）、『項羽と劉邦の時代』（二〇〇六年）の取材を通して、司馬遷の体験と『史記』の舞台を調査してきた(3)。その後も、李開元氏と一緒に『史記』秦漢史の遺跡をめぐり、いくつかの新しい知見を得ることができた(4)。これは『史記』の歴史を歩くという研究方法である。

ここでは、とくに『史記』陳渉世家にみえる問題を例として、フィールド調査で何が新しく発見できるかという意義を述べてみたい。

一　『史記』陳渉世家の歴史叙述

秦帝国の末期に起こった陳渉・呉広の乱は、中国最初の農民叛乱といわれる。表1は、『史記』陳渉世家の構成を示したものである。これによれば陳渉・呉広が、二世皇帝の元年に叛乱を起こし、楚国を復興して陳王となるまでの経過は、つぎの通りである(5)。

Ⅰ陳勝は陽城の人で、字は渉という。呉広は秦の陳郡に属する陽夏（河南省太康）の人で、字は叔である。陳渉は若いころ傭耕となり、このとき「燕雀いずくんぞ鴻鵠の志を知らんや」という短いエピソードがある。二人は、その後、泗水《しすい》郡に行ったようである。

Ⅱ二世元年七月に、陳渉と呉広は辺境防衛の兵卒となって北方の漁陽郡（北京市の東北）に派遣されることになり、泗水郡の蘄《き》県（安徽省宿州市）大沢郷に九〇〇人が駐屯した。A二人は屯長となったが大雨に会い、期日に遅れることを恐れて叛乱を決意した。このとき民の支持を得ようとして、秦公子の扶蘇と、楚将軍の項燕の名を詐称して、楚国の復興を掲げることにした。扶蘇は、始皇帝を諫めて長城に追放されたが、二世皇帝が即位するときに亡くなっている。項燕は、秦が天下を統一するとき、最後まで楚のために戦い、蘄県で亡くなった将軍である。かれらの生死が

表１　『史記』陳渉世家の構成

Ⅰ　陳勝は陽城の人なり。字は渉。呉広は陽夏の人なり。字は叔。
　陳渉が若いころ庸耕となる。エピソード「燕雀いずくんぞ鴻鵠の志を知らんや」

Ⅱ　二世元年七月、漁陽に適戍を発するとき、大沢郷に駐屯。

　Ａ陳渉・呉広が屯長。大雨にあって叛乱を決意。「扶蘇と項燕」を詐称。
　Ｂ陳勝と呉広が尉を殺す。「王侯将相いずくんぞ種あらんや」「大楚」

Ⅲ　蘄県から転戦して陳を攻める。陳王となり「張楚」を号する。

Ⅳ　この時、郡県の秦吏に苦しむ者は、皆その長吏を殺して陳渉に呼応した。
　陳渉が派遣した軍隊が秦軍と戦う。各地で王が自立。呉広の死。

Ⅴ　臘月、陳王が下城父で殺され、碭に葬られて隠王と謚される。陳の攻防。

Ⅵ　〔追加〕陳王が亡くなった後の情勢。項梁が楚王を立てる。

　〔追加〕庸耕の仲間が陳王を訪ねたとき、かれを殺すエピソード。

Ⅶ　〔追加〕高祖は碭に三十家の墓守を置き、武帝期まで祭祀が絶えないという。

不明なために、二人の体制に仮託するという。Ｂ陳渉と呉広は尉（武官）を殺して蜂起した。ここに「王・侯・将・相いずくんぞ種あらんや」と言い、身分に関係がなく出世できるという言葉がある。かれらは蜂起したあと「大楚」を称した。

Ⅲ陳渉は、将軍となって蘄県を下し、北上して銍《しつ》や酇《さん》、苦《こ》、柘《しゃ》、譙《しょう》などの県城を掌握して、陳（河南省淮陽県）を占領した。そのときの兵力は、戦車が六、七百乗で、騎馬が千余り、卒が数万人である。そこで陳渉は、地元の三老や豪傑という有力者の支持を得て陳王となり、「張楚（大いなる楚）」を号した。

Ⅳこの時、各地の郡県で秦吏に苦しむ者は、皆その長吏を殺して陳渉に呼応した。このなかに項羽と劉邦たちの叛乱がふくまれる。ここから陳王となった周辺に、旧六国を基盤とした勢力が復興し、派遣した軍隊が秦軍と戦う情勢を描いている。

Ｖ陳王をめぐる情勢は不利となり、かれは陳城の外にある下城父で部下に殺された。そして碭《とう》（安徽省碭山県）に葬られて隠王と謚《おくりな》された。ここで一応、伝記は終わっている。しかし『史記』には、時間を遡ったエピソードや、当時の情勢を収録している。(6)

Ⅵそれは陳王が亡くなるとき、項燕の子である項梁が、楚の王族である懐王を立てて、楚国を復興する体制を整えている。この勢力が中心となって、のちに項羽たちは秦帝国を滅亡させた。また陳勝が王となった頃の話がある。かつての傭耕の仲間が陳王を訪ねたとき、昔のことを知るためかれを殺し、そこから陳王に親しむ者が無くなるというエピソードがある。

Ⅶさらに追加の文として、陳勝は亡くなったが、その侯王将相としたものが秦を滅ぼしたため、高祖は碭に三十家の墓守を置いており、その祭祀は武帝期まで続いていると結んでいる。

陳勝雖已死、其所置遣侯王將相竟亡秦、由渉首事也。高祖時爲陳渉置守冢三十家碭、至今血食。

このような陳渉の事績で、問題となるのはつぎの点である。

第一に、『史記』では陳渉の出身を陽城というが、この地は現在の河南省登封県、商水県、方城県などの説がある。それはどのように理解したらよいのか。

第二に、楚国を復興するというスローガンは、どのような歴史的意義をもっているのか。また秦公子の扶蘇と楚の項燕を詐称し、「張楚」の号を立てたというエピソードは、どこまで史実を反映しているのか。

第三に、陳を都城として王になったのはなぜか。また陳王が復興したという楚国は、どこまで国家機構として機能していたのか。

このような問題は、『史記』の本文と注釈では不明な点がある。そこでつぎに陳渉が蜂起した大沢郷から、陳県とその周辺の現地をたどり、史実との関係を考えてみよう(7)。

二　陳楚故城と楚王墓、楚墓

ここでは、まず第二と第三の問題として、陳渉が陳で楚を復興して陳王となることは、どのような意義をもつのかを考えてみよう。

陳渉たちは、秦代の泗水郡蘄県で蜂起した。この蜂起の舞台となった場所は、いま史跡とされている。この蘄県は、南北の交通で往来するところで、ここから垓下の戦いが行われた古戦場と古城遺跡（安徽省固鎮県）は、東南約五〇キロのところにある。[8] 蘄県から陳県までは、ルート上にある泗水郡と碭郡、陳郡の出身者たちを中心に勢力を拡大した。そして陳県では、秦が魏を滅ぼしたとき名前を変えて陳に亡命していた張耳と陳余や、陳人の武臣、賢人で項燕の軍にいた周文が加わっている。

それでは陳渉が、陳を都城として王になったのは、なぜだろうか。私は、二〇〇九年八月に河南省永城県で開催された秦漢史研究会に出席したとき、安徽省碭山県に行く機会があった。この地には陳渉の墓があり、また劉邦が逃亡して隠れたところである。ここから東方には、劉邦の郷里の沛県がある。この学会のあと、私と李開元氏は一緒に、河南省淮陽県の陳楚故城を訪れた。

陳楚故城は、戦国秦の将軍・白起が、長江流域の楚都であった郢（湖北省荊州市）を陥落させたとき、王族や貴族たちが東方に移って遷都したところである。そのため陳渉は、かつての楚の都城を拠点にしたといわれる。[9] この陳楚故城は、いまは市街地となっており、城壁の全体をうかがうことはできない。現地では、湖の傍らにある城壁の土盛りの一部に、長屋のような家屋が並んで建てられていた。

一九八〇年の調査報告によれば、陳楚故城が最初に建造されたのは、春秋晩期かやや早い時期という[10]。これは春秋時代の陳が国都として築城したものである。第一次の修築は、戦国時代に楚が陳を滅ぼした後にあたる。第二次の修築は、もっとも規模が大きく、戦国晩期に楚が都城としたときのものである。このとき横木を加え、付加された土には板瓦と筒瓦が多いという。第三次の修築は前漢前期で、第四次の修築は宋代、第五次の修築は明代初期のものである。したがって現在の淮陽城は、こうした時代の変遷をうけて、陳楚故城と同じ位置にあるとする。

『中国文物地図集』河南分冊では、陳楚故城の内城にあたる周囲は四五〇〇余メートルとする[11]。版築の城壁は、高さ二～五メートルが残存し、基底部の幅は約二〇メートルである。城外には、春秋時代の墓葬が分布している。しかし故城には、さらに外城があって全体は大きくなる。

現地を訪れたとき、故城の様子をイメージできなかったが、注目したのは、周辺に楚王墓といわれる墓や、戦国楚墓が多く残っていることである。一九八〇年の報告では、故城から東南四キロにある唯一の高台に、楚国の墓地があると指摘している。この平糧台は、貯糧台、平糧冢、宛丘とも呼ばれ、河南龍山文化の古城址である[12]。ここに楚国の墓地があり、墓道をもつ少数の大墓と、多くの小墓がある。また平糧台の東には、二座の戦国晩期の大型楚墓がある。こうした楚墓の状況は、さらに詳しく報告されている。

大型の馬鞍冢楚墓は、すでに盗掘されていたが、楚墓の西側五〇メートルには、それぞれ大型の車馬坑があり、北の一号坑には殉葬した馬二四匹、車八輛と多くの陶器、南の二号坑には泥馬二〇数匹、車二三輛、旌旗六面が埋められていた[13]。この楚墓は、この時期の王墓クラスといわれる。このうち南側の楚墓は、陳に遷都して亡くなった頃襄王の墓と推測されている。ここには今も墳丘が残っている。

平糧台の墓群は、中小規模の墓地である。『中国文物地図集』河南分冊によれば、戦国、前漢・後漢時代の墓が一

図１　陳渉・呉広のルート：許盤清『史記地図集』より作成、（　）は現代地名

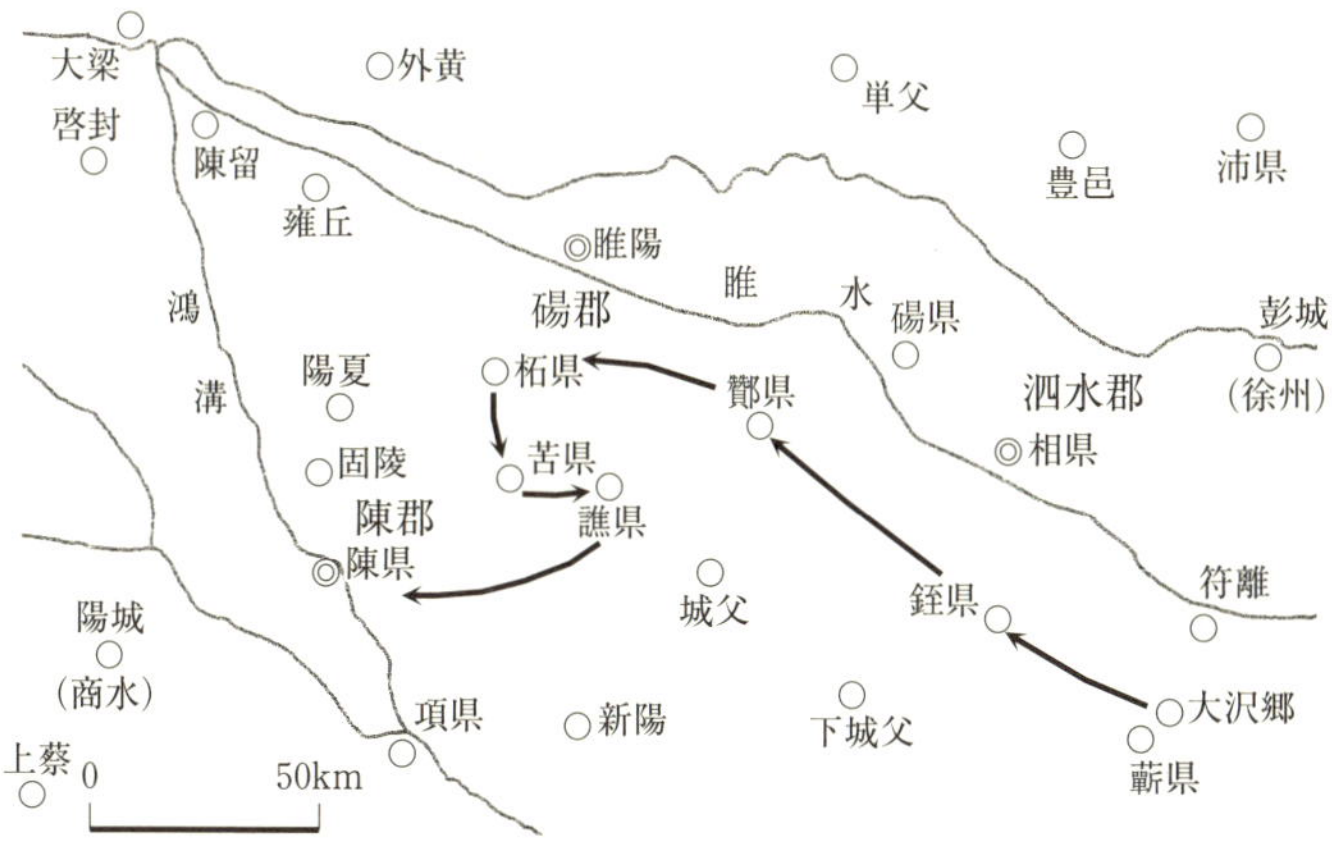

図２　商水県の陽城古城

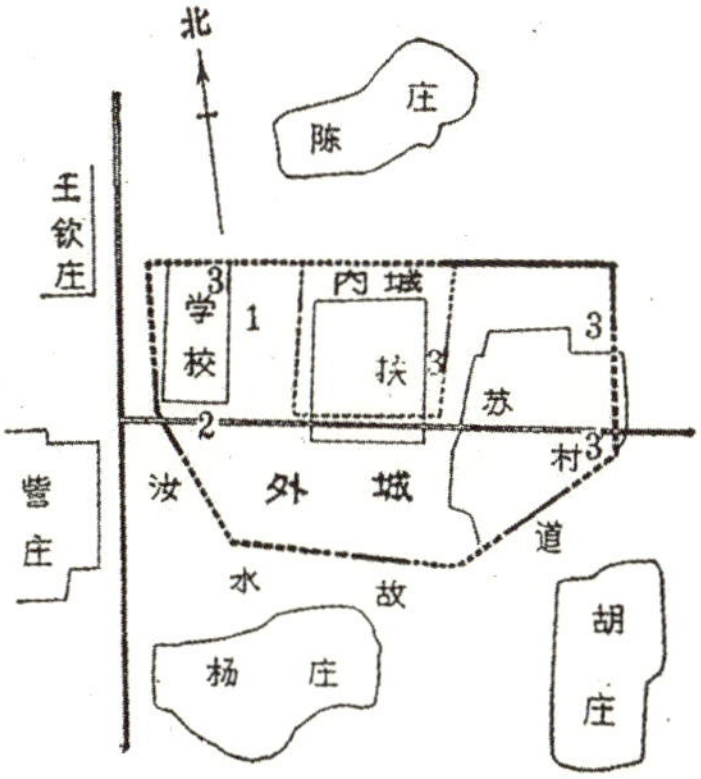

図３　陳県（河南省淮陽県）の遺跡

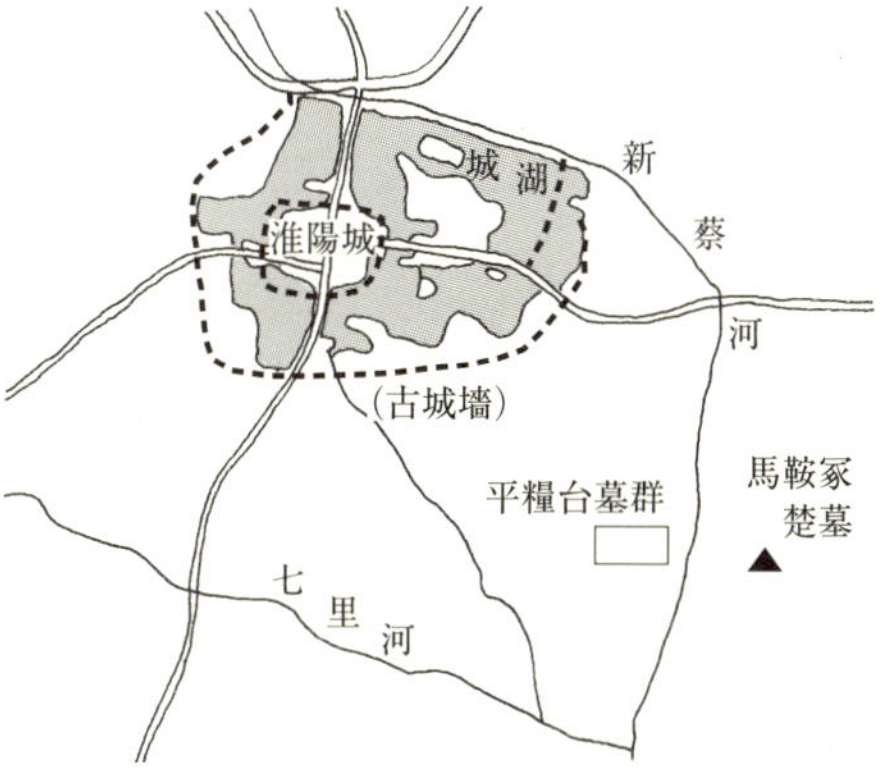

図４　陳渉・呉広の乱（大沢郷）

図５　陳渉の墓（碭山県）

〇〇〇余座ある。一九七九年から一九九一年までに、約二〇〇座が発掘され、中・小型の土坑と磚室墓があり、多くの銅器、陶器、玉器などが出土したという。このうち最大の十六号楚墓や、四号楚墓には個別の報告があり、その年代は陳が楚都であった三八年間の墓葬としている(14)。これによれば陳楚故城は、春秋時代の陳の都城を、戦国楚が占領して陳県とし、のちに遷都して都城とした。しかし戦国末に、楚は寿春（安徽省寿県）に遷都したため、陳は楚国に所属する一般の県となった。したがって平糧台の楚墓は、陳を都城とした以降の王墓や貴族墓などを反映するというのである。

私は、このような故城と楚墓の状況を見て、すぐに荊州市の楚紀南城の周辺を連想した。この長江流域の地区では、これまで多くの楚文化の遺跡と楚墓が発掘され、紀南城を取り巻く首都圏の状況が明らかになっている。ここは戦国秦に占領されるまで、楚国の中心であった。この紀南城の周辺では、地区別に王族や貴族、庶民の墓が造られ、郭徳維氏は墳土のある大小規模の楚墓区を八つに分けている(15)。いま陳楚故城と、戦国時代の楚墓や王墓とされる墓群をみると、これはミニ紀南城という印象をうけた。つまり東方に遷都した楚は、陳楚故城とその周辺を、かつての首都圏のように整備しているのである。それが故城の修築に反映しているのであろう。とすれば陳楚故城では、城郭都市のなかに、中央官制と周辺の行政機構を整えていたことになる。

この点を、表2によって整理しておこう。ここで注目されるのは、春秋時代の楚が、陳国を滅ぼして陳県として以降、陳に遷都するまでの約二〇〇年の間、東方の重要な拠点として機能していたことである。また陳が都城であったのは、寿春に遷都するまでの三七年間といわれるが、都城が遷ったあとも陳は楚の県城としており、それは戦国秦に楚が滅ぼされるまで、一八年ほど続いていた。だから陳県は、約二五五年の間に楚国の統治と習俗をうけた地域社会であったといえよう。ここには当然、楚の行政機構が備わっている。

表2　陳楚故城の歴史

国	年代	陳楚故城の所属	関連記事
陳	春秋	陳国の都城。南に春秋墓	陳国古城の築城
春秋楚	霊王～ 恵王10年	陳国を滅ぼし、また陳に返す 前479：陳を滅ぼし、楚国に属す	 陳楚故城の修築
戦国楚	頃襄王 考烈王	前278：郢の陥落、陳を都城とする 城郭都市、周辺の楚墓〔37年〕 前241：楚の県となる（楚の領域）	秦が江陵に南郡を設置 楚が寿春に遷都
戦国秦	楚王負芻	前224：秦王が郢陳に行く 前223：楚国が滅亡、秦の陳郡となる	昌平君（荊王）と項燕が亡くなる
秦帝国	始皇26年 〃 37年	前221：秦帝国の領土となる 前210：〔13年〕	始皇帝が天下統一 始皇帝が崩御
秦帝国（楚）	二世元年 〃 2年	前209：陳渉・呉広の乱、陳を都城 前208：陳王が亡くなる、陳城の陥落	項羽、沛公の蜂起 楚懐王と項梁の体制
（楚）		楚王の軍が陳の領域を掌握（沛公）	楚国の復興
楚・漢（楚）	漢王元年 〃 5年	前206：西楚覇王（項羽）の領地 前202：梁王・彭越の領地か	秦帝国の滅亡 項羽の敗北
漢王朝	高祖6年 〃 11年	前201：陳で韓信を捕らえる 前196：淮陽王・劉友の領地 （陳郡、潁川郡）	淮陰侯に降格
漢王朝	恵帝元年 高后元年	前194：淮陽郡となる 前187：淮陽国（陳郡）となる	

この陳楚故城の歴史をみると、陳渉たちが秦の軍事機構を掌握して陳を目指したのは、ただ秦帝国の陳郡の治所というだけではないことがわかる。この陳県は長年にわたって、楚国の統治機構がもっとも整っている県であった。したがって陳渉は、叛乱を起こしたあと、新しい政治機構を作り出したのではなく、陳に入って楚の伝統をもつ統治機構と地域社会を基盤にしたことになる。このように考えれば、県の三老や豪傑の支持を得て、楚を復興するスローガンをかかげ、「張楚」の号を立てた理由がよくわかる。

「張楚」については、二つの考古発見がある。湖南省長沙市の馬王堆漢墓帛書「五星占」の暦には、始皇帝の紀年に「張楚」の記載があり、『史記』の伝えが実証された[16]。二〇一三年には、湖南省益陽市の兎子山遺跡にある九つの古井で約一三〇〇〇余枚の簡牘が発見された[17]。その八号井戸から出土した觚《こ》（六角柱の形状）の簡牘（J8⑥:1）に「張楚之歳」という記載がある。觚の簡牘は、密封をせずに文章が見える文書として、戦乱時の檄文にも使われる。「某之歳」は、戦国時代の楚国の用法で、大事があった翌年の紀年とする大事紀年である。これは二世皇帝の二年にあたるという。しかし觚には「二年」と記しておらず、秦帝国の用法による資料ではない。また陳渉は二世二年の年初一二月に亡くなっており、その勢力範囲は陳郡の範囲をこえず、周辺には別の勢力が自立していた。だから「張楚之歳」は陳渉が王となった翌年の記載であり、陳渉の勢力はこの地域には及んでいないことから、これは陳渉の紀年でもない。とすれば、この用法を用いるのは「張楚」を継承した楚懐王と項梁の体制と推測される。このとき楚王の体制は、楚の紀年による檄を作成して通達したとおもわれる[18]。

そのよく似た例は、秦末における南越の独立にみえる。『史記』南越列伝によれば、秦末の叛乱のとき越の地方が遠方にあるため、趙佗は防衛のために横浦・陽山・湟谿関に檄を出しており、のちに独立している。したがって、この例を類推とすれば、二世二年の時点で楚王の体制も、「張楚之歳」の紀年を記した檄を、益陽の地域まで通達した可能性がある。もしそうであれば二世二年に、この檄文が届いた長沙郡の益陽県は楚の体制に加わり、秦の領有から離れていた可能性がある。里耶秦簡の年代が二世二年で終わり、二世三年の紀年を記した木牘が無いのは、このように楚の体制がこの地域に拡がり、のちに掌握した影響かもしれない。このような楚国をめぐる情勢は、陳楚故城と周辺の楚墓を訪れて、はじめて実感することができた。

三　陳渉の郷里・陽城古城

つぎに第一と第三の問題として、陳渉の出身はどこに所属し、陳王が復興した楚国は、どこまで国家機構として機能していたのかを考えてみよう。

『史記』にみえる陳渉の郷里である陽城については、大きく四つの説がある。(19)

①河南省登封県：秦漢の潁川郡に所属（索隠：韋昭云属潁川、地理志云属汝南）

②河南省商水県：漢代汝南郡に所属（『漢書』地理志、顔師古、地理志属汝南郡）

③河南省方城県：漢代の南陽郡に所属（『史記』曹相国世家、索隠：徐広云、陽城在南陽。譚其驤氏などの説）

④安徽省宿州市の東：叛乱を起こした大沢郷の近く

譚其驤主編『中国歴史地図集』第二冊：秦（七―八頁、中国地図出版社、一九八二年）では、このうち潁川郡の陽城（①）と、南陽郡の陽城（③）を図示している。

陽城の問題は、陳渉の出身にも関係している。もし潁川郡であれば、戦国時代は韓に所属し、始皇帝の十七年（前二三〇）に韓が滅亡したとき秦の領域となった。もし南陽郡であれば、かつて楚に所属し、始皇帝の即位までに秦の領域となった地域である。もし汝南郡であれば、統一期に滅ぼされるまで一貫して楚国に所属する。この説については、楊鈺俠・史文敏『大沢郷起義史論』（二〇〇四年）が論点を整理している。(20)

1に、陳渉は楚国の人であり、出身地は楚地にある。これは『史記』陳渉世家の事績からみて、大いに可能性がある。2に、『史記』李斯列伝に「丞相長男李由爲三川守、楚盜陳勝等皆丞相傍縣之子、以故楚盜公行、過三川、城守不肯擊」とあり、李斯の出身地である上蔡（河南省上蔡県）の傍県と言っている。3に、賈誼「過秦論」で陳渉を「遷徙之徒」と称しており、のちに大沢郷の近くに移ったと推測している。これによれば陽城は、陳県から東南約五〇キロに位置した、②河南省商水県が第一の候補となる。

図６　淮陽県の馬鞍冢楚墓

図７　陽城の内部（現状）

図８　陽城古城の出土文物

図９　陽城古城の扶蘇墓（伝承）

陽城については、宋代の『太平寰宇記』や『輿地紀勝』に「商水県の境内に陳勝が築いた扶蘇城が有る」という記載があり、蜂起のときに公子・扶蘇を詐称したため、扶蘇城の名があるという。今の商水県城から西南一八キロにある舒荘郷扶蘇村には、戦国時代の陽城遺址があり、一九八〇年に考古調査をした報告がある(21)。私たちは、この陽城に行き、現地の状況を確認することにした。

報告によれば、陽城古城は、内城と外城（東西八〇〇メートル×南北五〇〇メートル）に分かれており、外城は北側は垂直であるが、南側は内側に曲がっている。内城は城内の中央北側にある。城内には、戦国秦漢時代の磚瓦が多く、戦国鋳鉄遺址や漢代磚瓦窯址がある。また陶水管道が敷設されている。ここは戦国秦漢時代の文化堆積で、建築材の瓦がもっとも多く、そのほかに陶器があるという。このような古城の構造と出土遺物からみて、その建造は戦国晩期と推定されている。そして地理上から、この古城は秦の陽城の可能性があり、陳渉が扶蘇を詐称したため「扶蘇城」と伝えられたとする。しかし陳渉の政権は短期間であり、この古城を築いたとは考えられないと結んでいる。

現在では、城内には池のような窪地や発掘跡があり、城壁や遺跡の状況は不明であった。しかし一九八〇年の調査に参加した七十六歳の老人から話を聞くことができた。この老人によると、調査は五ヶ月におよび、発掘簡報が出されたが、当時の文物はすべて無くなったという。ただ壺の底に印文を押した陶器を、机の中に保管していた。『考古』の報告には、「夫胥司工（扶蘇司空）」と読める印文があるという。私たちが見せていただいた印文は、別の文字であった。この印文は官吏の職務を示している。司空というのは、二〇〇二年に発見された里耶秦簡では、秦代の県の官府に所属し、徒隷《とれい》（城旦舂、鬼薪白粲）と債務労役者（居貲贖責）の労働力を管轄し、土木などの労役を担当する官吏である。[22] したがって陽城で、「扶蘇司空」と読める印文が出土したことは、この古城が「扶蘇城」と呼ばれた伝えと関連し、たしかに司空などの官吏が実務を担当していたことが推測される。そして陳楚故城との位置は、北に約四〇キロのところに呉広の郷里の太康県があり、西南にある陽城古城とあわせて、陳郡の首都圏を形成している。とすれば陳楚故城につづいて、その近くにある陽城古城でも、一定の行政機構が機能していたとおもわれる。報告では、戦国晩期に建造されたと述べていたが、戦国楚と秦代に陽城古城は機能していた可能性がある。

陳渉と呉広が、秦公子の扶蘇と、楚将軍の項燕を詐称したエピソードについては、扶蘇が楚夫人の子であり、楚の王族に連なる人物ではないかと考証したことがある。[23] その理由は、始皇帝が成人するときに起こった嫪毒《ろうあい》の乱を鎮圧したのが、楚の封君である昌平君と昌文君であり、これは第一夫人と婚姻したとき秦に来ていたと推測した。この昌平君は、項燕と一緒に最後まで秦と戦った人物である。とすれば今回は、扶蘇（楚の王族）と楚将軍の体制を仮託することになる。これは秦が統一する前の戦いと同じ体制である。そして陳渉と呉広が詐称した体制のように、楚の王族と楚将軍の体制で秦帝国を滅ぼしたのが、楚懐王と項梁（項燕の子）・項羽であった。ここに楚の王族と将軍を立てて秦国と戦うという体制は、三度ほど試みられたことになる。

こうした情勢で、あらためて陽城古城をみると、城外の東南一五〇メートルの所に扶蘇墓があることに気づく。これはすでに報告されていたが、現地を訪れるまで知らなかった。扶蘇墓は、西安市の南にある秦二世皇帝陵と同じように小さな古墳で、墓前には碑が立っている。陳渉がこの扶蘇墓を築いたという伝えは、いつまで遡れるか不明である。しかし清代の『（雍正）河南通志』や民国時代の『商水県志』には記載があり、少なくとも清代以前から伝えられていたことになる。(24) これは後世の伝説であろう。

このように陳楚故城と楚墓、商水県の陽城古城と扶蘇墓を調査してみると、『史記』の本文と注釈では十分にわからなかった点に気づくようになる。陳渉と呉広の乱は、農民叛乱という視点から出発して、どこまで史実として実情をふまえているか不明であった。しかし現地の遺跡や伝承をふまえてみると、蘄県の軍隊を下して、各県の軍隊を掌握して陳に到達した陳渉たちは、けっして農民叛乱という性格ではない。また陳渉たちが楚を復興しようというスローガンは、まさに戦国楚の都城であった陳楚故城にふさわしい状況である。この楚の国家機構を機能させることが、もっとも反秦の勢力として有効であったことがわかる。

すでに景山剛氏は、陳渉の陳国には、陳出身の人や、孔子の子孫である孔甲が博士の官として加わっており、陳王のもとでは楚の官職名がみえることから、王朝と権力の機構をもつと推測されていた。(25) また田余慶氏は、陳渉たちの叛乱に、楚の要素が強いことに注目されていた。(26) このような指摘は、近年の出土資料や、現地の調査によって、しだいに当時の実情として理解できるようになった。

陳渉たちは、郷里に近い大きな拠点を目指した。それが戦国楚の旧都であった陳楚故城である。同じように項梁と項羽も、亡命していた呉（江蘇省蘇州）から蜂起して、郷里の下相（江蘇省宿遷）を目指して北上し、この周辺で大きな勢力となった。陳渉とは別に行動した者も、出身地の近くで独立した場合がある。したがって叛乱の当初では、郷里の近くで大きな拠点を基盤として自立し、そのあと連合を謀るというのが、一つの傾向を示しているのであろう。このとき陳渉の勢力は、秦代の陳郡の範囲に限られている。そのため「張楚」と号しても楚王ではなく、陳王と呼ぶのは、その実態であったのかもしれない。私たちは現地を訪れて、陳楚故城と陽城の周辺が、楚文化を強く残す地域社会であると、あらためて認識できたのである。(27)

おわりに

ここでは『史記』陳渉世家に描かれた地域を調査することによって、当時の史実の何が新しく発見できるかを紹介した。その問題は、一に、陳渉の郷里である陽城は、どこにあるのか。二に、その出身は、陳で楚を復興して陳王となることに、どのように関係するのか。三に、陳王となったときの国家機構や、郡県の制度は、どこまで機能していたのかということである。これを河南省淮陽県にある遺跡と、商水県にある陽城古城のフィールド調査から探ってみた。その結果、明らかになったのは、つぎの点である。

一、陳渉の郷里である陽城は、河南省商水県と推定できる。ここには陽城古城が残っており、考古調査によれば、官府として機能をもつ「扶蘇司空」にあたる印文が出土していた。これは当初から扶蘇城と称していたことをうかがわせ、現地には後世に造られた扶蘇墓の伝承がある。したがって陳渉と呉広の郷里は、戦国の楚が都した陳楚故城を中心として、共に秦代の陳郡の範囲にあった。その陳県の長い歴史からみれば、陳渉は楚文化をうけた楚人であることを示している。

二、陳渉と呉広は、大沢郷の周辺の人びとと一緒に蜂起したあと、すぐに陳県を目指している。これは二人の郷里の方面に向かっていたことになる。したがって陳県を基盤としたのは、楚国の行政機構をもつ陳県に行き、郷里に近い地域社会の人びとの支持を得て、楚国を復興しようとしたことになり、これは当時の情勢をふまえている。

三、陳楚故城の周辺には、戦国楚の王墓や貴族墓が造られており、城郭を取り巻く状況は、長江流域で陥落した郢（紀南城）の周辺とまったく同じである。この都城であった地域を基盤として、陳県にいた者や、県の三老と豪傑の支持を得ている。また魯の地方からは、孔子の子孫が博士の官として加わっている。したがって『史記』にみえる楚の官職は、陳県を中心とする政治機構として機能することができる。ただし陳王の政権は、短命であったため、どこまで地方社会の人びとを組み込んでいたかは不明である。

このように『史記』の歴史叙述は、文献と注釈による分析のほかに、中国の出土資料や、現地のフィールド調査を加えることによって、より豊かな史実を知ることができる。こうした『史記』の歴史を歩くという方法は、さらに当時の人びとの心情に近づけるという利点があり、秦漢時代の社会と人物を叙述する一助となろう。

注

（1）拙著『史記戦国史料の研究』第一編第一章「『史記』と中国出土書籍」（東京大学出版会、一九九七年）、拙稿「簡牘・帛書の発見と『史記』研究」（『愛媛大学法文学部論集』人文学科編一二、二〇〇二年）など。

（2）拙著『史記戦国列伝の研究』第一章「戦国、秦代出土史料と『史記』」（汲古書院、二〇一一年）。

（3）拙著『司馬遷とその時代』（東京大学出版会、二〇〇一年）、同『司馬遷の旅』（中公新書、二〇〇三年）、同『項羽と劉邦の時代』（講談社、二〇〇六年）では、現地の取材によって秦漢史を叙述している。
（4）李開元『楚亡：従項羽到韓信』（聯経出版事業股份有限公司、二〇一三年）に、二〇〇七年八月の取材をふくむ叙述がある。
（5）陳渉・呉広の乱については、景山剛「陳渉の乱について――秦末の乱序説」（『福井大学学芸学部紀要』一〇、一九六一年）、木村正雄『中国古代農民叛乱の研究』第二編第一章「秦末の諸叛乱」（一九七一、東京大学出版会、一九七九年）、田余慶「説張楚――関于〝亡秦必楚〟問題的探討」（一九八九年、『秦漢魏晋史探微』中華書局、一九九三年）、李開元『漢帝国の成立と劉邦集団』（汲古書院、二〇〇〇年）第三章「秦末漢初の王国」、柴田昇「陳勝論ノート――陳勝呉広の乱をめぐる集団・地域・史料」（『名古屋大学東洋史研究報告』三五、二〇一一年）、同「秦末の抵抗運動」（吉尾寛編『民衆反乱と中華世界』汲古書院、二〇一二年）、同「陳勝呉広の乱関連研究文献目録稿（1976～2009）」（『愛知江南短期大学紀要』四〇、二〇一一年）などがある。また佐竹靖彦『劉邦』（中央公論新社、二〇〇五年）がある。
（6）陳渉世家の構成は、本書の第五章「『史記』秦漢史像の復元」で説明している。
（7）柴田昇「観光資源としての中国古代民衆運動――秦漢時代の民衆運動関連史跡とその活用」（『大阪観光大学観光学研究所報観光&ツーリズム』一五、二〇一〇年）にも、現地調査の報告がある。
（8）垓下古城は、陳懐荃「垓下和垓下之戦」、李広寧「垓下古戦場考察」（以上、『文物研究』第三期、黄山書社、一九八八年）、『光明日報』（二〇〇七年八月二三日付）、『中国文物報』（二〇一〇年二月五日付）「安徽固鎮県垓下発現大汶口文化晩期城址」「垓下史前城址考古発掘成果専家談」など。二〇〇七年九月、李開元氏と一緒に、固鎮県文化局のお世話で発掘直後の現地に行った事情は、拙稿「『史記』と秦漢社会史の調査研究」（山陽放送学術文化財団『リポート』五二号、二〇〇八年）で紹介した。
（9）木村前掲「秦末の諸叛乱」、田余慶前掲「説張楚」など。
（10）曹桂岑「楚都陳城考」（『中原文物』一九八一年特刊）。
（11）国家文物局主編『中国文物地図集』河南分冊（中国地図出版社、一九九一年）。また陳偉『楚東国地理研究』（武漢大学出版社、一九九二年）二三〜二七頁、徐少華「楚都陳城及其歴史地理探析」（『社会科学』二〇〇八年五期）など。
(12) 河南省文物研究所、周口地区文化局文物科「河南淮陽平糧台龍山文化城址試掘簡報」（『文物』一九八三年三期）。また淮陽には、劉玉珍「伏羲与淮陽古城」（『中原文物』二〇〇一年三期）のように伏羲の伝説があり、陳昌遠「平糧台古城遺址与陳国相関問題」（『河南大学学報』哲学社会科学版、一九九〇年八期）は、陳国との関係を論じている。
(13) 河南省文物研究所、周口地区文化局文物科「河南淮陽馬鞍冢楚墓発掘簡報」（『文物』一九八〇年四期）。
(14) 河南省文物研究所、淮陽県文物保管所「河南淮陽平糧台十六号楚墓発掘簡報」（『文物』一九八〇年四期）、曹桂岑「淮陽県平糧台四号墓発掘簡報」（『中原文物』一九八〇年四期）。
(15) 郭徳維『楚系墓葬研究』（湖北教育出版社、一九九五年）、同『楚都紀南城復原研究』（文物出版社、一九九九年）。
(16) 劉乃和「帛書所記〝張楚〟国号与西漢法家政治」（『文物』一九七五年五期）、田余慶前掲「説張楚」。
(17) 湖南省文物考古研究所「益陽市兎子山遺址考古発掘簡介」（武漢大学簡帛研究中心、簡帛網二〇一三年七月二二日）、「益陽市兎子山遺址考古発掘概況」（『中国文物報』二〇一三年一二月六日）など。
(18) 本書の第四章「『史記』と里耶秦簡」。
(19) 陽城については諸説があり、譚其驤氏の説は「陳勝郷里陽城考」（『社会科学戦線』一九八一年二期）による。
(20) 楊鈺俠・史文敏『大沢郷起義史論』第二章（安徽人民出版社、二〇〇四年）。許盤清『史記地図集』（地震出版社、二〇一〇年）は、『史記』の事件や戦争に対する詳細な歴史地図を作製しているが、ここでは陽城を商水県とする（二五〇頁）。
(21) 商水県文物管理委員会「河南商水県戦国城址調査記」（『考古』一九八三年九期）。
(22) 湖南省文物考古研究所編『里耶秦簡〔壹〕』（文物出版社、二〇一二年）、陳偉主編『里耶秦簡牘校釈（第一巻）』（武漢大学出版社、二〇一二年）、鷹取祐司「里耶秦簡に見える秦人の存在形態」（『資料学の方法を探る』一二、二〇一三年）。
(23) 本書の第三章第二節「始皇帝と諸公子について」。
(24) 「河南商水県戦国城址調査記」の報告では、すでに破壊されているが、蒙恬墓もあったという。
(25) 景山前掲「陳渉の乱について」。

（26）田余慶前掲「説張楚」。

（27）司馬遷は、なぜ秦末に叛乱を起こした陳渉の伝記を、列伝の部門ではなく、世家の部門としたのだろうか。バートン・ワトソン著、今鷹真訳『司馬遷』（筑摩書房、一九六五年）一六三〜一六四頁は、漢王室が軍事的業績の後継者であったことと、前漢時代に漢王朝が祭祀を続けていたことを、世家に設定した理由とみなしている。本書では、孔子世家と同じように、武帝期に祭祀儀礼が続いていたことを、世家としての継承とみなしたのではないかと考えている。

附篇二　『史記』の編集と漢代伝承

はじめに

司馬遷の『史記』は、中国古代史の基本史料であると同時に、文学や思想書、百科全書としての価値をもっている。そのため『史記』は、漢文の教材としても親しまれている。しかし中国古代の歴史を知るうえでは、『史記』がどこまでが史実で、どこまでが創作であるかということは大切な問題である。『史記』の史料については、司馬遷が漢王朝の図書を利用したと述べており、一部は先行する諸資料を編集したことがわかる。(1) しかし具体的な構成は、今日に伝わる文献との関連が指摘されているほかは、『史記』の素材と詳しい編集方法はなお不明であった。これを大きく前進させたのは、中国の出土資料である。(2)

これによって『史記』の戦国、秦代の史料は、黄河流域の北方を中心として、おおよそ九割以上の部分が、先行する紀年資料、系譜、説話、戦国故事などの書籍にもとづくことが推測できる。(3) この意味で『史記』は、多くの部分が諸資料を取捨選択して編集した書物であり、創作された部分は少ないことになる。だから司馬遷は、国家と個人の運命を事績（行事）によって描く独自の歴史観によって、史実と虚構をふくむ諸資料を『史記』の叙述に組み込んだのである。このような『史記』の構造は、しだいに明らかになっている。

もう一つの問題は、『史記』は漢王朝の図書を利用するほかに、司馬遷の旅行にもとづく取材や、父や司馬遷が聞いた漢代の人々による伝承、語り物がふくまれているという認識である。(4)つまり『史記』が文学的な価値をもち、人間を生き生きと描いているのは、このような取材と語り物によるという。これは重要な指摘であるが、これまでみてきた出土資料との比較では、『史記』には漢代の伝承や語り物の利用は、それほど多くないはずである。そこで本章では、『史記』の漢代伝承と秦漢時代の史実について考えてみよう。

一　『史記』にみえる漢代の伝承

『史記』の漢代伝承で、よく知られているのは、父の司馬談が聞いたというエピソードである。司馬談は、前漢時代の武帝が即位した時期に、太常に所属する太史令となった。(5)太常は、皇帝の祭祀儀礼をつかさどる役所で、そのほかに皇帝陵を管轄し、博士の官には多くの図書が所蔵されている。太史令というのは、本来は天文と暦・占星に関する役職であるが、書記となる史官の採用に関する試験や学問に関する役割がある。その同僚には、太祝（祭祀）、太卜（占い）や、太医（医術）、都水（水利）をつかさどる官僚などがいた。このような漢の太常は、いまの日本でいえば宮内庁に似ているであろう。宮内庁には、皇室の運営のほかに、天皇陵を管轄しており、貴重な書籍を所蔵した書陵部がある。

司馬談は、諸子の特色を論じた「六家の要旨」を執筆しており、亡くなるまえに著述を志していた。『史記』太史公自序では、司馬談が「明主、賢君、忠臣、義に死する士」の伝記を残したいと言っている。それを自分が憤死するときに、著述の継承を子の司馬遷に委嘱した。これが有名な『史記』の執筆動機の一つである。(6)

このとき『史記』には、各篇の最後に「太史公曰く」という論賛（コメント）があり、この太史公とは、司馬談の場合と、司馬遷を指す場合がある。そのなかに司馬談とおもわれる人物のコメントがあり、すでに父と交遊のあった人々から聞いた伝承が想定されている(7)。

たとえば『史記』刺客列伝は、春秋・戦国時代の暗殺者の伝記であるが、その最後に、秦王（始皇帝）を暗殺しようとした荊軻の伝えがある。荊軻は、統一前に燕の太子丹の使者として秦の都・咸陽宮に赴き、のちの始皇帝を暗殺しようとした。そのとき荊軻は、地図を広げて匕首を取り出し、秦王の袖をつかんで刺そうとしたが、あわてて逃げまどう秦王の前で、医者の夏無且が薬袋を荊軻に投げつける様子がリアルに描かれている。列伝の論賛では、つぎのように述べている。

太史公曰、世言荊軻、其稱太子丹之命、天雨粟、馬生角也、太過。又言荊軻傷秦王、皆非也。始公孫季功、董生與夏無且游、具知其事、爲余道之如是。

太史公曰く、世に荊軻を言うものは、燕の太子丹の命運として「天が穀物を降らせ、馬に角が生えた」という奇跡を述べるが、それは大いに誤りである。また荊軻が秦王を傷つけたと言うのも、みな誤りである。かつて公孫季功と董生は、夏無且と交際し、その事件について詳しく知った。私のために語ってくれたのは、以上のような経過だった。

これによると暗殺未遂事件の経過は、当事者であった医者の夏無且から聞いた伝えということになる。ただしこの事件（秦王政二十年、前二二七）から、漢武帝が即位した頃（前一四〇）までは、約九〇年を経ている。だから公孫季功と董生から話を聴いたのは司馬遷ではなく、父の司馬談であって、刺客列伝は司馬談が書いたものと推測されている。

この事件の描写について、宮崎市定氏は、そこに「時惶急……而卒惶急……卒惶急」という繰り返しの言葉がみられることなどから、これは都市の市で上演された身振りをともなう語り物ではないかと想定された(8)。しかし李開元氏は、登場人物が秦王と群臣、郎中、左右のもの、荊軻と秦舞陽に限られているなかで、夏無且の記述が多いことから、この事件は医者の目撃と口述によると考えている。(9) その一部は、つぎの通りである。

是時侍醫夏無且以其所奉藥囊提荊軻也。秦王方環柱走、卒惶急、不知所爲、左右乃曰、王負劍。負劍、遂拔以擊荊軻、斷其左股。荊軻廢、乃引其匕首以擿秦王、不中、中桐柱。秦王復擊軻、軻被八創。軻自知事不就、倚柱而笑、箕踞以罵曰、事所以不成者、以欲生劫之、必得約契以報太子也。於是左右既前殺軻、秦王不怡者良久。已而論功、賞羣臣及當坐者各有差、而賜夏無且黃金二百溢、曰、無且愛我、乃以藥囊提荊軻也。

このとき侍医の夏無且は、持っていた薬袋を荊軻に投げつけた。秦王は柱を回って逃げ、あわてて、どうしてよいか分からない。左右のものが、やっと「王様、剣を背中に」と言うと、剣を背にして抜いて荊軻を撃ち、その左の股を切った。荊軻は体を損なわれ、そこで匕首を秦王に投げつけたが、秦王には当たらず、桐柱に当たった。秦王は、ふたたび荊軻を撃ち、荊軻は八ヶ所の傷を受けた。荊軻は、自ら事が成就しないことを知り、柱にもたれかかって笑い、両足を投げ出して罵りながら言った。「事が成就しなかったのは、生かしたまま脅して、約束を得て太子丹に報告しようと望んだからだ」と。そこで左右のものが前に進んで、荊軻を殺した。秦王は、しばらく機嫌が悪かった。事が終わって論功するときに、群臣で褒美をもらう者と、罰を受ける者がいたが、夏無且は黄金二百溢を賜った。そして秦王は、「夏無且は我を気づかってくれ、そこで薬袋を荊軻に投げつけたのだ」と言った。

この記述をみれば、他の人物とくらべて、たしかに夏無且の功績が大きく取りあげられている。また事件の描写も、夏無且が目撃者である視点となっており、その文章に宮崎市定氏が「合いの手」とする表現がみられる特徴とも一致する。こうした特徴から、荊軻の事件は、その場に居あわせた医者の夏無且から聞いた伝承を、父の司馬談が『史記』

刺客列伝に収録したとみなしてよかろう。

しかし荊軻列伝の構成をみれば、それは夏無且の口述だけが素材ではない。荊軻列伝の全体は、説話や戦国故事、紀年資料など、他の資料とあわせて編集されており、伝承の利用はその一部にすぎない。これは『史記』戦国列伝の編集と基本的に同じであり、語り物の利用はその一部に限られている。(10)したがって司馬談が、秦王暗殺未遂の伝承を荊軻列伝に組み込んだとしても、刺客列伝は、他の資料をふくめて素材としており、最終的には司馬遷の手による編集といえよう。

司馬談が、漢代の人びとから聞いた伝承は、ほかにも指摘されている。(11)たとえば顧頡剛氏は、司馬談が著述した篇を考証するために、司馬遷では年代があわない交遊関係をあげている。それは、①刺客列伝の論賛に、荊軻の始皇帝暗殺未遂事件は「余」が医者の夏無且と交遊があった公孫季功・董生から聞いたとする話や、②酈生陸賈列伝の論賛に、「余」が平原君・朱健の子と善しとする話、③樊酈滕灌列伝の論賛に、「余」が樊他広と通じ、高祖功臣の興った時を言う話などは、いずれも司馬談のこととする。また馮唐列伝に、「武帝立、求賢良、擧馮唐。唐時年九十餘、不能復爲官、乃以唐子馮遂爲郎。遂字王孫、亦奇士、與餘善」とある「余」もまた司馬談とする。そのとき注意されるのは、趙世家と馮唐列伝の一部が、談が馮唐から聞いたものではないかという点である。

馮唐は、趙人で、祖父は趙将軍の李牧と交遊があったが、顧氏は馮唐が少年のとき戦国趙は滅んでいなかったという。だから本国の故事を多く記憶しており、趙世家の論賛にみえる「吾聞馮王孫曰、趙王遷、其母倡也」と、馮唐列伝の「其後會趙王遷立、其母倡也」は、同一の来源によるとする。また六国年表に「秦記」以外の「諸侯の史記」が滅んだとする説に対し、戦国趙の記載だけが詳細であることを指摘する。それは以下のような説話である。

1造父が周穆王の御者となって、西方に巡狩したこと

2屠岸賈が趙氏を滅ぼし、程嬰が孤児を立てて復興したこと
3趙簡子が夢で、帝の所に至り、帝が犬を賜ったこと
4趙襄子が、霍泰山の三神の令を拝受したこと
5武霊王が夢で、処女が鼓琴するを見て、孟姚を得たこと

顧頡剛氏は、これらの話を司馬談が馮氏から得たものとし、『国語』や『戦国策』に記されていない故事性に富む「民間伝説」ではないかと推測する。さらに憶測としながら、平原君、虞卿、廉頗、藺相如の故事も、馮氏父子が述べたものという。ただしここでは、趙に関する伝承の由来を指摘するだけで、敬侯以降の趙紀年の来源には全くふれていない。

『史記』趙世家の分析によれば、顧氏の指摘に関連して、趙王遷と趙将軍・李牧の伝えは、たしかに馮氏から聞いた可能性がある。ただしそれは、あくまで趙世家の一部の伝承に限られており、全体の大半は趙紀年や、他の来源が想定できる戦国故事・説話資料などを利用したと考えられる。これは趙の平原君列伝の構成も同様である。

また司馬談は、樊噲の子孫である樊他広や、馮唐・馮遂、平原君朱建の子と交遊があった。このように司馬談は、交遊のあった人々の記憶や、当時の見聞にもとづき、秦代から漢代の人物列伝を論述していたらしい。また司馬遷も、『史記』屈原・賈生列伝によると、賈誼の孫である賈嘉と書を通じていた。こうした父子と友人たちの交遊や、関中地域で得た伝承も『史記』の叙述に生かされたのだろう(12)。

このほか『史記』には、漢代の伝承にもとづくとおもわれる口語をふくむエピソードがある。たとえば『史記』陳渉世家には、陳王となった後に訪れた知り合いが「夥」という楚語を話しており、これは口語の伝えである。

陳勝王凡六月。已爲王、王陳。其故人嘗與庸耕者聞之、之陳、扣宮門曰、吾欲見渉。宮門令欲縛之。自辯數、乃

置、不肯爲通。陳王出、遮道而呼涉。陳王聞之、乃召見、載與倶歸。入宮、見殿屋帷帳、客曰、夥頤、涉之爲王沈沈者。楚人謂多爲夥、故天下傳之、夥涉爲王、由陳涉始。

『史記』張丞相列伝の周昌列伝には、漢王朝の初期に周昌が「期期」という吃音で、戚姫の子である如意を太子とすることに反対したエピソードがある。

而周昌廷爭之彊、上問其說、昌爲人吃、又盛怒、曰、臣口不能言、然臣期期知其不可。陛下雖欲廢太子、臣期期不奉詔。上欣然而笑。既罷、呂后側耳於東箱聽、見周昌、爲跪謝曰、微君、太子幾廢。

また項羽本紀には、項羽が垓下の戦いで敗れたあと、灌嬰が率いる部隊に追撃され、烏江で自刃するエピソードがある。ここには項羽が亡くなるまでに、詳しい叙述がある。李開元氏は、このときの描写を楊喜の子孫である楊敞から聞いたと推測している(13)。この楊敞は、司馬遷の娘が嫁にいった人物であり、『史記』を世に広めた楊惲の父である。これらは書写された文字資料とは別に伝えられ、漢代の人びとによる伝承の可能性がある。

二　「鴻門の会」の伝承——樊噲列伝

『史記』項羽本紀には、有名な「鴻門の会」のエピソードがある。そこでは項羽と劉邦が争う「鴻門の会」を、つぎのように叙述している。

項羽は、秦の関中に入るために函谷関のルートをとった。しかし先に覇上まで入った沛公（劉邦、のち高祖）によって、函谷関が封鎖されており、それを知った項羽は激怒し、関所を突破した。その後、項羽の軍は戲に駐屯し、鴻門で沛公と会って処罰することにした。この鴻門は、始皇陵と秦兵馬俑のすぐ北側に位置している。このとき項羽の季父である項伯は、張良と交際していたので、沛公のもとに行き謝罪をすすめた。そこで沛公たちは、駐屯していた霸上から鴻門に到着して「鴻門の会」となる。このとき范増は、項荘に剣舞を舞わせて沛公を殺そうとするが、項伯が盾となって守った。そこに樊噲が登場して、沛公を救い出すまでの叙述がある。

ここでは参考として、剣舞より以下の原文をあげておく。

於是張良至軍門、見樊噲。樊噲曰、今日之事何如。良曰、甚急。今者項荘拔劍舞、其意常在沛公也。噲曰、此迫矣、臣請入、與之同命。噲卽帶劍擁盾入軍門。交戟之衞士欲止不內、樊噲側其盾以撞、衞士仆地、噲遂入、披帷西嚮立、瞋目視項王、頭髮上指、目眥盡裂。項王按劍而跽曰、客何爲者。張良曰、沛公之參乘樊噲者也。項王曰、壯士、賜之巵酒。則與斗巵酒。噲拜謝、起、立而飮之。項王曰、賜之彘肩。則與一生彘肩。樊噲覆其盾於地、加彘肩上、拔劍切而啗之。項王曰、壯士、能復飮乎。樊噲曰、臣死且不避、巵酒安足辭。夫秦王有虎狼之心、殺人如不能擧、刑人如恐不勝、天下皆叛之。懷王與諸將約曰、先破秦入咸陽者王之。今沛公先破秦入咸陽、豪毛不敢有所近、封閉宮室、還軍霸上、以待大王來。故遣將守關者、備他盜出入與非常也。勞苦而功高如此、未有封侯之賞、而聽細說、欲誅有功之人。此亡秦之續耳、竊爲大王不取也。項王未有以應、曰、坐。樊噲從良坐。坐須臾、沛公起如廁、因招樊噲出。

（『史記』項羽本紀）

「鴻門の会」の剣舞などの記述について、宮崎市定氏は漢代の市場で上演された演劇を描写した語り物とする。[14] それは、いわば水滸伝のような演劇のようなものとする。これに対して李開元氏は、この部分は樊噲の子孫から聞いた伝承（口述）ではないかと推測している。[15] 李開元氏は、『史記』項羽本紀にみえる「鴻門の会」の登場人物は一一人であるが、その文章と描写の視点からみて、現場を目撃した樊噲が口述者であると想定している。それを対照すれば、つぎのようになる。

【項羽】―亜父（范増）―項伯―　項荘　―陳平　（項羽の陣営）
【沛公】　　　　　　―張良―【樊噲】―夏侯嬰・靳彊・紀信　（沛公の陣営）

もう一つの根拠は、『史記』樊酈滕灌列伝の論賛である。

太史公曰、吾適豊沛、問其遺老、観故蕭・曹・樊噲・滕公之家、及其素、異哉所聞。方其鼓刀屠狗賣繒之時、豈自知附驥之尾、垂名漢廷、德流子孫哉。余與他廣通、爲言高祖功臣之興時若此云。

ここで司馬遷は、高祖の郷里である豊と沛に行き、もとの蕭何と曹参、樊噲、滕公の家を訪ね、その日常をみると、聞いていたところとは、ずいぶん違っていたという感想を述べている。そのコメントでは、「余《われ》」が樊噲の曾孫である樊他広と交際があり、「高祖の功臣たちが興起した頃の話は、以上のようなものだった」と記している。樊他広は、景帝の中六年（前一四四）に列侯の身分を剥奪されて庶人となっている。そこで李開元氏は、『史記』項羽本紀の「鴻門の会」の伝承は、司馬遷が樊他広から聞くことができたというのである。ただし樊他広と交際があった人物は、司馬遷の年代ではなく父の司馬談とする説があり、私も司馬談と考えている[16]。

これを確かめるために、ここでは項羽本紀ではなく、子孫から聞いたとおもわれる樊噲列伝の伝承をみておこう。

項羽は戯の地で沛公を攻めようとしていた。沛公は一〇〇余騎を連れて、項伯によって面会を求め、関所を閉めていないと謝罪した。そこで項羽は、軍の兵士に饗応したが、酒宴の最中に亜父（范増）は、項荘に剣舞をさせて沛公を撃とうとした。ところが項伯が、いつも盾となった。

時獨沛公與張良得入坐、樊噲在營外、聞事急、乃持鐵盾入到營。營衛止噲、噲直撞入、立帳下。項羽目之、問爲誰。張良曰、沛公參乘樊噲。項羽曰、壯士。賜之巵酒彘肩。噲既飲酒、拔劍切肉食、盡之。項羽曰、能復飲乎。噲曰、臣死且不辭、豈特巵酒乎。且沛公先入定咸陽、暴師霸上、以待大王。大王今日至、聽小人之言、與沛公有隙、臣恐天下解、心疑大王也。項羽默然。沛公如廁、麾樊噲去。既出、沛公留車騎、獨騎一馬、與樊噲等四人歩從、從閒道山下歸走霸上軍、而使張良謝項羽。項羽亦因遂已、無誅沛公之心矣。是日微樊噲犇入營譙讓項羽、沛公事幾殆。

このとき宴席には、沛公と張良だけが坐って、樊噲は本営の外にいたが、事の急なるを聞いて、鉄の盾を手にして営にやって来た。衛兵は噲を止めたが、噲は直ちに入って帳《とばり》のもとに立った。項羽はかれを目にして、誰かと問うた。張良は「沛公の参乗（車の同乗者）の樊噲です」と言った。項羽は「壮士だ」と言って、かれに酒と豚の肩肉を賜った。噲は酒を飲み、剣で肉を切って食べ、それらを平らげた。項羽は「まだ飲むか」というと、噲はこう答えた。「臣は死すら避けません。ですから、どうして酒を拒むでしょうか。ところで沛公は、先に関中に入って咸陽を定めながら、その軍を霸上にさらして大王をお待ちしておりました。今日、大王が来られましたのに、小人の言を聞かれて、沛公と隙があるようです。そのため臣は、天下が分解しないかと恐れ、心では大王を疑っているのです」と。項羽は、しばらく黙っていた。そこで沛公は厠に立ち、樊噲を招いて去った。出たあと沛公は、車馬や騎兵をそのままにして、ただ一騎に乗り、樊噲ら四人は徒歩で従い、酈山のふもとの間道を抜けて、霸上まで走って帰った。そして張良に、項羽への謝罪をさせた。そこで項羽は、沛公をそのままにして、誅伐する気持ちも無くなった。この日、樊噲《わし》が宿営に入って項羽を責めなかったら、ほとんど沛公は危うかったのだ。

ここでは樊噲の視点で、きわめてリアルに緊迫した状況と功績を語っており、それだけに天下を争う余分な意義が加えられていない。これによると沛公は、小人の言を聞いて函谷関を閉め、それが誅伐の対象となったようである。ここでは樊噲の活躍によって、沛公が無事であったことを強調している。これは樊噲の視点による叙述である。この

表1 《史記》樊噲列伝の構成

Ⅰ 舞陽侯樊噲者、沛人也。以屠狗爲事、與高祖倶隱。
……〔戦功の記事〕……

Ⅱ 「鴻門の会」の伝承（口述）

Ⅲ 明日、項羽入屠咸陽、立沛公爲漢王。
……〔戦功の記事〕……

Ⅳ 項籍既死、漢王爲帝、以噲堅守戰有功、益食八百戸。
……〔戦功の記事〕……

Ⅴ 噲以呂后女弟呂須爲婦、生子伉、故其比諸將最親。

【高祖が病になるエピソード】

其後盧綰反、高帝使噲以相國擊燕。……〔記事資料〕

Ⅵ 孝惠六年、樊噲卒、謚爲武侯。子伉代侯。〔系譜〕……
孝景中六年、他廣奪侯爲庶人、國除。

あと列伝では、「明日、項羽は咸陽に入って殺戮をし、沛公を立てて漢王とした」と伝えている。

このように樊噲列伝では、当時の口述とおもわれる伝承を利用した形跡がある。しかし『史記』列伝は、このような伝承だけで編集されているのではない。表1のように、樊噲列伝はいくつかの素材を組み合わせて編集している。冒頭は、樊噲の経歴を述べたあと、戦功の記録ともいうべき功績を並べている。そして「鴻門の会」の伝承がある。その後に、ふたたび戦功の記録がある。漢王朝が成立したときは、樊噲が呂后の妹を妻にしたため、高祖と親しく、病を見舞うエピソードがある。樊噲が亡くなったあとは、樊他広が庶民となるまでの系譜を記している。したがって樊噲列伝の構成は、経歴＋戦功の記録＋「鴻門の会」の伝承＋戦功の記録＋高祖とのエピソード＋樊氏の系譜を組み合わせて編集しており、その中に伝承を利用している。漢代の人による口述は一部にすぎない。このような列伝の構成は、『漢書』樊噲伝もほぼ同じである。

三　『楚漢春秋』と漢代伝承――項羽本紀

それでは『史記』項羽本紀の「鴻門の会」は、どのように描かれているのだろうか。この史料には、先に注意しておく点がある。それは『史記』の編集と、楚漢戦争を題材にした『楚漢春秋』との関係である。後漢時代に班固が著した『漢書』司馬遷伝の論賛では、司馬遷が『史記』の叙述に『楚漢春秋』を利用したと述べている。これは班固の父・班彪の言葉であるが、前漢末に編纂された『戦国策』を『史記』の素材とするなど、少し実情とは違うところがある(17)。

『楚漢春秋』は、劉邦に従った陸賈が著した書物である。前漢末の王朝図書目録である『漢書』芸文志には、「太史公百三十篇（『史記』）」と同じく六芸略の春秋家に「楚漢春秋九篇。陸賈所記」とある。これは「国語二十一篇」「戦国策三十三篇」や、諸子略の「晏子八篇」「孟子十一篇」「陸賈二十三篇」「賈誼五十八篇」とくらべて、それほど分量が多い書物ではない。ただし『楚漢春秋』は、今日に伝わっておらず、『史記』『漢書』の注釈や『太平御覧』などに引用されている佚文があるにすぎない(18)。そこで司馬遷が、どこまで『楚漢春秋』を利用したかは不明な点が多い。

表2は、『史記』項羽本紀や高祖本紀などにみえる『楚漢春秋』の佚文を一覧したものである。これによって『史記』項羽本紀の事績に関係する項目を知ることができる。これによると『楚漢春秋』は、秦が天下を統一する前に、楚の項燕が亡くなる記述から始まっている。秦の二世皇帝のときには、項梁と項羽が会稽で蜂起し、長江を北上して東陽県に行く情勢がみえる。つぎに項梁たちが楚懐王を立てて、秦の関中をめざすときには、沛公が南陽を攻める事件がある。そのあと「鴻門の会」の記事がある。秦帝国が滅亡したあとは、項羽と劉邦の漢覇二王城の対決、垓下の

戦いの「四面楚歌」の情勢で虞姫の歌を記している。このほか『楚漢春秋』の佚文は、漢王朝の功臣である夏侯嬰や、淮陰侯韓信、諸侯王の呉王濞に関する記述がある。

このように『楚漢春秋』は、限られた佚文ではあるが、たしかに項羽の出自と、秦帝国の滅亡、楚漢戦争、漢王朝の成立に関する概略を知ることができる。それは戦国楚の滅亡と、秦末の項羽と劉邦たちの蜂起から始まっており、鴻門の会、楚漢戦争と垓下の戦い、漢王朝初期の動向までのハイライトとなる記述をふくんでいる。その内容には、つぎのような特徴がある。

1此云爲王翦所殺、與楚漢春秋同、而始皇本紀云項燕自殺。不同者、蓋燕爲王翦所圍逼而自殺、故不同耳。（『史記』項羽本紀、索隠）

2楚漢春秋曰、會稽假守殷通。（『史記』項羽本紀、集解）

3楚漢春秋云、東陽獄史陳嬰。（『史記』項羽本紀、正義）

4案、楚漢春秋云、滕公爲御也。（『史記』樊酈滕灌列伝、夏侯嬰「為沛廏司御」、索隠）

5案、楚漢春秋作新昌亭長。（『史記』淮陰侯列伝「南昌亭長」、索隠）

6楚漢春秋作卑山。（『史記』淮陰侯列伝、背水の陣「萆山」、索隠）

7擊項籍者、卽楚漢春秋及史記所謂孔將軍居左者。（『漢書』高恵高后文功臣表、蓼夷侯孔聚、顔師古注）

8按、晉灼曰、楚漢春秋云謝公也。（『史記』淮陰侯列伝「其舍人」、索隠）

9楚漢春秋曰、四人冠韋冠、佩銀環、衣服甚鮮。（『後漢書』馮衍伝第一八下、注）

10姚氏案、楚漢春秋云、呉太子名賢、字德明。（『史記』呉王濞列伝、索隠）

1では、『史記』秦始皇本紀の二十四年条に「項燕遂自殺」と記すのに対して、項羽本紀では項燕が「爲秦將王翦

表2　《史記》項羽本紀と《楚漢春秋》

年代・事件	《史記》項羽・高祖本紀など
1 項燕の死	索隠：此云爲王翦所殺、與楚漢春秋同。
2 会稽郡の蜂起	集解：楚漢春秋曰、會稽假守殷通。
3 東陽県	正義：楚漢春秋云、東陽獄史陳嬰。
＊秦二世三年 南陽	索隠：按、楚漢春秋曰、上南攻宛、匿旌旗、人銜枚、馬束舌、雞未鳴、圍宛城三帀也。（高祖）
＊漢元年、秦王子嬰	索隠：楚漢春秋曰、樊噲請殺之。（高祖）
Ⅰ【鴻門の会】	《芸文類聚》関：楚漢春秋曰、沛公西入武關、居於灞上、遣將軍閉函谷關、無内項王。項王大將亞父至關、不得入。怒曰、沛公欲反耶。卽令家發薪一束、欲燒關門、關門乃開。
【鴻門の会】	《水経注》渭水注：楚漢春秋曰、項王在鴻門。亞父曰、吾使人望沛公、其氣衝天、五色采相繆、或似龍、或似雲、非人臣之氣、可誅之。高祖會項羽、范增目羽、羽不應。樊噲杖盾撞人入。食豕肩于此、羽壯之。
	《太平御覧》15：亞父～非人臣之氣也。ほぼ同じ
Ⅱ＊漢元年	索隠：按、楚漢春秋云、解先生云、遣守函谷、無内項王。（高祖）
4 鴻門の会	集解：瓚曰、楚漢春秋鯫、姓也。
Ⅲ【鴻門の会】	「鴻門の会」の剣舞、樊噲が活躍する伝承
Ⅳ【鴻門の会】	《太平御覧》352：陸賈楚漢春秋曰、沛公脱身鴻門、從間道至軍。張良韓信乃謁項王軍門曰、沛公使臣奉白璧一雙、獻大王足下、玉斗一雙、獻大將軍足下。亞父受玉斗、置地、戟撞破之。
5 秦滅亡の後	集解：楚漢春秋・楊子法言云、說者是蔡生。
＊漢二年、董公	正義：楚漢春秋云、董公八十二、遂封爲成侯。（高祖）
6 漢覇二王城	正義：楚漢春秋云、上欲封之、乃肯見。曰、此天下之辨士、所居傾國、故號曰平國君。
【漢覇二王城】	《太平御覧》184：楚漢春秋曰、項王爲高閣、置太公於上、告漢王曰、今不急下、吾烹太公。漢王曰、吾與項王約爲兄弟、吾翁卽若翁、若烹汝翁、幸分我一杯羹。
7 垓下の戦い	正義：楚漢春秋云、歌曰、漢兵已略地、四方楚歌聲。大王意氣盡、賤妾何聊生。

数字は項羽本紀、＊は高祖本紀、【　】は他資料

所戮者也」という。これは項羽本紀が『楚漢春秋』の内容を記述し、秦始皇本紀は別の資料によることになる。2は、項羽本紀に「會稽守通」という人物が『楚漢春秋』では「會稽假守殷通」とあり、異なる表記となっている。これは『楚漢春秋』のほうが実情を示している可能性がある。3は、項羽本紀で陳嬰を「故東陽令史」と記すが、『楚漢春秋』では「東陽獄史」という。このように『史記』には、項羽に関する楚の滅亡や秦末の叛乱が、『楚漢春秋』と共通する話としてみえている。ただし、その名称や表記は必ずしも同じではない。

『楚漢春秋』には、漢王朝の功臣に関するエピソードがある。4は、『史記』では夏侯嬰が「沛県の廏司御」であり、亭長の劉邦と親しかったとするのに対して、後に滕公とされた名称によって「御者」となった説明がある。『史記』淮陰侯列伝のエピソードは、さらに複雑である。5は、淮陰侯韓信が若かったとき、南昌亭長に寄食していた話があり、『楚漢春秋』では「新昌亭長」としている。

常數従其下郷南昌亭長寄食、數月、亭長妻患之、乃晨炊蓐食。食時信往、不爲具食。信亦知其意、怒、竟絶去。

この話は、淮陰で漂母に食事をもらった話と、有名な「韓信の股くぐり」と一緒に記している。この三つのエピソードは、項羽が敗れたあとで、韓信が楚王として領地に着任したときの話に対応している。その結末は、漂母には千金を賜い、南昌の亭長には百銭を賜った。そして自分を辱めた若者は、楚の中尉に任命したという。このように三人に褒賞を一緒に記しており、これらは一連の説話に属することになる。とすれば漢代の伝承のようなエピソードは、『楚漢春秋』の書物にみえていた可能性がある。

6は、背水の陣の際に、その布陣と作戦に関するエピソードである。ここでは『史記』の「萆山」を「卑山」に作るといい、この話が『楚漢春秋』にみえていたことになる。

夜半傳發、選輕騎二千人、人持一赤幟、従間道萆山而望趙軍、誡曰、趙見我走、必空壁逐我、若疾入趙壁、抜趙幟、立漢赤幟。

7は、『史記』高祖本紀の五年条で、垓下の戦いのとき斉王であった韓信の配下を説明している。淮陰侯将三十萬自當之、孔將軍居左、費將軍居右、皇帝在後、絳侯・柴將軍在皇帝後。項羽之卒可十萬。淮陰先合、不利、卻。孔將軍・費將軍縱、楚兵不利、淮陰侯復乘之、大敗垓下。

8は、淮陰侯韓信が失脚する契機となるエピソードである。『史記』では「其舍人得罪於信、信囚、欲殺之。舍人弟上變、告信欲反狀於呂后」とあり、韓信の謀叛を、怨みをもつ舎人の弟が密告することになっている。『楚漢春秋』では、この舎人を「謝公」とする。

このように『楚漢春秋』には、淮陰侯韓信に関する若き日のエピソード、背水の陣、垓下の戦い、漢王朝で失脚する話があったことがわかる。これらは『史記』の中に一部として利用された可能性がある。しかし佚文にみえる事件は簡単なエピソードの形式で、長い口述のような記述は確認することができない。

そのほか9は、馮衍が作った賦の中にある「綺季」を説明したものである。『史記』留侯世家には、高祖が太子を廃して戚夫人の子を立てようとしたとき、張良の策によって優れた四人（東園公、角裏先生、綺裏季、夏黄公）が太子に従っているという恵帝のエピソードがある。注では、これに関する『楚漢春秋』の記事を引用している。10は、文帝のとき呉王濞の太子に関する記述である。

したがって『楚漢春秋』には、項羽の蜂起から漢王朝の文帝期までの記述があり、その一部は『史記』の素材として利用された可能性がある。しかし『楚漢春秋』佚文からみれば、文章の構成は短い形式であり、その記述は一部にとどまっている。『史記』本紀や列伝の構成は、さらに全体的に考察する必要がある。

こうした特徴をふまえて、『史記』項羽本紀と『楚漢春秋』の「鴻門の会」をめぐる特徴を考えてみよう。『史記』

項羽本紀では、以下のような段落となっている。(19)

Ⅰ項羽たちが秦の地に入ろうとするとき、函谷関が閉じられていた。項羽が突破して戯に到ったとき、沛公の左司馬であった曹無傷が人を使わせて、沛公が関中の王になろうとしていると讒言する。范増の忠告。

Ⅱ張良と交際していた項伯が、沛公のもとに行き謝罪することをすすめ、項羽に仲介する。

ⅢA沛公が項羽のもとに来て謝罪し、宴会となる。そのとき范増が剣舞で沛公を殺そうとする。

B張良から事情を聞いた樊噲が宴会に加わり、項羽に進言する。沛公を救出する。

Ⅳ沛公たちの一行が、酈山のふもとの間道を抜けて霸上に帰るとき、張良が項羽に弁明する。沛公から預かった白璧・玉斗を、項羽と范増に渡すが、范増はこれを砕いて破る。沛公は、霸上の軍にもどったあと、ただちに曹無傷を誅伐した。

これに対して『楚漢春秋』には、つぎのような佚文がある。Ⅰの段落では、項羽と范増たちが函谷関の閉鎖を怒る記事がある。ここでは「遣將軍閉函谷關、無内項王」、「亞父曰、吾使人望沛公、其氣衝天、五色采相繆、或似龍、或似雲、非人臣之氣、可誅之」と記している。Ⅱの段落では、項羽本紀と高祖本紀の注に、沛公に進言した人物が「鯫生」か「解先生」という記述がある。しかしⅢの段落で、「鴻門の会」の中心となる宴会と樊噲の救出は、『楚漢春秋』の佚文にはみられない。Ⅳの段落では、范増が玉斗を砕く記述がある。こうして『史記』と『楚漢春秋』佚文をくらべてみると、つぎのような相違がある。

第一に、「鴻門の会」の前後では、項羽本紀に対応する記述がみえるが、宴会の席次と剣舞や、樊噲の口述によるとみなした伝承の部分は、『楚漢春秋』の佚文にはふくまれていない。

第二に、『楚漢春秋』の佚文は、やがて沛公が天下を取るという位置づけをしている。たとえばⅠの段落では、項羽本紀の「范增說項羽曰、沛公居山東時、貪於財貨、好美姬。今入關、財物無所取、婦女無所幸、此其志不在小。吾令人望其氣、皆爲龍虎、成五采、此天子氣也。急擊勿失」に対応する記述がある。ただし『水経注』渭水条の佚文は、前半が『太平御覧』一五とほぼ同じであるが、後半の「高祖會項羽、范增目羽、羽不應。樊噲杖盾撞人入。食豕肩于此、羽壯之」は項羽本紀の構文と違っており、佚文とは別に概略を付け加えたものであろう。またⅣの段落では、「項王則受璧、置之坐上。亞父受玉斗、置之地、拔劍撞而破之、曰、唉、豎子不足與謀。奪項王天下者、必沛公也、吾屬今爲之虜矣」に対応する記述がある。

第三に、Ⅲの段落にあたる伝承は『楚漢春秋』にみえないが、項羽本紀では樊噲列伝とは異なる意義が付加されている。それは樊噲が項羽に弁明した言に「夫秦王有虎狼之心、殺人如不能擧、刑人如恐不勝、天下皆叛之。懷王與諸將約曰、先破秦入咸陽者王之」という部分である。樊噲列伝では、函谷関を閉鎖して項羽と隙間があるというが、この時点で関中に王となることを述べていない。しかし『楚漢春秋』や項羽本紀にみえる記述では、沛公に人臣とは異なる天子の気があり、沛公が天下を奪うとか、関中に王となるという位置づけをしている。これは秦帝国が滅亡する前に、連合して戦う情勢では、とても不自然である。[20] また秦帝国が滅亡した漢元年十二月から、元年四月に諸侯王が赴任するまでの約四ヶ月あまりは、項羽と劉邦は関中に滞在している。そして漢王として着任するときも、当初は楚の制度に従っている。これも項羽と劉邦が、この時点で天下を争う情勢とは異なっている。おそらく、これは漢王が項羽を敗北させ、漢王朝が成立したあとの正統を反映させているのではないだろうか。

このように『史記』の「鴻門の会」をみると、一部には樊噲の口述にもとづく叙述が推測できる。しかし『史記』項羽本紀の構成では、さらに系譜や秦紀年の記事資料と、『楚漢春秋』と関連する資料、漢の紀年資料を組み合わせて編集している。[21] したがって樊噲の口述にもとづくとおもわれる伝承は、『史記』の構成ではその一部にすぎないのである。

こうした特徴から『史記』項羽本紀の「鴻門の会」をみると、樊噲の伝承を基礎としながら、沛公が漢王朝の創始者となる評価をしたことが認められよう。

なお『漢書』項籍伝には、「羽の意は既に解け、范増は沛公を害せんと欲したが、張良と樊噲を頼みとして難を免れることができた。語は高紀に在り」とする。しかし『漢書』高帝紀や項籍伝では、宴会の席次に関する記載もなく、樊噲の功績はきわめて簡単である。

樊噲聞事急、直入、怒甚。羽壮之、賜以酒。噲因譙譲羽。有頃、沛公起如廁、招樊噲出。（『漢書』高帝紀）

樊噲は事の急なるを聞き、直ちに入り、怒ること甚だし。項羽はこれを壮として、酒を賜った。そこで樊噲は項羽を責めた。しばらくして沛公は起ちて廁に行き、樊噲を招いて出た。

明日、沛公従百餘騎至鴻門謝羽、自陳封秦府庫、還軍霸上以待大王、閉關以備他盗、不敢背徳。羽意既解、范増欲害沛公、頼張良・樊噲得免。語在高紀。（『漢書』項籍伝）

したがって「鴻門の会」のエピソードをめぐる項羽と劉邦の歴史は、『史記』『漢書』の全体的な構造のなかで考察する必要がある。これは『史記』が本紀と世家・列伝をあわせた紀伝体のスタイルというように、歴史を二次元に理解する方法である。近年では、中国出土資料と考古遺跡・文物の発見や、現地のフィールド調査による情報も豊富になっている。これらを総合することによって、さらに『史記』の歴史世界は立体的に叙述することができよう。

おわりに

『史記』の素材には、漢王朝が所蔵していた書籍・資料のほかに、父や司馬遷が聞いた漢代伝承をふくんでいる。ここでは『史記』の編集について、漢代の人々による伝承（口述）をふくむ列伝と項羽本紀を取りあげた。その代表的な例は、秦帝国が滅亡するまえに起こった「鴻門の会」のエピソードである。こうした伝承の利用は、これまでも指摘されていたが、さらにつぎのような特徴がある。

一、漢代伝承の一つに、荊軻が秦王（始皇帝）を暗殺しようとした未遂事件がある。これは父の司馬談が、事件を目撃した医者による口述を聞いて、『史記』刺客列伝に収録したとみなされる。しかし荊軻列伝の全体は、説話や戦国故事、紀年資料など、他の資料とあわせて編集されており、伝承の利用は一部分にすぎない。このように父が聞いた伝承は、ほかにも『史記』の中にみられる。

二、項羽と劉邦が争った「鴻門の会」のエピソードでは、樊噲が宴会の中に入り、沛公（高祖）を救う話は、現場にいた樊噲の伝承（口述）によるとおもわれる。それは司馬談と交遊があった樊噲の曾孫から聞いたと推測される。しかし樊噲列伝の構成をみると、その編集は、記事資料と戦功の記録、系譜を基本としており、口承によるエピソードは一部にすぎない。

三、『史記』項羽本紀にみえる「鴻門の会」のエピソードも、宴会の後半は樊噲の伝承によるとおもわれる。しかし「鴻門の会」をめぐる前後の事件は、陸賈が著した『楚漢春秋』にもみえている。『楚漢春秋』は、今日に一部しか残っていない佚文であるが、それは項羽の蜂起から、秦帝国の滅亡、楚漢戦争、漢王朝の成立までの簡略な記述である。また項羽本紀の全体は、紀年資料＋記事資料を基本とする形式であり、『楚漢春秋』の記述と伝承の利用は限られている。そのとき『史記』項羽本紀と高祖本紀、『漢書』高帝紀、項籍列伝の異なる記述を比べてみると、『史記』の「鴻門の会」は漢王朝の成立を位置づける視点から描いており、この事件で二人が天下を争うという図式には不自然な点がある。ここには史実の考証が、さらに必要である。

このように『史記』の編集では、漢代の伝承を利用した形跡がみられるが、項羽本紀や列伝の素材と編集は複雑であり、口承による説話は一部にすぎない。この意味で、『史記』の素材に語り物の利用を強調することは適当ではない。司馬遷は、漢王朝にある紀年、系譜、記事資料を基本として著述しており、これが大半を占めている。そのほかの一部に、漢代の人びとによる伝承や、見聞によるさまざまな資料を利用している。『史記』の構造では、こうした編集をふまえて秦漢時代の史実を考察する視点が大切である。

注

（1）『史記』太史公自序。『史記』の成立については、李長之『司馬遷之人格与風格』（生活・読書・新知三聯書店、一九四八年、上海開明書店、一九八四年、台湾里仁書局、一九九七年）、岡崎文夫『司馬遷』（弘文堂、一九四七年、研文社、二〇〇六年）、大島利一『司馬遷と「史記」の成立』（清水書院、一九七二年）、李長之著、和田武司訳『司馬遷』（一九八〇、徳間書店、一九八八年）などがある。

（2）『史記』の素材と出土資料については、拙著『史記戦国史料の研究』序章（東京大学出版会、一九九七年）、本書の序章「簡牘・帛書の発見と『史記』研究」、拙稿「簡帛発現与《史記》研究」（李学勤・謝桂華主編『簡帛研究二〇〇二、二〇〇三』広西師範大学出版社、二〇〇五年）、拙著『中国古代国家と社会システム――長江流域出土資料の研究』序章「中国出土資料と古代社会」（汲古書院、二〇〇九年）で紹介している。

（3）拙著『史記戦国列伝の研究』序章「戦国、秦代出土史料と『史記』」（汲古書院、二〇一一年）。
（4）宮崎市定「身振りと文学――史記成立の一試論」（『宮崎市定全集五』史記、岩波書店、一九九一年）、同『史記を語る』（一九七九年、岩波文庫、一九九六年）。
（5）佐藤武敏「司馬談と歴史」（『司馬遷の研究』汲古書院、一九九七年）。
（6）注（1）を参照。
（7）顧頡剛「司馬談作史」（一九五一、『史林雑識初編』中華書局、一九六三年）は、夏無且と交友のあった公孫季功・董生から話を聞ける人物として、司馬遷では年齢があわないとする。李長之『司馬遷之人格与風格』（上海開明書店、一九四八年）や佐藤前掲「司馬談と歴史」は、司馬談の記述した篇を考証している。
（8）宮崎前掲「身振りと文学」。
（9）李開元「論『史記』叙事中的口述伝承――司馬遷与樊他広和楊敞」（『周秦漢唐文化研究』四輯、三秦出版社、二〇〇六年）。
（10）拙著『史記戦国列伝の研究』終章。
（11）顧頡剛前掲「司馬談作史」。また李長之、佐藤武敏、李開元氏の研究に、人びとの伝承に関する指摘がある。
（12）『史記』酈生陸賈列伝にみえる平原君の伝記は、呂后に寵愛された辟陽侯・審食其を救ったために、文帝のとき自害した伝えを記している。これは呂后の人物像とも関係する。このほか拙著『司馬遷の旅』では、関中で得た情報に、游俠の郭解を見た話や、茂陵にいた晩年の司馬相如の伝えがあることを想定している。
（13）李開元前掲「論『史記』叙事中的口述伝承」。
（14）宮崎前掲「身振りと文学」。
（15）李開元前掲「論『史記』叙事中的口述伝承」。
（16）顧頡剛前掲「司馬談作史」、佐藤前掲「司馬談と歴史」など。なお『史記』巻一八高祖功臣侯者年表「舞陽」には、つぎのように記している。

樊噲……（孝恵）七年、侯伉元年。呂須子。……（孝文二十三）封樊噲子荒侯市人元年。……（孝景六）、侯它廣元年。

中六年、侯它廣非市人子、國除。

（17）『漢書』巻六二司馬遷伝の論賛に、「故司馬遷據左氏・國語、采世本・戰國策、述楚漢春秋、接其後事、訖于天漢。其言秦漢、詳矣」とあり、『後漢書』班彪伝第三〇に、「漢興定天下、太中大夫陸賈記録時功、作楚漢春秋九篇。孝武之世、太史令司馬遷採左氏・國語、刪世本・戰國策、據楚漢列國時事、上自黃帝、下訖獲麟、作本紀、世家、列傳、書、表凡百三十篇、而十篇缺焉」とある。拙著『史記戦国列伝の研究』第一編第五章「馬王堆帛書『戦国縦横家書』の構成と性格」参照。

（18）『楚漢春秋』佚文には、清・茆泮林の輯本（十種古逸書）がある。この佚文によって、秦帝国から漢王朝までの記事の概略を知ることができる。

（19）段落の区分は、論者により異なるが、ここでは場面の転換を基本とする。

（20）拙著『項羽と劉邦の時代』第五章（講談社、二〇〇六年）。

（21）本書の第六章「『史記』項羽本紀と秦楚之際月表」。

第三章　『史記』秦始皇本紀の歴史叙述

第一節　始皇帝と秦帝国の興亡

はじめに

『史記』の秦国史には、巻四周本紀と重複する巻五秦本紀と、巻六秦始皇本紀がある。また六国年表や、封禅書、世家、列伝にも関連する記述がある。拙著『史記戦国史料の研究』では、秦帝国の前史として秦本紀と戦国世家の特徴を考察した[1]。その要点は、本紀で天命の移動を示し、世家で興亡の原理を明らかにするという歴史観にそって、系譜、紀年資料、記事資料を取捨選択して編集していると想定した。秦本紀では、秦の先祖に功徳があり、戦国時代に周の太史儋が秦の統合を予言するという位置づけによって、統一までの過程を叙述している。『史記』秦本紀の末尾では、つぎのような概略を記している。

> 秦王政立二十六年、初并天下爲三十六郡、號爲始皇帝。始皇帝立十一年而崩、子胡亥立、是爲二世皇帝。三年、諸侯并起叛秦、趙高殺二世、立子嬰。子嬰立月餘、諸侯誅之、遂滅秦。其語在始皇本紀中。

『史記』六国年表の序文では、秦を譏るために諸国の記録は失われたが、司馬遷は残された「秦記」という秦国の記録によって、この年表を作成したという[2]。そのため六国年表の構成は、上段に周王の紀年、二段目に秦王の紀年を基本として、各国の欄に秦国の事件を分散した形式となっている。それは秦国に近い国ほど事件が多く、遠方の斉や燕の欄に資料が少ないという傾向がある。その年代は、『史記』秦本紀と秦始皇本紀の区分や、今日の歴史学で戦国時代と秦帝国に区分するのとは違って、ここでは戦国史と秦帝国を一つの時代としている。六国年表の年代は、本紀や世家、列伝との年代矛盾が指摘されているが、戦国・秦代史では秦紀年が基準にできると考えている。

それでは『史記』の秦代史は、どのように考察できるのだろうか。秦始皇本紀では、つぎのように叙述している。秦の始皇帝は、初めて天下を統一して皇帝という称号を用いた。また都城の咸陽に中央官制を整え、制度や習俗が異なる占領地域には、中央から官僚を派遣して統治する郡県制という制度を施行して、法律や文字、度量衡、貨幣、車軌などの統一政策を行った。さらに始皇帝は占領した各地を巡幸し、北方や南方の周辺まで領土を拡張している。こうした秦帝国の成立と始皇帝の人物像は、これまで『史記』と後世の評価をもとに理解されている(3)。しかし秦始皇本紀は、皇帝の事績や大事が中心であり、司馬遷の歴史観によるフィルターによって描いている。そのため秦帝国と地域社会の実態を知るには制約がある。

このような秦国の歴史について、二つの考古発見がよく知られている(4)。一つは、西安市臨潼区にある始皇帝陵園と秦兵馬俑であり、これによって秦の軍事編成の一端がわかる。もう一つは、湖北省雲夢県の睡虎地秦簡の発見であり、これは秦国の法制資料である。この二つの考古発見は、秦国の軍事力と法制統治を示す資料である。その後も文字資料では、西安の秦封泥や、雲夢県の龍崗秦簡、湖南大学の岳麓書院蔵秦簡、湖南省龍山県の里耶秦簡、前漢初期の張家山漢簡などの資料が追加されている(5)。

これまで私は、『史記』戦国史料の分析のほかに、秦国の領域形成や、軍事・労働編成、情報伝達などの方面から、戦国・秦代の国家と地方社会の実態を考察してきた(6)。そこで本章では、『史記』秦始皇本紀の素材と編集を分析し、そのうえで秦帝国の興亡を考察してみたいとおもう。

一　始皇帝の統一をめぐって――本紀（一）

秦国の形成は、秦帝国を知る前提である。王国維「秦都邑考」は、三期に分けて本拠地の移動を説明している。[7] 第一期の周代は、秦の本国が隴坻以西の西垂や犬邱（漢の隴西郡西県付近）、秦（漢の天水郡隴県付近）にあり、第二期は、周室が東遷した後に、秦は岐山の地を得て、汧・渭の会（汧水と渭水の間）や、平陽（岐山県西）、雍（鳳翔県）を本拠地とした。そして第三期は、戦国時代以後に東方へ進出し、その都邑は涇水と渭水の合流点にある櫟陽、咸陽を本拠にしたとする。ここでは秦の興起から秦帝国までの領域（Ⅰ、Ⅱ、Ⅲの地域）を、出土資料との関連でふりかえっておこう（図1）。秦国の歴史は、大きく三つの段階に分けられる。[8]

第一段階（春秋時代～孝公）西垂から雍城をへて咸陽に都するまでの秦国の形成（Ⅰの地域）。

西周時代の秦は、甘粛省天水付近を本拠地としており、礼県で発見された春秋秦墓は、西垂との関係が議論されている。周室が滅んで、雒邑に東遷する際に、秦の襄公はその功績によって諸侯に封ぜられた。春秋時代には、文公のときに周の本拠地であった岐山以西を領有し、徳公は雍城に遷都した。そのため繆公のように、黄河を渡って晋と覇権を争った君主も現れている。さらに戦国前期には、献公のときに渭水盆地に進出して櫟陽に拠点を設け、孝公の時代に咸陽に遷都した。この咸陽が始皇帝の都城である。孝公は、二度にわたる商鞅の変法を行って富国強兵の政策を推し進めた。このとき施行された爵制や、度量衡、県制などの制度は、その後の秦国の基礎になったといわれる。

第二段階（孝公～昭王、秦王政の即位）咸陽の制度を、Ⅰの本拠地とⅡの占領地に拡大する時代。[9]

この時期には、咸陽の周辺の関中から、蜀（四川省）と南方、東方の方面に領土を拡げている。戦国中期には、周に対して諸国があいついで王となり、恵文王もまた王号を称したが、これ以降に合縦連衡の外交戦略が激しくなっている。昭王（昭襄王）の時代には、蜀にくわえて、東方・南方への戦線を拡大した。前二八四年には五国が合縦して斉の首都・臨淄を陥落させ、前二七八年には秦将軍の白起が楚の首都・郢を占領して南郡を設置した。また前二六〇年には趙を長平の戦いで破り、前二五五年には西周を滅ぼしたあと、荘襄王（子楚）のときに東周を滅ぼし、三川郡・太原郡を置いている。この時代では、秦の制度と郡県制をⅠの地域に適用しており、それが青川県木牘や天水放馬灘秦簡・木板地図にみえている。また秦の法制を、Ⅱの南郡に適用したのが睡虎地秦簡である。

第三段階（秦王政～秦帝国）天下を統一し、秦帝国に秦の制度を適用する時代[10]（Ⅲの地域）。

この時期には、秦王政二十六年に戦国六国を滅ぼして、占領地に統一政策と郡県制を施行した。これを示す直接的な出土資料はないが、睡虎地秦簡や里耶秦簡にその一端をうかがうことができる。たとえば里耶秦簡は、秦代の洞庭郡に所属する遷陵県の官府から出土した簡牘である。ここには郡県制を示す行政文書と情報処理の記録が多い。その内容は、直接的にはⅡの南方地域の資料であるが、秦帝国を運営する方法・規定（フォーマット）の原理は、Ⅲの地域をふくむ秦帝国の全体に適用されるはずである。したがって里耶秦簡にみえる運営の原理は、東方の占領地にも応用した方法とみなすことができる。ただし秦帝国は、始皇帝が亡くなると、二世皇帝のときに叛乱が起こり、秦王子嬰のときに滅んだ。この秦帝国の滅亡は、統一から十五年という短期間である。

それでは、このような秦国の歴史で、秦の統一はどのようにして達成され、またどのように滅亡したのだろうか。これについて『史記』秦始皇本紀の構成は、大きく前半の始皇帝の時代と、後半の二世皇帝・秦王子嬰の時代に分けられる。さらに始皇帝の時代は、（一）秦王政の即位から統一までと、（二）始皇帝の崩御までに分けることができる。

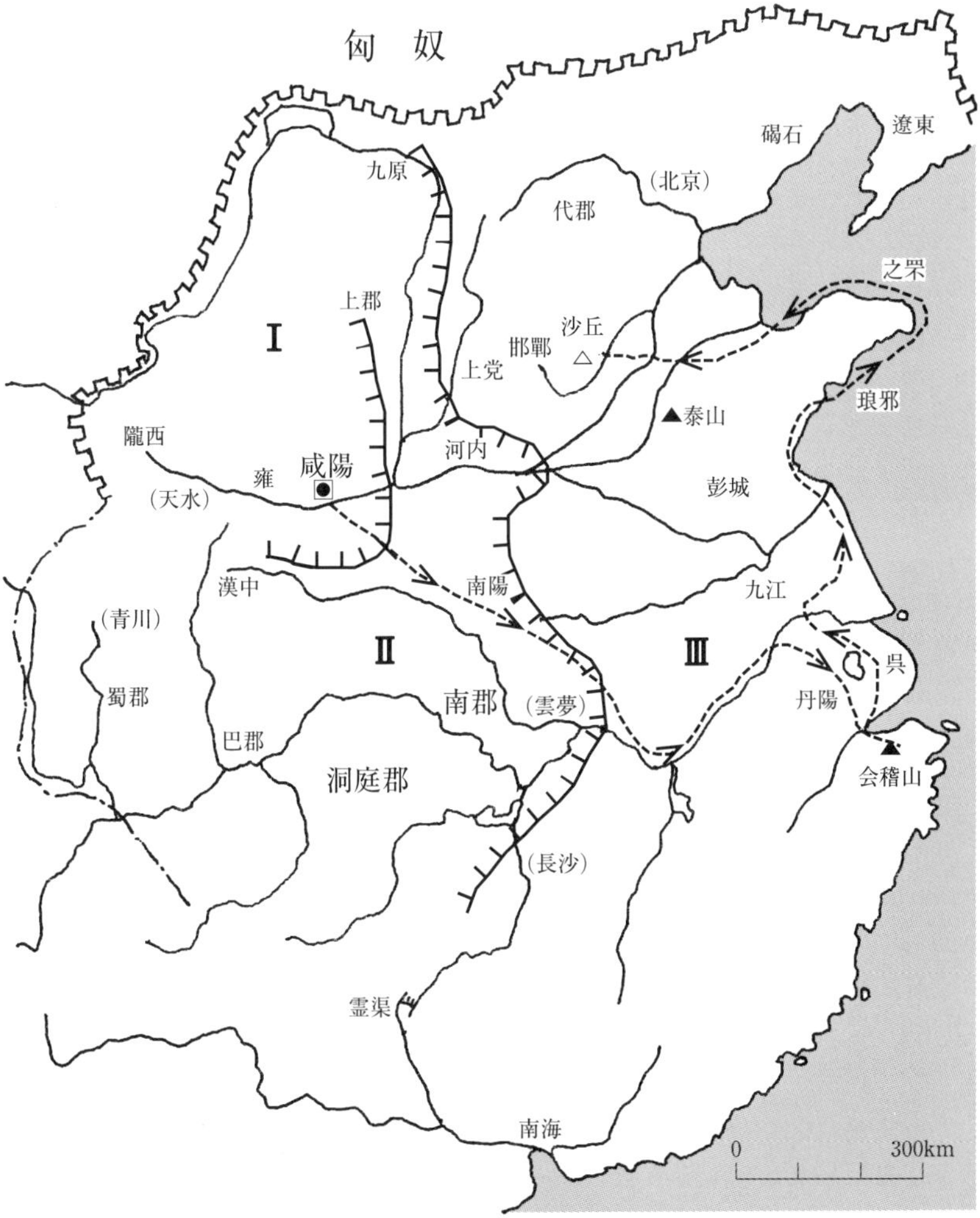

図１　秦の統一過程と始皇帝の巡行ルート

まず表1によって、（一）統一までの構成を検討してみよう。

秦始皇本紀の前半では、秦王政の経歴と、十三歳で即位した時の領域、国事を大臣に委ねた記事がある。

秦始皇帝者、秦莊襄王子也。莊襄王爲秦質子於趙、見呂不韋姫、悅而取之、生始皇。以秦昭王四十八年正月生於邯鄲。及生、名爲政、姓趙氏。年十三歲、莊襄王死、政代立爲秦王。當是之時、秦地已幷巴・蜀・漢中、越宛有郢、置南郡矣。北收上郡以東、有河東・太原・上黨郡。東至滎陽、滅二周、置三川郡。呂不韋爲相、封十萬戶、號曰文信侯。招致賓客游士、欲以幷天下。李斯爲舍人。蒙驁・王齮・麃公等爲將軍。王年少、初卽位、委國事大臣。

ここで問題となるのは、秦始皇本紀と呂不韋列伝との相違である。本紀では、始皇帝が秦莊襄王（子楚）の子で、趙に質子であったとき呂不韋の姫を見て、喜んでその女性を娶り、生まれた子は「趙政」と呼ばれていたという。しかし呂不韋列伝では、趙姫が身ごもっていることを隠して、生まれた子が「趙政」と伝えている。これについては、漢代の文字資料のあり方や、『史記』戦国史料の分析からみれば、武帝期には複数の異聞があり、司馬遷は秦始皇本紀には「秦莊襄王の子」とする記事を選び、呂不韋列伝では人物を描くという目的から別の伝えを記したと推測される。(11) 即位の時には、戦国時代の秦を継承したⅡの領域である情勢を示している。そして秦王政にかわって、宰相の呂不韋たちが国事を担当したという記述がある。

元年からは、簡略な秦紀年を基本としている。それは秦王政の元年から二十六年まで、毎年の記述がある。その内容は、天文記事や天変、他国との戦役と外交、人物の死亡、災害と対策、郡の設置など、秦国の大事である。この秦紀年は、六国年表の内容とほぼ同じであるが、秦本紀のほうがやや長く、一部に表現の違いがある。また秦本紀と六国年表にみえる戦役の一部は、睡虎地秦簡『編年記』の記述と一致している。(12) 六国年表の序文では、二世皇帝まで

表１　『史記』秦始皇本紀の構成（一）

秦始皇帝者、秦莊襄王子也。……王年少、初卽位、委國事大臣。 〔始皇帝の生い立ちと、即位して呂不韋が大臣となる記事。〕

晉陽反、元年、將軍蒙驁擊定之。
二年……巻を攻める……
三年…攻韓…攻魏……
四年…三月…秦・趙の人質が帰国…十月庚寅、蝗害など……
五年…攻魏…初置東郡。冬雷。
六年…五国の兵と戦う…衛君が野王に徙る……
七年。彗星…将軍の死…汲を攻める…彗星…夏太后の死……
八年…趙を撃つ…将軍の死……嫪毐が封ぜられ太原郡を封国とする。
九年、彗星見、或竟天。……四月、上宿雍、己酉、王冠帶劍。

①【嫪毐の乱と鎮圧の経過。事件の処置。蜀への徙民。】…彗星……

十年、相國呂不韋坐嫪毐免。……【②齊・趙來置酒。齊人茅焦說秦王曰、……】
大索逐客。李斯上書說、乃止逐客令。……韓王患之、與韓非謀弱秦。

【③大梁人・尉繚が秦王に説く。始皇帝評とその任用。而李斯用事。】

十一年。王翦らが趙の閼与・鄴を攻める…皆幷爲一軍…鄴・安陽を取る。
十二年…呂不韋の死。竊葬。舎人などの処分…秋…天下大旱六月、至八月乃雨。
十三年、趙の平陽を攻める…斬首十萬。王之河南。正月…彗星……攻趙……
十四年…趙軍を平陽に攻め宜安を取る。…韓非使秦…非死雲陽。韓王請爲臣。
十五年、大興兵、一軍至鄴、一軍至太原、取狼孟。地動。
十六年九月、韓の南陽を受ける。初令男子書年。魏が秦に地を献ずる。……
十七年、韓王安を得て、その地を潁川郡とする。地動。太后の死。民大饑。
十八年、大興兵攻趙。上地と河内方面から趙を伐ち、邯鄲城を囲む。
十九年…趙王を得る。…欲攻燕、屯中山。秦王が邯鄲に行く。母太后の死。
趙公子嘉が宗数百人を率いて代王となる。燕・代の連合。大饑。
二十年、燕が荊軻を秦王の刺客とする。燕・代と秦の戦い。秦軍破燕易水之西。
二十一年、燕の薊を攻略。燕王が遼東に逃亡。(旧韓の新鄭が反乱。) 大雨雪。
二十二年、王賁が魏の大梁を水攻めし、魏王が降伏して滅亡する。
二十三年、楚を撃ち王を虜にする。秦王が郢陳に行く。項燕が荊王を立て反乱。
二十四年、楚を攻め、荊軍を破る。昌平君死。項燕遂自殺。
二十五年、大興兵。遼東の燕を攻略、代王嘉を虜にする。
江南の地を定め、越君を降して会稽郡を置く。五月、天下大酺。
二十六年、斉が西の界を守る。王賁が燕から斉を滅ぼし、天下を統一する。

「秦記」によるというから、紀年資料は秦の記録にもとづくとみなしてよかろう。この秦紀年の間に、いくつかの記事資料がある。

①は、九年の嫪毐《ろうあい》の乱に関する記事であり、実情をふまえた記述となっている(13)。これに関連して十年には、呂不韋が失脚する記述のあと、②に斉人の茅焦が秦王に進言して、そのため母太后を雍から咸陽に入れ、甘泉宮に戻した記事がある。また逐客の令が出されたとき、李斯の上書を入れて命令をとり止めたあと、③に、大梁の人・尉繚の記事がある。それは尉繚が、諸国の豪臣に賄して合縦を乱す策を進言し、秦王はそれを採用した。しかし尉繚は、秦王の人柄を警戒して逃げようとした。ここに始皇帝の容貌と人格に関する記述がある。ただし後文では、あとで秦王は尉繚を留めて秦の国尉にしている(14)。この②、③の記事は、エピソードの要素が強い。

その後は、二十六年の天下統一まで、ふたたび大事を記した秦紀年となっており、他の系統の資料は見出せない。ただしそのなかで注意されるのは、十九年条に、秦の将軍たちが趙王を捕らえたとき、秦王が邯鄲に行き、母の家と仇のあった者に報復したという記事である。これは紀年資料の記述より、やや詳しくなっている。

十九年、王翦・羌瘣盡定取趙地東陽、得趙王。引兵欲攻燕、屯中山。秦王之邯鄲、諸嘗與王生趙時母家有仇怨、皆阬之。秦王還、從太原・上郡歸。

以上のように、秦始皇本紀の前半（一）の部分は、秦紀年を基礎としている。その間に嫪毐の乱と、呂不韋の失脚、李斯の上書の記述がある。また秦王が、茅焦の進言と尉繚の進言を聞く記事があり、これらは秦王政の人柄を示す資料となっている。つまり配列された記事では、秦王が斉人の茅焦の進言を聞き、逐客令に対する李斯の上書を許し、大梁の人の尉繚を任用するなど、むしろ人徳を示す内容となっている。したがって統一以前では、全体として先祖の徳を継承して、直言を聴く秦王というイメージが表れている。ここでは十九年条で、母の家と仇怨のあるものを報復したエピソードをのぞいて、とくに不徳の君主とは描かれていない。このように系譜と秦紀年、記事資料を組み合わせて編集する方法は、『史記』秦本紀と共通している。

それでは記事資料のほかに、秦紀年そのものから、統一までの特徴を知ることはできるのだろうか。秦紀年の内容をみると、十年条の前後で戦線が変化していることに気づく。たとえば秦王政の元年（前二四六）から約十年間は、呂不韋が摂政していた[15]。この時代は、三年に韓・魏を攻め、四年に趙・秦の人質を返還し、五年に魏を攻めて東郡を置き、六年に韓・魏・趙・衛・楚から秦が攻撃され、七年に魏を攻め、八年に趙を破る事件などがある。これらは戦国末と同じように、秦と東方諸国との戦争である。しかし呂不韋の失脚のあと秦王が親政すると、趙への戦線がきわめて多くなる。それは十一、十三、十四、十五年と、ほぼ連年のように趙への大規模な攻撃がみられ、この間に他国では十二年に魏を助けて楚を攻撃するだけである（六国秦表）。これは、どのような変化を意味するのだろうか。

そもそも始皇帝は、秦で生まれた人物ではない[16]。趙に人質となった父の子楚が、商人の呂不韋に援助され、その姫であった趙氏の娘を母として邯鄲に生まれ、かつては趙政と名のっていた。三歳のとき秦が邯鄲を包囲したため、子楚と呂不韋は趙から逃げて秦に帰ったが、少年は母方の趙の豪家にかくまわれ、ようやく九歳のとき秦に帰国している。そこで秦王は、十九年（前二二八）に邯鄲を陥落させるとき、自ら趙に行き「かつて母の家と仇怨のあるものを皆な穴埋めにした」という。これは始皇帝の人柄を示唆するエピソードであるが、ここに趙との特別な関係を見出すことができよう。嫪毐の乱をへて、秦王が親政して以降の対外戦争をみると、この趙との戦争が六国滅亡の一要因になっているとおもわれる。

秦王十一年には、王翦と桓齮・楊端和の三軍が鄴を攻めて九城を取り、さらにその軍を進めている。十三年には秦王みずから河南に行き、十四年には趙軍を平陽に攻めて宜安を取るなど、もっぱら趙に鋒先が向けられている。しかし趙を攻めるためには、その手前に位置する韓や魏の領域を通過しなくてはならない。いま一例として、馬王堆帛書『戦国縦横家書』一六章（『戦国策』魏策三にほぼ同文）の戦国故事をみると、ここには韓が滅びたあとに趙の邯鄲を攻める路線が想定されている。(17) すなわち秦が趙を攻めるには、山河を越えて韓の上党を通過するが、これは閼与の戦いで敗北したルートである。つぎに魏の河内の道を借り、北上して鄴と朝歌を背にし、漳水・滏水を渡って邯鄲の郊外に達するルートがあるが、これは知伯が敗北した路線である。そこで秦は韓を滅ぼしたあと、必ず魏を攻撃するであろうという。このように戦国故事の進言では、秦が邯鄲を攻撃するために、まず韓と魏との対戦が予想されている。

秦王十五年に、秦の一軍を太原に集結し、一軍を鄴に集結させているのは、まさに帛書『戦国縦横家書』一六章の進言にみえる情勢となっている。そこで十六年に、秦が韓の南陽と魏の地を受けているのは、その手前にある韓と魏への圧迫を示している。また同じ年に「初めて男子の年齢を中告」させているのは、これを身長制から年齢制への徴兵の改定とみなせば、これは翌年以降の本格的な戦争に向けて、秦の軍事制度を変化させたのではないだろうか。(18) このように考えれば、十七年に韓が最初に滅んだのは、けっして韓が六国で最も弱国であったわけではないと理解されよう。(19) そして十八年には、いよいよ趙への軍隊を増員して、上地と河内方面から邯鄲を包囲し、十九年には秦王みずから進軍して邯鄲を占領するにいたっている。

ところが趙は、邯鄲の陥落によって完全に滅びたわけではない。趙の公子嘉は、その宗族数百人を率いて代に移り、自立して代王となった。また東方の燕と連合して、上谷に駐屯したため、趙との戦線は北方に拡大することになった。二十年に燕の太子丹が荊軻を使者として、秦王の暗殺を計画したのは、このような情勢が背景にある。そして二十一年には、燕の薊城が陥落して太子丹が殺されたが、趙と同じように燕王は遼東に逃亡して王となった。その間に、かつて滅ぼしたはずの旧韓の新鄭の地から叛乱が起こった。これは代・燕の北方戦線だけでなく、ふたたび南方の戦線を重視させることになったであろう。まず二十二年には、王賁が魏の大梁を水攻めして、魏が滅亡する。つぎに二十三年には、楚王を虜にして秦王が郢陳（河南省淮陽県）に行くが、ここでも楚の将軍・項燕が昌平君を荊王に立てて叛乱し、なお江淮地方の抵抗がつづいている[20]。この昌平君と項燕が敗北し、楚が滅んだのは翌年のことである。これは韓・魏・楚の南方では、越君の会稽地方をのぞいて、一応の戦争終結であった。

そこで二十五年には、ふたたび兵力を北方に集結して、遼東の燕を攻略し、さらには代王嘉を虜にした。ここで実質的に趙が滅亡するわけであるが、そのとき周囲を見わたせば、あとは山東に位置する田斉だけとなっていた。二十六年に、秦軍が燕から斉を滅ぼしたのは、北方の軍隊が転戦したものであり、ここに六国が滅んで天下は統一された。したがって秦は、本格的な攻撃から約十年間で統一を達成したことになる（Ⅲの領域）。

このように統一までの過程では、秦王の親政から六国との戦争をみると、そこには一貫して趙と代との戦争が主体となっており、その間に北方の燕と、南方の楚への戦線が拡大した情勢がうかがえる。つまり歴史的には天下統一というが、実際には趙への戦争を一つの軸として、それぞれ六国の抵抗があるために、戦線が拡大していったことがわかる。その戦線は、大きく北方と南方の二つに分けることができる。しかし始皇帝の統一は、たしかに秦の軍事体制が優勢で、六国は軍事的に占領されたといえようが、その地域が秦の支配に従ったかどうかは別の問題である。

二　始皇帝の統一事業と巡行――本紀（二）

それでは『史記』秦始皇本紀の（二）統一以後の構成は、どのような特徴があるのだろうか。表2の構成によれば、ここでも大きく秦紀年と記事資料で構成されている。しかし選択された記事資料は、さまざまな内容をふくんでいる。

この資料の位置づけを考えてみよう。

秦王二十六年（前二二一）には、斉を滅ぼした記事のあと、統一後の諸政策の議論と命令を収録している。(21) それは1に、皇帝の称号をめぐる議論と詔があり、2に水徳と暦・色などの制度を記している。これは儀礼に関する公的資料の形式である。3に、東方を封建とする丞相たちの議論と、郡県制とする廷尉・李斯の議論がある。4に、天下を三十六郡として、そこに郡守、尉、監の長官を置き、民を黔首と呼ぶことを記している。さらに度量衡や車軌、文字の統一、咸陽の周辺の上林や宮室などの記事がある。

この統一事業については、鶴間和幸氏の考察がある。(22) それは統一諸政策が、天下を統一したときに初めて出されたのではなく、戦国秦国の諸政策の伝統を継承したものであり、それを占領地にも推し進めようとしたとする。また六国年表と秦始皇本紀にみえる事業を比較して、両者の記事に齟齬があると指摘している。たとえば六国秦表では、二十六年条に「王賁擊齊、虜王建。初幷天下、立爲皇帝」とあり、二十七年条に「更名河曰徳水。爲金人十二。命民曰黔首。同天下書。分爲三十六郡」とある。したがって六国年表によれば、統一政策は複数の年による可能性がある。しかし秦始皇本紀では、これらの記事をいずれも二十六年の統一事業としている。このような記載の違いからみれば、秦始皇本紀のほうが、数年後の政策をふくめて、二十六年の事業に代表させたものかもしれない。こうした統一政策を示す文物の一部が、秦の度量衡を示す器物や陶器、あるいは里耶秦簡の木板（8-461、原簡8-455）の読み替え一覧にみえている。(23)

始皇二十七年以降の構成は、ふたたび秦紀年が基本である。しかも三十年条には、わざわざ「無事」と記すことから、これは原資料の記載形式を残しているとおもわれる。全体では、統一以前では秦紀年に対して記事資料が少ないが、統一後では記事資料を多くふくむことが特徴である。それは以下のような内容に区分できる。

表２　『史記』秦始皇本紀の構成（二）

二十六年。天下を統一する。

１天下を滅ぼした名分と、皇帝の称号を決める議論。 ２徳や十月歳首・衣服・数などの決定。３封建と郡県の議論。（郡県制） ４分天下以爲三十六郡、郡置守・尉・監。更名民曰黔首。大酺。 ……金人を作る。一法度衡石丈尺。車同軌。書同文字。（統一政策）

新たな領域。徙天下豪富於咸陽十二萬戶。諸廟及章臺・上林皆在渭南……
二十七年、始皇巡隴西・北地。…宮殿の造営……。是歳…治馳道。
二十八年、始皇東行郡縣、上鄒嶧山。１立石……乃遂上泰山、立石、封祠祀。
【①下、風雨暴至……。】刻所立石、其辭曰、《２泰山刻石》……登之罘、立石……
……作琅邪臺、立石刻、頌秦德、明得意曰、《３琅邪刻石》…《海上の議論》
【②既已、齊人徐市等上書……。請得齋戒……入海求僊人。】
【③始皇還、過彭城、齋戒禱祠、欲出周鼎泗水。使千人沒水求之、弗得。】
【④…渡淮水…浮江、至湘山祠。逢大風、幾不得渡。…】上自南郡由武關歸。
二十九年、始皇東游。至陽武博狼沙中、爲盜所驚。……乃令天下大索十日。
登之罘、刻石。其辭曰、《４之罘刻石》。其東觀曰、《５東観刻石》……道上黨入。
三十年、無事。
三十一年十二月……。始皇爲微行咸陽…夜出逢盜蘭池…關中大索二十日……
三十二年、始皇之碣石…刻碣石門。壞城郭。決通隄防。其辭曰、《６碣石刻石》
【⑤……求仙人不死之藥。……因奏錄圖書、曰、亡秦者胡也。……擊胡……】
三十三年……明星出西方。三十四年……

古を以て今を議論することと、焚書の議論。制曰可。

三十五年、除道、道九原、抵雲陽、塹山堙谷、直通之。

於是……【阿房宮、麗山など作事。麗邑・雲陽への徙民】

盧生が始皇帝に説き、真人という説話。盧生、侯生などの陰謀。 始皇長子扶蘇諫曰……。始皇怒、使扶蘇北監蒙恬於上郡。

三十六年、熒惑守心。
【⑥有墜星下東郡、至地爲石。黔首或刻其石曰。始皇帝死而地分。始皇聞之……
盡取石旁居人誅之。因燔銷其石。……】秋……於是始皇卜之。卦得游徙吉。……
三十七年十月癸丑、始皇出游。……十一月……
上會稽、祭大禹、望于南海、而立石刻、頌秦德。其文曰、《７会稽刻石》
還過吳、從江乘渡。……【⑦方士・徐市のこと、占夢、博士の解釈】
至平原津而病、始皇惡言死、羣臣莫敢言死事。……
七月丙寅、始皇崩於沙丘平臺。……【沙丘の陰謀】……
行從直道至咸陽、發喪。太子胡亥襲位、爲二世皇帝。
九月、葬始皇酈山。……二世曰、……。

その一つは、始皇帝の巡行にともなう各地の刻石文である。(24) 二十八年条の郡県への巡行では、1嶧山に刻石し、2泰山刻石・3琅邪刻石や海上の議論を記載し、二十九年条では4之罘刻石・5東観刻石、三十二年条では6碣石刻石、三十七年条では7会稽刻石を収録している。このほか三十四年条には、有名な焚書にいたる議論と命令があり、三十五年条に阿房宮と酈山の造営に関する記事がある。このうち刻石文と議論については、『漢書』芸文志の六芸略春秋家に「奏事二十篇、秦時大臣奏事、及刻石名山文也」とあり、これらの資料を利用した可能性がある。

説話のようなエピソードは、三十五年条に盧生・侯生などの陰謀をめぐる記事があり、長子の扶蘇が諫めて始皇帝が怒るという話がある。これが坑儒の事件として知られている。

始皇長子扶蘇諫曰、天下初定、遠方黔首未集、諸生皆誦法孔子、今上皆重法縄之、臣恐天下不安。唯上察之。始皇怒、使扶蘇北監蒙恬於上郡。

また長文の記事ではないが、①〜⑦のような紀年の間にみえる異聞は、始皇帝の評価や伝説にかかわる内容として注目される。そのなかには、泗水での鼎引き上げ失敗や、湘山での暴挙、不老不死にあこがれる伝えがある。これらの一部は、旅行の見聞とも関連するかもしれない。二十九年条には、博狼沙での暗殺未遂事件があり、三十一年条には、咸陽での盗賊の事件があり、ともに大索の記事と関連している。

このように秦始皇本紀の（二）部分は、秦紀年の間に、刻石・奏言・議論などの公的資料と、説明の記事、説話のようなエピソード、短い異聞などで構成されている。その編年された記事や説話、異聞は、始皇帝が扶蘇などの直言を聴かず、不徳を示す話で構成されている。これは（一）部分との大きな違いである。

それではこの構成から、どのような始皇帝像と政治情勢がうかがえるだろうか。始皇帝が天下を統一した後の政策をみると、そこには奇妙な現象がある。それは秦帝国が故秦の制度を基礎として統一事業をすすめ、あらたに旧六国を統合するときに、それ以降は頻繁に巡行の記事がつづき、国内の統一諸政策がほとんど見えないということである。そこで始皇帝の巡行とその意義について、時代の情勢を考えてみよう。

始皇帝の巡行は、これまで五回にわたるルートが考察されており、その目的についても、政治的な目的として占領地を国見して統一政策を推進することや、斉の八神をふくめて諸国の祭祀を統一すること、咸陽を中心とした道路網の整備、不老不死の希求などが指摘されている。[25] そこで前後の情勢をあわせてみると、以下のような概略がうかがえる。ここでは祭祀に関する記事が多い。


第一回（二十七年、前二二〇）西の境界に行き、故秦の地を巡行。馳道の建設。

第二回（二十八年、前二一九）旧斉の地に行き祭祀・封禅・刻石。泗水・淮水を渡る。旧楚の衡山・湘山・南郡を通過して咸陽に帰る。

第三回（二十九年、前二一八）東方に行く。博浪沙で暗殺未遂、刻石。

（三十一年、前二一七）関中の蘭池で、始皇帝の暗殺未遂。

第四回（三十二年、前二一五）旧趙・燕の地に行き刻石。城郭を壊し堤防を決通。胡が滅ぼすという予言。

（三十三年、前二一四）霊渠の建造、桂林・南越へ。匈奴との戦争。

（三十四年、前二一三）長城の建設。南越方面の計略。焚書。

（三十五年、前二一二）阿房宮と驪山の造営。

第五回（三十七年、前二一〇）雲夢・長江・会稽に行き刻石。沙丘の平台で亡くなる。


第一回の巡行では旧秦の地を廻り、第二回の巡行では東方の領域に達しており、ここでは東西の領域を確認するとともに、たしかに統一の宣言・祭祀の継承という要素がうかがえる。しかし第二回のルートをみると、これは燕・趙をのぞいて、もとの周・韓・魏・斉・楚の領域を通過しており、このとき睡虎地秦簡『編年記』には「今（王）、安陸を過ぎる」とあるように、安陸県（湖北省雲夢）を訪ねている。(26)したがってこのルートは、始皇帝が最後に征服したⅢの領域を中心としており、なお不穏な状態であったことが予想される。そこで第三回の巡行では、三晋を通過して斉に行くルートのなかで、韓の遺臣の張良が首謀したという車馬への妨害がある。三十一年にも、咸陽付近で始皇帝の暗殺未遂事件が起こっている。しかしそれでも翌年には、暗殺未遂の危険を冒して趙・燕方面に第四回の巡行を行い、これまでとあわせて旧六国を一巡している。これはあたかもテリトリーを一周し、その東方の名山と海に面して刻石を立てたようにみえる。

ところがこのあと、秦の対外政策には変化が生じている。三十二年条によれば、その原因は「秦を亡ぼす者は胡なり」という予言が出されたため、胡である匈奴を撃つことになっている。この胡とは、胡亥という説もあるが、(27)国内の巡行が一巡したあとで、三十三年以降に匈奴・南越方面の対外政策が行われていることは間違いない。そして第五回の巡行では、ふたたび旧六国への領域を訪れ、それは第二回巡行のほぼ逆ルートである。この最後の巡行では、いくつか注目すべき点がある。

まず雲夢に行ったあと九疑山の舜を望祀し、会稽に行って禹を祭るということから、新たに南方の舜・禹の遺跡が加えられている。これは漢武帝と司馬遷の旅行ルートに共通する意義がうかがえる。(28)つぎに雲夢龍崗秦簡によると、旧楚の雲夢には秦の禁苑を管理する規定がみえている。さらに沙丘の地にも苑囿があって、これは趙武霊王が餓死したと伝える離宮ではないかと推測されている。(29)とすれば始皇帝は、かつて楚領の禁苑がある離宮に滞在し、また趙の沙丘の離宮で亡くなって、秘かに咸陽に連れて帰られ喪が発せられたことになる。これは実際の巡行が、諸国の重要な苑囿・離宮を拠点として、祭祀などの行事をするものであったことを示している。

このほかの目的は、二世皇帝が巡行を開始する言動に見出せる。二世皇帝の元年には、二十一歳で即位すると始皇帝の事業が継承され、巡行もまた再開されることになった。そのとき皇帝が年少で民衆が従っていないのに、晏然として巡行しなければ脆弱とみられて天下を統率できないといい、先帝が郡県を巡行したわけは「以て彊を示し、海内を威服する」ことにあると述べている(30)。ここから旧六国の地域を巡行することは、最も叛乱しやすい地域に対して、その民を威圧する目的もあったとおもわれる。

そこで想起されるのは、秦兵馬俑の役割である。秦兵馬俑は、直接的には京師と陵墓を守衛する軍隊であろうが、もう一方で、これらが東方に動きだせば始皇帝の天下巡行に備える軍隊ともなる。この秦兵馬俑の軍事編成は、一号、二号兵馬俑坑の兵種には、軍吏俑や、戦車御手、騎兵、弩兵、戴冠・無冠の兵俑などがあり、三号兵馬俑坑の儀仗兵とあわせて、その軍陣の性質が問題となっている。拙稿「戦国・秦代の軍事編成」（一九八七年）では、袁仲一氏の見解と同じように、一号、二号俑坑は京師を防衛する中尉の軍隊を主体として、秦代の軍事編成を反映するとみなした。そして三号兵馬俑坑の儀仗兵は、始皇帝陵園と太僕の馬廄坑の施設に接続する部隊と推測した(31)。そのとき秦兵馬俑の編成は、軍吏とそれに準ずる陶俑と、無冠の歩兵俑に区別されていると想定した。しかし重近啓樹氏の指摘をうけて、その後は大きく三つに区分できると考えている(32)。兵馬俑の等級は、①戴冠の軍吏と、②中間にある鎧と巾帽を着けた弩兵と騎兵、戦車の武士俑、③無冠の一般歩兵俑である。こうした秦兵馬俑の軍事編成が、もし秦代郡県の軍事編成と共通するのであれば、弩兵と騎兵、戦車の武士俑は、文献でいう材官、騎士、軽車に対応し、歩兵俑は徴兵による兵役を反映するはずである。ただし一般歩兵俑は、徴兵による兵役のなかでも一部であり、とくに精鋭の戦闘軍団ということになる。

また秦代地方軍との関係では、戦車、騎兵、弩兵、歩兵の構成は、中央と地方郡県でもほぼ共通している(33)。ただし里耶秦簡では、これまでのところ騎馬の記載がなく、かわって公船がみえている。また漢代初期では、張家山漢簡『二年律令』「傅律」に、父の爵の等級によって傅籍の年齢を区分している。それは（1）爵一等の公士から四等の不更の子まで、（2）爵五等の大夫から九等の五大夫の子、（3）爵十等の左庶長から以上の子である。この爵の等級と軍吏や士卒の階級は、必ずしも一致しないが、身分を三区分する構成には、よく似たところがある(34)。この秦兵馬俑の性格と構成は、秦代地方の軍事編成との比較によって、さらに詳細に分析できると考える。

このように始皇帝の巡行は、統一政策の推進と並行して、秦・斉・楚などの祭祀の統一をはかったが、実際には諸国の要地に滞在して、旧六国の民に威力を示す必要があったと推測される。したがって始皇帝の巡行の意義は、領土の国見のほかに、軍事的なデモンストレーションの役割もある(35)。このように想定すれば、雲夢の地で秦官吏であった睡虎地秦簡をもつ墓主が、秦兵馬俑と類似した軍隊を出迎えた様子がうかんでくる。また征服された会稽の地域では、項羽が始皇帝の軍隊をみて「彼取って代わる可きなり」という不遜な言葉を発した情景も、こうした軍隊と水軍の編成としてイメージできるのではないだろうか。

三　『史記』秦始皇本紀の歴史観――本紀（三）

これまで『史記』秦始皇本紀の構成に即して、統一事業と巡行の意義を検討してきた。残る問題は、二世皇帝をふくむ秦帝国の評価であるが、これには秦本紀とあわせた考察が必要である、ここで司馬遷の歴史観に注目してみると、戦国時代から秦統一までの評価は、以下のように要約できる。

『史記』秦本紀では、秦は先祖の功徳によって隆盛し、天命によって周を承けると示唆されていた。それは一に、秦献公のとき周太史の予言によって暗示されている。二に、六国年表の序文では「然卒并天下、非必険固便形埶利也、蓋若天所助焉」とあり、秦の統一を地形の利ではなく天の助けとしている。また魏世家の論賛でも、天が秦に海内を安定させようとする情勢では、魏王が信陵君を任用しても滅亡はのがれられなかったとする視点も同じである。(36) そして秦王政二十六年までは、このように秦が隆盛する歴史観によって描かれている。

たとえば秦王政（始皇帝）の人柄では、三つのエピソードと記事が注目される。一は、嫪毒の乱のあと、斉人の茅焦が、太后を雍から咸陽に迎えることを説いており、秦王はこれに従っている。二は、李斯の上書に従って、逐客令を廃止したことである。これも秦王が認めている。三は、大梁の尉繚が諸侯の合従を破る計略をしたとき、秦王がその計にしたがい、尉繚と衣服や食事を同じにした伝えである。尉繚のエピソードでは、始皇帝の人物評と、その後の経過が注目される。

繚曰、秦王爲人、蜂準、長目、摯鳥膺、豺聲、少恩而虎狼心。居約易出人下、得志亦輕食人。我布衣、然見我常身自下我。誠使秦王得志於天下、天下皆爲虜矣。不可與久游。乃亡去。秦王覺、固止、以爲秦國尉、卒用其計策。而李斯用事。

これは秦王の容貌と冷酷な人柄を示す言葉として知られているが、逃げたあとに尉繚を留めて国尉に任用したという結果になっている。したがってこのエピソードも、秦王が批判する人物を任用した寛大さを示唆している。

ところが二十六年の統一のあと、二十七年より以降には隆盛の評価が変化しており、衰退と滅亡を示唆するエピソードと記事がふえている。たとえば、二十八年には第二回の東方巡行が始まるが、このとき四つの異聞が記されていた。それは①泰山封禅の際に暴風雨があったこと、②斉人の徐福らの上書によって海中に仙人を求めたこと、③周の鼎を泗水に求め失敗したこと、④舜の二妃を祀る湘山で大風に会い、その樹木を伐ったことである。このうち資料の性格について注目されるのは、①②③は封禅書に関連する記事がみえ、とくに③では周の九鼎は秦に入ったとする説と、あるいは鼎は泗水の彭城に没したという異説を共に記していることである。(37) また④は、太史令と同じく奉常に所属する博士との問答に関連した記載である。したがってこれらは、司馬遷が旅行によって取材した伝説ともみなせるが、また封禅や博士の議論にかかわる資料を材料とするかもしれない。(38) ともかくこの異聞によれば、統一以降の秦に対して天の事象が現われはじめ、とくに④の記事では始皇帝が大いに怒り、刑徒三千人に湘山の樹木を伐採させたという人柄を示唆している。そして二件の暗殺未遂事件が、これにつづいている。

三十二年条では、⑤に始皇帝が燕人・盧生の予言を聞いて、胡を撃たせる記事がある。これは三十四年の焚書のあと、三十五年の阿房宮と酈山の造営、盧生らの陰謀につながってゆく。これによって始皇帝は、真人と称して言動を漏らした側近を殺したり、諸生を咸陽に穴うめし、また始皇帝を諫めた長子の扶蘇を怒って、将軍・蒙恬のいる上郡に追放する。その結果として、始皇帝が讒言を聞き、正しき諫言を退けるという不徳を示唆している。(39)

三十六年条には、⑥に天体の異変と隕石の落下があり、そこに始皇帝が死んで領地が分けられると刻まれたため、その近辺に住んでいる者を皆殺しにしたという。(40) これは天の現象に呼応して、始皇帝の暴挙と不徳を示す記事となっている。

このように始皇帝は、先祖の功徳を承けて統一の偉業をなしとげたと評価されながら、二十八年以降の記事では、もう一方で統一以降に衰亡の転換となる不徳の記事が位置づけられている。これはおそらく司馬遷が、天命をもって統一した秦が、なぜ滅亡してゆくかを説明するために、始皇帝の不徳を要因としたのであろう。それがさらに強調されるのは、始皇帝の崩御をめぐる陰謀と二世皇帝の即位であり、ここでは衰亡の転換から滅亡にいたる君主という評価がなされている。

始皇帝は、三十七年に最後となる第五回の巡行に出発した。このとき丞相の李斯と、中車府令の趙高、少子の胡亥たちが随行し、始皇帝は病が重くなり、沙丘の平台で亡くなった。表3は、秦始皇本紀の構成と、李斯列伝、蒙恬列伝にみえる叙述を比べたものである。

これによれば、A三十七年十月の巡行では、秦始皇本紀だけに平原津で病気になったと記している。また蒙恬列伝によれば、当初は蒙毅が随行しており、病になったあとで先に帰っている。B始皇帝が沙丘の平台で亡くなるときには、三つの史料に共通して、始皇帝の詔書を偽造する陰謀を記している。それは、①趙高が李斯・胡亥と謀って、胡亥を太子としたこと、②公子扶蘇と蒙恬に死を賜ったことである。この二つの事件は、いずれも趙高が胡亥と李斯に説いたもので、その詳細は李斯列伝にみえている。ここでは結果として、胡亥が信任していた趙高の言いなりになったという点で、その不徳を示唆している。

C始皇帝の帰還では、秦始皇本紀では死体の状況を記し、李斯列伝と蒙恬列伝は、扶蘇と蒙恬が死にいたる過程を記している。蒙恬列伝では、扶蘇の死後に、胡亥が蒙恬を許そうとするが、結局は蒙恬が自殺している。そしてDでは、咸陽に戻って始皇帝の葬儀のあとに、胡亥が二世皇帝に即位したことを記している。

このように始皇帝の死をめぐって、『史記』ではほぼ同じ状況を記し、胡亥の不徳につながる叙述となっている。ただし北京大学蔵竹簡「趙正書」には、『史記』の状況とは違う異聞を伝えている。[41]この資料は、司馬遷が『史記』を著した武帝後期より少し早い時期に書かれたものといわれている。その内容は、始皇帝が最後の第五次巡行で亡くなる記事から、二世皇帝が即位して諸公子・大臣を殺し、秦帝国が滅亡する過程で、始皇帝、李斯、胡亥、子嬰の言動が、対話を主とする一篇の著作となっている。このうち『史記』秦始皇本紀との異同は、つぎのように紹介されている。

表３　『史記』にみえる始皇帝の死

秦始皇本紀	李斯列伝	蒙恬列伝
Ａ三十七年十月癸丑、始皇出游。……至平原津而病。始皇悪言死、群臣莫敢言死事。上病益甚、乃爲璽書賜公子扶蘇曰、與喪會咸陽而葬。書已封、在中車府令趙高行符璽事所、未授使者。	Ａ始皇三十七年十月、行出游會稽、幷海上、北抵琅邪。丞相斯・中車府令趙高兼行符璽令事、皆從。始皇有二十餘子、長子扶蘇以數直諫上、上使監兵上郡、蒙恬爲將。少子胡亥愛、請從、上許之。餘子莫從。	Ａ始皇三十七年冬、行出游會稽、幷海上、北走琅邪。道病、使蒙毅還禱山川、未反。
Ｂ七月丙寅、始皇崩於沙丘平臺。丞相斯爲上崩在外、恐諸公子及天下有變、乃祕之、不發喪。棺載轀涼車中、故幸宦者參乘、所至上食・百官奏事如故、宦者輒從轀涼車中可其奏事。獨子胡亥・趙高及所幸宦者五六人知上死。趙高故嘗教胡亥書及獄律令法事、胡亥私幸之。高乃與公子胡亥・丞相斯陰謀破去始皇所封書賜公子扶蘇者、①而更詐爲丞相斯受始皇遺詔沙丘、立子胡亥爲太子。②更爲書賜公子扶蘇・蒙恬、數以罪、共賜死。語具在李斯傳中。	Ｂ其年七月、始皇帝至沙丘、病甚、令趙高爲書賜公子扶蘇曰、以兵屬蒙恬、與喪會咸陽而葬。書已封、未授使者、始皇崩。書及璽皆在趙高所、獨子胡亥・丞相李斯・趙高及幸宦者五六人知始皇崩、餘羣臣皆莫知也。李斯以爲上在外崩、無眞太子、故祕之。置始皇居轀輬車中、百官奏事上食如故、宦者輒從轀輬車中可諸奏事。〔趙高が胡亥に陰謀を説く〕〔趙高が李斯に陰謀を説く〕於是乃相與謀、①詐爲受始皇詔丞相立子胡亥爲太子。②更爲書賜長子扶蘇曰、……。封其書以皇帝璽、遣胡亥客奉書賜扶蘇於上郡。……卽自殺。	Ｂ始皇至沙丘崩、祕之、羣臣莫知。是時丞相李斯・公子胡亥・中車府令趙高常從。高雅得幸於胡亥、欲立之、又怨蒙毅法治之而不爲己也。①因有賊心、迺與丞相李斯・公子胡亥陰謀、立胡亥爲太子。太子已立、②遣使者以罪賜公子扶蘇・蒙恬死。
Ｃ行、遂從井陘抵九原。會暑、上轀車臭、乃詔從官令車載一石鮑魚、以亂其臭。	Ｃ〔扶蘇の死、蒙恬を拘束〕使者還報、胡亥・斯・高大喜。	Ｃ扶蘇已死、蒙恬疑而復請之。使者以蒙恬屬吏、更置。胡亥以李斯舍人爲護軍。使者還報、胡亥已聞扶蘇死、卽欲釋蒙恬。……胡亥聽而繫蒙毅於代。前已囚蒙恬於陽周。
Ｄ行從直道至咸陽、發喪。太子胡亥襲位、爲二世皇帝。	Ｄ至咸陽、發喪、太子立爲二世皇帝。以趙高爲郎中令、常侍中用事。	Ｄ喪至咸陽、已葬、太子立爲二世皇帝。……〔蒙毅、蒙恬の死〕

Ａ：巡行と病、Ｂ：詔書の偽造、Ｃ：咸陽の途中、Ｄ：胡亥の即位

●昔者、秦王趙正出游天下、還至白（柏）人而病、病篤、〔喟〕然流涕長太息、謂左右曰……2376

●昔者《むかし》、秦王の趙正が天下に出游したとき、還りに柏人に至って病となり、病いが重く、涙を流して深くため息をついて、左右に言った、……

丞相臣斯・御史臣去疾昧死頓首言曰、今道遠而詔2372期宭（羣）臣、恐大臣之有謀、請立子胡亥爲代後。王曰可。2172

丞相の臣（李）斯と御史の臣（馮）去疾が昧死頓首して申し上げます。今（巡行の）道は遠く、詔して群臣に約束しても、大臣の謀りが有るかもしれません。請うらくは、子の胡亥を立てて後に代わらせますように、と。王曰く、可なりと。

『史記』秦始皇本紀では、平原津で病になり、沙丘で崩御したが、「趙正書」では柏人で病気となり、亡くなった場所を言わない。また胡亥を二世皇帝にすることは、扶蘇に賜った詔を書き改めたのではなく、同行した丞相の李斯と御史の馮去疾が進言して、始皇帝が裁可している。このように「趙正書」の始皇帝が死ぬ前の言葉や、始皇帝と李斯との対話は、『史記』にみえない記述という。「趙正書」の伝えは、『史記』とは違う異聞があったことを推測させる。つまり漢代には、始皇帝の死をめぐる複数の文字資料があり、司馬遷はその一つを選択して編集したことになる。このように矛盾する記載は、その史実について検討が必要である。

つぎに表4の秦始皇本紀（三）二世皇帝の構成をみておこう。この部分には、始皇帝を継承した二世皇帝の不徳を示す記事を収録しており、天命に見放される暗示がある。たとえば二世皇帝の元年条には、趙高を任用して、始皇帝の祖廟を定め、巡行をして刻石したあと、大臣や諸公子を粛正する記事がある。このとき公子・将閭は、天を仰いで「天なるかな、吾れ罪無し」と叫んで自殺した。これは趙高の謀を聴いた二世皇帝の不徳を示すとともに、天命を失う位置づけがある。同年の四月には、始皇帝を継承して阿房宮の造営を行っている。(42) この年末の七月に陳渉・呉広の叛乱が起こっている。

二年には、近県の徴発と、酈山の徒に武器を持たせて軍隊を派遣し、叛乱軍を鎮圧している。その後、二世は趙高の権限を高めている。しかし関東の群盗が多くなったため、右丞相の馮去疾、左丞相の李斯、将軍の馮劫が、阿房宮の造営や辺境の戍卒や輸送を止めるように進言して諫めた記事がある。

右丞相去疾・左丞相斯・将軍馮劫進諫曰、關東羣盜并起、秦發兵誅擊、所殺亡甚衆、然猶不止。盜多、皆以戍漕轉作事苦、賦稅大也。請且止阿房宮作者、減省四邊戍轉。

しかし二世皇帝は、馮去疾と馮劫を自殺させ、李斯を捕らえている。これは讒言を聴いて、諫言を聴かないという位置づけとなる。

三年条には、趙高が二世に鹿を献じて馬といい、左右の者で鹿と言った者を処罰した、有名な「馬鹿」の故事がある。そのあと二世が夢を見て不安になり、占夢したところ、涇水の祟りと出たので、涇水を祭らせた。また趙高に盗賊のことを責めたので、恐れた趙高が咸陽令の閻楽を差し向け、二世皇帝を自殺に追いやる記事がある。これらは二世皇帝の不徳による最期である。

秦始皇本紀では、そのあと二世の兄の子である子嬰を秦王に立てたが、子嬰は斎宮で趙高を刺殺した。(43) そして子嬰が秦王となって四十六日後に、沛公が武関から覇上に駐屯したと記している。子嬰は、白馬素車で天子の璽符を持参して軹道の傍らで沛公に降伏したという。このとき沛公は咸陽に入るが、宮室・府庫を封じて、覇上に帰って駐屯した。しかし月余にして、項羽を従長とする諸侯の兵が至り、秦王子嬰と諸公子の宗族を殺している。その後、咸陽の宮殿は焼かれ、財物は持ち去られ、諸侯が分配した。

表4　『史記』秦始皇本紀の構成（三）

二世皇帝元年、年二十一。趙高爲郎中令、任用事。

二世下詔、增始皇寢廟犧牲及山川百祀之禮。令羣臣議尊始皇廟。……

二世與趙高謀曰、朕年少、初卽位、黔首未集附。先帝巡行郡縣、以示彊、威服海內。今晏然不巡行、卽見弱、毋以臣畜天下。
春、二世東行郡縣……碣石、会稽に行く。《刻石の追記》遂至遼東而還。

於是二世乃遵用趙高、申法令。趙高の陰謀……二世曰、善。
乃行誅大臣及諸公子……二世が使者を将閭に派遣する。
將閭乃仰天大呼天者三曰、天乎、吾無罪。昆弟三人皆流涕拔劍自殺。……
羣臣諫者以爲誹謗、大吏持祿取容、黔首振恐。

四月、二世還至咸陽、曰……。阿房宮の造営。……
七月、戍卒陳勝等反故荊地、爲張楚。……使者が群盗と言い、二世が喜ぶ。
武臣自立爲趙王、魏咎爲魏王、田儋爲齊王、沛公起沛、項梁擧兵會稽郡。
二年冬……軍隊を派遣して叛乱軍を鎮圧。

趙高說二世曰、……二世が馮去疾、李斯、馮劫たちの進言を退ける。

三年、章邯たちが鉅鹿で戦う。……冬、趙高爲丞相。李斯を殺す。夏……
八月己亥。……【馬鹿の故事】群臣が趙高を恐れる。

高前數言……。二世夢白虎齧其左驂馬殺之、心不樂、怪問占夢。卜曰……。
趙高が閻楽を使って、二世を自殺させる。

閻樂歸報趙高……。公子嬰が秦王となる。二世の埋葬。趙高を刺殺する。

子嬰爲秦王四十六日、楚將沛公破秦軍入武關、遂至霸上、使人約降子嬰。
子嬰が沛公に降る。沛公は咸陽に入るが、宮室を封じて、霸上に帰る。

居月餘、諸侯兵至、項籍爲從長、殺子嬰及秦諸公子宗族。
遂屠咸陽、燒其宮室、虜其子女、收其珍寶貨財、諸侯共分之。
後五年、天下定於漢。

子嬰爲秦王四十六日、楚將沛公破秦軍入武關、遂至霸上、使人約降子嬰。子嬰卽係頸以組、白馬素車、奉天子璽符、降軹道旁。沛公遂入咸陽、封宮室府庫、還軍霸上。居月餘、諸侯兵至、項籍爲從長、殺子嬰及秦諸公子宗族。遂屠咸陽、燒其宮室、虜其子女、收其珍寶貨財、諸侯共分之。

秦の本拠地は三秦として、項羽と和議を結んだ秦将軍が王となったが、最後に「後五年、天下定於漢」と記している。これは秦の天命を、漢に接続させる書き方である。

こうした秦の天命は、『史記』項羽本紀や太史公自序にもみえている。たとえば項羽本紀には、項梁・項羽が叛乱するとき「此れ亦た天、秦を亡ぼすの時なり」という予言がある。また自序の項羽本紀第七を作った理由では、「秦その道を失い、豪桀幷びに擾《みだ》る」とある。また自序の秦始皇本紀のコメントでは、二世皇帝が天運を受けながら子嬰が捕虜になったと述べている。

始皇既立、幷兼六國、銷鋒鑄鐻、維偃干革、尊號稱帝、矜武任力。二世受運、子嬰降虜。作始皇本紀第六。

秦始皇本紀の論賛では、先祖の伯翳から、東周の時代に秦が勃興して西垂を拠点とし、繆公から始皇帝に至る経過を述べている。そして始皇帝の評価については、賈誼の「過秦論」を引用しており、ここでは司馬遷が賈誼の評価に共感したことを示している。

太史公曰、秦之先伯翳、嘗有勳於唐虞之際、受土賜姓。及殷夏之閒微散。至周之衰、秦興、邑于西垂。自繆公以來、稍蠶食諸侯、竟成始皇。始皇自以爲功過五帝、地廣三王、而羞與之侔。善哉乎賈生推言之也。曰、……。

論賛で引用した「過秦論」は、本来は下篇だけであり、今日のテキストにみえる上篇・中篇は後世の追加とみなされている。[44] そこで論賛の「過秦論」下篇をみると、大略として秦が要害に位置し、軍事力によって天下を合わせながら、それを防衛することなく山東から滅ぼされたと論じ、それは二世が誤りを改めず、子嬰が孤立して補佐がなかったためとする。そして「三主（始皇帝、二世、子嬰）惑いて、終身悟らず。亡ぶるは亦た宜べならずや」と評し、君子が国を治めるには、盛衰の理を観察し、また権勢の宜しきを審かにする必要があると述べている。(45)これは始皇帝と二世皇帝、子嬰を批判しており、司馬遷が興亡の原理を明らかにしようとする歴史観とほぼ同じである。したがって司馬遷は、賈誼の言を借りながら、滅亡の原因を君主の不徳においていることがわかる。

これらを総合すれば、司馬遷は秦始皇本紀で、始皇帝が天下を統一するまでは隆盛の徳を継いでいたが、統一後の始皇帝に不徳の事績があらわれ、二世皇帝と子嬰のときに決定的になるという歴史観をもっていたことになる。このような歴史観は、徳ある王が天命を受け、徳が無くなると天命は移ると位置づける一種の運命観であり、それはつづく項羽本紀や高祖本紀、呂后本紀にも明瞭にみえている。(46)つまり司馬遷は『史記』秦楚之際月表で、秦の天命は項羽（楚）、劉邦（漢）に目まぐるしく移ってゆくという。そしてまた高祖を継いだ呂后も、天の事象に呼応する自らの不徳によって、呂氏一族ともに滅んでゆき、やがて文帝の時代となるのである。

以上のことから、『史記』秦始皇本紀の構成をみると、二十六年の統一以前と、それ以降の後半、二世皇帝の部分で、資料の位置づけが変化している。始皇帝の部分は、以下のような構成である。

前半：系譜（即位まで）、秦紀年、記事（統一時の議論）、伝承（秦王の評価）

後半：秦紀年、巡行・祭祀・石刻、詔令・議論、記事資料、伝承（予言、評価）

秦始皇本紀の前半では、最初に秦王の系譜と、即位して呂不韋が大臣となる記述がある。その後は秦紀年を基本として、その間に記事資料と伝承を入れている。記事資料は、嫪毐の乱をめぐる記事や、統一時に天下を滅ぼした大義名分、皇帝の称号を決める議論、統一の儀礼と制度、郡県制の施行、咸陽の宮殿、度量衡・車軌・文字の統一に関する内容である。伝承には、嫪毐の乱以降の対応と、尉繚による秦王の評価がある。ここには天下を三十六郡とし、民を黔首と呼ぶことのほかに、地方行政に関する記述はみられない。

後半では、やはり秦紀年を基本とするが、始皇帝の巡行と祭祀の記事が多い。ここには各地の石刻を収録している。始皇帝と二世皇帝の巡狩にともなう刻石は、司馬遷の旅行ルートとも重なっているが、漢王朝に所蔵している資料の可能性がある。詔令と議論は、焚書・坑儒に関する記事、始皇帝陵と阿房宮の造営に関する内容である。他の記事と伝承には、三十六年に始皇帝の死を予言する話や、徐福の伝説、始皇帝の死をめぐる陰謀などがある。ここで中心となるのは、始皇帝の事績と人物評価である。また始皇帝が各地を巡行するとき、泗水で鼎の引き上げに失敗した記事や、舜の二人の妻を祀る湘山で怒って樹木を伐った話、徐福の伝説などをのぞいて、地方の官府や吏民に関する記載はみえない。

二世皇帝と子嬰の記述では、秦紀年の間に、事件の概要を記した記事資料と、史実として疑わしいエピソードで構成されている。

このように秦始皇本紀の全体をみると、利用された資料の特徴がよくわかる。つまり司馬遷は、系譜・紀年資料のほかに、中央の議論や祭祀儀礼の記事、予言や人物評価に関する記事を多く利用している。その歴史観は、始皇帝が先祖の天命を受けて統一の偉業をなしとげながら、諫言を聞かない不徳により衰退への転換をむかえ、さらに二世皇帝と子嬰の不徳によって、滅亡は決定的になると位置づけている。これは司馬遷が、天の事象に呼応する人間の行為によって、地上の歴史事象を説明しようとする思想と関連しており、必ずしも客観的な史実とは考えられない。したがって始皇帝の人物像が統一前とその後でわかりにくく、一見すると矛盾するような事績は、こうした司馬遷の歴史観によって、先行資料を取捨選択して編集しているためとおもわれる。

ただし秦帝国の滅亡は、始皇帝と二世皇帝の不徳や、天命によって説明するだけでは不十分であり、当時の社会情勢をふくめて考えなくてはならない。その一つは、秦代地方統治の運営と社会の実態である。睡虎地秦簡と里耶秦簡によれば、秦の法令と郡県制の行政システムは、きわめて合理的な規格として整えられていた(47)。しかしその統一政策は、東方の占領地ではわずかな期間のうちに叛乱が起こることになる。陳渉、沛公（劉邦）、項羽が叛乱したのは、項羽本紀にみえる「楚は三戸と雖も、秦を滅ぼすものは必ずや楚ならん」という予言の通り、まさに戦国末の楚の領域から起こっている。とくに項梁・項羽の場合は、戦国時代に秦で客死した楚懐王の子孫を立て、秦に殺された将軍・項燕の系譜をもつことで支持され、旧楚の領域を本拠地として天下に号令した。また漢王朝を開いた劉邦は、故秦の地を郡県制として継承しながら、ほぼ旧六国にあたる東方を封建制としており、これらは最後に制圧した地域がもっとも統治しにくい情勢を示している。このように考えれば、秦の統一事業をあまりに過大評価することなく、なぜ秦帝国が短期間に滅びたかという現象を、Ⅲの地域情勢からも再検討できることになろう。

おわりに

秦帝国の歴史と始皇帝の人物像には、わかりにくい点が多い。その理由は、基本史料となる『史記』秦始皇本紀が皇帝の事績を中心としており、地方社会の記述が少ないことによる。また秦始皇本紀と秦代列伝には矛盾する記述があり、しかも『史記』の編集には司馬遷の歴史観が加わっている。ここでは秦始皇本紀を、始皇帝と二世皇帝の部分に分けて、その史料的性格と秦帝国の歴史的意義を考察した。その要点は、つぎの通りである。

一、『史記』秦始皇本紀の構成は、秦の系譜と、紀年資料、公文書の形式をもつ記事、概要を記した記事資料、予言や人物評価に関する記事、説話のようなエピソード、伝聞などで構成されている。その基本となるのは秦紀年である。この秦紀年の間に、さまざまな資料を取捨選択して編集するという手法は、これまでみた『史記』戦国史料の編集パターンと同じである。また説話のようなエピソードは、中国の出土資料からみれば、必ずしも漢代の伝えを司馬遷が筆記したのではなく、一部は文字化されていたことがわかる。こうした諸資料を編年して、司馬遷は秦始皇本紀を編集したが、（一）統一以前、（二）統一以後、（三）二世皇帝の時代によって、異なる位置づけをしている。それは（一）では、秦王政が諫言を聴く徳で隆盛を示している。しかし（二）では、始皇帝の不徳を示す記事を多く収録し、（三）では二世皇帝の不徳を示している。

二、『史記』秦始皇本紀の構成をもとに、始皇帝の人物像を考えてみると、そこには司馬遷の歴史観を反映して、秦帝国の興亡を位置づけていることがわかる。つまり秦本紀では、秦が先祖の功徳によって隆盛し、それを承けた秦始皇本紀では統一までの歴史を描いている。しかしそのあとは一転して、なぜ滅亡したかという説明に終始しているようにおもわれる。そして統一以降では、天の事象に呼応して、始皇帝の不徳を示す記事が多く配列され、その運命は二世皇帝の場合に決定的となっている。

三、この司馬遷の歴史観を排除し、統一までの経過をみると、親政後の短期間の統一は、趙との戦線が重要な要因になっているとおもわれる。またその後に、統一事業にかかわる具体的な記載がなく、頻繁な巡行と刻石が記されているのは、諸国の離宮を訪ねて祭祀儀礼を行ない、統一政策を浸透させようとするほかに、最後に占領した東方は叛乱しやすい地域であったことも一因であると推測した。二世皇帝のとき叛乱した地域は、始皇帝の時代に占領した地域であり、もっとも早く戦国諸国の形態にもどったとおもわれる。この秦末の状況について司馬遷は、楚の項羽に天命が移るとみなして項羽本紀を作成し、すぐに天命は劉邦の漢家に移ってゆくと位置づけて高祖本紀を叙述している。そして漢王朝では、郡県制と王国制を併用した地方統治を行なったが、それはすでに指摘されているように、始皇帝が即位以前の故秦の地と、それ以降に占領した東方地域に対応するものであった。

このような秦始皇本紀の歴史に対して、始皇帝陵の兵馬俑や、睡虎地秦簡、里耶秦簡、湖南大学岳麓書院蔵秦簡などの出土資料によって、秦帝国の実態が解明されつつある。考古文物では、関中の都城や離宮、秦兵馬俑とふくむ始皇帝陵園、秦の中央官制などの総合的な研究に進んでいる。(48) また一方で、秦代の地方行政についても進展がある。(49) たとえば、漢長安城の区域から発見された秦封泥には、都城がある渭水盆地（関中）の周辺と、黄河流域の地名が多くみえている。これは睡虎地秦簡『編年記』、張家山漢簡『二年律令』「秩律」の地名とあわせて、中央と地方の県をめぐる議論が可能となる。また里耶秦簡の研究は、これまで南方の拠点であった南郡にくわえて、洞庭郡の地方統治を知ることができる。さらに益陽簡牘では、長沙郡の情勢をうかがうことが可能となる。

したがって秦代史の研究では、まず『史記』秦始皇本紀や秦代列伝の編集と史料的性格を分析し、司馬遷の歴史観を見極めることが大切である。それとあわせて考古文物や、出土資料それ自体の考察をふまえて、秦帝国の歴史や始皇帝の人物像を総合的に研究する時代となっている。

注

（1）　拙著『史記戦国史料の研究』（東京大学出版会、一九九七年）第二編「戦国七国の史料学的研究」の諸論文、とくに第二編第一章「『史記』秦本紀の史料的考察」で考察した。『史記』の性格に関する研究は、佐藤武敏『司馬遷の研究』（汲古書院、一九九七年）附編「『史記』はどういう書物か」の考察があり、本書の序章で紹介している。

（2）　拙稿「『史記』戦国紀年の再検討」（一九八七年、前掲『史記秦漢史料の研究』第一編第二章）。

（3）　『史記』秦始皇本紀の性格は、栗原朋信『秦漢史の研究』（吉川弘文館、一九六〇年）や、鶴間和幸『秦帝国の形成と地域』（汲古書院、二〇一三年）序論「秦帝国の形成と地域――始皇帝の虚像を超えて」、第二編第三章「司馬遷の時代と始皇帝

——秦始皇本紀編纂の歴史的背景」などの研究がある。一般書には、籾山明『秦の始皇帝』（白帝社、一九九四年）、鶴間和幸『秦の始皇帝』（吉川弘文館、二〇〇一年）などがある。

（4）秦兵馬俑の概略は、鶴間和幸『始皇帝陵と兵馬俑』（二〇〇一年、講談社、二〇〇四年）、拙稿「戦国・秦代の軍事編成」（一九八七年、『中国古代国家と郡県社会』第三章、汲古書院、二〇〇五年）など。睡虎地秦簡については、工藤元男『睡虎地秦簡よりみた秦代の国家と社会』（創文社、一九九八年）をはじめ多くの研究がある。

（5）本書の序章で、『史記』に関連する出土資料を概観している。また雲夢楚王城と馳道については、馬彪『秦帝国の領土経営——雲夢龍崗秦簡と始皇帝の禁苑』（京都大学学術出版会、二〇一三年）がある。

（6）拙稿「中国古代の関中開発——戦国秦の郡県制形成」、同「戦国秦の領域形成と交通路」（前掲『中国古代国家と郡県社会』第一編第一章、第二章）、拙稿「中国古代の秦と巴蜀、楚」、同「戦国秦の南郡統治と地方社会」（『中国古代国家と社会システム——長江流域出土資料の研究』第一章、第三章、汲古書院、二〇〇九年）など。

（7）王国維「秦都邑考」（『観堂集林』巻一二）。また徐衛民『秦都城研究』（陝西人民教育出版社、二〇〇〇年）、礼県博物館・礼県秦西垂文化研究会『秦西垂陵区』（文物出版社、二〇〇四年）、礼県秦西垂文化研究会・礼県博物館『秦西垂文化論集』（文物出版社、二〇〇五年）、村松弘一「黄土高原西部の環境と秦文化の形成」（『学習院史学』四二、二〇〇四年）など。

（8）ここでは王国維の区分をⅠの地域とし、昭王期に代表される東方進出をⅡの地域、統一後をⅢの地域とする。なお鶴間和幸「秦の統一事業の再考」（前掲『秦帝国の形成と地域』終論第一章）は、統一後の秦帝国の歴史を三つの時期に区分している。それは①「統一と平和の時代」始皇二十六年〜三十一年の六年間、②「対外戦争の時代と始皇帝の死」三十二年〜三十七年八月の六年間、③「二世皇帝の治世、内戦、帝国崩壊の時代」三十七年九月〜漢元年十月の三年間である。

（9）二〇一四年八月には、Ⅰ秦国の形成に関して、四川省青川県秦墓、甘粛省礼県の大堡子山秦公墓、春秋貴族墓、漢代祭祀遺跡、甘谷毛家坪遺跡、天水放馬灘秦墓、張家川馬家塬遺址、陝西省の鳳翔県雍城遺址、蘄年宮、秦公大墓などを調査しており、前掲「中国古代の秦と巴蜀、楚」「戦国秦の南郡統治と地方社会」は、Ⅰの地域とⅡの南郡を対象としている。

（10）本書の第四章「『史記』と里耶秦簡」。

（11）拙著『史記戦国列伝の研究』（汲古書院、二〇一一年）序章、第一章で論じたように、説話のようなエピソードも、漢代には複数の文字資料が存在しており、司馬遷はそれを取捨選択して《太史公書》を編集している。これは後述のように、北京大学蔵竹簡「趙正書」に始皇帝の死をめぐる異聞があることでもうかがえる。司馬遷は、本紀や列伝の作成意図にそって、それぞれ異なる資料を利用しており、これが一見すると『史記』の矛盾とみえるものである。ただし本紀で秦王の子とするのは当然であり、どちらが史実であるかは別の問題である。

（12）拙稿前掲「『史記』戦国紀年の再検討」。

（13）西嶋定生「嫪毒の乱について」（一九七二年、『中国古代国家と東アジア世界』東京大学出版会、一九八三年）。

（14）国尉は、正義注に「若漢太尉、大将軍之比也」とある。安作璋・熊鉄基『秦漢官制史稿』上冊、第一編第一章第一節「太尉」では、秦に太尉のような最高の武官はなく、地位の低い国尉がある例とする。

（15）『史記』巻八五呂不韋列伝には伝説が多いが、「五年相邦呂不韋」の銘文をもつ青銅戈によって武器製造の一端がうかがえ、その事績は再検討する必要があろう。

（16）『史記』では、秦始皇本紀のほか趙世家、呂不韋列伝に経過がみえる。拙稿「『史記』趙世家の史料的考察」（前掲『史記戦国史料の研究』第二編第二章）。

（17）佐藤武敏監修、工藤元男・早苗良雄・藤田勝久訳注『馬王堆帛書・戦国縦横家書』（朋友書店、一九九三年）。一六章に、ある人が魏王に説いて、つぎのよう進言している。

韓亡之後必将更事、更事必就易與利、就易與利、必不伐楚與趙矣。是何也。夫〔越山踰河、絶〕韓上黨而攻强趙、氏（是）復閼與之事也、秦必弗爲也。若道河内、倍鄴・朝歌、絶漳・鋪（滏）〔水、與趙兵決於〕邯鄲之鄗（郊）、氏（是）知伯之過（禍）也、秦有（又）不敢。

（18）年齢の申告と身長については、渡辺信一郎「『呂氏春秋』上農篇蠡測」（一九八一年、『中国古代国家の思想構造』、一九九四年）、拙稿前掲「戦国・秦代の軍事編成」、同前掲「『史記』戦国紀年の再検討」などで指摘している。

（19）韓国の情勢は、拙稿「『史記』韓世家の史料的考察」（一九八八年、前掲『史記戦国史料の研究』第二編第三章）参照。

(20) 昌平君の事績は、睡虎地秦簡『編年記』にもみえる。町田三郎『秦漢思想史の研究』第二章「統一の思想」(創文社、一九八五年)、拙稿前掲「『史記』戦国紀年の再検討」、李開元「末代楚王史迹鉤沈――補《史記》昌平君列伝」(『史学集刊』二〇一〇年一期)を参照。

(21) 始皇帝の統一政策には、①皇帝の称号、②水徳、十月歳首、衣服、法制の諸制度、③郡県制、④貨幣・度量衡の統一、⑤車軌の統一、馳道の建設、⑥文字の統一などの側面があり、二十六年条の統一政策に関する議論は、『史記』礼書・暦書・封禅書に類似の記事があり、資料的来源の共通性をうかがわせる。

(22) 鶴間和幸「古代中華帝国の統一法と地域――秦帝国の法の統一とその虚構性」、同「秦帝国による道路網の統一と交通法」(一九九二年、前掲『秦帝国の形成と地域』第一編第二章、第三章)など。

(23) 国家計量総局主編『中国古代度量衡図集』(文物出版社、一九八一年)には、始皇詔の器物として「廿六年、皇帝盡幷兼天下諸侯、黔首大安、立號爲皇帝、乃詔丞相狀・綰、法度量則不壹歉疑者、皆明壹之」の銘文がある。両詔の器物で二世皇帝の銘文には「元年制詔丞相斯・去疾、法度量盡始皇帝為之、皆有刻辞焉。今襲號、而刻辞不稱始皇帝、其於久遠也、如後嗣為之者、不稱成功盛德。刻此詔故刻左、使毋疑」とある。里耶秦簡は、湖南省文物考古研究所編『里耶秦簡〔壹〕』(文物出版社、二〇一二年)、陳偉主編『里耶秦簡牘校釈（第一巻）』(武漢出版社、二〇一二年)により、張春龍・龍京沙「湘西里耶秦簡8-455号」(『簡帛』第四輯、上海古籍出版社、二〇〇九年)、胡平生「里耶秦簡8-455号木方性質芻議」(『簡帛』第四輯、二〇〇九年)、游逸飛「里耶秦簡8-455号木方選釈」(『簡帛』第六輯、二〇一一年)がある。

(24) 秦の刻石は、稲葉一郎「秦始皇の巡狩と刻石」(『書論』二五、一九八九年)、鶴間和幸「秦始皇帝の東方巡狩刻石に見る虚構性」(一九九六年、前掲『秦帝国の形成と地域』第一編第四章)など。

(25) 稲葉前掲「秦始皇の巡狩と刻石」では、不老不死や物見遊山などではなく国見の政治的目的を強調する。桐本東太「不死の探求――始皇帝巡狩の一側面」(一九八九年、『中国古代の民俗と文化』刀水書房、二〇〇四年)は、山岳神祭祀などの習俗を背景とするという。鶴間和幸「秦帝国による道路網の統一と交通法」(一九九二年、前掲『秦帝国の形成と地域』第一編第二章)、同「秦帝国の形成と東方世界――始皇帝の東方巡狩経路の調査をふまえて」(一九九三年、前掲書、第一編第三章)

では、祭祀・道路網の掌握などを指摘している。

(26) 睡虎地秦簡『編年記』三五簡下段の二十八年条に「今過安陸」とある。安陸をめぐる情勢は、拙稿前掲「戦国秦の南郡統治と地方社会」参照。

(27) 集解引く鄭玄注に「胡、胡亥、秦二世名也。秦見圖書、不知此爲人名、反備北胡」とある。

(28) 佐藤武敏「司馬遷の旅行」（一九七七年、前掲『司馬遷の研究』第四章）、鶴間前掲「司馬遷の時代と始皇帝」、本書の第二章、拙著『司馬遷の旅』（中央公論新社、二〇〇三年）など。

(29) 劉信芳・梁柱『雲夢龍崗秦簡』（科学出版社、一九九七年）、中国文物研究所・湖北省文物考古研究所編『龍崗秦簡』（中華書局、二〇〇一年）。『龍崗秦簡』三五簡に「沙丘苑中風茶者、□▨」とあり、注釈では、戦国時代に趙武霊王が餓死した沙丘宮とする。馬彪前掲『秦帝国の領土経営』第三章「龍崗秦簡が出土した楚王城」は、雲夢楚王城が禁苑と雲夢沢官署の役割をもつと考証している。

(30) 秦始皇本紀に、「二世皇帝元年、年二十一。趙高爲郎中令、任用事。二世下詔、増始皇寝廟犧牲及山川百祀之禮。令羣臣議尊始皇廟。……二世與趙高謀曰、朕年少、初卽位、黔首未集附。先帝巡行郡縣、以示彊、威服海内。今晏然不巡行、卽見弱、毋以臣畜天下。春、二世東行郡縣、李斯從」とあり、その後、始皇帝の刻石に追記している。

(31) 秦兵馬俑は、陝西省考古研究所・始皇陵秦俑坑考古発掘隊編著『秦始皇陵兵馬俑坑一号坑発掘報告』上下（文物出版社、一九八八年）、秦始皇兵馬俑博物館編『秦始皇陵二号兵馬俑発掘報告』第一分冊（科学出版社、二〇〇九年）、王学理『秦俑専題研究』（三秦出版社、一九九四年）などの考察がある。軍陣については、袁仲一「秦始皇陵東側第二・三号俑坑軍陣内容試探」（『中国考古学会第一次年会論文集一九七九』文物出版社、一九八〇年）、袁仲一『秦始皇陵兵馬俑研究』第二章「秦始皇陵兵馬俑坑」（文物出版社、一九九〇年）、同『秦始皇陵考古発現与研究』（陝西人民出版社、二〇〇二年）、二三二〜二三八頁、拙稿前掲「戦国・秦代の軍事編成」による。

(32) 重近啓樹「兵制の研究——地方常備軍を中心に」（一九八五年、『秦漢税役体系の研究』汲古書院、一九九九年）では、士と卒は明確な区別がないとしており、拙稿「秦代的軍事編制成與兵種——秦始皇陵兵馬俑與地方軍」（『一統天下：秦始皇帝的永恒国度国際学術研討会論文集』香港歴史博物館、二〇一二年）では、重近氏の指摘をもとに、三つの区分とした。

（33）重近前掲「兵制の研究」は、睡虎地秦簡『秦律雑抄』によって、県に属する常備軍の兵士を想定し、兵士は材官・騎士などの兵種に区分され、訓練をうけると考えている。ここには県の令、尉のもとに、士吏や発弩嗇夫、駕騶の軍吏と、戦車兵や弩兵、弓を引く材官、中卒などと県卒がいる。里耶秦簡では、遷陵県に弩臂を保有しており、弩兵の存在が想定される（8-147）。このほか県卒と募集された戍卒がいる（16-5、16-6）。また校長（8-565）や、校長、敦長（8-537）、敦長、車徒（8-1299）、敦長簪裹（8-1574）、発弩（8-141、8-159、8-761、8-1101、8-1783、8-1945）、発弩守（8-717、985）、発弩丞（8-1234）、求盜、戍卒（8-1552）、尉史士五（8-1364）、乗城卒・士五（8-1452）、更戍士五（8-1401など）、屯戍簪裹（8-1574）、屯戍士五（8-1545など）、戍卒士五（8-247）、卒戍士五（8-1094）、冗戍士五（8-666）、守戍士五（8-898）、罰戍簪裹（8-781）、罰戍士五（8-429など）、適戍士五（8-899）の名称がある。

（34）張家山漢簡『二年律令』「傅律」に、以下の条文がある。拙稿「漢代の徭役労働と兵役」（前掲『中国古代国家と郡県社会』第二編第五章）参照。

　不更以下子年廿歲、大夫以上至五大夫子及小爵不更以下至上造年廿二歲、卿以上子及小爵大夫以上年廿四歲、皆傅之。公士364 公卒及士五（伍）・司寇・隱官子、皆爲士五（伍）。疇官各從其父疇、有學師者學之。365　（三六四〜六五簡）

（35）漢武帝の巡行では、軍事的な要地を廻る要素もあるが、権力の正統性を主張するために、泰山封禅と山川祭祀や、天・地を祭る郊祀の要素が強くなっている。大櫛敦弘「前漢武帝期の行幸」（『日本秦漢史学会会報』五、二〇〇四年）、目黒杏子「前漢武帝の巡幸」（『史林』九四―四、二〇一一年）など。

（36）拙稿前掲「『史記』秦本紀の史料的考察」、拙稿「『史記』戦国四君列伝の史実」（一九九一年、前掲『史記戦国列伝の研究』第四章）、本書の第二章など。

（37）『史記』巻二八封禅書に、「其後百二十歲而秦滅周、周之九鼎入于秦。或曰宋太丘社亡、而鼎沒于泗水彭城下」とある。鶴間和幸「秦始皇帝諸伝説の成立と史実——泗水周鼎引き上げ失敗伝説と荊軻秦王暗殺未遂伝説」（一九九五年、前掲『秦帝国の形成と地域』第二論第四章）には、文献と画像石を使った考証がある。

(38)　鶴間前掲「司馬遷の時代と始皇帝」では、司馬遷が旅行で伝説に出会ったとするが、それは簡略な短文にとどまっている。これらの伝説は、祭祀に関する内容が多い。
(39)　蒙恬の事業については、鶴間和幸「秦長城建設とその歴史的背景」（一九九七年、前掲『秦帝国の形成と地域』第三論第五章）がある。
(40)　秦始皇本紀に、「三十六年、熒惑守心。有墜星下東郡、至地爲石。黔首或刻其石曰、始皇帝死而地分。始皇聞之、遣御史逐問、莫服、盡取石旁居人誅之、因燔銷其石」とある。
(41)　趙化成「北大蔵西漢竹書《趙正書》簡説」（『文物』二〇一一年第六期）、藤田忠「北京大学蔵西漢竹書『趙正書』について」（『国士舘人文学』二、二〇一二年）。趙化成氏の説明によれば、「趙正書」は長さ三〇・二～三〇・四センチ、幅〇・八～一センチで、全部で五一枚、綴合して五〇枚という。簡5213の背面に「趙正書」の題目があり、編綴は三本の紐跡による。一簡には二八～三一字が書かれており、総字数は一五〇〇字に近い。墓葬年代と書体の特徴によって、撰写年代は前漢早期で、抄写年代は前漢中期と推測されている。
(42)　中国社会科学院考古研究所・西安市文物保護考古所・阿房宮考古工作隊「阿房宮前殿遺址考古勘探与発掘」（『考古学報』二〇〇五年二期）など。
(43)　この記述も「趙正書」に異聞がある。秦始皇本紀では、子嬰が趙高を殺したとするが、「趙正書」では将軍の章邯が秦を滅ぼしたときに趙高を殺している。

　秦王胡亥弗聽、遂行其意、殺丞相斯、立高使行丞相御史2463之事。未能夂（終）其年、而果殺胡亥。將軍張（章）邯入夷其國、殺高。2144

(44)　秦始皇本紀にみえる賈誼「過秦論」は、鶴間和幸「漢代における秦王朝史観の変遷（一）」（一九九五年、前掲『秦帝国の形成と地域』第二編第一章）、佐藤武敏「『史記』に見える過秦論」（『中国古代史研究』七、一九九七年）、稲葉一郎『中国史学史の研究』第二部第一章「『過秦論』と『太史公書』」（京都大学学術出版会、二〇〇六年）、李開元「『史記』秦始皇本紀の構造について」（『資料学の方法を探る』一二、二〇一三年）に考察がある。

（45）秦始皇本紀の論賛に引用された「過秦論」に、
秦幷兼諸侯山東三十餘郡、繕津關、據險塞、修甲兵而守之。然陳涉以戍卒散亂之衆數百、奮臂大呼、不用弓戟之兵、鉏櫌白梃、望屋而食、横行天下。……秦王足己不問、遂過而不變。二世受之、因而不改、暴虐以重禍。子嬰孤立無親、危弱無輔。三主惑而終身不悟、亡、不亦宜乎。……由此觀之、安危之統相去遠矣。野諺曰、前事之不忘、後事之師也。是以君子爲國、觀之上古、驗之當世、參以人事、察盛衰之理、審權勢之宜、去就有序、變化有時、故曠日長久而社稷安矣。

（46）本書の第六章「『史記』項羽本紀と秦楚之際月表」、第八章「『史記』呂后本紀の歴史観」。

（47）里耶秦簡をみれば、秦代の郡県制によって文書行政をおこない、地方官府で労役や財務の運営をしていたことがうかがえる。したがって巡行の目的は、直接的には統一政策の推進ではないとおもわれる。本書の第四章「『史記』と里耶秦簡」。

（48）咸陽の都城は、その南面が渭水によって破壊されているが、北部にある一号宮殿などの遺跡は発掘調査が進んでいる。ここに設置された秦の中央官制は、漢王朝が継承した張家山漢簡『二年律令』の「秩律」にうかがうことができ、『漢書』百官公卿表には秦漢時代の官制の変遷を記している。また秦帝国の全体的なプランとして、咸陽宮殿と阿房宮や、渭水の南にある離宮（漢代の長楽宮）、秦の東陵と始皇陵園をあわせた考察がみられる。京師の構造では、咸陽をモデルにしたという始皇陵園の発掘と研究が進んでいる。鶴間和幸「始皇帝陵建設の時代」（一九九五年、前掲『秦帝国の形成と地域』第三編第三章）、同「秦咸陽城のプラン」（一九九一年、前掲書、第三編第四章）、鶴間和幸・恵多谷雅弘監修『宇宙と地下からのメッセージ――秦始皇帝陵とその自然環境』（D—CODE、二〇一三年）など。

（49）呉鋼主編、周曉陸・路東之編著『秦封泥集』（三秦出版社、二〇〇〇年）や、朱漢民・陳松長主編『岳麓書院所蔵秦簡〔壹〕』（上海辞書出版社、二〇一〇年）、『同〔貳〕』（二〇一一年）、『同〔參〕』（二〇一三年）、里耶秦簡、益陽簡牘などによって研究の進展が期待される。陳偉「秦簡牘研究の新段階」、工藤元男「楚簡・秦簡研究と日中共同研究」（以上、藤田勝久編『東アジアの資料学と情報伝達』汲古書院、二〇一三年）など。

第二節　始皇帝と諸公子について

はじめに

これまで『史記』秦始皇本紀の構成と、司馬遷の歴史観を検討してきた。それは大きく始皇帝（前半、後半）と二世皇帝の部分に分けることができ、秦帝国の統一と滅亡を明らかにしようとする意図がみえることを指摘した。とくに始皇帝の後半と二世皇帝の部分は、始皇帝が天下統一の後から、諫言を聞かないことや、不徳の事績によって衰退への転換をむかえ、さらに二世皇帝と子嬰の不徳によって、滅亡は決定的になると位置づけていた。しかし司馬遷の歴史観とは別に、秦始皇本紀には秦紀年や記録のほかに、物語のような記述や異聞が多く、どこまで史実として信頼できるかについて不明な部分が残されている。

たとえば、その一つに始皇帝の夫人の問題がある。『史記』には子楚を太子とした華陽太后や、かつて趙姫であった始皇帝の母太后の卒年を記しているが、ふしぎなことに始皇帝の夫人については全く記載がない。ただし長子の扶蘇と、少子の胡亥をはじめとする諸公子には若干の記述がある。そこで諸公子の動向を手がかりとして、とくに始皇帝の死と二世皇帝即位の情勢が検討できると考える。また始皇帝の婚姻関係を推測することは、秦と六国の外交関係や、秦王室の権力構造を理解することにつながるとおもわれる。

第二節では、始皇帝の夫人をめぐる諸公子の出自を探りながら、その背景にある秦王室と諸国との関係、二世皇帝の権力構造を考察してみよう。

一　始皇帝の夫人と扶蘇――婚姻と外交政策

『史記』秦始皇本紀では、始皇帝の夫人についてまったく記載がない。したがって始皇帝の第一夫人は不明であるが、少なくとも最初に生まれた長子は扶蘇である。秦始皇本紀の三十五年（前二一二）条と李斯列伝には、扶蘇が始皇帝を諫めた記述がみえる。

始皇長子扶蘇諫曰、天下初定、遠方黔首未集、諸生皆誦法孔子。今上皆重法繩之、臣恐天下不安。唯上察之。始皇怒、使扶蘇北監蒙恬於上郡。（秦始皇本紀）

始皇有二十餘子、長子扶蘇以數直諫上、上使監兵上郡、蒙恬爲將。（李斯列伝）

ここでは始皇帝が直道を通じたとき、遠方の民が服属していないのに、儒者の弾圧など法を厳しくする政策を長子の扶蘇が諫めたため、始皇帝は怒って、北方の上郡にいた蒙恬の監督に行かせたというものである。蒙恬は、三十三年から黄河のオルドス方面に出動し、長城や直道の建設に従事していた。

その後の経過は、三十七年（前二一〇）条の第五回の巡行のときに始皇帝が亡くなり、後継者をめぐる話が有名である。第一節の表3では、秦始皇本紀と李斯列伝、蒙恬列伝の記述を比較している。(1) この最後の巡行には、丞相の李斯と、蒙毅、中車府令の趙高、少子の胡亥たちが随行していた。始皇帝は、巡行の途中の平原津で病がひどくなり、「咸陽に戻って葬儀を行なえ（與喪會咸陽而葬）」という璽書を扶蘇に賜ったが、趙高は使者にその璽書を与えなかった。そして同年七月、始皇帝が沙丘の平台で亡くなったとき、李斯は旅先での死去が知られて、諸公子や天下が反乱することを恐れ、喪を発しなかったという。反対に趙高は、公子胡亥と李斯を説得し、ひそかに謀って胡亥を太子に立てる遺詔を作った。さらに扶蘇と蒙恬には、罪状をあげて死を賜うことにした。その結果、扶蘇と蒙恬は亡くなり、咸陽に帰って即位したのが胡亥である。

二世皇帝の胡亥は、その元年に二十一歳という。(2) これによれば扶蘇は、二十歳で即位した胡亥よりも年上であり、少なくとも秦王十八年（前二二九）より以前に生まれたことになる。これが『史記』に伝える扶蘇の記事である。

それでは扶蘇の母となる夫人は、どのような人物であろうか。これについては、秦王政が成人する前後の情勢が注目される。なぜなら、この時期に秦王政が婚姻して、扶蘇が生まれたと推測されるからである。秦始皇本紀には、秦王政が成人するときに嫪毒の乱が起こっている。その事件をめぐって、嫪毒側の勢力と、秦王政の勢力は、つぎのように記されている。

九年、彗星見、或竟天。……四月、上宿雍。己酉、王冠帶劍。長信侯毒作亂而覺、矯王御璽及太后璽以發縣卒及衞卒・官騎・戎翟君公・舍人、將欲攻蘄年宮爲亂。王知之、令相國・昌平君・昌文君發卒攻毒。戰咸陽、斬首數百、皆拜爵、及宦者皆在戰中、亦拜爵一級。毒等敗走。卽令國中、有生得毒賜錢百萬。殺之五十萬。盡得毒等。衞尉竭・內史肆・佐弋竭・中大夫令齊等二十人皆梟首。車裂以徇、滅其宗。及其舍人輕者爲鬼薪。及奪爵遷蜀四千餘家、家房陵。

これによると秦王九年（前二三八）四月に、秦王政が雍城に行き、己酉（二十日）に二十二歳で帯冠・帯剣の儀式を終えたあと、その直後に嫪毒の乱が起きている。嫪毒は、呂不韋の推挙によって始皇帝の母太后の信任をえて、長信侯となっていた。そして嫪毒は、太后との間に生まれた子供が発覚するのを恐れて叛乱したという。この乱の歴史的意義は、少なくとも結果としてその背後にある呂不韋の勢力を排除し、秦王が親政を行うようになったことが指摘できよう(3)。しかしここで問題とするのは、嫪毐と秦王それぞれの軍事基盤である(4)。

嫪毐の側は、王の御璽と太后の璽を偽り、県卒と衛卒・官騎・戎翟の君公・舎人を発し、雍の蘄年宮を攻撃しようとした。この勢力の実態として、県卒とは京師の軍隊であり、衛卒は宮城を守衛する衛尉の軍隊であろう。秦王政が反乱を鎮圧した後に、衛尉の竭と、内史の肆、佐弋の竭、中大夫令の斉らを処罰しているのは、こうした衛尉に所属する衛卒と、内史に所属の県卒のように、これらの軍事編成を使ったことに対応するものであろう。

これに対して秦王の側は、別の軍事力で対抗することになる。秦代の軍事編成では、先にみた嫪毐の軍隊のほかに、郎中令に所属する宮殿の軍隊か、京師を防衛する中尉の軍隊がある(5)。しかし秦始皇本紀には、明確な記載がない。このとき主力となったのは相国と、昌平君と昌文君が率いる卒の軍隊である。したがって秦王の軍隊は、親衛隊を中心としており、あるいは宮殿を護衛する郎中令の軍隊をふくむかもしれない。これらによって秦王の側は、嫪毐の軍と咸陽で戦って勝利をおさめた。

それでは秦王の勢力となった昌平君と昌文君の二人は、どのような人物だろうか。索隠は「昌平君、楚之公子、立以爲相。後徙於郢、項燕立爲荊王、史失其名。昌文君名亦不知也」といい、昌平君が楚の公子で、昌文君とともに名は不明とする。

昌平君と昌文君の事績は、睡虎地秦簡『編年記』と秦始皇本紀に、その後の事件がみえている。『編年記』には、つぎのように記している(6)。

（秦王）廿年。……韓王居□山。」廿一年。韓王死。昌平君居其處。有死□屬。」廿二年。攻魏梁。」廿三年。興。攻荊。□□守陽□死。四月。昌文君死。

秦始皇本紀には、統一の直前に楚を攻めるとき、昌平君は荊王となって項燕と一緒に最後まで戦っている。

二十三年、秦王復召王翦、彊起之、使將擊荊。取陳以南至平輿、虜荊王。秦王游至郢陳。荊將項燕立昌平君爲荊王、反秦於淮南。二十四年、王翦・蒙武攻荊、破荊軍、昌平君死、項燕遂自殺。

『編年記』によると、秦は韓を滅ぼしたあと韓王を某山の地に居らせていた。おそらくその地には、韓の人びとも多く移住したであろう。しかし二十一年（前二二六）に韓王が亡くなったため、代わって昌平君にその地を治めさせた。これによれば昌平君は、二十年頃まで秦国にいたことになる。しかし二十三年（前二二四）に、秦の王翦の軍が楚都の郢（寿春）を占領して、楚王（荊王）を捕虜とした。そこで楚の将軍であった項燕は、昌平君を楚王として、秦の王翦・蒙武の軍と対抗している。そして二十四年に、秦軍に敗北して昌平君は亡くなり、項燕は自殺したと伝えている。(7)『編年記』では、二十三年条に昌文君の死を記して、昌平君の死を伝えていない。

したがって昌平君は、楚の公子であり、秦王九年から二十年頃まで秦国にいたらしい。しかし二十一年に韓王の地を治めたが、二十三年に秦軍が楚王を捕虜としたあと、昌平君は楚王となって項燕と一緒に秦軍に対抗している。ここに楚王（昌平君）―楚将軍（項燕）という体制がうかがえる。したがって、このように楚国を結集して、秦と対抗する昌平君と昌文君は、たしかに楚王室にかかわる人物と推定できる。李開元氏は、さらに詳しく昌平君の経歴を復元して、昌平君の母は秦の王族で、父は楚の王族と推測している。(8)

そこで先の秦王九年の情勢にもどってみよう。このとき秦王は、嫪毒らの勢力を排除するために、楚の王室と結びつく封君と共に戦っていた。それでは、なぜ昌平君と昌文君のような他国人が関中に来ていたのであろうか。その理由の一つは、秦王室が何らかの事情で楚と友好関係にあったと考えられるが、史書には楚との明らかな外交関係は記されていない。また戦国時代の外交からみれば、人質交換などにともなって他国人が一緒に入り、ときには客卿に任用するケースがある。(9)たとえば秦昭王の時代では、秦国の質子が斉国に行ったとき、孟嘗君が客卿となっている。ま

図1　戦国秦の君主と夫人

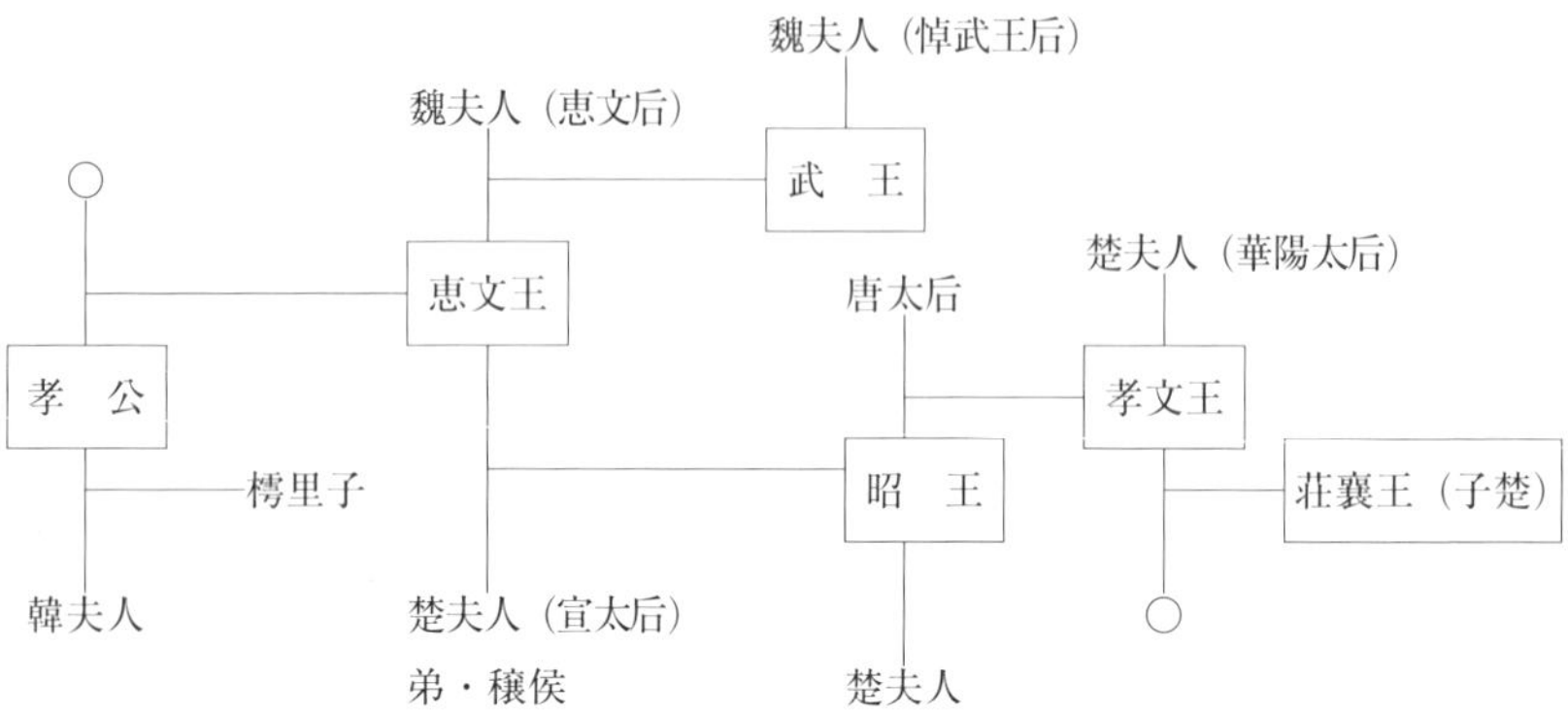

た楚国の質子が秦国に行ったときには、黄歇（春申君）が付き従っている。しかしこの場合には、楚の質子は当てはまらない。

もう一つの可能性は、この時期に秦王が楚から夫人を迎えており、そのため楚の王族が秦で任用されたのではないかということである。これも明確な事例はないが、質子や婚姻にはその国の人が付き従っている(10)。このように楚との婚姻を想定すれば、嫪毐と母太后の側に対抗して、秦王の夫人側の勢力を頼みとしたことになり、事件の政治背景としてあり得るであろう。もしそうであれば一つの仮定として、最初に生まれた長子の扶蘇は、楚夫人の子という推測が成りたつであろう。扶蘇の出生は、嫪毐の乱が起こった秦王九年（前二三八）を基準とすれば、始皇帝三十五年（前二一二）に上郡に追いやられたのが二十七歳で、三十七年（前二一〇）に亡くなったとき二十九歳ということになる。これは秦王が成人した時期に、嫪毐の乱の軍事編成から推測した仮説にすぎない。

それでは実際に、戦国秦の婚姻関係のなかで、このような秦王政の婚姻があるのだろうか。つぎに秦本紀と六国年表による図1にもとづいて、秦と諸国の外交政策との関連を考えてみよう(11)。

戦国秦では、孝公のとき恵文王の母となる夫人のほか、韓から夫人を迎えている。その子が、恵文王の異母弟にあたる樗里子である(12)。この当時は、魏との戦争が頻繁で、国内では商鞅変法を施行している時期にあたる。

戦国中期では、恵文君が即位したとき、楚・韓・趙・蜀の使節が秦に来ている。しかし恵文君は、三年に帯冠したあと韓の宜陽を攻め、四年に周王から文武の胙を賜って、魏から夫人を迎えた。これが武王の母となる恵文后である。そして翌五年に、魏の陰晋の人である公孫衍（犀首）を秦の大良造とし、以後は魏と和親や土地の割譲・戦争・会盟を行っている。このような情勢からすれば、恵文君は韓より魏との関係を重視し、そのため魏から夫人を迎え、同時に魏人を大良造に任用したものとおもわれる。ここに婚姻と、他国人任用との関連がうかがえる。のちに恵文君は、在位十三年で王号を称し、翌年を元年と改めた。その前後に任用されたのが、やはり魏人の張儀である。(13)ところが恵文王二年に、張儀が淮水流域の地で斉・楚の大臣と会盟し、三年に韓・魏の太子が秦に来朝していることから、秦は韓・魏との関係を保ちながら、楚・斉との外交を重視したようである。その情勢をうけて、十二年に張儀が楚相になったとおもわれるが、このときは張儀が楚を欺いた故事で知られるように、翌年に楚との戦争が起こっている。しかしこのような秦・楚の関係をみれば、このころ昭王の母となる夫人（宣太后）を楚から迎えたことが理解できよう。これも婚姻と外交政策が関連する事例にあたる。

武王の時代では、その母が魏夫人であったせいか、また魏から夫人（悼武王后）を迎えている。しかし楚夫人から生まれた昭王は、即位して二年（前三〇五）に悼武王后を魏に返し、反対に楚の懐王と外交関係を結んでいる。(14)このとき楚は、斉と離反して秦と連合し、秦王と会盟して土地の割譲を受けており、その情勢も背景となろう。ここに秦の外交政策の転換がみられ、のちに秦相となって活躍する穰侯・魏冉は、昭王の母である宣太后の弟にあたる。(15)

ただし秦と楚との関係は、たえず良好であったわけではない。たとえば秦昭王四年には、楚から太子が人質にやって来たが、翌年に秦大夫を殺して逃げ帰っている。そのため秦は斉と連合して楚を攻め、斉に秦公子を人質として出し、斉から孟嘗君が来て秦相となった。その孟嘗君は翌年に帰国するが、このときに楚懐王が秦に連れて行かれ、秦で客死している。そして秦が韓・魏と戦うようになると、楚頃襄王七年（前二九二）に再び楚と結び、楚世家に「楚迎婦於秦、秦楚復平」と記している。この情勢で、秦は斉と帝号を称し、また前二八四年に諸国と連合して斉の都・臨淄を陥落させている。しかしそのあと、楚と上庸の地をめぐって戦い、前二七八年に楚の都・郢を陥落させ、楚は淮水流域の陳に遷都したという経過がある。そこで司馬遷は、六国年表の序文で、この時代に合縦連衡の説が起こり、会盟や人質・割符の交換をしても守られなかったと指摘している。

務在彊兵幷敵、謀詐用而從衡短長之說起。矯稱蠭出、誓盟不信、雖置質剖符、猶不能約束也。

このほか昭王は、孝文王の母となる夫人（唐太后）を迎えているが、その出身国は不明である。そして孝文王もまた、楚から夫人（華陽夫人）を迎えている。

このように戦国秦の君主と、その夫人との関係を調べてみると、そこには外交が良好な国から迎えており、明らかな例では韓・魏・楚という隣国であった。また君主の母方の国から夫人を迎える場合もあるが、これは決定的ではない。このとき夫人を迎えることと、夫人に関係する他国人もしくは他国に連なる人物を、大良造や相という最高位につけることは、一定の関係があることがうかがえる。したがって始皇帝が成人した直後に、反乱を鎮圧した昌平君・昌文君が楚王室の封君であることから、扶蘇の母を楚夫人とみなすのは、一定の根拠をもつことになろう。

このように長子の扶蘇は、楚夫人の子であると仮定すると、これまで不可解であった別のエピソードが無理なく理解できるようになる。それは陳渉・呉広が蜂起したときの話である。『史記』陳渉世家の二世元年（前二〇九）条には、当初の情勢をつぎのように記している(16)。

陳勝曰、天下苦秦久矣。吾聞二世少子也、不當立、當立者乃公子扶蘇。扶蘇以數諫故、上使外將兵。今或聞無罪、二世殺之。百姓多聞其賢、未知其死也。項燕爲楚將、數有功、愛士卒、楚人憐之。或以爲死、或以爲亡。今誠以吾衆詐自稱公子扶蘇・項燕、爲天下唱、宜多應者。吳廣以爲然。……乃詐稱公子扶蘇・項燕、從民欲也。袒右、稱大楚。

ここで問題となるのは、陳渉・呉広が「扶蘇と項燕」の名前を詐称し、それが民の欲するところに従い、「大楚」の復興を掲げたという伝えである。かれらは、公子扶蘇と項燕の死亡が世間に知られていないため、その名前を偽ったという。項燕は、秦の統一以前に楚が滅ぼされるとき、最後まで戦った将軍である。

其季父項梁、梁父卽楚將項燕、爲秦將王翦所戮者也。項氏世世爲楚將、封於項、故姓項氏。（項羽本紀）

二十三。王翦・蒙武擊破楚軍、殺其將項燕。（六国年表、秦表）

（王負芻）二年、秦使將軍伐楚、大破楚軍、亡十餘城。三年、秦滅魏。四年、秦將王翦破我軍於蘄、而殺將軍項燕。五年、秦將王翦・蒙武遂破楚國、虜楚王負芻、滅楚名爲郡云。（楚世家）

荊數挑戰而秦不出、乃引而東。翦因擧兵追之、令壯士擊、大破荊軍。至蘄南、殺其將軍項燕、荊兵遂敗走。秦因乘勝略定荊地城邑。歲餘、虜荊王負芻、竟平荊地爲郡縣。（王翦列伝）

始皇二十三年、蒙武爲秦裨將軍、與王翦攻楚、大破之、殺項燕。二十四年、蒙武攻楚、虜楚王。（蒙恬列伝）

項燕が亡くなったのは、大沢郷がある蘄県であり、その名を偽ることには一理ある。しかし、なぜ秦の公子と楚将軍の連合する体制が民意に従うことになるのか不明である。これについて歴代の注釈では、内容の説明にとどまり公子扶蘇の意義にはふれていない。(17) 陳渉世家の中で、この部分は説話的な要素が強いが、蜂起の時に「扶蘇と項燕」の詐称を計画したあと、陳渉は王となり、国号を「張楚」とする記事につづいている。この「張楚」は、馬王堆帛書「五星占」の出土によって、漢代まで伝えられたことが実証されており、まったくの虚構ではないことがわかる。(18) また「扶蘇と項燕」の連合に何らかの共感がなければ、物語としても説得性をもたないはずであろう。

そこで先に論じたように、扶蘇は秦の公子であるとともに、楚夫人から生まれた楚王室にかかわる人物と想定すればどうであろうか。とすれば公子扶蘇と項燕の組織は、秦と楚の連合ではなく、ともに楚の王室を復興する体制ということになり、民意に従い「張楚」と称することに矛盾しないのである。

このような楚の軍事組織は、これが初めてではない。すでにみた楚王（昌平君）―楚将軍（項燕）という体制がそうであった。また後には、秦で客死した楚懐王の子孫を楚王に立てた、楚懐王―項梁の体制がそうである。項梁は、秦に殺されたという項燕の子であり、ここでも楚王室の人物と楚将軍という組織が、民意の支持を得ている。(19) したがって陳渉・呉広が詐称した「公子扶蘇と項燕」が連合する組織は、歴史事実ではないとしても、それは当時の人々が共感する背景をふまえた事例といえよう。

このように、長子・扶蘇の出自をめぐって始皇帝の夫人を検討してみると、最初に楚から迎えた夫人が推測できるのである。

二　二世皇帝と諸公子の出自について

二世皇帝の胡亥は、即位のとき二十一歳と記されている。これによれば秦王政十八年（前二二九）に生まれたことになる。そこで胡亥の母となる夫人は、秦王十八年以前に迎えられたことになる。この時期は、十七年に韓国が滅亡し、十九年（前二二八）には秦王が趙の邯鄲に行き、趙王を捕虜とする情勢にある。

それでは胡亥について、その母となる夫人は、どのようにして知ることができるのだろうか。これについては、二世皇帝がおこなった家臣と諸公子の粛清記事が参考となる。なぜなら胡亥が排除する人々の出自は、その背景にある諸勢力のあり方を示唆すると推測するからである。

秦始皇本紀の二世元年条には、即位後に始皇帝の事業を継ぎ、東方巡行を実施して刻石をしたあと、つぎのような記述がある。

於是二世乃遵用趙高、申法令。乃陰與趙高謀曰、大臣不服、官吏尙彊、及諸公子必與我爭、爲之奈何。高曰、臣固願言而未敢也。先帝之大臣、皆天下累世名貴人也。積功勞世以相傳久矣。今高素小賤、陛下幸稱擧、令在上位、管中事。大臣鞅鞅、特以貌從臣、其心實不服。今上出、不因此時案郡縣守尉有罪者誅之、上以振威天下、下以除去上生平所不可者。今時不師文而決於武力、願陛下遂從時毋疑、卽羣臣不及謀。明主收擧餘民、賤者貴之、貧者富之、遠者近之、則上下集而國安矣。二世曰、善。乃行誅大臣及諸公子、以罪過連逮少近官三郎、無得立者、而六公子戮死於杜。公子將閭昆弟三人囚於內宮、議其罪獨後。

これによると二世は、大臣が心服しないことや、諸公子の勢力に心配を抱いていた。これに対して趙高は、先帝（始皇帝）の大臣が、みな累代の高貴な人物であり、功労を積んで世々伝えられたと述べ、かれらの誅伐を進言している。そこで二世と趙高が失脚させたのは、どのような人物かをみておこう。

始皇帝時代の大臣は、まず統一したあと隗状と王綰が丞相であったが、この両人の出身は不明である[20]。また三十七年に巡行したとき、右丞相の馮去疾は出身不明で、左丞相は李斯であった。そこで最初の例は、李斯となる。

表1は、『史記』李斯列伝の構成を示したものである。これによれば、かれは楚の上蔡県の出身で、呂不韋の舎人となり、のちに客卿から廷尉に昇進し、統一後に丞相の地位についた。列伝では、三十七年に最後の巡行に出かける前に、李斯の長男が三川郡の守となり、諸男はみな秦公主と結婚し、娘はみな秦の諸公子に嫁いだと伝えている。し

たがって李斯は、代々高貴な家柄ではないが、出世して秦の諸公子・諸公主と結ぶ家柄になっていた。そこで二世皇帝の元年に反乱が勃発したあと、趙高の讒言にあって処刑されている。

二世二年七月、具斯五刑、論腰斬咸陽市。斯出獄、與其中子倶執、顧謂其中子曰、吾欲與若復牽黄犬倶出上蔡東門逐狡兎、豈可得乎。遂父子相哭、而夷三族。

このとき李斯列伝では、「楚上蔡人」と記しているが、歴史地理の考証によれば当時は魏の領地であったともいわれる。(21) したがって秦公子に連なる李斯は、楚あるいは、楚に近い魏の出身者ということになる。

つぎに二世皇帝のとき失脚したのは、秦将軍の家系である王氏と蒙氏である。この両氏については、それぞれ巻七三白起王翦列伝と巻八八蒙恬列伝に詳しい。まず王翦は、秦内史の領域にあたる頻陽県東郷の人で、統一以前の東方戦線に功績があった。また三晋が滅ぼされ燕を攻めたあと、楚への出撃に際して、秦王から秦軍を委ねられているため、美田と宅園池を請うて不信を解こうとしたのは有名な話であるが、ここから王氏の権勢がうかがえる。その子王賁もまた秦の将軍となったが、列伝では二世皇帝のとき滅ぼされた様子を、つぎのように記している。

秦始皇二十六年、盡幷天下。王氏・蒙氏功爲多、名施於後世。秦二世之時、王翦及其子賁皆已死、而又滅蒙氏。

蒙恬は、その先祖が斉人で、秦昭王のとき蒙驁が上卿となり、荘襄王のとき将軍となって活躍した。秦王政の時も東方を攻撃する将となり、その死後は子の蒙武が裨将軍となって、王翦とともに楚を滅ぼした。蒙武の子が、蒙恬と弟の毅であり、統一後に蒙恬は内史の官職を得ている。

始皇二十六年、蒙恬因家世得爲秦將、攻齊大破之、拜爲内史。

その後、三〇万の衆を率いて北辺に長城を築き、十数年にわたって匈奴との戦線に従軍したあと、上卿の位につき、弟の毅もまた内政において重んじられた。しかし蒙毅は、かつて大罪のあった趙高を死罪と裁いて、その宦籍を除い

表１　『史記』李斯列伝の構成

Ⅰ	李斯者、楚上蔡人也。〔出身〕	
	官府の鼠。荀子に学び、秦に遊説して出世するエピソード。	〔登場〕
Ⅱ	鄭国渠の事業見直し。逐客令が出る。斯乃上書曰。	
	【李斯の上書①】逐客令が除かれ、李斯は廷尉に昇進。	〔任用〕
	二十余年。秦の天下統一。李斯が丞相となる。……	
	始皇三十四年。封建・郡県の議論。李斯の議論	
	【李斯の上書②】焚書の施行。……諸政策	
	明年、又巡狩、外攘四夷、斯皆有力焉。	〔全盛〕
Ⅲ	始皇三十七年十月。……其年七月。始皇帝の病死。死後の対処。	
	趙高と胡亥との対話。趙高と李斯との対話。	
	於是乃……胡亥が太子となる。長子扶蘇と蒙恬の対処。	〔失策Ａ〕
	至咸陽、發喪、太子立爲二世皇帝。以趙高爲郎中令、常侍中用事。	
Ⅳ	二世燕居、乃召高與謀事。……〔趙高と二世との対話〕	
	於是……殺大臣蒙毅等、公子十二人僇死咸陽市、十公主矺死於杜。……	
	法令誅罰日益刻深。……於是楚戍卒陳勝・吳廣等乃作亂。……	
	二世が李斯を問責する。……乃阿二世意、欲求容、以書對曰。	
	【李斯の上書③】書奏、二世悦。……	〔失策Ｂ〕
Ⅴ	初、趙高爲郎中令、所殺及報私怨衆多。……事皆決於趙高。	
	〔趙高と李斯との対話。趙高と二世との対話。〕……	
	是時…【趙高をそしる上書④】 二世と李斯の対話。……	〔投獄〕
	趙高案治李斯。李斯の嘆き【死と、秦の滅亡を予言】	
	於是……【獄中上書⑤】 上書の棄却。	〔諫言〕
	趙高が欺いて、李斯を尋問させる。李斯と子の罪が確定する。	
Ⅵ	二世二年七月。李斯が処刑され、三族に及ぶ。	〔死罪〕
〔補〕	趙高の附伝。	
	二世が無道の君主で、秦が滅亡する。	

たが、始皇帝の恩赦によってもとの官爵に戻されたという経過がある。このような情勢から、蒙恬と蒙毅の兄弟は、ともに趙高の進言による二世によって殺されている。これは斉出身で、秦で活躍した家系である。

したがって実際に粛清されたのは、楚あるいは魏出身の李斯と、秦の代々将軍の家系として著名な王氏、斉から秦に移った蒙氏であった。かれらの失脚をみれば、二世は秦の将軍の家系と異なる勢力にもとづき、その出自は楚や魏・斉より以外の国と仮定できるかもしれない。なぜならもし二世の母が、秦の貴族と結びつく夫人であれば、かれらとの協力も可能なはずであろう。しかし李斯や王氏・蒙氏が、二世の在位を脅かす存在と意識されたということは、二世の政権基盤がかれらの家系と遠いことを示唆している。

またもう一つ、大臣につづく諸公子の粛清からは、以下のようなことがわかる。このとき諸公子の出自は不明であるが、大きく二つに分かれるようである。すなわち六人の公子たちは、まず長安に近い杜の地ですぐに処刑されたが、他の公子・将閭ら三人の兄弟は刑の執行を延期されている。ここから先に処刑された六人の公子は、二世と遠い関係の出自であることが推測される。反対に、処刑を延期された三人の公子は、二世と同じかあるいは近い出自の可能性が高いとおもわれる(22)。

このように二世皇帝が、粛清した大臣・諸公子の出自を考えてみると、二世皇帝は、秦の将軍の家系や、楚・魏・斉とは関係の薄い国から迎えられた夫人の子ではないかと推測される。また他の兄弟である諸公子には、少なくとも早く処刑された六人の公子と、やや近い関係とおもわれる三人の公子がいたことがわかる。かれらの一部は、また李斯の子と婚姻関係にあった(23)。それではこのような諸公子の立場をふまえて、二世の母はどの国の出身とみなされるだろうか。

その手がかりは、たえず二世の側近として仕えた趙高に見出せるのではないかとおもう。趙高の伝記は、『史記』

の独立した列伝ではなく、秦始皇本紀、巻八七李斯列伝、巻八八蒙恬列伝などに分散して描かれている。

趙高者、諸趙疏遠屬也。趙高昆弟數人、皆生隱宮、其母被刑僇、世世卑賤。秦王聞高彊力、通於獄法、擧以爲中車府令。高卽私事公子胡亥、喩之決獄。（蒙恬列伝）

趙高故嘗敎胡亥書及獄律令法事、胡亥私幸之。高乃與公子胡亥・丞相斯陰謀破去始皇所封書賜公子扶蘇者、而更詐爲丞相斯受始皇遺詔沙丘、立子胡亥爲太子。更爲書賜公子扶蘇・蒙恬、數以罪、其賜死。語具在李斯傳中。（秦始皇本紀）

これらの記述によると、趙高は趙の一族で、母が刑戮されたあと卑賤の身であった。ただし「隠宮」に生まれるという記述から、趙高が宦官であったとする説については、「隠官」の誤りという考証がある。(24) つまり隠官とは、刑罰を受けて官府にいる者たちで、これによれば趙高は宦官ではなく、秦王政十九年に趙が滅んだとき、秦に連れて来られたことになる。しかし秦王の時代に、獄法に通じたことで中車府令となり、早くから公子胡亥に仕えていた。その後、三十七年の巡行に従い、胡亥を二世皇帝とする陰謀を企て、二世の即位時には郎中令となり、李斯の失脚後には中丞相の地位で実権を握ったという。

ところでなぜ趙高は、公子胡亥と密接な関係になったのであろうか。それは、ただ法令を教えたという個人的な関係にとどまるのだろうか。ここから一つの仮定が生じる。それは胡亥の母が趙にかかわる夫人であり、そのため趙の一族であった趙高は、早くから胡亥の側近として仕えたのではないかということである。

そもそも胡亥は、諸公子の少子として始皇帝に愛され、ただ一人、最後の巡行に従うことを許されている。そしてこの胡亥の側近にいたのが、趙高であった。そこで胡亥と趙高の両人を、ともに趙にかかわる人物と想定すれば、始皇帝の死と後継者の陰謀にまつわるエピソードは、より説得力を増すようにおもわれる。

これまで始皇帝の死に関しては、すでに李斯列伝に描かれた心情が不鮮明と指摘されており、たしかにこの陰謀には謎の部分が多い[25]。しかしもし胡亥の母が趙にかかわる夫人とみなし、側近の趙高が趙の一族であれば、ここに別の解釈もできるであろう。それは最後の巡行ルートと、始皇帝が亡くなった場所に関連する。

第五回の巡行ルートは、第二回のルートとほぼ逆コースで、南方の長江流域から北上して黄河流域に行き、そこから西して咸陽に帰る予定であった[26]。しかし始皇帝は、旅行の途中に沙丘（河北省）の平台で亡くなるが、この地は胡亥にとって重要な意味をもつようである。というのは始皇帝の滞在地は、ただ宿泊する場所を示すだけではない。たとえば旧楚の領域である雲夢に滞在したとき、そこは禁苑が設置されている場所であったし、また沙丘にも禁苑が置かれていた。つまり旧楚・趙などの王室の要地・離宮を、巡行の拠点として移動しているのである。したがって死亡後の謀議が企てられたのは、旧六国のうちでも、わざわざコースを変更した趙の離宮であったことになる。そこでもし胡亥が、趙と関係する出自をもつとすれば、趙高とともに地の利を得たことになる。反対に李斯は、その謀議に対抗しようとしても、かれの後ろ盾となる勢力のいない場所で決断を迫られたことになろう。これまで毅然と進言してきた李斯が、この事件以降、急に柔和で消極的な態度に変化するのは、ひとつに司馬遷の歴史観によるところが大きいとおもわれるが[27]、しかし謀議の場所にも制約されたのではないだろうか。このように考えれば、二世と趙高・李斯の対応が、ただ登場人物の性格による物語ではなく、趙を背景とする政治事件として理解できるであろう。

このような情勢からみて、二世皇帝の母は、趙の夫人か、あるいは趙と関係がある国の夫人ではないかと推測しておきたい。そのとき先にみた諸公子は、たとえば趙以外の出自をもつ公子と、趙にかかわる公子との差異が、処刑の区別にあらわれるということになろう。

以上は、二世皇帝をめぐる政治事件をもとに、その母となる夫人を想定した仮説である。史料が乏しいため、推測を重ねることになったが、少なくとも胡亥の置かれた立場は理解できよう。

三　秦帝国の政権構造と諸国

図2　始皇帝の夫人と諸公子

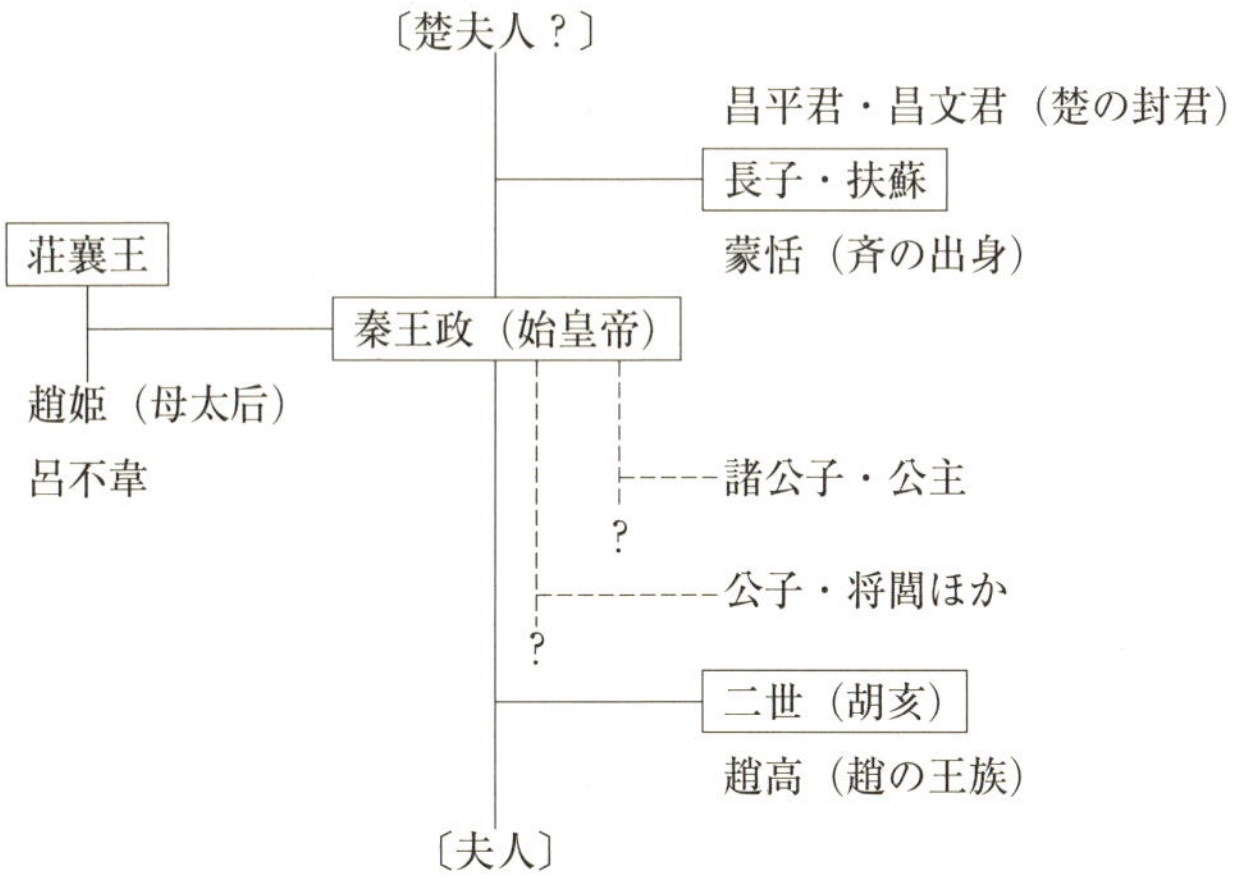

これまで諸公子の出自をめぐって、長子の扶蘇は楚夫人の子であり、二世皇帝の胡亥は趙に関係する夫人の子ではないかと推測した。そこであらためて問題となるのは、始皇帝をめぐる時代の外交政策とのかかわりである。図2は、始皇帝と諸公子の関係を図示したものである。これを六国との戦争の中で考えてみよう。

よく知られているように、始皇帝は秦で生まれたのではなく、趙に人質となっていた子楚が、呂不韋の趙姫を娶って生まれた子である。したがって秦王は、これまでと異なり趙出身の母をもつことになるが、必ずしも母方の出身が夫人を迎える条件ではなかった。そこで最初の婚姻は、先の推定によれば秦王九年以前の情勢が問題になるとおもわれる。

秦王の即位から三年まで、秦は韓・魏と戦い、四年条には「秦質子歸自趙、趙太子出歸國」とあって、趙と国交を断絶している。そして五年に魏を攻めて東郡を設置したが、これらは三晋諸国との交戦状況を示している。六年には、韓・魏・趙・衛・楚が連合して秦を攻撃したが、これを秦は追撃し衛の地を占領した。つづく七年には魏の領地を攻め、八年にもまた趙を攻撃して敗北している。したがってこの情勢をみると、六年に三晋と衛・楚から攻められた事件をのぞいて、その大勢は韓・魏・趙の三晋諸国と戦争していることがわかる。だからこのとき秦が、国交を結んで夫人を迎えるとすれば、まず三晋諸国の可能性は少ないことになろう。

一方このとき楚は、秦王六年（前二四一）に寿春へ遷都していたが、秦王九年に楚考烈王が亡くなり、楚相であった春申君もまた殺されるという事件が起こっている(28)。これについて楚世家の記載は簡単であるが、春申君列伝には以下のような経過を記している。はじめ趙人の李園は、妹を春申君に献じて身ごもったが、それを隠して楚王に献じ、生まれた子は太子となった。しかしその発覚をおそれた李園は、考烈王の死後に春申君を殺させ、その太子を立てて幽王にしたという。これは何月の事件か不明であるが、列伝には嫪毒の乱と同年であったと記している(29)。

是歳也、秦始皇帝立九年矣。嫪毒亦爲亂於秦、覺、夷其三族、而呂不韋廢。

その後、この李園が楚で実権を握ったかは列伝にみえないが、馬王堆帛書『戦国縦横家書』二五章に、これまで未知の情勢が記されている(30)。この戦国故事は、秦と魏が連合して楚を攻撃しようとしたとき、楚の李園が憂いをもち、魏軍が出動するまえに使者を派遣して、魏軍の出兵を遅らせたというものである。

●秦使辛梧據梁、合秦梁而攻楚、李園憂之。兵未出、謂辛梧、以秦之強、有梁之勁、東面而伐楚。於臣也、楚不待伐、割摯馬兎而西走、秦與楚爲上交、秦禍案還中梁矣。……梁兵果六月乃出。

●秦が、（秦将の）辛梧を魏に派遣し、秦と魏の兵を併せて楚を攻撃させようとしたので、李園はそれを憂慮した。まだ秦と魏の兵が出陣する前に、（李園の使者が）辛梧につぎのように言った。「秦の強兵に魏の兵力を加え、（将軍は）東方より楚を討伐しようとしています。臣の見るところでは、楚は討伐される前に、馬が綱を断ち切って脱走するようにして（秦へ向かって）西走し、秦と楚が最善の国交を結ぶことになれば、秦による災いはむしろ魏に集中することになりましょう。……」と。そこで魏軍は（出動を遅らせ）、六ヶ月後にやっと（楚に）出兵した。

そのとき、もし魏が秦に協力して楚を攻めるとき、楚はすぐに秦と国交を結べば、かえって秦が魏を脅かすだろうという論点は、楚の緊迫した状況を示唆している。ここでは結果として、魏軍が半年遅れて出動したことになっているが、楚が三晋に対抗するため秦と結ぶ情勢にあったことは疑いない。それがちょうど嫪毐の乱より以前と伝えている。したがって秦王九年に、秦と楚が手を結ぶ情勢はありえたのであり、ここに昌平君と昌文君が秦で任用される背景が推定できよう(31)。

秦王九年以降の婚姻関係は、『史記』によって知ることができない。たしかに長子・扶蘇と少子・胡亥との間には、多くの諸公子・公主がいたが、その婚姻がいつのことで、どこから夫人を迎えたかは明らかではない。しかしこれ以降にも、秦は東方進出をすすめており、楚の場合を例とすれば、その外交関係において他国から夫人を迎えた可能性はあろう。そして迎えたのが、胡亥の母となる夫人である。

すでにみたように二世皇帝は、即位のとき二十一歳と記しており、その母となる夫人は秦王十八年以前に迎えられたことになる。この時期は、十七年に韓を滅ぼし、つぎに趙の都・邯鄲を攻めようとしている情勢にあった。したがって、もし胡亥の母が趙と関係する国の夫人とすれば、十八年に邯鄲を包囲したときと、十九年に秦王が自ら趙の邯鄲に行き、かつて母の家と仇怨のあったものを穴埋めし、趙公子が宗族とともに代に逃げて、代王となった経過が関連するかもしれない。また胡亥の母が、趙以外の国から迎えられたとすれば、それは趙に対抗するための援助となったであろう(32)。

以上のように、始皇帝の婚姻関係を検討してみると、それは戦国秦の婚姻の影響を受けて、楚との国交を保ちながら、東方進出をすすめていった過程が想定できよう。その後も、楚以外の諸国と婚姻関係を結んだ可能性はあるが、それは明確ではない。しかし少なくとも、扶蘇をはじめ諸公子の出生は天下統一以前のことであり、六国併合をすすめる中で婚姻関係が結ばれたことは間違いない。このような情勢からみれば、秦は国内の軍事改革をすすめて東方諸国と戦争したが、同時に婚姻政策をふくめた外交によって、その優勢な立場を保とうとしていたことがうかがえる。それはまた他国にとっても、国家の存亡をかけた外交戦略であったとおもわれる。

しかし秦帝国の成立後は、各国との外交戦略ではなく、王権を支える人脈として、各国の出身者が影響していたとおもわれる。たとえば二世皇帝の即位をめぐっては、二つの勢力がみられた。一つは、扶蘇を中心とする勢力である。これは昌平君・昌文君などの楚の王族と関連し、蒙恬・蒙毅のように斉出身の家系が支えている。もう一つは、胡亥を中心とする勢力で、その背景には趙高のように趙国出身者がいる。李斯は、楚あるいは、楚に近い魏の出身ともおもわれ、その子供たちは秦王室と婚姻関係を結んでいる。その立場は、始皇帝の死に際しては胡亥の側にあるが、趙高との関係によって亡くなっている。したがって秦帝国が滅亡した一因は、このような王権をめぐる勢力争いによって、秦王室が混乱したことがあげられよう。

こうした秦王室の権力構造は、さらに二世皇帝と秦王子嬰の動向をみる必要がある。二世皇帝の即位については、新しく湖南省益陽市兎子山遺址の井戸から簡牘が出土している。[33] 簡牘（J9③:1）の文面は、つぎの通りである。背面の左側にある「以元年十月甲午下、十一月戊午到守府」の用法は、里耶秦簡と同じように文書の受信を記録しており、公布文書を控えの記録としたものである。[34] ここでは二世皇帝の布告が、元年十月甲午（二十日）に下され、二十四日間をかけて、十一月戊午（十五日）に長沙郡の郡守府に届いている。

天下失始皇帝、皆遽恐悲哀甚、朕奉遺詔、今宗廟吏及箸以明至治大功徳者具矣、律令當除定者畢矣。元年與黔首
更始、盡爲解除流罪、今皆已下矣、朕將自撫天下　（正面）
吏・黔首、其具行事、已分縣賦援黔首、毋以細物苛劾縣吏、亟布。
以元年十月甲午下、十一月戊午到守府。　（背面）

天下は始皇帝を失って、皆な悲しむことが甚だしく、朕は遺詔を奉じ、いま宗廟の吏などは大いなる功徳を治めることを整え、律令の当に除き定めるべきものを終えた。元年に黔首と新しく始め、盡く流罪を除いて、いま皆すでに下している。朕は自ら天下の吏と黔首を安んじ、それを具さに行い、すでに県の賦を分けて黔首を助け、些細なことで県の吏を厳しく罪にすることがないようにせよ。すみやかに公布せよ。

この簡牘では、二世皇帝が「朕は遺詔を奉じ」と述べており、詔書を偽造していないようにみえる。また『史記』の記述と違っているが、そもそも秦始皇本紀の陰謀に関するエピソードの信頼性は疑わしいものである。しかしこの文書だけでは、始皇帝の死をめぐる実情は不明である。なぜなら仮に偽造によって太子となり、二世皇帝に即位したとしても、やはり「朕は遺詔を奉じ」と書くはずだからである。この文書では、即位した当初に、黔首（民）と県の吏に恩典を与えることを述べており、これは漢代皇帝の即位と同じように、恩典を示す表現とみなすことができる。[35]したがって益陽簡牘（J9③:1）は、直接に二世皇帝の人柄や行動を示すわけではないが、同時代資料として、このような文書が地方官府に公布されたことは貴重な情報である。

『史記』秦始皇本紀で、最後に問題となるのは、秦帝国の滅亡と二世皇帝・秦王子嬰との関係である。表2は、胡亥と子嬰の関係を示したものである。これによれば三年八月己亥（十二日）に「馬鹿」の説話があり、その後、二世皇帝は、趙高によって自殺させられている。そして趙高は、二世の兄の子である子嬰を、皇帝ではなく秦王とした。[36]

しかし秦王子嬰は、二世皇帝を杜南に埋葬するときに、斎宮で趙高を殺している。ここでは趙高と二世皇帝、子嬰の立場が異なり、秦王室の権力基盤が混乱したことを示している。これは秦帝国の衰退を示唆している。

秦の滅亡については、子嬰が秦王となって四十六日後に、沛公が武関から霸上に駐屯したと記している。李斯列伝では「子嬰立三月」という。とすれば子嬰が沛公に降伏するのは、十月が歳首の秦暦でいえば、二世四年（漢元年、前二〇六）の十月初めにあたる。これは『史記』高祖本紀でも同じである。

漢元年十月、沛公兵遂先諸侯至霸上。秦王子嬰素車白馬、係頸以組、封皇帝璽符節、降軹道旁。……乃以秦王屬吏、遂西入咸陽。欲止宮休舍、樊噲・張良諫、乃封秦重寶財物府庫、還軍霸上。

高祖本紀では、沛公は十一月に函谷関を閉じ、十二月に鴻門の会の事件がある。そのあと項羽たちの軍が咸陽の宮室を焼いて、秦帝国は滅亡している。ところが秦始皇本紀では、子嬰が沛公に降伏したあと、一ヶ月余り（居月餘）で諸侯の兵が至ったと記している。これでは十月から二、三ヶ月となり、秦が滅亡した時期と一致しない。そこで秦楚之際月表をみると「（二世三年）九月、子嬰爲王」とある。これに従えば「子嬰爲秦王四十六日」とは、十月下旬から十一月のことになる。そして「居月餘」で、十二月に秦が滅亡したとすれば、その経過はよく一致している。このような事件の経過は、時間的によく理解できるものである。

しかし『史記』のなかで一つだけ不自然な記述がある。それは沛公が関中に入る時期と、秦王子嬰が降伏したという記事である。高祖本紀では「漢元年十月、沛公兵遂先諸侯至霸上」とある。また秦楚之際月表にも、子嬰が秦王となった翌月（漢元年十月）条に、子嬰の降伏と、霸上への駐屯を記している。

二十七（蜂起した月数）、漢元年、秦王子嬰降。沛公入破咸陽、平秦、還軍霸上、待諸侯約。

この記事は、秦楚之際月表の形式からみれば、ここだけ詳しく記述されており、孤立した付記の可能性がある。こ

表２　『史記』にみえる胡亥、子嬰

秦始皇本紀	李斯列伝
（三年）八月己亥、趙高欲爲亂、恐羣臣不聽、乃先設驗、持鹿獻於二世、曰、馬也。〔馬鹿の故事〕	李斯已死、二世拜趙高爲中丞相、事無大小輒決於高。高自知權重、乃獻鹿、謂之馬。二世問左右、此乃鹿也。左右皆曰、馬也。二世驚、自以爲惑、乃召太卜、令卦之。……二世乃出居望夷之宮。
高前數言、關東盜毋能爲也、及項羽虜秦將王離等鉅鹿下而前、章邯等軍數卻、上書請益助、燕・趙・齊・楚・韓、魏皆立爲王、自關以東、大氐盡畔秦吏應諸侯、諸侯咸率其衆西鄕。沛公將數萬人已屠武關、使人私於高、高恐二世怒、誅及其身、乃謝病不朝見。……麾其兵進。二世自殺。	留三日、趙高詐詔衞士、令士皆素服持兵內鄕、入告二世曰、山東羣盜兵大至。二世上觀而見之、恐懼、高旣因劫令自殺。引璽而佩之、左右百官莫從。上殿、殿欲壞者三。高自知天弗與、羣臣弗許、乃召始皇弟、授之璽。
閻樂歸報趙高、趙高乃悉召諸大臣公子、告以誅二世之狀。曰…… 立二世之兄子公子嬰爲秦王。以黔首葬二世杜南宜春苑中。令子嬰齋、當廟見、受王璽。齋五日、子嬰與其子二人謀曰…… 子嬰遂刺殺高於齋宮、三族高家以徇咸陽。	子嬰旣位、患之、乃稱疾不聽事、與宦者韓談及其子謀殺高。高上謁、請病、因召入、令韓談刺殺之、夷其三族。
子嬰爲秦王四十六日、楚將沛公破秦軍入武關、遂至霸上、使人約降子嬰。子嬰卽係頸以組、白馬素車、奉天子璽符、降軹道旁。沛公遂入咸陽、封宮室府庫、還軍霸上。	子嬰立三月、沛公兵從武關入、至咸陽、羣臣百官皆畔、不適。子嬰與妻子自係其頸以組、降軹道旁。沛公因以屬吏。
居月餘、諸侯兵至、項籍爲從長、殺子嬰及秦諸公子宗族。遂屠咸陽、燒其宮室、虜其子女、收其珍寶貨財、諸侯共分之。滅秦之後、各分其地爲三、名曰雍王・塞王・翟王、號曰三秦。項羽爲西楚霸王、主命分天下王諸侯、秦竟滅矣。	項王至而斬之。遂以亡天下。

れとよく似た形式は、「二十八、沛公出令三章、秦民大悦」という記事である。したがって沛公が霸上に駐屯したとき、秦王子嬰が降伏し、咸陽に入ったが宮室・府庫を封じて霸上に帰って駐屯したという記述は、とても有名であるが、ここだけが孤立した記事となっている。そして沛公が法三章を定め、秦の民が喜んだという記述も同じである。これらは関中の父老・豪傑と約した県とは、実際にどのような範囲の県を指すのかという問題がある。また秦王室が混乱しているとはいえ、秦帝国の領域で生活する人びとが、楚の体制にある沛公の軍隊を歓迎する社会背景を説明する必要があろう(37)。

以上のように、秦帝国の滅亡をめぐっては、秦王室内部の権力構造の問題がある。これは始皇帝と後継者の問題である。しかし秦王子嬰が、何もせずに沛公の所に赴いて降伏する話は、何かほかに事情があるとおもわれる。少なくとも、漢元年十月の時点で秦王子嬰が降伏したという記述は、『史記』の全体的な年代とは一致しない。したがって秦の滅亡については、さらに複雑な要因を探るべきである。

それでは当初の問題にもどって、なぜ『史記』には、始皇帝の夫人を記していないのだろうか。一つは、司馬遷が秦の夫人の情報を入手できなかったことが想定される。しかし始皇帝の母や、他の女性の記述に対して、夫人の情報だけが欠落していたとは考えられない。そこでもう一つ想定できるのは、何かの事情によって、あえて始皇帝の夫人を記さなかったということである。その理由は、おそらく漢王朝の正統性と関連するのではないかと推測される。たとえば二世皇帝の胡亥が、趙国の夫人の子であれば、秦帝国は、趙国と関連することになる。また本来は、扶蘇が二世皇帝を継ぐことが正統として、それが楚夫人の子であれば、それは楚国と関連することになる。

『史記』本紀では、秦本紀と秦始皇本紀をうけて、項羽本紀、高祖本紀と続けている。また秦楚之際月表の序文では、秦から楚、漢への天命の移動を記している。しかし一方で、周の天命と正統を継ぐのは秦ではなく、漢王朝であるという記述がみられる。したがって漢王朝の正統性からすれば、司馬遷『史記』のように、秦始皇本紀のあとに項羽本紀を入れる配列は、都合の悪い考え方ということになる。そこで始皇帝の継承が、楚であれ、趙であれ、夫人を通じて示されるのは、漢王朝にとって良いことではない。とくに始皇帝の正統が、本来は扶蘇の楚にあるという思想の場合は、陳渉や項羽の体制を正統化するものである。そのために、始皇帝の正統性を示す事実として、夫人の情報を明らかにすることが憚られた可能性もあろう。

おわりに

ここでは始皇帝と秦帝国の問題として、その夫人と諸公子の出自を考察し、そこから二世皇帝にいたる秦王室の政権構造がうかがえるのではないかと考えた。その要点は、つぎの通りである。

一、長子の扶蘇の出自は、秦王政が成人して最初に夫人を迎える前後の動向に注目した。秦王九年には、嫪毐の乱が起こっており、それを鎮圧するために秦王は昌平君と昌文君の援助を受けていた。この昌平君は、楚の王族であるとおもわれ、この時期に秦で任用されていたのは、楚の夫人を迎えたことによると推測した。この仮定によれば、扶蘇は楚夫人の子となる。このように想定すれば、秦末に反乱を起こした陳渉・呉広は、楚の王室にかかわる扶蘇と、楚将軍の項燕の名前を偽って世間の支持を得ようとした社会背景がよく理解できる。

二、二世皇帝の胡亥については、即位したあとに粛正をした人物と諸公子、趙の王族出身である趙高の動向に注目した。その結果、胡亥は、趙あるいは、趙に関係する夫人の子ではないかと推測した。また始皇帝の死に際しては、その場所が趙の離宮であったために、李斯は趙にかかわる趙高・胡亥に従わざるをえなかったと想定した。このように仮定すれば、著名なエピソードがより具体的に理解できよう。

三、始皇帝の夫人を検討してみると、それは戦国時代の秦が、諸国と同盟や戦争をするときに選んだ外交政策と関連していることがわかる。秦孝公、恵文王、武王の時代には、韓・魏など三晋の隣国と婚姻関係を結んでいたが、同時に恵文王、昭王、孝文王の時代には、楚と婚姻関係を結んでおり、楚の影響もまた強いとおもわれる。そして統一前夜では、秦王は楚との外交関係を保とうとしており、それ以降も諸国と婚姻関係をもつことによって、東方進出をすすめていったとおもわれる。

四、扶蘇と胡亥をめぐる夫人と、その背景となる諸国の問題は、秦王室の政権構造とも関連している。たとえば扶蘇を中心とする勢力は、昌平君・昌文君などの楚の王族と関連し、蒙恬・蒙毅のように斉出身の家系が支えている。胡亥を中心とする勢力は、その背景として趙高のように趙国出身者がいる。李斯は、楚あるいは、楚に近い魏の出身とおもわれ、その立場は、胡亥の側にあったが、趙高との関係によって亡くなっている。したがって秦帝国が滅亡した一因は、このような王権をめぐる勢力争いによって、秦王室が混乱したことがあげられる。また王室内部の政権問題としてみれば、高祖・劉邦が崩御した漢王室にも、同じような情勢がみられる。すなわち呂后が、わが子の恵帝を脅かす諸公子を粛清し、恵帝の死後に呂氏を頼りとしたのは、秦二世のときと同様に、官僚機構よりも王室の基盤に左右されるという、秦漢初期の政権構造のあり方を示唆するものであろう(38)。

このように『史記』秦始皇本紀の構造をめぐって、その歴史を検討してみると、秦帝国の興亡は、王室の問題も一つの重要な要素であることがわかる。なお始皇帝と二世皇帝、子嬰については、益陽簡牘による当時の動向や、北京大学蔵漢簡「趙正書」の異聞によって、さらに『史記』の叙述を補足できる可能性がある。

注

(1) この経過は、『史記』秦始皇本紀のほか巻八七李斯列伝、巻八八蒙恬列伝に詳しい。また北京大学蔵漢簡「趙正書」2372、2172簡では、丞相の李斯と御史の馮去疾が進言して、始皇帝が胡亥を太子とすることを裁可している。本書の第三章第一節参照。

(2) 『史記』秦始皇本紀の末尾の秦系譜には「二世生十二年而立」とあり、年齢が異なる。これによれば、胡亥は統一の二十六年に生まれたことになる。この背景として、秦始皇本紀の二十六年条には「秦毎破諸侯、寫放其宮室、作之咸陽北阪上、南臨渭、自雍門以東至涇・渭、殿屋複道周閣相屬。所得諸侯美人鐘鼓、以充入之」とある。

(3) 西嶋定生「嫪毐の乱について」（一九七二年、『中国古代国家と東アジア世界』東京大学出版会、一九八三年）。

(4) 西嶋前掲「嫪毐の乱について」は、相国の呂不韋と、二人の楚公子とみなす。馬非百『秦集史』下（中華書局、一九八二年）の丞相表は、呂不韋と昌平君を左右丞相とし、田余慶「説張楚」（一九八九年、『秦漢魏晋史探微』中華書局、一九九三年）は、相国、昌平君、昌文君とする。

(5) 秦代の軍隊については、重近啓樹「秦漢の兵制について」（一九八六年、『秦漢税役制度の研究』汲古書院、一九九八年）、拙稿「戦国・秦代の軍事編成」（一九八七年、拙著『中国古代国家と郡県社会』汲古書院、二〇〇五年）などで考察している。

(6) 睡虎地秦墓竹簡整理小組編『睡虎地秦墓竹簡』（文物出版社、一九九〇年）。『編年記』にみえる昌平君の事績は、町田三郎『秦漢思想史の研究』第二章「統一の思想」（創文社、一九八五年）など多くの論文でふれている。ただし『史記』六国年表の秦・楚条では、二十三年に楚将の項燕を殺し、二十四年に楚王負芻を虜にして楚が滅ぶと記している。

(7) ただし項羽本紀では、秦将の王翦に殺されたといい、六国年表、楚世家でも同じように殺されたという。

(8) 李開元「末代楚王史迹鉤沈——補《史記》昌平君列伝」（『史学集刊』二〇一〇年一期）は、昌平君の事績と年表を一覧し、その経歴を考証している。

(9) 佐藤武敏監修『馬王堆帛書・戦国縦横家書』（朋友書店、一九九三年）には、一一章や二〇章に、燕から斉に質子が送られた記述がある。また『戦国策』燕策一に「初、蘇秦弟厲因燕質子而求齊王。齊王怨蘇秦、欲囚厲。燕質子爲謝乃已、遂委質爲臣」とあり、蘇厲は燕の人質によって、斉王に任用されている。工藤元男「戦国の会盟と符」（『東洋史研究』五三―一、一九九四年）など参照。

(10) たとえば『馬王堆帛書・戦国縦横家書』一八章（『史記』趙世家、『戦国策』趙策四にほぼ同文）は、長安君を斉に質子とすることを趙太后に説得する戦国故事である。ここに「於是爲長安君約車百乘、質於齊、兵乃出」とあり、一行の様子がうかがえる。

(11) 前掲『秦集史』下に、婚姻表がある。この時期の情勢は、拙稿「戦国秦の領域形成と交通路」（一九九二年、前掲『中国古代国家と郡県社会』）参照。

(12) 巻七一樗里子甘茂列伝に、「樗里子者、名疾、秦惠王之弟也、與惠王異母。母韓女也」とある。

(13) 張儀の事績は、拙著『史記戦国列伝の研究』第三章「『史記』蘇秦・張儀列伝と史実」（汲古書院、二〇一一年）参照。

(14) 六国年表・秦昭王二年条にあたる楚表には、「秦來迎婦」とあり、前掲『秦集史』の婚姻表は楚女を娶ったとする。しかし巻四〇楚世家では、同年の懐王二十四年条に「倍齊而合秦。秦昭王初立、乃厚賂於楚。楚往迎婦」とあり、楚が秦から夫人を迎えている。これによれば両国が、同時に夫人を娶ったことになる。

(15) 拙著前掲『史記戦国列伝の研究』第二章「『史記』穰侯列伝の編集方法」。

(16) 『史記』陳渉世家の構成は、本書の附篇一「『史記』陳渉世家のフィールド調査」参照。

(17) たとえば索隠に引く如淳注は「扶蘇自殺、故人不知其死。或以爲不知何坐而死、故天下寃二世殺之」とある。これに対して、『漢書』陳勝伝の顔師古注は「如・或説皆非也。此言我聞二世已殺扶蘇矣、而百姓皆未知之、故勝・廣擧事詐自稱扶蘇耳」という。

(18) 馬王堆帛書「五星占」の「張楚」については、劉乃和「帛書所記〝張楚〟国号与西漢法家政治」（『文物』一九七五年五期）、田余慶前掲「説張楚」など参照。

(19) これは本書の第七章「項羽と劉邦の体制」で論じているが、ここで項羽たちも戦国楚の制度を継承したことになり、楚・漢の戦争では項羽の楚と、秦を継承した漢王の社会システムの対立がみえる。

(20)　前掲『秦集史』下、丞相表。

(21)　陳偉『楚東国地理研究』第五章第二節（武漢大学出版社、一九九二年）。

(22)　中村充一「秦の公子」（岡本敬二先生退官記念論集刊行会編『アジア諸民族における社会と文化』国書刊行会、一九八四年）は、秦公子を一覧し、その名称を論じている。諸公子を殺す経過は、巻八七李斯列伝にもみえ、結果をつぎのように記している。

於是羣臣諸公子有罪、輒下高、令鞠治之。殺大臣蒙毅等、公子十二人僇死咸陽市、十公主矺死於杜、財物入於縣官、相連座者不可勝數。

王雲度・張文立主編『秦帝国史』（陝西人民教育出版社、一九九六年）には、秦始皇帝陵の東外城で発見された秦代墓葬のうち、二基の女性と五基の男性は二十〜三十歳位で、あるいは趙高・胡亥に殺された宗室・大臣の一部かという秦俑考古隊「臨潼上焦村秦墓清理簡報」（『考古与文物』一九八〇年二期）を紹介している。また袁仲一『秦始皇陵考古発現与研究』第五章「陵域内的墓葬」（陝西人民出版社、二〇〇二年）三二二〜三二四頁では、始皇帝の公子・公主の可能性があると考証している。

(23)　李斯列伝に、「（李）斯長男由爲三川守、諸男皆尙秦公主、女悉嫁秦諸公子」とある。

(24)　隠官については、蔣非非「《史記》中〝隱宮徒刑〟應爲〝隱官、徒刑〟及〝隱官〟原義辨」（『出土文献研究』六輯、二〇〇四年）、鈴木直美「里耶秦簡にみる隠官」（里耶秦簡講読会「里耶秦簡研究ノート」、『中国出土資料研究』九、二〇〇五年）など。李開元「説趙高不是宦閹――補《史記・趙高列伝》」（『史学月刊』二〇〇七年八期）、同「『史記』の史実と出土資料――趙高は『宦官』であったか」（『資料学の方法を探る』七、二〇〇八年）は、趙高の経歴を復元している。

(25)　宮崎市定「史記李斯列伝を読む」（一九七七年、『宮崎市定全集』第五巻、岩波書店、一九九一年）は、李斯列伝の一部が「趙高とその三人の仇の物語」ともいうべき材料にもとづくと指摘し、趙高は秦に滅ぼされた趙の一族で、始皇帝と李斯・蒙驁の三家に復讐を遂げたとする。そして李斯列伝が異なる四種類の資料を寄せ集めたために、内容が首尾呼応せず、李斯の人物像もあまり判然としないという。

(26) 始皇帝の巡行ルートは、「始皇帝とその時代」(『中国秦・兵馬俑』大阪21世紀協会、一九八三年)、鶴間前掲『秦の始皇帝』、拙著『司馬遷の旅』(中央公論新社、二〇〇三年)など参照。

(27) 宮崎前掲論文では、列伝が起承転結のリズムで構成されたと想定する。表1『史記』李斯列伝の構成でいえば、起(Ⅰ、Ⅱ)、承(Ⅱつづき)、転(Ⅲ)、結(Ⅳ)である。ただし『史記』の編集パターンからみれば、この列伝は秦紀年+記事資料の構成となっており、Ⅰ、Ⅱは登場と任用の記事を入れている。転機となるのは、Ⅱの最後にみえる三川守の李由に語る言葉である。ここには全盛から衰退・失脚への暗示がある。

李斯喟然而嘆曰、嗟乎、吾聞之荀卿曰、物禁大盛。夫斯乃上蔡布衣、閭巷之黔首、上不知其駑下、遂擢至此。當今人臣之位無居臣上者、可謂富貴極矣。物極則衰、吾未知所稅駕也。

そしてⅢには、始皇帝の死をめぐる対応と、二世皇帝の上書によって、失策を示している。だから李斯列伝は、李斯が丞相となり全盛となった時期を境に、趙高の謀議に荷担し天命に逆らったことから、失脚にいたる運命を描いたとみなすこともできる。

(28) 拙著前掲『史記戦国列伝の研究』第四章「『史記』戦国四君列伝の史実」。

(29) 春申君列伝の戦国故事と、呂不韋列伝にみえる生まれた子の話は、きわめてよく似ている。そのため春申君が殺された年代を、呂不韋が失脚する嫪毒の乱と並べていることは、運命の類似を示唆している。

(30) 前掲『馬王堆帛書・戦国縦横家書』二五章の訳注を参照。

(31) これ以降、秦は三晋諸国と戦争しているが、六国年表の楚幽王三年(前二三五)条に「秦・魏撃我」とあるほかは、秦王二十一年まで秦が楚を攻める記事はない。

(32) 秦始皇本紀の末尾にある秦系譜では、二世皇帝は十二歳で即位し、その夫人は二十六年以前に迎えられたことになる。梁玉縄『史記志疑』は、「案、紀云二十一立、此云十二、蓋譌倒耳」として、十二を誤りとする。他の諸公子は、天下統一以前の子であることに変わりはない。

(33) 益陽簡牘は、二〇一三年六月に益陽市兎子山遺跡の古井戸から出土している。二世皇帝の文書は、「二十年風雲激蕩　両千

年沈寂後顕真容——益陽兎子山遺址簡牘再現益陽古代歴史」（『中国文物報』二〇一三年一二月六日）「益陽市兎子山遺址考古発掘概況」による。

（34）里耶秦簡の特徴は、本書の第四章「『史記』と里耶秦簡」で説明している。

（35）漢代詔書の内容は、拙稿「張家山漢簡『津関令』と詔書の伝達」（二〇〇七年、『中国古代国家と社会システム』第九章、汲古書院、二〇〇九年）で紹介している。

（36）李斯列伝では「始皇の弟」としており、兄の子とした場合、年齢が問題となっている。また北京大学蔵漢簡「趙正書」では、趙高を殺したのは子嬰ではなく、章邯となっている。本書の第三章第一節の注（43）参照。

（37）このように高祖本紀には、当時の状況から説明が困難な場合があり、これは歴史叙述と史実との問題となる。本書の第七章「項羽と劉邦の体制」参照。

（38）本書の第八章「『史記』呂后本紀の歴史観」。

第四章　『史記』と里耶秦簡
——秦帝国の地方社会——

はじめに

第三章では、『史記』秦始皇本紀をもとに始皇帝と秦代史について考えてきた。しかし『史記』の歴史叙述は、皇帝の事績と祭祀や、秦国の政治と戦役、王室と官僚、将軍たち個人のエピソードを中心としており、秦帝国が統治した地方社会の記述は少なかった。また秦帝国が滅亡した原因についても、『史記』の叙述は簡略である。そこで『史記』の秦代史は、出土資料や考古遺跡を利用して総合的に考察しなくてはならない。

これまで知られている出土資料には、睡虎地秦簡と龍崗秦簡の秦律や、始皇帝陵と秦兵馬俑の考古文物がある[1]。また岳麓書院蔵秦簡や、西安市の秦封泥、漢初の張家山漢簡などの出土資料が追加される[2]。しかしそれによっても、地方統治の実態はほとんど知ることができない。とくに始皇帝が巡行した範囲をこえる長江流域の南方社会は、まったくの空白地帯である。この空白を埋める資料が里耶秦簡である。

里耶秦簡は、二〇〇二年に湖南省湘西土家《トゥチャ》族苗《ミャオ》族自治州龍山県の里耶鎮にある古城の一号井戸（J1）から発見された[3]。その内容が秦代の簡牘（木簡、木牘）なので、里耶秦簡〔里耶秦簡牘〕と呼ばれている。里耶秦簡の年代は、秦王政（始皇帝）二十五年（前二二二）から二世皇帝二年（前二〇八）までの紀年をふくんでおり、内容は秦代郡県制の県廷で保管され廃棄された行政文書といわれる。秦代の名称では、洞庭郡に所属する遷陵県の官府である。これは『史記』秦始皇本紀と同時代の第一次資料であり、これによって秦代の南方社会だけでなく、秦帝国に共通する地方行政の原理を知ることができる。そのため中国では、始皇帝陵の兵馬俑と並ぶ秦代の二大発見といわれている。

里耶秦簡は、当初に三万六〇〇〇点ともいわれたが、最初の「発掘簡報」（二〇〇三年）では三五点のサンプル資料が紹介されたにすぎない(4)。また『里耶発掘報告』（以下『発掘報告』、二〇〇七年）では、古城と墓地の遺跡を説明し、古城の城壕から出土した戸籍簡をふくめた簡牘を公開している(5)。その簡牘概況では、遷陵県の官府の檔案として、人口、土地、賦税、吏員、刑徒の登記とその増減の原因、倉庫の管理と糧食俸禄の放出、道路・郵駅・津渡の管理と設備、兵器の管理と配置、中央政府の政令の伝達と執行、民族矛盾、民事紛争の処理などに関連する豊富な内容をもつという。しかしその数は一〇〇点に満たなかったため、二〇〇七年に湖南省龍山県で開催された国際学術シンポジウムの段階でも、紹介や概説をのぞいて専門的な論文はまだ多くなかった(6)。

この状況が変わったのは、『里耶秦簡〔壹〕』（二〇一二年）、『里耶秦簡牘校釈（第一巻）』（以下『里耶校釈一』、二〇一二年）の公刊である(7)。『里耶秦簡〔壹〕』によると、文字が書かれた資料は、断簡をふくめて約一万七〇〇〇点であり、今後は全五冊として刊行の予定という。『里耶秦簡牘校釈』は、この刊行に合わせて、句読をほどこした釈文と注釈を提供するものである(8)。ここから本格的な研究がはじまっている。しかし注意されるのは、豊富で多様な個別研究に対して、それを総合化する視点が大切なことである。ここで問題とする『史記』秦代史との関係でも、里耶古城の状況と里耶秦簡の性格を知る必要がある。

そこで本章では、まず秦の南方統治のなかで里耶古城の位置づけを考えておきたい。つぎに『史記』と里耶秦簡の関係を整理して、秦代郡県制と地方社会の特質を考える。そして最後に、秦帝国の滅亡について展望してみよう。なお本章は、里耶古城・秦簡与秦文化研究の国際シンポジウムで報告した論文をもとに、その後の調査をあわせて改稿したものである。(9)

一　洞庭郡の里耶古城をめぐる情勢

最初に、秦国史のなかで、長江流域の南方社会がどのように郡県制に組み込まれてゆくのかを確認しておこう（第三章第一節の図1、二二一頁）。

里耶秦簡が出土した地域が、戦国秦の統治下に入るのは、第二段階（Ⅱの領域）である。『史記』秦本紀、楚世家によると、秦恵文王が王号を称したあと、楚の懐王は十七年（前三一二）に秦と丹陽で戦って敗れ、漢中の郡を取られた。翌年（前三一一）に、秦は漢中の半ばを分けて楚と和議を結んでいる。このあと秦は、武王をへて昭王六年（昭襄王、前三〇一）に、ふたたび蜀を平定した。工藤元男氏は、『華陽国志』蜀志にしたがって、蜀郡を置いたのは蜀侯を誅伐した昭王二十二年（前二八五）とみなしている。(10)

この間、秦昭王十年（前二九七）に楚懐王が秦に入って留められた事件がある。楚世家では、このとき秦は巫郡と黔中郡の割譲を要求したが、得られなかったと伝えている。懐王は、翌年（前二九六）に秦で客死した。秦昭王十三年（前二九四）には、任鄙を漢中守としている。

秦が楚の本拠地を占領する経過は、つぎの通りである。秦は三晋と戦いながら、昭王十六年（前二九一）に宛（河南省南陽）を取り、二十二年（前二八五）に楚頃襄王と宛で会盟した。これは宛が境界にあたることを示している。そして秦本紀では、二十七年（前二八〇）に蜀の方面から黔中を抜いたという。二十八年（前二七九）には、大良造の白起が楚を攻めて鄢と鄧を取った。翌年の昭王二十九年（前二七八）には楚都の郢《えい》（江陵、紀南城）を陥落させ、さらに竟陵を取って、この地を南郡とした。この南郡を設置したことが大きな転換点となる。ただし南郡の範囲は広く、『編年記』は郢の陥落ではなく「廿九年、攻安陸」と記している。安陸県は、睡虎地秦墓が発掘された湖北省雲夢県である。楚の本拠地の西側は、これから秦の占領地となり、楚は東方の陳に遷都して淮水流域に拠点を移した。『史記』秦本紀では、昭王三十年（前二七七）に、蜀守の張若が楚を攻めて、巫郡と江南を取り、黔中郡にしたという。六国楚表では「秦抜我巫・黔中」とある。楚世家には、楚の頃襄王二十一年（前二七八）に白起が郢を陥落させ、先王の墓がある夷陵を焼き、二十二年（前二七七）には秦が楚の巫と黔中郡を抜いたとある。地理的にいえば、この黔中郡が里耶秦簡でいう洞庭郡の範囲にあたることになる。(11)

『史記』西南夷列伝には、ここで興味深い話を載せている。それは今の雲南省の方面にある滇王《てんおう》の祖先を述べた説話である。この滇王は、少数民族ではなく、もとは楚国の将軍であるという。戦国時代の楚威王のとき、将軍の荘《そう》蹻《きゃく》は、長江を溯って、巴・黔中より以西の地を攻略した。そして今の貴州省をこえて滇池に至り、この地を制圧して楚に属させた。ところが彼が帰ろうとすると、秦が楚の地を奪って、巴・黔中郡の道が断絶したので、荘蹻は滇に引き返して、その衆を率いて王となった。この説話は、西南夷列伝だけにみえ、事実かどうか疑う説がある。また年代は楚威王のときではなく、頃襄王十九年（前二八〇）ころの話として、先秦の旧籍に見えない司馬遷の見聞によるという説もある。(12)この話にみえる黔中の地が、里耶古城の位置にあたっている。したがってこの地域は、戦国中期に楚の所属から秦に奪われて、早くに秦の領域に組み込まれていた。秦王政（始皇帝）が十三歳で即位したときには、Ⅱの領域まで保有しており、里耶の地方は秦の統一時期に再編成されている。

こうした秦国史のなかで、里耶古城はつぎのような位置を占めている。『発掘報告』第一章「緒言」によると、里

表1　漢代の南郡、武陵郡などに所属する県

郡	県	所属の県
南郡 漢簡「秩律」	15	巫、江陵、秭歸、臨沮、夷陵、醴陵、孱陵、銷、竟陵、安陸、州陵、沙羨、西陵、夷道、下雋
南郡 松柏漢墓木牘	17	巫、秭歸、夷道、夷陵、醴陽、孱陵、州陵、沙羨、安陸、宜成、臨沮、顕陵、江陵、襄平侯中廬、邔侯国、便侯国、軑侯国
南郡 『漢書』地理志	18	江陵、臨沮、夷陵、華容、宜城、郢、邔、當陽、中廬、枝江、襄陽、編、秭歸、夷道、州陵、若、巫、高成
巴郡 『漢書』地理志	11	江州、臨江、枳、閬中、墊江、朐忍、安漢、宕渠、魚復、充国、涪陵
武陵郡 『漢書』地理志	13	索、孱陵、臨沅、沅陵、鐔成、無陽、遷陵、辰陽、酉陽、義陵、佷山、零陽、充
長沙国 『漢書』地理志	13	臨湘、羅、連道、益陽、下雋、攸、酃、承陽、湘南、昭陵、茶陵、容陵、安成

耶古城は湖南省の洞庭湖から沅水《げんすい》を遡り、さらに沅陵で分かれた酉水《ゆうすい》の上流にある。その位置は、湖北省と重慶市との境に近く、分水嶺をこえると、烏江を下って長江の方面（古代の巴）に出るという。したがって里耶古城の役割は、南郡の動向と連動しており、西方の交通路の一つにあたっている。

南郡から遷陵県への交通ルートは、里耶秦簡⑯52の里程簡が参考になる[13]（「は改行）。

　鄢到銷百八十四里」銷到江陵二百卌六里」江陵到孱陵百一十里」孱陵到〔索〕二百九十五里」〔索〕到臨沅六十里」臨沅到遷陵九百一十里」〔凡四〕千四百卌四里　⑯52、二段目

この断簡には、鄢《えん》（湖北省宜城市）から銷、江陵、孱陵《せんりょう》、索、臨沅（常徳市）を通過する地名里程を記しており、最終地は遷陵県（里耶古城）である。この里程簡では、中央から命令を伝達する路線や、人びとが南郡の各県を経由して洞庭郡に入る交通ルートがうかがえる。

秦代の黔中郡は、里耶秦簡では洞庭郡と称しており、漢代では武陵郡となっている。**表1**は、漢代の南郡と武陵郡に所属する県を示している。張家山漢簡「秩律」は漢代初期の領域であり、松柏漢墓木牘は、武帝早期の領域を示している。『漢書』地理志にみえる前漢末の武陵郡の県は、

図1　秦代洞庭郡の領域と交通路

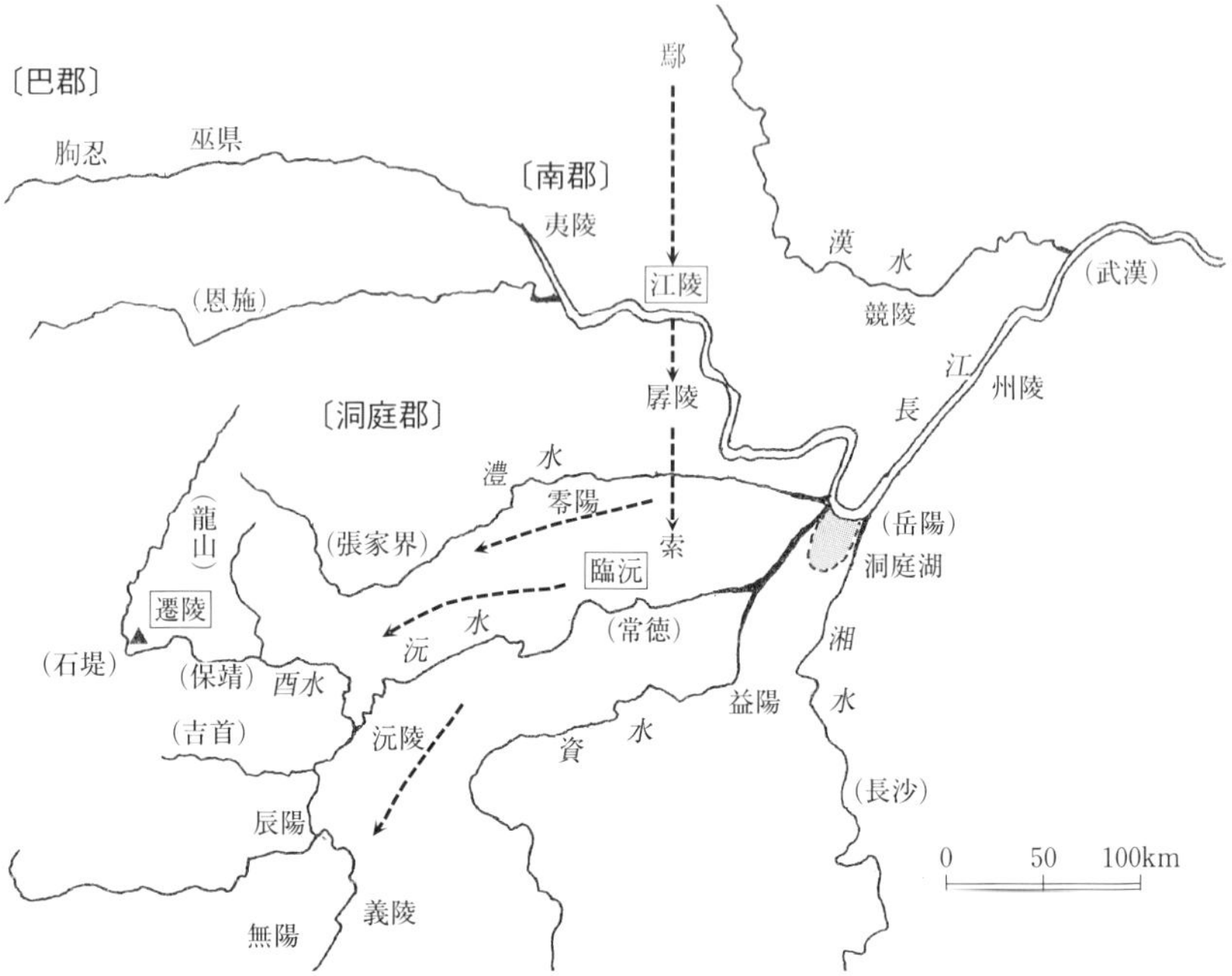

索、孱陵、臨沅、沅陵、鐔成、無陽、遷陵、辰陽、酉陽、義陵、佷山、零陽、充の一三県とするが、どこまで秦代洞庭郡と共通するかは不明である。とくに孱陵は、漢代初期の張家山漢簡や、武帝期の松柏漢墓木牘では、南郡にふくまれるようである(14)。また洞庭郡では、どこが郡守の治所であるかなどの問題がある(15)。

図1は、『漢書』地理志と『中国歴史地図集』第二冊（中国地図出版社）の漢代武陵郡の県治をもとに、秦代洞庭郡の水路と県城の位置（候補）を示したものである(16)。秦代の洞庭郡にあたる湖南省の古城遺跡をみると、臨沅を基点としてほぼ4つのルートがある。1は、索県古城から北に孱陵の方面である。2は、沅水の水系のほかに、西北に行くと澧水の水系にある零陽（慈利）がある。ここからは今の張家界の方面をこ

えて永順県に行き、南方の王村、保靖、里耶古城や、西北の龍山県の方面に通じている。3は、沅水から遷陵県へのルートであり、これが主要な水路となる。4は、沅陵から上流の地域である。これらが里耶秦簡にみえる県の治所となる。なお臨沅から、現在の益陽と長沙市の方面は長沙郡の領域となり、洞庭郡の領域ではないようである。このような洞庭郡の地理は、南郡の情勢と密接に関連している。今後は、この地域の出土資料によって、南郡と洞庭郡、長沙郡をあわせた南方地域の実態が考察できると予想される。

ここで問題となるのは里耶秦簡の紀年である。それは戦国末期から秦代への移行として、秦統一の二十六年ではなく、秦王二十五年から紀年が現れている。また秦の滅亡では、二世三年ではなく、二世二年の紀年で終わっている。この年代は、どのような意味をもっているのだろうか。これについては里耶古城が所属する洞庭郡と、隣接する南郡の動向が注目される(17)。

秦が占領した南郡の情勢を示すのは、睡虎地秦簡『編年記』である。『編年記』は、竹簡五十三枚の二段にわたって秦紀年を記している。上段は、昭王元年（前三〇六）から五十三年（前二五四）まで、おおむね関中の方面からみた東方の戦役をほぼ毎年のように記し、その下部に墓主（名は喜）に関連する追記がある。下段は、昭王五十四年から、孝文王、荘王、今王（秦王政、始皇帝）三十年（前二一七）までの紀年がある。しかし下段には、戦役などの記載がきわめて少ない。とくに天下統一にあたる二十五年、二十六年の欄は空白であり、二十七年には「八月己亥廷食時、産穿耳」という墓主の個人的な記事がある。また二十八年には「今過安陸」とあり、これは今王が墓主のいる安陸県に来たことを記しており、始皇帝の第二回の巡行に対応している(18)。これ以降は紀年だけで、統一秦の記載はみられない。この二十六年の空白は、統一への無関心とみなしてよいのだろうか。

（今王）三年、巻軍。……」〔四年〕□軍。……」十三年、従軍。」……十五年、従平陽軍。」……十七年、攻韓。」

十八年、攻趙。……」十九年、□□□□南郡備敬（警）。」廿年……。韓王居□山。」廿一年、韓王死。昌平君居其處、有死□屬。」廿二年、攻魏梁。」廿三年、興、攻荊□□守陽□死。四月、昌文君死。」〔廿四年〕□□□王□□。」廿五年。」廿六年。」廿七年……」〔廿八〕年、今過安陸。」廿九年。」卅年。

この歴史背景は、つぎのように考えられる。(19) その一は、『編年記』下段の記載が、南郡の安陸県を基点とした情報とみなされることである。秦始皇本紀では、秦王政元年より以降に東方への戦争がみえる。しかし『編年記』下段では、このうち三晋（韓、趙、魏）に関する河南（巻、平陽）の従軍と戦争を記している。秦始皇本紀と六国年表では、五年に魏の酸棗を取って東郡を置き、十一年に王翦が鄴と閼與を取り、十六年に韓の南陽を取っているが、これは『編年記』にみられない。南郡の江陵からみれば、南陽の戦役を記してもよさそうであるが、ここでは記していない。また十七年に韓が滅び、十九年に趙の邯鄲が陥落し、二十二年に魏の大梁が滅ぶことは、これに関連する記載がある。とくに二十三年から二十四年に楚が滅ぶことは、『編年記』に記載があり、睡虎地四号秦墓の書信木牘でも、淮陽への従軍を記している。(20) このように『編年記』下段の記載は、秦の戦役のなかでも、主に南郡の安陸県と関連する記事に限られるようである。これは南方からみた情報である。そこで『編年記』は、安陸県の情勢や従軍と直接に結びつかない北方戦線を記載しなかったと想定できよう。

その二は、二十四年に楚が滅亡したあと、南方の戦線は二十五年に収束していることである。秦始皇本紀では、つぎのように記している。

二十五年、大興兵、使王賁將、攻燕遼東、得燕王喜。還攻代、虜代王嘉。王翦遂定荊江南地。降越君、置會稽郡。五月、天下大酺。

秦は、二十五年に燕と代を滅ぼして、二十六年に斉を滅ぼしたが、これは王賁の率いる秦軍が北方から転戦したものである。そのあと越を滅ぼして会稽郡を設置しているが、これも南郡とは直接的に関係がない。そこで『編年記』が、二十六年に統一を記さないことに関連して注目されるのは、「五月、天下大いに酺《ほ》す」という記述である。つまり長江流域の南方社会では、東方の楚国が滅亡したあと、江南が制圧されると、すでに平定されたという認識になっており、斉の滅亡にさきがけて祝賀をしているのである。秦の統一といえば、二十六年に斉国が滅亡したことによるが、これは北方の燕の方面から秦軍が転戦したものであり、長江流域では、その前年に長江流域が統一された意義のほうが大きいのであろう。本章の初出論文では、このように想定していたが、その後に新資料が追加されている。

『里耶秦簡〔壹〕』と『里耶校釈一』の前言では、8-457、8-758にみえる「卅四年……今蒼梧爲郡九歳」「今遷陵廿五年爲縣」の記述に注目している。これは洞庭郡と蒼梧郡、遷陵県が二十五年に設置されたことを示し、秦統一より以前に長江流域を掌握したという『史記』の記述に一致すると説明している。[21] したがって里耶秦簡に秦王二十五年の紀年がみえるのは、中央からみた統一と、南方社会の統合に年代の違いがあったとみなせよう。そして里耶の地域は、文献にみえる戦国時代の「黔中郡」や漢代の「武陵郡」ではなく、秦代では洞庭郡と称し、里耶古城は遷陵県の官府として再編されたと推定できる。

このような情勢で注意されるのは、南郡の統治も見直した可能性があり、その拠点となるのは安陸県の楚王城と、江陵県の郢城である。[22] 安陸県には楚王城とよばれる城郭（東西約一・九キロ、南北約一キロ）があり、始皇帝が滞在した禁苑がある。楚紀南城が陥落したあと、江陵県には郢城（北城壁約一・四五キロ、東壁約一・四キロ、南壁約一・二八キロ、西壁約一・二七キロ）の城郭が築かれ、のちに南郡の治所となっている。これと同じように、楚文化の習俗を温存していた里耶古城も、あらたに秦の遷陵県の官府として機能を整えたことになる。

なお里耶秦簡が、二世二年の紀年で終わることは、つぎのように想定している。[23] 秦末の情勢では、二世元年七月に陳渉・呉広が蜂起して、二年十二月に陳王が亡くなったあと、六月に項梁たちが楚懐王を擁立して盱眙に都した。このとき南方からは、百越を率いた呉芮と黥布たちが合流していた。したがって秦の滅亡にさきがけて、すでに二世二年の段階で、南方は秦の領有から離反しており、それが里耶秦簡の紀年に反映している可能性がある。これに関しても、新しい簡牘が発見されている(24)。

一は、二〇一三年に湖南省益陽市の兎子山遺跡で出土した二世皇帝の布告である。これは即位のあと、二世元年十月に発布されており、陳渉・呉広の乱より以前に長沙郡の地域は、秦帝国の統治と情報伝達が行われている。しかし二に、八号井戸から出土した觚《こ》（六角柱の形状）の簡牘（J8⑥:1）では情勢の変化がうかがえる。この觚の一部に「張楚之歳」という記載がある。陳偉氏は、「〜之歳」は楚の大事紀年とする方法で、「張楚之歳」は二世二年にあたると推測する。この觚は、いくつかに断絶しており、本来の長さはやや長大なものとなる。また「張楚之歳」のほかに文字はあるが、不鮮明という。これはおそらく文書の檄であろう。

觚の形状の簡牘は、檄、あるいは檄文といい、文書を密封をせずに文面がみえる資料である。檄は、通常の文書のほかに、緊急の場合や戦時にもちいる場合がある。その参考となるのは『史記』巻一一三南越列伝の記事である。

南越王尉佗者、眞定人也、姓趙氏。秦時已并天下、略定楊越、置桂林・南海・象郡、以謫徙民、與越雜處十三歲。佗、秦時用爲南海龍川令。至二世時、南海尉任囂病且死、召龍川令趙佗語曰、聞陳勝等作亂、秦爲無道、天下苦之、項羽・劉季・陳勝・吳廣等州郡各共興軍聚衆、虎爭天下、中國擾亂、未知所安、豪傑畔秦相立。南海僻遠、吾恐盜兵侵地至此、吾欲興兵絶新道、自備、待諸侯變、會病甚。且番禺負山險、阻南海、東西數千里、頗有中國人相輔、此亦一州之主也、可以立國。郡中長吏無足與言者、故召公告之。卽被佗書、行南海尉事。囂死、佗卽移檄告横浦・陽山・湟谿關曰、盜兵且至、急絶道聚兵自守。因稍以法誅秦所置長吏、以其黨爲假守。

ここでは秦二世皇帝の末に各地で叛乱が起こったとき、南海郡尉の任囂が情勢をみて、龍川令の趙佗にその職務を授けている。ここでは当然、秦の情報が入っていたであろう。しかし任囂が亡くなると、趙佗は、防衛のために横浦・陽山・湟谿関に檄による通達を出している。この檄にみえる関所は、秦の行政機構にならったものかもしれないが、やがて独立する領域の境界に伝達した命令である。

同じように益陽県では、二世元年の各地の乱について、秦の中央から情報が伝達されたとおもわれる。しかし觚には二世皇帝「二年」と記しておらず、秦帝国の用法による資料ではない。また陳渉は二世二年の十二月に亡くなっており、その勢力範囲は陳郡の範囲をこえず、周辺には別の勢力が自立していた。だから「張楚之歳」は陳渉が王となった翌年の記載であり、陳渉の勢力はこの地域に及んでいないことから、これは陳渉の紀年でもない。そこで益陽県に、秦とは別系統の檄が届いているのは、陳渉の死後に楚紀年をもつ勢力であり、それは楚懐王と項梁の体制による檄文という可能性がある。その背景には、おそらく呉芮と黥布が百越を率いて項梁の体制に加わっており、この地域まで影響が及んでいたからであろう。もしこのような情勢であれば、長沙郡益陽県の付近は、すでに二世二年の時点で秦の統治から離れたことになる。里耶秦簡の年代が二世二年で終わり、二世三年の紀年が無いのは、このように楚の体制がこの地域に拡がり、のちに洞庭郡の領域を掌握した影響かもしれないと考えている。

以上は、秦帝国の歴史と里耶秦簡の紀年が相違する原因を推測したものである。これが遷陵県の社会を知る背景となる。そして秦の滅亡後に、この地域は項羽の体制で分封された臨江王の国となり、やがて漢王朝に組み込まれている。

二　里耶秦簡にみえる郡県制

それでは里耶古城の井戸から出土した簡牘は、どのように位置づけられるのだろうか。また里耶秦簡によって、何が新しくわかるのだろうか。「戦国秦漢城址」の報告と『発掘報告』では、つぎのように説明している。(25)

里耶盆地には、戦国時代から漢代にかけて、三つの古城とそれに対応する墓地がある。一は、里耶秦簡が出土した里耶古城と、麦茶古墓群（楚文化などの戦国墓葬二〇〇余座）、下碼古墓群である。二は、魏家寨古城（前漢）と清水坪古墓群（やや規模の大きい漢墓二〇〇余座）、三は、大板古城（後漢）と大板古墓群である。これら三つの古城は、歴史上の遷陵、酉陽、黔陽の地名に関連するとみなされている。このうち里耶古城と関連する麦茶戦国墓地は、大きく二つのグループ（五組の類型）に分類している。

Ⅰ、A組：戦国中晩期の楚墓。B組：A組とは別の楚人。C組：戦国晩期の楚墓。

Ⅱ、D組：楚人より早く入った苗蛮か（楚人の統治下）。E組：歴史上の濮人か。

これによれば里耶の地では、かつて苗蛮のような人びとが住んでいたが、戦国中期に楚人が入り込み、前二七八年に楚の都城が陥落すると大量の楚人が移民したという。このあと秦の占領がはじまることによって、そこに組み込まれた楚人、苗蛮のほか、さらに移動した楚人や、秦人と戍卒、徒隷などの移住が予想される。

里耶古城の地層と遺跡の分布は、四期に分けており、主な遺跡は秦代と前漢時代である。

第一期：戦国中晩期。陶器などは典型的な楚文化の特徴をもつ。城郭は、戦国時代の軍事防衛の施設とする。

第二期：秦代。このとき軍事防衛の施設を継承して、秦代の県城となった。

第三期：前漢時代。秦末に廃棄され、漢代に県城として継続して使用された。

第四期：後漢時代以降。とくに⑨層は、突発性の破壊と廃棄とする。

城壁（城墻《じょうしょう》）や施設の年代は、つぎのように説明している。第一期の戦国時代に城壁が建造され、それを秦代に継続して使用したとする。その城壁は、北側と西側、南側の三方で、東側は酉水に面している。漢代もこれを継承したが、いくつかの改修をしている。たとえば城壕は、戦国時代に建造され、秦代も使用されたが、秦代に西門は無かったとする。しかし漢代に修築したとき、西門、西門道、城壁との間の環城道路を造っている。城壕の広さは一六メートル、深さは約七メートルである。また南門と北の吊り橋も、漢代に修築している。

城内の中央部には、南北の道路と交差して、東西に幅約一三メートルの道路（L1）があり、そこには車の轍跡が残っている。この道路は戦国、秦代に作られ、漢代に継続して使用されたとする。道路と南城壁の間には大量の房屋があり、建築群の間には水塘（ため池）がある。城内の施設では、製陶の作坊遺跡が、第一、第二期（戦国、秦代）に属し、F4などの建築は漢代の施設である。

現地にある里耶古城の遺跡は、漢代の県城を復元したものである[26]。ここでは周りを門と塀、吊り橋で囲み、内部は城壁と城濠や、一号井戸と三号井戸の建築物、官署遺跡、作坊遺址、秦漢巷陌、道路、池塘、兵営などを復元する。また里耶古城（秦簡）博物館は、麦茶古墓群の中心部に建設されており、兵営や車馬の復元や、井戸の構造の説明、食品、分銅（度量衡）、出土した青銅器、陶器などと、簡牘を製作する復元（絵と模型）、工具と筆、硯など、産業の図、公船を紛失した案件の図解、郵書の受け渡しの人物模型を展示して、秦代社会の説明をしている。これによって秦代の県城も、おおよそのイメージをもつことができよう。

里耶秦簡は、この漢代県城にある井戸に廃棄された秦代の遺物として残されたことになる。一号井戸は、東西の道路と北城壁の間に位置するＦ４建築群の下にあり、多くの井戸群の一つである。井戸の使用には、官府の飲料水か、作坊に使う用途などがあり、それが使えなくなったあとに簡牘が廃棄されたという。報告では、井戸の堆積を一七層に分け、第一～四層を前漢時代、第五～一六層を秦末に廃棄したもの、第一七層を戦国～秦代に使用した時期としている。そして秦代簡牘が出土した堆積は、秦末に大量の官文書を廃棄したとみなしている。その場合、投棄や廃棄が無造作に散乱したものか、ある程度の規律をもつ廃棄かという点は、地層ごとの資料が公表されたあとに一定の傾向がわかるであろう。

『里耶秦簡〔壹〕』前言では、里耶秦簡の内容と名称を、つぎのように分類している。(27)

一、書伝類：１往来書、２司法文書、３伝・致、４私書
二、律令類：１律（引用律文）、２令（更名詔令など）、令目、３式（式令、書式）
三、録課類：１録、２志、３課　四、簿籍類：１簿、２計、３籍、４伐閲居労、５計表
五、符券類：１符（信符）、２券（校券）　六、検楬類：１検、２楬、３函封、４標題簡
七、暦譜　八、九九術、薬方　九、里程書　十、習字簡

ここには文書や法令のほかに、さまざまな帳簿類や記録がある。これをみると「発掘簡報」『発掘報告』で紹介されたサンプル資料には、司法文書や律令はみられないが、往来文書や、券（校券）、検・楬（付札）、九九術、里程書などがあり、すでに代表的で鮮明な資料を中心として、内容と分類の特色をよく表していたことがわかる。(28)これによって里耶秦簡の公表がすすめば、さらに南方社会の実態が明らかになるであろう。ただし里耶秦簡は、地方行政を知る第一次資料であるが、こうした内容は『史記』秦代史の直接的な素材とはなっていない。この違いについて、『史記』と里耶秦簡の関係を整理しておこう。

『史記』の編集は、これまで論じたように、漢王朝の図書を中心とするものであった[29]。それは文字に書かれた書籍や文書を基本とする。これと関連するのは、古墓から出土した竹簡・帛書の書籍と文書である。竹簡・帛書は、ただ紙がなかったから使用されたのではなく、「竹帛に著す」という言葉に示されるように、後世に残すという意味をもっている。だから竹簡・帛書の書籍は、すでに定着した文章を書写したものであり、将来は紙の典籍に替わるものである。そこで『史記』戦国史料では、その素材と関連があるのは、銀雀山漢簡『孫子』や、馬王堆帛書『戦国縦横家書』のように書籍の形態をもつ資料であった。いわば『史記』の種本と類似する資料である。ただし司馬遷が漢王朝で得た書籍と、地方の古墓から出土した書籍は、その転写の過程で一部の文字が異なる異本となっている点が注意される。また漢代までは、一冊の書籍として保存するよりも、一篇の書物として伝えられている。それらが一冊の書籍として定着するのは、『漢書』芸文志にみえるように、前漢末に漢王朝の図書整理をした後のことである。

したがって『史記』の素材と関連する記事資料（説話、戦国故事など）は、拙著『史記戦国史料の研究』第一編第一章「『史記』と中国出土書籍」で示したように、まず出土書籍があげられる。これは思想史や古文字学で注目された資料であり、歴史学ではあまり注意されなかった資料である。しかし出土書籍にみえる内容が、史実として問題があるとしても、それと共通する資料を司馬遷が利用したことは事実である。つまり司馬遷が、出土書籍と共通する資料を利用して編集する方法と、その素材となる資料が史実を反映しているかどうかは、別の問題である。こうした点からみれば、里耶秦簡は地方官府の運営に関する文書と記録であり、『史記』の素材と直接に関係する系統の資料ではないのである。

つぎに紀年資料と系譜や、秦律や漢律、『奏讞書』の法制資料、文書行政に関する文書は、『史記』とどのように関係するのだろうか。歴史学では、古墓から発見された法制資料と、漢代西北の遺跡から出土した簡牘に注目して研究を進めてきた。(30)この秦律と漢律などの法制資料は、厳密にいえば書籍ではないが、保存された資料という点では書籍に準じる資料である。しかし『史記』の素材と比べたとき、法制資料は直接的な資料とはなっていない。この点は『漢書』が法制に関する資料をふくむ点と違っている。また裁判に関する資料は、『史記』のエピソードと関連することはあっても、直接的な資料としては収録されていない。(31)漢王朝でいえば、少府や治粟内史（のち大司農）のように財政に関する資料も、『史記』平準書に一部の情報があることをのぞいて、地方官府の財務資料を収録していない。(32)ただし秦漢時代の暦譜や、睡虎地秦簡『編年記』のように秦紀年に個人の経歴を記す年表では、その紀年資料が『史記』との関係を示している。

このように『史記』の素材と、古墓や遺跡から出土した資料との違いは、司馬遷が利用した系統との相違ではないかと考えている。(33)つまり司馬遷が利用した素材（暦、紀年資料、系譜、祭祀儀礼、石刻など）は、太常の官府と儀礼に関する系統が多く、一般行政と民に関する法令、財務、裁判の系統に属する資料をあまり収録しないという特徴がある。これに対して『史記』で利用しない資料は、秦漢時代の律令や、中央と地方の行政文書、財務の資料、裁判の案件などである。これは漢王朝でいえば、行政を担当する丞相と御史大夫や、財務を担当する大司農、司法を担当する廷尉の史料に属している。したがって里耶秦簡が、『史記』の直接的な素材と関連がないのは、地方の行政文書や記録という性格の違いによることになる。

さらに『史記』と里耶秦簡では、木簡、幅の広い木牘《もくとく》に書かれた文書と記録による性格の違いがある。(34)これまで漢代の文書行政では、原本の作成と伝達、書式の分類が考察されてきた。たとえば大庭脩氏が「元康五年詔書冊」の復元で明らかにされたように、中央の詔書が辺郡の軍事系統に伝達される方法や、永田英正氏が「古文書学」として提唱された簿籍の復元とその上申文書の形式である。(35)この文書伝達に、廷尉の裁判に関する系統もあることは、籾山明氏が指摘している。(36) こうした文書の形式は、李均明『秦漢簡牘文書分類輯解』（文物出版社、二〇〇九年）に示されている。これらの文書は、基本的に原本の書式と伝達を明らかにしようとする研究である。しかし文書伝達では、本文を作成・送付する長吏と書記（文責）の原本のほかに、文書処理の資料が多く作成されている。たとえば「元康五年詔書冊」には、中間で受信・発信された付記がなく、県レベルの候官に伝わっており、文面は候官から下部組織に発信した文書の控えとなっている。これは発信や受信をした原本に対して、文書を複写し、保存をする別の記録を作成したものである。また永田氏が指摘された簿籍を送る文書も、発信した文書は先方に出されており、残された文書は手元に残された控えの記録である。これらの文書が逓伝されるときも、今日の官庁にみえる事務と郵便局のように、文書を開封せずに受信・発信を記録する資料がある。これまで出土した簡牘は、きわめて貴重なために、原本を重視する考え方が強かったようにおもわれる。しかし実際に出土した木簡・木牘は、その多くが原本ではなく、複写して情報処理をした記録のほうが多いのではないかと想定している。文書伝達では、文書の送付にともなう検・封検（宛先を書いた木簡）や楬《けつ》（付札）、文書を箱などで整理をするときに付ける楬なども、文書ではなく付属品や記録である。里耶秦簡や、井戸・遺跡から出土した簡牘は、こうした情報処理を示す記録が多く、それを保管し廃棄した資料とみなしている。これが『史記』の素材となる書籍や、本文を書写した原本との違いを示している。

これに関連して注意されるのは、文書・記録と、実務の運営との関係である。(37) これまで歴史学では、法制史や文書行政に注目して研究を進めてきた。しかし秦漢時代の官府では、文字資料の作成と伝達という文書行政によって業務が完結するわけではない。たとえば労役や徒刑の労働編成では、業務を連絡する文書や簿籍だけではなく、実際に人員を作業に従事させる必要がある。里耶秦簡に「作徒簿」のような徒隷の労働に関する資料があるのは、これを示している。また租税にあたる穀物の徴収と支給では、文書による伝達と記録だけではなく、実際に穀物倉庫の出入をおこない、それを腐らせないように保管・管理し、輸送・分配して使用するまでの実務が想定される。[38] 里耶秦簡には、穀物や物品の出入記録がある。これは直接的な文書ではなく、実務の記録として作成され、それを集約して上級官府や中央に連絡されるとおもわれる。したがって秦漢時代の労働編成や財政政策は、文字資料の文書や簿籍を作成し、その実務を記録すると共に、その背景に膨大な実務の運営があるという点を認識すべきであろう。

これまで出土文献・出土書籍の研究や、法制史と文書行政の研究で紹介された簡牘は、後世に紙に替わってゆく保存資料としての典籍や文書にあたるものであった。したがって韓国や日本古代の木簡とは接点が少ないものである。しかし文書の控えや、さまざまな実務に関する記録、付属品に注目すれば、そこには情報処理をおこなう文字資料として、韓国や日本の木簡との接点が見出せる。この意味で里耶秦簡は、情報処理や実務に関する文字資料であり、文献を補う準テキストとする方法には注意が必要である。こうした文書の情報処理や、実務に関する記録は、『史記』の素材とは大きく異なる性格となっている。

このように里耶秦簡は、大半が『史記』の素材とは別系統の性格をもっているが、秦帝国の情報は貴重である。つぎに里耶秦簡から、秦代郡県制の構造と運営を考えてみよう。

秦帝国の地方行政は、中央集権的な郡県制という制度である。『史記』秦始皇本紀では、天下を統一したあと各地を三十六郡（のち四十八郡）にわけて、中央から派遣した官吏によって地方を統治し、民を黔首と呼んでいる。また度量衡や車軌、文字を同じくしたという。

分天下以爲三十六郡、郡置守・尉・監。更名民曰黔首。大酺。……一法度衡石丈尺。車同軌。書同文字。地東至海曁朝鮮、西至臨洮・羌中、南至北嚮戶、北據河爲塞、並陰山至遼東。

その沿革は、秦の制度を継承した『漢書』百官公卿表に記されている。[39] これによれば郡と県の官府は、つぎのような構成である。郡レベルの機構では、郡を監察する監御史と、郡の長官である郡守、郡守を補佐して軍事を司る郡尉が置かれている。この郡守と郡尉には、次官となる丞がいる。県の官府には、県令あるいは県長が置かれ、その下に丞と尉がいる。これらが長吏である。県の下部には、郷と亭の組織があり、郷には三老・有秩・嗇夫・游徼がいる。嗇夫は聴訟（裁判）と賦税の徴収をして、游徼は盗賊を禁ずる治安維持をしたという。また『漢書』地理志には、郡の領域と戸口統計があり、これを日本にたとえれば、平均的な郡は四国の半分くらいで、県は市レベルの領域である（唐代では州・県制となる）。ただし人口は、一郡の平均が約五七万九〇〇〇人、県の平均が約三万八〇〇〇人と少ない。これは漢王朝に受け継がれた状況であり、秦代の郡県制の実態はなお不明な点がある。この地方社会の構造を補うのが里耶秦簡である。

図2は、里耶秦簡をふまえて秦代の中央と郡県制の構造を示したものである(40)。洞庭郡の治所は、泰守府と呼ばれており、郡守と丞のほかに、卒史、仮卒史などがいる。また郡尉には、仮尉、司馬のスタッフがいる。洞庭郡に所属する県には、県嗇夫と呼ばれる官吏がおり、郵書記録によれば、県令と丞が封印をしている。県の官府では、丞や、守丞が実務を担当している。軍事系統では尉がいる。県の下部部署には、令曹、吏曹、尉曹、司空、倉曹、戸曹、金布、庫、獄曹、田官、畜官などがあり、令史などの書記がいる。また県の領域は、都郷、啓陵郷、貳春郷という三つの行政区画に分かれている。ここには郷嗇夫、佐などの官吏がいて、さらに下部の里（集落）を管轄している。里には、里典と黔首（民）がいる。このほか県の領域では、交通や文書伝達の施設として郵や亭が置かれている。この概念図にもとづけば、秦代郡県制の文書伝達と運営の実態は、つぎのように理解される。

第一に、中央の命令は、地方の郡県に伝えられている。秦代の文書行政では、皇帝の詔書や、中央からの法令、命令などは全国に伝えられ、各地の情報も中央に報告されたはずである。里耶秦簡では、直接的に始皇帝の事績を述べ

図２ 里耶秦簡にみえる秦代の郡県制

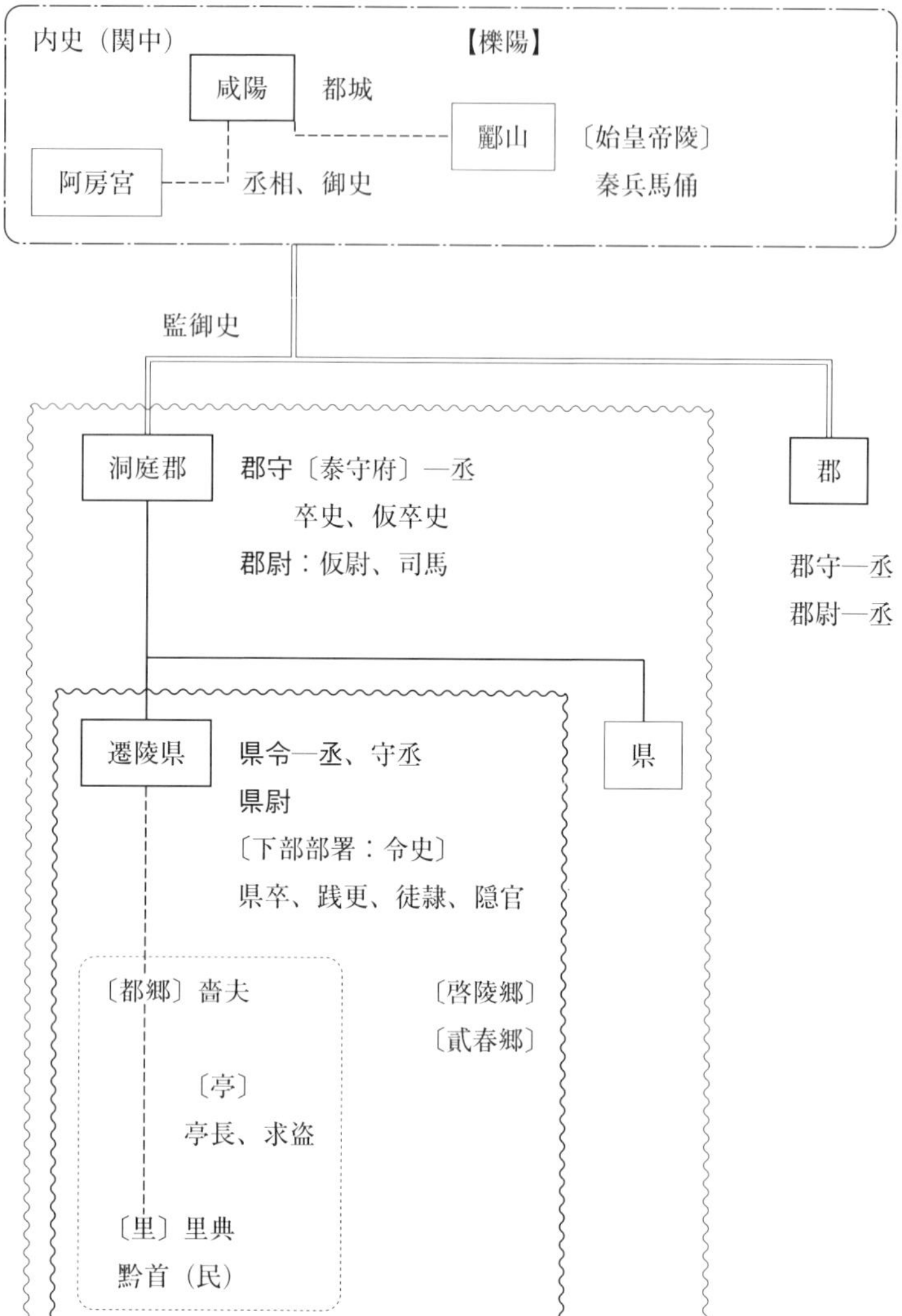

た資料はないが、皇帝を中心とする中央の情報を地方の郡県に伝えている。

1は、中央官庁の御史大夫を通じて、皇帝「制書」を地方に伝達している[41]。ここでは書式だけを示すが、この文書は、洞庭郡を経て下部の県に通達し、その一つが遷陵県に到達したものである。

制書曰、擧事可爲恒程者上丞相、上洞庭絡帬（裙）書有□□□
卅二年二月丁未朔□亥、御史丞去疾、丞相令曰擧事可爲恒
程者□上帬直。卽〔應〕令、弗〔應〕、謹案致……」……庭□／□手」……　8-159（正、側）
三月丁丑朔壬辰、〔洞庭〕……」令□□□〔索〕・門淺・上衍・零陽□□□以次傳□……
書到相報□□□□門淺・上衍・零陽言書到、署□□發。
□□□□一書以洞庭發弩印行事□□恒署。
酉陽報□□□署令發。／四月□丑水十一刻刻下五□□□□
遷陵□、酉陽署令發。」□□□□〔布令〕□　8-159（背）

このほか中央の命令では、断簡に「故貰爲贖取之、它如律令。……臣昧死請。●制曰可。……」（8-1668）という資料があり、皇帝の裁可を伝えている。

2は、『史記』秦始皇本紀の統一政策に関する資料がある。始皇帝二十六年条には、このとき皇帝の称号を立て、「命」を「制」、「令」を「詔」とし、「莊襄王」を追尊して「太上皇」とする。

丞相綰・御史大夫劫・廷尉斯等皆曰……。臣等昧死上尊號、王爲泰皇。命爲制、令爲詔、天子自稱曰朕。王曰、去泰、著皇、采上古帝位號、號曰皇帝。他如議。制曰、可。追尊莊襄王爲太上皇。

表2は、これに対応する秦始皇詔令木牘（8-461、原簡8-455）である[42]。ここには戦国時代の秦国から、秦帝国になっ

表２　里耶秦簡の詔令木板8-455（8-461）正面

	泰【王】觀獻曰皇帝。
	天帝觀獻曰皇帝。
	帝子游曰皇帝。
	王節弋曰皇帝。
⧄□。	王讃曰制讃。
⧄□。	以王令曰【以】皇帝詔。
⧄假□。	承【命】曰承制。
⧄□錢□。	王室曰縣官。
□【如故】更□□。	公室曰縣官。
□如故□□□。	内侯爲輪（倫）侯。
□如故更事。	徹侯爲【死〈列〉】侯。
□如故更□。	以命爲皇帝。
□□如故更□□。	受（授）命曰制。
□如故【更】□。	□命曰制。
□如故更□。	爲謂□詔。
□如故更廢官。	莊王爲泰上皇。
□如故更予□。	邊塞曰故塞。
更詑曰謾。	毋塞者曰故徼。
以此爲野。	王宮曰□□□。
歸戸更曰乙戸。	王游曰皇帝游。
諸官爲秦盡更。	王獵曰皇帝獵。
故皇今更如此皇。	王犬曰皇帝犬。
故旦今更如此旦。	以大車爲牛車。
曰產曰族。	騎邦尉爲騎□尉。
曰𦲸曰荊。	郡邦尉爲郡尉。
毋敢曰王父曰泰父。	邦司馬爲郡司馬。
毋敢謂巫帝曰巫。	乘傳客爲都吏。
毋敢曰豬曰彘。	大府爲守□公。
王馬曰乘輿馬。	毋曰邦門曰都門。
	毋曰公坿曰□坿。
	毋曰客舍曰賓【飤】」舍。
（上段）	（下段）

た用語の読み替え一覧がある。それは秦王であった制度から、皇帝の国へ変化した体制にともなって、公文書を作成する際の読み替えを示したとおもわれる。たとえば「王游曰皇帝游。王獵曰皇帝獵。王犬曰皇帝犬」では、王から皇帝へと読み替えている。そのなかに「以王令曰以皇帝詔」や「徹侯爲列侯」「以命爲皇帝」「□命曰制」「莊王爲泰上皇」とあり、これによって『史記』の記述を裏づけることができる。大西克也氏は、「太」「泰」字の表記の変化から、その年代は統一政策のあと二十七年以降の資料であると指摘している[43]。

第二に、里耶秦簡には、地方上級官庁の郡が、所轄の県に文書を発給している。その代表的な例は、木牘⑯５、６

の文書である。この文書は、始皇帝二十七年（前二二〇）二月庚寅（一五日）に、洞庭守（郡の長官）が、県嗇夫と卒史、仮卒史、属に命令したものである。[44] 二つの木牘の正面には、まったく同文を書写しており、少なくとも二通の文書が到達したか、あるいは二通の控えを作成したことになる。

廿七年二月丙子朔庚寅、洞庭守禮謂縣嗇夫・卒史嘉・假卒史穀・屬尉。令曰、傳送委輸、必先悉行城旦舂・隷臣妾・居貲贖債。急事不可留、乃興繇。今洞庭兵輸内史及巴・南郡・蒼梧、輸甲兵當傳者多。卽傳之、必先悉行乘城卒・隷臣妾・城旦舂・鬼薪白粲・居貲贖債・司寇・隱官・踐更縣者。田時也、不欲興黔首。嘉・穀・尉各謹案所部縣卒・徒隷・居貲贖債・司寇・隱官・踐更縣者簿。有可令傳甲兵、縣弗令傳之而興黔首、〔興黔首〕可省少、弗省少而多興者、輒劾移縣。〔縣〕亟以律令具論。當坐者言名史泰守府。嘉・穀・尉在所縣上書。嘉・穀・尉令人日夜端行。它如律令。

二十七年二月丙子朔庚寅（十五日）、洞庭守の礼が、県嗇夫と卒史の嘉、仮卒史の穀、属尉に通告する。令に曰う、「伝送し貨物を輸送する際には、必ず先に悉く城旦舂と隷臣妾、居貲贖債たちを行《や》れ。急事で留めることができないとき、乃ち（一般の）徭役を興せ」と。今、洞庭の兵を内史及び巴郡、南郡、蒼梧郡に輸送し、甲兵を輸送するのに伝送すべき者が多い。もしこれらの物資を伝送するときは、必ず先に悉く乗城卒と、隷臣妾、城旦舂、鬼薪白粲、居貲贖債、司寇、隠官、県に践更する者を行かせよ。田時（農時）であるので、黔首《けんしゅ》（民）を興すのを欲しない。（卒史の）嘉、（仮卒史の）穀、（属の）尉らは、各々謹しんで部する所の県卒や徒隷、居貲贖債、司寇、隠官、県に践更する者の簿籍を案じよ。甲兵の伝送があって、県がこれらの者たちを伝送させずに黔首を興したり、黔首を省き少くできるのに、省かずして多く徴発した者は、そのたびに劾を県に送れ。県はただちに律令を以て具さに論ぜよ。当に坐する者は、名史を（郡の）泰守府に言え。（卒史の）嘉、（仮卒史の）穀、（属の）尉らの在所の県は上書せよ。嘉、穀、尉らは人をして日夜端行させよ。它は律令の如くせよ。

ここでは令の規定に「伝送し貨物を輸送する際には、必ず先に悉く城旦舂と隷臣妾、居貲贖債たちを行かせよ。急事で留めることができないとき、乃ち（一般の）徭役を興せ」とある。洞庭郡では、軍需物資を内史や巴郡、南郡、蒼梧郡に輸送する際に、この令に従って「乗城卒・隷臣妾・城旦舂・鬼薪白粲・居貲贖債・司寇・隠官・県に践更する者」を派遣し、黔首（民）を徴発しないように告げている。また徴発する場合も、省かずして多く徴発した者は、そのたびに劾を県に送れと命じている。これは輸送労働の例であるが、郡の命令を文書で各県に伝達し、その命令に対する不正や不備を報告させようとしている。

この木牘⑯5、6背面の左側には、この文書を受信した月日、時刻、持ってきた人の名、受信者の付記がある(45)。

三月癸丑、水下盡□、陽陵士□匄以來／邪半

〔二〕月癸卯、水十一刻刻下九、求盗簪裹陽成辰以來／羽半　　如手　⑯5背

〔三月〕戊申夕、士伍巫下里聞令以來／慶半　　如手　⑯6背

ここでは両者をあわせて、二月癸卯（二十八日、⑯5背）、三月戊申（三日、⑯6背）、三月癸丑（八日、⑯5背）の順序となる。この三回の受信は、他県から逓伝された別ルートによるという説がある(46)。

これに対して木牘⑯5、6背面の右側では、さらに遷陵県の下部へ転送した指示がみえている。

〔三〕月丙辰、遷陵丞歐敢告尉。告鄉・司空・倉主、前書已下、重聽書從事。尉別都鄉・司空、司空傳倉、都鄉別啓陵・貳春、皆勿留脫。它如律令。／釦手。丙辰、水下四刻、隷臣尚行。　⑯5背

三月庚戌、遷陵守丞敦狐敢告尉。告鄉・司空・倉主、聽書從事。尉別書都鄉・司空、司空傳倉、都鄉別啓陵・貳春、皆勿留脫。它如律令。／釦手。庚戌、水下□刻、走袑行尉。

三月戊午、遷陵丞歐敢言之。寫上、敢言之。／釦手。己未旦、令史犯行。　⑯6背

ここで両者をあわせれば、三月庚戌（五日、⑯6背）に県尉に伝え、三月丙辰（十一日、⑯5背）に再度転送している。そして三月戊午（十三日、⑯6背）に遷陵県から上申文書を作成し、三月己未（十四日、⑯6背）に返信するという流れがうかがえる。

このように文書の伝達に、月日と、時刻、配送者、受信者の名を記す方法は、睡虎地秦簡『秦律十八種』「行書律」にみえる規定と同じであると指摘されている(47)。

行傳書・受書、必書其起及到日月夙暮、以輒相報也。書有亡者、亟告官。隷臣妾老弱及不可誠仁者勿令。書廷辟有曰報、宜到不來者、追之。　行書　（一八四、八五簡）

文書を発信したり、受信するときは、必ず文書の発信と到達の日月と夙暮（朝夕の時刻）を記し、そのたびに返答せよ。文書を紛失したら、すぐに官に告げよ。隷臣妾や老弱および信頼できない者に、文書を伝達させてはいけない。文書で県廷が調査するものは報告せよ。到達しない者があれば、これを追及せよ。　行書

この木牘は、秦帝国の情報技術と、郡県制の役割について重要な要素をふくんでいる。ここには、1情報伝達と文書処理の方法、2県の労働編成、3郡県制の性格という三つの視点が見いだせる。

1に、情報伝達の技術では、秦代郡県に共通する特徴がある。それは木牘⑯5、6では、上級官府から送られた文書を正面として、受信した県の官府では、背面の左側に受信を付記し、それとは別に背面の左側に転送や返信の記録をしている。したがってこの木牘二枚で、本文の内容、受信の記録、発信の記録がすべてわかることになる。これを類推とすれば、遷陵県の県廷に発信した側では、発信した文書の控えをとり、また返信を受信することになる。一方、県の尉では、この文書を受け取り、返信を手元に残すことによって、本文の内容、受信の記録、発信の記録がわかる。

つまり遷陵県に発信した県や、遷陵県の県廷、下部の部署ともに、双方の記録が残されることになり、とくに県廷は、その両者を結ぶ役割を果たしている。ここでは郡の文書を二枚の木牘に記録しているが、他の木牘は一枚で機能を果たすものが多い(48)。

こうした情報処理の方法は、今日でいえば、電子メールの受信、本文、発信（転送）の原理とまったく同じである。これが秦代では、コンピュータではなく、幅の広い木牘の表裏によって達成されている。ここでは本文だけを複写して保存することができ、受信や発信によって分けることができる。ただし現代と異なるのは、時間と空間をこえて送信できないために、別に郵あるいは行政の施設によって、人が文書を配送するという点である。このとき遷陵県の県廷は、サーバーの役割を果たすことになる。

2は、遷陵県の内部での文書伝達と労働編成がうかがえる。図3は、木牘⑯5、6にみえる文書伝達と労働力の関係を示したものである。これによると遷陵県では、洞庭郡の命令を受けたあと、それを尉に告げ、さらに都郷と司空に伝達させている。県尉は、軍事と労役編成を担当しており、ここには県卒（乗城卒）と県に践更する者（定期労役者）が所属するのであろう。転送をうけた司空は、倉官に伝達するが、里耶秦簡の作徒簿によれば、これは労働力の所在とも関係している(49)。たとえば司空は土木や労役を担当するが、この部署には徒隷（城旦舂、鬼薪白粲）と居貲贖債（債務労役者）がいる。倉官は、穀物の管理に関連するが、ここには徒隷（隷臣妾）がいる。そして司空と倉官は、この徒隷や債務労役者を、県の下部組織や郷に貸し出して、労働に従事させている。

もう一方の都郷は、啓陵郷と貳春郷に命令を伝えている。この郷里には、臨時の労働となる黔首（民）がいる。したがって木牘⑯5、6は、県内での文書伝達ルートを示すと同時に、輸送労働の対象となるすべての部署に通達していることがわかる。その県の労働力には二種類がある。一つは、県にいる乗城卒・県に践更する者と「司寇・隠官」

「隷臣妾・城旦舂・鬼薪白粲・居貲贖債」であり、もう一つは郷里にいる黔首の編成である。

3は、秦代郡県制のなかで、郡の権限を示すことである。これまで漢代初期では、郡の統轄が強いという説と、郡の権限には制約があり、県を基本単位とするという説がある[50]。これについて秦代では、郡が文書行政と労働編成で県を統轄していることが認められる。これに関連して、交通の維持も郡が掌握していることになろう。また別の資料では、裁判の案件や、財務に関連する内容も、県は郡に報告している[51]。この意味で、秦代の郡県制では、郡は軍事や労働編成、文書行政を通じて県を掌握する体制ができている。しかし注意されるのは、労働編成や租税を徴収する単位は県にあり、個別の戸籍は県にあるとおもわれる点である。したがって郡の権限が強く、県の民政的な内部まで及ぶかどうかは、県レベルの社会の分析が必要である。

図3　秦代郡県の文書伝達と労働力

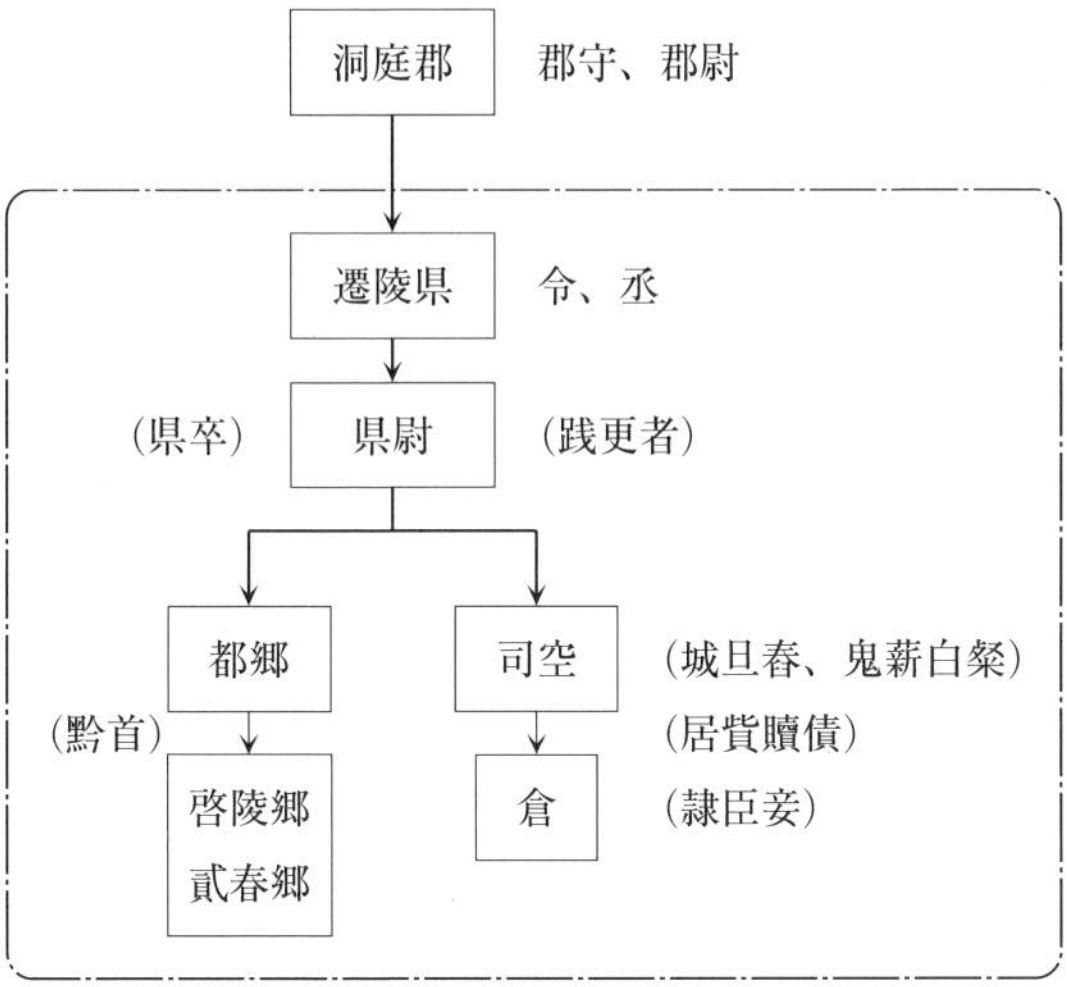

第三に、里耶秦簡には、秦代郡県制のなかで、県の運営と郷里社会の構造がうかがえる。陳偉氏は、里耶秦簡の文書伝達を、遷陵県と洞庭郡の文書、遷陵県と酉陽県の文書、遷陵県内の文書に分けている[52]。しかしもっとも多いのは、遷陵県内の文書伝達と処理を示す文書である。すでにみたように遷陵県には、下部部署として令曹、吏曹、尉曹、司空、倉曹、戸曹、金布、庫、獄曹、田官、畜官などの組織があり、文書行政は県廷で集約され、県廷と洞庭郡の間で文書をやり取りしている。ここでは二つの特色が指摘できる。

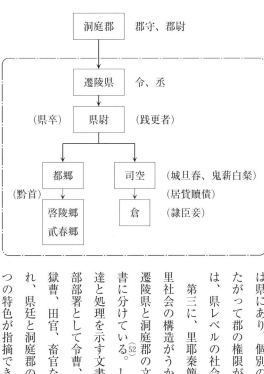

一は、県の職務内容が豊富であり、民を統治する基礎単位となっていることである。(53)里耶秦簡には法令、軍事と治安、労働力と刑徒の管理、穀物や財物の管理、戸籍や賦税などの職務をふくんでおり、ほぼ民政の全般に及んでいる。文書と記録の形式では、伝達される文書の原本（正本）に対して、副本（本文の写本）、抄本（文書処理の控え）の形態がある。その文書には、検（宛先の札）が付けられ、発信の封印をする印章と、受信した封泥が付属する。また帳簿には、作徒簿などのさまざまな内容があり、記録には穀物・財物の出入をする刻歯簡がある。(54)こうした文書や記録は、竹笥（竹の箱）に入れて保管されたようであり、題目を記した笥牌（文書楬）がある。

これに対して郡では、文書行政を通じて軍事や労働編成を掌握し、財務や裁判の報告を受けていると思われるが、人名をふくむ戸籍は、県と郷で保管されているようである。(55)したがって秦代の郡県制では、郡が所轄の県を掌握しているが、軍政と民政の全般について末端まで統轄しているわけではない。

二は、県では県廷が外部との連絡をする基本単位であり、下部組織は独立した機構ではないことである。たとえば県から外部に文書を発信するとき、その文書を控えた郵書記録では、県の下部組織が作成した文書、あるいは取り次いだ文書は、すべて県の令、丞の封印で発信されている。(56)したがって文書行政の点でも、県が諸事を担当する基礎単位となっている。

それでは県の領域にある郷里社会との関係は、どのようなものだろうか。県の領域には、中心部の都郷のほかに、啓陵郷、貳春郷という三つの管轄に分かれている。このうち啓陵郷は、里耶古城（秦簡）博物館に展示されていた郵書記録によれば、酉陽県との境に近い東方に位置するようである。(57)とすれば残る貳春郷は、里耶古城がある都郷より北方で、今日の龍山県の方面となろう。

このとき郷には嗇夫などの官吏がいるが、郷は必ず県を通じて文書の連絡をしており、独立した機構とはなっていない(58)。この点で里耶秦簡の運営からみれば、県から独立した郷里社会を想定することは困難である。

以上のように里耶秦簡からは、秦代郡県制の文書行政と運営の実態がうかがえる。その内容は、大きく二つの方向がある。一つは、南方の洞庭郡にある県社会の実態である。遷陵県には、派遣された長吏や官吏のほかに、県卒、戍卒がいる。また県に践更する者と「司寇・隠官」がいる。徒隷には「隷臣妾・城旦舂・鬼薪白粲」がおり、債務労役者がいる。郷里社会には、黔首と呼ばれる民がいる。これは従来の学説でいえば、遷陵県は新県にあたるであろう。

ここで注意されるのは、睡虎地秦簡『秦律雑抄』にみえる徒隷の記載である(59)。

戰死事不出、論其後。有（又）後察不死、奪後爵、除伍人。不死者歸、以爲隷臣。　三七簡

戦争で死にあたって屈しなかったら、その子に爵を与える。もし後にその人が戦死していなかったら、その子の爵位を剝奪し、その伍人を罰する。死なずに戻った者は隷臣とする。

寇降、以爲隷臣。（敵兵の降伏した者は、隷臣とする。）　三八簡

これによれば隷臣は、刑罰の犯罪者だけでなく、戦争に関して処罰を受けた者や、敵方の戦争捕虜をふくむことになる。この点は、遷陵県に徒隷が多いことをふくめて検討の余地がある。

もう一つは、秦帝国の全体に共通する統治システムの原理である。これは文書行政と情報技術でみたように、すでに秦代では文書システムの原理が成立していた。これは睡虎地秦簡の法制から予測できたかもしれない。しかもこの情報技術は、地方官府の書記が独自に考案した方法とは考えられない。これは中央政府と地方官府に共通する情報システムであり、いわば秦帝国に共通する規格（フォーマット）を示している。だから里耶秦簡は、南方社会の実態だけでなく、秦帝国が統治した地方社会のあり方を知る資料である。したがって里耶秦簡で、文書伝達や交通システムに関する規定は、同じように秦帝国の領土に適用され、旧県にも共通する原理であるとおもわれる。

三　秦帝国の滅亡と地方社会

これまでみたように、里耶秦簡の研究には二つの方向がある。一つは、秦帝国の南方社会の実態という地方性である。もう一つは、秦帝国の全体に共通する文書伝達と地方統治の原理である。それでは里耶秦簡をふまえて、『史記』秦代史はどのように新しい情報を得ることができるのだろうか。

第一は、始皇帝の人物像と巡行との関係があげられる。これまで『史記』秦始皇本紀では、始皇帝が天下を統一したあと、占領した各地を巡行しており、それはさまざまな要因が指摘されている(60)。たとえば始皇帝が、政治的に国見をして統一政策を推進する目的や、軍事的なデモンストレーション、諸国の祭祀を統一すること、道路網の整備があげられており、不老不死の希求とも関連している。しかし里耶秦簡をみれば、少なくとも郡県制によって文書行政をおこない、地方で労役や財務の運営をすることは、すでに統治システムとして成立している。したがって始皇帝が、暗殺の危険をおかして各地を巡行した目的は、直接的には統一政策を推進することではないとおもわれる。それは地方行政とはちがった次元で、皇帝による祭祀儀礼の同化政策や、軍事的なデモンストレーションという要因が想定される。

第二は、秦代郡県制との関係である。里耶秦簡は、秦代の遷陵県の行政に関する資料群である。ここには県令と丞、守丞、県尉をはじめ、下部の部署があり、それぞれ書記にあたる人びとがいる。これらの官吏は、県令、県尉に対して、実際の業務を担当している。県の領域には郷、里があり、郵、亭も設置されていた。したがって秦代の県は、地方社会を統轄する基本単位であることがわかる。これは南方の県であるが、他県の官府と社会構造を反映しているはずである。これに関して『史記』では、劉邦の郷里で、最初に叛乱をした沛県の記述がもっとも詳しい。そこで遷陵県と沛県の構造を比べてみると、県を単位とする集団の構造がよく似ている。(61)

たとえば沛県では、県令のほかに蕭何と曹参が属吏であった。蕭何は沛の主吏掾で、泗水郡の卒史で功績第一となり、秦の御史はかれを召そうとしたが、固辞して行かなかったと伝えている。曹参は沛の獄掾で、主吏の蕭何とともに県の豪吏であり、周昌と周苛は泗水卒史であった。このような官吏が、かつて亭長であった劉邦（沛公）を支えている。したがって沛県の官吏たちは、けっして下級の小役人ではなく、県の官府で実務を担当する能力を備えている。このように考えれば、秦の滅亡で咸陽が陥落するとき、諸将が争って金帛財物を分けようとしたのに対して、蕭何が「丞相・御史の律令、図書」を収めたという伝えは、秦の法令や文書の重要性を知っていた能力を示している。これは『史記』にみえる沛公の集団を理解する一視点となる。

こうして始皇帝の動向や、秦帝国の地方統治がわかると、もう一つの大きな問題についても手がかりを与えてくれる。第三は、秦帝国の滅亡をめぐる要因である。『史記』秦始皇本紀では、始皇帝が先祖と自身の徳によって統一をしたが、統一後に不徳が現れるように描いていた。秦の滅亡に対しては、始皇帝と二世皇帝の不徳を強調している。また秦帝国は短期間で滅亡したため、始皇帝を暴君とする後世の評価もある。(62)しかし秦帝国の滅亡には、いくつかの要因があげられる。

その一は、王朝内部の権力構造である。これは始皇帝の死後に、後継者の争いと関係している。始皇帝は、最後の巡幸のときに病気となり、沙丘の平台で亡くなった。このとき随行した趙高の陰謀によって、公子胡亥や丞相の李斯と一緒に始皇帝の詔書を偽造したと伝える。本来の遺詔は、公子の扶蘇に咸陽で葬儀をさせ後継者とする内容であったが、これを偽造して公子扶蘇と蒙恬には死を賜った。代わりに公子胡亥を太子とする遺詔を発して、胡亥は二世皇帝となったという。ここでは趙高と胡亥、李斯の勢力と、蒙恬や扶蘇の勢力が関係している。そのあと二世皇帝は、趙高と謀って先帝の大臣や公子たちを粛正した。また始皇帝が始めた阿房宮の造営や、外征を継続している。こうした情勢で、陳渉たちの叛乱が起こり、二世皇帝は趙高の謀りによって自殺した。その後は公子の子嬰が、三世皇帝ではなく秦王として即位した。そして秦王は趙高を殺して、霸上に駐屯していた沛公（劉邦）の軍に降伏したことになっている。これによれば秦帝国が滅んだ原因の一つには、帝位の継承をめぐる王室のクーデター、権力闘争があげられるであろう。

ただし『史記』では、楚の体制による沛公の軍が関中に入ったとき、秦の体制にある人びとが沛公を王とすることを願ったと説明している。また秦王子嬰は、まったく抵抗せずに沛公に降ったが、実際に滅ぼしたのは項羽たちの軍であると記している。この理由と経過には不明な点があり、秦が滅亡した実情には検討の余地がある。

その二は、諸民族との対外問題である。これには、とくに匈奴や南越との戦争がある。始皇帝三十三年、三十四年には、匈奴との戦争のために万里長城を建設し、南方には桂林郡などを設けている。

三十三年、發諸嘗逋亡人・贅婿・賈人略取陸梁地、爲桂林・象郡・南海、以適遣戍。西北斥逐匈奴。自楡中並河以東、屬之陰山、以爲三十四縣、城河上爲塞。又使蒙恬渡河取高闕・陶山・北假中、筑亭障以逐戎人。徙謫、實之初縣。禁不得祠。明星出西方。三十四年、適治獄吏不直者、筑長城及南越地。

ここでは謫戍などの兵卒と、長城の建設、輸送労働の負担がみえている(63)。南越との戦争では、長江流域の湘水を遡って霊渠を建造し、灕江を下って南越の地に物資を輸送しようとしている(64)。したがって始皇帝と二世皇帝の時代は、北方と南方に派遣する兵卒・戍卒と、輸送などの労働力の徴発による負担が大きかったことがわかる。秦始皇本紀の二世二年条に、叛乱が止まない情勢について、右丞相の去疾、左丞相の李斯、将軍の馮劫が諫言した内容は、その情勢を示している。

右丞相去疾・左丞相斯・将軍馮劫進諫曰、關東羣盜幷起、秦發兵誅擊、所殺亡甚衆、然猶不止。盜多、皆以戍漕轉作事苦、賦稅大也。請且止阿房宮作者、減省四邊戍轉。

ここでは阿房宮の造営とともに、辺境の戍卒と輸送労働を止めるように進言している。また陳渉・呉広の乱は、北方の漁陽郡に戍卒として派遣される際の事件であった。したがって秦帝国は、匈奴や南越との戦争によって滅んだのではないが、間接的に戍卒や輸送労働の軍事負担が滅亡の一因となっている。このとき辺郡に初県を設置して、戍卒などを派遣し、周辺の郡に輸送労働を負担させる政策は、里耶秦簡にみえる洞庭郡の情勢とよく似ている。

その三は、国内の大規模な土木事業の負担である。始皇帝の時代には、酈山（始皇帝陵）と阿房宮の造営に、徒隷七〇万人と隠官の労働力を使ったという。また二世皇帝も、阿房宮の造営を継続していた。このような労働の負担は、秦の本拠地よりも、遠方にある旧六国のほうが重く感じることになったであろう。その労働が滅亡の一因となったことは、先の李斯たちの諫言にみえている。さらに劉邦が酈山への労働者を送って行く途中で逃亡し、のちに沛県での叛乱に加わったのも、こうした事情を反映している。里耶秦簡には徒隷や隠官の労働がみえており、秦帝国に共通した労役の状況がうかがえるであろう。

その四は、秦の法律の苛酷な適用、急激な統一政策の実施である。これは統一政策の不備であり、その政策が急すぎたため、人びとが反感を抱いたといわれる(65)。これに関連して、秦の法律や制度が厳しいことは焚書、坑儒の思想弾圧などにみえており、そのため農民たちが叛乱を起こしたという指摘は多くみられる。睡虎地秦簡や張家山漢簡『奏讞書』にみえる秦代の案件は、こうした律令の実例である(66)。また秦の郡県制を占領地に推し進めようとした政策は、広い領土を統治するのに困難であったという。しかし注意されるのは、秦律は基本的に漢律に継承されており、法律それ自体が滅亡の原因ではないことである。これは郡県制という行政制度も同じである。里耶秦簡によれば、秦王（始皇帝）二十五年という天下統一の直前に、すでに郡県制と文書行政の統治システムが成立している。また二十七年の郡から県への命令では、輸送労働に対して不当に民を徴発することを禁じており、地方統治への配慮がみられる。さらに漢王朝でも本拠地には郡県制を採用しており、武帝期以降には辺郡にも郡県制を施行している。したがって秦の法律や、秦の郡県制そのものに滅亡の原因を求めることはできないであろう。

これに関連して注目されるのは、官吏の横暴と不正である。[67]『史記』では、秦末の叛乱の原因の一つに、秦の吏卒の横暴を指摘しており、中央から派遣された郡の守・尉や、県の令・丞を殺している。

到新安。諸侯吏卒異時故繇使屯戍過秦中、秦中吏卒遇之多無狀、及秦軍降諸侯、諸侯吏卒乘勝多奴虜使之、輕折辱秦吏卒。（項羽本紀）

武臣等從白馬渡河、至諸縣、說其豪桀曰、秦爲亂政虐刑以殘賊天下、數十年矣。北有長城之役、南有五嶺之戍、外內騷動、百姓罷敝、頭會箕斂、以供軍費、財匱力盡、民不聊生。重之以苛法峻刑、使天下父子不相安。陳王奮臂爲天下倡始、王楚之地、方二千里、莫不響應、家自爲怒、人自爲鬬、各報其怨而攻其讎、縣殺其令丞、郡殺其守尉。（張耳列伝）

これは最後に占領された東方地域で、秦の吏卒の横暴を示している。しかしその横暴は、里耶秦簡の規定をみると、もう一つの要因が浮かびあがってくる。木牘⑯5、6では、県の官吏に民の不当な徴発を禁じており、その罰則を規定していたが、それは同時に官吏が不正を働くことを想定した命令でもある。その参考として、漢初の張家山漢簡『二年律令』「賊律」には、文書の偽造のほかに、券書の偽造や不正に対する規定がある。[68]

文書の封印を毀して、他の封印をした者は「耐して隷臣妾」とする（一六簡）。

文書では、誤って文字の多少があったり、誤字、脱字があったときは、罰金一両とする。ただしその事が実行されなければ、罪に問わない（一七簡）。

皇帝の璽印や、徹侯の印、小官印を偽造した場合の罰則がある（九簡、一〇簡）。

上書などで欺けば「完して城旦舂」とする（一二簡）。

文書の偽造には「黥して城旦舂」とする（一三簡）。

文書を盗んだり捨てたりして、それが官印以上の文書であれば、耐罪とする（五三簡）。

券書を偽って増減したり、文書で偽って副本を取らずして、負債をのがれたり、賞賜や財物を受けた場合には、それを盗罪とする（一四〜一五簡）。

これらは文書伝達に関する官吏の不正や怠慢であるが、とくに東方の占領地に限られるわけではない。ここからうかがえるのは、秦の郡県制や統治方法が不備だったのではなく、官僚や官吏たちの運用に不正や横暴があり、それが叛乱と秦の滅亡につながる一因とおもわれる。したがって秦代の地方行政では、郡県制と文書伝達システムが整えられていても、それに対して官吏が不正をすれば、民に公平な対応ができないことになる。しかも占領された旧六国には、こうした一般的な不正に加えて、とくに秦とは異なる習俗や規範があった社会と推測され、秦の統治を浸透させるには困難が予想される。

そこで五に、秦の本拠地と、新しく占領された東方地域との関係が問題となる。これについて江村治樹氏は、秦の統一を四段階に分け、都市が発達した三晋地域と滅亡との関係を説明している(69)。つまり第一期（前三一六〜前二七一年）は、河東郡、南郡、南陽郡などを設置し、三晋地域を避けて進出した。第二期（前二七一〜前二五〇年）は、その延長の空白期とする。第三期（前二四九〜前二二六年）は、三晋地域の郡の設置が進むが、二四年が経過している。第四期

（前二二五〜前二二一年）は、短期間に三晋の東方に進み、斉、燕、楚を滅ぼして郡を設置したとする。このように秦の統一では、三晋を領有することが重要であり、そのため秦の統治は経済が発達した都市を圧政によって押さえ込むものとする。そして秦末の陳渉・呉広の叛乱や、劉邦の蜂起は、抑圧された都市の叛乱とみなしている。

しかしこの説明は、『史記』にみえる実情とは合わない。(70)たとえば陳渉・呉広の叛乱は、蘄県の軍事系統を奪取したものであり、その本質は都市の住民とみなせるかという問題がある。また陳渉が派遣した周文は、函谷関を過ぎて秦軍と戦うが、酈山を造営していた徒に武器を持たせた章邯の軍に破られている。また陳渉が陳に至ったとき、兵を率いて南陽を攻略し、武関に入ったが、陳王の死を聞いて、また南陽は秦に戻ったという。その後も章邯の軍は、項梁や項羽の軍と対戦し、殷墟の地で項羽と和議を結んでいる。こうした状況をみれば、三晋の中心をふくむ地域は、叛乱軍に対して、当初は秦の側にあるといえよう。したがって秦末の叛乱は、都市が発達した三晋ではなく、やはり東方の地域から起こっていることが注意される。

本書では、秦の歴史を三つの地域に分けて考えている。第Ⅰ地域は、春秋時代から秦の本拠地（関中以西）。第Ⅱ地域は、秦王政が即位するまで、戦国時代に占領した地域。第Ⅲ地域は、最後に占領統一した地域である。このなかでⅠ、Ⅱの領地は、早くから秦の統治に従っている。だから南方の楚地域をのぞいて、この秦の地域で叛乱する可能性は少ないであろう。しかしⅢの地域は、独自の制度と規範、習俗をもっており、最後に秦帝国に占領されている。だから秦の制度を適用するときに、もっともⅢの地域に抵抗があったとおもわれ、実際に最初に叛乱が起きている。そして秦帝国を継承した漢王朝は、三晋（Ⅱの地域）まで直轄地としている。

『史記』秦始皇本紀の二世皇帝条には「山東の郡県は秦吏に苦しみ、守・尉・令・丞を殺して叛乱した」という記事がある。秦漢時代では、郡県の長吏（郡の守・尉、県の令・丞、尉）は、中央から派遣された官僚である。また漢代では、郡県の官府に仕える書記や属吏は、地方出身の人びとである。秦代でも、沛県の官府では地方出身者が官吏となっていた。こうした地域社会の人びとが、秦の統治に反発して蜂起したのである。ここには秦の地方統治や文書行政が整っていても、官僚・官吏の運用上のあり方によって、異なる規範や習俗をもつ地域社会の人びとと、どのように共存するかという困難な課題があることを示している。

これについて漢代初期の『奏讞書』高祖六年（前二〇一）の案件をめぐって、楚と漢の人びとの習俗を考えたことがある(71)。この案件は、陳渉が都を置いた陳がある淮陽郡で発生し、もとの「楚爵」をもつ人物の処遇が問題となっている。その概略は、つぎの通りである。

新郪県の長吏であった信は、五月の自分の留守中に、獄史の武が雨乞いの儀式のために舎人を徴発したことで、獄史を呼びつけた。しかし武の無礼な態度に怒って剣を抜いて罵り、武は逃げ去った。そして六月に県で盗賊事件が発生した際、新郪県の信は、獄史の武と一緒に追跡した髳長の蒼と、求盗の布、舎人の余を使って、密かに武を殺させた。そして県には、武が公梁亭の管轄区で行方不明になったと報告した。

新郪県の信は、七月二日に淮陽郡守の偃に事件の「爰書」を出して、求盗の甲と、公梁亭の校長の丙を調査しても究明できなかったと報告した。報告のあと、二十日たっても究明できないことに疑惑を感じた淮陽郡守は、二十一日、ふたたび審議を求める弾劾の文書を新郪県に送った。その再審議の過程で、つぎの事実が明らかとなった。

新郪県の信は、もとは右庶長の身分であり、高祖三年（前二〇四）に漢と楚が戦ったとき、かれは滎陽を堅守した功績で爵を賜り、広武君（秩は六百石）となっていた。かつて信の舎人であった髳長の蒼も、同じ時期に壮平君となったらしく、新郪の里に住んでいた。そして蒼は武の殺害を認め、校長の丙と発弩の贅に逮捕された。しかし蒼が信のために殺したと話すと、すぐに二人は蒼を釈放している。このように蒼を逮捕しながら、殺害の理由を聞いて釈放した校長の丙と発弩の贅も、楚爵をもつ人々であった。つまり事件の首謀者となった信をはじめ、かれの舎人で殺害を実行した人々、殺人を見逃した役人たちは、かつて楚爵をもつ人物たちで、のちに漢に帰属しているのである。

ここから以下のことがわかる。一は、楚の項羽が敗れたあと、漢王朝では楚爵をもつ人びとを漢の社会に組み込んでいる。二は、楚爵をもつ人びとは、無礼に対する殺害を認めており、ここにはあたかも仇討ちのように、殺害を正当とする習俗がうかがえる。しかし秦を継承した漢王朝では、別の判断をしている。その判決は、蒼に「人を賊殺するものは、棄死」という律を、信に「人を賊殺するを謀るものは、賊と法を同じくす」という律、丙と贅に「罪人を釈放するものは、与に罪を同じくす」という律を適用して、すべて「棄死」に当てて身柄を拘束した。このうち二つの律は、『二年律令』の「賊律」と共通している。[72]これは漢代初期の案件であるが、楚の地域に住み、楚の習俗に従う人びとに対して、（秦を継承した）漢の法律を適用する価値観の相違がうかがえる。

このように東方の地域は、楚の地域だけではなく、戦国各国の制度と文化、習俗をもつ社会であった。したがって秦の法制や郡県制が、軍事編成や文書行政の方面で機能しても、それを秦とは違う風土や文化をもつ地域にうまく適用できるかという問題が生じる。つまり秦の制度を、社会構造や習俗が異なる地域に適用しようとするとき、そこに軋轢が生じたのかもしれない。また秦の制度がうまく東方社会に機能したとしても、それを運用する官僚や官吏の側に不正や横暴があれば、それは占領地の反発を招くことになる。『史記』項羽本紀では、范増が伝える「楚は三戸と雖も、秦を滅ぼすものは必ずや楚ならん」という予言で、楚の怨みが強かったことを暗示しているが、これは同時に習俗の違いも反映している。

このように秦滅亡の原因は、君主の不徳と天命を失うという『史記』の歴史観にくわえ、現実の問題として、①王朝内部の継承争いや、②諸民族との戦争にともなう兵役や労働力、③大規模な土木事業の労働力、④法律の苛酷な適用、急激な統一政策などがあげられる。しかしとくに注目されるのは、⑤秦の法律と郡県制を異なる習俗をもつ地域社会（Ⅲの地域）に適用しようとした政策である。これは秦が新たに占領した制度と文化・習俗の異なる地域社会に、秦の制度を適用して共存する困難さを示している。さらに秦の制度がうまく機能していたとしても、それを運用する官僚や官吏の側に不正や横暴があれば、それは占領地の反発を招くことになる。実際には、これらの要因が複雑にからみあって、秦帝国は滅亡への道をたどったのであろう。里耶秦簡の事例は、こうした秦帝国の社会についても新しい情報を提供している。

おわりに

始皇帝の人物像と秦帝国の歴史は、これまで『史記』秦始皇本紀や考古資料によって研究されてきた。しかし『史記』の秦代史では、地方統治について具体的な手がかりが少なかった。ここでは『史記』の叙述を補う資料として、里耶秦簡にみえる地方社会の実態と、秦帝国に共通する統治の原理を考察した。その要点は、つぎの通りである。

一に、里耶秦簡が出土した地域は、戦国時代は楚国の領域にふくまれていたが、楚の都・郢が陥落した前二七八年より後に秦の領域となった。この地域は、秦の統一に先がけて、秦王政二十五年に再編され、里耶古城は洞庭郡に所属する遷陵県の官府となっている。ここには苗蛮や楚人の居住に対して、秦の長吏や官吏、戍卒、徒隷などが移住し、南方の県として機能した。また二世皇帝三年より前に、南方の離反がはじまっており、簡牘の紀年（秦王二十五年〜二世二年）は、このような動向を反映するのではないかと想定した。

二に、里耶古城は秦代と前漢時代の遺跡である。この一号井戸から出土した里耶秦簡は、秦代の県の行政文書と記録を廃棄したものであり、『史記』の素材となった資料とは系統が違っている。『史記』の編集は、漢王朝の図書を中心とする書籍や文書を主な素材としている。また里耶秦簡は、地方官府の運営に関する文書と記録であり、しかも民政や法政、財政に関する方面の資料群として、『史記』の素材と直接に関係する資料ではない。そのため里耶秦簡は、『史記』を補う準テキストとして利用するのではなく、形態に即した出土資料として分析する方法が必要である。この点で、里耶秦簡によって『史記』の編集を知ることはできない。ただし秦代の地方行政に関する資料は、『史記』秦始皇本紀の叙述を補う貴重な情報である。

三に、里耶秦簡は『史記』で不明であった秦代郡県制の実態を知ることができる。これには二つの方面がある。1は南方の地方社会の実態であり、2は秦帝国の全体に共通する統治の原理である。1の方面では、中央から郡を通じて、南方の県社会に命令が伝達される情況がわかる。里耶秦簡には、洞庭郡と遷陵県の文書のやり取りや、遷陵県の内部における官府の運営を示している。遷陵県の内部には、下部の部署があり、県廷によって統括されている。その内容は、文書行政のほかに、労役の編成、戸籍、法制、財務などの職務をもっており、すでに多様な研究が始まっている。また県の領域は、都郷、啓陵郷、貳春郷によって管轄されている。ここでは県の下部組織や、郷の施設は独立した機構ではないことがわかる。これは秦代の地方行政が、県レベルの社会を基盤として、それを郡が一定の範囲で統轄する構造を示している。

2に、秦帝国に共通する統治の原理では、遷陵県でみた郡県制の統治が、東方の占領地にも適用されるはずである。また文書の伝達では、現代に通じる情報技術が、すでに秦代に成立していたことが明らかになった。たとえば、木牘の正面に本文を複写し、背面の左右に、受信と発信（転送）の日時と担当者を付記することは、今日の電子メールと同じ機能をもつ文書処理の方法である。また文書の副本や、添付ファイル、簿籍、文書処理の控え、実務の運営を記した記録は、内容を記した竹笥などに入れて保管し、のちに廃棄されたとおもわれる。こうした情報技術は、戦国時代に出現しており、睡虎地秦簡のような法制とあわせて、秦代に厳密な方法として成立したことを示している。

四に、こうした里耶秦簡にみえる地方行政の内容は、秦帝国の滅亡についても示唆を与えている。秦帝国は、強大な軍事力と法制統治で天下を統一した。しかし統一から十五年という短期間で滅亡してしまった。その原因には、秦王室の後継問題や、匈奴との戦争、大土木事業の労役負担、苛酷な法律、急激な統一政策など、いくつかの複雑な要因が想定されている。ただし秦帝国の制度は、基本的に漢王朝に継承されており、制度そのものに欠陥があったわけではない。そこで一つの想定は、制度の運用に不備があったということである。それを示すのが里耶秦簡である。里耶秦簡では、統一直後に農繁期の民を恣意的に徴発することを禁止していた。この通達は始皇帝と国家が認めているものであり、『史記』に描かれた始皇帝の人物像は一部が誇張されていることがわかる。そして労役の負担は、京師や辺境への移動が遠い東方の国ほど大きくなる。また秦の法律や情報技術が整っているとしても、それを秦の官吏がうまく運用して対応できたかが問題となる。このように秦とは異なる制度と習俗をもっていた地域社会の人びとに対して、どのように秦と共存してゆくかという配慮は、なお十分ではなかったようにおもわれる。したがって秦帝国の滅亡要因の一つには、秦の制度を他の地域に適用し、習俗が異なる東方の地域（Ⅲの地域）と共存する難しさがあったのではないだろうか。

ただし秦帝国は、短期間で滅亡したが、その法律や郡県制などは基本的に漢王朝に継承されている。その意味では、始皇帝の制度は滅びなかったということもできよう。漢代では、呉楚七国の乱のあと武帝が即位したときに、ようやく実質的な郡県制となって、辺郡にも漢文化が広がっている。これは秦の制度の定着までに、漢王朝では約一〇〇年を要したことを示している。これらは秦帝国が滅亡したあと、楚漢戦争と漢王朝の成立をめぐる情勢を検討することによって、さらに明らかになると考える。

次章以下では、秦帝国の滅亡から漢王朝の成立について、『史記』陳渉世家と項羽本紀、漢代本紀の叙述と史実の関係を考察してみよう。

注

(1)　その研究動向には、陳偉「秦簡牘研究の新段階」、工藤元男「楚簡・秦簡研究と日中共同研究」(以上、藤田勝久編『東アジアの資料学と情報伝達』汲古書院、二〇一三年)がある。秦兵馬俑では、袁仲一『秦始皇陵兵馬俑研究』第二章「秦始皇陵兵馬俑坑」(文物出版社、一九九〇年)、同『秦始皇陵考古発現与研究』(陝西人民出版社、二〇〇二年)、鶴間和幸『始皇帝陵と兵馬俑』(二〇〇一年、講談社、二〇〇四年)などがある。

(2)　秦封泥は、劉慶柱・李毓芳「西安相家巷遺址封泥考略」、中国社会科学院考古研究所漢長安城工作隊「西安相家巷遺址秦封泥的発掘」(以上、『考古学報』二〇〇一年四期)などの報告がある。秦の中央官制については、下田誠「封泥よりみた秦代の中央官制――その資料学的研究」(佐藤正光・木村守編『松岡栄志教授還暦記念論集・中国学芸聚華』白帝社、二〇一二年)、同『戦国文字と記録媒体に関する基礎的研究』附論2(科学研究成果報告書二〇一二年)の考察があり、呉鋼主編、周曉陸・路東之編著『秦封泥集』(三秦出版社、二〇〇〇年)は、中央官制と地方の地名・官職を整理している。南方では、中央の宮苑に一・四・27「左雲夢丞」とあり、郡では二・二・6「南郡司空」があるにすぎない。傅嘉儀編『秦封泥彙攷』(上海書店出版社、二〇〇七年)では、「雲夢」「雲夢丞印」がある。

(3)　湖南省文物考古研究所、湘西土家族苗族自治州文物処、龍山県文物管理所「湖南龍山里耶戦国―秦代古城一号井発掘簡報」(以下「発掘簡報」、『文物』二〇〇三年一期)、湖南省文物考古研究所、湘西土家族苗族自治州文物処「湘西里耶秦代簡牘選釈」(『中国歴史文物』二〇〇三年一期)。

(4)　この時期の注釈に、里耶秦簡講読会「里耶秦簡訳註」(『中国出土資料研究』八、二〇〇四年)、馬怡「里耶秦簡選校」(『中国社会科学院歴史研究所学刊』第四集、商務印書館、二〇〇七年)、王煥林『里耶秦簡校詁』(中国文聯出版社、二〇〇七年)がある。

(5) 湖南省文物考古研究所『里耶発掘報告』(岳麓書社、二〇〇七年)。これらの資料をふまえて、拙稿「里耶秦簡と秦代郡県の社会」「里耶秦簡の文書形態と情報処理」「里耶秦簡の文書と情報システム」「里耶秦簡の記録と実務資料」(『中国古代国家と社会システム』汲古書院、二〇〇九年)、同「里耶秦簡的文書形態与信息伝逓」(『簡帛研究二〇〇六』広西師範大学出版社、二〇〇八年)、「里耶秦簡的文書与信息系統」(『簡帛』第三輯、武漢大学簡帛研究中心、二〇〇八年)、同「里耶秦簡与秦代政府之運作」(秦始皇兵馬俑博物館編『秦俑博物館開館三十周年秦俑学第七届年会国際学術研討会論文集』三秦出版社、二〇一〇年)などを発表した。

(6) のちに中国社会科学院考古研究所、中国社会科学院歴史研究所、湖南省文物考古研究所編『里耶古城・秦簡与秦文化研究』(科学出版社、二〇〇九年)として刊行されたが、開催時までの論文は一〇〇篇あまりと報告されている。拙稿「訪中ノート：里耶古城見聞記」(『資料学の方法を探る』七、二〇〇八年)。

(7) 湖南省文物考古研究所編『里耶秦簡〔壹〕』(文物出版社、二〇一二年)、陳偉主編、何有祖・魯家亮・凡国棟撰著『里耶秦簡牘校釈(第一巻)』(以後『里耶校釈一』)、武漢大学出版社、二〇一二年)。

(8) 拙稿「(書評)陳偉主編『里耶秦簡牘校釈(第一巻)』」(『中国出土資料研究』一七、二〇一三年)、游逸飛「評陳偉主編《里耶秦簡牘校釈》第一巻」(『新史学』第二四巻第二期、二〇一三年)の書評がある。この時期に、拙稿「里耶秦簡と出土資料学」(渡邉義浩編『中国新出資料学の展開』第四回日中学者中国古代史論壇論文集、汲古書院、二〇一三年)、同「里耶秦簡所見秦代郡県的文書伝逓」(『簡帛』第八輯、二〇一三年)、同「里耶秦簡にみえる秦代郡県の文書伝達」(『愛媛大学法文学部論集』人文学科編三四、二〇一三年)を公表した。また高村武幸「里耶秦簡第八層出土簡牘の基礎的研究」(『三重大史学』一四、二〇一四年)がある。

(9) 拙稿「里耶秦簡与秦帝国的情報伝達」(前掲『里耶古城・秦簡与秦文化研究』)、同「秦帝国と里耶秦簡」「秦漢簡牘と里耶周辺の調査ノート」(以上、『資料学の方法を探る』一二、二〇一三年)など。

(10) 工藤元男「秦の巴蜀支配と法制・郡県制」(『アジア地域文化学の構築』雄山閣、二〇〇六年)。また拙稿「中国古代の秦と巴蜀、楚」(二〇〇三年、前掲『中国古代国家と社会システム』)でも、戦国楚と秦の関係を概述している。

(11) 李学勤「初読里耶秦簡」(『文物』二〇〇三年一期)をはじめ、黔中郡と洞庭郡の関係を論じた研究が多い。

(12) 本書の第二章「司馬遷の旅行と取材」。『史記』西南夷列伝に、

始楚威王時、使将軍莊蹻将兵循江上、略巴・黔中以西。莊蹻者、故楚莊王苗裔也。蹻至滇池、方三百里、旁平地、肥饒數千里、以兵威定屬楚。欲歸報、會秦擊奪楚巴・黔中郡、道塞不通。因還、以其衆王滇、變服、從其俗以長之。秦時常頞略通五尺道、諸此國頗置吏焉。十餘歲、秦滅。及漢興、皆弃此國而開蜀故徼。

(13) 『里耶発掘報告』第二章「里耶古城遺址」第四節「出土遺物」簡牘(一九八～二〇一頁)、拙稿「秦漢時代の交通と情報伝達」(二〇〇八年、前掲『中国古代国家と社会システム』)。

(14) 荊州博物館「湖北荊州紀南松柏漢墓発掘簡報」(『文物』二〇〇八年四期)、劉瑞「武帝早期的南郡政区」(『中国歴史地理論叢』二四―一、二〇〇九年)、馬孟龍「松柏漢墓35号木牘侯国問題初探」(『中国史研究』二〇一一年二期)、荘小霞「《里耶秦簡〔壹〕》所見秦代洞庭郡・南郡属県考」(『簡帛研究二〇一二』広西師範大学出版社、二〇一三年)。辛徳勇「北京大学蔵秦水陸里程簡冊初歩研究」(中国簡帛学国際論壇二〇一二提出論文、武漢大学、二〇一二年)、同「北京大学蔵秦水陸里程簡冊的性質和擬名問題」(『簡帛』第八輯、二〇一三年)は、南郡の交通里程書を紹介しており、里耶秦簡の里程簡⑯52にみえる「鄢から銷まで一八四里」「銷から江陵まで二四六里」と関連する記述がある。

銷北到皃鄉五十六里、到鄢界十七里　(33b-10-5905)　　銷到當陽鄉九十三里、到江陵界卌六里　(37b-14-5880)
皃鄉到箬鄉卌里　(35b-9-5909)　　當陽鄉到江陵百廿三里　(35b-7-5892)
箬鄉到鄢八十里　(36b-13-5908)　　江陵到當孱陵陰緣?・城廿三里　(45b-9-021)

これを計算すると、鄢から銷までは一七六里(五六＋四〇＋八〇)、銷から江陵まで二一六里(九三＋一二三)で、ほぼ里耶秦簡「里程簡」と近い数字となる。こうした南郡の交通事情は、県城より以下の郷や亭、津までの距離を記しており、接続する洞庭郡の交通を知るためにも貴重である。

（15）『里耶校釈一』前言では、8-657の記事から新武陵を洞庭郡の治所とするが、臨沅との関係が問題となる。
（16）龍京沙「里耶発掘記——兼論古代酉水的水運」（中国出土資料学会、第二回例会報告、二〇〇八年一二月二〇日）。拙稿前掲「秦漢簡牘と里耶周辺の調査ノート」は、現地調査による交通ルートと県城を考察している。
（17）拙稿「戦国秦の南郡統治と地方社会」（前掲『中国古代の社会システム』）。
（18）鶴間和幸「司馬遷の時代と始皇帝」（一九九五年、『秦帝国の形成と地域』第二編第三章、汲古書院、二〇一三年）、本書の第三章第一節「始皇帝と秦帝国の興亡」など。
（19）『睡虎地秦墓竹簡』（文物出版社、一九九〇年）。『編年記』の概略は、拙稿「『史記』戦国紀年の再検討」（一九八七年、『史記秦漢史料の研究』第一編第三章、東京大学出版会、一九九七年）で述べている。
（20）湖北孝感地区第二期亦工亦農文物考古訓練班「湖北雲夢睡虎地十一座秦墓発掘簡報」（『文物』一九七六年九期）附録：睡虎地四号墓木牘釈文、《雲夢睡虎地秦墓》編写組『雲夢睡虎地秦墓』（文物出版社、一九八一年）、胡平生・李天虹『長江流域出土簡牘与研究』（湖北教育出版社、二〇〇四年）二六七～二七〇頁、佐藤武敏『中国古代書簡集』（講談社、二〇〇六年）、拙稿「中国古代の書信と情報伝達」（二〇〇八年、前掲『中国古代国家と社会システム』第十二章）。
（21）前掲『里耶秦簡〔壹〕』前言では、洞庭郡と蒼梧郡、遷陵県は同時に設置されたと説明している。また前掲『里耶校釈一』前言にも説明がある。
（22）湖北省文物考古研究所等「92雲夢楚王城発掘簡報」（『文物』一九九四年四期）、江陵郢城考古隊「江陵県郢城調査発掘簡報」（『江漢考古』一九九一年四期）。馬彪『秦帝国の領土経営——雲夢龍崗秦簡と始皇帝の禁苑』第三章「龍崗秦簡が出土した楚王城」（京都大学学術出版会、二〇一三年）は、楚王城が禁苑であり、郡県の治所ではないと考証している。
（23）本書の第二章、附篇一「『史記』陳渉世家のフィールド調査」。
（24）湖南省文物考古研究所「益陽市兎子山遺址考古発掘簡介」（武漢大学簡帛研究中心、簡帛網二〇一三年七月二二日）、「益陽市兎子山遺址考古発掘概況」（『中国文物報』二〇一三年一二月六日）など。拙稿「漢代檄的伝達方法及其功能」（『甘粛省第二届簡牘学国際学術研討会論文集』上海古籍出版社、二〇一二年）、同「漢代檄の伝達方法と機能——文書と口頭伝達」（『愛

媛大学法文学部論集』人文学科編三二、二〇一二年）では、檄の形態と用途を考察している。

(25) 湖南省文物考古研究所「湖南龍山県里耶戦国秦漢城址及秦代簡牘」（『考古』二〇〇三年七期）、前掲『里耶発掘報告』第二章「里耶古城遺址」、第三章「麦茶戦国墓地」。

(26) 拙稿前掲「秦漢簡牘と里耶周辺の調査ノート」では、現地の復元状況を紹介している。

(27) 前掲『里耶秦簡〔壹〕』前言。

(28) 拙稿前掲「里耶秦簡の文書と情報システム」では、全国に共通する要素として、1文書行政の基準となる暦譜や、皇帝の詔書、中央からの法令、通達文書（宛名と発信者をふくむ下達文書）、2郡県内での命令・上申・移行文書（行政文書、簿籍類の報告をふくむ）、3県の官府で文書処理や、控えとなる副本、簿籍の原簿、出入券などの資料群（データベース）を想定していた。『里耶秦簡〔壹〕』以降の公表では、さらに内容が豊富になると予想されるが、基本的な分類はサンプル資料にみえていたことがわかる。

(29) 拙著『史記戦国列伝の研究』序章「戦国、秦代出土史料と『史記』」（汲古書院、二〇一一年）、本書の第一章「司馬遷と《太史公書》の成立」。

(30) 大庭脩「中国簡牘研究の現状」（『木簡研究』創刊号、一九七九年）、同『木簡学入門』（講談社、一九八四年）、永田英正『居延漢簡の研究』序章「中国簡牘研究の現状と課題」（同朋舎出版、一九八九年）など。

(31) 籾山明『中国古代訴訟制度の研究』第一章「李斯の裁判」（京都大学学術出版会、二〇〇六年）は、李斯列伝にみえる訴訟制度が、当時の現実を反映すると指摘している。ただし『史記』では、直接的な素材となっていない。

(32) 山田勝芳「前漢武帝代の祭祀と財政――封禅書と平準書」（『東北大学教養部紀要』三七、一九八二年）は、祭祀・巡行の光の部分を叙述した封禅書に対して、平準書は戦争と祭祀の膨大な経費を記す影の部分にあたるとする。『史記』平準書は、対外戦争、水利事業、皇帝の祭祀と巡行に関する財政や、塩鉄専売などの間接税にあたる内容を叙述しており、地方行政や庶民に関する財務資料は少ない。

(33) 拙稿前掲「戦国、秦代出土史料と『史記』」。

（34）拙稿前掲「里耶秦簡の文書と情報システム」。
（35）大庭脩『秦漢法制史の研究』第三編第一章「漢代制詔の形態」（創文社、一九八二年）、永田英正「文書行政」（『殷周秦漢時代史の基本問題』汲古書院、二〇〇一年）。
（36）籾山明「中国の文書行政」（『文字と古代日本』二、吉川弘文館、二〇〇五年）。
（37）拙稿前掲「里耶秦簡の記録と実務資料」。
（38）『睡虎地秦墓竹簡』『秦律十八種』の「倉律」、『效律』に倉庫の出入に関する規定がある。また里耶秦簡には、倉庫の物品を出入する記録がある。
（39）『漢書』百官公卿表上に、

監御史、秦官、掌監郡。漢省。丞相遣史分刺州、不常置。……郡守、秦官、掌治其郡、秩二千石。有丞。邊郡又有長史、掌兵馬、秩皆六百石。景帝中二年更名太守。郡尉、秦官、掌佐守典武職甲卒、秩比二千石。有丞。秩皆六百石。景帝中二年更名都尉。關都尉、秦官。

縣令・長、皆秦官、掌治其縣。萬戶以上爲令、秩千石至六百石。減萬戶爲長、秩五百石至三百石。皆有丞・尉。秩四百石至二百石、是爲長吏。百石以下有斗食・佐史之秩、是爲少吏。大率十里一亭、亭有長。十亭一鄉、鄉有三老・有秩・嗇夫・游徼。三老掌敎化。嗇夫職聽訟、收賦稅。游徼徼循禁賊盜。縣大率方百里。其民稠則減、稀則曠。鄉・亭亦如之。皆秦制也。

秦郡の実数は三十六郡よりも多く、後暁栄『秦代政区地理』第三章「秦置郡新証」（社会科学文献出版社、二〇〇九年）では、五十四郡と考証している。
（40）ここでは中央と郡県制のモデル図を示している。とくに問題となるのは、遷陵県の部署の構成や、郵・亭の所在と位置、郷里社会の構造などである。鷹取祐司「秦漢時代公文書の下達形態」（『立命館東洋史学』三一、二〇〇八年）、拙稿前掲「里耶秦簡にみえる秦代郡県の文書伝達」では、文書伝達との関係を説明している。
（41）この簡牘8-159は、8-155、8-152、8-158にみえる「御史問直絡裙程書」と関連している。于洪濤「試析里耶簡〝御史問直絡

裙程書〟」(武漢大学簡帛網、二〇一二年五月)、拙稿前掲「里耶秦簡と出土資料学」。

(42) 張春龍・龍京沙「湘西里耶秦簡8-455号」(『簡帛』第四輯、上海古籍出版社、二〇〇九年)、胡平生「里耶秦簡八―四五五号木方性質芻議」(『簡帛』第四輯、二〇〇九年)、游逸飛「里耶秦簡8-455号木方選釈」(『簡帛』第六輯、上海古籍出版社、二〇一一年)に字句の考証がある。なお背面には、二行にわたって「敢言之。」「●九十八」という文字がある。

(43) 大西克也「秦の文字統一」(前掲『第四回日中学者中国古代史論壇』)、同「従里耶秦簡和秦封泥探討〝泰〟字的造字意義」(『簡帛』第八輯、二〇一三年)。

(44) この文書の意義は、胡平生「里耶秦簡からみる秦朝行政文書の製作と伝達」(藤田勝久・松原弘宣編『東アジア出土資料と情報伝達』汲古書院、二〇一一年)、鷹取祐司「秦漢時代の文書伝達形態」(『中国古中世史研究』二四、二〇一〇年)など多くの考察がある。

(45) 受信者の付記については早くから注目されている。ただし当初に「~以来/某手」と読んだ付記は、陳剣「読秦漢簡札記三篇」(『出土文献古文字研究』第四輯、上海古籍出版社、二〇一一年)が「某半」とし、それ以後、『里耶校釈一』も一部を「某半」に改めている。

(46) 胡平生前掲「里耶秦簡からみる秦朝行政文書の製作と伝達」は、三回の受信は別ルートで届いたと推測する。鷹取前掲「秦漢時代の文書伝達形態」は、⑯6が洞庭郡から直接に遷陵県に送られたのに対して、⑯5は経路上の県をリレー形式で順次伝達した違いとみなしている。

(47) 李学勤「初読里耶秦簡」(『文物』二〇〇三年一期)は、文書伝達に日時・人名を記す格式が、睡虎地秦簡『秦律十八種』「行書律」の規定に対応することを指摘している。

(48) 呂静「秦代における行政文書の管理に関する考察――里耶秦牘の性格をめぐって」(『東洋文化研究所紀要』一五八、二〇一〇年)、同「以文書御天下――里耶秦簡所見秦代行政文書制度」(『資料学の方法を探る』一二、二〇一三年)など。

(49) 里耶秦簡には、8-145に司空の作徒簿をはじめ、支給する側と受ける側の作徒簿がある。司空と徒隷については、宮宅潔「『司空』小考――秦漢時代における刑徒管理の一斑」(『中国古代刑制史の研究』京都大学学術出版会、二〇一一年)、鷹取祐司「里耶秦簡に見える秦人の存在形態」（『資料学の方法を探る』一二、二〇一三年）に考察がある。

(50) 重近啓樹「前漢の国家と地方政治——宣帝期を中心として」（『駿台史学』四四、一九七八年）、同「秦漢帝国と豪族」（『秦漢税役体系の研究』汲古書院、一九九九年）、紙屋正和『漢時代における郡県制の展開』第一編「前漢前半期における地方行政の状況」（朋友書店、二〇〇九年）では、前漢時代の前期まで地方行政の中心は県であり、郡は上級の行政官府として未成熟とする。これに対して、山田勝芳「張家山第二四七号漢墓竹簡『二年律令』と秦漢史研究」（『日本秦漢史学会会報』三、二〇〇二年）は漢初から郡の優勢を指摘している。

(51) たとえば里耶秦簡の郵書記録では、5-22のように県が獄東曹書一封を発信している。また8-154には、遷陵守丞が「所買徒隷數」を郵人によって上申した文書がある。

(52) 陳偉「秦と漢初の文書伝達システム」（藤田勝久・松原弘宣編『古代東アジアの情報伝達』汲古書院、二〇〇八年）、同「秦与漢初的文書伝遞系統」（『燕説集』商務印書館、二〇一一年）。

(53) 『里耶校釈一』の前言では、国土の資源の調査や、田租、芻藁、戸賦、財産の転移、病方などの資料を指摘しており、このほかにも民政に関する豊富な内容をふくんでいる。県が基本単位となることは、拙稿「里耶秦簡の交通資料と県社会」（『愛媛大学法文学部論集』人文学科編三七、二〇一四年）で論じている。

(54) 糧食や銭の出入に用いる簡牘の用途は、大川俊隆・籾山明・張春龍「里耶秦簡中の刻歯簡と『数』中の未解読簡」（『大阪産業大学論集』人文・社会科学編一八、二〇一三年）で実見による考察がある。また『発掘報告』では、竹笥に付けられた吏曹や倉曹、尉曹の笥牌を紹介しており、各部署では、文書や簿籍の資料を竹笥に入れて保管した可能性がある。

(55) 鷲尾祐子「出土文字資料にみえる秦漢代戸籍制度」（『中国古代の専制国家と民間社会』立命館東洋史学会、二〇〇九年）は、里耶秦簡の戸籍簡と⑯9、『二年律令』戸律の規定によって、秦代と漢代初期には戸籍・年籍を保持する行政単位は郷であり、郷で作成した籍の副本を県が保管すると考えている。ただしこの見解でも、県が実際に戸籍を掌握することは変わらない。

(56) 拙稿前掲「里耶秦簡にみえる秦代郡県の文書伝達」、畑野吉則「里耶秦簡の郵書記録と文書伝達」（『資料学の方法を探る』

一二、二〇一三年）。

（57）里耶古城（秦簡）博物館に展示されていた郵書記録に、「書一封酉陽丞印詣遷陵以郵行。二八年二月癸酉水十一刻（刻）下五起酉陽廷。二月丙子水下九刻過啓陵郷」（12-1799）とある。これによれば酉陽丞印の文書を遷陵県に伝達するとき、酉陽県の発信から四日後に、遷陵県の啓陵郷を通過している。したがって遷陵県の下部にある啓陵郷は、酉陽県との境に近い東方に位置することになる。博物館の資料は、游逸飛、陳弘音「里耶秦簡博物館蔵第九層簡牘釈文校釈」（武漢大学簡帛研究中心「簡帛網」二〇一三年一二月二二日）に一部の紹介がある。

（58）高村武幸「秦・漢初の郷――湖南里耶秦簡から」（『漢代の地方行政官吏と地域社会』汲古書院、二〇〇八年）、拙稿前掲「里耶秦簡の交通資料と県社会」など。

（59）『睡虎地秦墓竹簡』の『秦律雑抄』三七、三八簡。于豪亮「秦簡中的奴隷」（『雲夢秦竹簡研究』中華書局、一九八一年）では、秦代の官奴隷に、一に犯罪者とその家族、二に俘虜があると指摘している。

（60）本書の第三章第一節「始皇帝と秦帝国の興亡」で諸説を紹介している。

（61）拙稿前掲「里耶秦簡と秦代郡県の社会」。

（62）賈誼「過秦論」をはじめ、後世の評価は、鶴間和幸「漢代における秦王朝史観の変遷（一）（二）」（前掲『秦帝国の形成と地域』第二編第一章、第二章）参照。

（63）鶴間和幸「秦長城建設とその歴史的背景」（前掲『秦帝国の形成と地域』第三編第五章）、同「秦始皇帝長城伝説とその舞台――秦碣石宮と孟姜女伝説をつなぐもの」（『東洋文化研究』一、学習院大学東洋文化研究所、一九九九年）は、長城建設の実態や伝説との接点を考察している。

（64）唐兆民編『霊渠文献粹編』（中華書局、一九八二年）、拙稿「霊渠と相思埭――桂林地区の水利遺跡」（『「社会科」学研究』一三、一九八七年）、広西壮族自治区文物工作隊・興安県博物館「広西興安県秦城遺址七里圩王城城址的勘探与発掘」（『考古』一九九八年一一期）。

（65）『史記』には「暴秦」（陳渉世家、張耳陳余列伝、陸賈列伝）という表現や、張耳列伝に「秦爲亂政虐刑以殘賊天下、數十年矣。……重之以苛法峻刑、使天下父子不相安」とある。また後世では、焚書など圧政に対する批判がみえる。

(66) 睡虎地秦簡の『秦律十八種』『秦律雑抄』のほかに、廣瀬薫雄『秦漢律令研究』第三章「秦代の令について」、第四章「秦漢時代の律の基本的特徴について」(汲古書院、二〇一〇年)の考察がある。彭浩・陳偉・工藤元男主編『二年律令與奏讞書』(上海古籍出版社、二〇〇七年)の『奏讞書』には、秦代の案件一七、一八がある。

(67) 睡虎地秦簡「語書」は、秦王政二十年(前二二七)に南郡守の騰が、県・道の嗇夫に、楚の邪悪な習俗をやめて秦の法令を遵守するように通達している。これは南郡の統治が困難な状況を示すと同時に、秦の官吏に法令を遵守させる規定であり、官吏による運用がうまくゆかない状況も示唆している。拙稿前掲「里耶秦簡の文書と情報システム」。

(68) 文書伝達と不正との関係は、拙稿前掲「戦国秦の南郡統治と地方社会」、同前掲「里耶秦簡の文書と情報システム」でふれている。

(69) 江村治樹「戦国時代の都市とその支配」(一九八九年、『春秋戦国秦漢時代出土文字資料の研究』汲古書院、二〇〇〇年)では、三晋都市の抵抗にあって前二二六年まで置郡に時間を要したが、それ以降は発達した都市の少ない燕・斉・楚が短期間で支配されたとする。同『戦国秦漢時代の都市と国家』第九章「秦末の都市反乱」(白帝社、二〇〇五年)では、秦帝国滅亡との関係をまとめている。

(70) 拙稿「秦漢帝国の成立と秦・楚の社会」(二〇〇三年、『中国古代国家と郡県社会』汲古書院、二〇〇五年)、本書の第二章、附篇一「『史記』陳渉世家のフィールド調査」。

(71) 池田雄一編『奏讞書――中国古代の裁判記録』(刀水書房、二〇〇二年)、拙稿前掲「秦漢帝国の成立と秦・楚の社会」。

(72) 『二年律令』「賊律」に「賊殺人……棄市」(二一簡)、「謀賊殺、傷人、與賊同法」(二六簡)とある。

第五章　『史記』秦漢史像の復元

——陳渉、劉邦、項羽のエピソード——

はじめに

秦漢帝国の成立期は、皇帝を中心とする中央官制や郡県制による地方統治など、中国社会の基礎が形成された時代である。その基本史料となるのは『史記』であり、漢代では『漢書』が追加される。しかし『史記』は、歴史書としての性格をもちながら、もう一方で各篇によって年代に違いがあることや、歴史事実かどうか疑わしい話、矛盾する記述などがふくまれ、物語的な要素が強いといわれる(1)。

前章までは、『史記』戦国史料につづく秦始皇本紀の時代について、その編集と史実を考察してきた。その方法は、漢代までの古墓に副葬された書籍と保存資料や、古城の井戸から出土した簡牘・帛書のあり方を考え、それを伝来文献の記載とあわせて、『史記』の素材と編集を明らかにするものであった。その結果、司馬遷は先行する諸資料をいわば種本として多く利用し、伝承や歴史事実として疑わしい話も、一部は書写された当時の文字資料によると推定した。このほか漢代の人びとによる伝承や、旅行による現地の情報がわずかにふくまれている。こうした取材をもとにして司馬遷の『史記』は、天命の移動と人間の運命を描こうとする歴史観から、虚実をまじえた諸資料を組み合わせて編集しており、史実を考えるうえで注意を要するとみなした。これによって『史記』を歴史史料として扱うには、できるだけ信頼できる骨格の部分を確定し、それを基礎に考古資料やフィールド調査とあわせて中国古代史を復元することになる。

それでは『史記』にみえる物語的なエピソードは、まったく史実を反映していないのだろうか。ここで注目されるのは、『史記』の素材とは異なる系統の出土資料である。たとえば湖北・湖南省の長江流域では秦漢時代の出土資料が増加している。それは秦代の里耶秦簡や、張家山漢墓竹簡の資料である(2)。里耶古城で出土した里耶秦簡は、まさに秦帝国が郡県統治をおこなった南方社会の実態を示している。また張家山漢簡には、漢代初期の『二年律令』や『奏讞書』の案件などがあり、法制史や社会史に関する資料である。したがって直接的には、司馬遷が《太史公書》の素材とした系統ではないが、当時の社会情勢を記した第一次資料である。これを『史記』のエピソードとくらべてみると、そこには類似の社会情勢がうかがえる場合がある。したがって『史記』にみえる物語のような叙述も、なんらかの社会背景と史実を反映しているとおもわれる。

本章では、『史記』の陳渉と劉邦、項羽のエピソードをとりあげ、秦末から漢王朝の成立にかかわる地方社会の動向を明らかにしたいとおもう。

一　『史記』陳渉世家の地方社会

『史記』巻四八陳渉世家は、秦の二世皇帝元年（前二〇九）に叛乱を起こした陳渉（陳勝）と呉広の伝記である。そこには叛乱をめぐるエピソードのほか、楚国を復興して陳王となり、陳渉が殺されたあとの情勢までを記している。その蜂起までの概略は、つぎの通りである(3)。

Ⅰ陳勝は陽城の人で、字は渉という。呉広は秦の陳郡に属する陽夏（河南省太康）の人で、字は叔である。陳渉は若いころ傭耕となり、このとき「燕雀いずくんぞ鴻鵠の志を知らんや」というエピソードがある。

Ⅱ二世元年七月に、陳渉と呉広は適戍（辺境防衛の戍卒）となって北方の漁陽郡に派遣されることになり、泗水郡の蘄県（安徽省宿州市）大沢郷に駐屯した。二人は屯長となったが大雨に会い、期日に遅れることを恐れて叛乱を決意した。このとき民の支持を得ようとして、秦公子の扶蘇と、楚将軍の項燕の名を詐称することにした。

二世元年七月、發閭左適戍漁陽九百人、屯大澤鄕。陳勝・吳廣皆次當行、爲屯長。會天大雨、道不通、度已失期。失期法皆斬。陳勝・吳廣乃謀曰、今亡亦死、擧大計亦死、等死、死國可乎。陳勝曰、天下苦秦久矣。吾聞二世少子也、不當立、當立者乃公子扶蘇。扶蘇以數諫故、上使外將兵。今或聞無罪、二世殺之。百姓多聞其賢、未知其死也。項燕爲楚將、數有功、愛士卒、楚人憐之。或以爲死、或以爲亡。今誠以吾衆詐自稱公子扶蘇・項燕、爲天下唱、宜多應者。吳廣以爲然。

Ⅲ陳勝と呉広は、所属する尉を殺して蜂起した。このときも秦公子の扶蘇と、楚将軍の項燕の名を詐称するのは、民の欲するところに従うと述べている。そして蜂起したあと「大楚」と称した。

召令徒屬曰、公等遇雨、皆已失期、失期當斬。藉弟令毋斬、而戍死者固十六七。且壯士不死卽已、死卽擧大名耳、王侯將相寧有種乎。徒屬皆曰、敬受命。乃詐稱公子扶蘇・項燕、從民欲也。袒右、稱大楚。爲壇而盟、祭以尉首。

さらに陳渉は将軍となり、呉広は都尉となって北上し、銍や酇、苦、柘、譙などの県城を降して、陳（河南省淮陽県）を占領した。そのとき兵力は、戦車が六、七百乗で、騎馬が千余り、卒が数万人であったという。そこで陳渉は、地元の三老や豪傑という有力者の支持を得て陳王となり、「張楚」を号した。

Ⅳこの時、各地の郡県で秦吏に苦しむ者は、皆その長吏を殺して陳渉に呼応した。このなかに項羽と劉邦たちの叛乱がふくまれる。ここから陳王となった周辺に、旧六国を基盤とした勢力が復興し、派遣した軍隊が秦軍と戦う情勢を描いている。

　こうした陳渉世家の叙述で、注目されるのは大沢郷で蜂起を決意するときのエピソード（Ⅱの部分）である。これは、どこまで史実を反映しているのだろうか。この経過をもう一度みておこう。

　二世元年の七月、閭左の適戍を漁陽に発しようとして、九百人が大沢郷に駐屯した。そのとき陳渉と呉広は屯長となった。ここでは閭左の適戍をめぐる解釈や、このとき二人が郷里とは異なる泗水郡に移動していた理由、北方の漁陽に行くのになぜ蘄県に駐屯したのかという問題がある。[4] また蜂起のきっかけとなった秦の法律も不明である。陳渉たちは、たまたま大雨があって道が不通となったが、日程をはかると、すでに期限に間に合わない。秦では「期を失すれば、法は皆な斬（死罪）」という。そこで陳渉らは謀って「今、逃亡しても死に、大計を挙げても亦た死なり。同じ死ぬなら、国を立てて死んではどうだろうか」と言った。同じ言葉は、二人が尉を殺したあと徒属に呼びかけるとき、ふたたび「期を失すれば、斬に当たる」とみえている。これは秦の法律が過酷で、民が苦しんだという一例となろう。『史記』秦始皇本紀の論賛では、司馬遷は賈誼の「過秦論」を引用して、「陳渉が戍卒や散乱した衆の数百人をもって、肘を奮って大呼すると、弓や戟の武器を持たず、鉏や櫌、白梃などを持って、食料を携えず、天下に横行した」と表現している。[5] これらは具体的に、どのような情勢と叛乱基盤を示唆するのだろうか。

　睡虎地秦簡『秦律十八種』の傜律には、中央（御中）の労役であるが、期日に遅れたときの罰則がある。[6]

　　御中發徵、乏弗行、貲二甲。失期三日到五日、誶。六日到旬、貲一盾。過旬、貲一甲。其得殹（也）、及詣。水雨、除興。　傜律115

中央の傜役を徴発して、徴発に加えなければ、貲二甲の罰とする。期日に遅れること三日から五日は責める罰とする。六日から十日は貲一盾とする。十日を過ぎれば貲一甲とする。徴発した人数が足りたら、急いで服役の所に送れ。雨が降って行くことができなければ、その徴発を免除する。

ここでは徭役に際して、期日の遅れを三日～一〇日にわけて罰金を課している。また水雨がある場合は、労役を止めることになっている。これは労役のケースであり、戍卒の規定ではない。しかし秦では、必ずしも期日に遅れたら「死罪」のように、一律に厳しい規定を設けていないことがうかがえる。

そこで陳渉世家の参考となるのは、張家山漢簡『奏讞書』の案件一（一～七簡）である。(7) ここには高祖十一年（前一九六）に戍卒が逃亡したときの判決がある。

十一年八月甲申朔己丑、夷道介・丞嘉敢瀐（讞）之。六月戊子、發弩九詣男子毋憂告、爲都尉屯、已受致書、行未到、去亡。●毋憂曰、〔蠻〕夷大男子、歲出五十六錢以當傜賦、不當爲屯。尉窯遣毋憂爲屯、行未到、去亡、它如九。●窯曰、南郡尉發屯有令、〔蠻〕夷律不曰勿令爲屯、即遣之。不智（知）亡故。它如毋憂。●詰毋憂。律〔蠻〕夷男子、歲出賨錢、以當傜賦。非曰勿令爲屯也。及雖不當爲屯、窯已遣、毋憂即屯卒、已去亡、何解。毋憂曰、有君長、歲出賨錢、以當傜賦、即復也。存吏、毋解。●問、如辭。●鞫之。毋憂〔蠻〕夷大男子、歲出賨錢、以當傜賦。窯遣爲屯、去亡、得。皆審。●疑毋憂罪。它縣論。敢瀐（讞）之。謁報。署獄史曹發。●吏當、毋憂當要〔腰〕斬、或曰不當論。●廷報。當要〔腰〕斬。

（高祖）十一年八月甲申朔の己丑（六日）。夷道《いどう》の（長官）介と丞の嘉《か》が、敢えて疑獄を上申（奏讞《そうげつ》）いたします。それは六月戊子の日、発弩《はつど》の九が男子の毋憂《ぶゆう》を連れてきて、「都尉の屯となり、已に受けて文書を致しながら、行きて未だ到らないうちに逃亡しました」と告げたものです。

●毋憂の答弁。蛮夷《ばんい》の大男子は、歳ごとに五十六銭を出して傜賦《ようふ》（傜役の賦銭）に当てており、屯卒となるには当たりません。ところが尉の窯《よう》は、わたくし毋憂を遣わして屯卒としました。そこで行きて未だ到らないうちに逃亡したのです。ほかは九の言う通りです。

●（尉の）窯の答弁。南郡の都尉が屯とする命令を発しましたが、蛮夷の律は「屯卒にしていけない」とは言っておりません。そこでかれ（毋憂）を遣わしたのです。逃亡した理由は知りません。ほかは毋憂の言う通りです。

●毋憂への詰問。律には、蛮夷の男子は歳ごとに賨銭《そうせん》を出し、以て傜賦に当てるという。しかし「屯卒にさせるな」とは言っていない。もし屯卒となるに当たらないと雖も、（尉の）窯はすでに派遣しており、毋憂はただちに屯卒となっている。すでに逃亡したのは、なにか理由があるのか。毋憂の返答。わたくしたちの君長が歳ごとに賨銭を出して傜賦に当てていましたので、（卒の役は）免除されるはずです。役人については、とくに理由はありません。

●審問するに、供述の通りです。これを鞫するに、毋憂は蛮夷の大男子で歳ごとに賨銭を出しており、これまで傜賦に当てておりました。窯はかれを遣わして屯卒とし、逃亡して逮捕されました。これは皆な審らかでありま す。

●疑うらくは、毋憂に罪あらん。ほかは県で論じます。敢えて奏讞しますので、つつしんで中央の報をお願いいたします。「獄史曹の発」と署します。(8)

●吏の判断。毋憂は腰斬《ようざん》の死罪に当たるか、それとも罪に当たらないのか。

●廷〔廷尉〕の報。腰斬の死罪に当てよ。

この地方は、漢王朝の南郡に所属する夷道である。この小さな県レベルの夷道で、蛮夷の大男子の毋憂という人物が、南郡の都尉の徴発に応じて、集合して都尉の屯卒となった。しかし、かれは毎年五十六銭を出して傜賦に当てており、本来は屯卒が免除されるはずで徴発に当たらないと思って、おそらく登録されたあとに逃亡したものである。そして発弩によって逮捕され、その案件が県レベルの長と丞によって中央に上申された。ここには、その審議の経過と廷尉の判決が記されており、結果は「腰斬に当たる」とされている。

この情況を郡県制のなかで整理してみると、つぎのように要約できよう。漢代では、南郡太守の治所は江陵（湖北省荊州市）にあるが、副長官で軍事を統轄する都尉の治所は、太守府とは別に交通上の要衝に置かれ、このとき夷陵（湖北省宜昌市）にあったとおもわれる。(9) 母憂が居住していた夷道（湖北省宜都）は、ちょうど長江に沿った夷陵と江陵との中間にある。そこで成人男子である母憂は、県の引率をうけて、郡レベルの都尉の県に行き、そこで軍事系統の屯卒に登記されたのであろう。したがってこの屯卒は、郡県の雑事を担う一般の徭役ではない。ところが、いったん屯卒に登録されながら逃亡した場合は、秦を継承した漢の規定によると「腰斬（死罪）」であった。これは軍律に類する規定とみなせるのではなかろうか。そこでこの男には、蛮夷の徭賦を払っていたことが配慮されるかどうかが焦点となるが、その理由は認められないという結末になっている。これは秦と漢という時代の差はあるが、陳渉・呉広の事例と大変よく似ている。いま『奏讞書』の案件と比べてみると、その行動はつぎのように復元できよう。

陳渉と呉広が、かれらの郷里から戍卒となるのであれば、そこから直接に漁陽郡へ行くことができる。(10) しかしかれらは、郡の都尉府がある蘄県の大沢郷に集結した。(11) これは『奏讞書』の事例と同じように、近辺の県に所属する人びとは、郡都尉が指揮する軍事編成に当初は組み込まれたことを示している。そこで陳渉と呉広は、泗水郡にいたことになる。そして「期を失すれば、斬に当たる」と表現したのは、ただ労働の期限を指すのではなく、軍事編成のなかで期限に遅れて逃亡したとみなされると、実質的に「斬」に当たるケースであることを示唆している。したがって『奏讞書』の事例からみれば、かりに陳渉たちが蜂起する契機が虚構であったとしても、秦漢時代では多くの人びとが郡県から徴発され、軍事的な戍卒にかり出される社会情勢は共通していることがわかる。

そこで陳渉たちの蜂起をみれば、その叛乱基盤と性格についても、これまでと少しちがう見方ができるようにおもう[12]。それは陳渉たちの出身が、貧農や小農民か、あるいは卑賤な身分としても、叛乱の当初において秦の郡県制のうち、県レベルの軍事系統を奪取することから出発したという点である。したがって陳渉たちは、けっして賈誼の「過秦論」でいうような「弓や戟の武器を持たず、鉏や櫌、白梃などを持つ」だけの集団ではないとおもわれる。

その軍事編成は、その後の行動（Ⅲの部分）をみてもわかる[13]。陳渉・呉広たちは、二人の尉を殺しているが、これは県レベルの尉であろう。そして陳渉が将軍となり呉広が都尉となって、大沢郷を攻め蘄県を降したというのは、都尉府のある蘄県を掌握したことになる。さらにかれらは、銍や酇、苦、柘、譙などの県を降して、陳に到達した。そのときの兵力は、戦車が六、七百乗で、騎馬が千余り、卒が数万人であったという。これは一万戸の大県で、戸ごとに兵一人を徴兵する体制を最大限としても、おそらく実数は複数の県を統轄する一郡レベルの軍事編成に対応するものであろう。ここで陳渉たちは、守丞が防衛していた陳郡の治所（陳県）を占領し、県の三老と豪傑を召集して計略を謀った[14]。ここまでは秦の郡県制のシステムを奪取したことになろう。

ところが陳渉は、ここで三老と豪傑が「無道を伐ち、暴秦を誅し、ふたたび楚国の社稷を立てたので、功績は王となるべきです」という意見を聞いて、王となり、「張楚」と号したという。これによれば陳王は、この時点から楚国の制度を復興したことになり、実際に「張楚」の国号は馬王堆帛書「五星占」の記載で裏づけられた[15]。

これと対応するようにⅡの部分では、習俗や組織の記述によって、かれが楚人であることが強調されている。たとえば蜂起を決意するとき、陳渉・呉広は行動に先んじて卜者に占ってもらい、鬼神に念じる習俗を記していた。これは楚の習俗に通じるものがある[16]。また陳渉・呉広が「公子扶蘇と項燕」を詐称することは、一見すると楚と無関係のようにみえる。しかし楚の将軍・項燕はともかく、なぜ秦公子の扶蘇を偽ると応ずる者が多く、民意に従うことになるのかという疑問が残る。この点については、本書の第三章第二節で、公子扶蘇が楚の王族とみなされた可能性があることを論じた(17)。

さらに陳渉が楚人であることは、かれが陳王となった時に、かつての傭耕の者が会いに来て、楚の方言である「夥」と発音したエピソード（Ⅰ、Ⅵの部分）を記している(18)。これは陳渉が人心を失う転機となる話であるが、ここでも楚人であることが強調されている。これらによれば陳渉は、王となって「張楚」の国号を建てたときから、楚国の体制をもったことになる。それでは陳渉は、本当に楚国の制度を復活させたのだろうか。

いまⅣの部分には、このとき諸々の郡県で秦の官吏に苦しむ者たちは、その長吏を殺して陳渉に応じ、楚の兵で数千人の衆をなす者は、数え切れなかったという。その後の情勢では、楚国の体制に関して、つぎのような官職、称号などがみえる(19)。

呉広が仮王となり、将軍たちを監督して滎陽を攻撃する。
豪傑たちと計って、上蔡の人、房君の蔡賜を上柱国とする（楚の制度）。
かつて項燕の軍で視日であった、陳人の周文に将軍の印を与える。秦と戦う。
趙国：趙王（陳人の武臣）が自立—大将軍（陳余）—左右丞相（張耳・召騒）
張耳の子、張敖を成都君（楚の封君）とし、函谷関に入らせようとする。
燕国：燕王（故の上谷卒史の韓広）が自立。燕の故の貴人、豪傑に推される。
斉国：斉王（狄人、故の斉王の一族）田儋が自立。
魏国：魏王（魏の後裔、故の寧陵君咎）を立てる—相（魏人、周市）。

陳王は、仮王を殺した田臧に「楚令尹」の印を賜い、上将軍とする（楚の官制）。
陳王が武平君畔を将軍として、東海郡の監察に派遣する。
秦嘉（陵人）は大司馬となって自立し、武平君を殺す。
秦の章邯の軍が、伍徐を破り、陳を伐つ。上柱国の房君が死す。
陳王は汝陰―下城父に転戦。御者の荘賈に殺される。碭に葬られ「隠王」と諡する。

こうした情勢をみると、陳渉が「張楚」を号したことにつづいて、楚の官職と印綬を与えること、封君の名称などが確認できる。しかし陳王の領域は、少なくとも陳を中心とした一郡レベルを本拠地としており、その周囲には趙、燕、斉、魏などの国が並立して、楚とはちがう官職名を記している。また秦の郡県制では、文献や睡虎地秦簡によって、行政文書と命令の伝達がおこなわれ、農民には租税の徴収や、兵役と徭役などの負担があったことがわかる。(20)そこで秦では、郡県の社会システムが機能したのに対して、どこまで陳王の体制が楚の社会システムを機能させて、軍糧と物資や、人員などを補給できたかという問題がある。

これらはなお不明であるが、陳渉と陳県をめぐる体制は、本書の第二章附篇一で述べている。陳渉の「張楚」が短命であったのは、あるいは楚国の復興を標榜しながら、その社会システムが十分に機能しなかったことも一因ではないだろうか。また『史記』の部門で、陳渉の伝記を世家とする点については、『漢書』のように列伝にすべきという批判がある。これは陳渉世家の末尾に、「陳勝雖已死、其所置遣侯王將相竟亡秦、由渉首事也。高祖時爲陳渉置守家三十家碭、至今血食」とあるように、漢代まで祭祀を続けることが一つの基準であったと考えている。

二　『史記』高祖本紀の地方社会

『史記』巻八高祖本紀は、冒頭に出生にかかわる伝説を述べている。また劉邦が亭長となってからも、のちに皇帝となることを示唆する説話を収録している。[21] 本書の第六章では、高祖本紀の構造と漢紀年などについて説明しているが、ここでは劉邦が「徭」として咸陽に行くエピソードや、蜂起をめぐる社会背景を検討してみよう。

よく知られているのは、①に劉邦が亭長となったあと、咸陽への「徭」として行き、始皇帝を見て「男はこうありたいものだ」とため息をついたエピソードである。これは項羽が、江南で秦始皇帝をみて「かれに取ってかわってやる」という言葉とくらべて、二人の性格の違いを浮かびあがらせている。[22]

及壯、試爲吏、爲泗水亭長、廷中吏無所不狎侮。……高祖常繇咸陽、縦觀、觀秦皇帝、喟然太息曰、嗟乎、大丈夫當如此也。

②は、亭長として酈山へ徒刑を送って行くとき、途中で逃亡するエピソードである。

高祖以亭長爲縣送徒酈山、徒多道亡。自度比至皆亡之、到豐西澤中、止飲、夜乃解縦所送徒。曰、公等皆去、吾亦從此逝矣。徒中壯士願從者十餘人。

この途中で大蛇を斬り、それが白帝の子（秦を象徴）で、斬ったのは赤帝の子（漢を象徴）という説話がふくまれる。このあと劉邦は、沛県で蜂起することになる。こうしたエピソードは、どこまで当時の社会背景を反映しているのだろうか。

『史記』秦始皇本紀には、二十六年の統一後に、天下の豪富を咸陽に一二万戸を徙民させ、咸陽の宮殿を築くことを記している。これは地方からの移民である。また三十五年条では、隠官・徒刑など七〇余万人に阿房宮と酈山の陵墓を造営させている。これは一般の徭役ではなく、各地の徒刑を集めた労働である。これは高祖本紀の②の事例に当てはまる。そこで、もし①の「徭」の事例が、自分たちの居住する郡県をこえて、首都・咸陽への徭役に赴いたとすれば、それは占領された地方の労役負担の過重と認識されるであろう。

こうした秦代の徭役について注目されるのは、張家山漢簡『奏讞書』の案件一七である。[23] これは秦王政二年或いは二世皇帝二年の案件といわれ、かなりの長文である。発端は、故の楽人で黥城旦の罪とされた講という人物が、毛という人物と共謀して牛を盗んだ冤罪として、四月丙辰の日に再審を請求したものである。その内容は元年十二月、内史に属する雍の県廷に、毛が牛を売って盗罪で逮捕されたことから始まる。毛は一度は単独犯と供述したが、あとで供述を覆して、十二月の嘉平（臘の祭り）から五日ほど過ぎて、講と共謀したと述べたため、講は黥城旦となった。そして最終的には、訊問の資料のあと、二年十月に廷尉が、汧（県の）嗇夫に、雍の城旦講の再審結果を告げ、講を隠官とし、もし妻子が売られていれば買い戻し、連座した者の財物も元に戻して、それを雍に書面で知らせるように指示している。

そのとき審議の過程で、講は以下のように何度も弁明している。事件の法的な意義はともかく、ここから次のような践更の実態が浮かんでくる。

講曰、踐更咸陽、以十一月行、不與毛盜牛。

講は言った、「咸陽に践更するため、十一月に行きました。（士伍の）毛と牛を盗んではいません」と。

今講曰、踐十一月更外樂、月不盡一日下總咸陽、不見毛。

今、講は言っています。「十一月の更で外楽に践し、（十一月）一日より前に（渭水盆地を）下って咸陽に集合しました。毛を見てはいません」と。

●講曰、十月不盡八日爲走馬魁都〔傰〕、與偕之咸陽、入十一月一日來、卽踐更、它如前。

●講は言った、「十月（末より）八日ほど前に、走馬の魁都に配備されて傰となり、皆と一緒に咸陽に往きました。十一月一日から踐更に入りました。ほかは前に供述した通りです」と。

これらによると、講は内史の領域にある汧県に居住していたが、雍県での盜罪に問われたため、雍の城旦となったようである。この弁明では、咸陽に「十一月」の踐更となり、すでに十月末には走馬に引率されて咸陽に行っていたので、十二月に毛と牛を盜む相談はできないという。この走馬は、あとで従軍しており訊問できなかったから、あるいは軍事に関連する役職であろう。また踐更とは、このとき咸陽の傜役に赴くことが明らかである。しかも「十一月更」で外楽の定時の割り当てに従事しているから、これが文献で「更卒」という一ヶ月の労役ではないかとおもわれる。(24)とすれば内史の更卒の労働は、各県から走馬のような担当者が卒を編成し、集団で咸陽まで引率して、その期限より前に到着する。そのあと一日から規定の一ヶ月を「踐更」として就役する場合があったということになろう。これは内史の領域での傜役であり、遠方から中央に徵発される事例ではない。

秦代地方の傜役については、里耶秦簡に別の事例がみえている。それは木牘⑯5正面と⑯6正面に、洞庭郡から各県に通達した同一文書があり、ここに始皇帝二十七年（前二二〇）二月十五日に発給した洞庭郡の指示がみえている。(25)その大意は、令に「伝送し貨物を輸送する際には、必ず先に悉く城旦舂と隷臣妾、居貲贖責（債）たちを行《や》れ。急事で留めることができないとき、乃ち（一般の）傜役を興せ」という労働の原則がある。そのため今、洞庭郡の軍需物資を内史及び巴郡、南郡、蒼梧郡に輸送するときは、必ず先に乗城卒と、隷臣妾、城旦舂、鬼薪白粲の徒刑、居貲贖責の債務労役、司寇、隠官、県に踐更する者を行かせよと命令する。この時期は、田時（農事）であるので、黔首《けんしゅ》

（民）を興すのを欲しないとする。そのあと徴発する労働力を再び読み替えて、これを官吏に守らせるように指示している。その労働力の対照は、つぎのようになる。

県卒：乗城卒（県の常備兵）　　司寇、隠官：司寇、隠官（官府に属する者）

徒隷：隷臣妾、城旦舂、鬼薪白粲　　践更県者：践更県者（県の定時労役）

居貲贖債：居貲贖債

つまり洞庭郡をめぐる輸送労働には、まず規定の人員のほかに、県卒や司寇、隠官と、県に践更する者を使役し、それでも不足する場合に一般の黔首（民）を徭役に興せと言っている。ここで県に践更する者は、一般民の臨時の徭役とは区別されている。したがって一般の徭役は、広く徴発に応じることを指し、践更は先の『奏讞書』の案件でみたように、定時の労役とみなすほうが妥当であろう。[26]これは地方の郡県での労働を示しているが、沛県のような東方の郡県の事例ではない。したがって出土資料によって、秦代の労働編成は少しずつ明らかになったが、高祖本紀の①「徭」の事例は、なお不明なところがある。

これに対して陳松長氏は、「徭」と徭役を区別して理解している。[27]陳松長氏は、「徭」は徭役・労役とみなされているが、「徭」となる身分や種類は異なっているという。そして文献にみえる「徭使」は、「徭」とも記し、徭に服させるという意味であるが、公用出張をふくむとする。この例として、高祖本紀の①「高祖、常つて咸陽に繇す」は、徭役ではなく、徭使であると理解している。この解釈によれば、①の「徭」は、②の事例と同じように、亭長として労働力の引率ということになる。

こうした出張をする「徭」の事例は、尹湾漢墓簡牘にもみえている。[28]木牘五（YM6D5）の正面は、官吏の査定のもとになる功績を記しているが、その中に「繇」という出張の項目がある。

郪獄丞司馬歇、正月十三日送罰戍上谷
郪左尉孫嚴、九月廿一日送罰戍上谷
朐邑丞楊明、十月五日上邑計
費長孫敞、十月五日送衛士
開陽丞家聖、九月廿一日市魚就財物河南
即丘丞周喜、九月廿一日市□□就□□
〔況〕其邑左尉宗良、九月廿三日守丞上邑計　（第一欄）
厚丘丞王恁、十月廿（?）日□□邑□
厚丘右尉周並、三月五日市材
平曲丞胡毋欽、七月七日送徒民敦（?）煌（?）
司吾丞北宮憲、十月五日送罰戍上谷
建陽相（?）唐湯、十一月三日送保宮□
山鄉侯相□□、十月……
●右十三人繇　（第二欄）

これによれば「繇」の対象は、東海郡から上谷などの北辺に罰戍を送る出張と、上計、長安に衛士を送る出張、物資の調達、徒民を敦煌郡に送る公務などがある。これは「繇」による公務の実態を示している。したがって高祖本紀にみえる①の「傜」は、こうした秦漢時代の官吏の出張として理解することができる。

地方から驪山の造営に多くの刑徒がかり出されたことは、『史記』秦始皇本紀の三十五年条に「隠宮、徒刑の者七十余万人。乃ち分かれて阿房宮を作り、或いは麗山を作る」という記述があった。また始皇帝陵の周辺では刑徒の墓地が発掘され、その磚にみえる出身地によって、徴発の範囲は山東などの東方に多いことがわかっている。(29)

以上のことから、劉邦が「傜」として労役を引率し、徒刑を引率するエピソードをめぐっては、秦漢時代の咸陽での傜役や、践更の労働、臨時の徴発、徒刑労働にかり出された社会背景をうかがうことができる。劉邦のエピソードは、その一つの形態を反映していたことになる。

つぎに劉邦の叛乱を、陳渉と同じように社会基盤からみれば、つぎのような背景がある。(30)二世元年の秋、陳渉が「張楚」を号したあと、郡県では長吏を殺す者が多かったという。沛県でも県令が恐れて陳渉に呼応しようとしたが、主吏の蕭何と獄掾の曹参が助言して、秦吏ではなく外に逃亡している劉邦の集団数十百人を招き、沛県の子弟や人びとを脅かすことを勧めている。しかし県令は、樊噲たちが従って来たのをみて後悔し、城門を閉じて防御した。そこで誅伐を恐れた蕭何と曹参は、劉邦のもとに行き、沛県の城内にいた父老たちに呼びかけ、父老たちは県令を殺して劉邦を迎え入れる。そしてかれを沛公にしようとするが、それは蕭何や曹参のような文吏と、県の子弟を率いた父老たちが要望するものと伝えている。沛公は、蕭何や曹参、樊噲のような少年・豪吏によって、沛県の子弟二、三千人を掌握して、胡陵、方与の県を攻め、豊に駐屯した。この豊は、周市が言う言葉によると、「故の梁（魏）が移民したところ」であり、ここは楚の地でありながら、魏人の影響をうけた土地柄ということになる。

こうした経過から、劉邦の叛乱基盤をみると、まず一旦は県の官府を離れた集団として城内に入っており、いわば游侠のような立場とみなされる。しかし沛県の官吏の協力を得ており、最初に奪取したのは秦の県レベルの民政と軍事の両系統から出発している。したがって劉邦の集団は、そのなかに舎人や農民たちをふくむとしても、(31)県レベルの官府を中心とした複合的な集団として蜂起しているのである。これは秦の統治システムにのっとる軍事集団といえよう。

その後の沛公は、しばらく豊を攻めようとしたが、やがて碭の兵五、六千人を得たという。これは秦の郡レベルの軍事編成を掌握したことを示している。しかし沛公は、陳渉のように王にはならず、項梁に帰属して豊を攻めている。そのとき沛公は、騎馬百余騎で赴き、項梁は「卒五千人」「五大夫の将十人」を与えている。(32)そして陳王が亡くなったあと、項梁が楚の懐王を立てると、沛公は項羽と共に楚のもとで行動して、二世三年に楚王が彭城に都したとき、武安侯に封ぜられ、碭郡の長となっている。これは楚国の制度にしたがうものである。したがって劉邦が沛県で蜂起したあと、漢王となるまでの経過は、つぎのような三段階に分けることができよう。(33)

第一期：秦の郡県制のうち、沛県の機構を、県内の官吏や有力者と一緒に奪取する。のち郡レベルの機構まで掌握する〔沛公〕。

第二期：楚王のもとに身を寄せ、封君となって項羽と行動を共にする〔武安侯〕。

第三期：秦の滅亡後、西楚覇王の項羽のとき漢王に封ぜられる。のちに秦の官制や、法制、暦法などを継承して、楚国の体制をもつ項羽と争う〔楚漢戦争〕。

このように考えれば、劉邦の叛乱もまた陳渉と同じように、当初は秦の県レベルの機構を掌握することによって、勢力を進展させたことがわかる。しかしこれに対して、項梁と項羽の叛乱は、当初から郡レベルの機構を奪取して蜂起している。この点をふくめて、項羽のエピソードにみえる社会情勢を検討してみよう。

三　『史記』項羽本紀の社会情勢

『史記』巻七項羽本紀には、項籍が下相の人で、字は羽、初めて蜂起したのは二十四歳であったという。季父の項梁は、代々に楚の将軍の家系で、父の項燕は秦将軍の王翦に殺戮されたと伝える。のちに項羽は、項梁と一緒に仇を避けて呉に居住したが、そこで秦始皇帝の江南巡行を眺めている。そこでは、始皇帝が会稽山に行くため浙江（銭塘江）を渡るとき、それを項羽が見て「かれに取ってかわってやる」といい、あわてて項梁が口を押さえたエピソードがある。

これは『史記』秦始皇本紀の三十七年（前二一〇）条によると、第五回の最後の巡行であるが、南方の旅行は睡虎地秦簡からも裏づけられる。たとえば『編年記』では、二十八年条に「今（今上）安陸を過ぎる」とあり、第二回の巡行に対応している。(34) また雲夢龍崗秦簡では、南郡安陸県の雲夢と河北の沙丘に禁苑があり、また皇帝専用道路の馳道や、禁苑の出入りに関する規定がある。(35) こうしたことから鶴間和幸氏は、始皇帝が馳道を通って戦国楚や趙の離宮に宿泊したり、戦国斉にゆかりの祭祀遺跡を巡行する状況を復元している。(36)

始皇帝の巡行については、始皇帝陵と兵馬俑の遺跡も類推となろう。兵馬俑一号坑は、戦車と歩兵の部隊で六〇〇〇体ともいわれる。二号坑は、戦車と騎馬、弩兵など九〇〇人以上を混成した精鋭部隊で、三号坑は戦車一乗と儀仗兵であった。しかし三号坑は指揮部といわれながら、一号坑と二号坑にみられる将軍俑にあたる者がいない。ここから私は、秦兵馬俑の主体は始皇帝その人で、中心となる地下宮殿から、東部の太僕にあたる車馬に乗り、さらに兵馬俑と連結して行軍することを示唆するのではないかと考えた。(37) つまり秦兵馬俑は、京師の防衛をするとともに、それが歩き出して行軍すれば、始皇帝と巡行を共にする京師の主力部隊を示唆し、郡県の軍隊と合流する状況を復元できるとみなすのである。このように仮定すると、西方の先祖の地に行くとき、始皇帝陵の西側にある銅車馬の遺跡に連結することによく似ている。

また始皇帝が巡行した地域では、上海博物館所蔵の戦国楚簡「容成氏」に興味深い記事がある。この「容成氏」は、古代の帝王伝説を記し、そこに『書経』禹貢篇の九州とは違って、やや山東の情報が豊富な九州説を載せている。(38) しかし禹貢と「容成氏」には、九州の南端として会稽山を記していない。たとえば禹貢には、揚州として震沢（今の太湖）を載せ、「容成氏」第二十六簡は「禹乃通三江・五湖（太湖）、東注之海。於是乎荊州・揚州始可處也」というが、ともに禹が葬られたという会稽山の記述がない。しかし『史記』秦始皇本紀によれば、最初に会稽山で禹を祭ったのが始皇帝であり、それを司馬遷は追いかけて、禹を越の先祖とみなしたのである。(39) したがって戦国楚簡「容成氏」や禹貢は、少なくとも始皇帝の巡行より以前の禹の伝えということができよう。

つづく項梁と項羽が蜂起する経過は、本書の第六章、第七章で論じているが、その要点はつぎの通りである。項梁たちは当初から秦の郡レベルの機構を奪取して蜂起している。項羽本紀では、このとき精鋭の兵八千人を得て、呉の豪傑たちを校尉や候、司馬に編成し、項梁は会稽郡守となり、項羽は裨将になったと記している。そして長江を渡って進むと、東陽県の令史であった陳嬰や軍吏たちによる二万人の兵などを得て、淮水を渡ったころは六、七万人になっていたという。この軍隊編成は、けっして陳渉や劉邦の県レベルの集団と同じ規模ではない。これに対応するように、項梁は懐王の孫を探し出して楚国を復興している。この楚国の機構は、陳王の「張楚」とはちがって、たしかに楚の官職や、封君の任命、楚の爵制、楚の暦法（秦楚之際月表）などの要素を確認することができる。こうした楚国の体制に、沛公たちは合流したことになる。

秦の滅亡後は、項羽と劉邦の争いとなる。『史記』項羽本紀では、四面楚歌と垓下の戦いが有名であるが、ここには項羽が城壁を築いて囲まれたあと、陰陵から東城へと敗走するシーンがある。ここでは『史記』の史実を読み解くために、実地調査と考古学の成果も参考になる。

項王軍壁垓下、兵少食盡、漢軍及諸侯兵圍之數重。夜聞漢軍四面皆楚歌、項王乃大驚曰、漢皆已得楚乎。是何楚人之多也。項王則夜起、飲帳中。有美人名虞、常幸從。駿馬名騅、常騎之。於是項王乃悲歌忼慨、自爲詩曰、力拔山兮氣蓋世、時不利兮騅不逝。騅不逝兮可柰何、虞兮虞兮柰若何。歌數闋、美人和之。項王泣數行下、左右皆泣、莫能仰視。於是項王乃上馬騎、麾下壯士騎從者八百餘人、直夜潰圍南出、馳走。平明、漢軍乃覺之、令騎將灌嬰以五千騎追之。項王渡淮、騎能屬者百餘人耳。項王至陰陵、迷失道、問一田父、田父紿曰、左。左、乃陷大澤中。以故漢追及之。項王乃復引兵而東、至東城、乃有二十八騎。漢騎追者數千人。項王自度不得脱。

項羽と劉邦の戦いで転換点となった漢覇二王城から、垓下古戦場と陰陵、東城、烏江までの敗走ルートをたどってみると、そこには『史記』とは違う解釈ができる(40)。たとえば垓下の戦いでは、これまで古戦場は安徽省霊壁県といわれていたが、現地では霊璧県から南に分かれた固鎮県にある垓下村に古城遺址が報告されている。これは『水経注』淮水条に「洨水又東南流逕洨縣故城北、縣有垓下聚、漢高祖破項羽所在也」という記載と同じ位置である。報告によると、垓下古城は城内が一五万平方メートル（目安として三〇〇×五〇〇メートル）の小さな城郭で、しかも龍山文化期の城壁遺跡を継承したものという。だから『史記』項羽本紀に「項王の軍、垓下に壁し、兵少なく食尽き、漢軍及び諸侯の兵、これを数重に囲む」とあるのは、その通りだったことになる。もし『史記』の記述が史実なら、この城郭が本当の四面楚歌の舞台である。この垓下古城の位置は、項羽の西楚にふくまれている。

また項羽本紀では、項羽が垓下の戦いで敗れたあと、陰陵で一人の田父に欺かれて迂回し、大沢に迷って漢軍に追いつかれ、東城に到ったと描いている。しかし安徽省定遠市にゆくと、陰陵城遺跡と東城遺跡が残っており、その位置は項羽の西楚に隣接する九江国との境界にあり、もともと迂回した位置にある。しかも九江王であった黥布は、すでに漢王に降って、その領地は項羽が領有していたから、陰陵城遺跡と東城遺跡は、ともに項羽の領地内にある城郭である。したがって敗走した項羽は、自分の領内にある城郭を転戦したため迂回ルートになったのであり、田父に欺かれることは実情として考えられない。

つぎに項羽の死をめぐるエピソードについて考えてみよう。項羽本紀によると、垓下の戦いに敗れた項羽は、騎馬八百余人を従えて南に逃走した。漢軍で追撃したのは、騎将の灌嬰が率いる五千騎である。項羽が淮水を渡るころは、すでに騎馬で従うものが百余人となり、東城ではわずか二十八騎になったという。漢の追撃は数千人で、ここで項羽は「これは天が我を亡ぼそうとするのであって、わたしの戦いの罪ではない」と宣言し、漢軍と戦ってその能力を示した。また項羽が烏江で長江を渡ろうとしたときも、亭長が船を提供するのを断って、「天が我を亡ぼそうとするのに、どうして我は渡れるだろうか」という話がある。しかしここで問題とするのは、やがて項羽が自刎するときのエピソードと、その領地の行方である。

乃令騎皆下馬歩行、持短兵接戰。獨籍所殺漢軍數百人。項王身亦被十餘創。顧見漢騎司馬呂馬童曰、若非吾故人乎。馬童面之、指王翳曰、此項王也。項王乃曰、吾聞漢購我頭千金、邑萬戸、吾爲若德。乃自刎而死。王翳取其頭、餘騎相蹂踐爭項王、相殺者數十人。最其後、郎中騎楊喜、騎司馬呂馬童、郎中呂勝・楊武各得其一體。五人共會其體、皆是。故分其地爲五。封呂馬童爲中水侯、封王翳爲杜衍侯、封楊喜爲赤泉侯、封楊武爲呉防侯、封呂勝爲涅陽侯。

ここで項羽は、騎馬から降りて歩行し、短兵で戦って十数ヶ所の傷をおった。そして漢の騎司馬の呂馬童に出会い、かれが王翳に項王であることを教えると、項羽は「漢は、わたしの頭に千金と万戸の邑を懸けていると聞く。わたしは、おまえに賞を与えてやろう」といい、自刎して亡くなった。そのあと王翳が頭を取ると、その他の騎馬は項羽の体を奪って争い、数十人が殺し合うほどであった。結局、郎中騎の楊喜と、騎司馬の呂馬童、郎中の呂勝、楊武が一部を奪い、五人を合わせてみると一体になったという。そして土地は五つに分けられ、呂馬童は中水侯に封ぜられ、王翳は杜衍侯となり、楊喜は赤泉侯、楊武は呉防侯、呂勝は涅陽侯に封ぜられたと記している。これは漢五年十二月（前二〇二）のことであり、当時は十月が年初で九月を年末としていた。このエピソードは、どこまで実情を伝えているのだろうか。

これまでの経過からみて、呂馬童をはじめとする人びとが、功績によって列侯となるいきさつは、きわめて物語的である。この話は、何らかの史実を反映しているのだろうが、ほかの事情が隠されているようでもある。これは『史記』高祖功臣侯者年表によって、背後の経過がうかがえる。

高祖功臣侯者年表は、列侯が封ぜられた年代順に配列しているが(41)、その論賛には「封爵の誓」が記されており、比較的に信頼できる資料とおもわれる(42)。いま王翳など五人について、封建の年代と戸数を原文のまま並べると以下のようになる。

赤泉：以郎中騎漢王二年從起杜、屬淮陰。後從灌嬰共斬項羽、侯、千九百戶。／七年正月己酉、莊侯楊喜元年。
杜衍：以郎中騎漢王三年從下邳、屬淮陰。從灌嬰共斬項羽、侯、千七百戶。／七年正月己酉、莊侯王翳元年。
中水：以郎中騎將漢王元年從起好畤、以司馬擊龍且、後共斬項羽、侯、千五百戶。／七年正月己酉、莊侯呂馬童元年。
涅陽：以騎士漢王二年從出關、以郎將擊斬項羽、侯、千五百戶、比杜衍侯。／七年中、莊侯呂勝元年。
吳房：以郎中騎將漢王元年從下邽、擊陽夏、以都尉斬項羽、有功、侯、七百戶。／八年三月辛巳、莊侯楊武元年。

項羽本紀で、もっとも功績をあげたのは頭を奪った王翳のはずである。ところが年表では、もっとも戸数が多いのは楊喜で、しかも五年十二月の項羽の死から、約二年も遅れた七年（前二〇〇）正月己酉の日に「千九百戸」を封ぜられている。そして同年同月日に、王翳は「千七百戸」を、呂馬童は「千五百戸」を封ぜられた。また同七年中には、呂勝が「千五百戸」を封ぜられ、楊武は八年三月辛巳の日に、やっと「七百戸」を封ぜられた。かれらの封邑は、すべて合わせて七三〇〇戸である。しかも封ぜられた地をみると、楊喜の赤泉は不明であるが、王翳の杜衍と呂勝の涅陽は南陽郡にあり、呂馬童の中水は涿郡で、楊武の吳房は汝南郡と、それぞれ各地の小県に分散しており、けっして褒賞の地を分割したという状況ではない(43)。

そこで年表から二人の人物を追加すると、そこには別の事情が記されている。

淮陰：兵初起、以卒從項梁、梁死屬項羽、爲郎中。至咸陽、亡、從入漢。爲連敖典客、蕭何言爲大將軍。別定魏・

齊爲王徙楚。坐擅發兵、廢爲淮陰侯。

六年四月、侯韓信元年。十一年、信謀反關中、呂后誅信、夷三族、國除。

潁陰：以中涓從起碭、至覇上、爲昌文君。入漢、定三秦、食邑。以車騎將軍屬淮陰、定齊・淮南及下邑、殺項籍、侯、五千戶。／六年正月丙午、懿侯灌嬰元年。

これによると、王翳は項羽を殺した軍の指揮官ではない。その指揮官は、項羽本紀にみえていた灌嬰であり、楊喜や王翳は「灌嬰に従って項羽を斬った」と記されている。だから灌嬰は、かれら五人に先だつ六年（前二〇一）正月丙午の日に、項羽を殺した功績によって潁陰の「五千戸」を封ぜられているが、『史記』灌嬰列伝では、当初は二千五百戸であった(44)。これで灌嬰と五人をあわせて、ようやく九八〇〇戸となる。しかし隠されたのは、それだけではない。灌嬰の事績をみると、かれは韓信（のち淮陰侯に降格）に属していた。それは楊喜と王翳も同じである。そこで淮陰侯韓信の項目をみると「六年四月。侯韓信元年」とある。ここには戸数を記していないが、その年代も正確ではない。

『史記』高祖本紀によると、項羽が亡くなったあと、五年二月甲午に漢王が皇帝となり、そのあと斉王であった韓信は楚王に封ぜられ、下邳に都した。『漢書』高帝紀下では、春正月に韓信たちを封じて、そのあと二月甲午に漢王が皇帝となっている。ところが高祖本紀では、翌六年十二月に韓信が謀反の疑いで、淮陰侯に降格されている。その経過をみると、韓信一人のために、わざわざ皇帝が雲夢に巡狩すると偽って、諸侯を陳で会合させて韓信を捕らえたが、洛陽に帰って許して淮陰侯としている。そして韓信の封地は、淮東の荊王と、淮西の楚王に二分割された。

つぎに高祖本紀では、韓信が降格されたあと、やっと功績を論じて「諸列侯と符を剖き封を行う」とあり、『漢書』高帝紀下の六年十二月条では、甲申（二十八日）に「始めて符を剖き、功臣の曹参等を封じて、通侯と為す」となっている。つまり功臣たちの封建は、項羽が敗北したときではなく、淮陰侯韓信の降格を待って、はじめて確定されたのである。このとき列侯となったのは、年表によれば曹参のほか、靳歙、王吸、夏侯嬰、傅寛、召欧、薛欧、陳濞、陳平、陳嬰などの人物がいた。

そして年表では、二日後の正月丙戌（朔日）に呂沢と呂釈之を封じて、正月丙午（二十一日）に、張良や蕭何、酈商、周勃、樊噲らと灌嬰を封じている。このとき『漢書』高帝紀では、同じ正月丙午に、韓王信たちの奏言によって、東陽、鄣、呉郡の五十三県が荊王（劉賈）の地となり、碭、薛、郯郡の三十六県が楚王（劉交）、雲中、雁門、代郡の五十三県が代王（劉喜）、膠東、膠西、臨淄、済北、博陽、城陽郡の七十三県が斉王（劉肥）、太原郡の三十一県が韓王信の地となった。したがって、かつて韓信のもとに従っていた灌嬰は、その降格の処分が終わったあと、一連の褒賞のなかで、項羽を殺した功績にさかのぼって食邑が定まったことがわかる。

さらにその後、『漢書』高帝紀下には「上は、已に大功臣の二十余人を封じたが、その余は功を争って、未だ封を行うを得ず」とある。[45] したがって灌嬰の指揮下にいた王翳などの五人は、まだ功績が定まらず評価が遅れたものともわれる。それが年表に記されている。だから項羽の死にみえる褒償のエピソードは、烏江の場面のできごとではなく、後年になって呂馬童たちが封ぜられたあと、さかのぼって作られた伝えであろう。李開元氏は、この烏江をめぐる伝えを、楊喜の子孫である楊敞から聞いたのではないかと推測している。[46] 楊敞は、司馬遷の娘が嫁いだ人物である。

このように『史記』項羽本紀のエピソードは、当時の社会背景を考えることによって、その実情が明らかになることを示した。この情勢からは、楚王の韓信の処遇が漢代初期の大問題であったことがうかがえる。そして項羽の死とその後の褒賞は、楚の地を領有した淮陰侯韓信の処遇と連動していたことを示している。

おわりに

『史記』は先行資料を取捨選択し、独自の歴史観によって編集した歴史書であり、思想書である。そのため紀年資料による事件の動向とともに、その肉付けとなる叙述が挿入されており、歴史史料として扱うには注意が必要である。しかし『史記』にみえるエピソードも、なんらかの史実を反映しており、歴史的な社会背景がうかがえる。

本章では、こうした観点から『史記』の構成と出土資料を対比させて考えてみた。その結果、陳渉や劉邦、項羽のエピソードは、個別の人物像としては歴史事実かどうか疑わしいが、当時の無数の人びとの代表であり、その典型とみなせば、そこに社会的な情勢が浮かびあがってくることを指摘した。その要点は、つぎのようになる。

一に、陳渉が蜂起する際に大雨にあい、「期を失すれば、斬に当たる」というエピソードは、秦の郡県制のもとで都尉が戍卒を編成し、期限に遅れた者を逃亡とみなして腰斬（死罪）とする情勢を反映するのではないかと推測した。そして陳渉・呉広の叛乱は、農民身分のものが秦の県以下の軍事系統を奪取し、やがて陳を拠点とする一郡レベルの領域を掌握して、楚国にちなむ「張楚」を国号にしたものと考えた。このほか『史記』では、とくに陳渉が楚人であり、楚の将軍・項燕を偽ること、楚の占いや方言などの習俗をもつことを強調しており、これは楚国の体制を復興したことを反映するものであろう。

二に、劉邦（沛公）は、魏の影響をうけた楚地の人である。そして劉邦が亭長となって、咸陽に「傜」として赴くことや、徒刑を引率することは、秦末から漢初にかけて同じような動向を反映していた。しかし劉邦の蜂起は、こうした農民や徒刑たちの集結ではなく、劉邦は沛県という県レベルの官吏や民を組み込み、県の行政と軍事機構を掌握したものと推測した。このあと県レベルの租税や傜役のもとになる父老、子弟などを組み込むことになる。そして沛公は、秦の郡レベルの勢力に成長しようとするとき、楚王の体制に帰属し、楚の封君となって項羽と共に軍事的な行動をしている。劉邦が楚の体制で行動することは、秦の滅亡後、漢王に封建されるまでつづいている。

三に、項梁と項羽は、陳渉や劉邦が県レベルの機構を奪取する経過とはちがって、すでに蜂起の時点から秦の郡レベルの軍事機構を掌握している。そして数郡の領域を掌握したあと、楚王の後裔を立てて楚国の機構を復興した。その詳しい実態は不明だが、楚の官職、封君の任命、楚の爵制、楚の暦法など、いくつかの要素を指摘することができる。これは陳王が目指して失敗した体制であり、こうした楚の体制に沛公が帰属していたのである。これが秦の滅亡よりまえ、楚国を中心とする諸国の情勢であった。項羽の死をめぐるエピソードは、淮陰侯韓信を主体とする配下の部隊が追いつめたことによるが、それは楚の領地を継承する問題ともかかわっていることを指摘した。

このように長江流域の出土資料によって、秦末から漢代初期の地方社会を分析してみると、『史記』『漢書』のエピソードにみえる秦漢史が復元できると考えている。

注

（1）宮崎市定「身振りと文学」（一九六五年）、『史記を語る』（一九七九年）（以上、『宮崎市定全集』五、一九九一年）は、とくに語り物を利用した点を強調している。本書の附篇二「『史記』の編集と漢代伝承」参照。

（2）拙著『中国古代国家と社会システム――長江流域出土資料の研究』序章（汲古書院、二〇〇九年）、同『史記戦国列伝の研究』序章（汲古書院、二〇一一年）、本書の序章「簡牘・帛書の発見と『史記』研究」。

（3）本書の附篇一「『史記』陳渉世家のフィールド調査」で構成を示している。

（4）堀敏一「漢代の七科謫身分とその起源」（一九八二年、『中国古代の身分制』汲古書院、一九八七年）では、『漢書』巻四九鼂錯伝に、秦代では一般の正規兵のほかに謫のある者を徴発して「謫戍」としたという記述によって、これを漢代の七科謫とほぼ同じ内容とする。また閭左は、閭（里門）を入って左側に居住する者と理解している（一九三〜一九四頁）。于振波「従簡牘資料看〝閭左〟的身分」（『簡帛』第一輯、二〇〇六年）は、馬非百『集秦史』人物伝、陳渉・呉広（中華書局、一九八二年）の説に従って、貧農に属するとみなしている。

（5）『史記』秦始皇本紀の論賛に、賈誼の「過秦論」を引いて、

　秦幷兼諸侯山東三十餘郡、繕津關、據險塞、修甲兵而守之。然陳渉以戍卒散亂之衆數百、奮臂大呼、不用弓戟之兵、鉏櫌白梃、望屋而食、横行天下。

とある。賈誼「過秦論」については、佐藤武敏「『史記』に見える過秦論」（『中国古代史研究』第七、一九九七年）などの考察がある。

（6）睡虎地秦墓竹簡整理小組編『睡虎地秦墓竹簡』（文物出版社、一九九〇年）。この規定は、重近啓樹『秦漢税役体系の研究』第四章「徭役の諸形態」（一九九〇年、汲古書院、一九九九年）に考察があり、中央的徭役のほかに、県内の労役（更徭）、臨時の雑役、徒の労役を指摘している。

（7）張家山二四七号漢墓竹簡整理小組『張家山漢墓竹簡〔二四七号墓〕』（文物出版社、二〇〇一年）、同『張家山漢墓竹簡〔二四七号墓〕』釈文修訂本（文物出版社、二〇〇六年）、彭浩・陳偉・工藤元男主編『二年律令與奏讞書』（上海古籍出版社、二〇〇七年）。この案件は、池田雄一編『奏讞書——中国古代の裁判記録』（刀水書房、二〇〇二年）、学習院漢簡研究会「秦漢交替期のはざまで——江陵張家山漢簡『奏讞書』を読む」（『中国出土資料研究』五、二〇〇一年）に訳注と解説がある。

（8）高村武幸「『発《ひら》く』と『発《おく》る』——簡牘の文書送付に関わる語句の理解と関連して」（『古代文化』六〇—四、二〇〇九年）では、里耶秦簡にみえる「署某発」をふくめ、担当部署の某が開封する旨を書き添えるように求める用語（「某が発けと署せ」）として、開封者指定文書と解釈している。

（9）『漢書』地理志に、南郡の夷陵が「都尉治」とあり、秦代治所の参考になる。漢初の張家山漢簡「秩律」では、郡守と郡尉はともに二〇〇〇石の官である。

（10）　連雲港市博物館、東海県博物館、中国社会科学院簡帛研究中心、中国文物研究所編『尹湾漢墓簡牘』（中華書局、一九九七年）の前漢末の木牘五によると、東海郡（江蘇省北部、山東省）では、郯県や司吾県から、北方の漁陽郡の隣にある上谷郡に罰戍を送っている。

（11）　『漢書』地理志に、沛郡の蘄県に「都尉治」とあり、秦代治所の参考になる。

（12）　景山剛「陳渉の乱について」（『福井大学学芸学部紀要』社会科学一〇、一九六一年）、木村正雄『中国古代農民叛乱の研究』第二編第一章「秦末の諸叛乱」（一九七一年、東京大学出版会、一九七九年）などがあり、後者は一般農民とする。また堀敏一『漢の劉邦』（研文出版、二〇〇四年）は、関連論文を注記しており参考となる。

（13）　『史記』陳渉世家で張楚を号し、楚国を復興する経過は、本書の附篇一を参照。

（14）　三老と豪傑については、増淵龍夫「漢代における民間秩序の構造と任侠的習俗」（一九五一年、『新版 中国古代の社会と国家』岩波書店、一九九六年）、守屋美都雄「父老」（一九五五年、『中国古代の家族と国家』東洋史研究会、一九六八年）などの考察があり、東晋次「漢代における家族と郷里」（『名古屋大学東洋史研究報告』四、一九七六年）は両者を区別している。

（15）　馬王堆帛書「五星占」の「張楚」については、劉乃和「帛書所記〝張楚〟国号与西漢法家政治」（『文物』一九七五年五期）、田余慶「説張楚――関于〝亡秦必楚〟問題的探討」（『歴史研究』一九八九年二期、『秦漢魏晋史探微』中華書局、一九九三年）、李開元『漢帝国の成立と劉邦集団』（汲古書院、二〇〇〇年）第三章「秦末漢初の王国」など参照。

（16）　陳偉『包山楚簡初探』（武漢大学出版社、一九九六年）、工藤元男「祭祀儀礼より見た戦国楚の王権と世族」（『歴史学研究』増刊号、二〇〇二年）、同『占いと中国古代の社会』第六章「『卜筮祭禱簡』と貞人・貞卜」（東方書店、二〇一一年）など。

（17）　陳渉と呉広が「扶蘇と項燕」を偽る話は、本書の第三章第二節「始皇帝と諸公子について」で論じている。

（18）　包山楚簡や郭店楚墓竹簡などには、「多」は使われているが「夥」は見えない。これは書写された文書や書籍に対して、楚の方言である「夥」と発音したエピソードは、当時の伝聞による可能性があろう。

（19）　楚の官職については、卜憲群「秦制・楚制与漢制」（『中国史研究』一九九五年一期）、本書の第七章「項羽と劉邦との体制」を参照。

（20）秦漢時代の負担体系は、山田勝芳『秦漢税制収入の研究』（汲古書院、一九九三年）、重近啓樹『秦漢税役体系の研究』（汲古書院、一九九九年）などの考察がある。
（21）呂宗力『漢代的謡言』第五章「政治神話与民間伝説」（浙江大学出版社、二〇一一年）は、高祖本紀のエピソードが、劉邦の開国神話として漢代に存在したことを論じている。
（22）『史記』項羽本紀に「秦始皇帝游會稽、渡浙江、梁與籍倶觀。籍曰、彼可取而代也。梁掩其口曰、毋妄言、族矣。梁以此奇籍」とある。
（23）前掲『張家山漢墓竹簡』の『奏讞書』案件一七、学習院大学漢簡研究会「秦代盗牛・逃亡事件――江陵張家山漢簡『奏讞書』を読む」（『学習院史学』三八、二〇〇〇年）。
（24）更卒などの徭役については、浜口重国氏の研究はじめとする多くの説があり、山田前掲『秦漢財政収入の研究』第四章「徭役、兵役」や、重近前掲『秦漢税役体系の研究』第四章「徭役の諸形態」、渡辺信一郎「漢代国家の社会的労働編成」（二〇〇一年、『中国古代の財政と国家』汲古書院、二〇一〇年）に諸説を整理した考察がある。
（25）湖南省文物考古研究所編著『里耶発掘報告』（岳麓書社、二〇〇七年）、同研究所編『里耶秦簡〔壹〕』（文物出版社、二〇一二年）、陳偉主編、何有祖・魯家亮・凡国棟撰著『里耶秦簡牘校釈（第一巻）』（武漢大学出版社、二〇一二年）、本書の第四章「『史記』と里耶秦簡」。
（26）践更と居更、過更については、渡辺信一郎「漢代更卒制度の再検討」（一九九二年、前掲『中国古代の財政と国家』）、同前掲「漢代国家の社会的労働編成」、鷲尾祐子「漢代における更卒と正」（二〇〇五年、『中国古代の専制国家と民間社会』立命館東洋史学会叢書、二〇〇九年）の考察がある。渡辺前掲『中国古代の財政と国家』第二章補論では、里耶秦簡の⑯5、⑯6から、県が六種類の労役負担者について徴発の責任をもち、郡守が徴発権をもつとする。
（27）陳松長「秦漢時期的繇与繇使」（『資料学の方法を探る』一三、二〇一四年）では、『説文解字』に「繇、隨從也」「役、戍也」とあり、張家山漢簡『二年律令』にみえる「繇」に「委輸」「伝送」の差異や、「繇使」にあたる「繇」を説明している。
（28）前掲『尹湾漢墓簡牘』（中華書局、一九九七年）。張顕成・周羣麗『尹湾漢墓簡牘校理』（天津古籍出版社、二〇一一年）は、

「東海郡下轄長吏不在署・未到官者名籍」とする。高村武幸「漢代地方官吏の社会と生活」（二〇〇〇年、『漢代地方官吏と地域社会』汲古書院、二〇〇八年）、佐竹靖彦『劉邦』（中央公論新社、二〇〇五年）では、『史記』蕭相国世家に「高祖爲布衣時、何數以吏事護高祖。高祖爲亭長、常左右之。高祖以吏繇咸陽、吏皆送奉錢三、何獨以五」とある記事に対して、尹湾漢墓簡牘の「贈銭名籍」から、当時の社会背景を指摘している。

(29) 始皇陵秦俑坑考古発掘隊「秦始皇陵西側趙背戸村秦刑徒墓」（『文物』一九八二年三期）では、瓦文一四件に県名（東武、平陽、平陰、博昌、蘭陵、鄒、贛榆、楊民）と郷里の名がある。袁仲一主編『秦始皇帝陵兵馬俑辞典』（文滙出版社、一九九四年）では、三晋・斉・楚の東方各地から刑徒を集めたと説明している。

(30) 劉邦の叛乱は、西嶋定生「中国古代帝国成立の一考察」（一九四九年、『中国古代国家と東アジア世界』東京大学出版会、一九八三年）や、それを批判した増淵前掲「漢代における民間秩序の構造と任侠的習俗」、守屋美都雄「漢の高祖集団の性格について」（一九五二年、前掲『中国古代の家族と国家』）などに考察がある。

(31) 西嶋定生氏は、当初、「舎人」などを非血縁者で隷属的な身分とみなしたが、のちに秦漢帝国が豪族的集団を基礎とするものではなく、国家と農民を基本的な関係とする説に転換された。張家山漢簡『奏讞書』の案件一六には、県レベルの役人のもとに複数の舎人がおり、これらの人びとは一定の役割をもつことがみえている。直井晶子「前漢初期の県令と門下・舎人」（『史滴』二一、一九九九年）参照。

(32) 『史記』高祖本紀に、

東陽甯君・沛公引兵西、與戰蕭西、不利。還收兵聚留、引兵攻碭、三日乃取碭。因收碭兵、得五六千人。攻下邑、拔之。還軍豐。聞項梁在薛、從騎百餘往見之。項梁益沛公卒五千人、五大夫將十人。沛公還、引兵攻豐。

(33) 西嶋前掲「中国古代帝国成立の一考察」は、第一期を亭長として亡命し沛公となるまで、第二期を項梁との合体の時期、第三期を漢王として統一するまでとする。李開元前掲『漢帝国の成立と劉邦集団』第四章では、一の群盜集団期、二の楚国郡県期、三の漢王国期に分けている。

(34) 睡虎地秦簡『編年記』にみえる始皇帝の巡行は、本書の第三章第一節「始皇帝と秦帝国の興亡」参照。

(35) 劉信芳、梁柱『雲夢龍崗秦簡』（科学出版社、一九九七年）、中国文物研究所、湖北省文物考古研究所編『龍崗秦簡』（中華書局、二〇〇一年）に、雲夢の禁苑などの規定がある。馬彪『秦帝国の領土経営――雲夢龍崗秦簡と始皇帝の禁苑』（京都大学学術出版会、二〇一三年）参照。

(36) 鶴間和幸「秦帝国による道路網の統一と交通法」（一九九二年）、「秦帝国の形成と東方世界」（一九九三年）（以上、『秦帝国の形成と地域』汲古書院、二〇一三年）。

(37) 拙稿「戦国・秦代の軍事編成」（一九八七年、『中国古代国家と郡県社会』汲古書院、二〇〇五年）。

(38) 馬承源主編『上海博物館蔵戦国楚竹書（二）』（上海古籍出版社、二〇〇二年）、陳偉「禹之九州与武王伐商的路線」（『報告集Ⅱ二〇〇三年度』早稲田大学二一世紀ＣＯＥプログラム：アジア地域文化エンハンシング研究センター、二〇〇四年）。ただし『呂氏春秋』有始覧では、揚州を越の地とし、九山に会稽山を入れている。

(39) 本書の第二章「司馬遷の旅行と取材」、拙著『司馬遷の旅』（中央公論新社、二〇〇三年）。

(40) 私と李開元氏は、二〇〇六年八月に河南省滎陽で『史記』研究会が開催されたとき、漢覇二王城や、洛陽と崇山、鄭州、開封、新鄭の古城と史跡を調査した。また二〇〇七年八月から九月には、江蘇淮安市、宿遷、下相、古邳、徐州市、豊県、沛県、安徽省霊璧県、固鎮県の『史記』史跡を調査した。拙稿「『史記』と秦漢社会史の調査研究」（山陽放送学術文化財団『リポート』五二、二〇〇八年）参照。垓下古城の報告は、『光明日報』（二〇〇七年八月二三日付）、『中国文物報』（二〇一〇年二月五日付）「安徽固鎮県垓下発現大汶口文化晩期城址」「垓下史前城址考古発掘成果専家談」による。

(41) 漢代諸表は、伊藤徳男『史記十表に見る司馬遷の歴史観』（平川出版社、一九九四年）に考証がある。拙稿「書評：伊藤徳男著『史記十表に見る司馬遷の歴史観』」（『古代文化』四七―一〇、一九九五年）で特徴を紹介している。

(42) 封爵の誓は、工藤元男「戦国の会盟と符」（『東洋史研究』五三―一、一九九四年）、李開元「秦末漢初の盟誓」（一九九八年、前掲『漢帝国の成立と劉邦集団』）に考察があり、自序にいう「石室金匱の書」に属する資料であろう。

(43) 封邑が所属する郡は、『漢書』地理志による。

(44) 『史記』樊噲滕灌列伝には、兵卒五人と共に項羽を斬り、みな列侯の爵を賜ったという。当初、灌嬰は二千五百戸を封ぜられ、黥布の謀反のあと五千戸とされている。

　項籍敗垓下去也、嬰以御史大夫受詔將車騎別追項籍至東城、破之。所將卒五人共斬項籍、皆賜爵列侯。降左右司馬各一人、卒萬二千人、盡得其軍將吏。下東城・歴陽。渡江、破吳郡長吳下、得吳守、遂定吳・豫章・會稽郡。還定淮北、凡五十二縣。漢王立爲皇帝、賜益嬰邑三千戶。其秋、以車騎將軍從擊破燕王臧荼。明年、從至陳、取楚王信。還、剖符、世世勿絶、食潁陰二千五百戶、號曰潁陰侯。……黥布反、以車騎將軍先出、攻布別將於相、破之、斬亞將樓煩將三人。又進擊破布上柱國軍及大司馬軍。又進破布別將肥誅。嬰身生得左司馬一人、所將卒斬其小將十人、追北至淮上。益食二千五百戶。布已破、高帝歸、定令嬰食潁陰五千戶、除前所食邑。

(45)『漢書』高帝紀下の原文は「三十餘人」とあるが、中華書局本は、功臣表や王先謙の考証によって「二二」としている。

(46)李開元「論『史記』叙事中的口述伝承——司馬遷与樊他広和楊敞」(『周秦漢唐文化研究』四輯、三秦出版社、二〇〇六年)は、楊喜の子孫を楊敞とみなし、司馬遷が楊氏から聞いた話と推測している。

第六章　『史記』項羽本紀と秦楚之際月表

――楚と漢の歴史観――

はじめに

『史記』では、秦始皇本紀のあと項羽と高祖（劉邦）の本紀へとつづいている。巻七項羽本紀は、巻八高祖本紀と並んで人物が生き生きと描かれており、とりわけ楚と漢の戦いと、「鴻門の会」「垓下の戦い」などの文学的記述は有名である。しかしこれを当時の歴史史料としてみれば、いくつかの問題がある。

たとえば項羽本紀の描写は、漢代の陸賈『楚漢春秋』にもとづく記述といわれ、あるいは説話や語り物などを利用した一篇で、きわめて文学的な作品という指摘がある。(1) また司馬遷は、なぜ歴代王朝や漢代皇帝と並んで項羽を本紀にしたのかという問題がある。つまり項羽本紀は、秦本紀や呂后本紀とあわせて正統な本紀ではなく、世家や列伝にすべきという意見があり、実際に『漢書』では陳勝とあわせて項籍伝としている。(2) したがって『史記』項羽本紀を歴史史料として、秦末から楚漢戦争の情勢を考察するには、慎重な取り扱いが必要である。

ところが楚と漢の戦いは、このほか『史記』巻一六秦楚之際月表（以下、月表とも略す）に示され、ここには項羽本紀、高祖本紀とは少しちがった歴史評価がある。こうした史料の相違は、どのような素材にもとづくかという編集とあわせて、再検討する課題となろう。

本章では、とくに楚と漢の際における紀年に着目して、『史記』項羽本紀と秦楚之際月表の史料的性格を考察してみたいとおもう。その論点は、まず項羽本紀の構成を検討し、その紀年と高祖本紀、月表との相違を比較してみる。つぎに戦国、秦漢時代の出土資料を参考として、両本紀と月表にみえる紀年の位置づけを考える。そして項羽本紀を一篇の本紀とする司馬遷の歴史観を考察し、あわせて秦末から漢代初期における歴史像の復元を試みたい。

一　『史記』項羽本紀の構成

表1は、『史記』項羽本紀の構成を示したものである。ここでは、とくに全体を紀年と記事資料、説話的な記述に区別している。また項羽本紀の構文は、『史記』高祖本紀や『漢書』高帝紀、項籍伝と重複する部分があるが、ここでは『史記』の記述を示している(3)。この構成によれば、つぎのような特徴がある。

まず項羽本紀は、その形式と表記、内容から五つに区分することができる。すなわちⅠは、冒頭の姓名、項氏の系譜につづいて、項羽の人柄や、秦末の陳渉・項梁などの蜂起を述べる部分である。ここでは「項籍」と表記している。そして沛公となった劉邦が、項梁の軍に合流している。

Ⅱでは、項梁が楚王室の子孫を捜し出して懐王とし、楚国を復興することから始まる。ここでは「沛公・項羽」という表記になっている。それは項梁の死後、しだいに項羽が地位を上げてゆくまで変わらない。ところがⅢに、著名な「鴻門の会」から以降は、「項王」と表記している。これは秦が滅亡したあと、項羽が西楚覇王となってからの表記であり、厳密にいえばまだ項王ではない。しかしこの段階で、すでに「項王・沛公」となっており、これは後の位置づけによる。Ⅳの部分は、項羽が楚義帝を立てて西楚覇王となった以降の記述であるが、ここでは「項王」の表記

表１　『史記』項羽本紀の構成

Ⅰ	項籍者、下相人、字羽。初起時年二十四。其季父項梁。	
	梁父……項燕爲秦將王翦所戮者也。（項氏の略歴）	→《楚漢》
	【兵法、秦始皇帝を観る項籍の人柄に関するエピソード】	
	秦二世元年七月、陳渉等起大澤中。其九月。	
	【項梁・項籍の蜂起。……於是梁爲會稽守、籍爲裨將、徇下縣。】	→《楚漢》
	【陳王の敗走。項梁が下邳に軍す。楚王の死。項梁が薛に入る。】	→《楚漢》
	項梁聞陳王定死、召諸別將會薛計事。此時沛公亦起沛往焉。	
Ⅱ	（楚の建国、Ａ范増の言）……與懷王都盱台。項梁自號武信君。	
	居数月【沛公・項羽の進軍。項梁の死。…項羽軍彭城西、沛公軍碭。】	
	【楚懐王が彭城に徙る。沛公が武安君。…項羽が上将軍となる。】	
	【秦将章邯を雍王、長史欣を上将軍とする。楚軍が秦卒を殺す。】	→《楚漢》
	【項羽が函谷関に入れず、沛公が咸陽を破る。Ｂ范増の進言。】	→《楚漢》
Ⅲ	鴻門の会のエピソード。……奪項王天下者、必沛公也。……	→《楚漢》
	【①居数日。項王が咸陽に入り、関中を捨てる不徳。】	→《楚漢》
Ⅳ	義帝を立てる……項王自立爲西楚覇王、王九郡、都彭城。	
	漢之元年四月、諸侯罷戲下、各就國。	
	【②義帝の放逐。漢王が関中を定める。諸王の離反。】	
	漢之二年冬。…（斉の反乱）…春。漢王…凡五十六萬人、東伐楚。	
	【四月、漢皆已入彭城。彭城の戦い。…呂后が楚軍の人質となる。】	
	【呂氏の活躍。漢軍の敗走。漢が滎陽に軍し敖倉の粟を取る。】	
	漢之三年、項王數侵奪漢甬道、漢王食乏、恐請和、割滎陽以西爲漢。	
	【項王、Ｃ范増を疑う不徳。】	
Ⅴ	漢之四年、項王進兵圍成皋。……諸將稍稍得出成皋、從漢王。……	
	【楚・漢の戦い。……漢王傷、走入成皋。……】	
	【彭越の反乱。】	
	【楚・漢の会盟。鴻溝で東西分割。……Ｄ陳平の進言。】	→《楚漢》
	漢五年、漢王乃追項王至陽夏南……而撃楚軍。……	
	「四面楚歌」「垓下の戦い」のエピソード	→《楚漢》
	【項王が烏江を渡り、自殺するまでの経過。】	
	【漢王が、項王を魯公として穀城に埋葬する。】	
	諸項氏枝屬、漢王皆不誅。乃封項伯爲射陽侯。……皆項氏、賜姓劉氏。	

は同じく、沛公が「漢王」となる点が変化している。したがって項羽だけに注目すれば、項籍—項羽—項王という変化が認められる。(4) そしてⅤは、漢覇二王城の和議のあと、項羽の敗北につづく叙述である。

以上のような区分にもとづいて項羽本紀をみると、それは簡単な紀年と記事資料で、ほぼ全体が構成されている。たとえばⅠでは、秦二世元年七月の陳渉蜂起の前後に、項梁と項籍の叛乱の経過を記している。またⅡ、Ⅲの部分では、直接に紀年を記していないが、楚の建国や、彭城への遷都、秦の滅亡のように、年代のわかる記事がふくまれている。Ⅳ、Ⅴの部分では、漢王の紀年を基準として、項王の死と埋葬までの記述がある。そこで問題となるのは、この紀年と記事資料の来源であるが、先に記事資料から考えてみよう。

後漢時代の班固は、『漢書』巻六二司馬遷伝の論賛で、司馬遷は『史記』の叙述に『楚漢春秋』を利用したと指摘している。(5) これは劉邦にしたがった陸賈が著した書物で、前漢末の図書目録である『漢書』芸文志にもその存在を記しているが、今日では逸文が残されているにすぎない。(6)『漢書』高帝紀と項籍伝では、その叙述に『史記』とほぼ同じ構文を利用しており、班固は両者を比較することが可能であったとおもわれる。したがって班固の言は、まったくの虚構とはおもえず、項羽本紀に『楚漢春秋』との関連を認めざるをえないであろう。それではどの部分が、『楚漢春秋』に依拠した記述であろうか。これについては『史記』の三家注が参考となる。

表1の右側に《楚漢》と表示した部分は、南朝宋の集解、唐代の索隠と正義などの注釈に、『楚漢春秋』との字句の相違を記した部分である。(7) この歴代の注釈家がみた『楚漢春秋』は、司馬遷の素材と異なる版本かもしれないが、少なくとも『史記』項羽本紀の該当部分が『楚漢春秋』伝本と共通する内容をふくむことがわかる。(8) そこで《楚漢》と比較している部分は、その一部に先行する資料があったと想定される。こうした想定をふまえて、注釈に引用する部分は、『楚漢春秋』に関連するとみなせば、項羽本紀の構成はつぎのように説明できよう。

Ⅰの《楚漢》と比較される部分では、一に、項羽の祖父・項燕が秦将の王翦に殺されたこと、二に、項梁が会稽仮守を殺して挙兵する際のこと、三に、東陽令史の陳嬰が自ら王とならず項梁に帰属する際の記事の三ヶ所である。これをみれば、《楚漢》の記述は、項氏の系譜をのぞいて秦末の叛乱から始まり、項梁の動向を描いていることになる。この部分で注意されるのは、この間に、①項羽が読書・剣法よりも兵法を好んだことや、②秦始皇帝を観たときの不遜な態度、③仇を避けて呉に行き人望を得たという、人柄を示す著名な説話をふくむことである。これらの記事には《楚漢》と比較できる注釈がなく、むしろ高祖本紀に、①亭長となって人を凌いだこと、②秦始皇帝を観る態度、③仇を避けて沛に居住した呂公に認められたエピソードのように、人柄を示す説話と対比できる。(9)したがって冒頭の構文では、秦末の叛乱から始まる『楚漢春秋』のような部分と、項羽と劉邦を対照した説話、記事資料を利用しているとおもわれる。

Ⅱでは、楚国の復興が大きな転機である。ここには直接に《楚漢》の注釈がなく、記述の形式からみれば、Ⅰの《楚漢》に比較される部分とほぼ似た内容となっている。そこでとくに特定できないが、ここでは一部に先行する記事資料を利用した可能性がある。Ⅲは鴻門の会に始まり、秦都の咸陽周辺での動向が描かれている。この部分は、とくに対話形式の文学的描写となっており、それを集解引く臣瓚注では《楚漢》と対比している。またつづいて項羽が秦の子嬰を殺し、咸陽を焼き払って、関中を拠点としない不徳を示す記事も、同じく集解で《楚漢》と対比させている。したがってこの部分は、一部に『楚漢春秋』を利用した可能性がある。しかし本書の第二章附篇二で論じたように、「鴻門の会」の叙述は漢代の口承をふくんでいる。

Ⅳでは、項羽が西楚覇王となって、十八諸侯を任命したことから始まり、このとき劉邦は漢王となっている。ここで諸侯を封ずる理由を記しているが、姓名と都城などの記載は、これまでとは異なり記録的な形式となっている。(10)Ⅴ

の部分では、楚と漢が鴻溝で会盟し、呂后など人質を返還する記事まで、直接に《楚漢》と対比させる記事はない。その間は大体において、これまでの記事とほぼ同じく、会話と事件の経過を記した形式の資料である。ところが垓下の戦いで「四面楚歌」の場面になると、ふたたび《楚漢》を注記している。ただしこれ以降の事件は、《楚漢》と対比されておらず、これまでと同形式の記事である。したがってここでも『楚漢春秋』と、他の記事資料の利用が想定されよう。

以上のように、項羽本紀の構成をみると、きわめてわずかな紀年の間に、『楚漢春秋』の一部と、説話、記事資料をふくむ素材と、十八諸侯を任命する記録から成ると推測できる。そのとき使用されている紀年は、項羽が西楚覇王となる以前は秦紀年、それ以後は漢紀年で表記している。それではこの紀年は、どのような資料によるのだろうか。これについて『史記』高祖本紀の紀年と比較してみよう。

表2は、高祖本紀の構成を示したものである。それは冒頭の経歴や、劉邦の人柄と皇帝になることを暗示する説話、秦末から漢王朝の成立まで、さまざまな記事資料をふくむ複雑な構成となっている。この構成は、基本的に秦紀年、漢紀年、説話、記録、記事資料、漢代の伝えなどを組み合わせている点で、『史記』秦本紀や秦始皇本紀、戦国世家の構成と同じ編集方法といえよう。このなかで紀年資料に注目すれば、つぎのような特徴が見出せる。

まず沛公の時代では、秦二世元年秋、二世二年、二世三年の記事がある。これは秦紀年の表記という点では、項羽本紀と同じである。ただし高祖本紀では、項羽本紀より記載がやや多くなっている。その内容は、二世元年の蜂起については、項羽本紀のほうが「七月……其九月」と正確であり、高祖本紀のほうが概略である。また二世二年の燕と趙、斉、魏王の自立と、項氏の蜂起は、正確には元年末のことであり、ここでは次年に接続させて概略としていることがわかる。さらに二世三年に楚懐王が彭城に移る記事は、正しくは後述のように二年九月のことである。したがっ

表２　『史記』高祖本紀の構成

Ⅰ　高祖、沛豊邑中陽裏人、姓劉氏、字季。【出生の説話】
【劉邦の人柄、亭長になったときの説話。咸陽に「傜」となるエピソード】
【呂公が娘を劉邦に娶す説話】呂公女乃呂后也、生孝惠帝・魯元公主。
【亭長のときの話。将来、高貴な身分になる説話。】
【高祖以亭長爲縣送徒酈山、徒多道亡。……白帝の子を切る説話。天子の気。】
Ⅱ　秦二世元年秋、陳勝等起蘄、至陳而王、號爲張楚。……

沛県で蜂起し、県の官吏と父老に推されて沛公となる。

秦二世二年、陳渉之將周章軍西至戲而還。……燕趙齊魏皆自立爲王。項氏起吳。
……（項梁）聞陳王定死、因立楚後懷王孫心爲楚王、治盱台。……項梁の死。
秦二世三年、楚懷王……徙盱台都彭城。……以沛公爲碭郡長、封爲武安侯。……
……與諸將約、先入定關中者王之。……楚懐王の軍と秦軍の戦い。
Ⅲ　漢元年十月、沛公兵遂先諸侯至霸上。

秦王子嬰が沛公に降る。……沛公が法三章を約す記事。

或說沛公曰、……十一月中……。十二月中、遂至戲……【鴻門の会】秦の滅亡

正月、項王が西楚覇王となり、沛公が漢王となる。十八王の分封

四月、兵罷戲下、諸侯各就國。……八月、漢王用韓信之計、從故道還……。
二年、漢王東略地、塞王欣・翟王翳・河南王申陽皆降。……正月……
Ⅳ　二月、令除秦社稷、更立漢社稷。三月……【彭城の戦い】……六月、立爲太子。
三年……。其明年、立張耳爲趙王。……滎陽から脱出……
四年。項羽……。【項羽の罪状十。漢覇二王城の和議】漢軍の追撃
Ⅴ　五年、高祖與諸侯兵共擊楚軍、與項羽決勝垓下。……項羽の敗北……
正月、諸侯の推戴で漢王が皇帝となる。……甲午、乃卽皇帝位汜水之陽。……
五月……【淮陰侯韓信と天下を取った理由を語る】六月……
十月、燕王臧荼反……。其秋、利幾反……。
六年……【十二月、韓信を捕縛】後十餘日、封韓信爲淮陰侯、分其地爲二國。
七年、匈奴攻韓王信馬邑、信因與謀反太原。……二月……長安に至る。
八年、高祖東擊韓王信余反寇於東垣。……九年……
十年十月……諸侯王の来朝。春夏無事。七月……八月、趙相國陳豨反代地。
十一年……春、淮陰侯韓信謀反關中、夷三族。夏、梁王彭越謀反……。
秋七月、淮南王黥布反……。十二年十月……
【高祖が沛に立ち寄り、酒宴をする。大風の歌。沛の父兄と別れる。】
十一月、高祖自布軍至長安。十二月、始皇帝や陳渉などの祭祀を命ず。
【高祖の病、呂后に宰相の順を話す】
四月甲辰、高祖崩長樂宮。……丙寅、葬。……郡国に高祖廟を立てる。
高帝の廟と、子の記載。

て一見すると、高祖本紀に紀年が多いようであるが、これはあとから概略を記したものとおもわれ、正確な紀年資料による叙述とはみなせない。

つぎに漢王となって以降では、項羽本紀と同じように漢紀年により、高祖本紀のほうが年月数が多くなっている。このとき項羽の漢紀年はほぼ月表の内容と等しく、高祖本紀のほうは少し記事が追加されている(11)。したがって楚と漢の戦いでは、両者の対立は漢紀年で表され、また高祖本紀の年月数のほうが多いことから、漢王が主体であり項羽はそれにつぐ評価をしているような印象をあたえる。これは両本紀を比較した場合の特徴である。

このように『史記』項羽本紀の構造をみると、それは簡単な秦と漢の紀年と、説話、『楚漢春秋』をふくむ記事、他の記事資料、漢代の口承で編集していると推測される。このように先行資料を配列して編集する手法は、『史記』秦本紀や戦国世家の編集過程とほぼ等しい(12)。ところが『史記』高祖本紀との比較では、秦紀年は項羽のほうが正確であるのに対して、秦の滅亡後では両本紀とも漢紀年を基準としており、一見すると高祖本紀のほうが主体で項羽本紀は従属する篇のようにみえる。また両本紀は、その内容においてもほとんど同時代を扱っている。この意味において、たしかに項羽本紀は高祖本紀と年代が重複し、その事績を高祖に代表させるべきという主張も成り立つであろう。しかし視点をかえて、これを『史記』秦楚之際月表と比較すると、そこには別の評価がみえてくるのである。

二　『史記』秦楚之際月表の構成

『史記』項羽・高祖本紀は、ほぼ年代的に重複していたが、それは十表でも同じような現象がある。すなわち十表では、十二諸侯年表、六国年表につづいて秦楚之際月表があり、そのあと漢興以来諸侯王年表、将相名臣年表など漢代の諸表がある。このうち六国年表は「秦二世三年（前二〇七）」で終り、漢代諸表は「高祖元年（前二〇六）」から始まっている。その間に秦楚之際月表があり、その年代は秦二世元年〜漢五年までである。そのため月表は、前後の諸表と重複することになる。この月表の構成を分析し、項羽本紀とのかかわりにおいて、その特色を考えてみよう。

まず従来まで、秦楚之際月表はどのように評価されているのだろうか。これについては秦末から短期間に戦乱があり、また漢代に近いことから、年表より詳細な月表が作成されたという見解がある(13)。これは実情として役に立つ月表となる。しかしこれは形式の問題であり、その性格にふれたものではない。そこでつぎに、この月表作成はどのような意図をもつかということが重要であるが、それにはいくつかの説がある。

その一は、漢を主体とする説である。たとえば清・汪越「読史記十表」は、月表が漢を主とするもので正統を明らかにしたと述べている(14)。また伊藤徳男氏は、『史記』十表のなかで月表の原理を考察し、以下のような意義を指摘している(15)。まず六国年表と漢名臣年表は、歴史的事項が記された「歴史年表」であり、これに対する月表は、ほとんど戦争とそれにかかわる人事を記した「軍事月表」であるという。また月表の構成は、ほぼ自立の順に配列されているが、秦・楚・項・漢は特別に位置づけられているとする。そのとき秦を主とした年月は「二世三年九月」までで、翌年は「四年」の字がなく「十月」のみとし、かわって「漢元年」と漢が秦を継ぐ構成になっている。したがってここに秦と漢の連続性を見出している。そして月表では、「王と為る」記事が詳細であることから、司馬遷はこの時代を封建制度の復活として評価したのではないかと推測している。

その二は、楚を重視するという説である。たとえば清・呉非は「意は楚を重んずる」とし、田余慶氏は呉非の説を受けて、楚は漢初まで重んじられたことを論証している(16)。ただし月表は、張楚ではなく義帝を楚の代表とみなし、本紀は陳渉ではなく項羽を楚の代表とすることから、司馬遷の認識は混乱しているという。そしてまたこれは『漢書』

が項羽を列伝として低くみることや、『漢書』諸侯王表が漢紀年を記し「楚懐王」を記さないことに相違すると指摘している。

このように月表の評価をめぐっては、これまで漢を主とする説と、楚を重視するという説が出されている。それでは月表の性格は、どのように解釈したらよいのであろうか。表3は、月表の秦末部分の配列・年月・記事の概略を示したものである。ここには以下の点が確認できる。

まず秦は、二世元年七月から二年十月、三年十月とつづき、たしかに秦暦の紀年で表記されている。ところが他の諸王は、すでに銭大昕『二十二史考異』で指摘するように(17)、趙は二五月（二十五ヶ月目）、斉は一八月、燕は二九月、魏は一七月、韓は二〇月とあり、これは紀年ではなく月数を示すにすぎない。この形式は「項」（項梁・項羽）の項目も同じで、項梁が蜂起してから一三月、項羽が魯公に封ぜられてから一六月と表記している。漢（沛公）もまた、蜂起から二九月と示されている。ただし「項」と漢の両者は、当初は王となっていない点で他の諸国とは異なり、特別に位置づけられていることが注意される。したがってここでは秦が紀年をもち、他の諸国・項羽・沛公は独自の暦法による紀年をもたないといえよう。

ところが月表では、秦のほかにも紀年をもつ国がある。それは楚であり、陳渉・楚王景駒のときは短期間で判別しにくいが、楚懐王期では秦六月を楚一月とし、翌年の秦五月を楚二年一月として、明らかに楚暦による紀年をもっている。この点から月表では、秦と楚の二国だけが独自の紀年をもつ国であり、ここに「秦楚之際月表」と称される一因がある。

つぎに月表の内容を検討してみよう。ここでは秦は紀年で表記されているが、その記事は楚兵の進軍を示す一条と、ほかに趙高が二世を殺し子嬰が立つ二条がみえるだけで、基本的に年表の主体ではないことがわかる。これはちょうど六国年表において、周を基準とする位置づけによく似ている。(18)そこでつぎに紀年をもつ楚に着目すると、ここにはやや豊富な記事がみられる。それは陳渉が亡くなるまでの動向や、楚王景駒・楚懐王の都城と官職にかかわる記述などである。ところが楚懐王の即位後は、記事はしだいに簡略となり、むしろそれと前後して「項」の項目に豊富な記述が現れるようになっている。「項」の内容は、蜂起にさかのぼる武信君の記載をのぞいて、楚王景駒から記事が始まり、懐王期にいたってほぼ毎年の記事がある。そこで月表では、紀年をもたない項梁・項羽にもっとも記載が多いことになる。この点は、つぎのように説明できよう。

それは「項」の記載は、項梁・項羽に関する独自の内容ではなく、「楚」に付随する事項で満たされているということである。たとえば楚懐王期では、項梁が楚懐王の孫を立てて楚王としたことから、項羽を魯に封じたことなど、これ以降は楚王のもとでの事件となっている。したがって「項」の内容は、項梁・項羽の事績であると同時に、「楚」の記載ということになる。ここから懐王期の事件は、楚の紀年資料を分散した記載とみなせるであろう。このように考えれば、本来は王者の紀年に現れる「天大雨、三月不見星」という天の事象が、項梁の時期に記載されていることが理解できる。(19)

また諸国表では、その記載は不連続でわずかであるが、そのなかにも＊印で示したように楚あるいは項氏と関連する記述がふくまれている。さらに各国は、王即位のほかに独自の記載がきわめて少なく、それも漢の情報から復元できる記事ではない。一方、漢では漢紀年にもとづく記載が可能とおもわれるが、月表では＊印のように楚の関連記事が多い。したがって月表の前半は、その内容からみれば楚記事がもっとも多く、その他の欄においても、楚の記載を分散したとおもわれる記述が大半であるといえよう。

以上、月表の秦末部分では、秦と楚が紀年の基準となっているが、その内容は楚が中心になっていると推測できる。

表3　『史記』秦楚之際月表の構成

秦	楚	項	趙	斉	漢	燕	魏	韓
二世元年	楚隠王							
7月	陳渉起兵入秦。							
8月	2葛嬰爲渉徇九江、立襄彊爲楚王。		趙王始					
9月	3周文兵至戲敗。而葛嬰聞渉王卽殺彊。	項梁號武信君。	2	齊王始	沛公初起。	燕王始	魏王始	
2年10月	4誅葛嬰。	2	3	2自王	2……	2	2	
11月	5周文死。	3	4張耳	3	3……	3	3周市	
12月	6陳渉死。	4		4	4……	4	4咎立	
端月	楚王景駒始。秦嘉立之。	5渉將召平矯拜項梁爲楚柱國、急西擊秦。	趙王始	5*	5*景駒王	5	5圍咎	
2月	2嘉爲上將軍。	6梁渡江、陳嬰・黥布皆屬。	2	6*	6……	6	6	
3月	3	7	3	7	7*項梁	7	7	
4月	4	8梁擊殺景駒・秦嘉、遂入薛。兵十四萬衆。	4	8	8*項梁	8	8*	
5月		9	5	9	9	9	9	
6月	楚懷王始。都盱台。故懷王孫、梁立之。	10梁求楚懷王孫、得之民間、立爲楚王。	6	10章邯	10*楚懷王	10	10降秦	韓王始
7月	2陳嬰爲柱國。	11天大雨、三月不見星。	7	齊王	11*項羽	11	咎弟豹	2
8月	3	12救東阿、破秦軍、乘勝至定陶。項梁有驕色。	8	齊王始	12*項羽	12		3
9月	4徙都彭城。	13章邯破殺項梁於定陶。項羽恐、還軍彭城。	9	2*	13*懷王	13	魏王始	4
後9月	5拜宋義爲上將軍。	懷王封項羽於魯、爲次將、屬宋義、	10陳餘	3	14*懷王	14	2	5

	3年10月	11月	12月	端月	2月	3月	4月	5月	6月	7月	8月	9月	10月	11月	12月	
	6	7拜籍上將軍。	8	9	10	11	12	2年1月	2	3	4	5	6	7	8分楚爲四。	9義帝元年。諸侯尊懷王爲義帝。
北救趙。	2	3羽矯殺宋義、將其兵渡河救鉅鹿。	4大破秦軍鉅鹿下、諸侯將皆屬項羽。	5虜秦將王離。	6攻破章邯、章邯軍卻。	7	8楚急攻章邯。章邯恐、使長吏欣歸秦請兵、趙高讓之。	9趙高欲誅欣。欣恐亡走告章邯、謀叛秦。	10章邯與楚約降、未定、項羽許而擊之。	11項羽與章邯期殷虛、章邯等已降、與盟、以邯爲雍王。	12以秦降都尉翳・長史欣爲上將、將秦降軍。	13	14項羽將諸侯兵四十餘萬、行略地、西至於河南。	15羽詐阬殺秦降卒二十萬人於新安。	16至關中、誅秦王子嬰、屠燒咸陽。分天下、立諸侯。	17項籍自立爲西楚覇王。
	11章邯	12	13＊	14張耳	15	16	17	18	19	20	21趙王	22	23＊	24	25分趙	26常山
	4＊	5	6＊	7	8	9	10	11	12	13	14	15	16	17	18分齊	19臨淄
	15……	16	17……	18	19……	20……	21……	22	23……	24……	25……	26……	27漢元年…	28…三章	29＊	正月、分關中爲漢。
	15救趙	16	17	18	19	20	21	22	23	24	25	26	27	28	29分燕	30燕
	3	4	5救趙	6	7	8	9	10	11	12	13	14	15＊	16	17分魏	18西魏
	6	7	8	9	10	11	12	13	14	15＊	16	17	18	19	20分韓	21韓

＊は楚・項梁・項羽に関連する記事。……は、その他の記事を示す。

また項羽本紀・高祖本紀の紀年と比べれば、項羽本紀は簡略であるが月表と等しく、高祖本紀にやや錯誤がみられることは、すでにみた通りである。したがって月表の秦末までの構成には、漢を主体とする視点は見出せない。それでは秦を漢が継承するという点は、どうであろうか。つぎに秦滅亡後の紀年を再検討してみよう。

表4は、月表から秦が滅亡する前後の秦・楚・項・漢の年月を比較したものである。これによると、たしかに秦滅亡の十二月のあとは、漢元年正月に接続し、漢にはすべて月を記している。しかしよくみると、漢元年の歳首となる十月は、なお沛公が蜂起してから二七月（二十七ヶ月目）とあり、ここには紀年の改正を表示していない。したがって「漢元年」十月から十二月の記載は、本来は当時に用いられた表記ではなく、秦帝国が滅亡したあと、漢王元年正月からさかのぼって記されたことを示している。

つぎに楚をみると、義帝元年は漢元年正月と同じであるが、月名を記していない。また懐王と義帝は同一人物でありながら、月名の表記は不連続である。これは少なくとも、帝になったことによって秦と同じ月名に改暦したとおもわれる。つまり前漢武帝が太初暦に改暦した際に、月名をずらしたが、同一皇帝であることとちょうど同じ現象である。そして項羽の段では、西楚覇王となるまでは項羽が封ぜられた月数を記すのに対して、翌月は一月となり、翌年からは二年一月、三年一月と表記している。つまり秦が滅亡した後、月名を表記しているのは漢だけではなく、義帝とともに項羽もまた紀年をもつ月名で表記されている。したがって月表の年月は、たしかに秦と漢に記され、漢が秦を継承したようにみえるが、実際には楚・項羽もまた紀年をもっていたことがわかるのである。

それでは漢・項羽の紀年は、どのような性格であろうか。まず漢が秦紀年を継承することは、ほぼ異論がないであろう。[20] 問題は項羽紀年の性格であるが、これについては楚・漢の紀年との比較が手がかりとなる。

いま楚懐王の紀年をみると、二年八月までは秦紀年と異なる月名であるが、義帝元年には秦・漢と同じく一月に改元している。そしてそれ以降、見かけ上は漢紀年と等しくなっている。しかし注意されるのは、漢が十月を歳首とするのに対して、楚は正月を歳首としており、これは楚と漢の暦法の相違を示している。そこで項羽紀年をみると、西楚覇王となった翌月は、「項籍」として楚・漢の二月を一月に採用している。ところが翌年は「二年一月」と表記しており、つづいて「三年一月」とある。しかも当初は楚と漢が相違していた月は、漢が二年末に「後九月」という閏月を置くことによって、また一致することになっている。したがって項羽紀年は、閏の置き方が異なるだけで、基本的には楚義帝・漢紀年と同じ月名とみなすことができる。また一見すると漢紀年と同じようにみえながら、実は正月

表４　『史記』秦楚之際月表の紀年

秦	楚	項	漢
秦王子嬰	楚懐王	項羽	沛公
10月	6	14	27漢元年
11月	7	15	28
12月	8	16	29
	9 義帝元年	17西楚覇王	正月
	2	項籍	2 月
	3	2 彭城	3 月
	4	3	4 月
	5	4	5 月
	6	5	6 月
	7	6	7 月
	8	7	8 月
	9	8	9 月
	10義帝滅ぶ	9	10月
		10	11月
		11	12月
		12	正月
		2 年 1 月	2 月
		2	3 月
		3	4 月
		4	5 月
		5	6 月
		6	7 月
		7	8 月
		8	9 月
		9	後 9 月
		10	3 年10月
		11	11月
		12	12月
		3 年 1 月	正月
		2	2 月
		3	3 月

を歳首とすることによって、秦・漢の暦ではなく、楚紀年と同じ原理であるとわかる。この意味において項羽紀年は、楚紀年を継承しているといえよう(21)。

また漢元年以降では、楚義帝二月条の各国欄に十八諸侯の人名、三月条に都城の記載があって、これは項羽本紀と順序は異なるが、ほぼ同じ内容となっている(22)。そのほかの事例は省略するが、全体として秦末に比べて記事が簡略となり、ほぼ楚・漢への帰属などの情報に限られている(23)。

以上のように、秦楚之際月表の構成をみれば、秦・漢紀年をふくむにもかかわらず、実質的な内容は、陳渉、楚王の紀年（「楚」）と、それを継承した項梁・項羽の紀年（「項」）が重視されていることがわかる。そして項羽は、秦滅亡後に西楚覇王となったとき、正月を歳首とする楚暦を継承した紀年をもっている。したがって月表では、秦末から漢王以後において漢を主体とするのではなく、一貫して楚紀年の存在が認められる。これを戦国楚紀年と区別して「秦楚の際の楚紀年」と称すれば(24)、ここに『史記』高祖本紀の構成とは異なり、月表は楚と項羽を主体とみなすことができるのである。

三　戦国・秦漢における諸国の暦法

ここで視点をかえて、戦国・秦漢における諸国の暦法を考えてみよう。すなわち『史記』の編集にあたって司馬遷は、どのような紀年資料を利用し、どのような資料を未見、あるいは不採用としたのだろうか。ここでは新出の紀年資料を参考にしながら、さらに秦楚之際月表の特色を検討してみよう。司馬遷が利用できた戦国紀年については、拙著『史記戦国史料の研究』の諸篇で論じたが、その要点はつぎのようになる(25)。

まず一に、戦国・秦代の紀年では、「秦記」と呼ばれる秦の紀年資料を利用している。すなわち司馬遷は六国年表の序文で、秦が諸侯の「史の記」を焼いたために滅んでしまい、わずかに簡略な「秦記」だけが残されたという。[26]そしてこの「秦記」によって六国年表を作成したというが、たしかに年表の構成は秦の記載を各国に分散した形式を主体としている。この意味において、戦国・秦代の資料として秦紀年の存在が推測できる。ただし注意すべきことは、『史記』秦本紀・六国年表の分析によれば、「秦記」は同じ密度の資料ではなく、春秋時代から戦国初期はきわめて簡略で、戦国中期の献公・孝公ころからしだいに毎年の記事となる複合的な資料とおもわれることである。そして恵文王・昭王期ころのある時期に、正月歳首から十月歳首の顓頊暦への変化がある。

このように『史記』戦国史料では、秦紀年を第一資料としているが、実は『史記』のなかに第二の戦国紀年が存在するとおもわれる。それは司馬遷が太史公自序で、ある諸侯の「史記」を見たと述べることに関連する。[27]つまり『史記』趙世家では、邯鄲に遷都した敬侯元年（前三八六）以降の記事に、不連続な六国趙表よりも詳細な紀年資料がふくまれることから、私は「趙記（趙紀年）」の存在を想定した。その理由は、①趙・秦は同じ先祖という伝えをもつこと、②秦始皇帝は趙邯鄲の母から生まれ、趙政と名づけられたことなどに起因するとおもわれるが、ともかく戦国時代では趙紀年が想定できるのである。ただし『史記』戦国世家の全体からみれば、趙紀年は六国年表・魏世家・燕世家・田敬仲完世家などの一部に追加されているほかは、基本的に秦紀年によっていると考えられる。[28]

このほか『史記』には、連続した戦国紀年を確認することはできない。また燕世家には「今王」という記載があるため、燕紀年の存在が想定されているが、これは燕世家に連続した紀年が認められず、たとえば「秦記」のような同時代資料の最終部分に他国「今王」の表記が残存したものとみなされる。[29]したがって司馬遷は、戦国史の基準として秦紀年と趙紀年という二種類の紀年資料を利用したと推定できるのである。

二に、楚・漢の戦いから漢代の紀年資料は、「秦楚の際の楚紀年」と、漢紀年を採用したとおもわれる。楚・漢の際には、これまでみたように楚紀年とそれを継承した西楚覇王の紀年が想定できよう。それ以降は漢紀年の入手が可能であり、これはほぼ問題のないところである。

以上のように、『史記』戦国時代から秦・漢時代の記述に際して、司馬遷は秦紀年・趙紀年、「秦楚の際の楚紀年」、漢紀年の四系統の資料を採用したとおもわれる。それでは中国古代では、それ以外の紀年資料は存在しなかったのだろうか。あるいは別に紀年資料は存在していたが、司馬遷が不採用としたのであろうか。これについて近年の出土資料を参考にしながら、中国古代の紀年資料を考えてみよう(30)。

第一に、戦国時代の紀年では、「秦記」と比較する素材として睡虎地秦簡『編年記』がある。ここには秦昭王元年(前三〇六)から始皇帝三十年(前二一七)までの紀年が、竹簡五三枚の上下二段にわたって記され、戦国後期の秦紀年を確認することができる(31)。その内容は、秦の戦役と墓主の個人的な経歴に分かれ、前者は基本的に『史記』秦紀年とほぼ等しく、司馬遷の「秦記」利用を裏づけるものである。ところが『史記』趙紀年と『編年記』の戦役を比べると、そこには一年以内の誤差をふくむ場合がある。その理由は、年末の事件が秦では翌年に記される可能性があり、ここから秦が十月歳首であるのに対して、趙紀年は正月歳首のような暦をもつことが想定される。したがって司馬遷がみた秦紀年と趙紀年とは、少なくともその暦法が異なると推測されるのである。また秦代では、本書の第四章で述べたように、里耶秦簡の木牘に秦紀年を記しており、その暦を復元することができる。

他の諸国の紀年では、『竹書紀年』の戦国魏紀年が注目される。この資料は、三国時代につづく晋代に出土したと伝えられ、その史料的性格が問題となるが、今日の戦国墓から発見される竹簡の状況・内容からみれば、まったくの虚構とは考えられない(32)。むしろ『竹書紀年』の写本は、北朝・南朝ともに伝えられ、古本『竹書紀年』佚文として復

表5　睡虎地秦簡『日書』の秦・楚暦

秋			夏			春			冬			
九月	八月	七月	六月	五月	四月	三月	二月	正月	十二月	十一月	十月	秦暦
十二月	十一月	十月	九月	八月	七月	六月	五月	四月	三月	二月	一月	楚暦

元されている資料は、ある程度の信頼性をもつとおもわれる。その記事は、『史記』六国年表・魏世家の記述を修正するものであるが、『史記』と重複する記載がきわめて少なく、やはり司馬遷は『竹書紀年』のような魏紀年を利用できなかったと想定される。そして魏紀年の暦法については、睡虎地秦簡に引く魏律が「閏十二月」を置くことから、正月歳首であったと考えられる(33)。

楚では、包山楚簡と睡虎地秦簡『日書』の楚紀年が手がかりとなる。包山楚簡は、湖北省荊門市から出土した資料で、ここには戦国中期の懐王期にあたる楚紀年が記されている(34)。ここでは楚が「王の何年」ではなく、大事を冒頭に記して紀年とする大事紀年の形式になっており、さらに一年の楚の月名が判明した。その月名の表記は、睡虎地秦簡『日書』の月名とほぼ同じであり、ここにあらたな楚の暦法が指摘されている。それは秦が十月歳首であるのに対して、楚暦は三ヶ月のズレをもつということである。表5は、工藤元男氏が秦暦・楚暦の対照を示された表の配列を変えたものである(35)。これによると戦国中期以降の楚紀年は、正月歳首を採用していることになる。これも司馬遷がみた秦紀年と相違する紀年資料である。そしてこの楚暦が秦暦と三ヶ月のズレをもつことから、楚王・項羽の秦楚紀年は、戦国楚紀年と同じ原理によると確認できよう。

このように戦国諸国の紀年では、秦だけが十月歳首を採用し、他の諸国はわかるもので魏・楚が正月歳首であり、趙もまた正月歳首の可能性がある。したがって戦国期には複数の紀年がありながら、司馬遷はそのうち秦・趙紀年だけを利用し、しかも両者の暦法の相違を調整していないことがわかる。

第二に、秦漢時代の紀年では、馬王堆漢墓帛書「五占星」がある。この資料は、秦始皇帝元年（前二四六）から漢文帝三年（前一七七）までの七〇年間について、歳星（木星）、塡星（土星）、太白（金星）の運行位置を記したものであり、この付表に秦・漢時代の紀年をうかがうことができる。(36) 表6は、このうち土星の紀年表を一覧したものである。これによると帛書「五占星」では、秦始皇帝が三十七年に死去したあとも、二世の治世を記さず、四十年まで始皇帝の年代としている。さらに二世元年にあたる年に「張楚」と附記しており、これは陳渉の蜂起を裏づける記述として注目を集めたものである。(37) 田余慶氏は、この記述をもって「五占星」は楚のなかでもとくに「張楚」を尊重したとするが、これは「張楚」の紀年を示すものではないといえよう。帛書では、『史記』の秦楚之際月表のように楚王・項氏を紀年とする視点はない。そして翌年から漢元年となるのであり、ここから帛書は秦・漢紀年で表記されているとわかる。さらに注目すべきことは、漢（高祖）元年・孝恵帝元年のあとに、「高皇后元」とあり八年までの紀年を記すことである。これは呂后が、少帝の政治を代行したというだけでなく、実際に「高皇后元年」という王者の紀年を使用していたことを示しており、江陵張家山漢簡『暦譜』と共通する表記である。(38) したがって帛書「五占星」は、秦紀年が『史記』六国年表にみえる紀年よ

表6　帛書《五星占》土星表紀年

元●秦始皇	一	二
二	二	三
三	三	四
四	四	五
五	五	六
六	六	七
七	七	八
八	八●張楚	●元
九	九	二
十	卅	三
一	●漢元	
二	二	
三	三	
四	四	
五	五	
六	六	
七	七	
八	八	
九	九	
廿	十	
一	一	
二	二	
三	●孝恵元	
四	二	
五	三	
六	四	
七	五	
八	六	
九	七	
卅	●高皇后元	

り簡略で、漢紀年は『史記』漢代本紀の区分と等しいことがわかる。ここから漢初の長沙国では、司馬遷が使用した紀年とはやや異なる紀年の認識がうかがえよう。このように秦・漢においては、『史記』の表記とは別の紀年資料が存在しており、司馬遷は制約された紀年資料を選択して利用したことがわかるのである。

要するに、戦国から秦・漢時代にかけて、各国には異なる暦法の複数紀年が存在していた。そのうち司馬遷は、漢代まで残存していた「秦記」と、趙紀年の一部、「秦楚の際の楚紀年」、漢紀年を採用している。しかし反対に、今日までに発見された戦国時代の魏紀年・楚紀年などを連続して利用できなかったと推測される。だから司馬遷は、楚・漢の際に楚紀年が秦・漢紀年と異なる暦をもつことを知りながら、戦国期では各国暦法を調整していないとおもわれる。(39) そして『史記』秦楚之際月表にみえる楚王・項羽紀年（「楚」「項」の項目）は、戦国諸国における紀年資料のうち、少なくとも楚紀年と同じ暦法によるものと推定できる。(40)

したがって司馬遷は、限定された資料から当時の紀年を復元しようとしたのであり、その部分的な錯誤をもって、紀年を重視し慎重に配列しようとした努力を見逃すべきではない。さらに注意されるのは、司馬遷が紀年・記事の錯誤を知りながら、あえてそのままにした形跡がみられることである。(41) その理由は、今日の歴史学とは異なって、司馬遷は記録にもとづく精密な歴史書の編纂が最終目的ではなく、複数の資料を収録することによって、立体的な歴史叙述とする意図をもつためではないかとおもわれる。

四　『史記』にみえる楚・漢の歴史評価

これまで『史記』項羽本紀では、漢紀年と高祖の意義に従属するようにみえるのに対して、秦楚之際月表ではかえって楚王・項羽（「楚」「項」の項目）を主体とし、それは戦国時代の楚国と同じく正月歳首の紀年をもつことを論じた。それではこの政治状況は、どのような歴史背景にもとづき、また項羽を本紀とした編集意図はどこにあるのだろうか。ここでは楚・漢の際における司馬遷の歴史評価について検討してみたい。

最初に問題となるのは、なぜ項羽が楚紀年を継承するのかということである。これについて、秦二世元年（前二〇九）九月の叛乱時の構成をみると、そこでは項梁が会稽守、項羽が裨将となり、その下に校尉―候―司馬―精兵八千人の機構をもっている。これは秦代の郡県制下での機構を示している。(42)ところが二世二年に項梁が楚懐王を立て、盱台（盱眙）に都したときには、陳嬰を楚上柱国とし、項梁を武信君としている。また同年に、楚懐王が彭城に遷都したときの機構は、呂青―令尹、呂臣―司徒、宋義―上将軍、項羽―次将（魯公）、范増―末将であり、このとき沛公は楚王の編成に属し碭郡長（武安侯）となっている。さらに項羽は、宋義に代わって上将軍となっている。つまりこうした情勢では、楚は懐王が即位したときから、令尹・司徒・上将軍より以下の国家機構と体制をもち、それは楚の名称にもとづくことがうかがえる。(43)その歴史背景を探ると、この体制はこのときが最初ではない。

『史記』秦始皇本紀の二十三年条によれば、戦国末に寿春に遷都した楚が滅びようとしているとき、項梁の父・項燕が昌平君を立てて荊王とした。しかし翌年に、秦軍に破られて昌平君は死亡し、項燕が自殺するという事件がある。(44)この昌平君は、かつて秦の相国となっており、秦に留められた楚懐王の子あるいは楚公子ではないかともいわれている。(45)また六国年表・項羽本紀では、秦始皇本紀の記述と相違して項燕は秦将に殺されたという。(46)したがって楚王室につながる人物と、楚将・項燕による体制は、すでに戦国末にみられるのである。また秦末の陳渉・呉広が叛乱の当初に、秦公子・扶蘇とともに「項燕」の名を借りようとしたエピソードは、楚の影響力を利用するものであった。(47)ここから楚懐王の系譜をひく人物と、楚将・項燕の子である項梁の体制は、その影響力と実質からみても、単なる叛乱軍という性格を越えていることがわかる。そして国号・王号を称するということは、それに国家機構と暦法の制定をともなうことが想定される(48)。このように考えれば、「楚は三戸と雖も、秦を亡ぼすものは必ずや楚ならん」という予言を受けて項梁が楚懐王を立て、秦と異なる楚紀年を継承した背景が理解されよう。この時点では、沛公は楚王のもとにあり、独自の紀年をもたないことは当然である。だから秦楚之際月表では、この時期の事件が楚に関する事件で示されていると理解されるのである。

それでは秦の滅亡後は、どうであろうか。まず沛公は秦二世三年（前二〇七）の秦王子嬰のとき咸陽に入り、そこで秦の律令・図書を獲得したといわれる(49)。したがって沛公は、楚人でありながら、秦の資料によって初めて国家機構・暦法を得ることができたとおもわれる。ただし漢王として漢中に赴くまでは楚の体制によっており、明らかに秦の体制を継承するのは、関中に引き返して掌握した後のことである。しかし項羽は、すでにみたように楚義帝を継承しており、これは戦国楚の体制を引き継ぐものであった。ここから高祖は、関中を掌握したあとに秦の十月歳首を継承し、項羽は楚の正月歳首を継承したと推定されるのである。このほか江陵張家山漢簡『奏讞書』の案件によれば、漢王朝が成立した後の六年（前二〇一）に楚爵を漢爵に切り替えることが問題となっており、暦法だけでなく爵制においても楚の時代が存在したことを裏づけている(50)。

このように秦楚之際月表の社会背景をみると、項羽が戦国楚の機構・紀年を継承することは、特殊な状況ではないことがうかがえよう。むしろ当時としては楚の勢力が主体となって機能しており、だからこそ司馬遷は、王者の紀年をもつ項羽を月表の中心に置いたのではないかと考える。

つぎに、あらためて『史記』項羽本紀、秦楚之際月表の編集意図を考察してみよう。司馬遷の論賛には、以下のように述べている。

1太史公曰、吾聞之周生曰、舜目蓋重瞳子、又聞項羽亦重瞳子。羽豈其苗裔邪。何興之暴也。夫秦失其政、陳渉首難、豪傑蠭起、相與並爭、不可勝數。然羽非有尺寸、乘埶起隴畝之中、三年、遂將五諸侯滅秦、分裂天下、而封王侯。政由羽出、號爲霸王、位雖不終、近古以來未嘗有也。及羽背關懷楚、放逐義帝而自立、怨王侯叛己、難矣。自矜功伐、奮其私智而不師古、謂霸王之業、欲以力征經營天下、五年卒亡其國、身死東城、尚不覺寤而不自責、過矣。乃引天亡我、非用兵之罪也、豈不謬哉。（項羽本紀、太史公曰）

太史公曰く、私は周生から「舜の目は二つの瞳であった」と聞き、「項羽も二つの瞳であった」と聞いている。項羽は、あるいは舜の苗裔なのだろうか。どうして急に興ったのだろうか。そもそも秦が政道を失い、陳渉が叛乱を起こすと、豪傑たちが蜂起し、互いに争うものは数えきれなかった。項羽は、尺寸の地をもたず、勢いに乗じて隴畝の中より起こり、三年にして、遂に五諸侯を率いて秦を滅ぼし、天下を分けて王侯を封じた。政令は項羽から出され、覇王と号した。位は終らなかったと雖も、これは近古以来、未だ嘗てないことである。しかし項羽が関中をすてて楚を懐かしみ、義帝を放逐して自立するに及んで、王侯が己に背いたことを怨んだが、それは難しいことである。自ら功伐を矜り、その私智を奮って、古を師としなかった。それを覇王の業といい、力征をもって天下を経営しようとしたが、五年でその国を亡ぼしてしまった。自身は東城で亡くなったが、なお覚らず自分を責めなかったのは誤っている。そこで天が我を亡ぼすのであり、用兵の罪ではないとするのは、なんと誤りではなかろうか。

2秦失其道、豪桀並擾。項梁業之、子羽接之。殺慶救趙、諸侯立之。誅嬰背懷、天下非之。作項羽本紀第七。（太史公自序、論賛）

秦がその道を失ったので、豪傑たちが叛乱した。項梁が事をはじめ、項羽がこれを接いだ。慶子冠軍（宋義）を殺し、趙を救い、諸侯は項羽を立てた。しかし秦王の子嬰を誅し、懐王に背くと、天下は項羽を非難した。そこで項羽本紀第七を作る。

3秦既暴虐、楚人發難、項氏遂亂、漢乃扶義征伐。八年之閒、天下三嬗、事繁變衆、故詳著秦楚之際月表第四。

（太史公自序、論賛）

秦が暴虐だったので、楚人は叛乱を起こし、項氏が乱暴であったので、そこで漢は大義をもって征伐した。八年の間、天下は三たび嬗《うつ》り、事は頻繁に変化した。だから詳らかに秦楚之際月表第四を著わした。

ここでは項羽が蜂起する背景として、「秦が其の道を失う」ことを繰り返し述べているが、これには次の意味がある。これまで『史記』戦国史料の考察で指摘したように、司馬遷は戦国時代における秦の統一を天命によるとみなし、魏王が信陵君のような人物を任用したとしても、その滅亡を避けられなかったと述べている。[51] これは『史記』秦本紀、秦始皇本紀の位置づけにかかわる視点である。ところが秦は、始皇帝が天下を統一したのち、二世皇帝のときに「道」を失うというのである。この視点は、『史記』項羽本紀に、

秦二世元年七月、陳渉等起大澤中。其九月、會稽守通謂梁曰、江西皆反、此亦天亡秦之時也。

とあることによっても知られる。[52] したがって司馬遷は、二世皇帝の滅亡を天命と位置づけていることがわかる。

ところが月表の論賛によれば、今度は秦が失った天命は、項氏・漢家にめまぐるしく移ってゆくと言うのである。これと同じ評価は、『史記』月表の序文や天官書などにもみえている。[53] そこで注意されるのは、項羽が舜と同じ天分をもつ人物とし、天下に号令したことを評価する点である。しかしこの項羽も天命を失ってゆく。そのきっかけは、項羽本紀の論賛と太史公自序の評価を総合すれば、秦の滅亡後に、①秦咸陽を占領して秦王子嬰を殺しながら、関中を本拠地としなかったこと、②義帝を放逐して殺したこと、の二点があげられる。

項羽本紀の構成とこれらの評価を比べると、つぎのように対応している。まず項羽が天下に号令することは、本文に詳しい記述がある。これらはいわば項羽の登場と、功績を述べる部分あたる。ところがつぎに滅亡への段階としては、秦が滅亡するまえの殺戮や、①秦王子嬰を殺し宮室を焼いたあと、ある人の諌めを聞かず関中を捨てる記事がある。また漢元年には、②義帝を放逐して殺したことや、韓・斉などへの暴虐を記しており、これは論賛の評価と一致している。

さらに注目されるのは、范増の三度にわたる進言である。つまり范増の第一の進言（A）は、項梁が楚懐王を擁立することであり、これは実行された。ところが第二の進言（B）は、鴻門の会の際に沛公を撃つことであったが、これは果たされず転換期となっている。そして第三（C）は、彭城の戦いあと漢三年に滎陽で和議をしようとするとき、あらためて漢王を撃つことを進言するが、これは陳平の謀りによって范増が疑われ死にいたることを記している。したがって『史記』では、項羽が天下に号令する前後に、諫言を聞かず讒言を聞くようになったと位置づけており、漢王が陳平の進言（D）を聴くこととは対照的である。(54) このように項羽本紀では、論賛の評価に対応する記述を選択・配列しており、とくに滅亡への要因を項羽の行為に見出す視点がうかがえるのである。(55)

このような観点からすれば、項羽本紀の最後の評価は重要である。すなわち項羽本紀の末尾には、垓下の戦いに際して「此れ天の我を亡ぼすなり、戦いの罪には非ざるなり」といい、この運命は天の定めるところで、自分の用兵能力のせいではないとする記述がある。ところが司馬遷は論賛で、この伝えに対して、関中を捨てて義帝を殺した過ちや、古を師とせず自分の過ちを悟らないのは、天命のせいではないとする。つまりここからは、司馬遷が地上の事件を位置づけるとき天の事象・予言などをたくみに配列しながら、一方的に天が決定するという考えを否定することがわかる。したがって天命には、それに呼応する項羽の行為があり、そのため事績にかかわる資料を選択して叙述しているとおもわれる。ここに『史記』成立に関して、著名な「天人の際」を究めるという思想が想起できよう(56)。

以上、『史記』項羽本紀の構成では、秦の滅亡より以降は漢紀年で表記していながら、全体としては項羽に秦の天命を継ぐ人物という評価をみとめ、しかも項羽自身の行為によって滅亡に至る位置づけをしていると判断できる。この評価は、秦楚之際月表で楚紀年を中心とする構成とも共通している。ここから項羽本紀と月表の編集意図は、王者の紀年をもつ楚王と、それを継承した項羽をあわせて秦・漢をつなぐ時代とし、その興亡を位置づけることにあったと考える。そして暦法・制度などの諸点からみれば、たしかに秦末から漢初には楚の時代というべきものが存在し、それは漢王朝の体制に影響したとおもわれる(57)。

このように『史記』項羽本紀は、従来までいわれるような著作の体例にあわない一篇ではない。むしろ王者の紀年を重視し、天命と地上の行為の関連を原理として示そうとする太史令の立場からすれば、秦の天命を承け、楚を継承した項羽は本紀にすることが必然であった。これと同じ考えは、高祖の死後、恵帝を継承した呂后が王者の紀年をもつことから、あわせて呂后本紀一篇とした歴史評価と共通している(58)。このように『史記』の構成分析は、司馬遷の歴史観を明らかにすると同時に、そのフィルターを通じた歴史理解を示しているのである。

おわりに

本章では、『史記』項羽本紀と秦楚之際月表の構成を分析し、そこでは一貫して楚が重視されていることを明らかにした。すなわち月表は、秦・漢の紀年を中心するのではなく、全体は楚王（「楚」）と項梁・項羽（「項」）の紀年資料を各欄に分散した形式ではないかと推測した。そして「秦楚の際の楚紀年」は、漢紀年の十月歳首とは異なり、戦国楚の正月歳首を継承するものであることを指摘した。このような政治背景は、当初から項梁・項羽が楚懐王を立てて楚国を復興するという国家体制をもつことによると考える。しかし当時の沛公は、楚の配下にある時期から、秦の滅亡後に漢王となるまで、独自の国家体制と暦法をもつことができなかった。『史記』では、秦の律令図書を収めて初めて国家機構の基礎をもったというが、実際には関中を掌握したあと、秦を継承する国家体制と紀年が整備できたとおもわれる。したがって漢高祖は楚人でありながら、秦の国家体制と紀年を採用することになったのである。反対に、項羽は一貫して楚の国家体制を保持し、実際に楚の時代が八年ほど存在したとみなされるのである。

司馬遷は、このような歴史の変化を著わすとき、戦国・秦漢時代の限られた紀年資料を利用しながら、今日の歴史学とはやや異なって、人物の事績によって、天の事象とかかわる興亡の原理を示そうとしたとおもわれる。そのような歴史観によれば、それぞれの天命による位置づけを説明するなかで、王者の紀年をもつ秦を本紀とし、また楚懐王の紀年を継承した項羽を本紀とし、恵帝をついだ漢紀年をもつ呂后をあわせて本紀とすることは、きわめて当然といえよう。また『史記』秦本紀と項羽本紀の背景では、漢王朝が祭祀することも共通している。

このように『史記』項羽本紀の構成分析を通じて、本紀全体の配列をみるとき、そこには古今の興亡の原理を明らかにするという手法がみられる。これは漢王室における太史令の立場が反映されているとおもわれ、さらに成功と失敗の事例から教訓を学ぶという思想が見出せる。つまり『史記』は、最終的に「天人の際」「古今の変」を明らかにするという太史令にかかわる著作意図をもつため、後世の歴史評価とは異なる視点で叙述されているのである。しかし今日からみれば、その著作はまさしく紀年資料にもとづく歴史書の要素を備えている。ここから『史記』は、歴史史料として注意を必要とするが、その素材となる諸資料の性格を認識すれば、秦末から楚・漢の際における歴史像が復元できると考える。

注

(1) 武田泰淳『司馬遷——史記の世界』（日本評論社、一九四三年）、宮崎市定『史記を語る』（岩波書店、一九七九年）などは、両者対立の視点を見出している。また宮崎市定「身振りと文学——史記成立の一試論」（一九六五年、『宮崎市定全集』第五、岩波書店、一九九一年）は、鴻門の会の部分が市場で上演された語り物にもとづくとし、上田早苗「垓下の戦——『史記』における説話の一齣」（『奈良女子大学研究年報』二七、一九八四年）は説話として構成を分析している。

(2) その一例は、索隠に「斯亦不可称本紀。宜降爲世家」とあり、世家にすべきという。また『漢書』巻三一は陳勝項籍伝とし、唐の劉知幾も「項王宜伝」という。反対に会注考証は、張照・馮景らのように、天下に号令することと、秦・漢の接続を表わす時代が必要なことから、本紀で良いとする説を引く。これらの諸説については、伊藤徳男「『史記』本紀の構成」（『東北大学教養部紀要』一五、一九七二年）参照。

(3) これまで『史記』『漢書』との相違点は、字句や叙述の方法をめぐって議論があり、近年では呉福助『史漢関係』（文史哲出版社、一九七五年）などがある。ここでは内容上の重要な点をふれるにとどめる。

(4) 『史記』高祖本紀では大半を「項羽」とし、一部に「項王」と表記している。これらの表記や項籍—項羽—項王という区分は、さらに素材にもとづくものか、司馬遷の編集か、後世の修正かという問題があろう。

(5) 『漢書』巻六二司馬遷伝の論賛に、

故司馬遷據左氏・國語、采世本・戰國策、述楚漢春秋、接其後事、訖于天漢、其言秦漢詳矣。

(6) 『漢書』芸文志の六芸略・春秋家に、『春秋左氏伝』『国語二十一篇』『新国語五十四篇』『世本十五篇』『戦国策三十三篇』『奏事二十篇』につづいて、「楚漢春秋九篇。陸賈所記」とあり、これらの書籍は班固も見た可能性がある。

(7) 『史記』項羽本紀と『楚漢春秋』の関係は、本書の第二章附篇二「『史記』の編集と漢代伝承」で整理している。このほか高祖本紀に『楚漢春秋』の注釈が二条ある。

(8) 『楚漢春秋』佚文には、清・茆泮林の輯本（十種古逸書）などがあるが、その性格は他の諸篇とあわせて伝本の形式・内容などの分析が必要である。

(9) この部分は、項羽・高祖を対比した資料の存在を想定させる。このほか『史記』高祖本紀には、劉邦の人柄のエピソードが多く記されているが、これらは雲気・予言などに関する説話形式の叙述となっている。

(10) ここでは封建に関する記述を記録形式として、物語・説話形式の資料と区別しておく。

(11) このとき月には矛盾する内容があり、あるいは錯簡の可能性があるかもしれない。

(12) 拙著『史記戦国史料の研究』(東京大学出版会、一九九七年)第二編では、秦本紀と戦国世家の素材と編集手法を考察している。

(13) 『史記』秦楚之際月表第四について、索隠に「張晏曰、時天下未定、參錯變易、不可以年紀、故列其月。今案、秦楚之際、擾攘僭篡、運數又促、故以月紀事名表也」とあり、短期間で繁雑なために月表にしたという説がある。

(14) 汪越・徐克范補「読史記十表」(二十五史刊行委員会編『二十五史補編』第一冊、中華書局、一九五五年)。

(15) 伊藤徳男「『史記』十表について(その2)」(一九九〇年、『史記十表に見る司馬遷の歴史観』平河出版社、一九九四年)。

(16) 呉非「楚漢帝月表」(『二十五史補編』第一冊)、田余慶「説張楚」(一九八九年、『秦漢魏晋史探微』中華書局、一九九三年)。

(17) 銭大昕『廿二史考異』巻二史記。

(18) 拙著前掲『史記戦国史料の研究』第一編第三章「『史記』戦国紀年の再検討」。

(19) 『史記』六国年表においても、天の事象は基本的に秦表に記述されている。このとき一見すると、項羽の方に記載が多いが、これは蜂起した月を数えていることや、懐王が項羽を魯に封じている表記などから、項羽を紀年の主体とすることはできない。紀年の主体は楚紀年である。

(20) 『史記』巻二六暦書の論賛に、「漢興、高祖曰、北時待我而起、亦自以爲獲水德之瑞。雖明習暦及張蒼等、咸以爲然。是時天下初定、方綱紀大基、高后女主、皆未遑、故襲秦正朔服色」とある。また近年出土の銀雀山竹簡「暦譜」によって、漢が顓頊暦を継承したことが検証されている。藪内清『増補改定・中国の天文暦法』(平凡社、一九九〇年)、同『科学史からみた中国文明』(日本放送出版協会、一九八二年)など。

(21) このように考えれば、秦二世二年九月が、楚懐王元年四月となっているわけが説明できる。すなわち当時の太陰太陽暦では、その誤差を調節するため三年に一度「閏月」を置いた。いま月表では、二世二年「後九月」がそれにあたる。そこで戦国楚の滅亡した前二二三年から秦二世二年までには、本来なら四度「閏月」が置かれたはずで、五度目がこの「後九月」である。ところが楚を復興したとき、もし年数だけ接続して「閏月」を計算しなかったとすれば、秦の「九月」は楚の「四月」になる。しかし懐王が義帝になったことで、あらたに改暦し、その際に秦暦との誤差を修正したと想定される。そして項羽もまた、改暦して秦暦にあわせようとしたが、閏の置き方を変えたために、義帝・漢紀年と見かけ上の月差が生じたものであろう。その証拠に、漢は二年末に「後九月」を置き、項羽は置かなかったために、再び同一の月名となっている。また月表では、項羽の欄に「二年一月」と記すのに対して、漢紀年には「二年」の表記がない。

(22) このとき諸侯の配列順序は、先の項梁・項羽の際にみられた諸侯を地域的に分散した構成になっている。

(23) いま漢元年・義帝元年の三月に諸侯が都を置いたあと、その廃立を除く記事をみれば、およそ関連記事は漢が三三例、楚が一五例、その他が一三例となる。ただし漢記事の多くは、漢への帰属を記したものであり、これ以外は漢への叛乱をのぞいてほとんど記事がみえない。このうち漢への帰属は楚・漢に共通した情報であり、これをもって漢を主体とすることはできないであろう。

(24) 『史記』秦楚之際月表の序文に、太史公が「秦楚之際」を読むという。張大可「論史記取材」(『史記研究』所収、甘粛人民出版社、一九八五年)では、これを漢室檔案の書籍とするが、これは「秦楚の際の楚紀年」とも称すべき楚の資料かもしれない。

(25) 拙著前掲『史記戦国史料の研究』第一編「『史記』戦国紀年の再検討」、第二編の諸篇による。

(26) 『史記』六国年表序文。「秦記」については、前掲『史記戦国史料の研究』第二編第一章「『史記』秦本紀の史料的性格」参照。

(27) 『史記』太史公自序に、「卒三歳而遷爲太史令、紬史記石室金匱之書」とある。また顧頡剛「司馬談作史」(『史林雑識』中華書局、一九六三年)では、趙世家・馮唐伝などの伝承は、司馬談が趙人の馮唐から得た情報によると推測しているが、趙紀年については述べていない。
(28)　拙稿前掲「『史記』戦国紀年の再検討」。『史記』燕世家・田敬仲完世家については、前掲『史記戦国史料の研究』第二編を参照。
(29)　「今王」の表記については、前掲『史記戦国史料の研究』第一編第一章「『史記』と中国出土書籍」を参照。
(30)　拙稿前掲「『史記』と中国出土書籍」、本書の序章「簡牘・帛書の発見と『史記』研究」。
(31)　拙稿前掲「『史記』戦国紀年の再検討」。
(32)　『竹書紀年』と『史記』とのかかわりは、拙稿前掲「『史記』と中国出土書籍」、前掲『史記戦国史料の研究』第二編第四章「『史記』魏世家の史料的考察」参照。
(33)　睡虎地秦墓竹簡整理小組編『睡虎地秦墓竹簡』（文物出版社、一九九〇年）「爲吏之道」引く魏律、拙稿前掲「『史記』魏世家の史料的考察」参照。
(34)　王紅星「包山簡牘所反映的楚国暦法問題――兼論楚暦沿革」、劉彬徽「従包山楚簡紀時素材論及楚国紀年与楚暦」（以上『包山楚墓』文物出版社、一九九一年）、前掲『史記戦国史料の研究』第二編第五章「『史記』楚世家の史料的考察」参照。
(35)　工藤元男「雲夢睡虎地秦墓竹簡『日書』より見た法と習俗」（一九八八年、『睡虎地秦簡よりみた国家と社会』創文社、一九九八年）。
(36)　馬王堆漢墓帛書整理小組「《五占星》附表釈文」（『文物』一九七四年一一期）、中国社会科学院考古研究所編『中国古代天文文物論集』図版（文物出版社、一九八九年）、傅挙有・陳松長編『馬王堆漢墓文物』（湖南出版社、一九九二年）、藪内清「馬王堆三号漢墓出土の『五占星』について」（『小野勝年博士頌寿記念東方学論集』龍谷大学東洋史研究会、一九八三年）など。
(37)　劉乃和「帛書所記〝張楚〟国号与西漢法家政治」（『文物』一九七五年五期）、田余慶前掲「説張楚」など。
(38)　張家山漢墓竹簡整理小組「江陵張家山漢簡概述」（『文物』一九八五年一期）、陳鈞・閻頻「江陵張家山漢墓的年代及相関問題」（『考古』一九八五年一二期）。

（39）このとき問題となるのは、他の戦国諸国に対して、秦がいつ十月歳首に転換したかということである。従来では戦国中期・秦統一時ともいわれるが、このような暦法はまったく原則なしに採用されたとはおもわれない。むしろある暦法の採用は王者の原理をともなうものであり、その改定もまた原理が必要とおもわれる。そこで秦紀年改定の原理を考えれば、第一に秦が王号を称した恵文王の時期が想定され、秦始皇帝の統一時にも暦の改定が行われたと仮定される。これを平勢隆郎「戦国紀年再構成に関する試論――続」（『東洋文化研究所紀要』一二三、一九九四年）では、恵文王期の称王に求めている。斉藤国治・小沢賢二『中国古代の天文記録の検証』（雄山閣、一九九二年）七四～七七頁では、天文計算から昭王四八年（前二五九）以前は十月歳首、昭王四九年（前二五八）以降は正月歳首、始皇帝二六年（前二二一）は再び十月歳首と推測する。工藤元男「秦の皇帝号と帝号をめぐって」（『東方』一六一、一九九四年）では、暦法の転換は戦国中期よりやや遅れて、昭王期の帝号を称したときに正月歳首から十月歳首への転換があると推測している。これについて秦楚之際月表の事例をみれば、楚懐王が王号を称したとき月名を変えているが、正月歳首はそのままとし、義帝となったあとも月名を変えて正月歳首とすることが注目される。これを類推とすれば、戦国秦では工藤氏のいわれる二度目の帝号を称する時期に「十月歳首」の原則を変えたのではなく、月名をずらしたのではないかとも想像される。暦法については、小沢賢二「『顓頊暦』の暦元」（『中国天文学史研究』汲古書院、二〇一〇年）の考察がある。

（40）『漢書』高帝紀では、『史記』高祖本紀を継承して漢元年を十月歳首としながら、巻一三異姓諸侯王表では漢元年を一月歳首として十二月までつづけ、「二年一月」と記してその矛盾に気付いていない。これはすでに司馬遷の時代を離れて、秦漢時代に十月歳首であったことが注意されなくなったためであろう。

（41）たとえば『史記』高祖本紀の秦紀年は概略として、紀年の矛盾がみられた。このような傾向は他の諸篇にもあるが、それはすべてが司馬遷の編集ミスではなく、それを捨象した事績の位置づけがあるとおもわれる。

（42）『史記』項羽本紀。秦末諸叛乱の構成については、拙稿「戦国・秦代の軍事編成」（一九八七年、『中国古代国家と郡県社会』汲古書院、二〇〇五年）参照。

（43）董説『七国考』巻一楚職官には、他国と異なる楚の官職などを列挙している。また湖北省荊沙鉄路考古隊『包山楚簡』包山二号楚墓簡牘概述では、令尹・左右司馬・大司敗などをはじめ戦国中期の楚の官職名が紹介されており参考となる。拙稿「包山楚簡にみえる戦国楚の県と封邑」（前掲『中国古代国家と郡県社会』）。

(44)『史記』巻六秦始皇本紀に、

二十三年、秦王復召王翦、彊起之、使將擊荊。取陳以南至平輿、虜荊王。秦王游至郢陳。荊將項燕立昌平君爲荊王、反秦於淮南。二十四年、王翦・蒙武攻荊、破荊軍、昌平君死、項燕遂自殺。

(45)『史記』秦始皇本紀によれば、秦王が呂不韋のもとから親政を行なうきっかけとなる九年の嫪毐の乱のとき、昌平君・昌文君は秦の相国として咸陽で戦っている。また秦簡『編年記』や六国年表によると、韓が滅んだあと韓王は移され、その死後に昌平君がその地を承け、やがて叛乱するに至っている。この情勢は、町田三郎『秦漢思想史の研究』第二章「統一の思想」六八～七三頁、田余慶前掲「説張楚」、本書の第三章第二節「始皇帝と諸公子について」を参照。

(46)『史記』六国年表の秦表二十三年条に、「王翦・蒙武撃破楚軍、殺其將項燕」とある。

(47)『史記』陳渉世家の二世元年七月の蜂起をめぐる情勢は、拙稿前掲「始皇帝と諸公子について」で述べている。また『史記』項羽本紀の陳嬰の言に、「項氏世世將家、有名於楚。今欲擧大事、將非其人不可。我倚名族、亡秦必矣」とあり、項梁に帰属するエピソードも同様の評価を示唆している。

(48)秦末の国号・王号を称することに国家機構・暦法の制定がともなうことは、田余慶前掲「説張楚」、卜憲群「秦制、楚制与漢制」（『秦漢官僚制度』社会科学文献出版社、二〇〇二年）などで考察している。

(49)項羽が項王となり、項伯が左尹である時点では、なお沛公は王号を称さず国家機構をもたない。『史記』巻五三蕭相国世家では、沛公の軍が先に関中に入ったとき、「（蕭）何獨先入收秦丞相・御史律令圖書藏之」とあり、『漢書』巻一高帝紀上、元年冬十月条に、「遂西入咸陽、欲止宮休舍。樊噲・張良諫、乃封秦重寶財物府庫、還軍覇上。蕭何盡收秦丞相府圖籍文書」とある。

(50)江陵張家山漢簡整理小組「江陵張家山漢簡《奏讞書》釈文」、李学勤「《奏讞書》解説（上）」（以上、『文物』一九九三年八期）などでは、漢代における楚爵の存在を指摘しており、実際に楚爵が機能していたことがわかる。

（51）『史記』巻四四魏世家の論賛、拙著『史記戦国列伝の研究』第四章「『史記』戦国四君列伝の史実」（汲古書院、二〇一一年）。

（52）『漢書』巻三一項籍伝では、「秦二世元年、陳勝起。九月、會稽假守通素賢梁、乃召與計事。梁曰、方今江西皆反秦、此亦天亡秦時也。先發制人、後發制於人」とあり、項梁の言となっている。

（53）秦楚之際月表の序文に、以下のようにみえる。

太史公讀秦楚之際曰、初作難、發於陳涉。虐戾滅秦、自項氏。撥亂誅暴、平定海內、卒踐帝祚、成於漢家。五年之間、號令三嬗、自生民以來、未始有受命若斯之亟也。……秦既稱帝、患兵革不休、以有諸侯也……。……故憤發其所爲天下雄、安在無土不王。此乃傳之所謂大聖乎。豈非天哉、豈非天哉。非大聖孰能當此受命而帝者乎。

また『史記』巻二七天官書に、

秦始皇之時、十五年彗星四見、久者八十日、長或竟天。其後秦遂以兵滅六王、幷中國、外攘四夷、死人如亂麻。因以張楚並起、三十年之間兵相駘藉、不可勝數。自蚩尤以來、未嘗若斯也。項羽救鉅鹿、枉矢西流、山東遂合從諸侯、西坑秦人、誅屠咸陽。漢之興、五星聚于東井。平城之圍、月暈參・畢七重。諸呂作亂、日蝕、晝晦。……由是觀之、未有不先形見而應隨之者也。

（54）同じように項梁の死は、『史記』項羽本紀に、

項梁起東阿西、比至定陶、再破秦軍、項羽等又斬李由、益輕秦、有驕色。宋義乃諫項梁曰、戰勝而將驕卒惰者敗。今卒少惰矣、秦兵日益、臣爲君畏之。項梁弗聽。

とあり、その前兆として諫言を聞かないことが位置づけられている。

（55）『史記』高祖本紀では、以下のような項羽の十罪をあげている。

漢王數項羽曰、始與項羽俱受命懷王、曰先入關中者王之、項羽負約、王我於蜀漢、罪一。項羽矯殺卿子冠軍而自尊、罪二。項羽已救趙、當還報、而擅劫諸侯兵入關、罪三。懷王約入秦無暴掠、項羽燒秦宮室、掘始皇帝冢、私收其財物、罪四。又彊殺秦降王子嬰、罪五。詐阬秦子弟新安二十萬、王其將、罪六。項羽皆王諸將善地、而徙逐故主、令臣下爭叛逆、罪七。項羽出逐義帝彭城、自都之、奪韓王地、幷王梁楚、多自予、罪八。項羽使人陰弒義帝江南、罪九。夫爲人臣而弒

其主、殺已降、爲政不平、主約不信、天下所不容、大逆無道、罪十也。

ここでは一見すると、項羽本紀と同じような悪事であるが、関中を放棄したことや、諫言を聞かないことなどは対象となっておらず、司馬遷の歴史評価と異なることが注意される。

(56)『漢書』巻六二司馬遷伝の任安への返書に、「僕竊不遜、近自託於無能之辭、網羅天下放失舊聞、考之行事、稽其成敗興壊之理、凡百三十篇。亦欲以究天人之際、通古今之變、成一家之言」とある。白寿彝『《史記》新論』二、究天人之際（求実出版社、一九八一年）では、司馬遷が陰陽五行の禁忌説のように天命宿命論者ではなく、天の自然現象と人事とを区別していることを指摘し、歴史発展の要因として「人謀」に注意したという。これは人間内部の要因を重視するということであり、対外的な情勢のなかで位置づける歴史観とは少し異なっている。佐藤武敏『司馬遷の研究』附篇第二章「『史記』の内容上の特色」（汲古書院、一九九七年）では、「天人の際」「古今の変」の基本的見解を論じている。

(57)馬王堆帛書『戦国縦横家書』や『戦国策』にみられる戦国故事の一部は、楚・漢の時代に編集されたといわれる。また『漢書』巻八〇宣元六王伝には、成帝期に東平王が王室に諸子・太史公書の書写を求めたとき、大将軍王鳳の言として「太史公書有戰國從横權譎之謀、漢興之初謀臣奇策、天官災異、地形阨塞、皆不宜在諸侯王。不可予」とあり、戦国・漢初の事績を重視している。さらに李開元「前漢初年における軍功受益階層の成立」（一九九〇年、『漢帝国の成立と劉邦集団』汲古書院、二〇〇〇年）では、漢元年に楚爵から漢爵への転換を想定している。これらは、この時代の重要性を再認識させるであろう。

(58)『史記』呂后本紀の会注考証に、「愚按、史公舍惠帝而紀呂后、猶舍楚懷而紀項羽。蓋以政令之所出也」という。本書の第八章「『史記』呂后本紀の歴史観」参照。このとき呂氏の滅亡が、天の事象に対応する呂后・呂氏の側にあるという態度は、異常な事績に目を向けさせることになる。『史記』呂后本紀に残忍な描写をふくむのは、このような太史令の視点から判断しているとおもわれ、それは冷徹な歴史評価につながるであろう。

第七章　項羽と劉邦の体制
——秦と楚の社会システム——

はじめに

中国を最初に統一した秦帝国は、皇帝を中心とする中央官制と、官僚を派遣する地方統治の基礎となった。しかし始皇帝の死後、陳渉・呉広の乱をきっかけとして、わずか三年で滅亡した。その後は、西楚覇王となった項羽が、全国に諸侯王を分封したが、やがて楚・漢の戦いとなり、劉邦は項羽を破って漢王朝を建国した。この秦漢帝国の興亡は、『史記』秦始皇本紀と陳渉世家、項羽本紀、高祖本紀や、功臣たちの世家と列伝によってよく知られている。

この歴史で問題となるのは、秦帝国の地方統治のなかで、各地が蜂起をするときの体制である。そこには各勢力の情報収集と、戦争を遂行する戦略のあり方をふくんでいる。たとえば二世皇帝のとき、秦帝国は各地の叛乱をどのように伝えたのか。また劉邦は沛県で蜂起し、項羽は会稽郡で蜂起したが、かれらはどのようにして陳渉・呉広の動向を知ったのか。そして秦帝国が滅亡したあと、楚漢戦争のときに項羽と劉邦は、どのような体制で情報を伝達し、どのように戦略を立てたのだろうか。

これについて『史記』『漢書』の史書では、秦の地方統治に関する記載は少なく、楚漢戦争の体制も十分には伝えていない。しかし里耶秦簡の発見によって、秦帝国の文書伝達と情報処理の状況が少しずつわかるようになった(1)。また漢代初期の張家山漢簡『奏讞書』にも、秦代の案件がある。(2) こうした出土資料を史書とあわせて分析すれば、秦漢時代における情報伝達の一端が明らかになるであろう。

第六章では、秦末の楚懐王から項羽の時代は、楚の国家体制をもつことを考察した。それは戦国楚と同じ楚暦を使用し、中央と地方の官制や、身分制度にも楚の社会システムを継承したとおもわれるが、詳しい実態は不明である。また『史記』『漢書』に高祖の側の史料が多いが、漢王の体制については検討の余地がある。

そこで本章では、まず秦帝国の情報伝達について整理しておきたい。つぎに陳渉・呉広が蜂起したあとは、項羽の事績を中心として、秦滅亡後までの体制をたどってみる。そして項羽と漢王の体制では、項羽が垓下と烏江で敗北する過程と、秦と楚の社会システムの関係を考えてみたいと思う。(3) なお社会システムとは、国家と地方行政の体制に加えて、地域社会の人びとをふくむ構造と秩序を想定している。

一　秦代の地方統治と情報伝達

秦帝国の地方行政は、中央集権的な郡県制という制度である。これは全国を三十六郡（のち四十八郡、実数は五十郡以上）に分けて、中央から派遣した官吏によって地方を統治する方法である。その沿革は、秦の制度を継承した『漢書』百官公卿表によれば、郡と県の官府はつぎのような構成である。(4)

郡レベルの機構では、郡を監察する監御史と、郡の長官である郡守、郡守を補佐して軍事を司る郡尉が置かれている。この郡守と郡尉には、次官となる丞がいる。県の官府には、県令あるいは県長が置かれ、その下に丞と尉がいる。これらが長吏である。県の下部には、郷と亭の組織があり、郷には三老・有秩・嗇夫・游徼がいる。嗇夫は聴訟（裁判）と賦税の徴収をして、游徼は盗賊を禁ずる治安維持をしたという。この制度は、漢王朝に受け継がれ、たとえば平均的な郡は日本の四国の半分くらいで、県は市レベルの範囲である（唐代では州と県の制度となる）。

この秦帝国の文書伝達と情報処理は、『史記』や第四章でみた里耶秦簡にその実情がみえている。これを張家山漢簡『二年律令』や漢簡の情報をあわせれば、つぎのような方法が想定できる(5)。

第一に、公的機関による文書の逓伝と伝達がある。これは密封した冊書の文書で送付し、特定の官吏しか見ることができない形態である。陳偉氏は、文書逓伝の方法を、郡と郡の幹線上にある郵で伝える方法（以郵行書）と、県・道で順次に広く配達する方法（以次伝書）に分け、里耶秦簡の文書伝達を、洞庭郡と遷陵県の文書、遷陵県と酉陽県の文書、遷陵県内の「行書」として説明している(6)。

漢代初期の『二年律令』「秩律」は、おおむね漢王朝の直轄の領域を反映しており、同時に法令が及ぶ範囲を示唆していると推測される(7)。そこで漢王朝の律令や公的な情報は、地方の郡県に伝えられることになるが、文書伝達の方法は「行書律」（二一三〜二一五簡、二六四簡、二六五〜二六七簡、二七三〜二七五簡）にみえている(8)。ここでは漢王朝の制書・急書と五〇〇里を越える重要文書を郵人によって逓伝し、一般の施設による文書逓伝と区別している。また危急の変事を知らせるときは、伝馬に乗る方法がある。通常の文書は、県・道の「次」（伝舎や下部の施設）によって伝達する。この逓伝には、袋や箱に入れるか、単独の文書による形態が想定される。これは今日の郵便でいえば、重要度と速度によって、書留速達や普通便とする区別にあたるものである。郵を置く距離は、通常一〇里（約四キロ）ごとに一郵を置き、南郡の長江より以南では二〇里（約八キロ）、北地郡と上郡、隴西郡の三郡では三〇里（約一二キロ）ごとに一郵としている。ただし危害の恐れがあって郵が置けないときは、門亭の卒や捕盗が行ってもよく、土地が険しく郵が置けないときには、便利な所まで進退してよいという。このように中央官府や郡（上級官府）の文書は、隣県や郵などを通じて各地の県廷に伝達されている。これを類推とすれば、各地の県廷から上級官府の郡への文書伝達や、中央への文書伝達も、隣県や郵の施設などを通じて逓伝されることになる。

秦代の郡県制で、文書伝達を示す好例は、里耶秦簡の⑯5、6である。ここには洞庭郡からの各県への命令と、それを遷陵県の下部に伝達する手段がうかがえる。(9) その内容は、始皇帝の二十七年（前二二〇）二月丙子朔庚寅（十五日）に、洞庭守の礼が、所属の県嗇夫と、卒史の嘉、仮卒史の穀、属の尉に告げた命令である。

ここでは令の規定に「伝送し貨物を輸送する際には、必ず先に悉く城旦舂と隷臣妾、居貲贖債たちを行かせよ。急事で留めることができないときに、そこで一般の傜役を興せ」とある。洞庭郡では、実際に軍需物資を内史や巴郡、南郡、蒼梧郡に輸送する際に、県に所属する労働力である「乗城卒・隷臣妾・城旦舂・鬼薪白粲・居貲贖債・司寇・隠官・践更縣者」を派遣し、黔首（庶民）を徴発しないように告げている。また徴発する場合も、省かずして多く徴発した者は、そのたびに劾を県に送れと命じている。これは輸送労働の実務であるが、郡の命令を文書で各県に伝達し、その命令に対する不正や不備を報告させていることがわかる。

また木牘⑯5、6の背面では、遷陵県の下部への指示がみえている。これによると遷陵県は、洞庭郡の命令を受けたあと、それを尉に告げ、さらに都郷と司空に伝達させている。司空は倉主に伝え、都郷は啓陵郷と貳春郷に伝えている。このような伝達の経路は、県の尉が労働編成を担当する職務と、司空と倉に所属する労働力、郷里にいる黔首（庶民）の徴発に対応している。ここでは洞庭郡から遷陵県に文書が伝達され、それを県廷から下部組織に転送する過程を詳しく知ることができる。

この里耶秦簡では、文書行政として終わるのではなく、さらに必要に応じて文書を転送し、実務を遂行する過程を示している。また県廷では、その書記が文書の控えや記録を取り、保管するという情報処理がみえている。その作業は、つぎのような概略が推測される(10)。

秦漢時代の各級の官府・部署では、書記が筆や（文字の削除に使う）刀・硯の文具や、竹簡、木簡、木牘などの文書の素材を備えて、文書の処理をする。その手順は、文書を受信した場合、まず封印された冊書の文書の受け取り（受信した日付、時刻、配送者、受信者）を付記する。また文書を発信した宛名の記録を取る（郵書記録）。そして文書を開封し、このとき取り除かれた封泥や、検（宛名札）が手元に残る。そのあと文書を処理して、必要に応じて原本に対する副本を作成する。また別の部署に転送するときには、その発信した文書の控えを残しておく。これらの返信では、ふたたび文書の処理をする。また県廷の外部に文書を発信するときは、長吏である令あるいは丞の押印をして、郵書記録を作成する。文書の押印には、県廷にある官印あるいは私印が使用される。

こうして処理をした文書は、必要に応じて一定期間に保管する必要がある。これは竹笥《ちくし》（竹製のバスケットのような箱）に入れて保管されたらしく、その文書の部署や期間・内容を記した楬《けつ》（付札）によって区別する。

このような秦代郡県の文書処理と実務の関係は、張家山漢簡『奏讞書』の案件一八「●南郡卒史蓋廬摯朔假卒史瞗復攸庫等獄簿」（一二四～一六一簡）に、その例がある(11)。この案件は、始皇帝二十七年（前二二〇）に、南郡卒史の蓋廬たちが、攸県の庫などの事件を再審したものであるが、ここに文書の保管と叛乱への対応がみえている。

御史書以廿七年二月壬辰到南郡守府。即下、甲午到蓋廬等治所。其壬寅摯益從治、上治它獄。……

●御史下書別居它笥。●今復之。庫曰、初視事、蒼梧守竈・尉徒唯謂庫。利郷反、新黔首往撃、去北當捕治者多、皆未得。其事甚害難、恐爲敗。庫視獄留、以問獄史氏。氏曰、……。它如書。……

●氏曰。劾下、與攸守媱・丞魁治。令史䮌與義發新黔首往、候視反盜多、益發與戰、義死。攸又益發新黔首往擊破。凡三輩、䮌并主籍。其二輩戰北當捕名籍・副并居一笥中。䮌亡不得、未有以別知當捕者。

御史の書は、二十七年二月壬辰（十七日）に南郡守府に到着しました。ただちに下され、甲午（十九日）に蓋廬らの治所に届きました。その壬寅（二十七日）に摯を補充して従事しましたが、他の獄の取り調べをしておりました。……

●御史の下した書は、別に他の竹笥に入れております。●今、これを再審いたしました。庫は以下のように言いました。「私が初めて（攸の県令に）着任したとき、蒼梧守の竈と尉の徒唯が言うには『利郷で反乱があり、新黔首を行かせて攻撃したが、かれらは逃げ去って逮捕すべき者が多く、皆を捕らえることができない。逮捕はとても困難で、失敗するのではないかと心配している』とありました。そこで私は、滞っている獄案を調べて、獄史の氏に問いました。氏は、……と答えました。ほかは書の通りです」と。

……●氏は以下のように言いました。「効が下ったので、私は攸（県）守の嬬や丞の魁と事に当たりました。令史の𩒺と義は新黔首を徴発して対応しました。しかし反乱する者は多く、徴発を増して戦いましたが、義は亡くなりました。そこで攸県では、また新黔首を徴発して攻撃させました。全部で三回ほど徴発し、それは𩒺が合わせて名籍を担当していました。そのうち二回は、戦って逃げ逮捕すべき者の名籍と副本を一笥の中に一緒に入れておりました。𩒺は逃亡して、まだ捕らえることができず、未だに逮捕すべき者を区別することができません。

これによると、蒼梧の利郷で起こった反乱に対して、攸県から新黔首を徴発して鎮圧しようとした。それは全部で三回ほど派遣したが、鎮圧できなかった。また派遣した黔首が逃亡した者には、名籍を調べようとしたが、副本が一緒になっていたため、区別できない状況を述べている。これを担当したのは、県の令史である。ここから秦代では、他の郡県の反乱に対しても、南郡で対応をチェックしていることがわかる。また県では、御史の書のほかに、名籍の副本を竹笥に入れて保管している。これは文書・名籍の保管と、実務との関係を示している。

このように里耶秦簡の⑯5、6と『奏讞書』案件一八では、郡から県に文書を伝達し、それを回答させることによって、軍事的な輸送労働や、反乱の鎮圧を確認していることがわかる。郡の官府では、郡守と郡尉のほかに、スタッフとなる卒史、仮卒史、属や、仮尉、司馬がいる。県の官府では、丞と尉の長吏のほかに、令史などの書記が実務を担当している。これは秦帝国の郡県制を利用した文書伝達を示している。

第二に、公的機関による文書の伝達では、五〇センチ以上の長い觚の形状（多角柱）で、外側から文章がみえる檄（檄文）という簡牘がある。[12] この文書檄には、中間に封泥匣があるが、これは密封するためではなく、証拠印とおもわれる。これは密封した文書が、特定の官吏に宛てられるのに対して、不特定多数の官吏や卒なども見ることができる。漢代では、文書と檄の逓伝は同じように、駅騎と御者、郵人、亭卒などが配送している。ただし戦国、秦漢時代では、敵方のように公的な機構によらない相手に対して檄文を発信する場合がある。

『史記』巻八九張耳陳余列伝には、楚漢戦争の際に、蒯通の策に「傳檄而千里定」とある。

范陽令乃使蒯通見武信君曰……。蒯通曰……令范陽令乘朱輪華轂、使驅馳燕・趙郊。燕・趙郊見之、皆曰此范陽令、先下者也、卽喜矣、燕・趙城可毋戰而降也。此臣之所謂傳檄而千里定者也。

この策では、投降した范陽令に車で燕・趙の郊外に馳せて、かれを人びとに見せることによって安心させ、戦わずして投降させるというものである。このとき「檄を伝え」というのは、檄を持たせて伝達したとおもわれる。

第三に、戦国、秦漢時代では、自国の範囲のほかに使者によって情報を伝達する場合がある。『史記』秦始皇本紀には、秦末の叛乱に対する情報収集と対応がみえている。

（二世元年）七月、戍卒陳勝等反故荊地、爲張楚。勝自立爲楚王、居陳、遣諸將徇地。山東郡縣少年苦秦吏、皆殺其守尉令丞反、以應陳渉、相立爲侯王、合從西鄕、名爲伐秦、不可勝數也。謁者使東方來、以反者聞二世。二世怒、下吏。後使者至、上問、對曰、群盜、郡守尉方逐捕、今盡得、不足憂。上悅。

ここでは秦の中央から叛乱の視察は、謁者によっているが、二世皇帝はその叛乱の報告に怒って吏に下し、別の使者を派遣している。そして二世皇帝は、群盗は憂えるに足らずという使者の報告を聞いて喜んでいる。

また叛乱軍が始皇帝陵墓の目の前に来たときは、二世皇帝は驚いて群臣と対策を謀っている。このとき少府の章邯は、酈山の徒に武器を持たせて戦うことを提案した。のちに章邯には、長史の司馬欣と董翳を遣わしている。

二年冬、陳渉所遣周章等將西至戲、兵數十萬。二世大驚、與群臣謀曰、奈何。少府章邯曰、盜已至、衆彊、今發近縣不及矣。酈山徒多、請赦之、授兵以擊之。二世乃大赦天下、使章邯將、擊破周章軍而走、遂殺章曹陽。二世益遣長史司馬欣・董翳佐章邯擊盜、殺陳勝城父、破項梁定陶、滅魏咎臨濟。

そのあと二世皇帝は使者を遣わして出動した章邯を責め、章邯は長史欣の往来によって中央の情報を聞いている。

(三年)夏、章邯等戰數卻、二世使人讓邯、邯恐、使長史欣請事。趙高弗見、又弗信。欣恐、亡去、高使人捕追不及。欣見邯曰、趙高用事於中、將軍有功亦誅、無功亦誅。項羽急擊秦軍、虜王離、邯等遂以兵降諸侯。

また諸侯が西に向かう情勢のなかで、沛公が趙高に人を派遣したという伝えがある。

高前數言、關東盜毋能爲也。及項羽虜秦將王離等鉅鹿下而前、章邯等軍數卻、上書請益助、燕・趙・齊・楚・韓・魏皆立爲王、自關以東、大氐盡畔秦吏應諸侯、諸侯咸率其衆西鄉。沛公將數萬人已屠武關、使人私於高、高恐二世怒、誅及其身、乃謝病不朝見。

二世皇帝の死後、子嬰は秦王となって四十六日目に、沛公が人を使わして、秦王子嬰と降伏を約している。しかし月余にして、諸侯の兵が至り、子嬰と秦諸公子・宗族は殺されている。

子嬰爲秦王四十六日、楚將沛公破秦軍入武關、遂至霸上、使人約降子嬰。子嬰卽係頸以組、白馬素車、奉天子璽符、降軹道旁。沛公遂入咸陽、封宮室府庫、還軍霸上。居月餘、諸侯兵至、項籍爲從長、殺子嬰及秦諸公子宗族。

このように秦末には、秦帝国の中央と叛乱勢力への対応に使者を派遣する情勢がみえている。

第四に、公的な機関とは別に、書信による情報伝達がある。(13) 戦国、秦漢時代では、使者の派遣とともに書を渡す例がみえている。これも情報伝達の手段である。

以上のように、秦代の情報伝達では、第一に県や郵などの公的な機関による文書伝達がある。第二に、文書檄による情報伝達がある。第三には、使者による往来があり、第四には、書信による情報伝達がある。したがって秦帝国では、郡県に伝達された内史と他郡の情報は、秦の官府と関係していれば入手できることになる。秦末の叛乱に際して、もし項羽と劉邦などが、このような官府の情報を入手できれば、それは正規の文書伝達ルートによる情報となる。

二　秦の滅亡と項羽の体制

それでは秦帝国の公的な文書伝達に対して、叛乱軍の情報収集と伝達は、どのような方法によるのだろうか。また項羽と劉邦は、どのような情勢にもとづいて蜂起し、その基盤はどのような性格をもつのだろうか。ここでは項羽の体制によって、つぎのように区分しておきたい。

①二世元年九月の蜂起から、楚懐王を擁立するまで

②二世二年六月から楚懐王のもとで戦い、秦が滅亡するまで

③漢元年（前二〇六）に西楚覇王となってから、漢王に敗北するまで

これまでの秦帝国の情報伝達からすれば、二世皇帝の元年に起こった陳渉・呉広の乱は、すぐに郡県の文書伝達ルー

トを通じて各地に伝えられたはずである。①の時期では、『史記』巻七項羽本紀に、つぎのように記している。

秦二世元年七月、陳渉等起大澤中。其九月、會稽守通謂梁曰、江西皆反、此亦天亡秦之時也。吾聞先即制人、後則爲人所制。吾欲發兵、使公及桓楚將。……於是籍遂拔劍斬守頭。項梁持守頭、佩其印綬。門下大驚、擾亂、籍所擊殺數十百人。一府中皆慴伏、莫敢起。梁乃召故所知豪吏、諭以所爲起大事、遂擧吳中兵。使人收下縣、得精兵八千人。梁部署吳中豪傑爲校尉・候・司馬。……於是梁爲會稽守、籍爲裨將、徇下縣。

このとき項梁は、呉中に亡命していたが、九月に会稽郡の郡守から叛乱に対する相談を受けている。これは秦の公的な文書伝達によるものであろう。しかし項梁は、項羽（項籍）に郡守を殺させて、郡守の印綬を奪ったという。門下の人々は驚いたが、結局、旧知の豪吏を召し出して挙兵し、管轄の県を掌握して精兵八千人を得ている。また呉中の豪傑を、校尉や候、司馬としている。ここでは当初の情報が、秦の文書伝達によるものであり、かれらの叛乱基盤が、秦の長吏をのぞいて、官府の豪吏や県社会の豪傑による編成を示している。

このあと項梁たちの軍は、長江を渡って北上するが、ここで東陽県の陳嬰たちが加わっている。

陳嬰者、故東陽令史、居縣中、素信謹、稱爲長者。東陽少年殺其令、相聚數千人、欲置長、無適用、乃請陳嬰。嬰謝不能、遂彊立嬰爲長、縣中從者得二萬人。少年欲立嬰便爲王、異軍蒼頭特起。……嬰乃不敢爲王。謂其軍吏曰、項氏世世將家、有名於楚。今欲擧大事、將非其人不可。我倚名族、亡秦必矣。於是衆從其言、以兵屬項梁。項梁渡淮、黥布・蒲將軍亦以兵屬焉。凡六七萬人、軍下邳。

陳嬰は、東陽県の令史であったが、若者たちは県令を殺して、かれに数千人の長になって欲しいと頼んだ。陳嬰は承諾したが、王にはならず、楚の名族である項梁に帰属した。ここでも当初は秦の官府による情報により、その叛乱の基盤は、中央から派遣された長吏をのぞいて、属吏と県社会の人々で構成されていたことがわかる。その後、項梁たちの軍は、淮水を渡って項羽の郷里（下相、江蘇省宿遷）に近づき、下邳（江蘇省古邳）に到ったときには、黥布たちをふくめて六、七万人になっていたと伝えている。とすれば、項梁たちの基盤は、会稽郡と陳嬰に従う東陽県の人々と、項羽の郷里の周辺で合流した人びとで、ほとんど秦の長吏をふくんでいないと推測される。

それでは劉邦の場合は、どうであろうか。『史記』高祖本紀には、つぎのように述べている。

秦二世元年秋、陳勝等起蘄、至陳而王、號爲張楚。諸郡縣皆多殺其長吏以應陳渉。沛令恐、欲以沛應渉。掾・主吏蕭何、曹參乃曰、君爲秦吏、今欲背之、率沛子弟、恐不聽。願君召諸亡在外者、可得數百人、因劫衆、衆不敢不聽。乃令樊噲召劉季。劉季之衆已數十百人矣。

沛県では、陳渉たちが「張楚」と号し、他の郡県でも長吏を殺して呼応しようとするのを聞いて、県令は掾・主吏の蕭何と曹参に相談した。このとき秦帝国では、秦の長吏が横暴で、他の郡県でも長吏を殺して蜂起することが『史記』張耳列伝にもみえている。(14)これも秦の公的な文書伝達によるとおもわれる。蕭何たちは、県令が秦吏であることから、劉邦を頭にすることを提言した。その結果、蕭何と曹参、劉邦たちは、沛県の城内にいた父老と子弟に、帛書の書信で投降を呼びかけ、かれらは沛令を殺して城門を開いて劉邦を沛公とした。しかし沛県で蜂起したあとは、秦の機関による文書伝達は途絶えるはずである。沛公たちの集団は、その後、項梁たちと一緒に懐王を擁立して、楚の体制のもとで行動している。

このように項羽と劉邦の蜂起では、会稽郡と沛県の官府で同じように、当初は秦の郡県制による情報にもとづいている。しかし郡県で蜂起したあとは、秦の文書伝達のルートは途絶えてしまう。そこで②の時期には、楚懐王と項梁のもとで、秦の郡県制とは異なる体制を採用したとおもわれる。(15)それは楚懐王の孫を、ふたたび懐王に立てたことによって、楚国を復興する体制である。その一端は楚国の暦や、官職、爵の身分の名称などに現れている。

一は、楚の暦法である。これは『史記』秦楚之際月表にみえるように、十月を年頭とする秦の紀年（顓頊暦）に対して、楚王の欄では秦暦と三ヶ月のズレをもつ暦（正月を年頭）で記事を記している。この秦暦と三ヶ月のズレをもつ暦は、睡虎地秦簡にみえる秦暦と楚暦の対照によって、楚暦の特徴であることが明らかになった(16)。しかも月表では、楚王と項梁・項羽の欄に記事が多く、漢王の記事も楚との関連を示すという特徴がある。したがって楚王は、秦の滅亡以前に楚暦を採用しており、その記載が漢代まで伝わっていた可能性がある。

二は、楚の官職である。中央には司徒（呂臣）、令尹（呂青、宋義）、上柱国（陳嬰）、左令尹（項纏、項伯）などがある。また地方では、必ずしも官職と一致しないが、某君として封君にする形態をとっている。この詳細な官制は不明である。

この楚国の体制について卜憲群氏は、その地方行政が郡県制であったと指摘している(17)。その後の項羽の分封では、王国のもとに郡県があるため、秦末の蜂起から楚国の国家体制をとった時期に、楚の行政機構ではなく、秦の郡県制を採用した可能性がある。これは秦帝国が短期間に滅んだとしても、各地域に秦の郡県制を残したことになり、その実態は第四章の里耶秦簡の考察にみえたような統治であったろう。

三は、楚の爵の身分である。ここでは封君とする形態のほか、楚に特有な名称がみえている。たとえば楚懐王のもとで、項羽は長安侯、魯公となり、劉邦（沛公）は武安君、碭郡の長となったが、卜憲群氏などが指摘されるように、この沛公の陣営では楚爵の名称を使っている(18)。それは曹参（執帛、建成君、執珪）や、樊噲（列大夫、上間、五大夫、爵卿、賢成君）、夏侯嬰（執帛、執珪、滕公）、灌嬰（七大夫、執帛、宣陵君、執珪、昌文君）などの例がみえており、多くは楚の制度とみなされている。

この状況は、項梁が定陶で亡くなって、同九月に懐王が彭城に遷都したあとも、ほぼ同じであるとおもわれる。ただし項梁が亡くなったあと、その配下の人物たちは、項羽の陣営に多くが移ったらしいことが注意される[19]。このほかには、郡県レベルの機構と制度を運用する実態は不明である。

以上のことから、楚王と項梁、項羽の体制は、当初は秦の郡県を奪取することから始まっているが、秦が滅亡する前には、基本的に楚の制度を継承して、下部の機構を統轄するものといえよう。この楚の体制を基礎として、秦軍と戦っている。『史記』項羽本紀には、その一例として、秦の将軍・章邯が使者を送り、項羽と殷墟で和議を結ぶ事件がある。

章邯使人見項羽、欲約。項羽召軍吏謀曰、糧少、欲聽其約。軍吏皆曰、善。項羽乃與期洹水南殷虛上。已盟、章邯見項羽而流涕、爲言趙高。項羽乃立章邯爲雍王、置楚軍中。使長史欣爲上將軍、將秦軍爲前行。

このとき注目されるのは、章邯と一緒に司馬欣が項羽の軍に加わっていることである。項羽本紀では、かつて項梁は、呉に亡命するまえに秦の櫟陽《やくよう》で捕らえられたとき、蘄《き》県の獄掾であった曹咎に依頼して、櫟陽の獄掾に書信を送って解放してもらったことがある。その櫟陽の獄掾が司馬欣である。司馬欣は、この縁によって項羽に協力し、秦が滅亡したあとは章邯や董翳と共に、秦の旧地（都は櫟陽）に王となっている。これは書信や使者による戦略である。

1項梁嘗有櫟陽逮、乃請蘄獄掾曹咎書抵櫟陽獄掾司馬欣、以故事得已。

2項王乃立章邯爲雍王、王咸陽以西、都廢丘。長史欣者、故爲櫟陽獄掾、嘗有德於項梁。都尉董翳者、本勸章邯降楚。故立司馬欣爲塞王、王咸陽以東至河、都櫟陽。立董翳爲翟王、王上郡、都高奴。

なお『史記』巻一一三南越列伝では、会稽郡の南方の地域でも、同じように秦の郡県と情報にもとづいて行動している[20]。ここでは南海郡尉であった任囂が、二世皇帝のときに陳渉たちの叛乱を知って、龍川令であった趙佗に南海尉の職務を代行させている。趙佗は、すぐに檄文を横浦・陽山・湟谿関に発して、防衛に当たらせている。そして秦の任命した長吏を排除して、自分の関係者を仮守に任命し、秦の滅亡後は、桂林・象郡をあわせて南越武王になったという。これもまた、当初は秦の郡県制によりながら、あとで秦から離れて独立した例である。

このように秦末の叛乱は、秦の郡県制の機構を奪取することから出発している。このとき注目されるのは、秦が任命した長吏を排除して、官府の属吏や県社会の人々を基礎とすることである。このような情勢では、叛乱したあとに秦の文書伝達は途絶えることになる。しかし楚懐王の体制では、秦の郡県制による情報伝達にかわって、楚の領域に復活させた文書伝達が予想される。そのほかに秦軍との戦争や、他の叛乱軍との連絡の際には、使者を送ることや、文書と書信による情報伝達によって戦略を試みている。また味方や敵の軍隊に、情報を知らせるためには、檄文によって広く知らせる方法もおこなわれている。

③に秦帝国が滅亡すると、項羽は義帝を立て、自らは西楚覇王となって十八王を分封した。このとき項羽は九郡を領有し、彭城（江蘇省徐州市）を都とした。また義帝の死後は、楚の制度を継承した項羽の分封体制となった。このような体制は、秦末の懐王の体制を継承しているとおもわれる(21)。

項羽は、長江流域に三人の王を置いた。それは呉芮を衡山王として邾を都とし、呉芮と一緒に項梁に従った黥布は、九江王として出身地の六県を都とした。江陵を中心とする領地には、共敖を臨江王とした。これらは秦が滅亡すると き、すべて楚に従った人物である。したがって西楚とこれらの王国で、大きく楚の領域を形成している。

秦の旧地（三秦）には、章邯と司馬欣、董翳を分封したが、この三人はいずれも秦の降将である。また巴・蜀と漢中には漢王を封じて、南鄭（陝西省漢中市）を都とした。この地は、戦国時代に楚文化の影響をうけながら、もっとも早く秦の領有となったところである。だから楚に従った人物を封じたともみなせるし、戦功によって秦の地を分封したということもできる。

黄河流域の趙と燕の地方では、趙王の趙歇を代王に移し、張耳を常山王とした。燕王の韓広を遼東王に移し、燕の将であった臧荼を燕王とした。魏と韓の地方では、魏王の魏豹を西魏王とし、趙の将であった司馬卬を殷王としている。また韓の将であった韓成を韓王とし、先に河南を降した申陽を河南王とした。斉の地方では、斉王の田市を膠東王とした。そして関中に従った田都を斉王とし、斉王建の孫である田安を済北王としている。

このような十八王の分封は、その地域に縁がある王族や将たちと、項羽との関係で功績のある人物が選ばれている。ここでは王族の復活という側面と、秦の滅亡に際しての功績や、項羽との人脈による関係を重視した側面がある。この項羽の分封を、『史記』秦始皇本紀の二十六年条にみえる統一時の議論とくらべてみよう。

丞相綰等言、諸侯初破、燕・齊・荊地遠、不爲置王、毋以塡之。請立諸子、唯上幸許。始皇下其議於羣臣、羣臣皆以爲便。廷尉李斯議曰、周文武所封子弟同姓甚衆、然後屬疏遠、相攻擊如仇讎、諸侯更相誅伐、周天子弗能禁止。今海内賴陛下神靈一統、皆爲郡縣、諸子功臣以公賦稅重賞賜之、甚足易制。天下無異意、則安寧之術也。置諸侯不便。始皇曰、天下共苦戰鬬不休、以有侯王。賴宗廟、天下初定、又復立國、是樹兵也、而求其寧息、豈不難哉。廷尉議是。

秦では、燕と斉・荊楚の地域が遠方にあるため、王を置くことが議論された。しかし廷尉の李斯は、同姓をふくむ周王室の封建が失敗したことを教訓として、直轄的な郡県制とすることを主張した。また始皇帝も、国を復興させるのは、兵を建てることであると認めている。その結果、秦では天下を三十六郡とした。

項羽が十八王を分封した体制をみると、秦の議論とは少し様子が違っている。まず旧楚の領域には、義帝と項羽の西楚のほかに、三人の王を分封した。これは長江中流域の旧楚の地域まで分封しており、大きくみれば楚国の基礎となるものである。また秦帝国は、都城より遠方にある地域に国を建てることを警戒していたが、項羽は遠方にある華北や三秦の地域にも分封している。したがって項羽の分封は、西楚を中心として、あたかも大きな楚国を形成し、それ以外の周辺地域に、功績を重視しながら旧王族と功臣たちを分封したことがわかる。ここには、項氏一族の分封はみられない。

このような分封の特徴は、つぎのように解釈できよう。まず項羽の西楚は、当然ながら楚国の体制を受けついでいるはずである。たとえば中央では、楚暦や楚の爵、官職を用いて内政と軍事を展開し、そのブレーンには范増や陳嬰たちがいる。楚の官制は、あまり明らかではないが、軍事的な派遣には、鐘離眜、龍且、周殷たちがおり、そのほか司馬欣や董翳がいる。また地方行政では、楚国の郡以下では、おそらく郡県制の形態をとり、ただ長官の名称や、楚暦と文書・法令などに楚のシステムが残されたとおもわれる。

長江流域の三人の王による体制は、大きな楚国ともいうべきものである。これも王国の体制は不明であるが、いきさつからみれば、おそらく楚の暦や官制を使用していたであろう。また漢王は、漢中に赴任するとき韓信が連敖となっていたように、まだ楚の官職を使っている。このほか功臣を封君とすることも楚の方式である。

黄河流域の王国は、詳しくは明らかではないが、楚国とは異なる制度であった可能性がある。それは斉の分封に不満をもった田氏が、すぐに自立して斉王となり、楚に対抗していることからも推測できる。

したがって項羽の分封は、楚の制度による西楚を中心として、大きな楚国の領域を形成し、その周辺の地域（三秦、韓、魏、趙、燕、遼東、斉など）は、独自の制度を認めたものではないかと考える。これを封建のなかで位置づければ、周王室のように一族や功臣を封じる封建とも異なっている。むしろ楚国とその属国を基礎として、それ以外の地域に戦功による分封を認めた形勢に近い。これは戦国楚の体制でいえば、楚王が封じた封君の延長とみなすこともできよう(22)。ここに項羽の体制は、戦国楚の国家と封君のあり方が、そのモデルであった可能性がある。このとき楚国の領域にふくまれる郡県では、秦と同じように文書を伝達することが可能である。しかし秦軍と戦うときや、他の諸侯との連絡には、通常の文書伝達ルートを利用することができない。このような場合には、使者を派遣し、文書や書信を送って連絡を取ることになる。これは戦国時代の伝達方法と同じである。

三　楚漢戦争期の体制と戦略

それでは漢王の体制は、どのような特徴をもつのだろうか。つぎに楚漢戦争の時期における漢王の体制と、項羽の体制との相違を考えてみよう。

漢王は、漢中に着任するまでは楚の体制に従い、楚の制度を採用していた。しかし『史記』高祖本紀では、漢元年（前二〇六）八月に関中に引き返して秦の本拠地を掌握している。

八月、漢王用韓信之計、従故道還、襲雍王章邯。邯迎撃漢陳倉、雍兵敗、還走。止戦好時、又復敗、走廢丘。漢王遂定雍地。東至咸陽、引兵圍雍王廢丘、而遣諸將略定隴西・北地・上郡。令將軍薛歐・王吸出武關、因王陵兵南陽、以迎太公・呂后於沛。……二年、漢王東略地、塞王欣・翟王翳・河南王申陽皆降。

このあと楚漢戦争の時期に、漢王の体制と戦略が変化している。これについて李開元氏は、漢王が漢中に赴くまでは楚制とし、元年四月以後に楚爵がみえず、漢五年（前二〇二）正月に皇帝になったとき漢の爵制に変化はないとする[23]。そのため漢王の体制が変化する指標として、韓信が「軍法」を定めた時期を推定し、漢元年四月から八月の間に秦制へ転換したとみなしている。この漢王の体制が変化した時期は明らかではない。ただしそれを明確にした時期は、関中に戻って三秦の地を奪取したあと、漢二年（前二〇五）二月に秦の社稷を除き、漢の社稷を立てた時点とおもわれる。『史記』高祖本紀には「(二年)二月、令除秦社稷、更立漢社稷」とあり、『漢書』高帝紀上では、漢二年二月癸未（五日）とする。その拠点は、櫟陽である。

(二年)十一月、立韓太尉信爲韓王。漢王還歸、都櫟陽。……二月癸未、令民除秦社稷、立漢社稷。施恩德、賜民爵。蜀漢民給軍事勞苦、復勿租税二歳。關中卒從軍者、復家一歳。擧民年五十以上、有脩行、能帥衆爲善、置以爲三老、郷一人。擇郷三老一人爲縣三老、與縣令丞尉以事相教、復勿繇戍。以十月賜酒肉。

秦の社稷を除き、漢の社稷を立てることは、ただ祭祀を変えることだけではない。ここには漢が秦の体制を継承することを示している。この漢王の体制が、楚の制度から変わる意義については、いくつかの要因が指摘できる。

一に注目されるのは、秦帝国が滅亡する前に、沛公が咸陽に入ったとき蕭何が秦の「律令、図書」を収めたという伝えである。『史記』蕭相国世家では、つぎのように記している。

沛公至咸陽、諸將皆爭走金帛財物之府分之。何獨先入收秦丞相御史律令圖書藏之。沛公爲漢王、以何爲丞相。項王與諸侯屠燒咸陽而去。漢王所以具知天下阸塞、戸口多少、彊弱之處、民所疾苦者、以何具得秦圖書也。

ここでは蕭何が「秦の丞相・御史の律令・図書」を収め、漢王が「天下の阸塞や、戸口の多少、彊弱の処、民の疾苦する所」を知ったという。蕭何は、かつて沛県の主吏掾であり、秦の法令や情報システムの重要性を知っていたことは、里耶秦簡にみえる県廷の令史などの職務から推測できる。しかし秦帝国の地図と交通ルートの情報は戦略に役に立つが、法制と官制や暦の情報は直接的に関中を掌握するときの役割は少ない。また漢中に王となるときは、関中の民の戸籍は意味をもたない。とすれば秦の「律令、図書」を収めたとするが、秦の戸籍が実質的に意味をもつのは、関中を掌握した後ということになる。これは秦の三将軍が、秦の制度を採用し、三秦の戸籍を持っており、その戸籍を漢が継承したことが推測される。

二に、楚人である漢王たちが関中を占領したとき、そこに居住する秦人を領域に取り込むことは、その後の淮陰侯韓信の戦略にみえている。韓信は、黄河流域の趙や斉を占領したとき、その投降した軍隊を組み込み、その地域の人々を統治している。[24] この方法は、おそらく兵法にもとづくものであろうが、居住する人びととの共存を示している。この場合、当初の漢王の体制は、もし楚の制度のままであれば、統治者が楚制と官制・楚爵を用い、統治される人びとが秦人ということになる。しかし漢王の体制が、二年二月を起点として秦の制度を採用したとすれば、それは秦制と官制・秦爵を用いる統治者が、秦人を統轄することになる。これはいわば秦国の体制が復活したことになり、戦争を遂行するときにも編成が容易になろう。

三に、劉邦は沛県の豊で生まれた楚人であるが、若いころに魏を往来していた経歴がある。『史記』張耳列伝には「秦之滅大梁也、張耳家外黄。高祖爲布衣時、嘗數從張耳游、客數月」とある。また呂后の父である呂公は、単父の人であり、純粋な楚人ではない。さらに蕭何や淮陰侯韓信のほかにも、他国人として張良や陳平、張蒼のように優れた人物を取り込んだことがあげられる。張良の先祖は韓人で、秦が韓国を滅ぼしたあと報復を試みていたが、沛公が蜂起したあとに加わっている。陳平は、魏地の陽武県の人で、陳渉が陳王となったとき魏王に仕え、のちに西楚覇王となった項羽に仕えたが、逃げて漢王に降っている。張蒼は陽武県の人で、秦のとき御史となって柱下の方書を扱ったが、罪をのがれて郷里に帰り、のちに沛公の客となっている。このように漢王は、楚の風土に育った項羽とくらべて、楚国より以外の地域に近い人を任用している。また魏の制度は、戦国時代の秦に影響を及ぼしている。こうした風土の違いも、秦の制度を受け入れやすい一因となろう。[25]

漢王の制度は、『史記』太史公自序と『漢書』高帝紀にも、その役割をうかがうことができる。

於是漢興、蕭何次律令、韓信申軍法、張蒼爲章程、叔孫通定禮儀、則文學彬彬稍進、詩書往往間出矣。……百年

之間、天下遺文・古事靡不畢集太史公。（太史公自序）

天下既定、命蕭何次律令、韓信申軍法、張蒼定章程、叔孫通制禮儀、陸賈造新語。（『漢書』高帝紀下）

ここでは漢代に天下が定まったとき、蕭何が律令を整え、韓信が軍法を申べ、張蒼が章程を定め、叔孫通が礼儀を定めたという。これは漢王の集団で、のちに制度を整える蕭何や韓信、張蒼、叔孫通が重要な役割を果したことを推測させるものである。

漢王と漢王朝が、秦の礼儀制度・暦の正朔・服色を継承したことは、『史記』八書にみえている。

至于高祖、光有四海、叔孫通頗有所增益減損、大抵皆襲秦故。自天子稱號下至佐僚及宮室官名、少所變改。（礼書、論賛）

漢興、高祖曰、北時待我而起、亦自以爲獲水德之瑞。雖明習歴及張蒼等、咸以爲然。是時天下初定、方綱紀大基、高后女主、皆未遑、故襲秦正朔服色。（暦書、論賛）

漢興、高祖之微時、嘗殺大蛇。……遂以十月至灞上、與諸侯平咸陽、立爲漢王。因以十月爲年首、而色上赤。（封禅書）

漢王朝の官制や法律、文書行政などについては、これまで多くの研究がある。(26) また秦と漢の比較は、睡虎地秦簡や里耶秦簡と、張家山漢簡『二年律令』によって、さまざまな方面から指摘されている。(27) したがって漢の体制は、つぎの段階に分けることができる。

1に、沛公が大きな勢力となれたのは、楚懐王を立てた楚国の体制に入ったからである。この楚の制度は、漢王になって着任するまでつづいている。

2に、項羽と対抗できたのは、秦の制度と人々を継承したからである。楚漢戦争の時期は、項羽の楚の体制に対して、漢王の体制は秦の統一前の再現のようである。漢王と項羽は、こうした体制を基礎として地方を統治し、諸侯の勢力との連合をおこなっている。

楚漢戦争の概略をみれば、西方を拠点とする漢王は、旧秦の領地と人々による状況のなかで、郡県制による文書伝達と労働編成、軍事体制を復活したことになる。一方、東方の西楚覇王は、楚の領地と制度のなかで、郡県による文書伝達と編成をしたはずである。そして両者の対抗では、その中間となる戦争と、他の勢力との連絡は、文書と書信や、使者の派遣という情報伝達の方法を採用している。これは大きくみれば、秦が滅亡するまえの対立が、ふたたび漢と楚を中心とした合従連衡として生じたことになる。これは秦帝国と楚漢戦争の特徴の一つである。

このような楚漢戦争の基盤となる地方統治の形態を、私は「秦の社会システム」と「楚の社会システム」と呼んで区別している[28]。それはつぎのような構造となる。

項羽の体制　：楚の官制（国家機構）—地方行政（楚の機構）—県社会（楚の習俗をもつ人びと）
漢王の体制１：楚の官制（国家機構）—地方行政（郡県機構）—県社会（秦の習俗をもつ人びと）
漢王の体制２：秦の官制（国家機構）—地方行政（秦の機構）—県社会（秦の習俗をもつ人びと）

つまり項羽の体制は、「楚の社会システム」のなかで行動したといえる。それは楚の官制（国家機構）、楚の地方行政機構の体制に、下部となる県社会に楚の習俗をもつ人びとを組み込む構造である。これに対して、漢王の体制は変化している。秦の滅亡後、１漢中に王となったときは「楚の体制」であった。それは楚の官制（国家機構）をもち、統治する地域は旧秦の領地であり、その民は秦の習俗をもつ人びとである。そこで漢王は、２関中を掌握したあとに変化して、「秦の社会システム」を採用した。それは秦の官制（国家機構）と、秦の地方行政の体制と、秦の習俗をもつ人びとの県社会を組み込む構造である。それを明確にしたのは、漢二年に秦の社稷をのぞいて、漢の社稷を設けた

図1　国家と社会システム

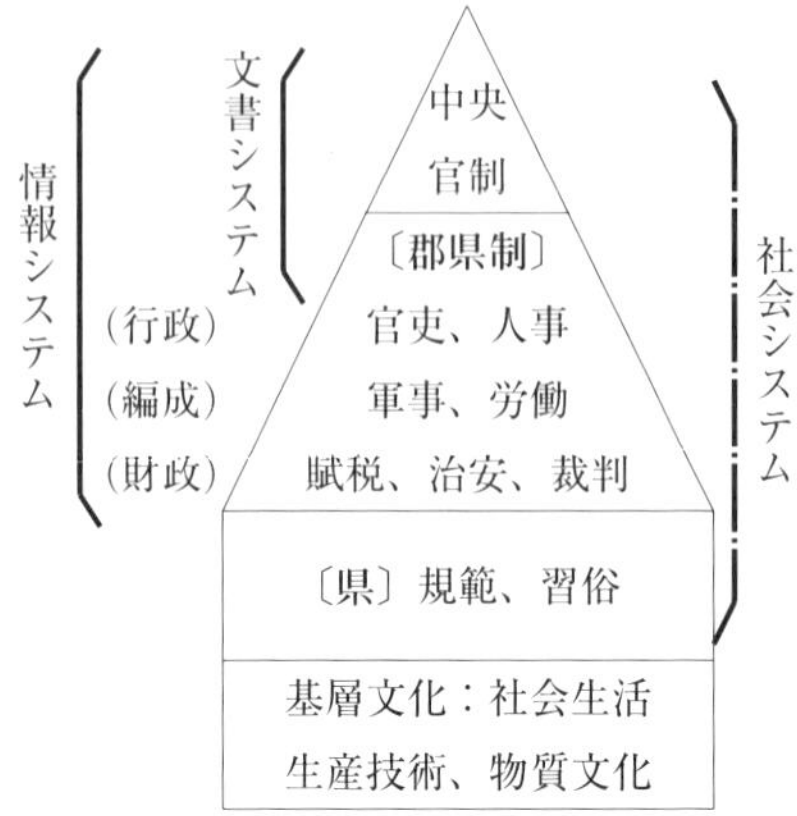

時期とおもわれる。この概念によれば、秦統一後に旧六国の人びとをふくむ東方地域は、秦の制度と行政機構による占領統治の体制であるが、「秦の社会システム」という構造ではない。

ただし戦国時代から秦漢時代の社会システムについては、注意する点がある。それは郡県制のような広領域の地方統治のなかで、県社会を基層社会としていても、そこに暮らす人びとの生活や生産技術までに国家が介入したのかという問題である。これについては里耶古城の周辺を調査したときに、秦代の統治から長い年月をへて、現在でも少数民族の生活が温存されていることを指摘した[29]。これは一例であるが、国家の地方統治と社会システムは、県社会の行政までであり、その基層文化となる生活や、生産技術には及んでいないと想定している。

図1は、こうした国家と社会の関係を示したものである[30]。文書システムは、文書行政ともいわれ、国家が郡県制を通じて地方行政機構と官吏を掌握する機能である。情報システムは、統治システムともほぼ同じであり、文書行政をこえた情報処理の機能や、地方で実務を運営する機能を指している。社会システムとは、国家の地方統治のなかで、地域性をもつ人びとを組み込む構造を示している。そして基層文化とは、そこに暮らす人びとの生活や生産技術を想定している。これをみれば漢王の体制が、楚の国家機構で秦の民を統治しなかったのは、十分な理由があることになろう。

このように楚漢戦争の体制を理解するとき、漢覇二王城で両者が和議を結んだあとから、項羽の敗北までの情勢は、

『史記』の記述がうまく説明できない。この点を、遺跡調査とあわせて再検討してみよう。『史記』項羽本紀には、つぎのように描写している。

1漢五年、漢王乃追項王至陽夏南、止軍、與淮陰侯韓信、建成侯彭越期會而撃楚軍。至固陵、而信、越之兵不會。楚撃漢軍、大破之。漢王復入壁、深塹而自守。……於是乃發使者告韓信、彭越曰、幷力撃楚。楚破、自陳以東傅海與齊王、睢陽以北至穀城與彭相國。使者至、韓信、彭越皆報曰、請今進兵。韓信乃從齊往、劉賈軍從壽春並行、屠城父、至垓下。

2項王軍壁垓下、兵少食盡、漢軍及諸侯兵圍之數重。夜聞漢軍四面皆楚歌、項王乃大驚曰、漢皆已得楚乎。是何楚人之多也。

1では、項羽と劉邦が黄河の傍らにある漢覇二王城（河南省滎陽）で和議を結んだあと、漢五年（前二〇二）十月に、漢王は張良と陳平の進言に従い、約束に反して項羽を追撃した。このとき陽夏に行き、固陵で戦ったが、淮陰侯韓信と彭越の軍が参戦しなかったので漢王の軍は敗北した。そこで漢王は、韓信と彭越に使者を派遣して、項羽の領地を二分することを約束し、垓下に集結することにした。

2では、項羽の軍が垓下で包囲され、夜に漢軍が四面楚歌をするのを聞いたというエピソードである。このとき虞《ぐ》姫《き》（虞美人）との別れがよく知られている。ところが、この垓下の戦いには、いくつかの問題がある。まず垓下の地名は、どこかという問題がある。つぎに垓下で四面楚歌として囲まれる情勢である。

垓下の地名について、譚其驤主編『中国歴史地図集』第二冊（中国地図出版社、一九八二年）では、安徽省霊璧県の東南としており、これは陳渉・呉広が蜂起した蘄県（宿州市）の東側にある。また少し離れているが、北方には都の彭城（江蘇省徐州市）があり、東北には項羽の郷里・下相がある。これに従う説は多い。しかし辛徳勇氏は、これを陳下としている。[31]その根拠は、項羽本紀の唐・張守節の正義に「按、垓下是高岡絶巖、今猶高三四丈、其聚邑及堤在垓之側、因取名焉。今在亳州眞源縣東十里、與老君廟相接」とあり、唐の真源県は秦漢時代の苦県で、故城は今の河南省鹿邑県城とする。さらに『史記』灌嬰列伝に「與漢王會頤鄕。從擊項籍軍於陳下、破之、所將卒斬樓煩將二人、虜騎將八人。賜益食邑二千五百戶」とある記事によって陳下とする説を支持している。陳県は、陳渉が都とした地で、今の河南省淮陽市である。この陳楚故城は、すでに城壁が破壊されているが、戦国楚墓などの遺跡が残っている。[32]また周辺には、陳渉の郷里といわれる陽城故城（河南省商水）や、呉広の郷里である陽夏（河南省太康）がある。

ところが二〇〇七年から垓下故城が調査され、その場所は霊壁県ではなく、安徽省固鎮県という説が見直されている。[33]垓下村古城遺址は、ちょうど霊壁県の垓下古戦場の南にあたり、その間を沱河（古代の洨水）が隔てている。その位置は、酈道元『水経注』淮水条に「洨水又東南流逕洨縣故城北、縣有垓下聚、漢高祖破項羽所在也」とある垓下聚と一致している。[34]古城は、城内が一五万平方メートル（目安として三〇〇×五〇〇メートル）の小さな城郭で、しかも大汶口文化晩期からの城壁遺跡を継承したものという。だから現地の城郭は軍事砦を修築したものである。『史記』項羽本紀に「項王の軍、垓下に壁し、兵少なく食尽き、漢軍及び諸侯の兵、これを数重に囲む」というのは、垓下古戦場のような平地ではなく、垓下古城のように城壁で囲まれていたことになる。

また「四面楚歌」の舞台となる垓下をめぐる情勢も問題となる。これについては、先に辛徳勇氏が根拠とした『史記』灌嬰列伝に興味深い記述がある。[35]

齊地已定、韓信自立爲齊王、使嬰別將擊楚將公杲於魯北、破之。轉南、破薛郡長、身虜騎將一人。攻博陽、前至下相以東南僮・取慮・徐。度淮、盡降其城邑、至廣陵。項羽使項聲・薛公・郯公復定淮北。嬰度淮北、擊破項聲・郯公下邳、斬薛公、下下邳、擊破楚騎於平陽、遂降彭城、虜柱國項佗、降留・薛・沛・酇・蕭・相。攻苦・譙、復得亞將周蘭。與漢王會頤鄉。從擊項籍軍於陳下、破之、所將卒斬樓煩將二人、虜騎將八人。賜益食邑二千五百戶。

灌嬰は、当時、斉王となっていた韓信の別働隊として、彭城の周辺を転戦していた。すでに灌嬰は、垓下の戦いより前に、魯と薛郡、傅陽、下相、僮、取慮、徐に進軍した。さらに淮水を渡って広陵（揚州市）に進み、ふたたび淮水を北上して、項声と薛公の軍を下邳で破った。そのあと彭城を陥落させ、西方の留や薛、沛、酇、蕭、相の諸県を降して、苦県（河南省鹿邑）と譙県を攻めている。つまり灌嬰の軍は、漢王が項羽と陳で戦うまでに、楚の都城である彭城と、その周辺の諸県を降しているのである。

そこで西楚の領域をみると、彭城をはじめ、灌嬰が降した諸県や、垓下の地は、すべてその範囲にふくまれている。したがって項羽は、戦争の情勢を知らずに他国の垓下に転戦したのではなく、すでに西楚の領域にある彭城や諸県の陥落を知っていたはずである。だから項羽は、垓下の三方を囲まれており、彭城や下相の方面に帰ることはできない。図2は、これを図示したものである。このように「四面楚歌」のエピソードは、文学的には興味深い話であるが、情報伝達の視点からみれば、その史実として考証が必要である。

さらに項羽本紀では、その後の転戦のエピソードが問題となる。

項王至陰陵、迷失道、問一田父、田父紿曰左。左、乃陷大澤中。以故漢追及之。項王乃復引兵而東、至東城、乃有二十八騎。漢騎追者數千人。項王自度不得脫。……於是項王乃欲東渡烏江。

ここでは項羽が垓下から転戦して、さらに陰陵、東城から烏江に到る経過を記している。そのとき『史記』では、項羽が陰陵で道に迷い、田父にだまされて迂回し、東城に到ったというが、これは現地の実情にあわない。この垓下から淮水を越えた南は、西楚の領地ではない。しかしこの地を領有していた九江王の黥布が、漢王に投降したため、

図２　垓下の戦い周辺（『項羽と劉邦の時代』より）

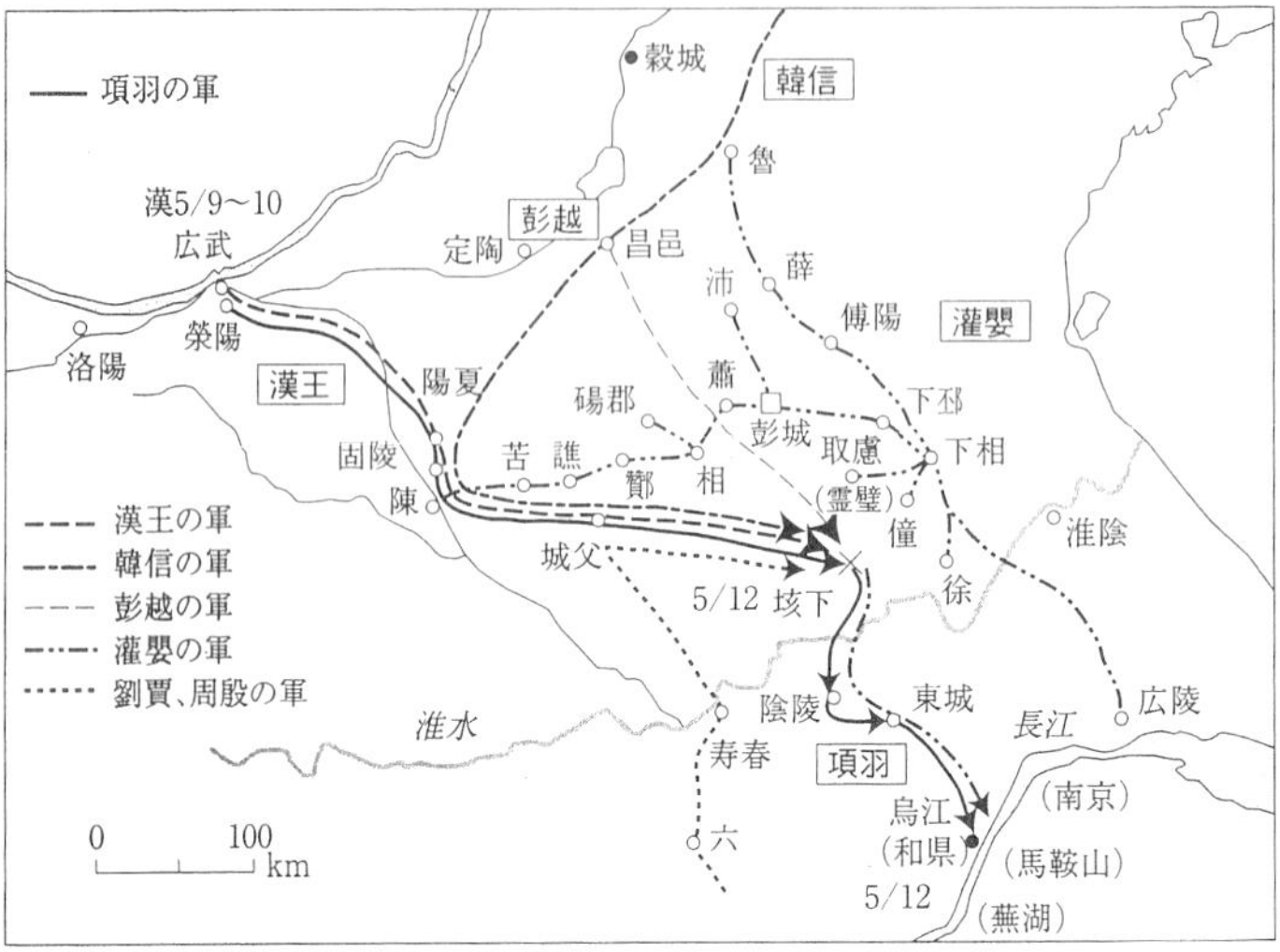

図３　垓下古城の城壁（北側）

図４　固鎮県の垓下古城と沱水

図５　陰陵故城の遺跡

図６　東城故城の遺跡

この地は項羽に合わせられたという。とすれば陰陵や東城の地は、項羽の領域内である。したがって項羽が転戦するとすれば、先に連絡をして、それから軍隊が移動することになろう。私たちは、この陰陵故城と東城遺址を調査した(36)。そのときの印象では、淮水から南はゆるやかな下りの平原で、項羽の敗走と漢軍の追撃を実感することができた。そこには今も陰陵故城と東城遺址が残っており、それをたどって行けば、行軍は自然に迂回したルートになる。先の情報伝達からみれば、この地域は楚の文書伝達も可能であり、また軍事的な連絡として使者や偵察を派遣することもできる。したがって項羽の領域内にある城郭を転戦する際に、道に迷ったり、一人の田父にだまされるという情勢は考えられない。

『史記』灌嬰列伝によると、灌嬰の部隊は、項羽を破ったあと東城と歴陽を降して長江を渡り、さらに呉郡、豫章《よしょう》郡、会稽郡を掌握している。

項籍敗垓下去也、嬰以御史大夫受詔将車騎別追項籍至東城、破之。所将卒五人共斬項籍、皆賜爵列侯。降左右司馬各一人、卒萬二千人、盡得其軍將吏。下東城・歴陽。渡江、破吳郡長吳下、得吳守、遂定吳・豫章・會稽郡。還定淮北、凡五十二縣。

ここでは項羽との戦いで、左右司馬を各一人と、卒万二千人、軍の将吏をことごとく得たとある。これは陳での戦いと比べても激戦であったことがうかがえる。そのとき注意されるのは、項羽が亡くなった烏江との関係である。ここでは東城県と歴陽県の二つをあげている。しかし秦代では、東城県の南に歴陽県が置かれていたかは不明である。秦漢時代の県は、ただ官府の城郭だけを指すのではなく、おおよそ四〇キロ四方を目安とする統治の領域である。人口が少ないときは、さらに領域を広くするという。そこで陰陵県の南にある東城県は、けっして東城の城郭だけではなく、その領域は長江まで広がっている。その長江の北にある小さな河川の支流が、烏江である。だから大きくみれば、項羽が亡くなった烏江は、秦代の東城県にふくまれる可能性がある。『史記』項羽本紀の論賛では、最期の様子を「五年卒亡其國、身死東城」と述べている。また『史記』高祖功臣侯者年表では、項羽を殺した五人と灌嬰の功績を、明確に記録している。したがって項羽本紀の叙述は、功績の記録と漢代の伝聞にもとづくとおもわれる(37)。

このように項羽と劉邦の体制をめぐって、秦末の蜂起から、秦の滅亡、楚漢戦争期の情報伝達と戦略をみると、秦と楚の体制の違いが明らかになる。それは秦の郡県制にみえる文書伝達と労働・軍事編成に対して、項羽の体制は、楚の体制を復興したが、漢王は秦の社会システムをそのまま継承したということである。しかしその体制から離れて戦争をする場合は、戦国時代の諸国と同じように、文書や書信、使者の派遣によって、その戦略を立てていることがわかる。この意味で、情報伝達と戦略という視点は、項羽と劉邦の体制を知る上でも有効であると考えている。

おわりに

秦末の蜂起から漢王朝の成立までに、項羽の体制は、大きく三つに区分することができる。①は、二世元年九月に蜂起してから楚懐王を立てるまでであり、この時期は秦の郡県制の機構を奪取するものであった。ところが②に、二世二年六月に楚懐王を擁立してから、秦の滅亡までは、戦国楚の体制を復活したとおもわれる。この時期には、中央に楚暦による記録や、官職、爵の名称、封君に任命するという特徴がうかがえる。③に、西楚覇王となってからは、義帝のもとで十八王を分封した。この時期の特徴は、西楚の制度を基礎として、長江流域の王の領地をふくめ、これが大きな楚国を形成している。そして西方と黄河流域の王国には、楚とは異なる制度を認めたようである。しかし楚にふくまれる漢王が、関中を掌握して秦の制度を継承すると、楚と漢王の国は二大勢力となって楚漢戦争の時代をむかえた。これが項羽が敗北するまでの体制である。

ここでは項羽と劉邦の体制をめぐって、中国古代の情報伝達と戦略について考えてみた。その要点は、つぎの通りである。

一、秦帝国では、里耶秦簡や張家山漢簡『奏讞書』の案件にみえるように、郡県の機構を通じて、文書逓伝と伝達をおこなっていた。その形態は、密封した冊書の文書や、外側から文章がみえる文書檄であり、それぞれ重要度によって郵と一般の施設による逓伝がある。これによって秦代では、軍事的な労働編成や、叛乱への対応を各地に連絡していたことが確認できる。このほかにも使者の派遣や、書信による情報伝達がある。したがって項羽と劉邦たちは、叛乱の当初に秦の郡県の機構によって、陳渉たちが叛乱した情勢を知ることができる。

二、項梁と項羽の蜂起では、会稽郡の郡守から相談を受け、そのあと郡守に替わることによって属吏などを掌握し、精兵八千人を得ている。また長江を渡った東陽県では、同じように県の令史であった陳嬰が、その長吏に替わっており、県中の二万人と合流している。沛県の場合は、掾属であった蕭何や曹参を中心として、県の父老・子弟たちと一緒に、劉邦を沛公として蜂起した。このような情勢は、いずれも秦の郡県の情報を得たものである。そのとき秦帝国の東方では、『史記』高祖本紀に「諸郡縣皆多殺其長吏以應陳渉」とあるように、多くが中央から派遣された長吏を排除して、地方官府の属吏と県社会の人々を叛乱の基礎としている。

三、しかし叛乱後は、秦軍との戦いや、別の叛乱集団との連絡に、秦の郡県機構を直接に利用することができない。そこで項梁たちは楚懐王を擁立し、掌握した楚の領域では、楚の体制にもとづく情報伝達に組み替えることが可能である。この場合は、相手に文書・書信を送ることや、使者の派遣がみえており、これは戦国時代や秦代の戦略と同じ方法である。また秦の将軍・章邯が、項羽と和議を結ぶ場合も、かつて書信によって項梁を助けた司馬欣が関係している点に、その特徴がよく現れている。

四、秦の滅亡後は、各地に十八王が分封された。そのとき劉邦の漢王国は、関中を掌握したあと、当初の楚の制度から変えて、秦の制度を継承した。そこで漢王の国では、秦の郡県による文書伝達と軍事編成を利用することができる。さらに重要なことは、支配・統治の体制として、秦の社会システム（秦の国家機構—秦の地方行政—秦の習俗をもつ人びと）となったことである。この点は、項羽が採用した楚の社会システム（楚の国家機構—楚の地方行政—楚の習俗をもつ人びと）との違いを示している。楚漢戦争の時期には、こうした二つの体制（社会システム）と情報伝達によって戦略を試みている。こうした体制の違いが、楚漢戦争と漢王朝の成立に影響したと推測される。

五、このような情勢で、漢覇二王城の和議のあと、垓下の戦いをへて、項羽が烏江で敗北するまでの経過をみると、『史記』のエピソードには不自然な点がある。それは垓下の地域が、すでに項羽の領地となっており、淮陰侯韓信の別働隊である灌嬰の軍によって、彭城の都や郷里の下相（江蘇省宿遷）が陥落したことも、項羽は知っていたはずである。だから垓下で、項羽が四面楚歌に驚くというのは、史実として注意が必要である。また項羽が陰陵で道に迷い、田父にだまされて迂回し、東城に到ったというエピソードも現地の実情にあわない。

以上のように、出土資料や遺跡調査によって『史記』の記述を再検討すると、中国古代の情報伝達と戦略の実態がうかんでくる。そこには秦帝国と楚漢戦争のときに、郡県の機構による文書伝達と、使者と書信などによる情報伝達の方法がみえている。そして項羽と劉邦の勢力基盤では、それぞれ秦と楚の体制を基礎としながら、使者と文書・書信による戦略を組み合わせている。これによって両者の体制と社会システムの違いが、より具体的に理解できると考える。

注

（1）湖南省文物考古研究所、湘西土家族苗族自治州文物処、龍山県文物管理所「湖南龍山里耶戦国―秦代古城一号井発掘簡報」（『文物』二〇〇三年一期）、湖南省文物考古研究所『里耶発掘報告』（岳麓書社、二〇〇七年）、湖南省文物考古研究所編『里耶秦簡〔壹〕』（文物出版社、二〇一二年）、陳偉主編『里耶秦簡牘校釈（第一巻）』（武漢大学出版社、二〇一二年）、本書の第四章「『史記』と里耶秦簡」。

（2）『張家山漢墓竹簡〔二四七号墓〕』（文物出版社、二〇〇一年）、『張家山漢墓竹簡〔二四七号墓〕』釈文修訂本（文物出版社、二〇〇六年）、彭浩・陳偉・工藤元男主編『二年律令與奏讞書』（上海古籍出版社、二〇〇七年）。また池田雄一編『奏讞書――中国古代の裁判記録』（刀水書房、二〇〇二年）、蔡万進『張家山漢簡《奏讞書》研究』（広西師範大学出版社、二〇〇六年）がある。

（3）この時代の研究には、増淵龍夫「漢代における民間秩序の構造と任侠的習俗」（『中国古代の社会と国家』一九六〇年、新版、岩波書店、一九九六年）、西嶋定生「中国古代帝国成立の一考察――漢の高祖とその功臣」（一九四九年、『中国古代国家と東アジア世界』東京大学出版会、一九八三年）、守屋美都雄「漢の高祖集団の性格について」（『中国古代の家族と国家』東洋史研究会、一九六八年）、李開元『漢帝国の成立と劉邦集団』（汲古書院、二〇〇〇年）、同『漢帝国的建立与劉邦集団』（生活・読書・新知三聯書店、二〇〇〇年）のほか、堀敏一『漢の劉邦　ものがたり漢帝国成立史』（研文出版、二〇〇四年）、佐竹靖彦『劉邦』（中央公論新社、二〇〇五年）、同『項羽』（中央公論新社、二〇一〇年）、拙著『項羽と劉邦の時代』（講談社、二〇〇六年）、李開元『復活的歴史――秦帝国的崩潰』（中華書局、二〇〇七年）の概説がある。二〇一〇年六月には、項羽の郷里である江蘇省宿遷市で開催された学会に参加して、徐州、宿遷、垓下を中心とする地域に密集する史跡の意義を考えた。

（4）厳耕望『中国地方行政制度史』巻上、秦漢地方行政制度（中央研究院歴史語言研究所、一九六一年）、安作璋・熊鉄基『秦漢官制史稿』上下（斉魯書社、一九八五年）など。

（5）拙稿「里耶秦簡と出土資料学」（渡邉義浩編『中国新出資料学の展開』汲古書院、二〇一三年）、同「里耶秦簡所見秦代郡

県的文書伝逓」（『簡帛』第八輯、二〇一三年）、同「里耶秦簡にみえる秦代郡県の文書伝達」（『愛媛大学法文学部論集』人文学科編三四、二〇一三年）、本書の第四章「『史記』と里耶秦簡」など。

（6）陳偉「秦と漢初の文書伝達システム」（藤田勝久・松原弘宣編『古代東アジアの情報伝達』汲古書院、二〇〇八年）。

（7）前掲『二年律令與奏讞書』、早稲田大学簡帛研究会「張家山二四七号漢墓竹簡訳注（三）――秩律訳注1」（『長江流域文化研究所年報』三、二〇〇五年）、冨谷至編『江陵張家山二四七号墓出土漢律令の研究』訳注、研究篇（朋友書店、二〇〇六年）、専修大学『二年律令』研究会「張家山漢簡『二年律令』訳注（11）」（『専修史学』四五、二〇〇八年）、本書の第九章第一節「張家山漢簡『秩律』と漢王朝の領域」。

（8）彭浩「読張家山漢簡《行書律》」（『文物』二〇〇二年九期、中国社会科学院簡帛研究中心編『張家山漢簡《二年律令》研究文集』、広西師範大学出版社、二〇〇七年）など。

（9）拙著『中国古代国家と社会システム――長江流域出土資料の研究』第四章「里耶秦簡と秦代郡県の社会」（汲古書院、二〇〇九年）、本書の第四章「『史記』と里耶秦簡」。

（10）拙著前掲『中国古代国家と社会システム』第七章「里耶秦簡の記録と実務資料」。前漢後期から後漢時代の懸泉漢簡や金関漢簡では、重要度と速度に応じて、駅騎と御者、郵人、亭卒などによって文書を逓伝している。拙稿「漢代地方の文書逓伝と郵書記録」（『愛媛大学法文学部論集』人文学科編三一、二〇一一年）など。

（11）前掲『二年律令與奏讞書』、池田雄一編『奏讞書』、拙稿前掲「里耶秦簡の記録と実務資料」。

（12）鷹取祐司「漢簡所見文書考――書・檄・記・符」、角谷常子「簡牘の形状における意味」（以上、冨谷至編『辺境出土木簡の研究』朋友書店、二〇〇三年）、拙稿「漢代檄的伝達方法及其功能」（『甘粛省第二届簡牘学国際学術研討会論文集』上海古籍出版社、二〇一二年）、同「漢代檄の伝達方法と機能――文書と口頭伝達」（『愛媛大学法文学部論集』人文学科編三二、二〇一二年）。

（13）佐藤武敏『中国古代書簡集』（講談社学術文庫、二〇〇六年）、拙著前掲『中国古代国家と社会システム』第十二章「中国古代の書信と情報伝達」、高村武幸「漢代文書行政における書信の位置づけ」（『東洋学報』九一―一、二〇〇九年）。

(14) 本書の第四章「『史記』と里耶秦簡」。
(15) 本書の第六章「『史記』項羽本紀と秦楚之際月表」。
(16) 工藤元男「雲夢睡虎地秦墓竹簡『日書』より見た法と習俗」（一九八八年、『睡虎地秦簡よりみた国家と社会』創文社、一九九八年）、本書の第六章「『史記』項羽本紀と秦楚之際月表」。
(17) 田余慶「説張楚――関于〝亡秦必楚〞問題的探討」（一九八九年、『秦漢魏晋史探微』中華書局、一九九三年）は楚の特徴を指摘し、卜憲群「秦制・楚制与漢制」（『中国史研究』一九九五年一期）は漢と楚の比較をしている。
(18) 卜憲群前掲「秦制・楚制与漢制」。ただし高敏「論両漢賜爵制度的歴史演変」（『秦漢史論集』中州書画社、一九八二年）のように、楚以外の爵を指摘する見解もある。
(19) 『史記』高祖功臣侯者年表に「兵初起、以卒従項梁、梁死屬項羽、爲郎中」とあり、淮陰侯韓信は項梁から項羽の軍に属している。このような状況は、『三国志』呉書で孫堅と孫策が亡くなったあと、孫権が兄の軍隊を受けていることに似ている。
(20) 本書の第四章「『史記』と里耶秦簡」。
(21) このとき楚懐王は義帝となり、郴を都城としたが、のちに二年十月に南方に向かう途中で殺されたと伝えている。
(22) 戦国楚の体制は、陳偉『包山楚簡初探』第三章「地域政治系統」（武漢大学出版社、一九九六年）、拙著『中国古代国家と郡県社会』第一編第五章「包山楚簡にみえる戦国楚の県と封邑」、第六章「秦漢帝国の成立と秦・楚の社会」（汲古書院、二〇〇六年）で考察している。
(23) 李開元前掲『漢帝国の成立と劉邦集団』は、第一章「漢初軍功受益階層の成立」で楚漢の際の爵制を論じ、第三章「秦末漢初の王国」で陳渉、懐王、項羽と漢の王国を考察している。
(24) 『史記』淮陰侯列伝には、関中から東方を攻める戦略を記述しており、ここでは敵方の投降した兵士を組み入れている。
(25) 劉邦は、晩年になって諸侯王の叛乱を鎮圧し、自ら従軍したとき郷里の沛県で宴会をして、「大風の歌」を歌い、涙を流して別れを惜しんでいる。また『史記』留侯世家では、戚夫人の子を太子にすることを断念したとき、戚夫人に楚の舞をさせ、自らは楚歌を歌っている。これは晩年の心情とみることもできるが、戚夫人は楚の舞を良くし、高祖も楚歌を歌っており、ここには楚の習俗に近い様子がうかがえる。

(26) 大庭脩『秦漢法制史の研究』第一編第二章「漢王朝の支配機構」、第三編第二章「居延出土の詔書冊」(創文社、一九八二年)をはじめ、永田英正「文書行政」(『殷周秦漢時代史の基本問題』汲古書院、二〇〇一年)、籾山明「中国の文書行政」(『文字と古代日本』二、吉川弘文館、二〇〇五年)、冨谷至『文書行政の漢帝国』(名古屋大学出版会、二〇一〇年)など多くの研究がある。宮崎市定『東洋における素朴主義の民族と文明主義の社会』(一九四〇年、『宮崎市定全集』第二、岩波書店、一九九二年)に、楚漢の戦いは秦・楚の争覇の延長であり、呉楚七国の乱は呉・楚・斉人が再び秦の天下に挑戦したものという指摘がある。また李長之著、和田武司訳『司馬遷』(『司馬遷之人格与風格』一九四八年、徳間書店、一九八〇年)は、前漢初期の時代精神として斉・楚の文化に注目している。

(27) 睡虎地秦簡と張家山漢簡の研究は多く、『史記』との関係では、籾山明『中国古代訴訟制度の研究』(京都大学学術出版会、二〇〇六年)、廣瀬薫雄『秦漢律令研究』(汲古書院、二〇一〇年)などがある。なお李開元前掲「秦末漢初の王国」では、劉邦集団の発展段階を、1群盗集団期、2楚国郡県期、3漢王国期、4漢帝国期に区分している。

(28) 拙稿前掲「秦漢帝国の成立と秦・楚の社会」。卜憲群前掲「秦制・楚制与漢制」は、項羽の体制が戦国楚の封君制の拡大であり、劉邦が当初は楚制を採用していたが、やがて秦制に変化すると考証している。

(29) 拙稿「里耶古城見聞記」(『資料学の方法を探る』七、二〇〇八年)、拙著前掲『中国古代の社会システム』終章「中国古代の社会と情報伝達」。

(30) 文書伝達については、拙稿前掲「中国古代の社会と情報伝達」で整理している。

(31) 辛徳勇「論所謂〝垓下之戦〟応正名為〝陳下之戦〟」(『史的空間与空間的歴史——中国歴史地理与地理学史研究』北京師範大学出版社、二〇〇五年)。

(32) 「河南省商水県戦国城址調査記」(『考古』一九八三年九期)、本書の第二章附篇一「『史記』陳渉世家のフィールド調査」。

(33) 垓下の考察は、陳懐荃「垓下和垓下之戦」、李広寧「垓下古戦場考察」(以上、『文物研究』第三期、黄山書社、一九八八年)、『光明日報』(二〇〇七年八月二三日付)、『中国文物報』(二〇一〇年二月五日付)「安徽固鎮県垓下発現大汶口文化晩期城址」

「垓下史前城址考古発掘成果専家談」、袁伝璋「垓下之戦遺址地考」（安平秋・張玉春主編『古文献与嶺南文化研究』華文出版社、二〇一〇年）など。二〇〇七年九月に、私は李開元氏と一緒に江蘇・安徽省の『史記』秦漢史の遺跡を調査し、固鎮県文化局のお世話で発掘直後の現地に行くことができた。この調査は、拙稿「『史記』と秦漢社会史の調査研究」（山陽放送学術文化財団『リポート』五二号、二〇〇八年）で簡単に紹介している。

（34）陳橋駅『水経注校釈』（杭州大学出版社、一九九九年）五三五頁。『史記』恵景間侯者年表には「郊。／呂后兄悼武王身佐高祖定天下、呂氏佐高祖治天下、天下大安、封武王少子產爲郊侯。／（高后）元年四月辛卯、侯呂產元年。六年七月壬辰、產爲呂王、國除。八年九月、產以呂王爲漢相、謀爲不善。大臣誅產、遂滅諸呂」とあるが、索隠の注は「一作洨。縣名、屬沛郡」という。

（35）地図は、拙著前掲『項羽と劉邦の時代』第八章による。

（36）拙稿前掲「『史記』と秦漢社会史の調査研究」。

（37）本書の第二章附篇二「『史記』の編集と漢代伝承」、第五章「『史記』秦漢史像の復元」。『史記』高祖本紀には「使騎將灌嬰追殺項羽東城、斬首八萬、遂略定楚地」とある。

第八章　『史記』呂后本紀の歴史観

はじめに

『史記』の秦漢時代では、巻六秦始皇本紀と巻七項羽本紀、漢王朝の巻八高祖本紀につづいて、巻九呂后本紀（呂太后本紀）がある。この呂后本紀は、それほど長篇ではないが、これまで歴史上の評価をめぐって論議を呼んだ一篇といえよう。その理由の一つは、呂后本紀のなかに残忍な性格に関する記述があって、それが呂后の人間性を示す問題として論議されてきた。[1] たとえば武田泰淳氏の文学評論では、呂后を「おそろしき女」とし、司馬遷は女性でも絶対者になりうることを示したとする。また野口定男、新田幸治氏などをはじめ、呂后本紀にふれた研究は、その多くが人物評価にかかわる考察である。

その二は、『史記』呂后本紀が、秦本紀や項羽本紀と並んで、帝王や皇帝を本紀とする方針にあわないということである。[2] 呂后本紀の索隠では、呂后は恵帝の死後に少帝を立てて政治をおこなったのであり、恵帝紀に従属させるか、あるいは別に恵帝紀を立てるべきであるとして、『漢書』の配列を支持している。

呂太后本以女主臨朝、自孝恵崩後立少帝而始稱制、正合附恵紀而論之。不然或別爲呂后本紀、豈得全沒孝恵而獨稱呂后本紀。合依班氏、分爲二紀焉。

たしかに『史記』本紀で帝王の正統性を示すという観点からみれば、皇帝ではない呂后を本紀とすることは不適切である。『漢書』では、この時代を恵帝紀と高后紀の二篇に分けている。

このような批判は、呂后本紀の性格を知るうえで、重要な論点であることはまちがいない。しかしその前提として、呂后本紀がどのような素材にもとづいて作成されたかという編集過程を明らかにし、『史記』の全体を通じた歴史観を探ることが必要であるとおもわれる。

従来までの状況では、直接的な関連を示す文献史料が少なく、呂后本紀の素材と編集を明らかにすることは困難であった。しかしこれまで『史記』秦始皇本紀や項羽本紀、高祖本紀の考察でみたように、本紀の構成は基本的に系譜、紀年資料、記事資料を組み合わせて編集するという特徴がある。(3) また出土資料との関連でみれば、呂后本紀にも共通した編集方針を見いだすことができる。たとえば漢代初期の張家山漢簡「暦譜」や、馬王堆帛書「五星占」があり、そこには呂后時代の暦譜や紀年がみえている。また『史記』呂后本紀の内容は、『漢書』巻二恵帝紀、巻三高后紀、外戚伝に継承されているが、その構成にはかなり相違がみられる。そこで『漢書』高后紀などとの相違点を比較すれば、司馬遷と班固の歴史観が、さらに明確になると考える。

本章では、『史記』呂后本紀のほかに、世家や列伝、表に関連記事がみえるため、まず呂后の事績と人物像を概観する。つぎに呂后本紀の素材と編集を分析してみたい。そのうえで『漢書』との比較をふまえて、呂后本紀の歴史観を考えてみよう。(4)

一　『史記』にみえる呂后の人物像

『史記』呂后本紀の冒頭には、「呂太后は、高祖の微なる時の妃なり、孝恵帝・女の魯元太后を生む」とある。集解引く『漢書音義』に「諱雉」、索隠には「諱雉、字娥姁也」とあり、これによれば名は呂雉、字は娥姁である。ここでは呂后本紀の構成を検討するまえに、『史記』にみえる呂后の事績と人物像をみておこう。呂后には、劉邦が沛県の官吏であったときの妻、漢王の夫人、高祖の皇后、恵帝時代の皇太后という側面がある。

（一）秦代には、『史記』高祖本紀に劉邦との結婚、沛県での生活に関するエピソードがある。(5)

1單父人呂公善沛令、避仇從之客、因家沛焉。沛中豪桀吏聞令有重客、皆往賀。……酒闌、呂公因目固留高祖。高祖竟酒、後。呂公曰、臣少好相人、相人多矣、無如季相、願季自愛。臣有息女、願爲季箕帚妾。酒罷、呂媼怒呂公曰、公始常欲奇此女、與貴人。沛令善公、求之不與、何自妄許與劉季。呂公曰、此非兒女子所知也。卒與劉季。呂公女乃呂后也、生孝惠帝・魯元公主。

2高祖爲亭長時、常告歸之田。呂后與兩子居田中耨、有一老父過請飲、呂后因餔之。老父相呂后曰、夫人天下貴人。令相兩子、見孝惠、曰、夫人所以貴者、乃此男也。相魯元、亦皆貴。老父已去、高祖適從旁舍來、呂后具言客有過、相我子母皆大貴。高祖問、曰、未遠。乃追及、問老父。老父曰、鄉者夫人嬰兒皆似君、君相貴不可言。高祖乃謝曰、誠如父言、不敢忘德。及高祖貴、遂不知老父處。

3秦始皇帝常曰、東南有天子氣、於是因東游以厭之。高祖卽自疑、亡匿、隱於芒碭山澤巖石之閒。呂后與人俱求、常得之。高祖怪問之。呂后曰、季所居上常有雲氣、故從往常得季。高祖心喜。沛中子弟或聞之、多欲附者矣。

1は、劉邦が亭長のとき父の呂公が娘を嫁にやるエピソードである。この話のいきさつはともかく、劉邦は呂公の援助を得て、呂氏の一族と交流する点は重要である。2と3は、劉邦が亭長のときの伝説である。これは将来、劉邦が天子になることを示す予言となっている。ここでは老父が劉邦の家族の人相を見て、貴人になると予言するエピソードがあり、呂后は子供たちと一緒に畑仕事をしている。

また秦代では、『史記』巻九六張丞相列伝の任敖列伝に、呂后が劉邦のために牢獄に繋がれて、官吏から傷つけられたエピソードがある。これを劉邦とよしみがあった任敖が怒っている。

4任敖者、故沛獄吏。高祖嘗辟吏、吏繫呂后、遇之不謹。任敖素善高祖、怒、撃傷主呂后吏。

（二）秦が滅亡したあと、劉邦は漢王に封ぜられた。しかし漢王は、蕭何や韓信の進言によって関中を掌握し、やがて楚漢戦争の時代となる。このとき漢王二年（前二〇五）に、呂后の転機がおとずれる。それは漢王が、項羽の都である彭城（徐州）を占領したとき、項羽の反撃をうけて敗北した。そこで近くにある郷里の沛県に行き、劉邦の父（太公）と妻、子供たちを連れて逃げようとするが、太公と呂后、審食其は項羽の軍に人質となってしまう。この叙述は、高祖本紀と項羽本紀にみえている。

5漢王以故得劫五諸侯兵、遂入彭城。項羽聞之、乃引兵去齊、從魯出胡陵、至蕭、與漢大戰彭城靈壁東睢水上、大破漢軍、多殺士卒、睢水爲之不流。乃取漢王父母妻子於沛、置之軍中以爲質。（『史記』高祖本紀）

6楚軍大亂、壞散、而漢王乃得與數十騎遁去、欲過沛、收家室而西。楚亦使人追之沛、取漢王家。家皆亡、不與漢王相見。漢王道逢得孝惠・魯元、乃載行。楚騎追漢王、漢王急、推墮孝惠・魯元車下、滕公常下收載之。如是者三。曰、雖急不可以驅、柰何棄之。於是遂得脫。求太公・呂后不相遇。審食其從太公・呂后閒行、求漢王、反遇楚軍。楚軍遂與歸、報項王、項王常置軍中。（『史記』項羽本紀）

こうした状況は漢王四年（前二〇三）まで続き、漢覇二王城で項羽と劉邦が和議を結んだとき、太公と呂后は、ようやく人質から解放されている。ここには戦乱に翻弄された姿がある。

7項羽恐、乃與漢王約、中分天下、割鴻溝而西者爲漢、鴻溝而東者爲楚。項王歸漢王父母妻子、軍中皆呼萬歲、乃歸而別去。（『史記』高祖本紀）

8是時、漢兵盛食多、項王兵罷食絶。漢遣陸賈説項王、請太公、項王弗聽。漢王復使侯公往說項王、項王乃與漢約、中分天下、割鴻溝以西者爲漢、鴻溝而東者爲楚。項王許之、卽歸漢王父母妻子。軍皆呼萬歳。

（『史記』項羽本紀）

このように秦代の呂后は、地方官吏の妻であり、二人の子の母である。楚漢戦争のときには、漢王の夫人として人質の対象となるものであった。ここでは劉氏と呂氏の一族と行動を共にしており、これらのエピソードには、「おそろしき女」のイメージはみられない。

（三）漢王朝が成立したあと、高祖の時代に呂后は皇后となる。このとき二人の子供に関連する事件がある。一つは、娘（のち魯元公主）が嫁いだ趙王の張敖をめぐる事件である。『史記』張耳列伝によれば、漢七年に高祖が趙を通過したとき趙王敖に無礼な振る舞いがあった。そこで漢八年に、趙相の貫高たちが高祖を殺そうとした。それが漢九年に発覚し、張敖は長安で罪を問われることになった(6)。このとき呂后は、娘のために許しを願ったが、高祖は認めなかった。最後に張敖は、宣平侯に降格されている。高祖本紀には、この経過をつぎのように記している。このあと張敖に代わって王となったのが、趙王如意である。

八年……高祖之東垣、過柏人、趙相貫高等謀弑高祖、高祖心動、因不留。……九年、趙相貫高等事發覺、夷三族。廢趙王敖爲宣平侯。

もう一つは、戚夫人と趙王をめぐる事件である。『史記』留侯世家では、漢十二年に高祖が劉盈（恵帝）にかえて、戚夫人の子である趙王如意を太子にしようとした。このとき呂后は、留侯（張良）に依頼して無事となっている。

9上欲廢太子、立戚夫人子趙王如意。大臣多諫爭、未能得堅決者也。呂后恐、不知所爲。人或謂呂后曰、留侯善畫計筴、上信用之。呂后乃使建成侯呂澤劫留侯曰……。漢十一年……。漢十二年、上從擊破布軍歸、疾益甚、愈欲易太子。留侯諫、不聽、因疾不視事。叔孫太傅稱説引古今、以死争太子。上詳許之、猶欲易之。及燕、置酒、太子侍。四人從太子、年皆八十有餘、鬚眉皓白、衣冠甚偉。上怪之、問曰……四人爲壽已畢、趨去。上目送之、召戚夫人指示四人者曰、我欲易之、彼四人輔之、羽翼已成、難動矣。呂后眞而主矣。戚夫人泣、上曰、爲我楚舞、吾爲若楚歌。歌曰、鴻鵠高飛、一擧千里。羽翮已就、横絶四海。横絶四海、當可柰何。雖有矰繳、尚安所施。歌數闋、戚夫人嘘唏流涕、上起去、罷酒。竟不易太子者、留侯本招此四人之力也。

また『史記』張丞相列伝、周昌の条には、周昌が必死に弁護をしたとき、呂后は跪いて感謝している。

10及帝欲廢太子、而立戚姫子如意爲太子、大臣固争之、莫能得。上以留侯策即止。而周昌廷争之彊、上問其説、昌爲人吃、又盛怒、曰、臣口不能言、然臣期期知其不可。陛下雖欲廢太子、臣期期不奉詔。上欣然而笑。既罷、呂后側耳於東箱聽、見周昌、爲跪謝曰、微君、太子幾廢。

この趙王敖と趙王如意の在位は、『史記』漢興以来諸侯王年表に記している。

高祖五年、趙「王敖元年。敖、耳子」八年「四、廢」

高祖九年、趙「初王隱王如意元年。如意、高祖子」十二年「四、死」

以上のように、秦代官史の妻、漢王の夫人、高祖の皇后の時代には、劉邦の立場にしたがって運命をうけた姿が描かれている。皇后の時代には、諸侯王に対する助言や、高祖十二年に高祖が病になったとき、崩御の後の宰相をどのようにするかを話したエピソードがある。

已而呂后問、陛下百歳後、蕭相國即死、令誰代之。上曰、曹參可。問其次、上曰、王陵可。然陵少戇、陳平可以助之。陳平智有餘、然難以獨任。周勃重厚少文、然安劉氏者必勃也、可令爲太尉。呂后復問其次、上曰、此後亦非而所知也。

（『史記』高祖本紀）

ここでは「陛下が百歳ののち、蕭相国が死んでしまったら、誰に代わらせたらよいでしょうか」という問いに、高祖は曹参と答えている。その次を問うと、「王陵として、陳平に補佐させるべきである。ただし陳平一人に任じてはいけない。また劉氏を安泰にするのは、きっと周勃なので、大尉に任命すべきである」という。そこで呂后が次を問うと、「このあとは、なんじの知るところではない」と答えている。

このような経歴と、高后となった後の記述は、『史記』呂后本紀の前提となっている。呂后本紀の構成と歴史観は、こうした事績と関連して理解すべきであろう。

二 『史記』呂后本紀の素材と編集

それでは『史記』呂后本紀は、どのような構成であろうか。表1は、呂后本紀の素材と編集を示したものである。本紀の冒頭には、高祖が平民のときに妻となり、のちに恵帝となる子と、魯元公主となる娘を産んだことにつづき、高祖が漢王であったときに戚姫（戚夫人）を寵愛して、趙王如意が生まれたことを記す。そして恵帝の性格が「仁弱」であるため、如意を太子に代えようとしたが、張良の策によって無事であったという記事がある。これは先にみた『史記』留侯世家の概略となっている。

孝惠爲人仁弱、高祖以爲不類我、常欲廢太子、立戚姫子如意、如意類我。戚姫幸、常從上之關東、日夜啼泣、欲立其子代太子。呂后年長、常留守、希見上、益疏。如意立爲趙王後、幾代太子者數矣、賴大臣爭之、及留侯策、太子得毋廢。

つぎに呂后の性格を「剛毅」といい、高祖を助けて天下を定め、大臣を誅殺したのも呂后の力であったと記している。ここに呂后の二人の兄や、その子が列侯となる記載がある。これらの素材は、系譜、説話のようなエピソード、列侯を封じた記事に分類できる。その内容は、その後の呂后の運命に深くかかわっている。

このようなA趙王如意の記事は、他の趙王たちの運命とも関連している。またB呂氏一族の記事は、呂氏の盛衰に関連している。したがって本紀の冒頭は、A趙王のエピソード、B呂氏一族の問題を述べて、二つの重要なテーマを示唆するとみなすこともできる。

高祖十二年の四月甲辰には、高祖が長安の長楽宮で崩御したと記している。これが呂后本紀の最初の紀年である。このとき高祖の八子と兄弟が諸侯王になり、わずかに劉氏以外の人物として、呉芮の子を長沙王にした。これらは諸侯王の記事である。これ以降は、紀年と記事資料、説話のようなエピソードを基本として構成されている。

高祖が崩御した同年には、戚夫人に対する残虐なエピソードがある。ここでは呂后が、戚夫人と趙王を怨んで、戚夫人を長安城の永巷に幽閉した。そして趙王を長安に召して、恵帝元年の十二月には、恵帝が趙王を守ろうとしたにもかかわらず、これを毒殺している。また呂后は、戚夫人の手足を切って「人彘」と名づけて厠に置き、これを恵帝に見せている。そのため恵帝は、呂后に「此れ人の為す所に非ず」と言い、政治を放棄したことを記している。

このエピソードは、一に呂后と恵帝の人柄の違いを示しており、著名な故事となっている。しかし二に注意されるのは、この記事が後文の趙王友や趙王恢の記事と関連して、趙王の死と呂后の運命にかかわることである。しかもこの話は、戦国故事のような進言、書信などの形式とは異なり、多分に説話的な形式となっている。(7) このエピソードの間には、「孝恵元年十二月……夏」という紀年をふくんでおり、これらの記事が紀年と組み合わされていることを示唆している。

恵帝二年には、楚元王と斉悼恵王が来朝した記事がある。十月には、斉王が呂后に殺されることをのがれるため、

表１　『史記』呂后本紀の構成

呂太后者、高祖微時妃也、生孝惠帝・女魯元太后。……	
〔Ａ趙王如意に関する概略、Ｂ諸呂に関する概略〕	→『漢』外戚伝
高祖十二年……【高祖八子・兄弟、呉芮の子を諸王とする記事】	
Ａ①趙王、戚夫人に関する挿話。孝惠元年……趙王已死……	→『漢』外戚伝
二年……十月。斉王が湯沐邑を献上する説話〔『新序』善謀下〕	→『漢』高五王伝
三年……四年……五年六年……七年秋……孝惠帝崩。	
Ｂ①恵帝の死後、呂氏一族を任用する挿話	→『漢』外戚伝
九月辛丑、葬。太子卽位爲帝……。	
（高后）元年、號令一出太后。	
Ｂ②諸呂を王にしようと謀る挿話。十一月……	
【四月。諸呂を諸侯とする記事】	
二年……十一月……。三年。無事。	
四年…【諸呂を諸侯とする記事】	
【太后の詔と、少帝に関する記事】帝廢位、太后幽殺之。	→『漢』高后紀
五月丙辰【常山王の記事】。不稱元年者、以太后制天下事也。	
五年八月……。六年十月……。夏、赦天下……。	
七年正月、太后召趙王友。……	
Ａ②趙王友に関する挿話。……丁丑、趙王幽死……	→『漢』高五王伝
己丑、日食。……二月……【諸呂を諸王とする記事】	→『漢』五行志
Ａ③趙王恢に関する挿話。……六月卽自殺……	→『漢』高五王伝
【魯王の記事】秋……九月【燕王の記事】	
八年十月【諸呂を諸王・諸侯とする記事】	
三月中【Ａ趙王にかかわる記事】。高后遂病掖傷。	→『漢』五行志
【諸呂などを諸侯とする記事】	
Ｂ③七月中、高后病甚……。呂氏に関する記事	→『漢』外戚伝
辛巳、高后崩。……高后已葬……。	
Ｂ④呂氏の滅亡に至る長文の記事、挿話	→『漢』高后紀 →『漢』周勃伝

公主に湯沐邑を献上する説話がある。この説話は、『新序』善謀下篇の故事とほぼ同内容である(8)。したがってこの話は司馬遷の創作によるものではなく、当時の説話を選択したものかもしれない。

恵帝の三年から六年までは、簡単な紀年資料である。また七年に恵帝が崩御したあとは、喪に際して呂后が悲しまなかったことを察した留侯の子が丞相に進言して、呂氏を任用する説話がある。そして葬儀のあとは、呂后「元年、號令一出太后」とあり、高后の時代となる。

このように呂后本紀の前半は、紀年資料の間に、記事資料や説話的な資料をふくんでいる。これらの記事資料は、『新序』善謀下篇と同じ故事をのぞけば、これ以降も全体のテーマとして、A趙王と、B呂氏一族にかかわる内容で占められていることが注目される。

たとえば趙王にかかわる説話は、以下の三つにわかれている。A①は、すでに述べた戚夫人と趙王如意に関する記述で、趙王が死ぬまでの経過を記している。A②は、趙王友に関する説話で、ここでは趙王が諸呂の娘を娶りながら、他姫を愛したために呂后の怒りにふれ、幽閉されて餓死するまでの記述がある。そして趙王が幽死する前には、趙王の歌を収録している。A③は、趙王恢に関する説話である。ここでは趙王が、同じく呂氏の娘を娶りながら他姫を愛し、その姫が王后によって殺されたことを悲しんで「歌詩四章」を創り、自殺するまでの経過を簡潔に記している。これらは多分に説話的な内容をふくんでいる。

つぎに諸呂にかかわる説話は、以下のようにみえる。B①は、恵帝の死後、呂氏を任用する説話であり、ここでは「呂氏の權、此より起こる」と述べて呂氏の興起を説明している。B②は、呂后が諸呂を諸侯王にしようとした説話である。ここでは呂后は、左・右丞相と周勃とに問いかけ、その結果、陳平を右丞相とし、審食其を左丞相にしている。これは高祖が亡くなるとき、宰相の順序を聞いて、呂后が知る所ではないといわれた情勢となっている。そして諸呂を諸侯王とする情勢を示唆している。B③は、高后八年七月中に呂后が亡くなる直前の説話である。ここでは高后の病が甚だ重く、趙王呂祿と呂王産に北軍・南軍を掌握させ、呂氏の政権を守ろうとする遺言を記している。B④は、呂氏一族が専権したことに始まり、呂氏の滅亡に至る長文の記事である。その内容は、斉王と灌嬰が連合して挙兵し、また長安城の内部でも軍の出動があって、やがて呂氏一族が滅ぼされる経過を詳細に記述している。そして代王が未央宮に入って推されて天子となり、「二十三年崩、謚爲孝文皇帝」という記事で終っている。この呂氏の乱と文帝が長安に至る状況は、漢長安城の構造を正確に反映している。(9)

このように呂后本紀のいくつかの部分は、呂氏一族にかかわる記事で占められている。これらの記事は、『漢書』高后紀や外戚伝などに共通して記述されており、まったく信頼性のない資料ではないようである。しかしその資料の来源は不明である。

ただし高后四年条に、少帝が自分の母の秘密を知り、太后が少帝を幽死させるという説話は、やや性格の異なる資料である。これは一見すると説話的な資料であるが、『漢書』高后紀ではその一部が太后の詔として引用されていることから、その概略にはもとづく資料が存在したようである。(10) したがってこれは諸侯王・列侯の記載とならんで、公的な文書と位置づけることができよう。

以上のように、『史記』呂后本紀の構成をみると、全体は、①紀年資料、②皇帝、諸侯王・列侯などの記事資料、③事件の記事資料、④背景となる説話などから成ることがわかる。それではこれらの素材とその編集は、どのような意味をもつのだろうか。ここでは、①紀年資料の性格を検討してみよう。

呂后本紀にみえる紀年は、他の『史記』本紀とくらべれば少ないが、それでも比較的に豊富である。その漢代紀年は、『史記』巻一七漢興以来諸侯王年表、巻二二漢興以来将相名臣年表（以下、諸侯王年表、名臣年表）の紀年と一致する記事が多い。このうち『史記』名臣年表は、前漢末にすでに散佚していたといわれるが、伊藤徳男氏は、歴史年表としてほぼ史実を伝えるとみなしている。[11] そこで表2のように、呂后本紀と『史記』名臣年表を比べてみると、主要な紀年が共通していることがわかる。

ただし呂后本紀で、恵帝三年の長安城の建設につづく「四年就半。五年六年城就」という記述は、直接的に名臣年表と対応するものではない。しかしこれらの記事をあわせると、呂后本紀の紀年は、高祖十二年から高后八年まで連続した紀年であり、呂后の時代には二人の少帝の紀年を記さないことが指摘できる。したがって呂后本紀の紀年は、基本的に『史記』漢代年表の範囲内にあり、独自に記述されたものではないことがわかる。これは『漢書』恵帝紀、高后紀との比較によっても裏づけることができる。

表3は、『史記』呂后本紀の恵帝の紀年資料と、『漢書』恵帝紀の紀年資料を比較したものである。これによると『漢書』恵帝紀には、冒頭の経歴と、高祖の崩御のあとに太子が即位したことや、賜爵などの恩恵・恩赦を施した記事がある。しかし「元年十二月」の後は、すべて基本的に紀年資料だけで構成されている。その内容は、一部に「元年冬十月、趙隱王如意薨」「二年冬十月、齊悼惠王來朝」「三年春……城長安」のように『史記』呂后本紀と関連する記事をふくんでいるが、大半は異なる記事を簡略に記している。これは『漢書』恵帝紀の素材が、『史記』と異なることを示している。

また『漢書』高后紀では、『史記』呂后本紀の構成とかなり相違するものの、紀年資料についてみれば「惠帝崩、太子立爲皇帝、年幼、太后臨朝稱制、大赦天下」という記事などのあと、高后元年から二年、三年、四年、五年、六年と、七年秋七月に皇太后が未央宮で崩御するまで、毎年の形式は同じである。[12] その内容は、一部に「七年……春正月丁丑、趙王友幽死于邸。……六月、趙王恢自殺」という呂后本紀と共通する記事をふくむが、あとは異なる内容が

表２　『史記』呂后本紀と名臣年表の紀年

呂后本紀		漢興以来将相名臣年表
高祖十二年四月甲辰、崩長樂宮、太子襲號爲帝。	高祖十二	……夏、上崩、葬長陵。
孝惠元年十二月……趙王已死。於是迺徙淮陽王友爲趙王。	孝惠元年	趙隱王如意死。始作長安城西北方。除諸侯丞相爲相。
二年、楚元王・齊悼惠王皆來朝。十月……。	二	楚元王・齊悼惠王來朝。〔七月辛未、何薨。〕
三年、方築長安城。	三	初作長安城。蜀湔氐反、擊之。
四年就半。	四	三月甲子、赦、無所復作。
五年六年城就。諸侯來會。十月朝賀。	五	爲高祖立廟於沛城成、置歌兒一百二十人。〔八月乙丑、參卒。〕
	六	七月、齊悼惠王薨。立太倉・西市。
七年秋八月戊寅、孝惠帝崩。……九月辛丑、葬。太子卽位爲帝、謁高廟。	七	上崩。大臣用張辟彊計、呂氏權重、以呂台爲呂王。立少帝。已卯、葬安陵。
（高后）元年、號令一出太后。太后稱制……十一月……四月……。	高后元年	王孝惠諸子。置孝悌力田。
二年、常山王薨……。十一月、呂王台薨、謚爲肅王、太子嘉代立爲王。	二	十二月、呂王台薨、子嘉代立爲呂王。行八銖錢。
三年、無事。	三	
四年……五月丙辰、立常山王義爲帝、更名曰弘。	四	廢少帝、更立常山王弘爲帝。
五年八月、淮陽王薨、以弟壺關侯武爲淮陽王。	五	八月、淮陽王薨、以其弟壺關侯武爲淮陽王。令戍卒歲更。
六年十月……以肅王台弟呂產爲呂王。夏、赦天下。	六	以呂產爲呂王。四月丁酉、赦天下。晝昏。
七年正月……丁丑、趙王幽死。……二月、徙梁王恢爲趙王。……六月卽自殺。……	七	趙王幽死、以呂祿爲趙王。梁王徙趙、自殺。
八年十月……三月中……七月中……辛巳、高后崩。……高后已葬、以左丞相審食其爲帝太傅。……八月庚申旦……後九月晦日己酉、至長安、舍代邸。	八	七月、高后崩。九月、誅諸呂。後九月、代王至、踐皇帝位。

表3　『史記』『漢書』の比較

史記・呂后本紀	漢書・惠帝紀
孝惠元年十二月、〔帝晨出射。趙王少、不能蚤起。太后聞其獨居、使人持酖飮之。犂明、孝惠還、趙王已死。於是迺徙淮陽王友爲趙王。〕夏、詔賜酈侯父追謚爲令武侯。〔太后遂斷戚夫人手足、去眼、煇耳、飮瘖藥、使居廁中、命曰、人彘。居數日、迺召孝惠帝觀人彘。孝惠見、問、迺知其戚夫人、迺大哭、因病、歳餘不能起。使人請太后曰、此非人所爲。臣爲太后子、終不能治天下。孝惠以此日飮爲淫樂、不聽政、故有病也。〕 二年、楚元王・齊悼惠王皆來朝。十月、〔孝惠與齊王燕飮太后前、孝惠以爲齊王兄、置上坐、如家人之禮。太后怒、迺令酌兩卮酖、置前、令齊王起爲壽。齊王起、孝惠亦起、取卮欲倶爲壽。太后迺恐、自起泛孝惠卮。齊王怪之、因不敢飮、詳醉去。問、知其酖、齊王恐、自以爲不得脱長安、憂。齊內史士說王曰、太后獨有孝惠與魯元公主。今王有七十餘城、而公主迺食數城。王誠以一郡上太后、爲公主湯沐邑、太后必喜、王必無憂。於是齊王迺上城陽之郡、尊公主爲王太后。呂后喜、許之。迺置酒齊邸、樂飮、罷、歸齊王。〕 三年、方築長安城、四年就半、五年六年城就。諸侯來會。十月朝賀。七年秋八月戊寅、孝惠帝崩。	元年冬十二月、趙隱王如意薨。民有罪、得買爵三十級以免死罪。賜民爵、戶一級。春正月、城長安。 二年冬十月、齊悼惠王來朝、獻城陽郡以益魯元公主邑、尊公主爲太后。春正月癸酉、有兩龍見蘭陵家人井中、乙亥夕而不見。隴西地震。夏旱。郃陽侯仲薨。秋七月辛未、相國何薨。 三年春、發長安六百里內男女十四萬六千人城長安、三十日罷。以宗室女爲公主、嫁匈奴單于。夏五月、立閩越君搖爲東海王。六月、發諸侯王・列侯徒隸二萬人城長安。秋七月、都廐災。南越王趙佗稱臣奉貢。 四年冬十月壬寅、立皇后張氏。春正月、舉民孝弟力田者復其身。三月甲子、皇帝冠、赦天下。省法令妨吏民者。除挾書律。長樂宮鴻臺災。宜陽雨血。秋七月乙亥、未央宮凌室災。丙子、織室災。 五年冬十月、雷。桃李華、棗實。春正月、復發長安六百里內男女十四萬五千人城長安、三十日罷。夏、大旱。秋八月己丑、相國參薨。九月、長安城成。賜民爵、戶一級。 六年冬十月辛丑、齊王肥薨。令民得賣爵。女子年十五以上至三十不嫁、五算。夏六月、舞陽侯噲薨。起長安西市、修敖倉。 七年冬十月、發車騎・材官詣滎陽、太尉灌嬰將。春正月辛丑朔、日有蝕之。夏五月丁卯、日有蝕之、既。秋八月戊寅、帝崩于未央宮。九月辛丑、葬安陵。

多い。ここでは漢代に恵帝と呂后時代の紀年資料が存在し、それを司馬遷と班固が取捨選択して採用したことが想定できよう。

これに関連して注目されるのは、馬王堆帛書「五星占」の暦譜（本書の第六章三九〇頁、表6）である。[13] この「五星占」は、始皇帝の紀年に「張楚」という国号を記すことで注目された資料である。しかしさらに重要な点は、漢代皇帝の紀年を記すことである。つまり「五星占」の暦には、「漢元」年から十二年、「孝恵元」年から七年のあと、「高皇后元」年から八年と記している。そして「（文帝）元」年につづき、三年で終わっている。ここでは呂后の時代に、少帝が交代して即位しているにもかかわらず、二人の紀年とすることなく、連続した高皇后（呂后）の紀年としている。これは『史記』呂后本紀や諸侯王年表、名臣年表、『漢書』高后紀の紀年の形式と共通している。ここから漢代では、恵帝の死後は、少帝の紀年ではなく、呂后が紀年をもっていたことが明らかである。

つぎに江陵張家山の二四七号漢墓の『暦譜』がある。[14] 張家山漢墓の報告によると、『暦譜』は竹簡一八枚で出土し、墓主生前の大事を記した編年記ではないかといわれている。その紀年は、高祖五年四月〜一二年、恵帝元年〜七年、呂后元年、二年まで一七年の連続した暦譜であり、これが墓主の死を呂后二年とする根拠になっている。ここでも高祖、恵帝の紀年につづいて呂后の紀年を想定することができよう。また同じ漢墓から出土した漢律は、呂后『二年律令』にあたるといわれており、このほか漢代までの案件を記した『奏讞書』がある。このような「五星占」と張家山漢簡「暦譜」の紀年は、『史記』諸侯王年表、名臣年表の紀年と一致するものである。したがって『史記』呂后本紀の紀年は、漢代で使用されていた区分であることを証明している。

それでは、②諸侯王・列侯の記事資料は、どのように考えられるだろうか。これについては呂后紀年の考察で、部分的に『史記』諸侯王年表・名臣年表の紀年と一致することをみてきた。しかしこのほか『史記』には、人物別に配列した漢代年表があり、そこにも紀年とのかかわりが見出せる。すなわち『史記』巻一八高祖功臣侯者年表、巻一九恵景間侯者年表（以下、高祖表、恵景表）であり、このなかに諸侯王・列侯と関連する記事がある[15]。表4は、諸侯王の記事や、呂氏が列侯となった記事を比較したものである。これによれば呂后本紀の記事資料は、紀年資料につづいて、『史記』漢代年表と共通する記事を追加することができる。

このように呂后本紀のなかで、諸侯王・列侯に関する記載は、紀年資料につづいて『史記』漢代年表の記述と対応していることがわかるであろう。したがって司馬遷は、『史記』呂后本紀を作成するにあたって、まず以上のような漢代の紀年資料、諸侯王・列侯の記事資料を基礎にしたと考えられる。そしてこれらの資料は、比較的に信頼性の高い部分であると推定できる。

ところが呂后本紀では、このような紀年資料・記事資料のほかに、性格が異なる③事件の記事資料、④背景となる説話がふくまれている。その一例は、呂后と恵帝・魯元公主、少帝にかかわる説話などであり、これらは呂后の人柄を示すエピソードとして配列されているとみなすこともできよう。しかし主な内容は、先にみたように、A趙王に関する説話と、B呂氏一族にかかわる記事であった。いまこれらの記事を、『漢書』に収録されている記述と比較してみると、その配列に一定の位置づけをしていることがわかる。

まず趙王にかかわる三つの説話は、以下のように関連して理解されている。A①の趙王如意と戚夫人に関する説話では、恵帝が「此非人所爲。臣爲太后子、終不能治天下」といい、「孝恵以此日飲爲淫樂、不聽政、故有病也」とある。これは結果として、恵帝が政治を顧みず、呂后が実権をもつ位置づけをしている。『漢書』巻九七外戚伝上では、ほぼ同内容を少し表現を変えて収録している。

A②の趙王友に関する説話では、趙王が餓死するとき「諸呂用事兮劉氏危、……。爲王而餓死兮誰者憐之。呂氏絕

表４　『史記』呂后本紀と漢代年表

年代	呂后本紀の記事	年表の記事	出典
高祖12年	是時高祖八子……子建爲燕王。	二月甲午、初王靈王建元年。	諸侯王表・燕
	兄子濞爲呉王。	十月辛丑、初王濞元年。	〃・呉
高后元年	魯元公主薨……子偃爲魯王。	四月、元王張偃元年。	諸侯王表・魯
	先立孝惠後宮子彊爲淮陽王。	四月辛卯、初王懷王强元年。	〃・淮陽
	（孝惠）子不疑爲常山王。	四月辛卯、哀王不疑元年。薨	〃・常山
	大臣請立酈侯呂台爲呂王。	四月辛卯、呂王台元年。薨	〃・呂
	封齊悼惠王子章爲朱虛侯。	五月丙申、侯劉章元年。	惠景表・朱虛
	封呂種爲沛侯、呂平爲扶柳侯。	侯呂種元年。侯呂平元年。	〃・沛、扶柳
	（孝惠）子山爲襄城侯、子朝爲軹侯、	侯義元年。侯朝元年。	〃・襄成、軹
	子武爲壺關侯。	侯武元年。	〃・壺関
	立其弟呂祿爲胡陵侯。	呂祿元年。	高祖表・胡陵
〃　２年	以其弟襄城侯山爲常山王。	七月癸巳、初王義元年。	諸侯王表・常山
	（呂王台）太子嘉代立爲王。	十一月癸亥、王呂嘉元年。	〃・呂
〃　４年	封呂媭爲臨光侯、呂他爲兪侯、	侯呂它元年。	惠景表・兪
	呂更始爲贅其侯、呂忿爲呂城侯。	侯呂勝元年。侯呂忿元年。	〃・贅其、呂成
	以軹侯朝爲常山王。	五月丙辰、初王朝元年。	諸侯王表・常山
〃　５年	以弟壺關侯武爲淮陽王。	（六年）初王武元年。	諸侯王表・淮陽
〃　６年	以肅王台弟呂產爲呂王。	七月丙辰、呂產元年。	〃・呂
	封齊悼惠王子興居爲東牟侯。	侯劉興居元年。	惠景表・東牟
〃　７年	二月、徙梁王恢爲趙王。	幽死。	諸侯王表・趙
	呂王產徙爲梁王。	王呂產元年。	〃・梁
	立皇子平昌侯太爲呂王。	二月丁巳、王太元年。	〃・呂
	以劉澤爲琅邪王。以子偃爲魯王。	王澤元年。	〃・琅琊
〃　８年	立呂肅王子東平侯呂通爲燕王。	十月辛丑、初王呂通元年。	諸侯王表・燕
	封通弟呂莊爲東平侯。	侯呂莊元年。	惠景表・東平
	侈爲新都侯。壽爲樂昌侯。	侯張侈元年。侯張受元年。	〃・信都、楽昌
	呂榮爲祝茲侯。	侯呂榮元年。	〃・祝茲

理兮託天報仇」という歌を詠んだことを記しており、これは天に託して仇を報いるという呂氏に対する怨みを表現している。『漢書』巻三〇芸文志の詩賦略には「趙幽王賦一篇」とあり、あるいはこのような賦を利用したものかもしれない。『漢書』では、この話を巻三八高五王伝に収録している。

A③の趙王恢に関する短文では、趙王が自殺したことについてとくに位置づけをしていない。しかし呂后の死後に、斉王が諸侯王に遣わした書に「……孝恵崩、高后用事、春秋高、聴諸呂、擅廢帝更立。又殺三趙王、滅梁・趙・燕以王諸呂、分齊爲四」とあり、三人の趙王を殺したことを批判していることから、同じく「趙王の死」にかかわる事柄として理解されているようである。『漢書』巻三高后紀では、趙王恢の死を記事だけとし、また斉王の挙兵ではこの書の部分を省略している。

このように趙王如意にはじまる三人の趙王に関する説話は、別人の記事であるが、全体として呂后や呂氏一族の衰退にかかわる事象として、一連の位置づけがなされているといえよう。これにつづいて諸呂にかかわる記事と説話も、ほぼ同じように一連の事件として理解されている。

すなわち、B①の恵帝の死後に呂氏を任用する記事では、呂氏の隆盛を説明しており、『漢書』巻九七外戚伝上では、ほぼ同内容の記事を収録している。またB②の呂氏を諸侯王にしようとする記事も、呂氏一族が隆盛してゆく様子を暗示している。ただし『漢書』には対応する記述がみられない。

ところがB③に、呂后が重病となり一族の維持を謀る記事では、呂后の崩御を目前にして一族の転換を示唆することになる。この記事は、『漢書』外戚伝上にほぼ同文を収録している。そして最後に、B④の反乱と文帝即位までの長文の記事・説話は、繁栄していた呂氏がまさしく滅亡するまでの過程を描いている。この事件は、『漢書』高后紀に要約した記述があり、呂氏が滅ぼされたあと文帝を迎え入れるまでの記述の一部は、巻四〇周勃伝に収録している。

以上のように、『史記』呂后本紀では、漢代の紀年資料や、諸侯王の記事資料のなかに、多くが『漢書』列伝に収録されるような記述を選択・配列して、呂后や呂氏一族の盛衰にかかわる一篇を編集したと想定できよう。これは『史記』秦本紀、戦国世家、秦始皇本紀、項羽本紀、高祖本紀の手法とまったく同じである。

三　『史記』呂后本紀の歴史観

それでは司馬遷は、このような編集手法によって、なぜ呂后の事績を『史記』本紀として設け、何を表現しようとしたのだろうか。また『漢書』との歴史観の相違は、どのように考えたらよいのだろうか。

まず『史記』の論賛によって、呂后本紀の評価を検討してみよう。

太史公曰、孝惠皇帝・高后之時、黎民得離戰國之苦、君臣俱欲休息乎無爲、故惠帝垂拱、高后女主稱制、政不出房戶、天下晏然。刑罰罕用、罪人是希。民務稼穡、衣食滋殖。（呂后本紀、論賛）

惠之早霣、諸呂不台。崇彊祿・產、諸侯謀之。殺隱幽友、大臣洞疑、遂及宗禍。作呂太后本紀第九。（太史公自序）

これによると呂后本紀の論賛では、恵帝・呂后の時代は無為の施策によって君臣が休息し、政治は後宮を出でず天下は安泰となり、刑罰は少なく、民は農業にはげみ衣食は豊かになったと述べている。しかし太史公自序の論賛では、諸呂に対する反発と、趙王の死が呂氏一族の衰亡につながる説明をしている。したがって一見すると、ここには二つの相反する評価があるようにみえる。この違いについて佐藤武敏氏は、執筆当初の段階では本紀論賛のように、無為を評価していたが、李陵の禍のあと外戚をきびしく批判するようになり、太史公自序のような考えに変わったと説明している[16]。この点を、呂后本紀の構成に即してみれば、つぎのような特色がある。

呂后本紀では、まず呂后の実権に関する記述がみられた。最初は、恵帝元年条にみえる趙王の説話であり、ここでは恵帝が呂后の残忍な仕業を見たのち、すでに政治から関心が離れたことを記している。ここには恵帝元年（十七歳）の時点で、すでに呂后が実権をもつ評価をしているとみなすことができる。また同じく少帝恭の即位年には「元年、號令一出太后」とあり、また少帝弘の時期においても「不稱元年者、以太后制天下事也」と記すように、明確にその実権を位置づけている。これらは一方で、呂后を本紀とする評価につながるものであろう。

しかしもう一方で注目されるのは、呂后本紀では『史記』漢代年表と共通する紀年を区分としていたことである。その紀年は、馬王堆帛書「五星占」や張家山漢簡『暦譜』によって、実際に使用されていた高后の紀年区分であることが明らかとなった。したがって恵帝・呂后時代の事績を『史記』呂后本紀とした理由は、一に、呂后が政治の実権を握っていたという評価にくわえて、二に、呂后が王者としての紀年をもつことを重視したためと推測される。これは『史記』秦本紀における「秦記」との関係によく似ている[17]。このように解釈すれば、呂后本紀の紀年資料の位置づけは、きわめて歴史的な一側面を見出すことができる。そうであれば『漢書』においても高后紀を立て、太史公の論賛をほぼそのまま論賛とし、『史記』の記述を要約・継承していることが理解されるとおもう。

ところがこのような歴史的な位置づけのほかに、さらに呂后本紀では、記事資料や説話などによる別の位置づけをしている。その例は、A三人の趙王の事績と、B呂氏一族にかかわる記事であり、これらの趙王の死亡や呂氏の事件は、それぞれ呂后や呂氏一族の盛衰と関連があるように位置づけられていた。しかしその原因にかかわる記述をみると、もう一つの視点が存在することがわかる。

それは一に、趙王友が亡くなった十二日後に、天の日食を呂后の凶事とみなした記述がある。これは呂后の衰退を暗示させる表現である。

己丑、日食、晝晦。太公悪之、心不樂、乃謂左右曰、此爲我也。

二は、高后八年三月条に、呂后に犬がかみついた事象を卜辞による趙王如意の祟りとして、呂后の病と死を説明している。これはより直接的に、呂后の最期を暗示している。

三月中、呂后祓、還過軹道、見物如蒼犬、據高后掖、忽弗復見。卜之、云趙王如意爲祟。高后遂病掖傷。

また三に、呂氏に関する記事では、先の趙王友の幽死の際に、趙王の歌として「呂氏絶理兮、託天報仇」と記していたが、これも天とかかわる表現である。このほか四として、呂氏が最後に長安城内で滅ぼされる際に、「天風大起、以故其從官亂、莫敢鬭」とあり、ここでも天風によって滅亡を説明している。

このように呂后と呂氏一族の滅亡につらなる内容は、その重要な場面において、日食や卜辞、天の事象などによって、その運命を暗示する視点を見出すことができよう。このことから『史記』呂后本紀では、時世が安定していたという事績のなかに、呂氏の衰退に至る記事や説話を配列しており、その転換は天の事象や卜辞などによる運命観によって位置づけられているといえよう。そのとき興亡を説明する表現は、事績による客観的な叙述であり、けっして呂后を絶対者や「おそろしき女」として描写したものではない。

これに対して『漢書』では、以上のような趙王や呂氏にかかわる資料群を、どのように位置づけているのであろうか。すでに班固が『史記』呂后本紀にみえる記事・説話の多くを、『漢書』列伝に収録していることは見てきた。しかしさらに重要な相違点は、いま述べてきた運命観にかかわる事象を、『漢書』巻二七五行志の記事に切り離して収録していることである。すなわち『漢書』五行志中之上では、高后八年条の犬の事象に対する卜辞を述べ、さらに呂后の趙王と戚夫人への仕打ちに対応する解釈を追加している。

高后八年三月、祓霸上、還過枳道、見物如倉狗、橶高后掖、忽而不見。卜之、趙王如意爲祟。遂病掖傷而崩。先是高后鴆殺如意、支斷其母戚夫人手足、搉其眼以爲人彘。

また『漢書』五行志下之下では、高后二年條の日食記事を記し、それを翌年の呂后崩御に結びつけている。

高后二年六月丙戌晦、日有食之。七年正月己丑晦、日有食之、既、在營室九度、爲宮室中。時高后惡之曰、此爲我也。明年應。

このほか運命に関する表現のうち、呂氏滅亡の際の天の事象は、『漢書』高后紀に「天大風、從官亂、莫敢鬭者」とあり、天の大風となっている。したがって司馬遷が、呂后の運命と結びつけて重要な転換とした表現は、『漢書』高后紀では削除されていることがわかる。

それでは『史記』呂后本紀から省略され、『漢書』五行志にふくまれる記述は、どのような性格の資料であろうか。『漢書』巻三〇芸文志には、興味深い記述がみえる。すなわち芸文志の序文には、劉向が前漢末に王朝図書の校訂・整理をして六分類としたことがみえている。しかし実際の作業は、劉向が六芸略、諸子略、詩賦略の図書を担当し、専門にかかわる兵書略は歩兵校尉の任宏、数術略は太史令の尹咸、方技略は侍医の李柱国が担当したと述べている。ここで注目されるのは、司馬遷と同じ職務である太史令は、数術略に分類する書籍にかかわる専門家とみなされていることである(18)。

さらに数術略の内容をみると、そこには①天文、②暦譜、③五行、④蓍亀、⑤雑占、⑥形法に関する書籍が分類されている。したがって『漢書』五行志に位置づけている記事は、この数術略に分類される資料にふくまれることがわかる。そしてこの数術略にふくまれる資料を、司馬遷は重要な転換点として『史記』呂后本紀に位置づけている。反対に班固は、この資料を『漢書』高后紀から削除したのである。つまり言いかえれば、『史記』では紀年資料の利用につづいて、この数術略にふくまれる資料が、漢太史令である司馬遷の重要なよりどころであり、呂后本紀において も重要な役割をもつことがうかがえるのである。

このように『史記』呂后本紀の編集意図と歴史観は、先行する諸資料を選択・配列することによって、呂后と呂氏一族の興亡を説明することにあるといえよう。その根拠として、漢太史令の職務にかかわる紀年・暦譜と、天文・卜辞などの資料が強く位置づけられていることが推測できる。このように考えれば、さきの太史公自序にみえた衰亡への評価は、司馬遷の歴史観として理解することができよう。

そこで太史公自序にみえる呂后時代の評価は、つぎのように説明できる。自序の論賛は、佐藤武敏氏が指摘されるように、李陵の禍のあとの運命観が色濃く反映されている(19)。この評価は、呂后本紀の構成と同じように、呂后と呂氏の盛衰を事績によって示す歴史観によっている。これは秦始皇本紀や、項羽本紀と同じように、運命を暗示する記事資料を配列して、その運命を描く手法である。

しかし呂后本紀の論賛は、このような運命観の視点とは異なっている。ここでは恵帝と呂后の時代が、無為の思想にもとづく政治をおこない、宮廷内部の争いとは異なることを記している。したがって呂后の政権と人物像は、司馬遷の歴史観だけではなく、漢代初期の政策のなかで位置づける必要がある。そのとき注目されるのは、呂后本紀より以前の事績との関係である。図1は、漢代の呂后と呂氏、劉氏の系譜を示している。

呂后の生涯は、秦代地方官吏の妻、漢王の夫人、高祖の皇后、恵帝時代の皇太后、少帝期に称制をする高后という変化がある。このうち漢王の夫人であった時代には、項羽の軍に人質となっていたが、もう一つの情勢がある。それは漢王が定陶で戚夫人を得て寵愛し、のちの趙王如意が生まれたことである。この趙王如意が、たえず劉盈に代わって太子にされようとしたことは、『史記』呂后本紀や留侯世家にみえていた。したがって呂后が、戚夫人と趙王如意

図1 呂后と呂氏、劉氏

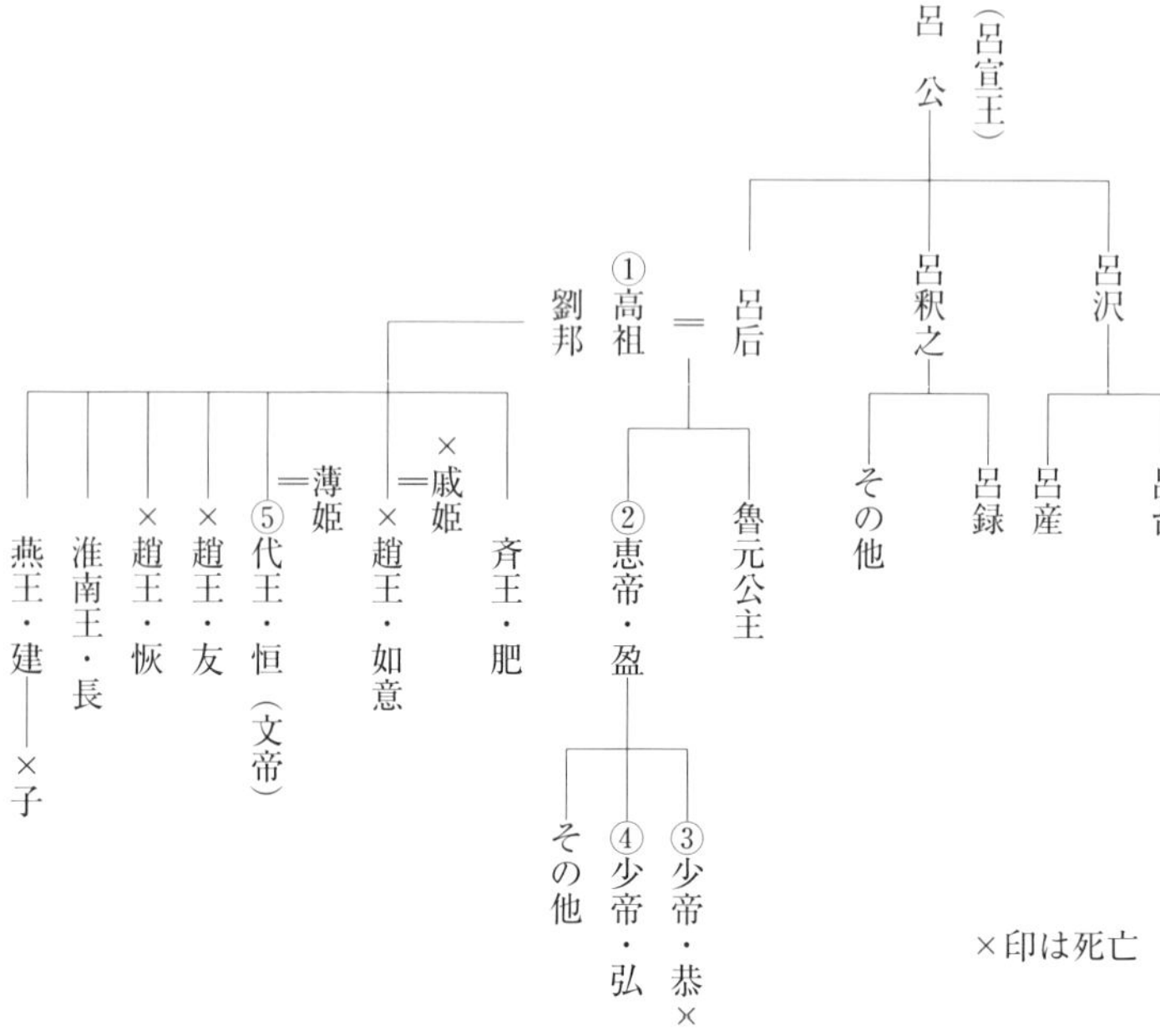

にした処遇は、たとえ個人的な怨みがあったとしても、自分の子に代わって太子の座につく可能性があったことも一つの要因であろう。高祖が、呂后の二人の子供を冷遇したことは、この太子の事件とともに、娘の婿であった趙王の張敖に対する処遇からもうかがうことができる。

また斉悼恵王が呂后に殺されそうになった事件には、もう一つの背景がある。それは大局からみれば、斉悼恵王と趙王如意は高祖の八子のなかでも特別な人物である。すなわち斉王は恵帝の兄であり、皇帝の上座に着くことは危険な行為である。また趙王如意は、かつて劉盈に代わって太子の座についたかもしれない人物である。つまり二人とも、皇帝継承の有力な候補となりえた人物である。恵帝期には、このほか呂后が直接に高祖の子を殺そうとする記事はみえない。

このような評価は、『史記』巻四九外戚世家の論賛にみえている。ここでは高祖の後宮で、寵愛がなく疎遠の者は無事であったと述べている。

太史公曰、秦以前尚略矣、其詳靡得而記焉。漢興、呂娥姁爲高祖正后、男爲太子。及晩節色衰愛弛、而戚夫人有寵、其子如意幾代太子者數矣。及高祖崩、呂后夷戚氏、誅趙王、而高祖後宮唯獨無寵疏遠者得無恙。

呂氏の処遇と宰相の任用には、つぎのような背景がある。恵帝二年に蕭何が亡くなったあと、五年まで曹参が代わって丞相となっている。曹参が亡くなると、つぎは王陵を右丞相、陳平を左丞相とし、周勃を大尉とした。これは高祖の遺言どおりの人事である。この時点では、長兄の呂沢の二人の子と、次兄の呂釈之などを列侯としているが、まだ呂氏は諸侯王となっていない。

ところが恵帝が亡くなると、高祖が遺言した状況をこえることになる。このとき呂后は、少帝恭を即位させ、皇帝に代わって命令を行い、背後に呂氏を諸侯王にしようとした。しかし王陵が反対したため、呂后は王陵を丞相から免じ、陳平を右丞相としている。これは陳平を一人で任用してはいけないという情勢となる。そこで高祖が「なんじの知るところではない」という状況に直面して、呂后は左丞相に審食其を任用している。審食其は、呂后と一緒に項羽の軍に人質となり、高祖が崩御したとき、その後の対策を相談した人物である。この陳平、審食其の体制は、呂后時代を通じて変わらなかった。そして呂后が、呂氏の一族を諸侯王としたのは、恵帝が亡くなったあとからである。このように高祖が亡くなったあと、なお高祖の功臣たちが存在するなかで、漢王室を継承することは呂后にとって大きな課題であったとおもわれる。

ただし恵帝と呂后の時代は、漢代初期の全体的な歴史のなかで位置づける視点が必要である[20]。高祖の時代には、呂后が諸侯王に対する助言をしたということや、淮陰侯韓信の処遇は呂后の策謀によるといわれるが、これは異性の諸侯王がしだいに劉氏の王に代えられてゆく一連の過程のなかでとらえるべきであろう。

それでは呂后の時代は、どのように評価したらよいのであろうか。残忍な呂后というイメージは、主に『史記』呂后本紀が一貫して専権の時代として描いていることによるところが大きい。しかしそれは、行事（事実）によって興亡の原理を明らかにするという司馬遷の歴史観にもとづくものであり、必ずしもすべてが実像ではないとおもわれる。また皇室内部の出来事と、その時代の政策とが一致するとはかぎらない。

この時代の安定を示す例として、長安城の建設がある。(21)すでに高祖の時代には、未央宮や武庫・倉庫などを建造しているが、まだ城壁は築かれていなかった。それを恵帝元年から工事をはじめ、五年までに城壁のほか西市・太倉などを完成したという。高祖が崩御したのは長楽宮であるが、恵帝は未央宮で亡くなっている。

外征面では、高祖が匈奴に敗れていらい、恵帝以降の時代も、宗室の女を匈奴に嫁がすなどの和親策を継承している。その典型的な例は、『史記』匈奴列伝にみえるように、匈奴の単于が呂后に無礼な手紙を送った事件である。(22)このとき呂后は、侮辱されたと激怒し、諸将を集めて匈奴征伐を議論させた。しかし高祖の前例をかえりみよという臣下の進言を入れて、攻撃を取りやめている。これによって戦争負担が軽減されたことは疑いない。

恵帝と呂后の時代は、一面で呂后の残忍性がみられながら、もう一面で漢王朝の充実があり、諸侯王や外征の憂いがなかったという二面性をもっている。したがって呂后本紀の論賛にみえる評価は、漢代初期の実情を示すものとおもわれる。このとき恵帝の時代を、呂后本紀に代表させているのは、『会注考証』が指摘する通りであろう。『会注考証』では、楚懐王を捨てて項羽本紀にあわせたように、ここでは恵帝を捨てて呂后本紀としており、これは政令の出るところを重んじたとみなしている。(23)

このように『史記』本紀に呂后本紀を立てる基準は、まず王者の紀年をもつことによるとおもわれる。つまり秦本紀では、秦が周の天命を継いで「秦記」をもつ国であった。また項羽本紀では、秦末の叛乱から項羽の敗北まで、八年間は楚の時代であり、楚の紀年が存在した。そして呂后本紀では、恵帝のあとに高后の紀年が存在していた。したがって暦の基準となる王者の紀年をもつ呂后は、本紀にするに値することになる。ただし恵帝の本紀を作成せず、呂后本紀に代表させたのは、一つには呂后本紀が実権をもつという評価によるが、もう一つは後者に代表させるという手法が想定できる。そして司馬遷は、呂后本紀に、呂后と呂氏の盛衰を示唆する記事と説話を配列することによって、その運命を叙述したとおもわれる。

おわりに

本章では『史記』呂后本紀の構成と歴史観をめぐって、漢代初期の皇室と政治の問題を考えてきた。その要点は、つぎの通りである。

一、司馬遷は呂后本紀を作成するにあたって、漢代の紀年と、諸侯王・列侯の記事、説話などを基本的な素材としている。とくに紀年資料を基礎とする点は、『史記』秦本紀や戦国世家、秦始皇本紀、項羽本紀、高祖本紀と同じように、きわめて歴史的に編集されている。また呂后の紀年は、馬王堆帛書「五星占」と江陵張家山漢簡『暦譜』にみえる紀年の区分と一致するものである。このように王者としての紀年をもつという意味において、呂后時代は『史記』本紀の条件を満たしていることになろう。こうした紀年をふまえて司馬遷は、恵帝元年に呂后がすでに実権を掌握していたことや、少帝恭の即位年に「号令は一に太后より出づ」とし、少帝弘のときに元年と称さないのは「太后が天下の事を制した」ことを位置づけたとおもわれる。これは、呂后時代の事績を評価する呂后本紀の論賛の主張と一致している。

二、しかし一方で呂后本紀には、事件の背景となる記事資料や説話を利用している。そのなかでとくに注目されるのは、三人の趙王の死に関する説話と、呂氏一族の興亡に関する記事資料、天文資料である。すなわち趙王の説話は、趙王如意の祟りをはじめとして、趙王友の幽死は、呂后の病・崩御の遠因として示されている。また呂氏一族の故事は、あたかも一篇の世家のように、その失脚・滅亡への過程を描き出す効果を生み出している。これらは紀年とは異なる記事資料、説話として、信頼性の検討を必要とする記述である。しかし重要な点は、司馬遷がこのような資料を取捨選択することによって、呂后本紀を運命観の視点から編集している意図がうかがえることである。これは『史記』呂后本紀が、本紀という王者の篇目でありながら、人物の盛衰を示す『史記』世家や列伝につながる編集意図をもつことを示唆するものであろう。ここに司馬遷は、呂后の残忍な性格を描こうとしたのではなく、呂后と呂氏の滅亡までの過程を行事（事実、事績）によって明らかにしようとする、きわめて客観的で冷徹な目をもつことが見出せる。

三、班固の『漢書』恵帝紀、高后紀では、先行する紀年や記事資料を利用するという手法は共通しているが、趙王の説話にみられる呂后の運命にかかわる部分をまったく省略している。そして『漢書』高后紀の論賛では、司馬遷の論賛をほぼそのまま利用しながら、司馬遷が意図した盛衰の原因を探るという視点は考慮の外にある。これはあらためて司馬遷の歴史観が、漢太史令という立場と密接に結びつくことを示唆するものであろう。

このように『史記』本紀の構成分析は、ただ素材と編集の形式を明らかにするだけでなく、その素材を取捨選択して編集する手法そのものに、司馬遷の歴史観を反映することがうかがえる。そして従来まで『史記』本紀とすることが問題とされてきた呂后本紀は、まさしくこのような司馬遷の歴史観を反映して、先行する資料群を漢代史のなかで位置づけた典型的な一篇とおもわれるのである。

なお『史記』呂后本紀のあとには、巻一〇孝文本紀、巻一一孝景本紀、巻一二孝武本紀がある。このうち孝文本紀の素材と編集では、代王・劉恒の経歴のあと、①即位前後の事情と三年までの詔書、②六年の詔書、③十三年以降の詔書を中心としており、そのほかは簡単な記事で構成している。[24] 孝文本紀の詔書の引用をみると、司馬遷は先行する資料を利用しながら、①即位する前後の事情と、②淮南王の謀叛、③代表的な肉刑廃止に関する詔書、晩年の儀礼改革の背景を強調することによって、文帝の人格を評価する視点がある。『史記』外戚世家では、代王から皇帝になったのは天命であると位置づけており、詔書の配列はこの評価と一致している。[25]

『史記』孝景本紀と孝武本紀は、前漢時代の末に失われ、あとで補われた篇といわれている。[26]『史記』の漢代本紀を位置づけるためには、さらに『漢書』や出土資料との比較をふまえて、全体的な編集と歴史観を考える必要がある。本書の第五章から第八章は、こうした『史記』漢代史料を理解する一視点を示したものである。

注

（1） 呂后本紀については、武田泰淳『司馬遷――「史記」の世界』（一九四三年、のち講談社、一九七二年など）、野口定男「呂后本紀を読む」（『史記を読む』研文出版、一九八〇年）、新田幸治『司馬遷論攷』第二章第一節「読『呂后本紀』」、第二節「呂后伝」（雄山閣出版、二〇〇〇年）、宮崎市定『「史記」を語る』（一九七九年、『宮崎市定全集五』史記、岩波書店、一九九一年）などで論じているが、人物評価にかかわる言及が多い。美川修一「所謂漢の高祖の功臣の動向について――呂后専権の基盤」（『中国前近代史研究』雄山閣出版、一九八〇年）、谷口やすよ「漢代の皇后権」（『史学雑誌』八七―一一、一九七八年）、同「漢代の『太后臨朝』」（『歴史評論』三五九、一九八〇年）、薄井俊二「恵帝の即位――漢初政治における外戚の役割り（その一、二）」（『埼玉大学紀要・教育学部』人文・社会科学四一―一、二、一九九二年）は、この時代の考察である。

（2） 呂后本紀を本紀とすることは、これまで多くの批判がある。内藤湖南『支那史学史』五「史記」（五）史記の編纂法に対する後人の批評（一九四九年、『内藤湖南全集』第十一巻、筑摩書房、一九六九年）は、後世の議論を紹介し、呂后本紀については、当時に孝恵帝がいたが、実権は呂后にあったので、その実権のあった人のために本紀を立てており、項羽のために本紀を立てたのと同じ意味とする。岡崎文夫「支那史学思想の発達」（岩波講座『東洋思潮』四、一九三四年）五一～五二頁では、項羽本紀と呂后本紀を本紀に入れるのは体例に背くと論ずる学者が多いのに対して、これは王者の観念を一定してその上に立つ批判法であり、もし両者を本紀からのぞけば、紀年が断絶して王迹が興廃する始終を見ることができないとする。また伊藤穂男「『史記』本紀の構成」（『東北大学教養部紀要』一五、一九七二年）に呂后本紀の考察がみられるが、その構成を検討したものは少ない。

（3）拙著『史記戦国史料の研究』第二編（東京大学出版会、一九九七年）では、出土資料との比較によって『史記』秦本紀と戦国世家の素材と編集を考察している。

（4）日本の『史記』古鈔本には、『史記（呂后本紀第九）』毛利家本、山田孝雄解説（古典保存会、一九三五年）がある。ここでは漢代簡牘の重複記号「=」と同じように、重複記号として「太丶后丶」や、「二十」を「廿」とする表記がある。

（5）佐竹靖彦『劉邦』第七章「呂雉との結婚」（中央公論新社、二〇〇五年）では、呂公の身分、劉邦の説話などを考察している。

（6）『史記』張耳列伝に、詳しい状況がみえる。

漢五年、張耳薨、謚爲景王。子敖嗣立爲趙王。高祖長女魯元公主爲趙王敖后。漢七年、高祖從平城過趙、趙王朝夕袒韝蔽、自上食、禮甚卑、有子婿禮。高祖箕踞詈、甚慢易之。趙相貫高・趙午等年六十餘、故張耳客也。生平爲氣、乃怒曰、吾王孱王也。說王曰、夫天下豪桀并起、能者先立。今王事高祖甚恭、而高祖無禮、請爲王殺之。……漢八年、上從東垣還、過趙、貫高等乃壁人柏人、要之置廁。上過欲宿、心動、問曰、縣名爲何。曰、柏人。柏人者、迫於人也。不宿而去。漢九年、貫高怨家知其謀、乃上變告之。於是上皆并逮捕趙王・貫高等。……乃檻車膠致、與王詣長安。治張敖之罪。……呂后數言張王以魯元公主故、不宜有此。上怒曰、使張敖據天下、豈少而女乎。不聽。……於是泄公入、具以報、上乃赦趙王。……張敖已出、以尚魯元公主故、封爲宣平侯。於是上賢張王諸客、以鉗奴從張王入關、無不爲諸侯相・郡守者。及孝惠・高后・文帝・孝景時、張王客子孫皆得爲二千石。張敖、高后六年薨。子偃爲魯元王。以母呂后女故、呂后封爲魯元王。

（7）戦国故事と説話の形式については、佐藤武敏監修『馬王堆帛書・戦国縦横家書』（朋友書店、一九九三年）、拙稿「馬王堆帛書『戦国縦横家書』の構成と性格」（前掲『史記戦国史料の研究』）参照。

（8）『新序』善謀下篇の説話がやや詳しく、とくに斉内史の謀りを評価している。なお『新序』は『戦国策』『説苑』とともに劉向が編纂した資料であるが、前二者の一部は司馬遷の時代より以前の資料を輯録したものがある。『新序』の説話も、同じように一部は先行資料を編集した可能性がある。

（9）呂氏の乱をめぐる攻防では、北軍と南軍の掌握や、衛尉の役割、未央宮での様子がうかがえ、郭茵『呂太后期の権力構造——前漢初期「諸呂の乱」を手がかりに』（九州大学出版会、二〇一四年）第二章「漢初の南北軍」の考証がある。また代王が漢長安城に入る過程では「然後乘六乘傳。後九月晦日己酉、至長安、舍代邸。大臣皆往謁、奉天子璽上代王、共尊立爲天子」とあり、実情をふまえているとおもわれる。漢長安城については、佐藤武敏『長安』（一九七一年、講談社学術文庫、二〇〇四年）、中国社会科学院考古研究所漢長安城工作隊・西安市漢長安城遺址保管所『漢長安城遺址研究』（科学出版社、二〇〇六年）の諸論文がある。

（10）『漢書』巻三高后紀では、ほぼ同じ内容を「詔曰……皆曰……」と記述している。

（11）伊藤徳男『史記十表に見る司馬遷の歴史観』第六章「漢興以来将相名臣年表（表十）の構成とその意義」（一九八七年、八八年、九二年、平河出版社、一九九四年）では、政治・軍事・人事の方面に司馬遷の寓意や批判があるとする。『史記』太史公自序では、つぎのように漢代諸表を位置づけている。ここでは諸侯王と功臣の事績を明らかにする意図を述べているが、歴史年表としての効果をもっている。

漢興已來、至于太初百年、諸侯廢立分削、譜紀不明、有司靡踵、彊弱之原云以世。作漢興已來諸侯年表第五。

國有賢相良將、民之師表也。維見漢興以來將相名臣年表、賢者記其治、不賢者彰其事。作漢興以來將相名臣年表第十。

（12）呂后本紀の恵帝の時代では、表3のように、ほぼ年月だけであり、呂后の時代には少し日の干支がみえている。これに対して『漢書』恵帝紀、高后紀では、春夏秋冬や日の干支を付ける表記が多くなっている。

(13) 馬王堆漢墓帛書整理小組「《五占星》附表釈文」(『文物』一九七四年一一期)、中国社会科学院考古研究所編『中国古代天文文物論集』図版(文物出版社、一九八九年)、傅挙有・陳松長編『馬王堆漢墓文物』(湖南出版社、一九九二年)、藪内清「馬王堆三号漢墓出土の『五占星』について」(『小野勝年博士頌寿記念東方学論集』龍谷大学東洋史研究会、一九八三年)など。

(14) 荊州地区博物館「江陵張家山三座漢墓出土大批竹簡」(『文物』一九八五年一期)、陳耀鈞・閻頻「江陵張家山漢墓的年代及相関問題」(『考古』一九八五年一二期)、張家山二四七号漢墓竹簡整理小組『張家山漢墓竹簡〔二四七号墓〕』(文物出版社、二〇〇一年)、同『張家山漢墓竹簡〔二四七号墓〕』釈文修訂本(文物出版社、二〇〇六年)。

(15) 『史記』漢代諸表は、『史記』呂后本紀や『漢書』諸表と少しずつ相違がある。その異同は、紙屋正和「『漢書』列侯表考証(上・中・下)」(『福岡大学人文論叢』一五―二、三、四、一九八三年、八四年)で詳しく考察している。

(16) 佐藤武敏『司馬遷の研究』第七章「『史記』の編纂過程」(汲古書院、一九九七年)三二九〜三三〇頁。

(17) 秦本紀もまた、『史記』本紀とするのは不当という議論がある。これは拙稿「『史記』秦本紀の史料的考察」(前掲『史記戦国史料の研究』第二編第一章)で論じたように、秦には周を継承するという位置づけと、「秦記」による王者の紀年をもつという特色がある。

(18) 『漢書』巻三〇芸文志の序文に、

至成帝時、以書頗散亡、使謁者陳農求遺書於天下。詔光祿大夫劉向校經傳・諸子・詩賦、歩兵校尉任宏校兵書、太史令尹咸校數術、侍醫李柱國校方技。毎一書已、(劉)向輒條其篇目、撮其指意、錄而奏之。

(19) 佐藤前掲「『史記』の編纂過程」。

(20) 郭茵前掲『呂太后期の権力構造』第一章「呂太后の権力基盤について」は、長兄の呂沢の軍事力を背景に皇后の地位を手に入れ、漢王朝の成立後は高祖が長期間に長安を離れたため、国政に直接関与する機会にめぐまれ、大臣たちとの間に信頼関係を築いたとし、その後の変化を考察している。

(21) 近年では、中国社会科学院考古研究所編『漢長安城未央宮　九八〇〜一九八九年考古発掘報告』上下(中国大百科全書出版社、一九九六年）があり、また高祖が崩御し、呂后が政務をとった長楽宮や、長安城墻の発掘が進んでいる。中国社会科学院考古研究所漢長安城工作隊「漢長安城長楽宮二号建築遺址発掘報告」（『考古学報』二〇〇四年一期）、同「西安市漢長安城長楽宮四号建築遺址」（『考古』二〇〇六年一〇期）、同「西安市漢長安城長楽宮六号建築遺址」（『考古』二〇一一年六期）、劉振東・張建鋒「西漢長楽宮遺址的発現与初歩研究」、中国社会科学院考古研究所漢長安城工作隊「西安市漢長安城城墻西南角遺址的鉆探与試掘」（以上、『考古』二〇〇六年一〇期）など。

(22)『史記』巻一一〇匈奴列伝に、

高祖崩、孝恵・呂太后時、漢初定、故匈奴以驕。冒頓乃爲書遺高后、妄言。高后欲擊之、諸將曰、以高帝賢武、然尚困於平城。於是高后乃止、復與匈奴和親。

(23) 瀧川亀太郎『史記会注考証』（東方文化学院東京研究所、一九三二～三四年）の呂后本紀の条には、「愚按、史公舍恵帝而紀呂后、猶舍楚懷而紀項羽。蓋以政令之所出也」とある。

(24)『史記』孝文本紀にみえる詔書の引用については、拙著『中国古代国家と社会システム』第九章「張家山漢簡『津関令』と詔書の伝達」（汲古書院、二〇〇九年）で、『漢書』と比べた特色を述べている。

(25)『史記』巻四九外戚世家に、

及孝恵帝崩、天下初定未久、繼嗣不明。於是貴外家、王諸呂以爲輔、而以呂禄女爲少帝后、欲連固根本牢甚、然無益也。高后崩、合葬長陵。禄・產等懼誅、謀作亂。大臣征之、天誘其統、卒滅呂氏。唯獨置孝恵皇后居北宮。迎立代王、是爲孝文帝、奉漢宗廟。此豈非天邪。非天命孰能當之。

(26) 佐藤武敏「『史記』の編纂過程」五「『史記』における後人増補の問題」（前掲『司馬遷の研究』）四二七～四三三頁。

第九章　『史記』漢代諸表と諸侯王

第一節　張家山漢簡「秩律」と漢王朝の領域

はじめに

『史記』では、秦始皇本紀から項羽本紀、高祖本紀と続けており、その交替を秦、楚、漢への天命の移動ととらえていた。それは二世皇帝の叛乱から、漢王朝の成立までの八年間に楚の時代があったと位置づけたことによる。しかし『史記』には本紀による通史のほかに、年代を示す部門として十表がある。秦漢時代では、六国年表、秦楚之際月表があり、これにつづいて漢代諸表（漢興以来諸侯王年表、高祖功臣侯者年表など）がある。この漢代諸表には、どのような史実が読みとれるのだろうか。

司馬遷は、太史公自序で「（父談）卒して三歳にして、遷、太史令と為り、史記・石室金匱の書を紬く」と述べ、高祖功臣侯者年表（以下、高祖年表）の序文にも、功臣に関する記載を読んだと記している。

太史公曰、古者人臣功有五品、以徳立宗廟定社稷曰勳、以言曰勞、用力曰功、明其等曰伐、積日曰閲。封爵之誓曰、使河如帶、泰山若厲。國以永寧、爰及苗裔。始未嘗不欲固其根本、而枝葉稍陵夷衰微也。余讀高祖侯功臣、察其首封、所以失之者、曰、異哉所聞。

また『漢書』にも漢代諸表があり、『漢書』高帝紀下の末尾には「又與功臣剖符作誓、丹書鐵契、金匱石室、藏之宗廟」とある。したがって功臣と交わした符は、宗廟の石室金匱に収められており、漢代諸表は諸侯王や列侯の誓いを素材として、諸侯王や列侯の系譜を編集した可能性がある。とすれば『史記』漢代諸表は、比較的に信頼できる資料にもとづいており、漢代本紀や世家・列伝とあわせて、諸侯王国と侯国の研究を進めることができる。(1)

近年では『史記』漢代諸表の記述を補足し、史実を検証する資料が出土している。それは張家山漢簡『二年律令』である。漢代初期の『二年律令』には、地方行政の制度を知る資料として「秩律」と「津関令」がある。とくに「秩律」は、『史記』に不明であった漢王朝の中央と地方官制がわかる貴重な資料であり、『漢書』百官公卿表、地理志と比較することができる。(2) その図版と釈文には、つぎのテキストがある。(3)

①張家山二四七号漢墓竹簡整理小組『張家山漢墓竹簡〔二四七号墓〕』(文物出版社、二〇〇一年)

同整理小組『張家山漢墓竹簡〔二四七号墓〕』釈文修訂本(文物出版社、二〇〇六年)

②彭浩・陳偉・工藤元男主編『二年律令與奏讞書』(上海古籍出版社、二〇〇七年)

周振鶴「《二年律令・秩律》的歴史地理意義」(二〇〇三、『張家山漢簡《二年律令》研究文集』二〇〇七年)

晏昌貴「《二年律令・秩律》与漢初政区地理」(『歴史地理』二一輯、二〇〇六年)の考証を引用

「秩律」の考証は、この両者による釈文を確認することになる。また地名の考証は、その後の注釈や研究を参照しながら、諸説を整理する必要がある。(4) ここでは、このような手順をふまえて、つぎのように漢王朝の領域と諸侯王国の性格を考えてみたい。

(1)「秩律」の領域は、どの時期の情勢を反映しているのか。

(2)「秩律」の範囲は、ほぼ漢王朝が直轄する郡県を示しているが、諸侯王国と侯国との関係は、どのようなもの

か。

一　「秩律」にみえる県の所属

「秩律」の釈文には、①整理小組と、②『二年律令與奏讞書』がある。以下は、②の釈文をもとにしている。

櫟陽、長安、頻陽、臨晉、成都、□、雒、雒陽、酆、雲中、□、高?□□□、新豐、槐里、雍、好畤、沛、郃陽……
秩各千石、丞四百石。
（四四三～四四四号簡）

胡、夏陽、彭陽、朐忍、□、□□、□□、臨邛、新都、武陽、梓潼、涪、南鄭、宛、穰、溫、脩武、軹、楊、臨汾、九原、咸陽、原陽、北輿、旗?陵、西安陽、下邽、槀、鄭、雲陽、重泉、華陰、慎、衙、藍田、新野、宜城、蒲反、成固、圜陽、巫、沂陽、長子、江州、上邽、陽翟、西成、江陵、高奴、平陽、絳、酇、贊、城父、……池陽、長陵、濮陽、秩各八百石、有丞・尉者半之。
（四四七～四五〇号簡）

汾陰、汧、杜陽、沫、上雒、商、武城、翟道、烏氏、朝那、陰密、郁郅、薗、楬〈栒〉邑、歸德、眴衍、義渠道、略畔道、朐衍道、雕陰、洛都、襄城、漆垣、定陽、平陸、饒、陽周、原都、平都、平周、武都、安陵、徒經、西都、中陽、廣衍、高望、〼平樂、狄道、戎邑、葭明、陽陵、江陽、臨江、涪陵、安漢、宕渠、枳、菹、旬陽、安陽、長利、錫、上庸、武陵、房陵、陽平、垣、濩澤、襄陵、蒲子、皮氏、北屈、彘、潞、涉、余吾、屯留、武安、端氏、阿氏、壺關、泫氏、高都、銅鞮、涅、襄垣、成安、河陽、汲、蕩陰、朝歌、鄴、野王、山陽、内黃、繁陽、陝、盧氏、新安、新城、宜陽、平陰、河南、緱氏、成皋、滎陽、卷、岐、陽武、陳留、梁、圉、秭歸、臨沮、夷陵、醴陵、孱陵、銷、竟陵、安陸、州陵、沙羨、西陵、夷道、下雋、析、酈、鄧、南陵、比陽、平氏、胡陽、蔡陽、隋、西平、葉、陽城、雉、陽安、魯陽、朗陵、犨、酸棗、蜜、長安西市、陽城、苑陵、襄城、偃、郟、尉氏、潁陽、長社、解陵、武泉、沙陵、南輿、曼柏、莫䵋、河陰、博陵、許、辨道、武都道、予道、氐道、薄道、下辨、豲道、略陽、緜諸、方渠除道、雕陰道、青衣道、嚴道、鄜、美陽、褱徳、共、館陶、隆慮、□□、中牟、潁陰、定陵、舞陽、啓封、閑陽、女陰、索、焉陵、東阿、聊城、燕、觀、白馬、東武陽、茬平、鄄城、頓丘……秩各六百石、有丞・尉者半之。（四五一～四六四号簡）

陰平道、甸氏道、緜遞道、湔氏道長、秩各五百石、丞・尉三百石。……萬年邑長、長安廚長、秩各三百石、有丞・尉者二百石。（四六五～四六六号簡）

これらの地名のうち、異なる字釈と地名比定について説明しておこう。表1は、①整理小組の復元を基本として、②の考証で修正したものである。

図1は、拙稿「秦漢帝国の成立と秦・楚の社会」（二〇〇三年）とこの考証をもとに、「秩律」の主要な県と範囲を示したものである[5]。これによると内史（京師）の領域と地方では、長安や櫟陽、雒陽、成都、沛県のように、長官の俸祿一〇〇〇石の大県がある。そのつぎは八〇〇石、六〇〇石、五〇〇石、三〇〇石クラスまでの県を記し、一部に不明の県がある。これらの県の分布は、つぎのような特徴がある。それは長安を中心として一〇〇〇石クラスの大県を配置している。また河南郡の雒陽、蜀郡の成都、沛郡の沛県などは、地方の代表的な拠点とする。さらに一〇〇〇石クラスの大県の周辺は、八〇〇石や六〇〇石クラスの県を配置している。これらは戦国時代から秦代に存在した旧県である。そして津関令によれば、内史から東方に、臨晋関と函谷関、武関、鄖関、扞関（扜関）という水陸の要衝に関所を設けている。

表2は、「秩律」地名の釈字、考証を示したものである。とくに問題となる県は、不明に入れている。このうち、

とくに以下の地名が問題となる。

雒　：①は「上雒」で弘農郡とする。②は「□、雒」の二地名とし「雒」を広漢郡とする。

雍　：①は「睢」を「鄪」に作り、沛郡とする。②は「雍」とし、漢初は内史とする。

宜成：①は「宜成」を済南郡とする。②は「宜成（城）」に作り、南郡とする。ただし里耶秦簡の里程簡⑯12には「信都……武……宜〔成〕」とあり、ここでは黄河中流域に「宜〔成〕」がある。

昫衍：①は「朐（昫）衍」で北地郡とする。②は「昫衍」とする。

葭明：①は□□で欠字とするが、②は「葭明」と読み、前漢の広漢郡とする。

鄰　：①は「鄭」に作るが、②は「鄰」に作る。周振鶴氏は、漢初は河内郡とする。

醴陵：①は不明とし、②は「醴陽」の誤りで漢初は南郡とする。周振鶴氏と早稲田大学簡帛研究会は、長沙国に属すとする。

孱陵：①は武陵郡とする。周振鶴氏は漢初の長沙国で、この時は南郡とする。

銷　：①は不明とする。周振鶴氏と②は、里耶秦簡の⑯52に銷、孱陵があり、南郡とする。

西平、陽成（城）、陽安、朗陵：①は汝南郡とする。周振鶴氏と②は、南陽郡とする。

苑陵：①は河南郡とする。②は漢初の潁川郡とする。

館陰〈陶〉：①は不明とする。②は漢初の河内郡と紹介する。

また説明で使われている「五原郡」は武帝元朔二年に設置され、「西河郡」は武帝元朔四年に設置されており、漢初の名称ではないことが注意される。「酆（豊）、沛」は、①②ともに沛郡としているが、楚国の領域とする説もあり、考証が必要である。

表１　漢王朝の郡県と「秩律」県・官

地域	1000石 （丞400石）	800石 （丞、尉400石）	600石 （丞、尉300石）	その他
内史	櫟陽、長安、 頻陽、臨晋、 新豊、槐里、 雍、好畤、 郃陽	胡、夏陽、下邽、 槃、鄭、雲陽、重 泉、華陰、衙、藍 田、池陽、長陵	汧、杜陽、沫（漆）、上雒、商、武 城、翟道、陜、盧氏、新安、新成、 宜陽、酈、美陽、壊徳、〔長安西市〕	萬年邑、長安廚 （300石）
河南郡	雒陽		平陰、河南、緱氏、成皋、滎陽、巻、 岐、陽武、陳留、梁、圉、酸棗、蜜、 中牟、啓封	
河東郡		楊、臨汾、蒲反 平陽、絳	汾陰、垣、濩澤、襄陵、蒲子、皮氏、 北屈、彘	
上党郡		長子	潞、渉、余吾、屯留、端氏、阿氏、 壺関、泫氏、高都、銅鞮、涅、襄垣	
河内郡		温、脩武、軹	河陽、汲、蕩陰、朝歌、鄴、野王、 山陽、共、館陶、隆慮、索	
東郡		濮陽	陽平、東阿、聊城、観、白馬、東武 陽、茬平、鄄城、頓丘	
魏郡			武安、内黄、繁陽	
沛郡	豊、沛	酇、城父		
潁川郡		陽翟	成安、陽城、苑陵、襄城、偃、郟、 尉氏、潁陽、長社、許、潁陰、定陵、 舞陽、鄢陵	
汝南郡		慎	西平、陽成、陽安、朗陵、女陰	
南陽郡		宛、穣、新野、贊	析、酈、鄧、南陵、比陽、平氏、胡 陽、蔡陽、隋、葉、雉、魯陽、犨	
南郡		巫、江陵	秭帰、臨沮、夷陵、孱陵、銷、竟陵、 安陸、州陵、沙羨、西陵、夷道 下雋（長沙国）	
雲中郡	雲中	咸陽、原陽、北輿	武都、武泉、沙陵	
九原郡		九原、西安陽	南輿、曼柏、莫魌、河陰	武帝元朔二年、 五原郡
上郡		圜陽、高奴	雕陰、洛都、襄城（洛）、漆垣、定陽、 平陸、饒、陽周、原都、平都、高望、 雕陰道	
（西河）			平周、徒涅、西都、中陽、広衍、博 陵	武帝元朔四年、 西河郡
北地郡		彭陽	烏氏、朝那、陰密、郁郅、薗、帰徳、 眗衍、義渠道、略畔道、方渠除道	
隴西郡		上邽	狄道、戎邑、辨道、武都道、予道、 氐道、下辨、豲道、略陽、緜諸	
蜀郡	成都	臨邛	青衣道、厳道	緜遞道、湔氐道 （500石）
漢中郡		南鄭、成固、西成	沮、旬陽、安陽、長利、錫、上庸、 武陵、房陵	
広漢郡	雒	新都、武陽、梓潼 涪	平楽、葭明、江陽	陰平道、甸氏道 （500石）
巴郡		朐忍、江州	臨江、涪陵、安漢、宕渠、枳	
不明	高□□□	旗？陵 宜成（城） 沂陽	楬〈栒〉邑、朐衍道、安陵、陽陵 解陵、薄道、閑陽、燕 醴陵（南郡、長沙国）	

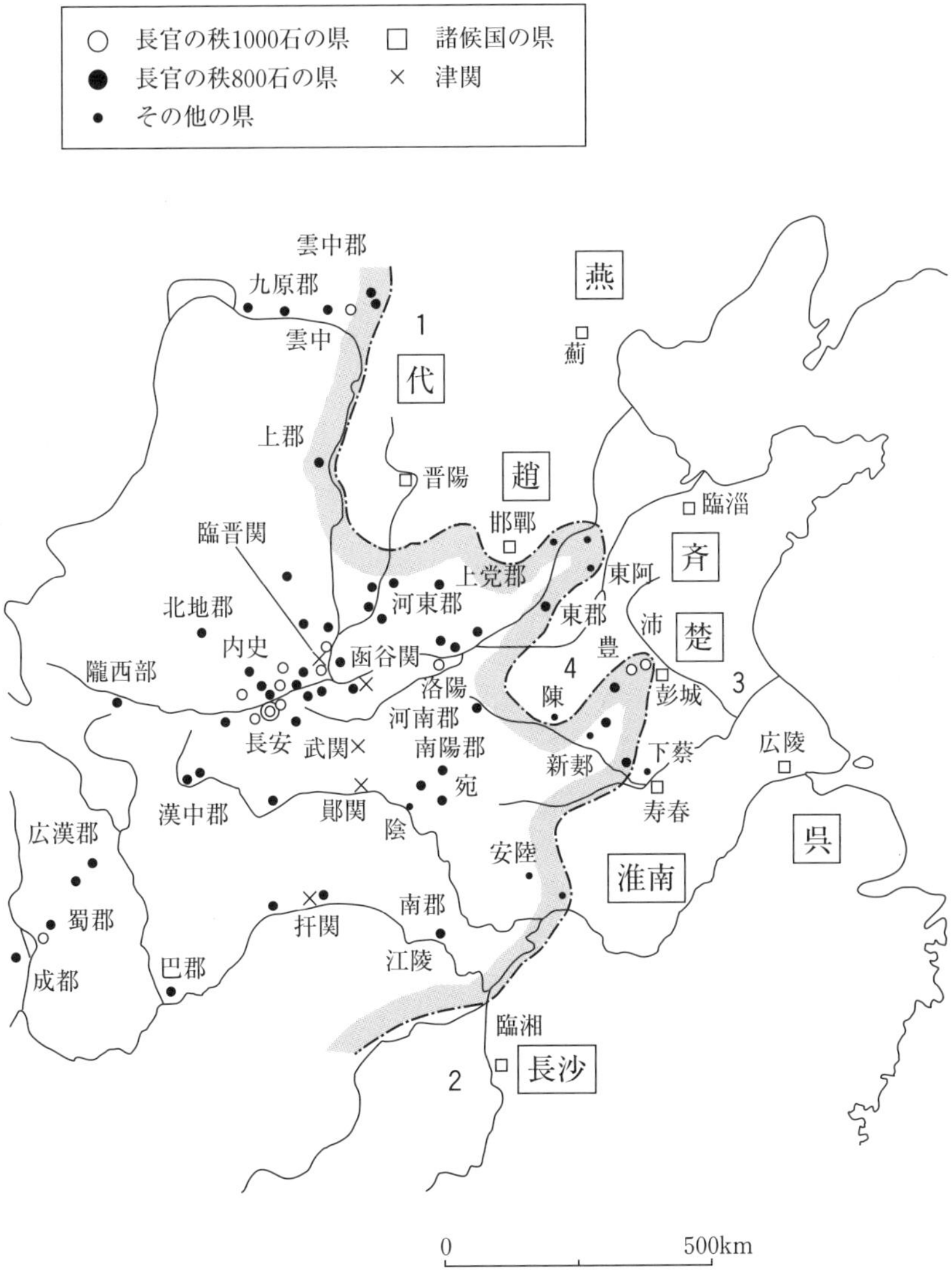

図１　漢初の郡県と諸侯王国

表2　「秩律」地名の釈字、考証

地名	長吏1000石の県、考証
櫟陽	漢初は内史、《地理志》は左馮翊
頻陽、臨晋	漢初は内史、《地理志》は左馮翊
長安	漢初は内史、《地理志》は京兆尹
成都	蜀郡の郡治
□、雒	整理小組は「上雒」で弘農郡。王子今氏らは2地名で「雒」は広漢郡。 ②は□を「郫」と推測。
雒陽	河南郡
酆	豊、沛郡
雲中	雲中郡の郡治
高？□□□	不明
新豊	漢初は内史、《地理志》は京兆尹
槐里、好畤	漢初は内史、《地理志》は右扶風
雍	整理小組は「睢」で「且」とし、「鄼」に作る。沛郡。 王偉氏と②は「雍」とし、漢初は内史、《地理志》は右扶風
沛	沛郡
部陽	漢初は内史、《地理志》は左馮翊
地名	**長吏800石の県、考証**
胡	漢初は内史。《地理志》に「故曰胡、武帝元鼎元年更名湖」。
夏陽	漢初は内史
彭陽	秦の北地郡、高帝二年に漢、武帝元鼎三年に安定郡
朐忍	巴郡
□□	王子今氏らは、最後の□□を「閬中」とする。 ②は「〔符〕、□□、〔閬中〕の3県と推測。
臨邛	蜀郡
新都、武陽	漢初は広漢郡
涪	漢初は広漢郡
梓潼	漢初は広漢郡。②は別字を（潼）に解釈する
南鄭	漢初は漢中郡
宛、穣	南陽郡
温、脩武	河内郡
軹	河内郡
楊	河東郡。李家浩氏は「軹楊」とする。
臨汾	河東郡
九原	秦の九原郡、漢初も同じ。武帝元朔二年に「五原郡」。 周振鶴氏は、呂后の時「九原、安陽、沙陵、南輿、曼柏、武都、莫黜、河陰」を雲中郡
咸陽、原陽	雲中郡
北輿	雲中郡
旗？陵	不明
西安陽	秦の九原郡、漢初も同じ。武帝元朔二年に「五原郡」

下邽、蓧	漢初は内史
鄭、雲陽	漢初は内史
重泉、華陰	漢初は内史
慎	汝南郡。周振鶴氏は「慎陽」かという。 晏昌貴氏は、漢初の潁川郡あるいは南陽郡とする。
衙、藍田	漢初は内史
新野	南陽郡
宜成	整理小組は「宜成」を済南郡とする。②は「宜成（城）」に作る。 ②は《地理志》の南郡に「宜城、故鄢、惠帝三年更名」とあることを指摘。 里耶秦簡の里程簡⑯12に「信都……武……宜〔成〕」とあり、黄河中流域。
蒲反	河東郡
成固	漢中郡
圜陽	秦の上郡、漢初も同じ。武帝元朔四年に「西河郡」
巫	南郡
沂陽	不明。晏昌貴氏は、漢初の上党郡とする。
長子	上党郡の郡治
江州	巴郡の郡治
上邽	隴西郡
陽翟	潁川郡
西成	西城で、漢中郡
江陵	南郡
高奴	上郡
平陽	河東郡。②『史記』高祖年表に、高祖六年十二月に曹参を平陽侯に封じる。
絳	河東郡。②『史記』高祖年表に、高祖六年正月に周勃を絳侯に封じる。
酇	沛郡
贊	南陽郡
城父	沛郡。周振鶴氏は、楚国とする。②は沛郡か潁川郡
池陽	漢初は内史、《地理志》は左馮翊に「池陽、惠帝四年置」。
長陵	漢初は内史、《地理志》は左馮翊
濮陽	東郡
地名	長吏600石の県、考証
汾陰	河東郡
汧、杜陽	内史
沫	整理小組は「漆」の誤りで、内史の属とする。
上雒、武城	秦の内史、漢初は内史
商、翟道	漢初は内史
烏氏、朝那	漢初は北地郡
陰密、郁郅	漢初は北地郡
蓾	漢初は北地郡、②は「蓾（鹵）」とする。

楬邑	不明。②は「楬〈栒〉邑」で北地郡とする。
帰徳	北地郡
眗衍	整理小組は「眗（昫）衍」で北地郡とする。②は「朐衍」とする。
義渠道	北地郡
略畔道	北地郡
朐衍道	整理小組は、朐衍の重複とする。周振鶴氏は、北地郡の別の地名と推測。
雕陰、洛都	上郡
漆垣、定陽	上郡
陽周、原都	上郡
襄城	整理小組は「襄洛」の誤りで上郡とする。また潁川郡に襄城県がある。
平陸	漢初の上郡か、《地理志》は西河郡。
饒	漢初の上郡か
平都	上郡。②侯国、恵帝五年に劉到が平都侯に封ぜられる。
平周	西河郡。《地理志》に西河郡は「武帝元朔四年置」とある。
	周振鶴氏は、このとき西河郡がなく、上郡とする。②秦の上郡、漢初も同じ。
武都	漢初は雲中郡か
安陵	平原郡。周振鶴氏は、内史とする。②恵帝陵で、奉常に属する。
徒涅（経）	整理小組は「徒経」の誤りで、漢初は西河郡か上郡。
	蘇輝氏は「徒経」で、漢初の上郡とする。
西都、中陽	西河郡。②秦の上郡、漢初も同じ。
広衍	西河郡。周振鶴氏は、漢初に西河郡がなく、3県は上郡とする。
高望	上郡
平楽	漢初の広漢郡。晏昌貴氏は、漢初の隴西郡とする。
狄道、戎邑	漢初の隴西郡
葭明	整理小組は□□。②秦の蜀郡、前漢の広漢郡
陽陵	整理小組は□陵。②は里耶秦簡⑨1に、陽陵県として見えることを指摘。
江陽	漢初の広漢郡。
臨江、涪陵	巴郡
安漢、宕渠	巴郡
枳	巴郡
葅	または「沮」、漢初の漢中郡か。
旬陽、安陽	漢中郡
長利、錫	漢中郡
上庸、武陵	漢中郡
房陵	漢中郡
陽平	東郡
垣、堯	河東郡
灌（濩）澤	河東郡
襄陵、蒲子	河東郡
皮氏、北屈	河東郡
潞、余吾	上党郡

屯留	上党郡
渉	漢初は上党郡か。②渉、武安は上党郡、内黄、繁陽、館陶は河内郡とする。
武安	魏郡。周振鶴氏は上党郡。
端氏	漢初は上党郡か。《地理志》は河東郡。
阿氏	整理小組は「陭氏」の誤りで、上党郡とする。
壺関、泫氏	上党郡
高都、銅鞮	上党郡
襄垣	上党郡
涅	上党郡。②秦の上党郡、漢初も同じ。
成安	潁川郡
河陽、汲	河内郡
蕩陰	河内郡
朝歌	河内郡。②秦の河内郡、漢初も同じ。
鄴	整理小組は「鄴」に作る。晏昌貴氏は「鄴」に作る。 周振鶴氏は、漢初は河内郡とする。
野王、山陽	河内郡
内黄、繁陽	魏郡。周振鶴氏は、河内郡とする。
陝、盧氏	内史。《地理志》は弘農郡。周振鶴氏は、漢初の河南郡とする。
新安	内史。《地理志》は弘農郡。周振鶴氏は、漢初の河南郡とする。
新城（成）	《地理志》は弘農郡「新成」。周振鶴氏は、漢初の河南郡とする。
宜陽	漢初は内史。周振鶴氏は、河南郡とする。
平陰、河南	河南郡
緱氏、成皋	河南郡
滎陽、巻	河南郡
岐、陽武	河南郡
梁	河南郡
陳留、圉	漢初の河南郡か
秭帰、臨沮	南郡
夷陵	南郡
醴陵	不明。周振鶴氏は、侯国で長沙国とする。②は「醴陽」の誤りで、漢初は南郡とする。早稲田大学簡帛研究会の考察では、『続漢書』郡国志に長沙郡の属県とすることなどから、長沙国に属していたと推測する。
孱陵	武陵郡。《地理志》は武陵郡。周振鶴氏は、孱陵・索は漢初の長沙国で、この時は南郡とする。②は里耶秦簡の⑯52に孱陵県があり、漢初の南郡とする。
銷	不明。周振鶴氏は、里耶秦簡の⑯52に銷があり、南郡とする。 晏昌貴氏は、鄢と江陵の間とする。
竟陵、安陸	漢初は南郡
州陵、沙羨	漢初は南郡
西陵	漢初は南郡か
夷道	南郡

下雋	漢初は南郡か。松柏35号漢墓と《地理志》は長沙国とする
析	漢初は南陽郡か
酈、鄧	南陽郡
南陵	整理小組は「舂陵」の誤りで、南陽郡とする。周振鶴氏は不明とする。晏昌貴氏は包山楚簡の楚県を継承したもので、新都（新野県）の近くとする。
比陽、平氏	南陽郡
隋、雉、犨	南陽郡
胡陽、蔡陽	南陽郡。②秦の南陽郡、漢初も同じ。
西平	汝南郡。周振鶴氏は、南陽郡とする。
葉	南陽郡。②秦の南陽郡、漢初も同じ。
陽成（城）	整理小組は「陽城」で汝南郡とする。晏昌貴氏は、南陽郡の陽城とする。
陽安	汝南郡。周振鶴氏は、漢初の南陽郡と推測。②秦の南陽郡、漢初も同じ。
魯陽	南陽郡。②戦国中晩期の魯陽、秦の南陽郡、漢初も同じ。
朗陵	汝南郡。周振鶴氏は、漢初の南陽郡と推測。
酸棗、蜜	漢初は河南郡
長安西市	内史。②『漢書』恵帝紀に「六年……起長安西市」。
陽城	潁川郡。②戦国中晩期の陽城、秦の潁川郡、漢初も同じ。
苑陵	河南郡。②漢初の潁川郡。
襄城	潁川郡。周振鶴氏は、『史記』の「襄成」で侯国とする。②秦の潁川郡、漢初も同じ。
偃、郟	潁川郡
尉氏	潁川郡
潁陽、長社	潁川郡。②秦の潁川郡、漢初も同じ。
解陵	不明
武泉、沙陵	雲中郡
南輿、曼柏	五原郡
莫𪐴、河陰	五原郡
博陵	西河郡。周振鶴氏は、上郡とする。晏昌貴氏は、雲中郡とする。
許	潁川郡
辨道	漢初は隴西郡か
武都道	漢初は隴西郡。②漢初は隴西郡、《地理志》は武都郡の郡治。
予道、氐道	隴西郡
薄道	不明。②は、この前後が隴西郡であることを指摘。
下辨、豲道	漢初は隴西郡
略陽、緜諸	漢初は隴西郡
方渠除道	北地郡。整理小組は方渠、除道とする。
雕陰道	上郡
青衣道	蜀郡
厳道	蜀郡
鄜	内史
美陽	内史。②秦の内史、漢初も同じ。

壊（襄）徳	内史。②秦の内史、漢初も同じ。
共	河内郡。②秦の河内郡、漢初も同じ。
館陰〈陶〉	不明。晏昌貴氏は、《地理志》は魏郡で、漢初の河内郡とする。
隆慮	河内郡。②侯国、高帝六年に周竈を隆慮侯に封ず。
中牟	河南郡。②侯国、高帝十二年に単父聖を中牟侯に封ず。漢初の穎川郡とする。
穎陰	穎川郡。②侯国、高帝六年に灌嬰を穎陰侯に封ず。
定陵	穎川郡
舞陽	穎川郡。②侯国、高帝六年に樊噲を舞陽侯に封ず。
啓封	開封、河南郡。周振鶴氏は、穎川郡とする。 ②景帝劉啓の諱を避けて、後に開封と更名。
閑陽	不明
女陰	汝南郡。②侯国、高帝六年十二月に夏侯嬰を汝陰侯に封ず。
索	武陵郡に索県があるが、河内郡の索邑とする。周振鶴氏は、南郡とする。
焉（傿）陵	整理小組は「鄢陵」で穎川郡とする。②秦の穎川郡、漢初も同じ。
東阿、聊城	東郡
観、白馬	東郡
茌平、鄄城	東郡
頓丘	東郡
燕	②赤外線によって補足
東武陽	東郡。②秦の東郡、漢初も同じ。
地名	長吏500石の道、考証
陰平道	広漢郡
甸氐道	広漢郡
緜遞道	蜀郡
湔氐道	蜀郡
地名	長吏300石の官、考証
萬年邑	漢初は内史、②『漢書』高帝紀に「(十年) 秋七月癸卯、太上皇崩、葬萬年」
長安厨	漢初は内史

＊『史記』高祖年表は、『史記』高祖功臣侯者年表

このような情勢は、漢王朝の郡国制のうち、まさしく西側の直轄地に郡県制で等級化した県を配置する体制となっている。したがって「秩律」の県は、ほぼ漢王朝が直轄する郡県を示している。これは『二年律令』が適用される範囲を示唆するであろう。

それでは「秩律」の年代や、漢王朝の領域（西側の直轄地）と諸侯王国、侯国との関係は、どのようなものだろうか。つぎに漢王朝と諸侯王国の関係を、1代国、2長沙国と武陵郡、3楚国、4梁国と淮陽国の境界地域について検討してみよう。

二　「秩律」にみえる漢王朝と諸侯王国

張家山漢簡は「暦譜」の下限が呂后（高后）二年であり、また『二年律令』具律八五簡に、呂后元年に父の呂公を追尊した「呂宣王」という記載があることから、呂后二年（高后二年）の作成といわれている(6)。しかし『二年律令』は、一般に年月や地名を記さないのに対して、「秩律」や「津関令」には具体的な地方の情報を記すことが注意される。この各地の地名は、律令が適用される範囲と、その性格を知る手がかりとなる。これも『二年律令』と同じように、呂后二年の状況を示すと考えてよいのだろうか。

周振鶴氏は、『西漢政区地理』（人民出版社、一九八七年）のほかに、漢代初期の諸侯王の領域について、「秩律」にみえる県が秦代の県を継承したものが多いことに注意して、歴史地理の意義を考察している(7)。ここでは「秩律」の範囲と年代を知るために、周振鶴氏や、これまでの注釈をふまえて、漢王朝と諸侯王国の境界と、県の所属について考えてみよう。

1 代国をめぐって

代王の分封は、『史記』漢興以来諸侯王年表（以下、諸侯王年表）の高祖二年（前二〇五）条に「十一月、初王韓信元年。都馬邑」とあり、韓王信が馬邑に都している。[8] しかし五年（前二〇二）に「降匈奴、國除爲郡」とあり、国を除かれた。その後、十年（前一九七）に「復置代、都中都」とあり、十一年（前一九六）に「(劉恆)正月丙子初王元年」とある。この代王の劉恒は、高后八年（前一八〇）に在位十七年で文帝となっている。諸侯王年表には、孝文元年（前一七九）にも記載がある。ただし代王の分封と都城は、『史記』諸侯王年表と『漢書』で少し異なっている。『漢書』高帝紀下には、つぎのようにみえる。

(六年春正月)壬子、以雲中・鴈門・代郡五十三縣立兄宜信侯喜爲代王。……以太原郡三十一縣爲韓國、徙韓王信都晉陽。

(七年)十二月……是月、匈奴攻代、代王喜棄國、自歸雒陽、赦爲合陽侯。辛卯、立子如意爲代王。……(九年)春正月、廢趙王敖爲宣平侯。徙代王如意爲趙王、王趙國。

また『漢書』高帝紀下、漢十一年条にはつぎのようにいう。

春正月、淮陰侯韓信謀反長安、夷三族。將軍柴武斬韓王信於參合。上還雒陽。詔曰、代地居常山之北、與夷狄邊、趙乃從山南有之、遠、數有胡寇、難以爲國。頗取山南太原之地益屬代、代之雲中以西爲雲中郡、則代受邊寇益少矣。王・相國・通侯・吏二千石擇可立爲代王者。燕王綰・相國何等三十三人皆曰、子恆賢知溫良、請立以爲代王、都晉陽。大赦天下。

周振鶴『西漢政区地理』第七章「代国沿革」は、これらの史料によって、つぎのように整理している。

高帝六年～九年：雲中郡と雁門郡、代郡。九年～十一年：代地は趙国に属す。

高帝十一年～文帝元年：定襄郡、雁門郡、代郡、太原郡（雲中郡は漢王朝の郡県）

「秩律」には、たしかに雲中郡に所属する県を記している。したがって『史記』『漢書』の記事によれば、代国の領域は、雲中郡をのぞく漢十一年正月より以降の情勢を示すことになる。また「秩律」では、漢王朝の郡県（雲中郡）を記しているが、諸侯王国（代国）の県を記載しないという傾向がうかがえる。

2長沙国と武陵郡をめぐって

戦国時代の長江流域は、楚文化の地域から秦の占領統治となり、南郡が重要な拠点となっている。秦代の情勢は里耶秦簡に詳しくみえている。(9) 里耶秦簡の里程簡には、南郡から洞庭郡（漢代の武陵郡）にいたる路線を記している。木牘⑯5、⑯6には戦国時代の黔中郡にあたる地域を洞庭郡として、内史に輸送するほかに、その周辺に巴郡、南郡、蒼梧郡に輸送する記載がある。陳偉氏は、この蒼梧郡が長沙郡にあたると考証している。(10) 秦帝国の滅亡後は、項羽の分封のもとで諸侯国となり、漢五年にふたたび郡県制となっている。この状況は『史記』諸侯王年表によると、以下のようになる。

高祖五年：二月乙未、初王文王呉芮元年。薨。

高祖六年：成王臣元年。↓孝恵元年まで

孝恵二年：哀王回元年。↓高后元年まで

高后二年：恭王右元年。↓孝文二年まで

つまり高祖五年までは呉芮が長沙国王であり、かれの死後は呉姓の長沙国となっている。周振鶴『西漢政区地理』

第十章「長沙国沿革」では、このような長沙国の領域について、高帝五年～文帝後元七年まで、武陵郡と桂陽郡をふくむと考証している。したがって長沙国の領域は、漢五年から呂后二年まで、すべての時期に対応している。

そこで「秩律」の県をみると、南郡に所属する巫と江陵、秭帰、臨沮、夷陵、銷、竟陵、安陸、州陵、沙羨、西陵、夷道、下雋の県がある。その近くに『漢書』地理志で武陵郡に属する孱陵があり、周振鶴氏は、このとき南郡に属すという(11)。醴陵県の位置は、整理小組が不明とするが、②は「醴陽」の誤りで漢初は南郡とする。周振鶴氏と早稲田大学簡帛研究会は、長沙国に属すとする。また巴郡では、朐忍と江州、臨江、涪陵、安漢、宕渠、枳の県があり、蜀郡の県もみえている。しかし長沙国の領域では、治所となる臨湘県や、里耶秦簡の洞庭郡にあたる臨沅、沅陵、陽陵、遷陵などの県はみえていない。

また『史記』恵景間侯者年表には、沅陵は高后元年から侯国となっている。これは沅陵虎渓山漢墓の発掘で裏づけられたが、長沙国にふくまれる沅陵侯国は「秩律」に記されていない(12)。

沅陵侯：長沙嗣成王子、侯。（高后）元年十一月壬申、頃侯呉陽元年。

以上の分析から、「秩律」の県は、南郡と巴郡、蜀郡の県を記しているが、長沙国にあたる長沙郡と武陵郡の中心となる県や、この地域にある侯国を基本的に記していない。問題となるのは、醴陵と孱陵であるが、醴陵は醴陽の誤りであり、孱陵と共に南郡に所属するという。これらの県は、いずれも南郡と長沙国の境界に位置している。これによれば、南郡と長沙国、武陵郡の境界には県の異動があることになる(13)。ここでも「秩律」が漢王朝の郡県を記し、諸侯王国の県を記載しないという傾向に合致している。

3楚国をめぐって

楚国の分封は、『史記』諸侯王年表によるとつぎのようになる。

高祖五年：齊王信徙爲楚王元年。反、廢。

高祖六年：正月丙午、初王交元年。交、高祖弟。→文帝元年まで

文帝二年：夷王郢元年。→文帝五年まで。文帝六年：王戊元年。→景帝三年まで「反、誅」

これによれば、高祖六年から呂后二年までは劉交が楚王である。周振鶴『西漢政区地理』第一章「楚国沿革」では、この時期の楚国は、薛郡と彭城郡、東海郡をふくむといわれる。「秩律」には、楚国の領域にあたる薛郡と彭城郡、東海郡の県を記載していない。したがって楚国との境界でも、基本的に漢王朝の郡県を記し、諸侯王国の県を記していないことになる。

ただし沛や豊、城父などの県の所属には、沛郡とする説や、楚国にありながら中央に所属するという説があり、なお検討の余地がある。沛県は、高祖年表では、高祖の兄・劉仲の子である劉濞が、漢十一年十二月から沛侯となり、十二年十月に呉王となるまで封ぜられたことがある。

高祖兄合陽侯劉仲子、侯。十一年十二月癸巳、侯劉濞元年。十二年十月辛丑、侯濞爲呉王、國除。

『史記』恵景間侯者年表では、高后元年から以降は、呂種が沛侯となっている。

沛侯：呂后兄康侯少子、侯、奉呂宣王寢園。（高后）元年四月乙酉、侯呂種元年。……八年、侯種坐呂氏事誅、國除。

そこで「秩律」の年代が、高后元年より以降であれば、列侯の侯国（沛）を記していることになる。これも「秩律」

の年代と沛の所属をめぐる問題となる。これは後に検討してみよう。

4 梁国と淮陽国をめぐって

梁国の分封は、『史記』諸侯王年表につぎのようにみえる。

高祖五年：初王彭越元年。→高祖十年：來朝。反、誅。

高祖十一年：二月丙午、初王恢元年。恢、高祖子。→高后七年：徙王趙、自殺。王呂産元年。

ただし『漢書』高帝紀下、漢十一年条では、梁王の分封を三月としており、その領域にふれている。

三月、梁王彭越謀反、夷三族。詔曰、擇可以爲梁王・淮陽王者。燕王綰・相國何等請立子恢爲梁王、子友爲淮陽王。罷東郡、頗益梁。罷潁川郡、頗益淮陽。

これによると梁国は、漢十一年三月より以降に劉恢が梁王となり、その領域には東郡が加わったことになる。周振鶴『西漢政区地理』第五章「梁国沿革」では、この期間に東郡と碭郡を範囲としている。これは淮陽国と合わせて考える必要がある。

淮陽国の分封は、『史記』諸侯王年表につぎのようにみえる。

高祖十一年：三月丙寅、初王友元年。友、高祖子。→高祖十二年まで

孝惠元年：爲郡。

高后元年：（復置淮陽國）四月辛卯、初王懷王强元年。强、惠帝子。→五年：無嗣。

高后六年：初王武元年。武、孝惠帝子、故壺關侯。

これによると淮陽国は、高祖十一年から劉友が諸侯王であった。しかし劉友が趙王となったため、恵帝元年以降に

は漢王朝の淮陽郡となっている。ふたたび淮陽国となるのは、高后元年四月に劉強が諸侯王となったときである。「秩律」では、潁川郡の県を記している。したがって「秩律」にみえるように、漢王朝の領域と淮陽国を区別する状況は、つぎの二つの時代が想定される。

Ⅰ高祖十一年三月～高祖十二年まで（あるいは恵帝元年の一部をふくむ）

Ⅱ高后元年四月～高后二年

これについて周振鶴『西漢政区地理』第三章「淮陽国沿革」は、先にみた『漢書』高帝紀下に「燕王綰・相國何等請立子恢爲梁王、子友爲淮陽王。罷東郡、頗益梁。罷潁川郡、頗益淮陽」とある記事によって、Ⅰの淮陽国は、潁川郡と陳郡であり、恵帝の時代に二つの郡となったが、Ⅱの淮陽国は、陳郡だけになったと推測している。これによれば「秩律」の年代は、潁川郡の県を記し、淮陽国（陳郡）の県を記さないことから、高后初年の状況となる。

しかし『史記』諸侯王年表の序文には、高祖末年の別の状況を伝えている。

漢興、序二等。高祖末年、非劉氏而王者、若無功上所不置而侯者、天下共誅之。高祖子弟同姓爲王者九國、雖獨長沙異姓、而功臣侯者百有餘人。自鴈門・太原以東至遼陽、爲燕・代國。常山以南、大行左轉、度河・濟、阿・甄以東薄海、爲齊・趙國。自陳以西、南至九疑、東帶江・淮・穀・泗、薄會稽、爲梁・楚・呉・淮南・長沙國。皆外接於胡・越。而内地北距山以東盡諸侯地、大者或五六郡、連城數十、置百官宮觀、僭於天子。漢獨有三河・東郡・潁川・南陽、自江陵以西至蜀、北自雲中至隴西、與内史凡十五郡、而公主列侯頗食邑其中。何者。天下初定、骨肉同姓少、故廣彊庶孽、以鎭撫四海、用承衞天子也。

ここでは高祖末年の情勢として、「自鴈門・太原以東至遼陽、爲燕・代國」、「自陳以西、南至九疑、東帶江・淮・穀・泗、薄會稽、爲梁・楚・呉・淮南・長沙國」とある。これによって代国や梁国の領域が確認できるが、このとき

「陳より以西」が梁国などの領域と述べている。また反対に、漢王朝の領域は「漢獨有三河・東郡・潁川・南陽、自江陵以西至蜀、北自雲中至隴西、與内史凡十五郡、而公主列侯頗食邑其中」とある。ここには、漢王朝が三河（河東、河内、河南）のほかに「東郡」「潁川」「南陽」と、「江陵より以西から蜀まで、北は雲中より隴西まで、内史とあわせて全部で十五郡」であり、その領域には公主や列侯の食邑（湯沐邑、侯国）をふくむと述べている。『漢書』巻一四諸侯王表は「漢興之初」としているが、これは『史記』の「高祖末年」のほうが正しいと思われる(14)。とすれば、Ⅰ高祖末年でも梁国の領域は碭郡を中心とし、淮陽国の領域は陳郡を主としたことになる。そして東郡と潁川郡は、この時代でも漢王朝の郡県であったことがわかる。これはⅠとⅡともに「秩律」の年代となる可能性を示している。

表3は、以上の考証によって、漢王朝と境界を接する諸侯王国の沿革を示したものである。○は、その一年をふくみ、△は部分であり、×の時期は除外されることになる。これらは、さらに他の地域や県を考察する必要があるが、「秩律」には、おおむね漢王朝の直轄の郡県を記して、基本的に諸侯王国の県を記さないという傾向がある(15)。したがって「秩律」の年代と範囲は、諸侯王国の沿革からみて、二つの時期を反映していることになる。

Ⅰ高祖末年：高祖十一年三月～高祖十二年（恵帝元年の一部をふくむ）

Ⅱ高后初年：高后元年四月～高后二年

つまり「秩律」の年代は、高后二年だけではなく、高祖末年の情勢とも合致している。

この点を、とくに楚国の領域と沛・豊県をめぐって、侯国との関係を検討してみよう。

表3　漢初諸侯王の年代

年代	1代	2長沙	3楚	4梁	淮陽	秩律
高祖11年	正月		劉交	2月	3月	△
〃　12年					↓	○
恵帝		2年			(郡県)	×
高后元年					4月	△
2年	↓	2年↓	↓	↓	↓	○

三　張家山漢簡「秩律」と楚国の領域

「秩律」にみえる県が、漢王朝の郡県制を示すものか、あるいは諸侯王国をふくむかについては解釈の違いがある。たとえば「秩律」の県の大半は、漢王朝の郡県に属していることは明らかであるが、とくに沛県と豊県の所属が問題となっている。[16]これについて整理小組の注釈は、沛県と豊県が沛郡に所属するとしている。しかし周振鶴氏は、楚国に属する中央の侯国とみなしている。つまり高后元年から以降には、呂種が沛侯となっており、「秩律」の年代を呂后二年とするなら、このとき沛は侯国だからである。また晏昌貴氏は、高祖の故郷であるため、楚国（沛郡）の領域に在りながら、その長官は内史に属すのではないかと推測している。このように沛県は、漢王朝の沛郡と楚国のどこに所属するかということが問題となっている。

これについては、江蘇省徐州市の漢代楚王陵をめぐる考察が注目される。[17]楚国は、漢初に淮陰侯韓信が降格されたあと、劉交が楚元王となったが、その後の楚王の系譜は、つぎのような在位年数である。

第一代元王、劉交。　高祖六年（前二〇一）～文帝元年（前一七九）在位二三年
第二代夷王、劉郢（客）。文帝二年（前一七八）～五年（前一七五）在位四年
第三代楚王、劉戊。　文帝六年（前一七四）～景帝三年（前一五四）在位二一年

徐州市の獅子山漢墓は、兵馬俑を陪葬した漢代初期の楚王陵で、これまで墓主は第二代の劉郢客か、それとも第三代の劉戊かが問題となっている。その手がかりの一つは、出土した印章と封泥であり、これより少し遅い時期の北洞山漢墓の印章とあわせて、その年代が考察されている。副葬された印章は、当時の王国の範囲を示唆しており、封泥

は、直接的には葬送の物品が贈られた範囲を反映している。ここには興味深い特徴がある。

一つは、『二年律令』「秩律」の職官と、獅子山漢墓の印章にみえる職官を比べてみると、ほぼ同じような対応が見いだせる。たとえば楚国の官制は、太僕と騎尉などが漢王朝の中央官制と同じであり、八〇〇石より以下の官では、中司空や中候、騎千人、楚候などの官がみえている。また耳室から出土した封泥には「内史之印」「楚太倉印」「楚中尉印」の文字があり、これは漢王朝の民政、軍政と財政を司る官職にあたっている。つまり楚国の官印には、諸侯王の官のうち軍隊や車馬、祭祀（太史、祠祀）、倉庫、武器庫、永巷、食官など、王国の家産に関する職務がみえており、漢王朝とほぼ同じ官制をもつことがわかる。

もう一つは、『二年律令』「秩律」の県と、楚国の領域にある属県との関係である。獅子山漢墓と北洞山漢墓の印章と封泥にみえる県の官吏を一覧してみると（本書の第九章第二節五三三頁、表4）、楚国の属県と「秩律」の県は重複せずに、東西の隣接した地域となっている。たとえば漢王朝の郡県では、東方に河内郡、東郡、魏郡、沛郡、潁川郡、汝南郡などに属する県を記している。これに対して獅子山漢墓の印章には、薛郡と東海郡、彭城郡に属する県がみえている。ところが薛郡には、これまで沛県と豊県がみえないことが指摘されていた。したがって「秩律」のように、沛県と豊、酇、城父の県が、漢王朝の領域に組み込まれているのであれば、それは楚国の領域ではなかったことになる。この沿革を、もう一度確認しておこう。

楚国は、高祖六年から呂后二年まで劉交が楚王であった。したがって王国の領域に変化はないと想定できる。しかし沛県が楚国の領域にふくまれるとしたら、高后元年から八年までは楚国の侯国であり、その県を「秩律」に記していたことになる。これは「秩律」が漢王朝の郡県と侯国を記し、諸侯王国の県を記載しないという傾向に反するものである。しかし沛県が楚国の領域ではなく、沛郡にふくまれるのであれば、「秩律」に記載することと矛盾しない。

獅子山漢墓と北洞山漢墓は、呂種の侯国が廃止された文帝期より以降の情勢を示している。したがってこの時期の沛や豊が楚国の領域にあれば、それ以前も楚国に属する可能性がある。もし反対に、この時期でも沛や豊が沛郡に所属するのであれば、それ以前も沛郡に属する可能性があり、「秩律」の参考となるのである。

ところが獅子山漢墓と北洞山漢墓の印章と封泥からうかがえる領域は、沛県と豊、酇、城父の県を含んでいなかった。そしてこれらの県は、ともに「秩律」にみえている。これから推測すると、高后元年に侯国となる前後に、沛や豊は漢王朝の沛郡に所属するのではないかと考える(18)。

このように張家山漢簡の「秩律」と、獅子山漢墓の属県は、お互いに補うことによって東方の郡県制と王国の領域が復元できるのである。また獅子山漢墓の官印は、ほぼ楚国の薛郡と東海、彭城郡に及んでおり、印章を随葬したのは、呉楚七国の乱によって領域が削減される前の状況を示すとおもわれる。そして北洞山漢墓の印章は、縮小された領域を反映している。

それでは「秩律」の年代を、Ⅰ高祖末年とⅡ呂后初年の可能性から、もう少し限定することはできないだろうか。このとき注意されるのは、「秩律」では沛の長官が一〇〇〇石ということである。また「秩律」の県と、『史記』高祖年表にみえる侯国の設置された年は、その手がかりになるものである。この点を、いくつかの例で説明してみよう。

「秩律」には、『史記』高祖年表と共通する侯国を記している。表4は、初封された人物と侯国の関係を一覧したものである。これをみると興味深いことがわかる。一〇〇〇石の官となっている郃陽と沛は、劉氏の一族である劉仲と劉澕が封ぜられた県である。八〇〇石の官である平陽は曹参、絳は周勃、酇は蕭何という『史記』世家の人物の侯国である。また高祖の陵邑である長陵は、このとき八〇〇石の官である。六〇〇石の官は、著名な人物では、汾陰が周昌、潁陰が灌嬰、舞陽が樊噲、女陰（汝陰）が夏侯嬰の侯国であり、このほかにも同ランクの侯国を記している。これをみると県のランクは、県の政治的な重要度と、列侯となった人物の地位に対応していることがわかる。このうち沛県は、劉濞が漢十一年十二月から十二年十月まで沛侯であった。したがって沛県の秩が高いのは、劉濞が封ぜられた漢十一年十二月より以降の情勢を反映していることになる。このような観点から、さらに二つの例をあげてみよう。

一つは池陽である。『漢書』地理志には「池陽、恵帝四年置」とある。これに従えば、池陽は恵帝四年に設置されたのであるから、それを記載する「秩律」は高祖末年ではなく、呂后初年ということになる。これは「秩律」の年代が呂后二年とみなされていることに一致する。しかし『史記』高祖年表の蒯成には、高祖の時代に池陽が周緤の食邑であったという記載がある。(19)

以舎人従起沛、至霸上、侯。入漢、定三秦、食邑池陽。撃項羽軍滎陽、絶甬道、従出、度平陰、遇淮陰侯軍襄國。楚漢約分鴻溝、以（周）緤爲信、戰不利、不敢離上、侯、三千三百戶。六年八月甲子、尊侯周緤元年。十二年十月乙未、定蒯成。

また『史記』巻九八傅靳蒯成列伝にも、同じような記載がある。

蒯成侯緤者、沛人也、姓周氏。常爲高祖參乘、以舎人従起沛。至霸上、西入蜀・漢、還定三秦、食邑池陽。東絶甬道、従出度平陰、遇淮陰侯兵襄國、軍乍利乍不利、終無離上心。以緤爲信武侯、食邑三千三百戶。高祖十二年、以緤爲蒯成侯、除前所食邑。

表4　漢初の侯国と列侯

地域	1000石	800石	600石
内史	郃陽（劉仲）	池陽（食邑） 長陵（陵邑）	
河南郡			中牟（単父聖） 啓封（陶舍）
河東郡		平陽（曹参） 絳（周勃）	汾陰（周昌）
河内郡			河陽（陳涓） 汲（公上不害） 共（盧罷師）
沛郡	沛（劉濞）	酇（蕭何）	
潁川郡			潁陰（灌嬰） 舞陽（樊噲） 鄢陵（朱濞）
汝南郡			女陰（夏侯嬰）

つまり周緤は、漢六年八月に池陽に封ぜられ、十二年十月に蒯成に封地を替えられた。したがって池陽は、高祖末年にも侯国として存在している。ただし問題となるのは、その年代と秩のランクである。すでに表4でみたように、八〇〇石の秩は、曹参の平陽、周勃の絳、蕭何の酇のように、特別な侯国に限られている。そこで周緤の食邑が存在していたとしても、食邑三千三百戸の侯国の長吏が八〇〇石の秩であるとは考えられない。これから推測すると、池陽が八〇〇石となるのは、少なくとも漢十二年十月以降に、その重要度が高まったことになろう。ここから「秩律」の年代は、高祖末年のうち十一年より以前を除外することができる。

もう一つは安陵である。安陵は、整理小組が平原郡とするが、これは「秩律」の範囲からみて、まったく離れている。そこで周振鶴氏は内史としているが、これは恵帝の安陵である。また『二年律令與奏讞書』も恵帝陵で、奉常に属すると指摘している。これに従えば、恵帝陵は即位後に建設されるはずであり、高祖末年ではなく、恵帝初年の情勢ということになる。とすれば「秩律」の年代は、恵帝期をのぞいた呂后初年ということになる。しかし「秩律」では、北地郡、上郡の県につづいて、平周（西河郡か上郡）、武都（雲中郡）、安陵、徒経（西河郡か上郡）より以下、西河郡か上郡に推定されている県となっている。したがって安陵の順序は、前後とは別に内史の安陵を記したとみなされるが、安陵という別地の可能性もある。もし安陵が、上郡の近辺に関連する県であれば、「秩律」に内史の安陵はないことになる。また高祖の陵邑である長陵は八〇〇石であり、安陵の秩は六〇〇石である。これもまた安陵が、皇帝の陵邑であることに不自然な点である。このような分析から「秩律」の年代は、Ⅰ高祖末年でも解釈できることになる。

ただし漢王朝の郡県にある侯国のすべてが「秩律」に記されているわけではない。『史記』高祖年表には、漢初の侯国を列記しているが、そのなかには漢王朝の領域にありながら、記載されていない県がある。[20] したがって漢王朝と列侯の県については、なお検討すべき問題が残されている。

ここで述べたことは、「秩律」の年代を呂后二年に限定するのではなく、もう一度「秩律」の県の分布に即して、漢代初期の領域と諸侯王国、侯国との関係で考証する必要性である。そして『漢書』の記述に従えば、「秩律」は呂后初年に限定されるようであるが、『史記』の記述をあわせれば、高祖末年（十二年十月以降）の情勢とも共通することを示した。そして「秩律」では、漢王朝の郡県とそこにある侯国を中心としており、基本的に諸侯王国の県を記さないという傾向がある。わずかに問題となる県は、諸侯王国の中心ではなく、その境界の県に限られている。このような「秩律」の範囲は、直轄地となる西方の郡県制の地域であり、同時に『二年律令』の法令が及ぶ範囲を示唆していると推測される。

このように『史記』漢代諸表と「秩律」をくらべてみると、その記載は信頼性のある史実をふまえていることが理解される。しかし『史記』『漢書』の記載には、若干の異同があり、これらは個別に検討しなくてはならない。

なお『二年律令』について、なぜ「二年」なのかという点について、佐藤武敏氏の『漢書』地理志の考察を紹介しておきたい(21)。それは『漢書』地理志の戸口統計のうち、京兆尹の条に「元始二年」とあるが、これは元始元年の統計を元始二年に上計したときのものと推測されている。これによれば『二年律令』も、元年の律令を二年に提出したことも想定される。そして「秩律」は、まさに高祖の末年に「劉氏でなく王となった者は、天下共に之を誅せ」という情勢にあたる範囲を、恵帝期になって記録した可能性がある。「秩律」の年代と範囲を考えるときには、諸侯王国との境界や侯国のあり方を検討すると共に、作成と整理された年代を考慮する必要があろう。

おわりに

ここでは『史記』漢代諸表を考察する一例として、張家山漢簡「秩律」にみえる県の分布を検討した。その結果、漢王朝の領域と諸侯王国、侯国との関係は、つぎのように考えられる。

一、「秩律」の県名は、釈文や漢初の比定に少し違いがあるが、ほぼ漢王朝が直轄する西方の郡県の範囲にあることは明らかである。問題となるのは、その作成年代を呂后二年に限定するのではなく、「秩律」の県の分布に即して、漢代初期の領域と諸侯王国、列侯の侯国との関係を考証することである。

二、漢王朝の領域と境界を接する諸侯王国をみると、「秩律」では、漢王朝の郡県を記して、諸侯王国の県を記載しないという傾向がうかがえる。これを1代国、2長沙国と武陵郡、3楚国、4梁国と淮陽国の地域や、沛県、池陽などの県を検討してみると、諸侯王国が置かれた時期と領域から、「秩律」の年代は二つの可能性がある。したがって「秩律」の年代は、必ずしも呂后二年に限定されず、高祖末年の情勢とも共通している。

Ⅰ高祖末年：高祖十二年十月～恵帝初年まで

Ⅱ高后初年：高后元年四月～高后二年

三、「秩律」で問題となっていた沛県と豊県は、徐州楚王陵の印章と封泥の範囲を手がかりとして、楚国ではなく沛郡に所属すると推測した。「秩律」に記す列侯の侯国は、基本的に漢王朝の郡県にあり、諸侯王国には所属していないとおもわれる。また「秩律」には、諸侯王国との区別が明確ではない県もあるが、それは境界の県に限られているる。また『史記』『漢書』の漢代諸表をみれば、「秩律」ではすべての侯国を記載していないと推測され、漢初の所属には、なお流動的であったことが予想される。このような区別については、なお検討が必要である。

四、このような分析によれば、『史記』漢興以来諸侯王年表の序文は、高祖末年の状況をよく伝えていたことになる。すなわち「漢獨有三河・東郡・潁川・南陽、自江陵以西至蜀、北自雲中至隴西、與内史凡十五郡、而公主列侯頗食邑其中」という記述である。ここでは漢王朝の領域は、河東、河内、河南、東郡、潁川、南陽郡と、江陵より以西の南郡、巴郡、蜀郡、雲中から隴西郡までと、内史をあわせた十五郡と述べている。その中に、公主や列侯の食邑（湯沐邑、侯国）をふくむという。この領域は、まさに「秩律」の県の分布状況と一致している。

以上のような「秩律」の考察は、つぎのような歴史的意義をもっている。それは1に、『史記』『漢書』の素材と史料的性格を知ることができる。2に、張家山漢簡『二年律令』が適用される範囲について、諸侯王国との関係を示唆している。3に、漢代初期の郡国制について、漢王朝と諸侯王国の政治的な関係を明らかにする手がかりを与えている。[22]これは漢王朝と地方社会の実態に関する重要なテーマである。

注

（1）伊藤徳男『史記十表に見る司馬遷の歴史観』（平河出版社、一九九四年）、紙屋正和「『漢書』列侯表考証」上中下（『福岡大学人文論叢』一五―二、三、四、一九八三～一九八四年）などの考証がある。

（2）長江流域の出土資料と研究は、拙著『中国古代国家と社会システム』第八章「長江流域社会と張家山漢簡」（汲古書院、二〇〇九年）で紹介している。

（3）整理小組のテキストは、前者に写真があり、釈文修訂本で修正している。『二年律令與奏讞書』は、赤外線写真による釈文の校訂で、詳細な注釈を付けている。

（4）「秩律」には、周振鶴「《二年律令・秩律》的歴史地理意義」（二〇〇三年、『張家山漢簡《二年律令》研究文集』二〇〇七年）、晏昌貴「《二年律令・秩律》与漢初政区地理」（『歴史地理』二一輯、二〇〇六年）、朱紅林『張家山漢簡《二年律令》集釈』（社会科学文献出版社、二〇〇五年）、拙稿「秦漢帝国の成立と秦・楚の社会」（二〇〇三年、『中国古代国家と郡県社会』汲古書院、二〇〇五年）、森谷一樹「張家山漢簡秩律初探」（『洛北史学』六、二〇〇四年）、早稲田大学簡帛研究会「張家山二四七号漢墓竹簡訳注（三）――秩律訳注１」（『長江流域文化研究所年報』三、二〇〇五年）、冨谷至編『江陵張家山二四七号墓出土漢律令の研究』訳注、研究篇（朋友書店、二〇〇六年）、専修大学前掲「張家山漢簡『二年律令』訳注（11）」（『専修史学』四五、二〇〇八年）などの考察がある。

（5）拙稿前掲「秦漢帝国の成立と秦・楚の社会」。また専修大学前掲「張家山漢簡『二年律令』訳注（11）」に詳細な地図がある。

（6）張家山二四七号漢墓竹簡整理小組『張家山漢墓竹簡〔二四七号墓〕』（文物出版社、二〇〇一年）。

（7）周振鶴前掲「《二年律令・秩律》的歴史地理意義」。

（8）矢沢忠之「漢初における北方郡国の再編」（『東洋学報』九二―一、二〇一〇年）は、漢王朝との関係を燕国、代国、雲中郡の動向から考察している。

（9）湖南省文物考古研究所編『里耶発掘報告』（岳麓書社、二〇〇七年）、拙著『中国古代国家と社会システム』第四章「里耶秦簡と秦代郡県社会」～第七章「里耶秦簡の記録と実務資料」、本書の第四章「『史記』と里耶秦簡」など。

（10）陳偉「秦蒼梧・洞庭二郡芻論」（『歴史研究』二〇〇三年五期）。

（11）荊州博物館「湖北荊州紀南松柏漢墓発掘簡報」（『文物』二〇〇八年四期）では、武帝早期といわれる松柏漢墓の木牘『南郡免老簿』に「孱陵免老九十七人」とある。劉瑞「武帝早期的南郡政区」（『中国歴史地理論叢』二四―一、二〇〇九年）、馬孟龍「松柏漢墓35号木牘侯国問題初探」（『中国史研究』二〇一一年二期）は、これによって南郡の領域を考察しており、この時期では南郡の所属である。また下雋は、武帝期に長沙国となっている。

（12）湖南省文物考古研究所、懐化市文物処、沅陵県博物館「沅陵虎渓山一号漢墓発掘簡報」（『文物』二〇〇三年一期）。

（13）松柏漢墓の木牘には南郡の免老、新傅、罷癃の簿がある。その対象となる県は、巫、秭歸、夷道、夷陵、醴陽、孱陵、州陵、沙羨、安陸、宜成、臨沮、顕陵、江陵、襄平侯中廬、邵侯国、便侯国、軑侯国である。ここでは醴陽、孱陵が南郡に所属しており、時代による変遷が問題となる。

(14) たとえば『漢書』巻一三異姓諸侯王表では、「漢元年一月」から始めて「十二月」で終わっているが、漢初は秦暦を継承して十月が年初である。また諸侯王表、王子侯表、高恵高后文功臣表の記載も、『史記』漢代諸表との違いがあり、これは必ずしも『漢書』が正しいとは限らない。また一般に秦始皇帝より以前は『史記』を利用し、楚漢戦争の時期から漢代の記述は、『漢書』に従うという傾向がある。しかし『史記』は矛盾するようにみえながら、当時の複数の素材を残している場合があり、反対に『漢書』は整理をして誤っている場合がある。したがった漢代初期の研究は、『史記』を基準として『漢書』と比較しながら考証する必要がある。

(15) このほか淮南国や趙国との境界方面も、さらに検討する必要がある。馬孟龍前掲「松柏漢墓35号木牘侯国問題初探」は、南郡と淮南国、衡山国との境界を考証している。

(16) 周振鶴前掲「《二年律令・秩律》的歴史地理意義」、晏昌貴前掲「《二年律令・秩律》与漢初政区地理」など。

(17) 獅子山楚王陵考古発掘隊「徐州獅子山西漢楚王陵発掘簡報」(『文物』一九九八年八期)、趙平安「対獅子山楚王陵所出印章封泥的再認識」(『文物』一九九九年一期)、耿建軍「試析徐州西漢楚王墓出土官印及封泥的性質」(『考古』二〇〇〇年九期)、徐州博物館、南京大学歴史学系考古専業『徐州北洞山西漢楚王墓』(文物出版社、二〇〇三年)、拙稿「《史記》与漢代諸侯王──《張家山漢簡・秩律》与徐州楚王陵印章封泥」(北京市大葆台西漢墓博物館編『漢代文明国際学術研討会論文集』北京燕山出版社、二〇〇九年、本書の第九章第二節)など。

(18) 『漢書』地理志では、沛郡に「相、龍亢、竹、穀陽、蕭、向、銍、廣戚、下蔡、豐、鄲、譙、蘄、灺、輒與、山桑、公丘、符離、敬丘、夏丘、洨、沛、芒、建成、城父、建平、酇、栗、扶陽、高、高柴、漂陽、平阿、東鄕、臨都、義成、祁鄕」の三七県がある。また『史記』高祖功臣侯者年表にある建成・故城・芒(沛郡)などが、「秩律」にはみえない。これは沛郡の全体ではなく、沛、豊、酇、城父が飛地のように特別な県であることを示唆している。

(19) 索隠に「漢志闕、晉書地道記屬北地。案、繰封池陽、後定封蒯成」とある。

（20）たとえば『史記』高祖功臣侯者年表では、「秩律」に見えない県として、沛郡のほかに博陽・新陽・呉房・義陵・慎陽・期思・成陽（汝南）、故市、平（河南）、平泉（河内）、陽河（上党）、猗氏・長脩（河東）、清（東郡）などがある。
（21）佐藤武敏「前漢の戸口統計について」（『東洋史研究』四三―一、一九八四年）。
（22）諸侯王国の研究は、紙屋正和、杉村伸二氏をはじめとする進展がみられるが、その要点は高村武幸「日本における近十年の秦漢国制史研究の動向――郡県制・兵制・爵制研究を中心に」（『中国史学』一八、二〇〇八年）の紹介がある。また紙屋正和「前漢時代の郡国制と税役制度」（『名古屋大学東洋史研究報告』三七、二〇一三年）は、諸侯王と民衆との関係から、郡国制の特徴を指摘している。

第二節　漢代の郡国制と諸侯王
――徐州楚王陵の印章・封泥――

はじめに

秦漢時代の地方統治は、戦国時代の封建制から中央集権的な郡県制への変化といわれる。『史記』秦始皇本紀によれば、秦は二十六年（前二二一）に天下を統一したあと、遠方にある燕、斉、荊（楚）の地方に、諸子を封じて王を置こうと建議したことがある。しかし李斯の議論によって、諸侯を置くことをやめ、かわって全国を三十六郡とした。ここに中央から長官（郡守、丞、郡尉）と監察官（監）を派遣する郡県制を施行したという。

秦末には、陳渉・呉広の叛乱をきっかけとして、各地に蜂起があり、やがて戦国六国を復興したような形勢が生まれた。秦の滅亡後は、義帝のもとで西楚覇王となった項羽が、十八王を分封した。このとき有力であったのは、項羽の楚国と、漢王（劉邦）の体制であり、やがて両者の楚漢戦争をへて漢王朝が成立した。ここでは西方の本拠地を郡県制とし、東方には諸侯王の王国を置いて、郡国制という二重統治をしている。

漢代の王国は、『史記』『漢書』の本紀、表を基本として、周振鶴『西漢政区地理』の歴史地理や、官制と行政機構、漢王朝と諸侯王の分封などの研究がある。(1) しかし秦漢時代の動向のなかで、『史記』に描かれた郡国制と東方社会の特質を明らかにすることには課題が残されている。(2) そのとき注目されるのは、漢代に置かれた諸侯王の王国と、東方沿岸部の社会情勢である。

第二節では、漢代初期の諸侯王について、その分封地の特徴や、東方社会の地域的な動向を分析する。また張家山漢簡の研究や、諸侯王墓の考古発掘もすすんでいるため、とくに楚国の構造を検討してみたいとおもう。なお漢代初期の暦は、秦の暦法を継承して十月が年頭で、九月が年末である。閏月は、三年に一度、後九月として年末に入れている。

一　漢代初期の王朝と諸侯王

漢代諸侯王の動向は、『史記』本紀と漢代諸表、世家にみえている。漢代列伝では、張耳、彭越、黥布、淮陰侯韓信、韓信・盧綰、田儋の列伝などが、この時期の動向と関連している。

漢代初期の諸侯王と王国については、楊寛「論秦漢的分封制」や、李開元『漢帝国の成立と劉邦集団』、卜憲群「秦漢之際国家結構的演変」などの考察がある(3)。楊寛氏は、秦の郡県制や分封制が、戦国時代からの発展をうけており、前漢の分封制は、秦代の爵制のなかで列侯を分封する制度を基礎にして、諸侯王の分封を加えたと指摘している。李開元氏は、漢初の王国を、戦国および秦末から楚漢の八年間の王国の継続で、郡県制にもとづく漢朝と独立した諸侯王国が並立したとみなしている。つまり項羽の分封は、陳渉と楚懐王のときの諸国復興の情勢のもとで、軍功による王政（十九に分割）をして、漢王もまたその一つであった。漢王は、漢二年から項羽の王国制度にもとづき、自らの分封をはじめた。項羽が敗北したあと、高祖の分封は、項羽の軍功王政（九国）の継続で、高祖六年からは異姓諸侯王の分封を廃止し、同姓諸侯王の分封をしている。そして同姓諸侯王への移行は、劉氏の皇族内に権力を分散したとする。卜憲群氏は、すでに項羽の分封のときに、国家の内部を郡県制としており、漢王は職官・爵制などで楚の制度の影響をうけ、のちに秦の制度を継承したと考えている。秦の制度とは、職官、爵制、地方行政制度、戸籍と上計、法律、礼儀・祭祀・正朔などの方面である。

ここで問題となるのは、一に、項羽の分封と、漢初の王国とは、どのような関係にあるのか、二に、王国の構造は、どのような意義をもつのかという点である。これについては、①諸侯王の出自、②王国の封地と地域性に注目してみたい。

高祖時代に封ぜられた功臣の王国には、つぎのような特徴がある。高祖は、漢五年（前二〇二）十二月に項羽を破って、二月に皇帝に推戴された。『史記』高祖本紀には、つぎのように述べている。

（二月）甲午、乃即皇帝位氾水之陽。皇帝曰、義帝無後。齊王韓信習楚風俗、徙爲楚王、都下邳。立建成侯彭越爲梁王、都定陶。故韓王信爲韓王、都陽翟。徙衡山王吳芮爲長沙王、都臨湘。番君之將梅鋗有功、從入武關、故德番君。淮南王布・燕王臧荼・趙王敖皆如故。

ここでは二月甲午に漢王が皇帝となり、そのあと斉王の韓信が楚王に封ぜられ、諸侯王を封じたことになっている。韓信を楚王とする理由は、「楚の習俗に習う」と述べている。

ところが『史記』淮陰侯列伝には「漢五年正月、徙齊王信爲楚王、都下邳」とある。また『漢書』高帝紀下では、春正月に斉王韓信を楚王とし、彭越を梁王としたあと、二月に漢王が皇帝となっている。

春正月……下令曰、楚地已定、義帝亡後、欲存恤楚衆、以定其主。齊王信習楚風俗、更立爲楚王、王淮北、都下邳。魏相國建城侯彭越勤勞魏民、卑下士卒、常以少擊衆、數破楚軍、其以魏故地王之、號曰梁王、都定陶。……於是諸侯上疏曰、楚王韓信・韓王信・淮南王英布・梁王彭越・故衡山王吳芮・趙王張敖・燕王臧荼昧死再拜言。大王陛下、先時秦爲亡道、天下誅之。大王先得秦王、定關中、於天下功最多。存亡定危、救敗繼絕、以安萬民、功盛德厚。又加惠於諸侯王有功者、使得立社稷。地分已定、而位號比儗、亡上下之分、大王功德之著、於後世不宣。昧死再拜上皇帝尊號。漢王曰……諸侯王皆曰……漢王曰……。於是諸侯王及太尉長安侯臣綰等三百人、與博士稷嗣君叔孫通謹擇良日二月甲午、上尊號。漢王卽皇帝位于氾水之陽。尊王后曰皇后、太子曰皇太子、追尊先媼曰昭靈夫人。

ここでは春正月に韓信と彭越を封じており、それは二月甲午に漢王が皇帝の位につく以前である。つまり順序としては、先に二人の王の封地を替えて、そのあと楚王の韓信と韓王信、淮南王の英布（黥布）、梁王の彭越、もと衡山王の呉芮、趙王の張敖、燕王の臧荼が上疏して、漢王が皇帝に即位している。これは高祖が皇帝となって漢王朝が成立し、諸侯王を封じた状況ではないことが指摘されている(4)。

そこで漢王と諸侯王との関係を整理しておこう。まず『史記』と『漢書』では同じように、義帝には後裔がなく、韓信が楚の風俗を熟知しているので楚王とし、彭越は項羽の楚軍を破り、魏の地を安定させたので梁王にするという。楚王の韓信と梁王の彭越は、その功績によって王国を交替している。その領地は、垓下の戦いに先んじた約束に対応している。『史記』項羽本紀には、漢王は固陵で敗れたあと張良に相談し、そこで二人を参戦させるため、「陳より以東から海」に至るまで斉土（韓信）に与え、「睢陽より以北から穀城」に至る地を彭越に与えるように進言した伝えがある(5)。漢王はそれに従って使者を派遣した。

於是乃發使者告韓信・彭越曰、幷力擊楚。楚破、自陳以東傅海與齊王、睢陽以北至穀城與彭相國。使者至、韓信・彭越皆報曰、請今進兵。

したがって楚王と梁王は、直接的には楚軍を破った功績によって、項羽の楚国を二分したものである。これは『漢書』高帝紀下の記載では、漢王の令であり、高祖の出身地である豊、沛県を囲むようにして、西は陳県から、長江下流域におよぶ広大な地域を領有して、二人の出身地と同じ地域を王国としている。

これと似ているのは、淮南王の英布（黥布）と韓王信である。淮南王は、楚王や梁王と同じように、垓下の戦いなどで功績があった。そこで黥布列伝には「布遂剖符爲淮南王、都六。九江・廬江・衡山・豫章郡皆屬布」とあり、出身地の六を都城としている(6)。韓王信は、韓王の孫であり、漢王二年に出身地の王国に封ぜられている(7)。

燕王の臧荼は、もと燕将であり、漢元年に燕と遼東を領有していた。項羽本紀には「漢之元年四月、諸侯罷戲下、各就國。……臧荼之國、因逐韓廣之遼東、廣弗聽。荼擊殺廣無終、幷王其地」とある。これは漢元年以来の領有を認めた形である。

趙王の張敖は、若い頃の劉邦が身を寄せた張耳の子である。張耳は大梁の人で、漢三年に趙王となっており、張耳列伝には「漢五年、張耳薨、諡爲景王。子敖嗣立爲趙王。高祖長女魯元公主爲趙王敖后」とある。つまり張敖は、趙の出身ではないが、父の封地を継承している。

長沙王の呉芮は、少し複雑である。黥布列伝によると、呉芮は番君で、黥布と共に兵数千人の聚で秦に叛乱し、かれの娘を黥布に娶せている。のちに秦が滅亡したとき、黥布と一緒に十八王に分封された。その理由は、項羽本紀に「鄱君呉芮率百越佐諸侯。又從入關、故立芮爲衡山王、都邾」とあり、百越を率いて諸侯を助け、関中に入ったことである(8)。呉芮の出身は明らかではないが、蜂起したのは百越の地域であり、封地はその南方にあたっている。項羽が敗北したのち、漢五年に諸侯王となることは、『漢書』高帝紀下にも記述がある。

詔曰、故衡山王呉芮與子二人・兄子一人、從百粤之兵、以佐諸侯、誅暴秦、有大功、諸侯立以爲王。項羽侵奪之地、謂之番君。其以長沙・豫章・象郡・桂林・南海立番君芮爲長沙王。又曰、故粤王亡諸世奉粤祀、秦侵奪其地、使其社稷不得血食。諸侯伐秦、亡諸身帥閩中兵以佐滅秦、項羽廢而弗立。今以爲閩粤王、王閩中地、勿使失職。

これによると呉芮は、自分の子などと一緒に百越の兵を率いて挙兵し、衡山王から移って、さらに南方の長沙、豫章、象郡、桂林、南海郡の広い領域を封地としている。このとき同じように、閩越王を閩中の地に認めていることが注目される。これは呉芮が功績を認められ、重ねて諸侯王になった理由の一つが、閩越王と並んで、異民族の習俗になじんでいることが推測できる。

このように漢五年の諸侯王をみると、その出身と分封には、つぎのような特徴がある。一に、すでに指摘されているように、分封の地域は戦国諸国の領域をもとにしている(9)。たとえば戦国末の楚国は、楚王、淮南王に分けられ、その延長に長沙王がいる。梁王と韓王、趙王は、ほぼ魏、韓、趙国にあたり、燕王の領地も戦国燕の延長にある。ただし異姓諸侯王の分封は、必ずしも戦国諸国の復興ではない。たとえば、楚王と梁王、淮南王、長沙王、趙王、燕王は、ともに旧六国の王族ではないし、戦国国家を代表する貴族でもない。韓王信は、旧六国につながる王族であるが、秦滅亡の十八王からあとに封ぜられたものである。李開元氏は、これを軍功王政としている(10)。

二に、高祖の分封は、基本的に西楚覇王のときに項羽が分封した王と、漢王が分封した王国にあたっている。すなわち淮南王は、もとの王から漢に降り、ふたたび漢王が封じている。燕王の領地は、項羽が封じている。趙王張敖は、父の封地を継承している。したがって淮南王英布と燕王臧荼、趙王張敖は、項羽が分封した王にあたる。しかし楚王韓信と梁王彭越は、項羽の楚国を分割した地域にあたり、これは漢王が認めた功績による王国の交替である。また韓王は漢王が封じ、長沙王は、漢王が封国を替えたものである。したがって漢初の異姓諸侯王は、始皇帝の統一時に議論された一族の分封ではなく、項羽の分封と、漢王の分封を継承したとみなすことができる。

三に、注目されるのは、『漢書』高帝紀下の記述によれば、漢王は楚王韓信と梁王彭越を先に王と認めたあと、これまで項羽と漢王の時代に諸侯王であった人びとから推戴されて、はじめて皇帝に即位したということである。これは高祖が皇帝となって、諸侯王を封じたという状況ではないことは、すでにみてきた通りである。

しかし、もう一つ重要な問題は、漢王朝の成立に関する情勢である。漢王は、五年二月に皇帝に推戴されたが、ここで漢王朝の体制ができあがり、多くの列侯を封じたのではない。功臣たちの論功行賞が始まるのは、漢六年（前二〇一）十二月以降のことである。ここには皇帝の即位から十一ヶ月の空白がある。この空白の意味は、項羽が烏江で亡くなる際の伝えをめぐって、淮陰侯韓信の処遇と関係があることを指摘した。(11)その要点は、つぎの通りである。

『史記』高祖本紀の六年条では、ある人が楚王韓信の謀叛を告げ、高祖は陳平の計略を用いて、雲夢に巡狩すると偽り、諸侯を陳に集結させた。そして韓信を陳で捕らえている。(12)


十二月、人有上變事告楚王信謀反、上問左右、左右爭欲擊之。用陳平計、乃僞遊雲夢、會諸侯於陳、楚王信迎、卽因執之。是日、大赦天下。


ここでは韓信一人のために、わざわざ皇帝が諸侯を陳で会合させている。淮陰侯列伝によると、韓信は王国に赴任して「県邑を行《めぐ》り、兵を陳《つら》ねて出入り」していた。六年になって謀叛を告げる者があり、高祖が怨みとする鐘離眛の首を持って陳に行き、捕らえられて洛陽に連行され、そこで罪を許されて淮陰侯になったという。ここには漢王朝の成立をめぐる事情が隠されている。

つまり楚王韓信と彭越が、もとの項羽の領地を継承しており、これに淮南王の黥布の地をあわせれば、漢王に対抗する楚国の地域社会が存在することになる。そのため楚王韓信が勢力をもっている時期は、諸侯王が並立する情勢であり、功臣たちの論功行賞ができなかったと考えている。いいかえれば漢王朝は、六年十二月に楚王の韓信を淮陰侯に降格するまで、天下の去就が定まっておらず、項羽を破った功績を論じなかったのである。ここから当時の実情として、楚王に封ぜられた韓信と、楚の勢力を残したことが大問題であったと推測される。

ここでは韓信が降格されたあと、やっと功績を論じて「諸列侯と符を剖き封を行う」という意義が重要である。『漢書』高帝紀下の六年十二月条では、甲申（二十八日）に「始めて符を剖き、功臣の曹参等を封じて、通侯と為す」とある。これが「封爵の誓」である。(13)『史記』高祖功臣侯者年表では、このとき曹参のほか、靳歙、王吸、夏侯嬰、傅寛、召欧、薛欧、陳濞、陳平、陳嬰などが列侯となっている。そのあと年表では、正月丙戌（朔日）に呂沢と呂釈之を封じ、正月丙午（二十一日）に、張良や蕭何、酈商、周勃、樊噲、灌嬰たちを封じている。つまり功臣たちの封建は、淮陰侯韓信の降格のあとに確定している。

それでは漢六年十二月以降の情勢は、どのような意義をもつのだろうか。つぎに異姓諸侯王から劉氏の同姓諸侯王への転換を検討してみよう。その変化がみえるのは、楚王の韓信が淮陰侯に降格された後のことである。『史記』高祖本紀では、韓信が降格されたあと、その領地に斉王と楚王、荊王を封じている。

田肯賀、因說高祖曰、陛下得韓信、又治秦中。秦、形勝之國、帶河山之險、縣隔千里、持戟百萬、秦得百二焉。地勢便利、其以下兵於諸侯、譬猶居高屋之上建瓴水也。夫齊、東有瑯邪、即墨之饒、南有泰山之固、西有濁河之限、北有勃海之利。地方二千里、持戟百萬、縣隔千里之外、齊得十二焉。故此東西秦也。非親子弟、莫可使王齊矣。高祖曰、善。賜黃金五百斤。後十餘日、封韓信爲淮陰侯、分其地爲二國。高祖曰將軍劉賈數有功、以爲荊王、王淮東。弟交爲楚王、王淮西。子肥爲齊王、王七十餘城、民能齊言者皆屬齊。乃論功、與諸列侯剖符行封。徙韓王信太原。

ここでは韓信の降格に関連して、斉王を劉氏とする理由は、軍事や物産の方面で旧秦に対抗する要地で、琅邪・即墨の土地や、渤海の海産がある豊かな地域であることを重視している。また斉の言葉を話す者は、斉に帰属させている。これは韓信を楚王とした理由と同じように、居住する人びとを配慮した統治としている。田肯は、劉氏でなければ斉王とすべきではないと進言し、高祖はそれに従っている。

そのとき韓信の封地は、淮東の荊王と、淮西の楚王に二分割された。この事件後には、楚王の領地を二国に分け、斉王に七十余城を分封している。これが劉氏の分封の始まりである。

ここで注目されるのは、一に、劉氏を諸侯王とすることは、斉と楚の地域から始まっており、とくに最も領域が大きかった楚王韓信を地方社会から切り離すことを契機としている点である。そのとき斉の地方に関して、劉肥を斉王にすると、斉の方言を話す流民が戻ったというのは、東方社会の人びとの移動を示している。『史記』曹相国世家によれば、斉の相国には、かつて斉王韓信のもとにいた曹参が着任している。

このとき『漢書』高帝紀下では、六年正月丙午の同じ日に、韓王信たちの奏言によって、東陽、鄣、呉郡の五十三県が荊王・劉賈の地となり、碭、薛、郯郡の三十六県が楚王・劉交、雲中、雁門、代郡の五十三県が代王・劉喜、膠東、膠西、臨淄、済北、博陽、城陽郡の七十三県が斉王・劉肥、太原郡の三十一県を韓王の地としている。

したがって劉氏を諸侯王とする時期は、楚王韓信の降格によって、列侯の封建と同じように、六年正月より以降に開始したことがわかる。つまり漢王朝では、楚の領域をふくむ東方の情勢がまだ安定していない段階では、列侯の論功行賞を行っておらず、淮陰侯韓信の降格を転機として、列侯の封建を始めるとともに、諸侯王を再編したことがわかる。これは斉と楚の地方の動向が、劉氏を分封する契機になったことを示している。

表1は、漢五年から六年以降の諸侯王を一覧している。ここでは諸侯王への変化に、つぎのような特徴がみえる。

斉の地方では、漢五年二月に韓信が斉王から楚王に移ったあと、劉肥が斉王に封ぜられたのは、漢六年（前二〇一）正月のことである。この約一年間は郡県となっていた。田儋列伝には、この時期に田横たちの勢力五〇〇余人が残存していたと記している。(14) その勢力は、まだ海中にいて叛乱する可能性があった。唐の正義注には「海州東海縣有島山、

表1　漢代初期の諸侯王

漢5年	漢6年	漢7年～12年
△斉王・韓信	斉王・劉肥	斉王・劉肥
△楚王・韓信	楚王・劉交	楚王・劉交
	荊王・劉賈	11年、郡。12年、呉王劉濞
△梁王・彭越	梁王・彭越	11年、梁王・劉恢
		11年、淮陽王・劉友
○淮南王・英布	淮南王・英布	11年、淮南王・劉長
○長沙王・呉芮	長沙王・呉臣	長沙王・呉臣
○燕王・臧荼	燕王・盧綰	12年、匈奴に逃亡
		12年、燕王・劉建
○趙王・張敖	趙王・張敖	9年、趙王・劉如意
△韓王信（代）	除	7年、代王・劉如意
	代王・劉喜	11年、代王・劉恒

○項羽の十八王の継承、△漢王・高祖の諸侯王

去岸八十里」とある。しかし田横が洛陽に行く途中で亡くなり、王者の礼で葬られると、それを聞いた残党も自殺した。この年月は不明である。しかし高祖の庶長子である劉肥を、斉王に封じる前には、さらにいくつかの事件がある。

最初は、漢五年に燕王の臧荼が謀叛を起こしたことである。『史記』高祖本紀では、六月に天下に大赦したあと、臧荼が反したため、自ら兵を率いて攻撃し、太尉の盧綰を燕王にしたと記している。[15]秦楚之際月表によれば、漢表に「八月、帝自将誅燕」、燕表の九月に「反漢、虜荼」、後九月に「燕王盧綰始、漢太尉」とあり、燕王を捕らえたのは年末の九月のことである。

このとき燕王を攻撃したのは、高祖と盧綰、樊噲のほか、陳平、周勃、夏侯嬰、灌嬰、張蒼などであり、これは漢王に従った人物たちである。[16]また代わって燕王となった盧綰は、高祖の同郷の幼なじみであるが、劉氏の一族ではない。したがって斉の地方の動向とあわせて、漢五年の年末までは、まだ劉氏を諸侯王にしていないことがわかる。

それでは劉氏の諸侯王の分封は、どのように考えられるのだろうか。これについては、統一秦で議論された「遠方の燕、斉、荊の地に諸子を王とする」という形勢に近くなっており、また劉氏の諸侯王は、異姓諸侯王の勢力を削減する意義が指摘されている。[17]しかし漢王朝は、当初から燕や斉、楚の地に劉氏の一族を封じたわけではなく、諸侯王

の封地は項羽の分封と漢王の分封を継承した情勢となっていた。

そこで注意されるのは、最初に分封された劉氏は、高祖の庶長子の劉肥や、高祖の弟・劉交、劉氏の一族であった劉賈のように、年長の者が選ばれていることである。これは結果として、高祖の漢王朝の直轄地に加えて、斉と楚・荊（呉）の地域を掌握した形成となっている。しかし、まだ異姓諸侯王は存在していたし、若年であった他の高祖の子には分封していない。これは全体として、異姓諸侯王を廃止して、劉氏を諸侯王とする方針になっていないことがうかがえる。

以上のように、項羽が敗北したあと、漢王が皇帝に即位する事情をみると、『史記』淮陰侯列伝と、『漢書』高帝紀下のように、最初に漢王として楚王韓信と梁王彭越の封地替えを認め、そのほかは項羽と漢王が分封した諸侯王の推戴によることがわかる。この情勢は、遠方地域の統治を配慮し、諸侯王が並立する体制である。そして皇帝となって漢王朝が成立するときには、漢六年十二月に楚王韓信が淮陰侯に降格されるまで、諸侯王の再編と、功臣たちの論功行賞は行われていなかった。これは楚王韓信と楚の勢力の存在が大きく影響していたと考えている。したがって漢王朝の基礎は、五年二月に諸侯王が並立する時代から、六年十二月以降に定まったことになる。このとき漢王朝は直轄地に加えて、斉と楚・荊（呉）の地域を劉氏の王国としたが、異姓諸侯王を廃止して、劉氏を諸侯王とする方針はみえていない。『史記』高祖本紀では、皇帝となる当初の事情を明らかにしていないが、『漢書』高帝紀の令と同じ内容は『史記』淮陰侯列伝に残されている。これは一見すると矛盾する記述である。しかし淮陰侯韓信の動向は、さらに異姓諸侯王の転換とも関連しており、司馬遷は高祖本紀で実情を明確にすることを避け、淮陰侯列伝に楚の動向を示唆したのではないかと推測している。

二　淮陰侯韓信の失脚と諸侯王

それでは漢王朝と諸侯王の体制で、同姓諸侯王への転換となったのは、どのような事情によるのだろうか。これについては代国や趙国と、匈奴との対外政策のなかでしだいに進行する側面と、淮陰侯韓信と陳豨をめぐる事件があり、漢十一年（前一九六）以降に決定づけられたと考えている。その発端は、韓王信と趙王・張敖の事件である。

『史記』韓信列伝によると、韓王信が漢六年正月に太原に赴任したのは、領地が洛陽付近の地域に近いためと述べている。そして晋陽から馬邑に治所を移したが、匈奴との間に二心があることを疑われ、謀叛を起こしたという。

五年春、遂與剖符爲韓王、王潁川。明年春、上以韓信材武、所王北近鞏・洛、南迫宛・葉、東有淮陽、皆天下勁兵處、迺詔徙韓王信王太原以北、備禦胡、都晉陽。……信乃徙治馬邑。秋、匈奴冒頓大圍信、信數使使胡求和解。漢發兵救之、疑信數閒使、有二心、使人責讓信。信恐誅、因與匈奴約共攻漢、反、以馬邑降胡、擊太原。

その経過は、『史記』『漢書』で少し違いがあるが、おおまかな状況は、つぎの通りである(18)。高祖本紀によると、韓王信は七年（前二〇〇）に太原で謀叛を起こし、高祖は自ら出動して攻撃をしたが、匈奴に平城で七日間ほど包囲された。『漢書』高帝紀では、六年秋九月に韓王信が匈奴に降り、七年冬十月に高祖が攻撃したことになっている。陳丞相世家では、このとき護軍中尉であった陳平の策略によって単于に使いを出して、やっと退却したという。そのあと樊噲に代の地を定めさせ、劉喜を代王にしている。ここでは高祖の軍隊に、陳平や樊噲、周勃など、楚漢戦争から漢王の側にいた人物がみえている(19)。

『漢書』高帝紀では、七年十二月に高祖が平城から趙国を過ぎるとき、趙王に礼しなかったことを記し、同じ月に匈奴が代を攻めたため、代王の劉喜が逃亡している。そこで十二月辛卯の日に、劉如意を立てて代王とした。そのあと高祖は洛陽を過ぎて、二月に長安に帰っている。

高祖本紀の八年（前一〇九）条には、また高祖が韓王信の残党を撃つため東垣に行くが、このとき趙国の相・貫高らが暗殺を企てたとする。ここでは代王の劉喜が国を捨てる時期について相違がある。そして九年には、貫高らの事件が発覚して、趙王の張敖が廃されて宣平侯となった。『漢書』高帝紀では、事件の発覚は九年十二月のことで、正月に趙王の張敖が廃され、代王の如意を趙王にしたという。ただし張敖は、事件の発覚で獄に下されながら、許されて列侯となり、二月には趙の臣下の田叔、孟舒らの十人を賢者として、みな郡守や諸侯の相にしたという記事がある。[20]

こうした情勢で、代王と趙王に劉氏を分封しているが、これは異姓諸侯王に替わる体制を築くためであったとは考えられない。なぜなら、すぐに劉喜は国から逃げているし、代王から趙王となった劉如意には、太子の継承をめぐる事情が関係しているからである。[21]しかも趙王になったのは、年十歳であったという。そこで高祖は、かつて呂后の子である劉盈（恵帝）を替えて、戚夫人の子である如意を太子にしようとしたとき、反対した周昌を趙国の相とした。[22]周昌は、劉邦が沛で蜂起したときからの人物であり、劉盈を守ったことで呂后からも信頼をえていた。したがって九年正月までに、劉氏を諸侯王に分封することは進んでいたが、なお異姓諸侯王の勢力を排除しようとする方針であったとは思われない。

また九年には、高祖本紀に「是歳、徙貴族楚昭・屈・景・懐・齊田氏關中」とあるように、斉と楚の地方に対して、ふたたび強幹弱枝の徙民政策がとられていた。[23]十年十月の新年には、淮南王の黥布と、梁王の彭越、燕王の盧綰、荊王の劉賈、楚王の劉交、斉王の劉肥、長沙王（呉臣）が、漢長安城の長楽宮に来朝した。このときは「春夏無事」とあるように、大きな変化が生じていない。

表２　淮陰侯韓信と諸侯王

年代	淮陰侯韓信	陳豨	彭越	黥布	盧綰
漢５年	正月、楚王漢王が皇帝		正月、梁王	淮南王・英布	燕王
漢６年	12月、陳で逮捕、降格	正月、陽夏侯			
漢７年		冬、列侯趙相国			
漢10年	長安で陳豨と会う	９月、謀叛代王	秋、陳豨の叛乱に病と称す		
漢11年	春、長楽宮で死罪	12月、陳豨の軍が敗北	３月、呂后の謀で誅される	淮陰侯、彭越の死後に叛乱	秋、陳豨と内通
漢12年		冬、樊噲が陳豨を斬る		10月、漢軍に敗北	高祖の死、匈奴に入る

しかし漢十年（前一九七）の年末に、陳豨が代の地で謀叛を起こすと、ここから劉氏への転換が図られている。異姓諸侯王から同姓諸侯王への転換は、十一年に急激に進行しており、これは淮陰侯韓信の動向と関連している。表2は、淮陰侯韓信と陳豨・諸侯王の関係を示したものである。この情勢を検討してみよう。

『史記』高祖本紀によると、十年八月に趙の相国であった陳豨が叛乱を起こし、九月に高祖は、自ら趙の邯鄲まで行っている。十一年になって、漢の将軍・郭蒙は斉の将とともに攻撃し、大尉の周勃は、太原の方面から代の地を定めた。高祖は、陳豨の将軍が拠点とする東垣を攻めて攻略した。そこで劉恒を立てて代王にしている。

八月、趙相國陳豨反代地。……九月、上自東往撃之。……十一年、高祖在邯鄲誅豨等未畢、豨將侯敞將萬餘人游行、王黄軍曲逆、張春渡河撃聊城。……太尉周勃道太原入、定代地。……豨將趙利守東垣、高祖攻之、不下。月餘、卒罵高祖、高祖怒。城降、令出罵者斬之、不罵者原之。於是乃分趙山北、立子恆以爲代王、都晉陽。

『史記』韓信盧綰列伝に附された陳豨の伝では、つぎのように述べている。(24) かれは梁の宛朐の人で、漢七年に韓王信が反したときに列侯となり、趙の相国として、趙・代の辺兵を監督していた。しかし趙の相・周昌は、陳豨の賓客が多いのをみて、辺境で変が起こることを恐れた。高祖は陳豨を罪にしようとしたので、十年七月に太上皇が亡くなったとき陳豨は参列せず、九月になって王黄たちと蜂起して、自ら代王となった。そして十一年冬に、漢軍は陳豨の将軍たちを破り、大尉の周勃は太原と代の地を定めた。十二月に高祖が東垣に行き、陳豨の軍を破ると、洛陽に帰って劉恒を代王として、中都に都させた。樊噲の軍が、陳豨を霊丘で斬ったのは、十二年冬のことである。

ところが高祖本紀には、劉恒を代王とした記事につづいて、以下の事件を記している。

春、淮陰侯韓信謀反關中、夷三族。夏、梁王彭越謀反、廢遷蜀。復欲反、遂夷三族。立子恢爲梁王、子友爲淮陽王。秋七月、淮南王黥布反、東幷荊王劉賈地、北渡淮、楚王交走入薛。高祖自往擊之。立子長爲淮南王。

この記事は、一見すると陳豨の叛乱とは別のようであるが、淮陰侯韓信、彭越、黥布の失脚は、すべてが陳豨の動向と関係している。この事件の顚末は、『史記』淮陰侯列伝にみえている。

陳豨拜爲鉅鹿守、辭於淮陰侯。淮陰侯挈其手、辟左右與之步於庭、仰天嘆曰、子可與言乎。欲與子有言也。豨曰、唯將軍令之。淮陰侯曰、公之所居、天下精兵處也。而公、陛下之信幸臣也。人言公之畔、陛下必不信。再至、陛下乃疑矣。三至、必怒而自將。吾爲公從中起、天下可圖也。陳豨素知其能也、信之、曰、謹奉教。漢十年、陳豨果反。上自將而往、信病不從。陰使人至豨所、曰、弟舉兵、吾從此助公。信乃謀與家臣夜詐詔赦諸官徒奴、欲發以襲呂后・太子。部署已定、待豨報。其舍人得罪於信、信囚、欲殺之。舍人弟上變、告信欲反狀於呂后。呂后欲召、恐其黨不就、乃與蕭相國謀、詐令人從上所來、言豨已得死、列侯群臣皆賀。相國紿信曰、雖疾、彊入賀。信入、呂后使武士縛信、斬之長樂鐘室。信方斬、曰、吾悔不用蒯通之計、乃爲兒女子所詐、豈非天哉。遂夷信三族。

ここで韓信は、陳豨が鉅鹿の郡守として赴任するまえに面会したとき、一緒に内外から蜂起することを計画していたという。このとき韓信は、列侯として長安にいた。漢十年に陳豨が叛乱を起こすと、韓信は病として従軍せず、詔を偽造して官徒奴を許し、呂后と太子を襲おうとした。しかしこの計画は舎人の弟から呂后に告げられ、呂后は蕭何と謀って、陳豨が死亡した祝賀のために韓信を呼び出した。そして韓信は捕らえられ、長楽宮の鐘室で殺されている。そのとき韓信は、呂后に欺かれたことを後悔し、天命かと述べている。

これは説話と記事資料が混合しており、どこまで実情を伝えているか不明な点がある(25)。しかし大勢として、陳豨の叛乱が淮陰侯韓信と共謀したとみなされており、漢長安城の長楽宮で亡くなったことは事実であろう。

ところが陳豨の乱に際して、従軍を拒絶したのは淮陰侯韓信だけではない。彭越も高祖から兵を要求されて、病と称して行かず、かわりに将を派遣したが、これがもとで高祖が怒り、呂后に欺かれて宗族とも殺され、国は除かれた(26)。黥布は、淮陰侯韓信と彭越が誅殺されたのをみて、叛乱を起こしたことになっている(27)。このように陳豨の乱をめぐっては、淮陰侯韓信の対応が問題となっており、それと連動して彭越・黥布が失脚することになる。

そこで高祖本紀には、十一年春から、淮陰侯韓信と彭越の三族を処罰し、秋七月に黥布が叛乱すると、劉氏に替える記事が続いている。彭越のあとは劉恢を梁王として、劉友を淮陽王とした。黥布の領地は、劉長を淮南王としている。また黥布の叛乱では、荊王の劉賈が敗走して亡くなり、高祖の兄の子である劉濞が、二十歳で従軍して功績をあげた。高祖は空白となった呉・会稽が「軽悍」であるのを憂えて、十二年（前一九五）十月に壮年の劉濞を呉王（荊王の地）に分封し、三郡五十三城を領有させている(28)。

この陳豨の叛乱と黥布の叛乱は、代などの北方と、南方の戦線に分かれている。しかし高祖は、自ら両方面に出動しており、従軍した者にも共通点がある。たとえば『史記』樊噲列伝には、かれが燕王・臧荼の鎮圧や、楚王韓信の事件、韓王信と陳豨の乱に従軍して、行賞を受けたことを記している。

項籍旣死、漢王爲帝、以噲堅守戰有功、益食八百戸。從高帝攻反燕王臧荼、虜荼、定燕地。楚王韓信反、噲從至陳、取信、定楚。更賜爵列侯、與諸侯剖符、世世勿絶、食舞陽、號爲舞陽侯、除前所食。以將軍從高祖攻反韓王信於代。自霍人以往至雲中、與絳侯等共定之、益食千五百戸。因擊陳豨與曼丘臣軍、戰襄國、破柏人、先登、降定淸河・常山凡二十七縣、殘東垣、遷爲左丞相。

『史記』漢代世家、列伝を参考にすれば、陳豨と黥布の乱に従軍したのは、酈商と夏侯嬰、灌嬰、陳平などであり、曹参は斉の相国として従軍している。(29) また周勃は、陳豨の乱に従軍している。これらの人物は、燕王・臧荼の鎮圧に従軍した者とも共通しており、沛公から漢王のときに従った人びとである。そして敵対した人物は、淮陰侯韓信や彭越、黥布のように、旧楚周辺の領域と習俗に関連している。ここでは漢王時代の功臣たちのグループと、楚の地域に関連する人びとに分けることができる。留侯世家には、張良が黥布の乱に病で従軍しなかったが、高祖に「楚人は剽疾なり。願わくは上、楚人と争鋒する無からんことを」と言った伝えがあり、その背景を反映している。淮陰侯韓信の失脚は、このような高祖を取りまく軍団が戦陣にあるとき、都の長安で起こった事件ということになる。

さらに高祖本紀によると、燕王の盧綰が陳豨と共謀したことで、十二年二月に樊噲と周勃に兵を率いて出撃させている。そして劉建を立てて燕王とした。盧綰は、四月甲辰に高祖が崩御したあと、匈奴の地へ亡命している。これらが高祖の末年までに起こった同姓諸侯王への変化である。

この経過をみると、長沙王をのぞく異姓諸侯王は、漢十一年以降に排除され、劉氏の王国に改められている。しかも彭越や黥布の失脚は、降格された淮陰侯韓信と、それに関連する処遇が契機となっている。これは淮陰侯韓信が、楚王から降格されていても、彭越や黥布が領有する楚の地方を代表する象徴となっていた可能性があろう。ただし漢十二年の時点でも、まだ劉氏の諸侯王とする原則があったかは不明である。『史記』盧綰列伝には、陳豨が斬られた後の情勢で、「劉氏ではなくて王であるのは、私と長沙王だけだ」と述べている。(30)これは高祖が四月に崩御する以前の状況である。もし盧綰の言が実情であれば、まだ異姓諸侯王を排除する原則がなかったことになる。

したがって劉氏を諸侯王とする原則は、漢十一年の事件をうけて、十二年に急いで出されたことになろう。その約束は、有名な「白馬の盟」である。(31)「白馬の盟」は、『史記』漢興以来諸侯王年表の序文に「漢興、序二等。高祖末年、非劉氏而王者、若無功上所不置而侯者、天下共誅之」とある。呂后本紀には、丞相の王陵が呂氏を王とすることに反対して、「高帝刑白馬盟曰、非劉氏而王、天下共擊之」と述べている。この年代について大庭脩氏は、『漢書』高帝紀、十二年三月の詔に「吾立爲天子、帝有天下、十二年于今矣。……其有不義背天子擅起兵者、與天下共伐誅之。布告天下、使明知朕意」とあることから、これと同時とみなしており、李開元氏もこの説に従っている。(32)とすれば「白馬の盟」は、黥布の乱のとき高祖が傷を負って、病がひどくなる頃に出されたことになる。高祖は、四月甲辰に長楽宮で崩御している。

したがって漢代初期の諸侯王の動向は、漢王や高祖時代の功臣たちと、楚漢戦争にみえる斉と楚をはじめとする地域社会との対立のなかで進行しているとおもわれる。なお以上の経過で、なぜ長沙王だけが異姓諸侯王として残されたのかは不明な点が多い。その理由の一つは、黥布列伝にみえるように、黥布の乱をおさめたことにある。

布軍敗走、渡淮、數止戰、不利、與百餘人走江南。布故與番君婚、以故長沙哀王使人紿布、僞與亡、誘走越、故信而隨之番陽。番陽人殺布茲鄉民田舍、遂滅黥布。

しかし二は、長沙の地が辺境にあるだけではなく、閩越と同じように習俗の異なる地域の代表とみなされたことが原因かもしれない。また三に、長沙国は南越国と境界を接しており、その対外戦略と関連することが推測される。(33)

以上のように、高祖時代の諸侯王は、つぎのような段階に区分できる。

1は、漢五年二月に、高祖が皇帝に推戴された段階である。このとき諸侯王は、項羽の分封と漢王の分封を継承しており、それを追認したものとみなされる。ただし特別なのは、項羽の領地に楚王韓信と梁王彭越を分封したことである。諸侯王の領域は戦国六国の範囲に近く、楚漢戦争の功臣と、その地域の出身者を封じた者が多いが、これは王族の復興ではない。また高祖の漢王朝の本拠地は、秦の郡県制を継承している。

2は、漢六年十二月に、楚王の韓信を淮陰侯に降格したことを契機として、同月の「封爵の誓」から、正月に諸侯王を再編し、功臣たちに論功行賞をした段階である。『史記』秦楚之際月表では、項羽の楚の欄に、楚王韓信の記事を記している。したがって漢王朝の体制が定まったのは、漢六年十二月以降のことである。このとき劉氏の分封は、楚王韓信を地方から切り離すことに始まっているが、彭越や黥布のように、まだ他の異姓諸侯王を排除していない。

3は、高祖末年（十二年三月）の「白馬の盟」によって、劉氏を諸侯王とする約束をした段階である。『史記』高祖本紀と高祖功臣侯者年表、『漢書』高帝紀では、漢五年十二月に項羽が亡くなったあとも、漢六年十二月に淮陰侯韓信が列侯に降格し、漢十一年に韓信が謀叛の罪で殺されるまで、東方の諸侯王国の動静は安定していなかった。異姓諸侯王の国が、ほぼ劉氏の諸侯王国となるのは、十一年に黥布と彭越が殺された後のことである。これは陳豨の乱を契機として、とくに淮陰侯韓信に関連する彭越や黥布の失脚によって、急に決められたと推測される。

この意味で漢初の郡国制は、漢五年に諸侯王が並存する時代から、六年の淮陰侯韓信の降格をへて、十一年に旧楚の地域に拠点をおく諸侯王（淮陰侯韓信、彭越、黥布）の影響がなくなるまで約六年が経過して、その基礎が定まったといえよう。漢代の郡国制は、漢王朝が積極的に諸侯王の領地と権力を削減する方向と、諸侯王をおく実際の利益を評価する方向がある。[34] しかし高祖が崩御するまでに同姓諸侯王国に替わる背景には、なお淮陰侯韓信に代表される斉と楚の地域社会をめぐる動向が影響していたとおもわれる。

恵帝と呂后の時代には、『史記』呂后本紀の論賛に、休息を願って無為としており、そのため天下は安泰で、民は農業に務め、衣食は豊かになったと評価するように、漢王朝が郡国制を改めようとする情勢はみられない。また呂后の時代には、一時的に呂氏の王国を置いており、漢王朝の制度として劉氏の王国を置く規定を設けたわけではない。これは呂后本紀で、呂氏を王にしようとしたとき、王陵と陳平、周勃のエピソードにもうかがえる。

王陵曰、高帝刑白馬盟曰、非劉氏而王、天下共撃之。今王呂氏、非約也。太后不説。問左丞相陳平・絳侯周勃。勃等對曰、高帝定天下、王子弟、今太后稱制、王昆弟諸呂、無所不可。太后喜、罷朝。王陵讓陳平・絳侯曰、始與高帝啑血盟、諸君不在邪。今高帝崩、太后女主、欲王呂氏、諸君從欲阿意背約、何面目見高帝地下。陳平・絳侯曰、於今面折廷爭、臣不如君。夫全社稷、定劉氏之后、君亦不如臣。王陵無以應之。

ここで王陵は、「白馬の誓い」をもとに呂后に反対するが、陳平と周勃は賛成する。そこで王陵が二人を責めると、二人は、朝廷で争うことは君にかなわないが、社稷を全くし、劉氏の後裔を定めることは、あなたはわたしに及ばないと答えている。この話は、どこまで史実か不明であるが、東方の地域は必ずしも劉氏の王国ではなくても、政治的に安定すれば良かった情勢を示唆している。したがって高祖と恵帝・呂后の時代には、東方社会を安定させるために諸侯王を置くことが主な方策であったとおもわれる。

三　漢代の郡国制と東方社会——楚国の官制と領域

漢初の諸侯王国では、その動向のほかに、どのような官制と行政機構をもっていたかが問題となる。劉氏の諸侯王国は、漢王朝にならった官制をもち、独自の権限をもつと指摘されている。(35) たとえば『漢書』百官公卿表には、呉楚七国の乱を終えた景帝中五年（前一四五）までは、諸侯王がその国を治め、太傅や内史、中尉、丞相より以下の官制は、漢王朝とほぼ同じと伝えている。

諸侯王、高帝初置、金璽盭綬、掌治其國。有太傅輔王、内史治國民、中尉掌武職、丞相統衆官、羣卿大夫都官如漢朝。景帝中五年、令諸侯王不得復治國、天子爲置吏、改丞相曰相、省御史大夫・廷尉・少府・宗正・博士官、大夫・謁者・郎諸官長丞皆損其員。武帝改漢内史爲京兆尹、中尉爲執金吾、郎中令爲光祿勳、故王國如故。損其郎中令、秩千石。改太僕曰僕、秩亦千石。

『続漢書』百官志第二十八には、漢初の諸侯王の制度が、項羽の体制を受けつぐものであり、やはり中央の二千石の官僚などが、漢王朝と同じであったという。

漢初立諸王、因項羽所立諸王之制、地既廣大、且至千里。又其官職傅爲太傅、相爲丞相、又有御史大夫及諸卿、皆秩二千石、百官皆如朝廷。國家唯百置丞相、其御史大夫以下皆自置之。至景帝時、吳楚七國恃其國大、遂以作亂、幾危漢室。及其誅滅、景帝懲之、遂令諸王不得治民、令内史主治民、改丞相曰相、省御史大夫・廷尉・少府・宗正・博士官。武帝改漢内史・中尉・郎中令之名、而王國如故、員職皆朝廷爲署、不得自置。

こうした漢初の王国について、紙屋正和氏は、中央が任命する丞相と、王が任命する「王国の官」（御史大夫、廷尉、少府、宗正、博士、大夫、謁者、郎、郎中令、太僕など）、「治民の官」（内史、県令など）に区分して、数郡を領有するときは郡守、都尉がみえると指摘している。(36)

近年では、江蘇省徐州市の楚王陵の調査によって、楚国の研究が進んでいる。(37)なかでも獅子山楚王陵と北洞山漢墓は、出土した印章と封泥や、兵馬俑坑などによって、諸侯王の官制や機構をうかがうことができる。(38)また張家山漢簡「秩律」には、漢初の中央官制と直轄する郡県の機構がみえている。(39)これらは張家山漢墓が高祖、恵帝時代を反映するのに対して、楚王陵の資料は文帝期より以降のやや遅い時期であるが、ここには漢王朝と諸侯王の機構との対比を示している。以下に、「秩律」の官制と比較しながら、楚国の官制と行政機構を再検討してみよう。

漢初に淮陰侯韓信が降格されたあと、劉交が楚元王となったが、『史記』荊燕世家と漢興以来諸侯王年表によれば、その後の楚王の系譜は、つぎのような在位年数である。

第一元王、劉交。高祖六年（前二〇一）～文帝元年（前一七九）在位二十三年

第二夷王、劉郢（郢客）。文帝二年（前一七八）～五年（前一七五）在位四年

第三楚王、劉戊。文帝六年（前一七四）～景帝三年（前一五四）在位二十一年

第四文王、劉礼。景帝四年（前一五三）～六年（前一五一）在位三年

第五安王、劉道。景帝七年（前一五〇）～武帝元光六年（前一二九）在位二十二年

第六襄王、劉注。武帝元朔元年（前一二八）～元狩六年（前一一七）在位十二年

楚王陵の研究では、その位置と構造をつぎのように説明している。[40]徐州には、楚王陵の規模をもつ漢墓が八基ほど指摘されている（図1）。その年代は、建築学の視点による梁勇氏の分類によれば、Ⅰ式の横穴天井墓（楚王山漢墓、獅子山漢墓）、Ⅱ式の横穴崖洞墓（駄藍山漢墓、北洞山漢墓）、Ⅲ式の横穴崖洞墓（亀山漢墓など）の順序とされている。[41]この順序は、おおむね他の報告でも同じである。これらの楚王陵のうち、楚王山一号漢墓の墓主が、第一代の楚元王であることは、ほぼ意見が一致している。というのは、『水経注』巻二三獲水条に「獲水又東逕同孝山北、山陰有楚元王冢、上圓下方、累石爲之、高十餘丈、廣百許歩、經十餘墳、悉結石也」とあり、同孝山を徐州市の西一〇キロにある楚王山とみなして、劉交の漢墓に比定している。また亀山二号漢墓では、「劉注」の亀紐銀印が出土しており、墓主が第六代の襄王・劉注であることが明らかになった。したがって残るのは、その間にある獅子山漢墓、駄藍山漢

図1　漢代楚国の楚王陵（『中国文物地図集』江蘇分冊）

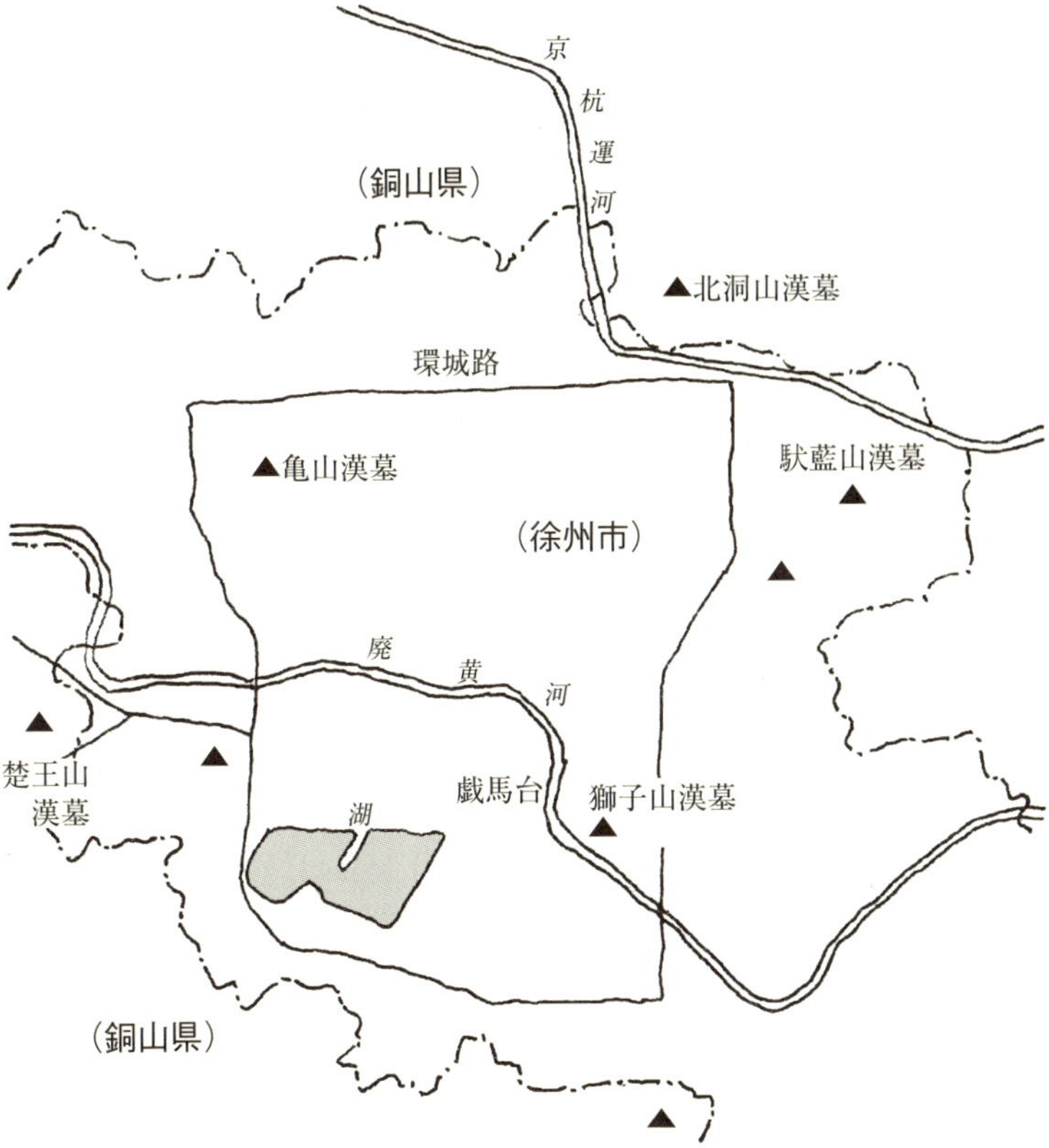

表3　楚王陵の墓主（比定）

漢墓 / 諸説	Ⅰ式：横穴天井墓		Ⅱ式：横穴崖洞墓		Ⅲ式
	楚王山漢墓	獅子山漢墓	駄藍山漢墓	北洞山漢墓	亀山漢墓
獅子山簡報	第１劉交	第２劉郢客 第３劉戊			第６劉注
趙平安		第３劉戊		第４劉礼	
耿建軍	第１劉交	第２劉郢客	第３劉戊	第４劉礼	第６劉注
梁勇	第１劉交	第２劉郢客	第３劉戊	第４劉礼 第５劉道	第６劉注
北洞山報告	第１劉交	第２劉郢客 第３劉戊	第３劉戊 第４劉礼	第５劉道	第６劉注

墓、北洞山漢墓の順序を、どの楚王に比定するかということである。表3は、その諸説を一覧したものである。

これらの楚王陵は、楚王山漢墓から亀山漢墓まで、ちょうど徐州市内を取り囲むように周辺の小山に点在して建造されている。いまでは漢代都城の範囲を知ることはできないが、周辺に王墓が建造されていることからすれば、その内部に宮殿や官府が置かれたことになろう。市内にある戯馬台は、項羽が閲兵をしたという伝えをもつ史跡であるが、この位置は楚王陵が取り囲む中心に位置している。

つぎに獅子山漢墓と北洞山漢墓にみえる印章と封泥からは、中央官制と地方の属県について考察が進められている。獅子山漢墓の「発掘簡報」（一九九八年）と「発掘与収穫」（一九九八年）によれば、約二〇〇余りの印章と、八〇余りの封泥が出土している[42]（図2）。印章は、一部が盗掘穴と墓門前の塞石の部分にあり、多くは耳室W4の木製漆箱に収められていたと推測されている。多数は鼻紐銅印の楚国官印で、亀紐銀印五枚がある。ここには未使用と使用されたものがあり、使用した印章には破壊されたものがある。これに対して封泥は、多くは内墓道の両側にある未盗掘の耳室（E1、W1、W2）から出土し、一部は後室にゆく簡道などにあった。その内容は、楚王へ献じられた官府と属県からの貢品の標識といわれる[43]。たとえば耳室W1の「楚中尉印」は銅剣と一緒にあり、中尉の献呈と指摘されている。耳室E1では、「符離丞印」は鶏の骨の中にあり、「蘭陵丞印」は大甕の付近にある。だから封泥は、それだけを随葬することはなく、馬王堆漢墓の竹笥に付けられた封泥のように、副葬品に付けた遺物と想定できる[44]。したがって印章と封泥に、同じ官職や地名がみえていても、その性格を区別するほうがよいと考える。

印章の官名については、「発掘与収穫」のほか王凱、趙平安、韋正、黄盛璋、耿建軍氏らの考察がある。表4は、獅子山漢墓と北洞山漢墓をあわせて一覧したものである[45]。そこでは、おおむね諸侯王国の官制が、官王朝の中央と同じことを証明するとみなしている。また地方官の領域では、『史記』荊燕世家と『漢書』楚元王伝の楚国三十六城

図２　獅子山漢墓の印章と封泥（『考古』1998年第８期）

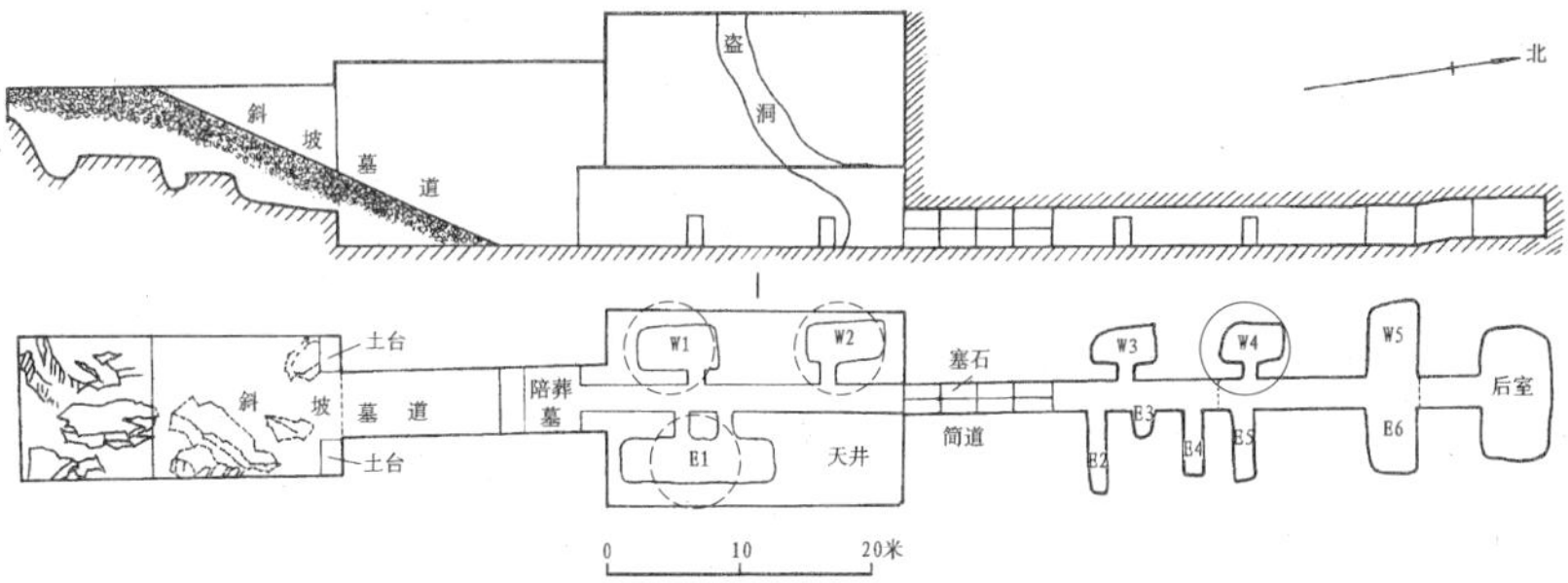

印章：耳室Ｗ４の木制漆器箱
封泥：耳室（Ｅ１、Ｗ１、Ｗ２）

表４　獅子山漢墓と北洞山漢墓の印章・封泥

印章、封泥			地名と官名
獅子山漢墓	印章	宮廷	楚太僕丞、楚太史印、楚御府印、楚食官印、食官監印
			楚祠祀印、楚永巷印、楚大行印、楚衛士印、楚太倉印
		軍隊	楚都尉印（銀印）、楚騎尉印（銀印）、楚候之印
			楚中候印、楚司馬印、楚中司馬、楚営司馬、楚中司空
			楚営司空、楚騎千人、楚軽車印
		属県	薛郡；文陽丞印（汶陽）、卞之右尉
			東海：繒之右尉、承令之印、朐之右尉、蘭陵之印
			彭城；僮令之印、穀陽丞印、相令之印、武原之印
			不明；海邑左尉、北平邑印、□□之印
	封泥	宮廷	内史之印、楚太倉印、庫□□□
		軍隊	楚中尉印
		属県	東海：蘭陵之印、蘭陵丞印、下邳丞印
			彭城：彭城丞印、相令之印、蕭邑之印、符離丞印
			呂丞之印、蕭丞之印
北洞山	印章	中央	楚御府印、楚武庫印、楚宮司丞、楚邸
		属県	彭之右尉、蕭之左尉、淩之左尉、襄賁丞印、山桑丞印
			虹之左尉、蘭陵丞印、穀陽丞印、繒丞

（県）と、楚元王世家などで、劉戊のとき東海郡が削減されたことが問題となっている(46)。

漢六年春、會諸侯於陳、廢楚王信、囚之、分其地爲二國。……羣臣皆曰、立劉賈爲荊王、王淮東五十二城。高祖弟交爲楚王、王淮西三十六城。（『史記』荊燕世家）

漢六年、旣廢楚王信、分其地爲二國、立賈爲荊王、交爲楚王、王薛郡・東海・彭城三十六縣、先有功也。（『漢書』楚元王伝）

王戊立二十年、冬、坐爲薄太后服私姦、削東海郡。（『史記』楚元王世家）

「発掘与収穫」は、前漢早期の楚王国で、大量の官印を複製して随葬する制度があり、一部の実印は入れることができないため破壊されたという。また印章と封泥の格式や書体の年代は近いとする。地方の官印では、獅子山の一六県、北洞山の五県に、薛、沛、豊、郯をあわせて二五県が確認できるという。獅子山漢墓の墓主は、第三代劉戊の可能性が大とする。

王凱氏は、楚国の印章と封泥を、①宮廷職官、②軍隊職官、③属県職官に分けている。とくに②軍隊職官では、楚国に歩兵、騎兵、車兵があり、北洞山漢墓の「楚武庫印」とあわせて武器庫の存在を指摘している。③属県の所轄では、獅子山一九種と北洞山五県を合わせて二四県（重複をのぞいて二二県）と紹介している。そして楚国は、印章を統一して管理しており、あるものは毀して廃棄か、兵器のように葬品として毀して入れたとする。とくに約一〇〇枚の「楚侯之印」は半分を占めており、集中して鋳造された明器と推測している。

趙平安氏は、『漢書』百官公卿表と楚王国の官制を対比している。ここでは「祠祀」は奉常の属下ではなく、詹事に所属するという。また属県では、『漢書』地理志によって、一八種の地方官印を、東海郡（朐、蘭陵、承、繒、下邳）、魯国：秦薛郡（汶陽、卞）、楚国（彭城、武原、呂）、沛郡（蕭、相、符離、穀陽）に区分する。また未使用の官印が多いのは、劉戊が東海、薛郡を削減されたあと、失地を回復して使用する実用印であり、墓主を第三代の劉戊としている。

韋正氏は、獅子山漢墓の印章を二〇五枚、封泥を九〇枚とし、北洞山漢墓の印章一二枚と比較している。また両墓をあわせた属県の地名二二について、楚国の県を考証している。黄盛璋氏は、文帝五年に始まる四銖半両が出土銭の約一五％にあたることから劉郢客ではなく、玉衣や兵馬俑などの副葬から、第三代の劉戊とする説を否定する。そして『漢書』百官公卿表の奉常条に、「景帝中六年、更名太祝爲祠祀」とあることから、「楚祠祀印」はそれ以降のものとする。また列侯の「楚侯之印」とみなされた印章は、軍侯の「楚侯之印」とする。[47] これらの官印は、呉楚七国の乱で用意したものが廃印となったもので、墓主を第五代の劉道と推測している。

つぎに耿建軍氏は、印章と封泥を詳しく紹介して、①宮廷職官、②軍隊職官、③属県職官に区分しているが、その性質の違いに注意している。すなわち、印章を鋳造する権限は楚王にあり、他所で複製したり、属県が提供することはできないとする。印章は、耳室W4に集中しており、軍隊や属県が送った礼物を入れた耳室とは別である。耳室W1には、多くの軍隊礼物と、少数の宮廷礼物があり、耳室W2とE1は、みな東海郡と彭城郡に所属する県の礼物である。封泥の付近には、一般に一組の随葬品があるという。そこで印章は、楚国の専門の機構が鋳造した実用印で、未使用の備用印と、回収された廃印とみなしている。また封泥には、景帝二年（前一五五）に削減された東海郡をふくむため、墓主は劉戊ではなく、第二代の劉郢客としている。

それでは、これらの諸説に対して、楚国の中央官制と地方機構は、どのように理解したらよいのだろうか。まず印章と封泥の中央官制（宮廷、軍事関係）から考えてみよう。

張家山漢簡「秩律」には、漢初の中央官府と郡県の官に関する規定がある。ここには中央官制と地方の県の長官などの俸禄が記されており、『漢書』百官公卿表より早い時期の漢代職官表というべき性質をもっている。[48]

表５　張家山漢簡・秩律と楚王陵の印章

秩祿	秩律の職官	獅子山、北洞山漢墓の職官
2000石	(丞相)、御史大夫、廷尉 奉常、漢郎中、大僕 車騎尉、衛尉 内史、中尉	なし 楚太僕丞に関連 楚騎尉印、楚都尉印に関連 (内史之印、楚中尉印) に関連
800石	中司空・軽車 大倉治粟	楚中司空、楚軽車印に関連 楚太倉印、(楚太倉印) に関連
600石	中候、騎千人 郡候、衛尉候 大行走士 大史、祠祀 御府、御府監、私府監 武庫	楚中候印、楚騎千人に関連 楚候之印に関連か 楚大行印に関連 楚太史印、楚祠祀印に関連 楚御府印、「楚御府印」に関連か 「楚武庫印」に関連
その他・不明	永巷監、永巷 中司馬、中軽車司馬 食官 衛尉士吏	楚永巷印に関連 楚中司馬、楚司馬印に関連 楚食官印、食官監印に関連 楚衛士印に関連 楚営司馬、楚営司空、「楚宮司丞」

＊楚国の職官は、官府に所属する名称を入れている
＊（　）は、封泥の官。「　」は、北洞山漢墓の印章

中央官制では、俸祿二〇〇〇石の官に、御史大夫、廷尉、内史、典客、中尉、車騎尉、太僕、長信詹事、少府令、備塞都尉、郡守、尉、衛将軍、衛尉、漢中大夫令、漢郎中、奉常がある（440～441簡）。ここには京師の内史と中尉や、地方の郡守、郡尉がある。また一〇〇〇石の官には、御史、丞相・相国の長史（444簡）や、郎中司馬、衛尉司馬（443～444簡）があり、八〇〇石より以下、六〇〇石、五〇〇石、三〇〇石、二五〇石、一六〇石、一二〇石の官を記している。

表５は、「秩律」の職官と楚王陵の印章、封泥を対比しているが、ここにはその関連が見いだせる。すなわち楚国の官制は、太僕と騎尉などが漢王朝の中央官制と対応している。ただし行政・裁判を司る御史大夫、廷尉の官や、帝室にかかわる少府、郎中、奉常の官はみえない。ここでは太僕や騎尉、都尉のように軍事や車馬にかかわる官が多い。この傾向は、八〇〇石より以下の官でも同様であり、中司空や中候、騎千人、楚候などの官がみえている。

楚国の官印は、「秩律」と比べてみれば、諸侯王が任命する官のうち、軍隊や車馬、祭祀（太史、祠祀）、倉庫、武器

庫、永巷、食官など、王国の家産に関する職務に限られている。反対に、行政や裁判・官僚に関連する御史大夫、廷尉、郎中令などはみえていない。これらは盗掘の散乱などによるかもしれないが、おおまかな傾向を示すといえよう。また耳室W1の封泥には「内史之印」「楚太倉印」「楚中尉印」があり、これは漢王朝の京師にある民政、軍政と財政を司る官職にあたっている。これは諸侯王の家産機構にあたる官印にくらべて、随葬品を献じた都城の官ということになる。

このとき注目されるのは、「秩律」に大行と祠祀の官があり、それが「楚大行印」「楚祠祀印」に対応することである。これは楚国の大行と祠祀が、景帝期に改名される官ではなく、すでに漢王朝の初期にある官職と共通している(49)。したがって「楚祠祀印」によって、楚国独自の印章とし、墓主の年代を景帝期より以降とする根拠にはできないことがわかる。ここでは、少なくとも劉氏の諸侯王国が、漢王朝の機構とほぼ同じであることを証明している。

つぎに「秩律」にみえる地方の県は、内史の長安と櫟陽や、河南郡の雒陽、蜀郡の成都、沛郡の沛県のように、長官の俸禄一〇〇〇石の大県から、八〇〇石、六〇〇石、五〇〇石、三〇〇石クラスまでの県を記し、一部に不明の県がみえている。これらの県は、漢代初期の領域でいえば、長安を中心に一〇〇〇石クラスの大県を配置し、また雒陽、成都、沛県などを拠点として分布している。さらに一〇〇〇石クラスの大県の周辺には、八〇〇石と六〇〇石クラスの県を配置している。そして張家山漢簡「津関令」では、内史から東方に臨晋関と函谷関、武関、鄖関、扞関という水陸の要衝に関所を設けている(50)。このような情勢は、漢王朝の郡国制のうち、まさしく西側の郡県制に等級化された県を配置する体制となっている。

この漢王朝の「秩律」と楚国の属県をくらべてみると、その両者は東西に連結した地域となっている（図3）。たとえば漢王朝の郡県制では、東方に河内郡、東郡、魏郡、沛郡、潁川郡、汝南郡などに属する県を記している。印章の属県では、薛郡と東海郡、彭城郡に属するものがあり、そのほか不明の県があった。ここには薛郡で、沛県と豊県

図3　漢王朝と楚国属県

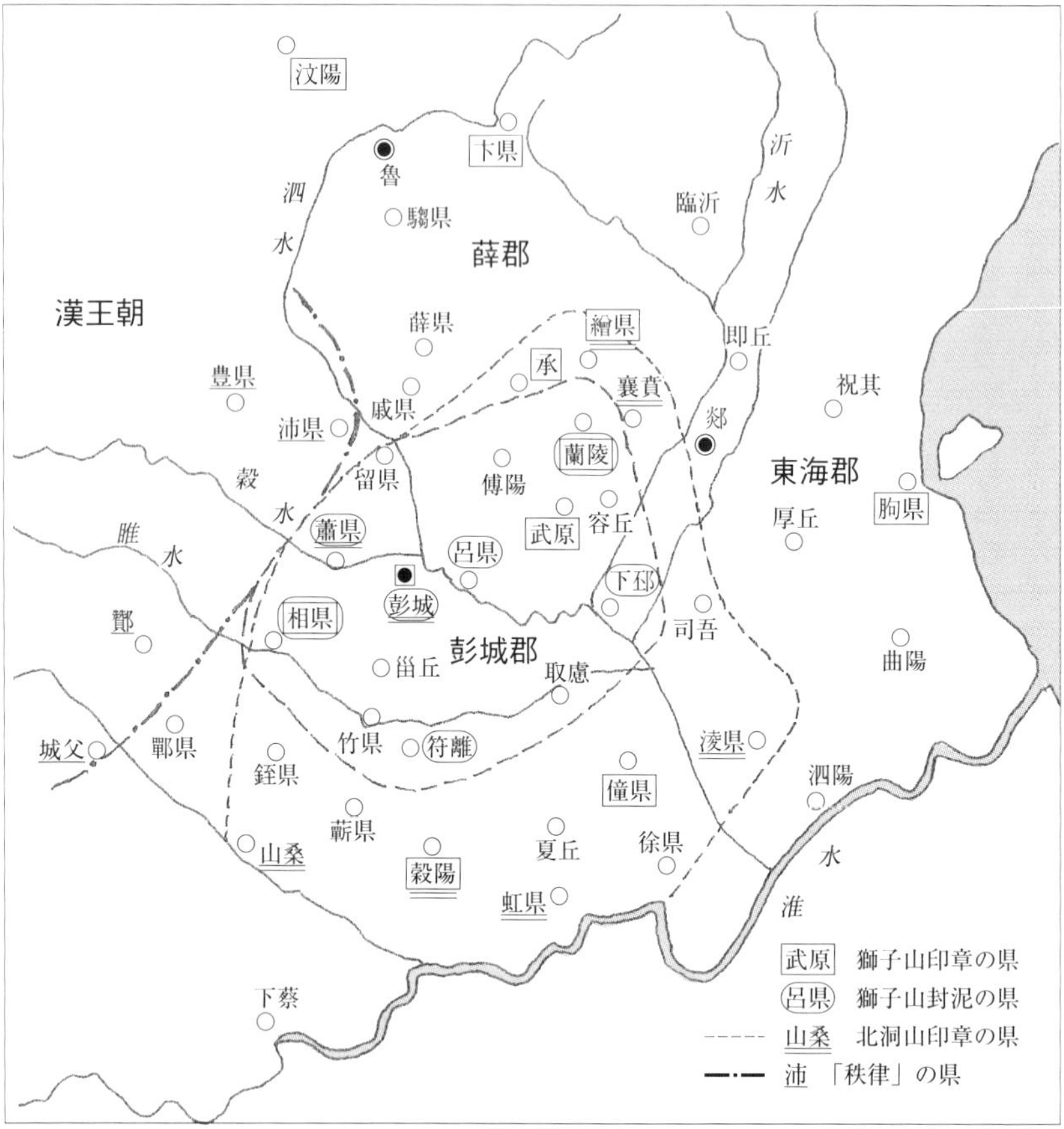

がみえないと指摘されていた。

しかし「秩律」には、すでに沛県と豊、酇、城父の県をふくんでいる。したがって沛と豊県は、初期には郡県制の領域に組み込まれており、楚国の領域ではなかったことになる。おそらく沛と豊県は、劉邦の郷里であるため、初期には漢王朝に直属していたのであろう。ここから楚国の領域には、もとから沛と豊県は入っていなかったと推定できる。そして張家山漢簡「秩律」と獅子山漢墓の属県は、お互いに補いながら、東方社会を復元できることがわかる。また獅子山漢墓の官印をみると、その領域は、ほぼ薛郡と東海、彭城郡に及んでいる。これは楚国の実情を反映しており、印章を随葬したのは、その楚王の時代を示したものではないだろうか。

これに対して封泥の属県は、印章の範囲より小さく、ほぼ彭城郡の周辺に限られている。これは先にみたように、随行品を備えた耳室W1の内史、中尉、太倉と同じように、副葬品を献呈した領域を示すとおもわれる。耳室W2では「彭城丞印」「相令之印」があり、耳室E1では「符離丞印」「呂丞之印」「蕭丞之印」「蘭陵之印」「下邳丞印」などがある。ここから獅子山の官印は、楚国の管轄領域を示し、封泥は随葬品を献じた彭城郡と周辺の本拠地を反映するという違いを示している。

北洞山漢墓の官印は、獅子山漢墓の封泥の範囲より広いが、その官印の範囲よりは小さく、ほぼ彭城郡の周辺にとどまっている。たとえば、彭（彭城）、蕭、淩、襄賁、山桑、虹、蘭陵、穀陽、繒などの県である。これは楚国の領域のうち、薛郡と東海郡にあたる地域が削減されたことを示している。したがって印章と封泥の範囲からみれば、獅子山漢墓は、彭城郡を本拠地として、その領域は薛郡と東海郡をふくみ、北洞山漢墓は、ほぼ彭城郡に限られる時代を反映していると考える。

そこで獅子山漢墓の印章と封泥が実情を反映しているのであれば、その墓主は、薛郡と東海郡、彭城郡をふくむ第二代の劉郢客の時代ということになる。それを最終的に埋葬したのは、第三代の劉戊である。ただし過去の印章を副葬したのであれば、劉戊の可能性もある。しかし北洞山漢墓の印章は、過去のものではなく、領域の実情を示すともわれることからすれば、獅子山漢墓も同じように劉郢客の時代とみなすほうがよいであろう。また北洞山漢墓は、その領域を示す年代から、墓主は第四代の劉礼か、第五代の劉道ということになる。これは耿建軍、梁勇氏や『徐州北洞山西漢楚王墓』の考察と近くなっている。(51)

以上のように、漢初の「秩律」と比較してみると、劉氏諸侯王のうち楚国の官制は、ほぼ漢王朝と同じ官職であることが裏づけられる。また楚国の領域では、漢王朝の当初から沛県と豊県は郡県制に組み込まれており、楚国から除かれている。これは『史記』『漢書』の記載とは少し異なることがわかる。このほか獅子山漢墓には、墓内に男女の陶俑があり、宮殿での生活を反映している。また陪葬坑の騎馬と兵馬俑は、宮城の軍隊を反映しているのであろう。[52] 楚王陵の墓主と、楚国の構造は、こうした考古文物からも検討することができる。

おわりに

『史記』漢代諸表は、本紀や列伝とあわせて、漢王朝と諸侯王の関係を示している。ここでは漢初の諸侯王について、その分封の意義と地域的な動向を検討してきた。その要点は、つぎの通りである。

一、漢代初期の諸侯王には、二つの転換期がある。1は、漢五年二月に漢王が皇帝に推戴されたときである。このときは皇帝となった漢王と、項羽の領土を分封された楚王韓信と梁王彭越、そのほかの諸侯王に分けられる。これらの諸侯王は、項羽の分封と漢王の分封を継承したものである。そのため皇帝の領土と、諸侯王の王国は、並存した情勢となっている。しかし重要なのは、2漢六年十二月に、楚王韓信が淮陰侯に降格するまで、諸侯王の再編と、功臣たちの論功行賞を行っていないことである。したがって淮陰侯韓信の存在は、漢代初期に大きな意義をもっており、これ以降に漢王朝の基礎が定まったことになる。

二、漢王朝の諸侯王が、異姓諸侯王から劉氏に替わる始まりは、漢六年十二月に、楚王韓信が淮陰侯に降格したときである。しかしこれ以降も、異姓諸侯王は存在しており、劉氏の諸侯王に替えることが原則であったとは考えられない。その後も、劉氏の諸侯王を追加しているが、なお異姓諸侯王が存在している。このような情勢は、漢十年の陳豨の乱を契機として、十一年以降に劉氏を諸侯王とする方向が急速に進んでいる。その背景には、淮陰侯韓信を中心として、梁王彭越、淮南王黥布の勢力を排除しようとする動きがあり、これに燕王盧綰と韓王信の失脚が連動している。これ以降に、劉氏を諸侯王とする意義が強くなったとおもわれる。それが高祖末年に「白馬の盟」で、劉氏を諸侯王とする約束をした段階である。

三、劉氏の王国は、漢王朝とよく似た機構といわれる。そこで楚国の構造をみると、楚王陵の印章と封泥から、漢王朝とほぼ同じ官制であることがわかる。楚国の属県では、沛と豊県は漢初から漢王朝の直轄となっていた。この楚国の領域は、呉楚七国の乱の前後に変動があり、薛郡と東海郡が削減されると指摘されているが、獅子山漢墓の印章は、この薛郡と東海郡をふくんでいる。また獅子山漢墓の封泥は、領域の全体ではなく、随葬品を献じた中央と属県を反映すると指摘されており、その範囲はほぼ彭城郡の本拠地となっている。この領域に従えば、墓主は第二代の劉郢客の時代ということになる。これに対して北洞山漢墓の印章は、薛郡と東海郡が削減され、ほぼ彭城郡の領域を反映しており、これは呉楚七国の乱より以降の情勢となる。したがって楚国の領域は、たしかに漢王朝の「秩律」の範囲と接続して、東方社会の情勢を反映していることがわかる。

このように『史記』にみえる漢代初期の諸侯王の動向を再検討すれば、漢王朝の郡国制について一定の理解を得ることができる。それは高祖と恵帝・呂后の時代には、東方社会を安定させるために劉氏の諸侯王を置いているが、諸侯王の権限を削減する方針ではなかったとおもわれる。これは秦帝国で、東方地域の統治を考慮し、諸子の王を封じようとした体制にあたるものである。

それでは漢代の諸侯王を、『史記』ではどのように評価しているのだろうか。司馬遷の歴史観では、楚元王世家に関する論賛が注目される。

漢既譎謀、禽信於陳。越荊剽輕、乃封弟交爲楚王、爰都彭城、以彊淮泗、爲漢宗藩。戊溺於邪、禮復紹之。嘉游輔祖、作楚元王世家二十。（太史公自序）

太史公曰、國之將興、必有禎祥、君子用而小人退。國之將亡、賢人隱、亂臣貴。……賢人乎、賢人乎。非質有其內、惡能用之。哉甚矣、安危在出令、存亡在所任、誠哉是言也。（楚元王世家）

自序の論賛では、漢が謀によって韓信を陳に捕らえ、越荊の地が剽軽であることから、劉交を楚王として漢の宗藩になったとする。ここでは劉氏を諸侯王とする理由として、楚の地域を安定させる意義を述べている。楚元王世家の論賛では、国の隆盛と衰亡には、賢者の任用が大切であると説き、楚王戊を例として、安全と危険、存続と滅亡は、命令と人の任用によると述べている。これは諸侯王の盛衰が、地域社会と関連することや、人の事績による運命を示唆している。これは楚王をめぐる評価であるが、ここに漢代初期の歴史を考える手がかりがある。

注

（1）鎌田重雄『秦漢政治制度の研究』第二編第一章「王国の官制」（日本学術振興会、一九六二年）、柳春藩『秦漢封国食邑賜爵制』（遼寧人民出版社、一九八四年）、安作璋・熊鉄基『秦漢官制史稿』下冊、第二編第四章「王国」（斉魯書社、一九八五年）、周振鶴『西漢政区地理』（人民出版社、一九八七年）など。

（2）諸侯王国の研究は、紙屋正和「前漢諸侯王国の官制」（『九州大学東洋史論集』三、一九七四年）、杉村伸二「郡国制の再検討」（『日本秦漢史学会会報』六、二〇〇五年）などがあり、高村武幸「日本における近十年の秦漢国制史研究の動向——郡県制・兵制・爵制研究を中心に」（『中国史学』一八、二〇〇八年）、松島隆真「『劉邦集団』と『郡国制』をめぐる問題——漢初政治史復元のために」（『中国史学』二三、二〇一三年）で問題点を整理している。

（3）楊寛「論秦漢的分封制」（一九八〇年、『楊寛古史論文選集』上海人民出版社、二〇〇三年）、李開元『漢帝国の成立と劉邦集団』第三章「秦末漢初の王国」（汲古書院、二〇〇〇年）、卜憲群『秦漢官僚制度』（社会科学文献出版社、二〇〇二年）、卜憲群「秦漢之際国家結構的演変――兼談張家山漢簡中漢与諸侯王国的関係」（『秦文化論叢』一二輯、三秦出版社、二〇〇五年）など。

（4）西嶋定生「皇帝支配の成立」（一九七〇年、『中国古代国家と東アジア世界』東京大学出版会、一九八三年）では、始皇帝が「煌煌たる上帝」であるのに対して、漢王は諸侯王に推戴された「王に優越する天下の君主」という違いを指摘している。

（5）『史記』高祖本紀には、「漢王欲引而西歸、用留侯・陳平計、乃進兵追項羽、至陽夏南止軍、與齊王信・建成侯彭越期會而擊楚軍。至固陵、不會。楚擊漢軍、大破之。漢王復入壁、深塹而守之。用張良計、於是韓信・彭越皆往」とある。

（6）『史記』漢興以来諸侯王年表（以下、諸侯王年表）では、高祖四年に「十月乙丑、初王武王英布元年」とある。

（7）『史記』諸侯王年表では、高祖二年に「十一月、初王韓信元年。都馬邑」とある。

（8）『史記』秦楚之際月表では、義帝元年（漢元年）に楚から「分爲衡山」、二年に「王吳芮始、故番君」とある。

（9）李開元前掲「秦末漢初の王国」第二節「秦楚漢間における王国の変遷」、卜憲群前掲「秦漢之際国家結構的演変」。

（10）李開元前掲「秦末漢初の王国」九三～九八頁。

（11）本書の第五章「『史記』秦漢史像の復元」。

（12）『史記』では陳丞相世家と淮陰侯列伝が詳しく、このほかにも事件を多く記している。『漢書』高帝紀下の六年条は、詔を収録して、列侯の封建と劉氏の諸侯王を位置づけている。

人告楚王信謀反、上問左右、左右爭欲擊之。用陳平計、乃僞游雲夢。十二月、會諸侯于陳、楚王信迎謁、因執之。詔曰、天下既安、豪桀有功者封侯、新立、未能盡圖其功。身居軍九年、或未習法令、或以其故犯法、大者死刑、吾甚憐之。其赦天下。……上還至雒陽、赦韓信、封爲淮陰侯。甲申、始剖符封功臣曹參等爲通侯。詔曰、齊古之建國也、今爲郡縣、其復以爲諸侯。將軍劉賈數有大功、及擇寛惠脩絜者、王齊・荊地。

（13）『史記』高祖功臣侯者年表の序文に「封爵之誓曰、使河如帶、泰山若厲。國以永寧、爰及苗裔」とあり、『漢書』高恵高后文功臣表にも、ほぼ同じ記述がある。栗原朋信「『封爵之誓』についての小研究」（一九五一年、『秦漢史の研究』吉川弘文館、一九六〇年）、工藤元男「戦国時代の会盟と符」（『東洋史研究』五三―一、一九九四年）、李開元前掲『漢帝国の成立と劉邦集団』第六章「漢初軍功受益階層と漢代政治」第一節、二一三～二一六頁に考察がある。

（14）『史記』田儋列伝に、

後歳餘、漢滅項籍、漢王立爲皇帝、以彭越爲梁王。田横懼誅、而與其徒屬五百餘人入海、居島中。高帝聞之、以爲田横兄弟本定齊、齊人賢者多附焉、今在海中、不收、後恐爲亂、迺使使赦田横罪而召之。……田横迺與其客二人乘傳詣雒陽。未至三十里、至尸鄕廐置。……遂自剄、令客奉其頭、從使者馳奏之高帝。高帝曰……。爲之流涕、而拜其二客爲都尉、發卒二千人、以王者禮葬田横。既葬、二客穿其冢旁孔、皆自剄、下從之。高帝聞之……使使召之。至則聞田横死、亦皆自殺。

（15）『史記』高祖本紀に「燕王臧荼反、攻下代地。高祖自將撃之、得燕王臧荼。卽立太尉盧綰爲燕王。使丞相噲將兵攻代」とあり、『史記』盧綰列伝には「漢五年八月、迺立虜綰爲燕王。諸侯王得幸莫如燕王」とある。

（16）『史記』陳丞相世家では陳平が護軍中尉として従い、絳侯周勃世家では将軍として従っている。樊噲滕灌列伝では、樊噲と酈商が将軍、夏侯嬰が太僕、灌嬰が車騎将軍として従軍している。張蒼は代相として臧荼を攻めている。

（17）杉村前掲「郡国制の再検討」では、布目潮渢、鎌田重雄氏などの諸侯王の権力を抑制する説に対して、郡国制の効用という視点を提示している。

（18）『史記』高祖本紀に「七年、匈奴攻韓王信馬邑、信因與謀反太原。……高祖自往撃之。……匈奴圍我平城、七日而後罷去。令樊噲止定代地。立兄劉仲爲代王」とあり、『漢書』高帝紀には「秋九月、匈奴圍韓王信於馬邑、信降匈奴。七年冬十月、上自將撃韓王信於銅鞮、斬其將。……遂至平城、爲匈奴所圍、七日、用陳平祕計得出。使樊噲留定代地」とある。

（19）『史記』陳丞相世家、絳侯周勃世家、樊噲滕灌列伝など。

（20）『史記』張耳陳余列伝。

（21）本書の第八章「『史記』呂后本紀の歴史観」。

（22）『史記』張丞相列伝の周昌列伝に、「是後戚姫子如意爲趙王、年十歲、高祖憂卽萬歲之後不全也。……於是乃召周昌、謂曰、吾欲固煩公、公彊爲我相趙王。周昌泣曰……。高祖曰、吾極知其左遷、然吾私憂趙王、念非公無可者。公不得已彊行。於是徙御史大夫周昌爲趙相」とある。

（23）『漢書』高帝紀下、九年条には「十一月、徙齊楚大族昭氏・屈氏・景氏・懷氏・田氏五姓關中、與利田宅」とある。

（24）『史記』韓信盧綰列伝の陳豨列伝に、

陳豨者、宛朐人也、不知始所以得從。及高祖七年冬、韓王信反、入匈奴、上至平城還、乃封豨爲列侯、以趙相國將監趙・代邊兵、邊兵皆屬焉。豨常告歸過趙、趙相周昌見豨賓客隨之者千餘乘、邯鄲官舍皆滿。豨所以待賓客布衣交、皆出客下。豨還之代、周昌乃求入見。見上、具言豨賓客盛甚、擅兵於外數歲、恐有變。上乃令人覆案豨客居代者財物諸不法事、多連引豨。豨恐、陰令客通使王黄・曼丘臣所。及高祖十年七月、太上皇崩、使人召豨、豨稱病甚。九月、遂與王黄等反、自立爲代王、劫略趙・代。……十一年冬、漢兵擊斬陳豨將侯敞・王黄於曲逆下、破豨將張春於聊城、斬首萬餘。太尉勃入定太原・代地。十二月、上自擊東垣、東垣不下、卒罵上。東垣降、卒罵者斬之、不罵者黥之。更命東垣爲眞定。王黄・曼丘臣其麾下受購賞之、皆生得、以故陳豨軍遂敗。上還至洛陽。……乃立子恆爲代王、都中都、代・鴈門皆屬代。高祖十二年冬、樊噲軍卒追斬豨於靈丘。

（25）たとえば「漢十年」の記事は、『史記』高祖本紀や『漢書』高帝紀と共通した事件であるが、淮陰侯韓信と陳豨との対話や、呂后に殺される話では、「仰天嘆曰」「豈非天哉」という位置づけをした説話の形式となっている。

（26）『史記』彭越列伝に、

十年秋、陳豨反代地、高帝自往擊、至邯鄲、徵兵梁王。梁王稱病、使將將兵詣邯鄲。高帝怒、使人讓梁王。梁王恐、欲自往謝。……梁王怒其太僕、欲斬之。太僕亡走漢、告梁王與扈輒謀反。於是上使使掩梁王、梁王不覺、捕梁王、囚之雒陽。有司治反形已具、請論如法。上赦以爲庶人、傳處蜀青衣。西至鄭、逢呂后從長安來、欲之雒陽、道見彭王。彭王爲呂后泣涕、自言無罪、願處故昌邑。呂后許諾、與俱東至雒陽。呂后白上曰、彭王壯士、今徙之蜀、此自遺患、不如遂誅之。妾謹與俱來。於是呂后乃令其舍人彭越復謀反。廷尉王恬開奏請族之。上乃可、遂夷越宗族、國除。

(27)『史記』黥布列伝に、
十一年、高后誅淮陰侯、布因心恐。夏、漢誅梁王彭越、醢之、盛其醢遍賜諸侯。至淮南、淮南王方獵、見醢、因大恐、陰令人部聚兵、候伺旁郡警急。……上召諸將問曰、布反、爲之柰何。……令尹曰、往年殺彭越、前年殺韓信、此三人者、同功一體之人也。自疑禍及身、故反耳。……迺立皇子長爲淮南王。上遂發兵自將東擊布。……上怒罵之、遂大戰。布軍敗走、渡淮、數止戰、不利、與百餘人走江南。布故與番君婚、以故長沙哀王使人紿布、僞與亡、誘走越、故信而隨之番陽。番陽人殺布茲鄉民田舍、遂滅黥布。

(28)『史記』呉王濞列伝に、
高帝十一年秋、淮南王英布反、東幷荊地、劫其國兵、西度淮、擊楚、高帝自將往誅之。劉仲子沛侯濞年二十、有氣力、以騎將從破布軍蘄西會甀、布走。荊王劉賈爲布所殺、無後。上患呉・會稽輕悍、無壯王以塡之、諸子少、乃立濞於沛爲呉王、王三郡五十三城。

(29)『史記』曹相国世家、陳丞相世家、樊噲滕灌列伝など。陳平は護軍中尉として従い、酈商は右丞相、夏侯嬰は太僕、灌嬰は車騎将軍として従っている。

(30)『史記』盧綰列伝に「綰愈恐、閉匿、謂其幸臣曰、非劉氏而王、獨我與長沙耳。往年春、漢族淮陰、夏、誅彭越、皆呂后計。今上病、屬任呂后。呂后婦人、專欲以事誅異姓王者及大功臣」とある。

(31)栗原前掲「『封爵之誓』についての小研究」、李開元前掲「漢初軍功受益階層と漢代政治」第一節、二一六～二二〇頁。

(32)大庭脩『秦漢法制史の研究』第三編第五章「『制詔御史長沙王忠其定著令』について」第三節「制詔の時期」(創文社、一九八二年)。

(33)佐高信一「前漢郡国制における長沙国存続について」(太田幸男・多田狷介編『中国前近代史論集』汲古書院、二〇〇七年)。吉開将人「漢初の封建と長沙国」(『日本秦漢史学会会報』九、二〇〇八年)は、封建の事情と長沙国の構造を考察している。

(34)杉村前掲「郡国制の再検討」のほかに、阿部幸信「漢初『郡国制』再考」(『日本秦漢史学会会報』九、二〇〇八年)、紙屋正和「前漢時代の郡国制と税役制度」(『名古屋大学東洋史研究報告』三七、二〇一三年)、楯身智志『漢代二十等爵制の研究』

第四章「功臣層形成の背景――郡国制の形成と展開を手がかりに」（早稲田大学出版社、二〇一四年）などがある。
(35) 前掲『秦漢官制史稿』第二編第四章「王国」第二節「王国官制」など。
(36) 紙屋前掲「前漢諸侯王国の官制」、同前掲「前漢時代の郡国制と税役制度」。
(37) 徐州博物館「徐州西漢宛朐侯劉埶墓」（『文物』一九九七年二期）、獅子山楚王陵考古発掘隊「徐州獅子山西漢楚王陵発掘簡報」（『文物』一九九八年八期）、周学鷹『徐州漢墓建築――中国漢代楚（彭城）国墓葬建築考』（中国建築工業出版社、二〇〇一年）、徐州博物館、南京大学歴史学系考古専業『徐州北洞山西漢楚王墓』（文物出版社、二〇〇三年）。
(38) 王愷「獅子山楚王陵出土印章和封泥対研究西漢楚国建制及封域的意義」（『文物』一九九八年八期）、韋正・李虎仁・鄒厚本「江蘇徐州市獅子山西漢墓的発掘与収穫」（『考古』一九九八年八期）、趙平安「対獅子山楚王陵所出印章封泥的再認識」（『文物』一九九九年一期）、韋正「従出土印章封泥談漢初楚国属県」（『考古』二〇〇〇年三期）、黄盛璋「徐州獅子山楚王墓墓主与出土印章問題」（『考古』二〇〇〇年九期）、耿建軍「試析徐州西漢楚王墓出土官印及封泥的性質」（『考古』二〇〇〇年九期）。
(39) 張家山二四七号漢墓竹簡整理小組『張家山漢墓竹簡〔二四七号墓〕』（文物出版社、二〇〇一年）、同編『張家山漢墓竹簡〔二四七號墓〕』釈文修訂本（文物出版社、二〇〇六年）、彭浩・陳偉・工藤元男主編『二年律令與奏讞書』（上海古籍出版社、二〇〇七年）。
(40) 前掲「徐州獅子山西漢楚王陵発掘簡報」、梁勇「従西漢楚王墓的建築結構看楚王墓的排列順序」（『文物』二〇〇一年一〇期）。劉照建「徐州西漢前期楚王墓的序列・墓主及相関問題」（『考古学報』二〇一三年第二期）は、楚王墓を三期に分類する。第一期は、第一代から三代楚王までで、獅子山、北洞山、駄藍山漢墓にあたり、駄藍山漢墓の墓主を劉戊とする。第二期は、第四代から八代楚王までで、臥牛山、亀山、東洞山、南洞山漢墓にあたる。第三期は、第九代から十二代楚王までで、楚王山一・二・三・四号墓と推定する。
(41) 南京博物院、銅山県文化館「銅山亀山二号西漢崖洞墓」（『考古学報』一九八五年一期）、尤振尭「『銅山亀山二号西漢崖洞墓』一文的重要補充」（『考古学報』一九八五年三期）、徐州博物館「江蘇銅山県亀山二号西漢崖洞墓材料的再補充」（『考古』一九九七年二期）。

(42)　注(38)の諸論文。
(43)　前掲「徐州獅子山西漢楚王陵発掘簡報」、趙平安、耿建軍氏の論文。
(44)　湖南省博物館・中国科学院考古研究所編『長沙馬王堆一号漢墓』(文物出版社、一九七三年)。
(45)　前掲「徐州獅子山西漢楚王陵発掘簡報」、耿建軍氏の論文。
(46)　『史記』荊燕世家に「漢六年春、會諸侯於陳。廢楚王信囚之、分其地爲二國。……群臣皆曰、立劉賈爲荊王、王淮東五十二城。高祖弟交爲楚王、王淮西三十六城」とあり、『史記』楚元王世家に「王(劉)戊立二十年、冬、坐爲薄太后服私奸、削東海郡」とある。
(47)　侯と候については、張家山漢簡「秩律」四四六簡に「中候」とする用法がある。
(48)　早稲田大学簡帛研究会「張家山第二四七号漢墓竹簡訳注(三)——秩律」(『長江流域文化研究所年報』三、二〇〇五年)、拙著『中国古代国家と郡県社会』第一編第六章「秦漢帝国の成立と秦・楚の社会」(汲古書院、二〇〇五年)、本書の第九章第一節「張家山漢簡『秩律』と漢王朝の領域」など。
(49)　張家山漢簡「秩律」四六〇~四六四簡に「大行走士……祠祀……秩各六百石、有丞・尉者半之」とある。
(50)　張家山漢簡「津関令」四九二簡に「制詔御史、其令扜關・鄖關・武關・函谷【關】・臨晉關、及諸其塞之河津、禁毋出黃金・諸奠黃金器及銅、有犯令」とある。拙著『中国古代国家と社会システム』第八章「長江流域社会と張家山漢簡」。
(51)　前掲『徐州北洞山西漢楚王墓』では、この墓中に文帝五年(前一七五)に鋳造された四銖半両銭があり、武帝元狩五年(前一一八)に発行された五銖銭が無いことから、この間と判断している。獅子山漢墓には、約一七万六〇〇〇枚の銅銭があり、そのうち約八五%が莢半両銭で、残りが四銖半両銭という。この随葬された銅銭からも墓主の年代が考察できる。発掘簡報によれば、墓主の年齢は三五~三七歳の間とする。もし第二代の劉郢客が、恵帝と同年あるいは少し若いとすれば、その没年は三四~三六歳である。劉戊の年齢は不明であるが、もし劉郢客が二〇~二五歳のときに生まれた子であれば、その没年は三二~三七歳くらいとなる。
(52)　徐州博物館「徐州獅子山漢兵馬俑坑第一次発掘簡報」(『文物』一九八六年一二期)、前掲『徐州北洞山西漢楚王墓』など。

終章　『史記』の歴史叙述と秦漢史

はじめに

本書では、第一章で父・司馬談と司馬遷が漢太史令となった社会背景を探り、《太史公書》の著述との関係を考えた。そこでは武帝の時代に、始皇帝と同じように天下を統一した意識をもって、伝説の帝王から漢代にいたる儀礼と制度を改革する事業を契機として、漢王朝に所蔵された文書や図書をもとに歴史叙述をした過程をたどってきた。父と司馬遷が職務とした太史令は、基本的に祭祀・天文・星暦とその記録を司る官（古の天官）で、本来は修史を任務とするものではなかった。しかし司馬遷たちは、天官に対応して地上の王者（本紀）と補佐（世家）の興亡を論断し、すぐれた人物を顕彰する（列伝）という視点から、今日の歴史書にあたる著述をしたものである。こうした『史記』の素材が、文字に書かれた資料を主体とすることは、序章で説明したように、今日に伝わる文献史料や、出土資料にみえる文書や記録、書籍の状況からも裏づけることができる。これは『史記』が、基本的に文字資料を取捨選択して編集した書物であることを示している。

しかし一方で、『史記』には司馬遷が旅行をして取材した資料や、漢代の人びとによる語り物をふくむといわれており、こうした伝承との関係が問題となる。本書の第二章と附篇一、附篇二は、文字資料とは違う系統の取材を考察したものである。このような口承は、『史記』各篇の一部や「太史公曰く」の論賛にみえるだけであり、主要な素材とみなすことはできない。

このような司馬遷の取材に対する理解をふまえて、第三章より以下の論文では、秦始皇本紀、陳渉世家、項羽本紀、漢代本紀などの構成と編集を分析し、その特色と歴史観を考えてきた。その要点は、『史記』はどこまでが文学的な創作（フィクション）で、どの部分が史実（ノンフィクション）を反映しているかを明らかにすることである。そのうえで司馬遷に集約される『史記』の史料的性格を解明し、そこにうかがえる秦漢史の実像を再構成しようとした。

ここでは拙著『史記戦国史料の研究』、同『史記戦国列伝の研究』と本書の論点を要約し、『史記』秦漢史の問題を展望しておこう(1)。

一　『史記』の取材と編集

これまで『史記』戦国秦漢史の各篇について、司馬遷の取材を考察してきたが、そこで利用した素材は大きく二つに分けることができる。それは（一）文字資料と、（二）口頭による情報である。

表1は（一）文字資料を、1文書・記録と、2書籍に分類し、その主な内容を一覧したものである(2)。ここでは司馬遷が《太史公書》を利用した素材と同一ではないが、参考として『漢書』芸文志の関連書籍を示している。

1文書、記録は、漢王朝の図書館や太常などの官府に保存された資料にあたる。その内容は、紀年資料と暦譜、系譜、漢代諸侯王・列侯資料、詔書・上書などの文書、法律・裁判・財務に関する記録、刻石・儀礼の文章、書信などの素材が想定される。これらは本来、漢王朝の保存資料であるが、一部は『漢書』芸文志にみられるように、類似の書籍となっている。また出土資料には、文書、記録と同じ系統の内容や、未知の資料がある。

表1　『史記』の素材と文字資料

区分	分類と内容	『漢書』芸文志
1文書記録	紀年資料、暦譜、天文	『太古以来年紀』『漢大年紀』、数術略
	各国系譜、漢代諸侯王・列侯資料	『世本』
	詔書、上書、行政文書、報告書	『奏事』秦時大臣奏事
	記録：法律、裁判、財務	『漢著記』
	刻石、儀礼	『奏事』刻石名山文
	その他：書信など	
2書籍	経書：詩、書、礼、楽、易、春秋	六芸略の書物（＋論語、孝経、小学）
	諸子百家	諸子略の書物（儒、道、法、縦横家など）
	詩賦、兵書	詩賦略、兵書略の書物
	戦国故事：歴史故事	『戦国策』『楚漢春秋』
	説話：物語的なエピソード	『国語』『新国語』『呂氏春秋』『淮南子』 『説苑』『新序』『孔子家語』
	数術、占い、医術の書物	数術略、方技略の書物

2書籍は、『漢書』芸文志の目録に対応するように、すでに書籍の形態となった史料である。ただし司馬遷の時代には、まだ整理された定本となっていない異本の状態であり、また篇ごとに伝わった書籍の形態がある。したがって『漢書』芸文志の書籍は、必ずしも『史記』の素材と同じではないが、司馬遷が利用した種本の類推となる史料である。戦国秦漢時代の出土書籍は、当時の形態を知る第一次資料である。

（二）口頭による情報は、1旅行の見聞と体験、2漢代の人びとによる口承、伝承、異聞に分けることができる。また『史記』には、諺言などを引用する場合があり、これも口頭による情報といえよう。[3]1旅行の見聞と体験は、『史記』各篇の本文ではなく、最後の「太史公曰く」というコメントの部分に記されている。ただし本文にも、わずかに見聞にもとづく記述がある。2漢代の人びとによる口承は、口語の文章が特徴で、その判断は誰から聞いた可能性があるか、あるいは司馬遷たちが誰と交流があったかという状況による。

以上の分類にもとづいて、これまで『史記』秦本紀と戦国世家は、「系譜、紀年資料＋記事資料」の編集パターンによる構成であることをみてきた。これは『史記』秦始皇本紀や項羽本紀、漢代本紀でも同じである。つぎに各篇の素材と編集を説明してみよう。
『史記』秦始皇本紀の本文は、本書の第三章のように、1秦王政の即位から統一国家まで、2統一後から始皇帝の死まで、3二世皇帝から秦帝国の滅亡までに区分され、司馬遷の論賛がある。(4)

1：秦王政の系譜、秦紀年、記事資料（即位時の情勢、嫪毐の乱）、説話（秦王の評価）

2：秦紀年、詔書・議論（帝号、儀礼、郡県制、焚書）、記事資料（統一政策、酈山・阿房宮の造営）、巡行・祭祀、石刻文、説話（始皇帝の評価、真人、諸生の穴埋め、死の予言、徐福の伝説、占夢、始皇帝の死）

3：秦紀年、記事資料（始皇帝の埋葬、祖廟、阿房宮の造営、秦末の叛乱、丞相たちの進言と粛正）、巡行・祭祀・追刻、記事・説話（大臣、公子の粛正、陳渉・呉広の乱、馬鹿の説話、占夢、二世の自殺、秦王子嬰の即位、沛公への投降）

秦紀年は、基本的に「秦記」による六国年表と同じであり、天文記事をふくむ。この間に詔書・議論、記事資料、説話などの文字資料を収録しており、その内容は豊富である。詔書・議論や記事資料は、皇帝の儀礼と、宮殿・陵墓の造営、郡県制と統一政策など皇室に関する内容が多い。説話のなかには、出典が不明で、漢代の人びとの伝承や、司馬遷の見聞をふくむ可能性もあるが、その分量はきわめて少ない。鶴間和幸氏は、司馬遷が始皇帝の伝説に遭遇したとして、湘山祠で禿げ山にした話、項羽本紀にみえる始皇帝の巡行を見た話、泗水での鼎引き上げ失敗の話、封禅の話などをあげ、刻石も実際に見たと推測している。(5)ただし刻石文は、司馬遷が現地で再録した文章ではなく、『漢書』芸文志に刻石名山文を記した『奏事』を収録するように、漢王朝の中央でも入手できた可能性がある。

なお『史記』秦始皇本紀のテキストには、さらに追加された部分がある。それは「太史公曰」論賛に引用する賈誼「過秦論」と、秦公・秦王の系譜資料、後漢明帝の永平十七年の評論である。(6)李開元氏は、これらは班固が入手したテキストによる部分と、班固の追加によると推測している。(7)

『史記』項羽本紀は、本書の第六章のように、つぎのような構成である。
1秦の滅亡まで：系譜、秦紀年、記事資料、『楚漢春秋』、説話（項羽の評価）、鴻門の会の伝承
2西楚覇王：漢紀年、記事資料（十八王の分封など）、『楚漢春秋』、説話（彭城の戦い）、烏江の伝承
項羽本紀では、秦の滅亡までは秦紀年により、滅亡以降は漢紀年を基準とする。秦は二世三年（前二〇七）の翌年十二月、秦王子嬰のときに滅亡したが、漢王の劉邦は秦滅亡と同じ年を漢元年（前二〇六）とした。この漢暦は、秦暦と同じように十月を歳首とするため、見かけ上は秦帝国の二世三年と、翌年の漢元年が連続することになる。なお秦楚之際月表は、上段に秦紀年を記載し、二段には陳渉の楚と楚懐王、三段には項梁・項羽の事績を記し、秦から楚への年表となっている。

記事資料は、出典は不明であるが、項梁・項羽が長江から北上するときに東陽県令史の陳嬰が加わる記事をはじめ、多くの記載がある。このうち一部は『楚漢春秋』による可能性がある。(8)『史記』の三家注には、本文に対して『楚漢春秋』の異同を記しており、その叙述に関連が認められる。その一例は、垓下の戦いの記事である。ただし陳嬰の記事は、正義注に「楚漢春秋云、東陽獄史陳嬰」とあるだけで、この記事が『楚漢春秋』によるかは不明である。説話は、項羽が始皇帝の巡行を見た話など、若い頃のエピソードがある。漢代の人びとによる口承では、鴻門の会と、烏江での最期の話が注目される。(9)鴻門の会は、『楚漢春秋』による部分もあるが、樊噲のエピソードは、子孫の樊他広と交際があった司馬談による追加と推測される。また項羽の最期は、その一部が楊喜の子孫である楊敞から聞いたといわれる。見聞に関しては、末尾に「故以魯公禮葬項王穀城。漢王爲發哀、泣之而去」という記述がある。

『漢書』項籍伝は、基本的に『史記』項羽本紀によりながら、一部を省略し、一部を高帝紀に移動している。とくに鴻門の会の記述は少なく、「奪項王天下者、必沛公也」という記述がない。また彭城の戦いに敗れた漢王が、二人

の子供を馬車から落とそうとする記事を省いている。

『史記』高祖本紀は、つぎのような構成である。

1二世三年まで：説話（劉邦の評価）、秦紀年、記事資料、『楚漢春秋』

2漢王：漢紀年、記事資料（十八王の分封など）、『楚漢春秋』、説話（秦王の投降など）

ここでは二世三年までは秦紀年によるが、滅亡以前の秦王の投降、鴻門の会は、遡って漢元年に位置づけている。冒頭のエピソードには、劉邦の出生や、亭長のときの話、天子の気があることを示す説話、沛県の蜂起などがある。また記事資料には、垓下の戦いや、諸侯王の封建の記事がある。こうした記事資料や説話は、史実として疑わしい内容もあるが、その社会背景には史実を伝えるものがある。(10)

『漢書』高帝紀は、基本的に『史記』高祖本紀の叙述によって上・下に二分している。相違は、鴻門の会の記述を省略し、一部を『史記』項羽本紀から移している。項羽の最期では、「漢王爲發喪、哭臨而去」の記述を項羽本紀から移している。また五年五月には、兵をやめて家に帰る者に恩典を与える詔を記している。(11)淮陰侯韓信が降格する記事では、「詔曰、天下既安、豪桀有功者封侯、新立、未能盡圖其功。身居軍九年、或未習法令、或以其故犯法、大者死刑、吾甚憐之。其赦天下」とあるように、若干の追加をしている。

『史記』呂后本紀は、本書の第八章のように、恵帝と高后の時代をあわせて編集している。

恵帝：系譜、漢紀年、記事資料（高祖八子）、説話（趙王、斉王）

呂后：高后紀年、記事資料（呂氏、呂氏の乱）、説話（趙王）

ここでは恵帝が亡くなったあと、高后の紀年を使用している。『漢書』恵帝紀では、独自の即位記事と漢紀年を収録し、高后紀では『史記』の説話を外戚伝に移している。

『史記』孝文本紀は、系譜、漢紀年、詔書、記事資料による構成である。ここに引用された詔書は、「下詔書」「皇帝曰く」「上曰く」とあり、「上曰く」は『漢書』文帝紀で「詔」と表記する場合が多い。[12]『史記』の詔書は、中央の功臣の加封や、諸侯王・列侯への対応、祭祀儀礼、兵事、恩赦・恩沢などで、民に関する内容は少ない。しかし『漢書』では、租税の減免や、災害に対する救済などの内容があり、両者の素材が違うことを示している。

このほか『史記』では漢代諸表がある。このような諸侯王と列侯の資料は、太史公自序で「史記・石室金匱の書」を利用したという記述に対応している。漢代初期には功臣たちと符を分けており、それは朱書で記した鉄契で、金匱・石室に入れ宗廟に収めたようである。ただし漢代諸表をみれば、それは一時の記録ではなく、継承した諸侯、列侯たちの記録をあわせた形態であることがわかる。この資料は、『史記』樊噲列伝や夏侯嬰、灌嬰、傅靳、蒯成列伝に利用された形跡がある。

さらに『史記』には、書信の伝えとその内容がみえている。[13]それは戦国諸国の間で、諸侯や封君、客などの人びとの間で書信が伝達されており、漢代でも諸侯王や使者の間で書信が伝達されている。『史記』呉王濞列伝では、呉楚七国の乱に際して呉王の書信を収録している。

以上のように『史記』秦漢史料の素材と編集は、戦国史料と同じように、（一）文字資料（系譜、紀年資料、記事資料、説話など）を基本としている。紀年資料には、秦紀年、漢紀年と高后紀年がある。記事資料では、詔書、儀礼、制度に関する記事や、一部に『楚漢春秋』との関連がみえるが、法律、裁判、財務に関する記録は少ない。[14]これは『史記』の素材が、漢王朝の儀礼と学問をつかさどる太常と太史令に関する資料が多いことを示している。説話は、物語的なエピソードにあたるが、社会背景に史実をふくむものがある。また（二）口頭による情報（漢代に伝えられた口承、司馬遷の旅行による見聞）や、創作した部分は、きわめて少ないと想定される。表2は、こうした『史記』の素

表２　『史記』の素材と信頼性

素材	分類	信頼性		影響
紀年	系譜・世表	○	△	年代学
	紀年資料	◎ ○		歴史観
	漢代諸侯王、列侯記録	◎		
	天文、暦	◎ ○		
記事資料	文書：詔書、祭祀	◎ ○		史実
	行政文書など	◎ ○		歴史観
	記録：報告、記録	◎ ○	△	科学技術
	伝聞の記録		△	世界観
	書信	○	△ ×	
	書籍：経書、諸子百家		△ ×	歴史観
	戦国故事	○	△ ×	人物評価
	説話		△ ×	歴史叙述
	伝承→文字化		△ ×	
伝承取材	漢代の伝承（司馬談）	○	△ ×	人物評価
	人々の口承、異聞	○	△	歴史叙述
	旅行の見聞・体験	○	△	人物評価
	風土、史跡、郷里	○	△	歴史地理

◎○：信頼性が高い　△×：信頼性が低い

材と信頼性を示したものである。ただし『史記』列伝には、周辺諸民族の社会と歴史を記した外国列伝にあたる篇や、日者列伝、貨殖列伝などの資料があり、その素材はさらに複雑であると推測される。

父と司馬遷は、これらの素材を組み合わせて編集し、《太史公書》を著述したと推測される。『史記』戦国秦漢史料では、それは三つの編集パターンに区分できる(15)。Aは紀年資料がなく、ほぼ記事資料だけの列伝と、Bは「紀年資料＋記事資料」を組み合わせた篇である。またA、Bでは、紀年資料の割合によって二つに分けられる。さらにA、Bの編集パターンでは、ともに天命、運命を強調する篇があり、これをCの編集パターンとする。これらの例を説明してみよう。

A１：紀年資料がなく、説話だけで構成するか、あるいは複数の記事資料を組み合わせた列伝。これは本紀、世家にはみられず、列伝にみられる形式である。ほぼ説話のエピソードだけで完結しており、その失脚や死に至る記載がない。また多くは、類似点をもつ人物として一列伝に集められており、そこでは人物を顕彰・評価することが主要な目的となっている。この形式は、諸子列伝や、グループの集伝、漢代の雑伝が該当する。

A２：紀年資料はないが年代を位置づけ、複数の記事資料を組み合わせた列伝。これは蘇秦列伝などが、やや複雑な構成をもつ形式に該当する。

B1：「紀年資料＋記事資料」を組み合わせた編集パターン。これは戦国・秦漢時代の本紀、世家と、列伝のなかで紀年資料が明確な篇が該当する。その構成は、Aの編集より緊密な一群を形成している。『史記』本紀や世家では、国家の興亡を位置づける視点がみえる。列伝では、秦の穰侯列伝や白起列伝があり、登場・全盛・失脚というように、その人物の生涯を位置づけている。

B2：「紀年資料＋記事資料」を組み合わせているが、紀年資料が少ない列伝。これは秦より他国の人物に多く、たとえば斉の孟嘗君列伝などがある。

C：A、Bの形式であるが、とくに天命・運命を強調して、君主や一族、人物を位置づけようとする篇である。Aでは、韓非列伝、屈原列伝などがある。Bには、伍子胥列伝、蒙恬列伝、李斯列伝、秦始皇本紀、項羽本紀、呂后本紀などがある。このような運命観による位置づけは、Bの諸篇よりも強く表れている。このような特色は、司馬遷が素材となった諸資料を、ただモザイクのように編集したのではなく、独自の歴史観や運命観の視点から、人物の評価を描いたことを示している。これが『史記』に描かれた人物像に文学的な印象をあたえる要因の一つであろう。

こうした『史記』の取材と編集で、父と司馬遷の著述は、どのように位置づけられるのだろうか。太史公自序で、司馬談は「明主、賢君、忠臣、死義之士」を論載すると述べており、司馬遷は「明聖の盛徳」と「功臣、世家、賢大夫之業」を対象としている。

これについて佐藤武敏「司馬談作史考」は、李長之、顧頡剛氏の考証を検討して、「談」の字を記すことや、漢代の人々との交流などによって、司馬談は本紀、世家、列伝を構想していたと推測している。(16) そして作成した篇は、春秋戦国時代から漢初までを主とする列伝八篇、世家二篇の一〇篇であり、それは「春秋を継ぐ」ことを目標にするという。

　張儀列伝、魯仲連鄒陽列伝、刺客列伝、李斯列伝、樊酈滕灌列伝、酈生陸賈列伝、張釈之馮唐列伝、滑稽列伝（八篇）、晋世家、衛康叔世家（二篇）

　つづいて佐藤氏は、司馬遷の編纂期間を、太史令であった第一期の太初元年（前一〇四）～天漢三年（前九八）と、中書令の第二期の太始二年（前九五）～征和二年（前九一）とする。そして各篇の作成を、司馬遷にとって重大な転機であった李陵の禍より以前と以後に分けている(17)。李陵の禍より以前には、列伝一八篇、本紀六篇、世家二一篇、書五篇の五〇篇を作成したと推測する。本紀は、高祖本紀、呂后本紀、孝文本紀、孝景本紀、項羽本紀、秦始皇本紀である。書は、太初改暦を契機として文化・制度の歴史をまとめ、礼書、楽書、律書、暦書、天官書を作成したとする。

　李陵の禍より以後に作成された篇は、事件がおこった天漢二年以降の記事と、挫折の経験や不遇な生涯をもつ人びとに対する同情、権力者たちに対する批判の言葉がみえることを基準とする。この時期では、列伝四四篇、本紀六篇、世家六篇、書三篇、十表の六九篇を作成したと推測している(18)。本紀は、五帝本紀、夏本紀、殷本紀、周本紀、秦本紀、孝武本紀である。列伝には、伯夷列伝や、老子韓非列伝、伍子胥列伝、屈原賈生列伝などであり、書は封禅書、河渠書、平準書である。

　このような作成過程と、先の編集パターンをみると、つぎのような関連がある。まずAの諸篇は、司馬談の著作構想と共通する編集となっている。たとえば刺客列伝は、司馬談が聞いた口承を記しているが、説話だけで「死義之士」の名を後世に残す構成となっている。これは編集パターンでいえば、滑稽列伝などの雑伝も共通している。また諸子列伝は、著述を残した人物で、優れた事績を示す説話で完結している。列伝の「太史公曰く」の論賛では、著述を残す人物は、世の中に著述が存在しているので、その人物が何をしたかという行事《こうじ》（事績）を叙述するという。こうした諸子の人物は、司馬談が「六家の要旨」で述べている思想家たちである。これもAの諸篇となっている。Bの編集パターンでは、樊噲列伝が紀年と功績の資料に、伝聞を加えた構成となっている。また佐藤氏は、晋世家、衛康叔世家の紀年が十表と相違すると指摘しているが、Bの編集パターンである。

ただし注意されるのは、Aの編集パターンに、Cの評価が加わっている韓非列伝のような篇である。韓非列伝は、その基本構成は他の諸子列伝と同じである。しかし後半には、『韓非子』説難篇の文章を引用し、しかも「余獨悲韓子為説難而不能自脱耳」と述べ、韓非子の最期に同情している。これは李陵の禍より後の心情であり、司馬遷の作成とみなされている。[19]これは父の作成した部分に、もし司馬遷が追加したとすれば、最終的には司馬遷の編集ということになる。このように父が作成した篇と、司馬遷が作成した篇は、区別が困難な場合がある。

このほか司馬談が従事した職務との関連では、礼書、楽書、律書、暦書、天官書、封禅書の一部も対象となる。《太史公書》を最終的に編集したのは司馬遷であるが、封禅書にみえる祭祀と封禅の由来は、司馬談が従事した天と地の祭りや、封禅の準備と関連している。あるいは八書の一部も、司馬談が資料を集めていたかもしれない。

司馬遷が作成した篇は、A、B、Cすべての編集パターンが該当する。『史記』本紀、世家、列伝には、国の興亡の原理、人びとの運命を明らかにする歴史観がある。したがって著述の一部は、司馬談が作成した篇も想定されるが、『史記』の最終的な編集をしたのは司馬遷ということができる。こうしたなかで、Cの編集パターンをもつ本紀や列伝は、とくに李陵の禍の後の影響がうかがえる。このCの諸篇は、司馬遷が作成した篇か、あるいは父の著述を追加した篇ということが想定される。

十表の作成と、八書の完成も司馬遷の著述となろう。ただし本書の序章で述べたように、十表の年代区分は、『史記』本紀の歴史観とは違っている。したがって先に十表を作成しなければ、『史記』本紀や世家が作成できないわけではない。たとえば戦国世家では、六国年表と共通する秦紀年を基本としており、先に年表が作成されていれば便利である。しかし年表の基礎となる同一紀年を利用して、本紀や世家を作成することも想定される。また趙世家では、後半部分に趙紀年を基準としており、独自に作成することができる。秦楚之際月表は、楚紀年を記しているが、項羽本紀では秦紀年と漢紀年を基準としており、別に作成することが可能である。八書では、礼書、楽書、律書、暦書、天官書と封禅書、河渠書（山川祭祀、水利）は、太史令の職務と関連しているが、明らかに司馬談より以降の記述もある。

以上のように、『史記』の素材と編集では、漢代までの出土資料と文字資料のあり方を知ることによって、具体的な編集過程を理解することができる。つまり司馬遷は、父の著述構想を承けながら、漢王朝の文書や図書のように書写された諸資料を主な素材としている。そのほかの取材として、漢代の口承や、自分の体験と評価をあわせて、古から武帝期までの歴史を《太史公書》として叙述したのである。このような編集パターンからみれば、司馬遷が李陵の禍のあとに発憤して著述した書物という説明は、一部しかとらえていないことがわかるであろう。とくに『史記』の構造では、列伝だけではなく、なぜ本紀、十表、八書、世家の部門が必要なのかは、発憤著書の説では明らかにできない。しかし『史記』の取材と編集をみれば、『史記』の全体構造を説明し、さらに父と司馬遷の歴史観を明確にできるとおもわれる。

二　『史記』の構造と歴史観

これまで『史記』の取材と編集をみてきたが、『史記』の特色は通史と紀伝体という構成にある。したがって『史記』の本質は、各篇の構成だけではなく、紀伝体の構造を通じた理解が必要である。この点を、父と司馬遷の歴史観から考えてみよう。

まず注目されるのは、太史公自序にみえる司馬談の遺言である。ここでは周の制度が廃れたのを孔子が復活させ、孔子の「獲麟」より以来の四〇〇有余歳に「史の記」が途絶えたが、漢王朝が成立し、その約一〇〇年後に太史令となった自分がそれを継いで天下の史文を論載すると意識している。また司馬遷は、太史令となったとき、先人（司馬談）の言として、周公が卒して五〇〇歳で孔子が現れ、孔子が卒して今に至るまで五〇〇歳と述べ、易伝を正し、春秋を継ぎ、詩・書・礼・楽にもとづく意思を記している。『史記』天官書では、「天人の際」に関連して、三〇年で小変、五〇〇年で大変、一五〇〇年で天運が完備するとき「天人の際」が備わるとしている。ここには五〇〇年周期説がうかがえる。

岡崎文夫氏は、このような思想が孟子以来の伝統によるとしている[20]。また「天人の際」は、『史記』儒林列伝で、公孫弘が博士弟子の設置を奏言したとき、詔書や律令が「天人の分際を明らかにし、古今の義に通ず。文章は爾雅、訓辞は深厚」と称えており、当時の常用句であることに注意している。しかし『史記』の構造をみると、この五〇〇年周期説によって、周公旦や孔子の時代を区分して作成された篇は存在しない。

たとえば『史記』周本紀では、周公旦や孔子の時代に区分がなく、西周と東周の歴史を叙述している。また春秋戦国時代の世家には、その国の歴史に孔子の記事を挿入しているが、それを年代区分とはしていない。したがって司馬談の言にみえる五〇〇年周期説は、『史記』本紀や世家の構想とは違っている。これは佐藤武敏氏が指摘されるように、孔子のあとを継いで春秋戦国時代より以降の史文を論載する意思を示すとおもわれる[21]。

それでは著述に関する歴史観は、どのようなものだろうか。『史記』をみると、歴史の始まりと下限について、二

つの歴史観がみえている。(22)

①「陶唐（尭）以来、麟止（獲麟）に至るまでを述べる」（於是卒述陶唐以來、至于麟止。）

②「上は軒轅（黄帝）を記し、下は茲（武帝）に至る。十二本紀を著し、既に之を科条せり」（上記軒轅、下至于茲、著十二本紀、既科條之矣。）

「余れ黄帝より以来（武帝の）太初に至るまでを述歴して百三十篇をおわる」（太史公曰、余述歴黄帝以來至太初而訖百三十篇。）

①は、尭から麟止までとしている。麟止とは武帝期に麟を捕らえた元狩元年ではなく、『春秋』の最終である「獲麟」になぞらえたとみなされている。(23) これとよく似た表現は、司馬談の言に「獲麟より以来の四〇〇有余歳に漢王朝が成立し、自分にいたる」とみえていた。また同じ言では「今天子は（周の）千載の統をつぎ、泰山に封禅して、われ従行するを得ず」と述べている。したがって尭から「獲麟」になぞらえた下限は、司馬談の置かれた社会情勢と一致しており、この構想は尭から武帝の封禅までとする父の構想とみなすことができよう。

②は、黄帝から武帝期と太初年間にいたる範囲を示しており、この下限は太初改暦に従事した司馬遷の構想に関連している。ただし上限では、①の歴史観から黄帝まで遡った理由は、いくつかの根拠があげられる。

1『史記』五帝本紀の論賛では、『尚書』にみえる尭より以前に、雅訓ではないとしても百家の語に黄帝のことを記し、「五帝徳」「帝繫姓」などにみえるという。ここには六芸ではない古典の選択がある。

2『史記』五帝本紀の論賛に、司馬遷自身の旅行の印象として、黄帝と尭・舜ゆかりの地に風教の違いを感じたと述べている。これは旅行の体験にもとづく歴史観である。

3『史記』五帝本紀の末尾に、黄帝から舜、禹はみな同姓で国号が異なるだけと述べ、黄帝を諸国の始祖と位置づ

けている。これは黄帝が『史記』の民族のすべての始祖であることを示している。(24)

4『史記』封禅書には、漢代に黄帝を重んじる風潮がみえている。たとえば汾陰で后土（土地神）を祭り宝鼎を得たあと、月の朔旦が冬至にあたるのは黄帝のときと同じと進言する者や、ただ黄帝だけが泰山に登って封禅をしたと言う者がいる。また武帝は黄帝が昇天した話を聞いて、「私が黄帝のようになれれば、妻子を去ることは藁ぐつを脱ぐようなものだ」と言ったエピソードが残っており、武帝の第一回封禅に先だって黄帝の墓を祭っている。

5『史記』暦書の冒頭には、王者が天命を受けるとき、かならず初めをつつしみ、暦を正して服色をかえ、天元（天の運行）を推しはかると述べている。太史公の論賛では、最初に星暦を定めたのは黄帝であり、顓頊、尭、舜や夏・殷・周の時代をへて、漢の武帝のとき詔して、黄帝にならって暦数を定める記述で終えている。これは暦数の始まりを黄帝とし、武帝の太初元年の改暦で復興すると位置づけたことになる。

このように司馬遷の事績をめぐる情勢をみると、②の歴史観と多くの点で一致することがわかる。したがって①の歴史観は、司馬談の構想に近く、②の歴史観は、最終的に『史記』に示された司馬遷の構想とみなすことができる。図1は、漢代の学者の考え方と、司馬談の構想、司馬遷の古代中国に対する年代観を比較したものである。ここでは司馬談が道家を重んじるとしても、その著述構想には儒家の影響があることを示している。(25)

それではこの歴史観と『史記』の構造は、どのように関連するのだろうか。その手がかりとなるのは、封禅書の内容と『史記』本紀の構成である。封禅書には、古の天命をうけた帝王が封禅を重んじたことを述べ、『尚書』を引いて舜から始めている。そこで述べる歴史の概略は、つぎの通りである。(26)

舜、禹、殷湯王、周武王、周公、周の東遷、秦襄公・文公……秦穆公、斉桓公……〔其後百有餘年、而孔子論述六蓺、傳略言易姓而王、封泰山禪乎梁父者七十餘王矣、其俎豆之禮不章、蓋難言之。〕……〔其後百餘年、秦靈

図１　古代中国の年代観

《漢代の学者》六芸：詩、書、礼、楽、易、春秋

堯、舜―禹（夏）―殷―西周・東周〔春秋、戦国〕―秦―漢王朝
（周公旦）　（孔子）

《司馬談》：太史公自序、封禅書、本紀

堯、舜、禹
①　夏―殷―西周・東周〔春秋、戦国〕―始皇帝―漢高祖…　…武帝
（②周公旦）　（③孔子）　（④封禅）

《司馬遷》：《太史公書》本紀、八書、太史公自序

黄帝…　堯、舜、禹
①　夏―殷―西周・東周〔春秋、戦国〕―秦―項羽―漢高祖　……武帝
（②周公旦）　（③孔子）　（④太初暦）

公作呉陽上畤、祭黄帝。作下畤、祭炎帝。〕後四十八年、周太史儋が秦献公に見えた予言……〔其後百二十歳而秦滅周、周之九鼎入于秦。或曰宋太丘社亡、而鼎沒于泗水彭城下。其後百一十五年而秦幷天下。秦始皇既幷天下而帝。……以下、制度改革、始皇帝の巡行、泰山封禅、方士、崩御〕、二世皇帝の巡行と弑死。名山大川の祭祀、〔漢興、高祖之微時、嘗殺大蛇。高祖時代の祭祀〕、文帝時代の祭祀、〔數年而孝景即位。十六年、祠官各以歳時祠如故、無有所興、至今天子。今天子初即位、尤敬鬼神之祀。〕以下、武帝時代の祭祀、太初年間まで

ここでは武帝の元封元年の泰山封禅を最後とせず、太初改暦などの一連の改革が終了する太初年間まで記している。これは司馬遷の体験を加えたものであり、司馬談の構想を継承したものといえよう。しかし注目されるのは、封禅書の伝えのなかに、すでに舜より前の帝王として、黄帝が封禅をしたという記載である。たとえば武帝期では、儒家がいう堯・舜・禹の時代設定を越えて、歴史の起源を拡大し、すでに伝説の黄帝まで遡って理解しようとしていた。したがって黄帝を起点とする『史記』の年代観は、古典の記載や旅行の影響のほかに、泰山封禅をめぐる議論のなかに、すでにみえている。それを黄帝に始ま

り太初年間に終わる設定としたのは司馬遷である。

このように封禅書にみえる歴史の概略は、黄帝から始まる『史記』本紀の構成と一致している。また叙述を基本的に太初年間で終わる点も共通している。ここから封禅書にみえる年代観は、『史記』本紀の構想に反映している可能性がある。『史記』本紀の王朝交替史は、こうした司馬遷の歴史観のなかで、その大きな通史の変遷を叙述したのではないだろうか。ただし例外は、秦帝国が滅亡したあとに項羽本紀を設け、高祖本紀のあとに呂后本紀を設けていることである。

表3　『史記』八書の起点と内容

礼書	三代―孔子―周―秦―高祖―孝文―孝景―今上 太初改暦、易服色、封太山、定宗廟百官之儀
楽書	虞舜―鄭衛―秦二世―高祖―今上
律書	黄帝―顓頊―成湯―秦二世―高祖―文帝
暦書	神農氏以前は不明。黄帝―顓頊―尭―舜―禹
天官書	五家（五帝）―三代―幽王・厲王―孔子
封禅書	舜……武帝。公孫卿等が黄帝の儀礼を言う
河渠書	禹（夏書）―三代―漢武帝の瓠子歌
平準書	高辛氏（帝嚳）以前は不明。舜―禹貢―殷周

封禅書の通史に関連して、他の書も通史の体裁をもっている。表3は、八書の起点と内容を示したものである。ここでは封禅書と同じように、黄帝など五帝の時代に始まって、夏殷周の三代から漢王朝にいたる文化や制度の歴史を記している。河渠書は、禹に始まる山川祭祀と水利の歴史となっている。[27]これも大半は、太常と太史令の職務に関連する内容で編集されている。ただし平準書は財政政策の歴史であり、武帝期の祭祀や土木事業、外征の由来と関連しているが、その位置づけには不明な点がある。[28]

こうして父と司馬遷の歴史観をみると、通史の構成は『史記』本紀と八書にみえている。とくに本紀の部門では、帝王に対する天命の移動を叙述している。その概略は、つぎの通りである。

まず五帝本紀では、黄帝に始まる堯・舜の徳を禹が継承することを示している。夏本紀では、禹が王朝を開いたが、桀王の不徳によって滅亡する。殷本紀は、先祖の徳によって夏王朝に替わるが、紂王の不徳によって滅亡した。周本紀は、それを継承した王朝であるが、西周の幽王の時代に一度は滅び、雒邑（洛陽）に東遷することになる。その周を統合する予言を得たのは秦であり、それを秦本紀としている。

本書が対象とする秦漢史でいえば、それは周王室のあとに、秦帝国と漢王朝に天命が移動すると位置づけていた。『史記』本紀や十表の素材と編集には、その変遷を示している。

たとえば秦始皇本紀は、始皇帝と二世皇帝の時代に大きく分かれるが、天命の移動を暗示する事件は、統一を転換期としている。秦王政は、天下を統一するまで、趙を攻めたときに母と仇のあった者を殺しているが、それ以外は李斯や臣下の進言を聴く君主として描いていた。ところが天下統一後は、始皇帝に不徳の行為が現れており、二世皇帝のときにも不徳の行為を追加している。これが秦が天命を失う背景であり、滅亡の一因とする。

秦の天命は、その後、楚（陳渉、楚懐王・項梁、項羽）、漢の劉邦へと、短期間でめまぐるしく移ってゆく。これは『史記』のなかに陳渉世家と項羽本紀を設けたことと、秦楚之際月表の序文に示されている。項羽が天命を得る理由は、項羽本紀の論賛で、舜と同じように二つの瞳があり、その苗裔ではないかと位置づけているが、それを失ったのは自身の責任であるとする。

結果として、周の天命を受けたのは漢王の劉邦であり、ここでは高祖本紀を設けている。ただし劉邦も、秦のように先祖の功徳があるわけではない。そのため高祖本紀の論賛では、夏・殷・周の循環を秦が承けるべきであったが、秦は政治を改めず、苛酷な刑法によって滅んだため、漢がその天統を承けたと位置づけている。

高祖本紀のあとの呂后本紀は、恵帝と称制をした呂后をあわせて本紀としている。呂后を本紀とする理由は、実質的に政治の実権を握っていたというほかに、高后の暦（王者の紀年）を用いたことによると推測している。そして呂氏の乱のあと、孝文本紀に続いてゆく。

孝景本紀と孝武本紀は、前漢時代の末に失われた篇といわれ、司馬遷が作成したか、あるいは後世の補足かという議論がある。たしかに孝武本紀は、封禅書の武帝の部分と同じ記述を収録しており、これが司馬遷の評価の一部となる。しかし父と司馬遷が太史令として武帝の儀礼と暦法の改革に従事した背景からみれば、少なくとも元封年間の封禅と、太初元年の太初暦の作成までは、古来からの儀礼の由来を総括する時代とみなしていたことは間違いない。これは始皇帝が目指した世界を、武帝が実現したということができよう(29)。

このような『史記』の秦漢史は、『漢書』の位置づけとは違っている。『漢書』では、『史記』の陳渉世家・項羽本紀をのぞいて列伝とし、巻一を高帝紀としている。高祖が皇帝となる理由は、司馬遷のように天命の移動とするのではない。高帝紀の論賛では、劉氏が戦国時代に魏に移り、秦に滅ぼされたあと、都の大梁から豊に移ったという。この豊は、劉邦の郷里である。そして班固は、高祖の本系が唐堯を出自とし、のちに豊公となって、堯の命運を承けたと位置づけている。また『史記』の呂后本紀に対しては、前半に恵帝紀を設けて、独自の即位記事と紀年資料を配列している。しかし高后紀は残している。そして文帝紀、景帝紀、武帝紀を設け、武帝紀は『史記』と異なる編集をしている。これは『漢書』が、前漢一代の断代史であり、漢王朝を評価する歴史書であることによる(30)。

このほか通史には、『史記』本紀とは別の年代区分による十表がある。また世家と列伝の部門は、本紀を補佐する臣下や、優れた人物によって立体的な歴史世界を描く手法としている。図2は、こうした『史記』の紀伝体と通史の関係を示したものである。この構造と歴史観は、太史公自序で各部門の作成意図として述べている。

　天下の放失せる旧聞を罔羅し、王迹の興る所、始を原ね終わりを察し、盛を見、衰を観て、之が行事を論考す。略ぼ三代を推し、秦・漢を録し、上は軒轅（黄帝）を記し、下は茲《ここ》に至る。十二本紀を著し、既に之を科条せり。

図2 『史記』の構造と通史

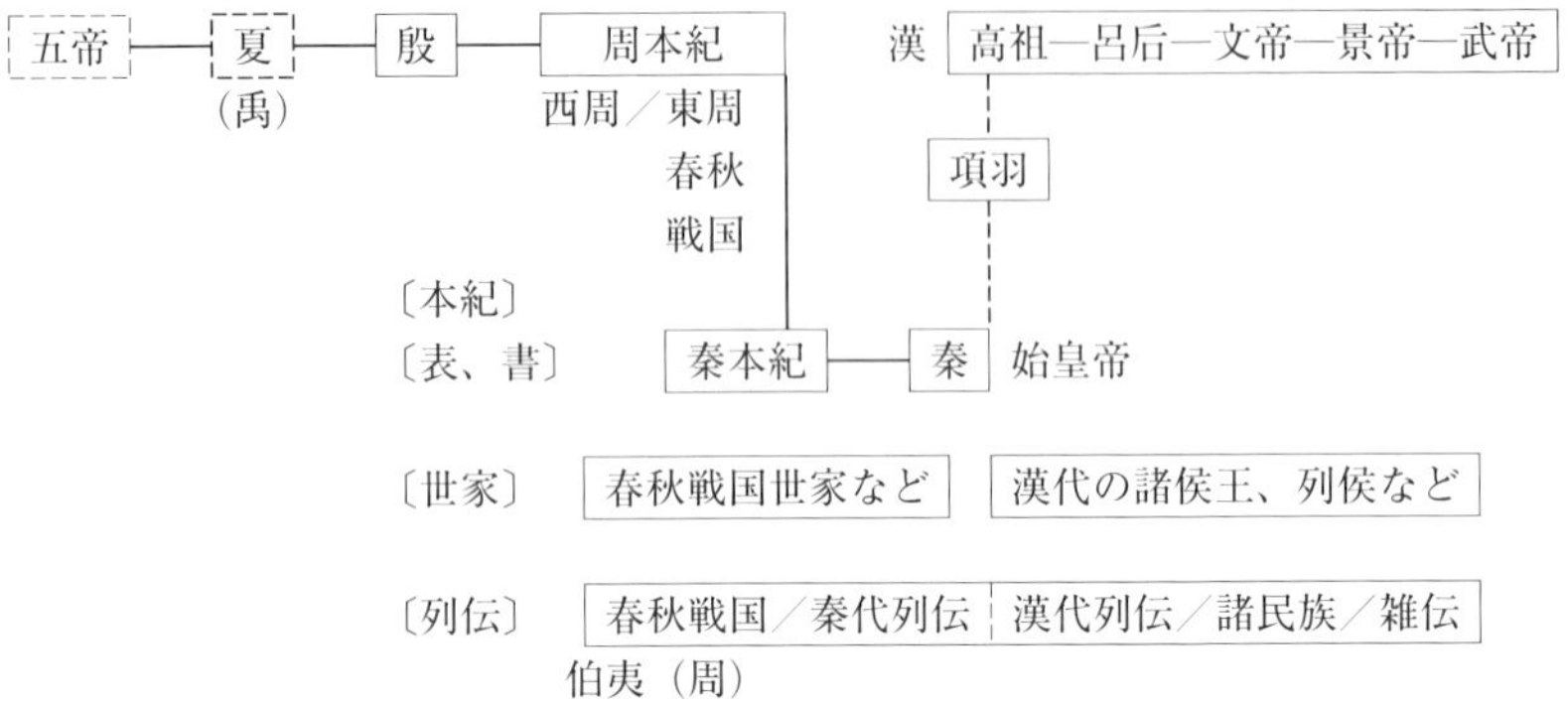

時を並べ世を異にし、年差明らかならず。十表を作る。礼楽の損益、律暦の改易、兵権、山川、鬼神、天人の際、敝を承け変に通ず。八書を作る。二十八宿は北辰を環《めぐ》り、三十輻は一轂を共にし、運行して窮り無し、輔拂股肱の臣、焉《これ》に配す。忠信もて道を行い、以て主上に奉ず。三十世家を作る。義を扶《たす》け、俶儻《てきとう》のもの、己をして時を失わしめず、功名を天下に立つ。七十列伝を作る。

ここでは本紀の目的について、天命の移動と、興亡の原理を示す編集方針が一致している。また世家では、その選択に「輔拂、股肱の臣」を排列して、忠信で道を行い、主上をとりまくことを評価している。列伝では「功名を天下に立てた」人物たちをとりあげるといい、これはすぐれた事績の顕彰を示している。

それでは、なぜ父と司馬遷は、このような歴史観をもち、後世の歴史書にあたる著述を編纂したのだろうか。またその著述は、国家に認められた勅撰か、あるいは私撰の著述なのだろうか。これには漢王朝の皇帝に関する機構を知る必要がある。大庭脩氏は、漢王朝の中央官制について、国家財政を担当する治粟内史（大司農）と、判決を担当する廷尉が国全体に及ぶのに対して、残りの官庁は多くが皇帝個人に奉仕する任務を帯びるという特徴を指摘している[31]。とくに注目されるのは、郎中令と少府である。郎中令は、皇帝の身辺の警護と、皇帝の公的事務を取り扱う郎官を統率している。少府は、帝室財政を担当し、皇帝の身辺の雑事は属官が担当する。しかも少府は、九卿のなかでとくに規模が大きく、千石の丞が六員、尚書令以下が二五令丞、胞人・都水・均官が三長丞、上林中一〇池監の属官がいる。その規模と性格は、治粟内史の属官が両丞、五令丞、両長丞、郡国諸倉農監・都水官が六五官長丞であることから、その対比がうかがえる。

しかし皇帝の事業でさらに重要な役割をもつのは、『漢書』百官公卿表で九卿の最初にあげる奉常（景帝中六年、太常）である。奉常は、宗廟礼儀を担当し、その属官には太史、太祝、太卜をふくむ六令丞と、両長丞、諸廟寝園食官長丞、廱太宰・太祝令丞、五時に各一尉、博士の官があり、諸陵県を管轄する。武帝建元五年には、五経博士を置いている。したがって漢武帝の時代に、皇帝の巡行、天と地の祭り、封禅、山川祭祀、改暦を担当するのは太常の官府であり、そのとき太史令であったのが父と司馬遷である。司馬談より以前の太史令は、まだ改革の議論が始まっておらず、太初改暦より以降には改革が終了している。そのため父と司馬遷は、皇帝の封禅や山川祭祀、改暦などの由来を説明し、その原案を作成する必要があった唯一の太史令ということになる。父と司馬遷が天命の移動にもとづく歴史観をもっていたのは、こうした武帝期の太常をめぐる情勢が関係すると考えている。ちなみに中央官制の名称は、一連の儀礼改革と太初改暦を終えた太初元年（前一〇四）にも変更されている。

《太史公書》の著述は、『史記』のなかで明確に勅撰であったという記述はない(32)。また太史公自序や「任安に報ずる書」では、刑罰を受けて中書令になったあと著述を完成させたと述べている。そのため《太史公書》は、家学による私撰の書ともみなされている。しかし『史記』の素材と編集でみたように、司馬遷たちは漢王朝の文字資料を利用しており、十表や八書の制度は、太史令の職務と関連するものであった。したがって《太史公書》は、皇帝に認められた勅撰ではないが、まったくの私撰の著述でもない。正確にいえば、佐藤武敏氏が指摘されるように、それは漢王朝にある公的な資料の一部を利用し、太史令の職務を意識した父と司馬遷による家学の書物である(33)。その著述では、孔子のあとを継いで春秋戦国時代から秦漢時代の事績を後世に残して伝え、現在までの歴史の論断を試みたと推測している。

そこで『史記』の構造と、司馬遷のメッセージとの関連を考えてみよう。父と司馬遷の著述意図は、当初は優れた人物の顕彰にあり、これには列伝や本紀、世家の一部も関連する。しかし封禅書や本紀にみえる歴史観では、国家の天命の移動を帝王の行為によって説明しようとする意図がうかがえる。これは世家や列伝で、人間の運命と行為の関係を描くという手法に通じるものである。

その基本となるのは、人間の「行事（行為、事績）」で叙述するという態度である。これは太史公自序で、孔子の言を引いて「子曰く、我これを空言に載せんと欲するは、これを行事に見《あら》わすの深切著明なるに如かざるなり」と表現している。つまり歴史の評価は、人が何を言ったかではなく、何をしたかという行事によって示されるものである。君主が直言を聞くか、讒言を聞くか、あるいは誰が失敗の責任を負うのかは、記録を残すことによって、後世の者が正しく評価することができる。これは春秋時代に史官が直筆するという意識と共通している。

ただし『史記』の編集をみると、必ずしも史実の記録を残すという構造にはなっていない。そこには系譜、紀年資料などの変化が少ない資料とともに、さまざまな記事資料を利用している。この記事資料には、文書・記録の系統と、説話・歴史故事の内容があり、虚実を交えた素材となっている。また説話や歴史故事の一部は、背景となる社会情勢に史実をふくむ内容もあるが、基本的には史実として疑わしいエピソードである。この点から『史記』は、史実の記録を収録した歴史書という要素よりも、虚実を交えた素材を利用しながら、人間の運命と行為を描いた太史公の思想書という要素が強いと考えている。これがメッセージの一つであり、歴史文学として享受された理由であろう。

また武帝期の儀礼改革に対して、伝説の帝王までの歴史を探るという態度は、現在までの由来を知るという目的がある。そして武帝期の現在については、漢王朝の資料と自分の取材と体験によって、皇帝や官僚の事績を後世に残し、歴史評価の判断基準とする。この現在までの由来と武帝期の事績は、その功罪を学ぶことによって後世への予言ともなる。ここにまた太史令の職務として、天文・星暦の説明に関する予言書の要素が見出せる。これは司馬遷の「任安に報ずる書」に、「天下の放失せる旧聞を網羅す。之が行事を考え、その成敗・興壊の理を稽《かんが》う。凡て百三十篇。また以て天人の際を究め、古今の変に通じ、一家の言を成さんと欲す」という意思とも共通している。(34)こうした『史記』の構造と歴史観は、天官（太史令）としての自負をキーワードとして理解できるのではないだろうか。

三　秦漢時代の国家と地域社会

それでは『史記』に描かれた歴史像は、どこまで史実とみなせるのだろうか。また司馬遷の歴史観をはなれて、『史記』の叙述から、どのような実態が復元できるのだろうか。ここでは秦漢時代の統一国家と地域社会の特質を展望してみよう。(35)

1　『史記』秦漢史の歴史叙述

図3は、『史記』秦漢史と出土資料の変遷を図式化したものである。これによれば戦国、秦漢時代の国家と地方統治には、つぎのような特徴がある。

まず戦国時代は、西方の秦が献公と孝公の政策を契機として、都城の中央官制と郡県制を成長させている。また外

図3 秦漢時代の郡県制と郡国制

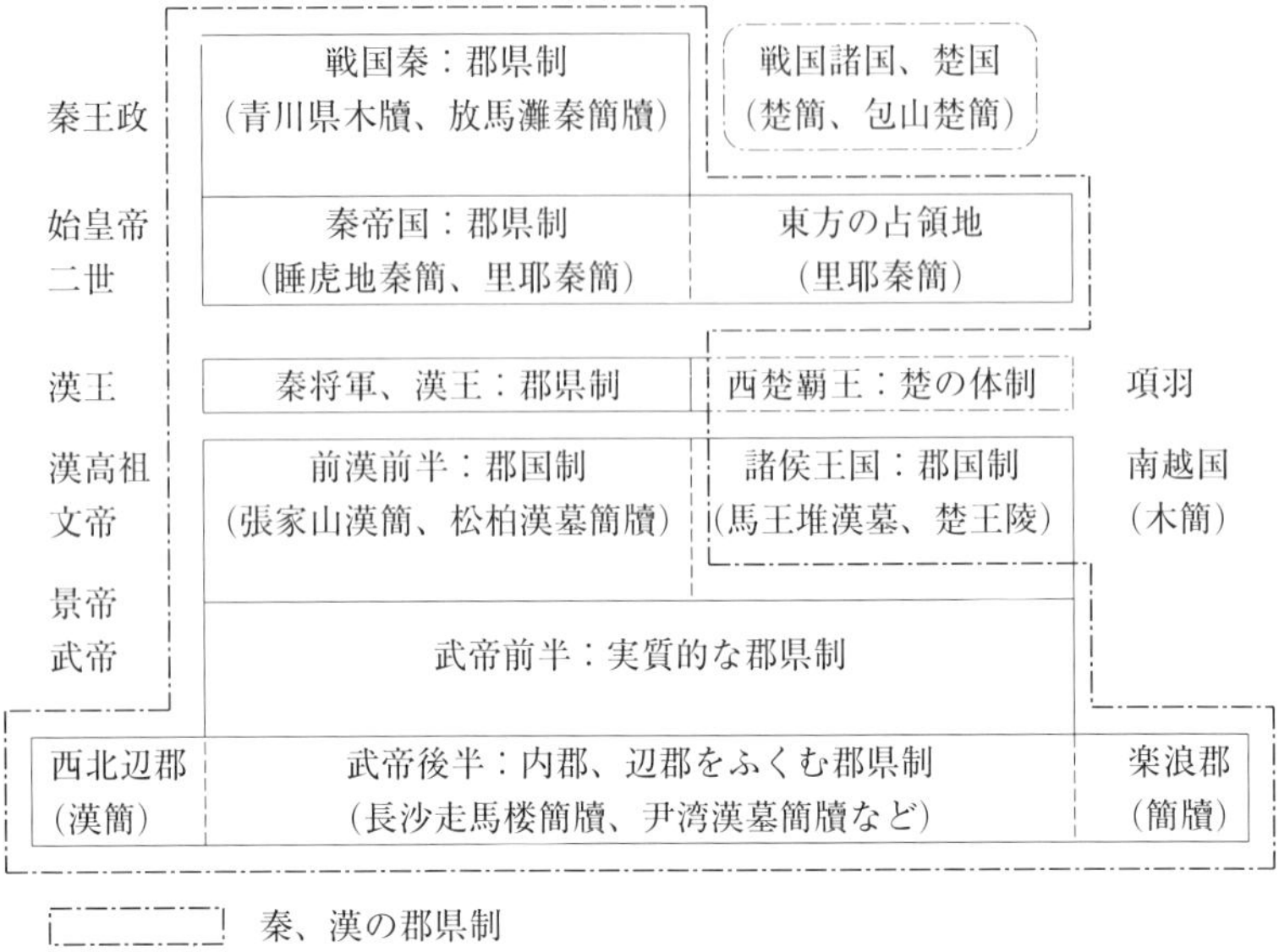

交政策と戦争によって郡県制の領域を拡大し、この情勢をうけて秦王政が即位した[36]。この体制が天下を統一した時に、占領地に適用する秦の制度となる。一方、東方の六国では、秦とは別に各国の政治体制があったとおもわれるが、詳しくは知ることができない。わずかに楚国の場合は、包山楚簡などの出土資料によって、王権と郡県制に似た制度、封君が並存する体制が推測される[37]。ともかく西方の秦と、東方の諸国は別の体制である。

秦が二十六年（前二二一）に天下を統一すると、東方の占領地をどのように統治するかという議論があった。丞相たちは、占領地をA封建制として、諸子（秦王の一族）を封じて諸侯にすることを建議した。その理由は、燕、斉、荊（楚）の地方が遠方にあるためとする。しかし廷尉の李斯は、戦国時代に秦で施行していたB郡県制とすることを提案した。始皇帝はそれに従って全国を三十六郡とし、中央から長官を派遣する郡県制を採用した。これは統一政策も同じであり、秦の制度を占領した地域に適用するものであった[38]。ここで秦帝国は、全国の地方統治を郡県制とし、その状況を示す資料が睡虎地秦簡や里耶秦簡などである。

始皇帝が崩御すると、二世皇帝の元年七月に陳渉・呉広の叛乱が起こった。やがて陳渉は「張楚」と号して楚国の復興を試みたが、半年で失敗した。陳渉の楚国復興は、まったくの虚構ではなく、「張楚」の号は益陽簡牘や馬王堆帛書「五星占」によって裏づけられる。その後を受け継いだのは、楚懐王と項梁による楚国の体制である。これには項羽と劉邦（沛公）も加わり、この体制と諸国が合縦して秦帝国を滅ぼすことになる。ここでは西方の秦の本拠地に対して、二世二年以降に東方は戦国時代の諸国のような状況に戻り、とくに楚国が盟主になったといえよう。

秦の滅亡後は、西楚覇王となった項羽が十八王を分封し、戦国時代の諸国に近い統治方式となった。このとき秦の本拠地（関中）は、投降した三人の秦将軍の王国となり、劉邦は漢中の地で漢王となった。この年が漢元年（前二〇六）にあたる。しかし漢王は関中を占領し、これから楚漢戦争の時代となる。このとき注意されるのは、劉邦は漢王となるまで楚の制度を用いていたが、関中を掌握したあとは、秦の制度に切り替えていることである。その象徴となるのは、漢二年に秦の社稷を除いて、漢の社稷を立てた儀礼である。これは漢王が占領した地域は、もとの秦人が居住する地域であり、これを楚の制度で統治すれば、秦帝国が占領した東方地域に秦の制度を適用する方法と同じ困難を繰り返すことになる。この地域を秦の制度に切り替えた要因は、蕭何のように秦の制度で運用する重要性を理解する人物がいたことや、占領地を統治する淮陰侯韓信の戦略、劉邦自身がまったくの楚人ではなく、魏と交流をしていた経歴によると推測している。これによって西方の秦を継承した漢のB郡県制と、東方の楚国を中心としたA封建制という図式になる。これは大きくみれば東西の対立であり、漢王の領域と一部の長江流域は南北の対立でもある。(39)

漢五年（前二〇二）十二月に項羽が敗北すると、高祖は諸侯から推戴されて皇帝となった。このとき西方の本拠地は、秦を継承したB郡県制で、東方は異姓諸侯王のA封建制である。しかし漢王朝では、こうした郡国制を採用したといわれながら、漢六年十二月末まで、項羽を敗北させ漢王朝を建国した功臣たちの論功行賞を実施していない。この直前には、漢六年十二月に高祖が雲夢に巡幸すると偽って、楚王の韓信を陳に来させて捕らえ、淮陰侯に降格した事件がある。この直後から、曹参や夏侯嬰、陳平、陳嬰、呂沢と呂釈之、張良と蕭何、酈商、周勃、樊噲たちと灌嬰に褒賞を与えている。このとき東方の諸侯王の王国は、まだ多くは劉氏の王国ではない。基本的に劉氏の王国となるのは、陳豨の乱をめぐって、漢十一年（前一九六）に淮陰侯韓信と彭越、黥布たちが失脚した後のことである。例外は、南越国との国境になる南方の長沙王・呉芮だけである。こうして漢十二年に高祖が崩御するとき、劉氏以外を諸侯王にしないとする「白馬の誓い」を立てて、ようやく秦帝国のときに議論された郡国制（A・B方式の併用）となっている。

これまでの歴史を『史記』の歴史観とくらべてみると、秦帝国が全国に郡県制を施行したことは、秦始皇本紀の叙述に対応している。そして二世皇帝の元年に陳渉・呉広が蜂起したことを契機として、楚懐王を盟主とする合縦によって秦帝国が滅亡し、楚漢戦争で項羽が敗北するまでの期間は、たしかに楚の時代が存在していた。これは『史記』項羽本紀と陳渉世家、秦楚之際月表に対応しており、項羽を本紀とすることにも根拠がある。劉邦が高祖となって以降は、高祖本紀に対応することは問題ない。ただし項羽の敗北後、漢王朝の初期に、なお東方では楚王の韓信と彭越、黥布の勢力を主体として、合縦の懸念があった約一年を『史記』では明確に位置づけていない。これについて本書では、司馬遷が漢王朝初期の動向を明確にすることを避けて、わずかに淮陰侯列伝に示唆したと考えている。これも楚の時代の延長といえるであろう。

漢王朝では、高祖が崩御するまでに、長沙国を例外として、東方は劉氏の諸侯王の王国とした。これは秦帝国で、統一後に議論したA封建制を実施したことになる。これによって漢王朝は、西方の本拠地（いわば漢王国）をB郡県制とし、東方をA封建制の方式としている。したがって西方の地域だけみれば、秦帝国の郡県制を、漢王朝の郡県制として継承したことになる。しかし東方には諸侯王の王国を設置しており、領内には郡県がある。この状況が徐州の楚王陵などの文物にみえている。

つづく恵帝、呂后の時代は、郡国制の体制で、西方の本拠地をB郡県制とし、東方は基本的に同姓諸侯王（秦帝国のA方式）としている。この体制は『史記』呂后本紀に対応し、漢王朝のB郡県制の領域は、張家山漢簡『二年律令』「秩律」の官制に反映されている。ただし呂后の時代は、短期間で限られた地域ではあるが、呂氏の王国が置かれており、これは劉氏の王国とする方針とは違っている。呂后の死後には、呂氏の乱があり、呂氏の王国は廃されている。

文帝の時代は、ふたたび呂后の時代以前の郡国制となっている。しかし景帝三年（前一五四）に呉楚七国の乱が起こり、これ以降に郡国制に変化があった。それは景帝中元二年（前一四八）に郡太守と都尉の名称を変更し、景帝中元五年（前一四五）には諸侯王の王国を一郡以内の領域として、中央から長官を派遣することである[40]。この体制は、実質的な郡県制（秦帝国のB方式に近い）といわれ、これを継承して武帝が即位している。

父と司馬遷が生きた武帝の時代には、さらにいくつかの変化がある。その一つは、武帝の巡幸と平行して、周辺の諸民族の地域に郡県を設置したことである。たとえば西北のシルクロード方面には、河西四郡を設置し、これ以降の地方行政の状況は、疏勒河流域の敦煌漢簡、懸泉漢簡と、エチナ河流域の居延漢簡、居延新簡などによって知ることができる[41]。ここでは秦帝国の制度を継承した漢代初期の郡県制を、西方の辺郡にも適用しており、中央と全国の地方行政に通じる共通の原理と、西方の地域に特殊な情勢がうかがえる。もう一つは、これまで本拠地の関中地域を内史と名づけて他の郡・国と区別していたが、太初元年（前一〇四）に三輔（京兆尹、左馮翊、右扶風）を設けて、畿内を郡県と同じように管轄したことである[42]。これは太初元年に一連の儀礼・制度改革が終わったことと関連して、畿内と内郡を再編したものであろう。したがって漢王朝初期の西方本拠地と、武帝期の領域（内郡、辺郡）は、一貫して秦の郡県制の原理を継承したとみることができる。

以上のように、『史記』『漢書』の叙述と出土資料による秦漢史は、司馬遷の歴史観とは違った実態がみえてくる。司馬遷は、出土資料にみえるような異なる地域社会を全体的に描こうとしていた。そして王朝の変遷を天命の移動によるとみなし、その要因を先祖の功徳や、皇帝の徳と不徳にあると考えていた。しかし実際の歴史では、必ずしも皇帝の徳と不徳が盛衰と一致するわけではない。その一つは、秦の滅亡である。秦の滅亡に関しては、『史記』にみえる歴史評価だけではなく、現実の問題として、①王朝内部の継承争いや、②周辺諸民族との対外問題と兵役、③大規模な土木事業と労働徴発、④法律の苛酷な適用、急激な統一政策があげられている。しかし注目されるのは、とくに⑤秦の法律と郡県制を異なる習俗をもつ地域社会に適用しようとした政策である。これは秦が新たに占領した東方の地域社会に、文化・習俗が異なる秦の制度を適用して共存する困難さを示している。ただし漢代では、秦の統一から約八〇年たって武帝が即位したあとに、ようやく実質的な郡県制となって辺郡にも漢文化が広がっている。これは漢王朝の成立から制度が定着するまでに、ほぼ一〇〇年を要している。

2　古代専制国家の概念

それでは『史記』秦漢史の叙述は、中国古代史研究に対してどのような意義をもつのだろうか。まず古代専制国家の概念と実態について考えてみよう。日本の歴史学では、中国古代専制国家について多くの議論がある。(43)たとえば秦漢帝国論では、春秋・戦国時代の氏族的な勢力が破壊され、新しく個人まで支配する専制国家が生まれる過程が問題となっていた。その特徴として、皇帝権力と官僚制、郡県制の形成や、大規模な治水水利事業による新県の設置と斉民支配、爵制による支配などが注目されていた。拙著『中国古代国家と郡県社会』では、戦国、秦漢時代の郡県制と、漢代の水利事業を中心として分析した。そこでは専制国家の基盤とする統括的な水利機構と新県の設置は、きわめて特殊な形態であり、秦漢統一国家は一般に旧県を行政的に再編したことを論証した。[44]その後も古代専制国家の論点は、さまざまな視点から総括されている

そこで出土資料をふまえて、秦漢時代の郡県制を考えてみよう。漢代の郡県制では、前漢の武帝期まで郡の統轄が強いものか、それとも県を地方統治の基礎にするかという議論がある。[45]たとえば重近啓樹氏は、睡虎地秦簡によって、郡守の権限は軍事権（軍隊統率権）と、属県に対する監察権、県の上級の裁判権などであり、軍事・監察官としての性格が強いといわれる。そして前漢の前半期までは、郷里の秩序は県で完結したとみなしている。また紙屋正和氏は、景帝期より以前では、県が民の教化や、戸籍の管理、田宅の登記、爵・田・宅の賜与、穀物と物品の管理、租税の徴収、徭役の徴発、裁判、勧農、県城の修築、祭祀などの民政を管掌するほか、市や官営工房の管理や、貨幣の鋳造を担当していたという。そして郡と国は、軍事や監察をのぞいて限定的にしか県の業務に関与していなかったとする。それが変化するのは武帝期より以降であり、そこから郡・国の守・相が職権を強化するとみなしている。これに対して、すでに漢代初期から郡県制では太守の権限が強かったとする説がある。たとえば山田勝芳氏は、張家山漢簡『二年律令』の規定によって、前漢の初期から郡は行政と裁判の方面で優位をもっていたとする。

これについては本書の第四章でみたように、秦代の里耶秦簡から郡と県との関係を補足することができる。里耶秦簡は、秦代の洞庭郡に所属する遷陵県の県廷の資料であるが、ここでは中央からの読替一覧（8-461、原簡8-455）や、郡県の行政文書などによって、郡を通じた県の文書行政をおこなっている。また木牘⑯5、⑯6では、洞庭郡から所属の県に輸送労働の指示をしており、これらを通じて郡が軍事と労働編成や、交通を統轄していることがわかる。こ

れは徒隷の最終的な掌握も同じである。また洞庭郡には、裁判の案件や財政に関する内容も連絡されている。しかしそれ以外の権限は、十分には明らかではない。むしろ里耶秦簡では、県を単位として民政の機能が完結している状況がうかがえる。

秦代の遷陵県には、下部の部署として令曹、吏曹、尉曹、戸曹、倉曹、金布、庫、司空、獄東曹・獄南曹、田官、畜官などの組織がある。その役割は、官吏の人事や、戸籍の管理、穀物の出入、財物・武器の出入、卒や徒隷などの労働力の管理、司法・裁判、土地、家畜など多くの方面にわたっている。したがって秦代の郡県制では、郡は文書行政、軍事、労働編成、交通、裁判、監察を通じて県を統括しているが、その権限には制約があり、実際は県が地方行政の実務をおこなう基礎単位であるということができる。その結果は、重近啓樹、紙屋正和氏が論じてきたように、郡の権限には一定の制約があり、県社会を基盤とする考証を補強するものである。これは郡県制を通じて、県社会の末端にいる民まで個別に掌握する状況とは違っており、これまで議論されてきたような古代専制国家の形態ではない。

つぎに問題となるのは、漢代の郡国制と諸侯王の意義である(46)。これまで漢代初期に郡国制としたのは、高祖が諸侯に推戴されて皇帝となったため、やむをえず王国を承認したという見解がある。これは秦漢帝国を専制国家とみなして、郡国制を過渡的な制度とし、景帝期以降の実質的な郡県制に接続させることに通じる。しかし杉村伸二氏は、こうした消極的な理由に対して、秦帝国で統一の際に議論したように、郡国制は遠隔地を統治する方法として有効なものであり、漢王朝によって選択された方法とする(47)。本書の考察では、つぎの点が指摘できる。

まず項羽が敗北したあと、漢王は五年（前二〇二）二月に、氾水《はんすい》のほとりの定陶で、諸侯たちに推戴されて皇帝となった。『史記』高祖本紀では、二月に漢王が皇帝となり、そのあと斉王の韓信が楚王に封ぜられ、下邳に都したことになっている。これによれば漢王は、皇帝になったあと諸侯王を任命したことになる。ところが『史記』淮陰侯列伝には「漢五年正月、徙齊王信爲楚王、都下邳」とあり、『漢書』高帝紀では、春正月に斉王韓信を楚王とし、彭越を梁王としたあと、二月に、楚王の韓信と韓王信、淮南王の英布（黥布）、梁王の彭越、もと衡山王の呉芮、趙王の張敖、燕王の臧荼が上疏して皇帝となっている。韓信を楚王とする理由は、「楚の習俗に習う」ことをあげている。そこで漢王は、項羽の領地を楚王の韓信と梁王の彭越に分配したあと、諸侯王に推戴されて皇帝となったことになる。さらに注目されるのは、六年十二月に楚王の韓信が淮陰侯に降格されるまで、天下の去就が定まっていなかったことである。こうした状況では、高祖が皇帝となって諸侯王を封じたという説明にはならない。実情は『漢書』高帝紀のように、すでに韓信と彭越を分封する情勢が先にあり、のちに漢王が皇帝になったということである。

韓信が降格されたあと、斉王と楚王、荊王を封じている。そのとき斉王を劉氏とする理由では、軍事や物産の方面で旧秦に対抗する地域であることをあげている。また斉の言葉を話す者は、斉に帰属させている。これは韓信を楚王とする理由と同じように、居住する人びとを配慮した統治としている。

恵帝・呂后の時代は、『史記』呂后本紀の論賛に、休息を願って無為としており、そのため天下は安泰で、民は農業に務め、衣食は豊かになったと評価するように、漢王朝が郡国制を改めようとする情勢はみられない。また呂后の時代には、一時的に呂氏の王国を置いており、漢王朝の制度として劉氏の王国を置く規定を設けていたわけではない。これは呂后本紀で、呂氏を王にしようとしたとき、王陵と陳平、周勃のエピソードにもうかがえる。王陵は、白馬の誓いをもとに呂后に反対するが、陳平と周勃は賛成する。そこで王陵が二人を責めると、二人は、朝廷で争うことは君にかなわないが、社稷を全くし、劉氏の後裔を定めることは、あなたはわたしに及ばないと答えている。この話は、東方の地域は必ずしも劉氏の王国ではなくても、政治的に安定すれば良かった情勢を示唆している。

このように前漢初期の東方に諸侯王の王国があることは、そこに居住する人びとを考慮しており、漢王朝の中央集権的な統治方法とはいえない。また一時的に呂氏の王国が置かれたことは、劉氏を封建する体制を規定していないことを示している。その意義は、漢王朝の本拠地とは文化や習俗が異なる地域を統治する方法として有効であったことが一因とおもわれる。ただし功臣の異姓諸侯王から、劉氏の同姓諸侯王、呂氏の王国、郡と同じ規模への王国改革という展開は、その時代の問題を解決するための変化だったのではないだろうか。これは大局からみれば、漢王朝が諸侯王の王国を有効な統治とみなし、当初は直轄的な郡県制にする意図をもたなかったことになる。したがって先にみた郡県制の郡・県の機能とあわせて、漢王朝の全体は古代専制国家の形態とはいえないであろう(48)。

こうした漢代初期の王国の官制と構造は、大庭脩氏が『漢書』百官公卿表にもとづいて説明している(49)。それは呉楚七国の乱までの王国は、漢王朝が任命する相国のほかに、御史大夫、内史、中尉を中心として都官（王国の中央政府）の機構と官名は漢王朝と同じで、独自の紀年法をもっていた。しかし景帝期の改革以降は、国相のもとに内史、中尉、郎中令、太僕のみを残した官制を保って、単に租税を受ける存在となっている。王国の税役制度については、紙屋正和氏などの考察がある(50)。

秦漢統一国家の本質は、専制国家としての理念や、軍事と徴兵・徭役編成のように一定の制限をもった権限をのぞけば、郡県制の機構を通じて個別的に民を支配する専制国家の形態ではなかったことになる。漢王朝の構造は、関中周辺の直轄地と諸侯王国の地域の双方に、郡が一定の管轄をして、その下部に基本単位となる県社会を行政組織に組み込んだ形態と推測される。諸侯王の王国は、東方の地域社会の民意にかなう方式として、いわば自治区のような性格を重視した可能性があり、景帝期より以降の体制は王国の変化への対応とみなすことができる。

3　秦漢時代の県社会

これまでみてきた秦漢時代の郡県制と郡国制の変化では、さらに県レベル以下の郷里社会をふくめた理解が必要である。つぎに県の下部組織となる郷里共同体（里共同体）をめぐる議論を検討してみよう。

漢代の郷里社会は、『漢書』地理志に、県が方一〇〇里（約四〇キロ四方）の領域であり、人口が多ければ小さくなり、人口が少なければ広くなるという。そして郷・亭もまた領域区分として表記している。この郷・亭と里（集落）との関係が問題となっている[51]。

これまで中国古代の共同体、都市国家をめぐっては、宮崎市定、谷川道雄、川勝義雄氏などの議論があり、その後の研究をふくめた学説史が整理されている[52]。漢代の郷里社会について、宮崎市定氏は、県・郷・亭が城郭をもつ都市国家の形態で、その城郭の内部に里の区画があると推測された[53]。郷里共同体（里共同体）の概念は、都市国家のイメージとあわせて論じられている。これに対して池田雄一氏は、城郭をもつ県城クラスの都市と、自然発生的な散村が行政的に組み込まれた里の形態を区別している[54]。その具体的なイメージは、馬王堆帛書「駐軍図」にみえる城郭（道の官府）と里の農村が結びつく姿を想定している。このように里の実態は、都市国家とするか、あるいは行政的に組織された集落かという解釈の違いがある。ただし注意されるのは、漢代の里共同体の概念は、後漢末の豪族共同体、三国時代より以降の郷里社会の前提とされていることである。そこで渡辺信一郎氏のように、前漢初期から郷里社会には階層分化があるという指摘があり、県の下部にある郷里社会の実態が問題となる[55]。

『史記』の史実と関連して、郷里社会の実態を考えるには、県の領域にある県城と郷、里の役割を明らかにする必要がある。秦代の里耶秦簡は、県廷と下部組織、郷の所属と役割を考えるうえで貴重な情報を提供している。

高村武幸「秦・漢初の郷」は、郷の職掌を二つに分けて考察している[56]。1は、里典・郵人の人事に関するものであり、2は、戸籍管理に関するものである。そこでは郷が、県の下部に位置する地方行政機構に組み込まれ、裁量権にも一定の限界があったとする。また里典の任命は、県が決定権を握っていたと指摘している。鷲尾祐子氏は、里耶秦簡の戸籍簡と『二年律令』戸律の規定によって、秦代と漢代初期には戸籍・年籍を保持する行政単位は郷であり、郷で作成した名籍の副本を県が保管すると考えている(57)。その郷に保管する名籍の記載すべき情報は、戸が属する里名であるという。

こうした郷の職掌は、さらに『里耶秦簡〔壹〕』にみえている(58)。その郷に関する資料をみると、遷陵県では下部組織として郷の官吏を位置づけている。また戸口や戸賦などの情報も、県廷がその内容を掌握している。文書伝達では、郷の官吏は県廷を通じて文書をやり取りしており、県外に対して独自の機構として発信した形跡がみられない。したがって秦代では、やはり県が領域内の民を統轄する基礎単位であり、郷はその下部組織と考えられる。そこには郷の官吏がいて、郷という区分で郵や亭、里を管轄していると推測される。

また前漢成帝期の尹湾漢墓簡牘「集簿」「吏員定簿」では、東海郡に所属する県・侯国の吏員に郷嗇夫などを位置づけている(59)。これは県が郷と里を統轄する単位であり、郷は独立した機構ではないことを明確に示している。また県の下部には、郵や亭があり、これも集落の里とは区別されている。さらに前漢後半から後漢時代の漢簡には、私用旅行の通行を許可する伝の記録があり、そこでは大庭脩氏が指摘されるように、郷の官吏が伝を取る資格があることを証明して申請し、県の長吏が通過地へ通達する複合文書の形式となっている(60)。これは里耶秦簡にみえる県の下部組織の文書伝達と同じように、県外に文書を発給するときは、県廷を通じておこなうものであり、県の下部部署や郷は、単独で文書を県外に発信できないためと考えている(61)。したがって漢代では、県が行政機構としての基本単位であり、その下部組織である郷は、独立した都市国家の形態とは想定できないのである。

このように里耶秦簡を手がかりとして、秦漢時代の地方行政をみると、県が一つの基層社会であることがわかる。

そこには県廷とその部署がある城郭と、その外に郷の管轄区があり、複数の里を行政組織に組み込んでいる。そして郷の施設には、官吏が勤務する城郭を形成している可能性がある。また県に所属する郵や亭は、郷のなかにふくまれるが、民政の里とは別の系統である。つまり郵は、交通の路線上にあり、文書逓伝と宿泊の役割をもっている。亭もまた交通の路線上にあって治安維持の機能をもち、郷の区画にふくまれている。

これは漢代西北の辺郡でいえば、県の官府は、軍事系統の候官にあたる。(62)郷の管轄区は、複数の隧を管轄する部に相当し、郷の施設は候長の所在地となろう。郵は、懸泉置の施設と機能が該当する。ただしエチナ河流域では、肩水金関のように関所の遺跡と漢簡が発見されている。亭は、砦を守る燧に相当する。漢簡では、燧に燧長と戍卒二～四人が配置されたといわれ、これは東海郡の亭にみえる平均四・三人の卒の構成と共通している。なお居延漢簡は、軍事系統の施設と関所を中心としており、民が居住する里は地名としてみえるだけである。

こうした県社会の実態は、『史記』秦漢史料からもうかがうことができる。それは秦末に劉邦たちが蜂起した沛県の社会構造である。(63)『史記』では、のちに劉邦が漢高祖となったため、その初期から加わった人物たちの身分がわかる。たとえば『史記』高祖本紀では、秦二世元年に陳渉たちが「張楚」を号すると、各地の郡県では中央から派遣された長吏を殺して陳渉に呼応したという。そこで沛県の令は恐れて、陳渉に呼応しようとしたが、掾・主吏の蕭何と曹参は、秦の長吏ではない劉邦を立てるように助言した。しかし当時の劉邦たちは、数十百人となっており、沛令は後悔して城門を閉じて、蕭何と曹参を殺そうとした。そこで二人は県城から逃げ出し、劉邦と共に城内の父老に呼びかけたため、父老は子弟たちと沛令を殺して、劉邦を沛公とした。

この沛県の構造をみれば、蕭何は主吏掾ともいわれ、曹参は沛の獄掾であり、里耶秦簡にみえていた県廷の部署にいる人物である。このほか県内には、馬車を駆る厩司御の夏侯嬰がおり、劉邦は亭長であった。したがって沛県の蜂起は、蕭何と曹参のような県の官吏と、かつて県の小吏であった劉邦、労働に徴発された者たち、父老と子弟たちによる体制である。これは県廷の官吏を中心とする県社会を基盤としており、郷里共同体や里共同体の形態ではない。また沛令が城内に立て籠もったのは、城内に里が存在していたからではなく、城郭の防御にあたるものであろう。(64)こうした県社会の構造は、里耶秦簡にみえる遷陵県の構造とまったく同じである。

このような県社会の構造は、東陽県の蜂起にもうかがえる。『史記』項羽本紀によれば、項梁・項羽たちが会稽で蜂起したあと、八〇〇〇人の兵士とともに長江を渡り、東陽県の軍隊と合流している。この軍は、もと東陽県の令史であった陳嬰が、県令を殺した少年（若者）たちに推されて県長となった体制である。これも県廷の官吏と県内の人びとによる体制であり、郷里社会を集結した体制ではない。

以上のように、秦漢時代の郡県制は、県が生活の基本となる一つの基層社会であった。ここでは民政に関する全般的な機能が整っている。県の下部にある郷は、その部分的な行政機能をもつ管轄区であり、里の集落を掌握しているが、独立した機構ではない。また郵や亭は、県内の民政とは別の系統に関する交通上の組織であり、その官吏が所在する城郭はあっても、その内部に集落をもつ城郭都市の構造ではないと推測される。したがって『史記』と里耶秦簡、馬王堆漢墓帛書「駐軍図」をもとにして、前漢末の尹湾漢墓簡牘、前漢後半から後漢時代の漢簡の情報を追加すれば、県城や郷、亭の内部に里（集落の区画）をもつ都市国家の形態は、行政の機能と領域の空間からみても存在しないのである。(65)

図4は、以上のような秦代の郡県制と、県と郷里社会の関係を示したものである。この県社会の構造は、漢代も基本的に同じであるとおもわれる。図5は、漢代の郡県制と郡国制の構造を図示したものである。

『史記』の史料研究から派生する問題は、こうした点にとどまらないとおもわれる。しかし『史記』の史料的性格

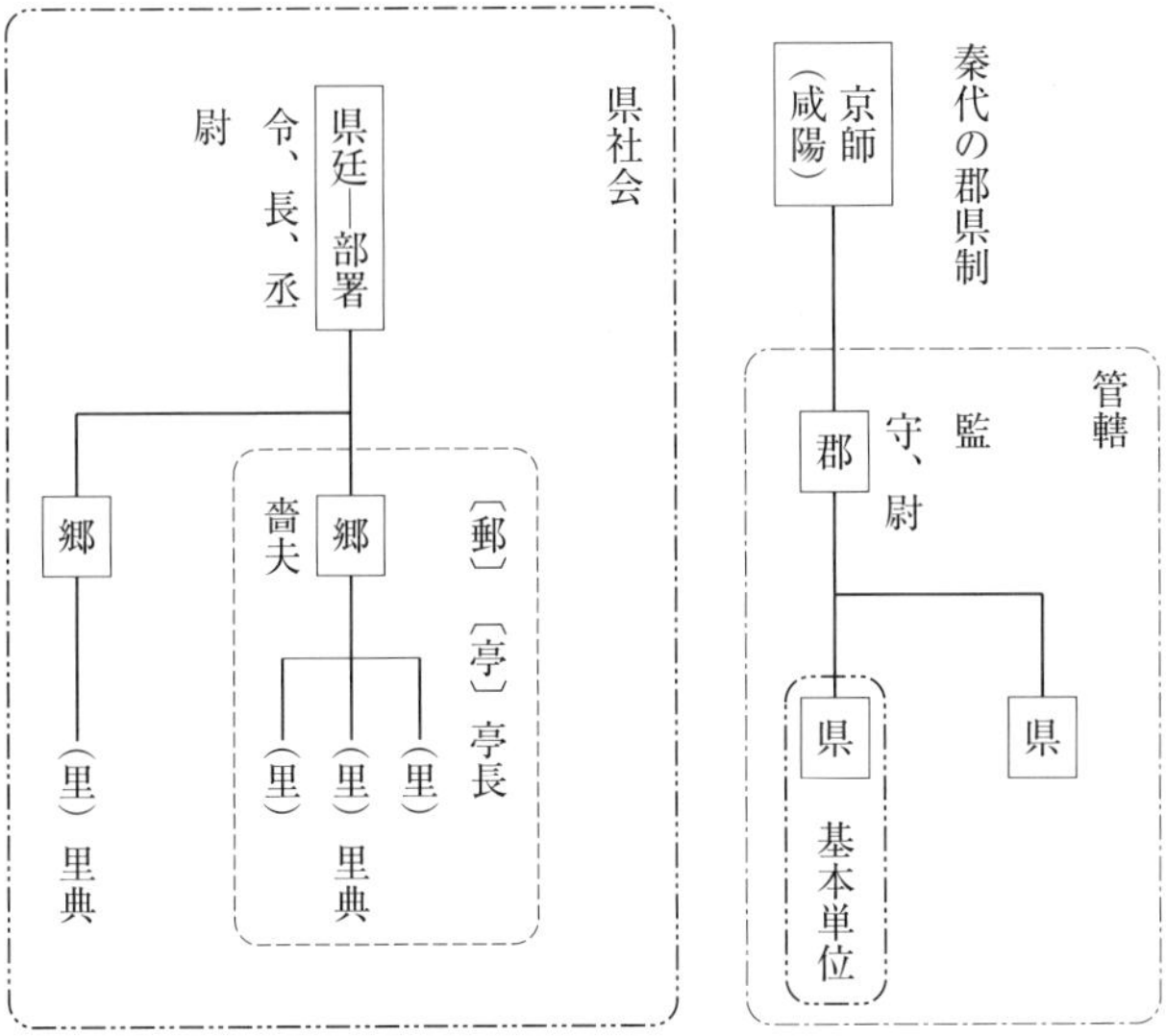

図4　秦代の郡県制と県社会

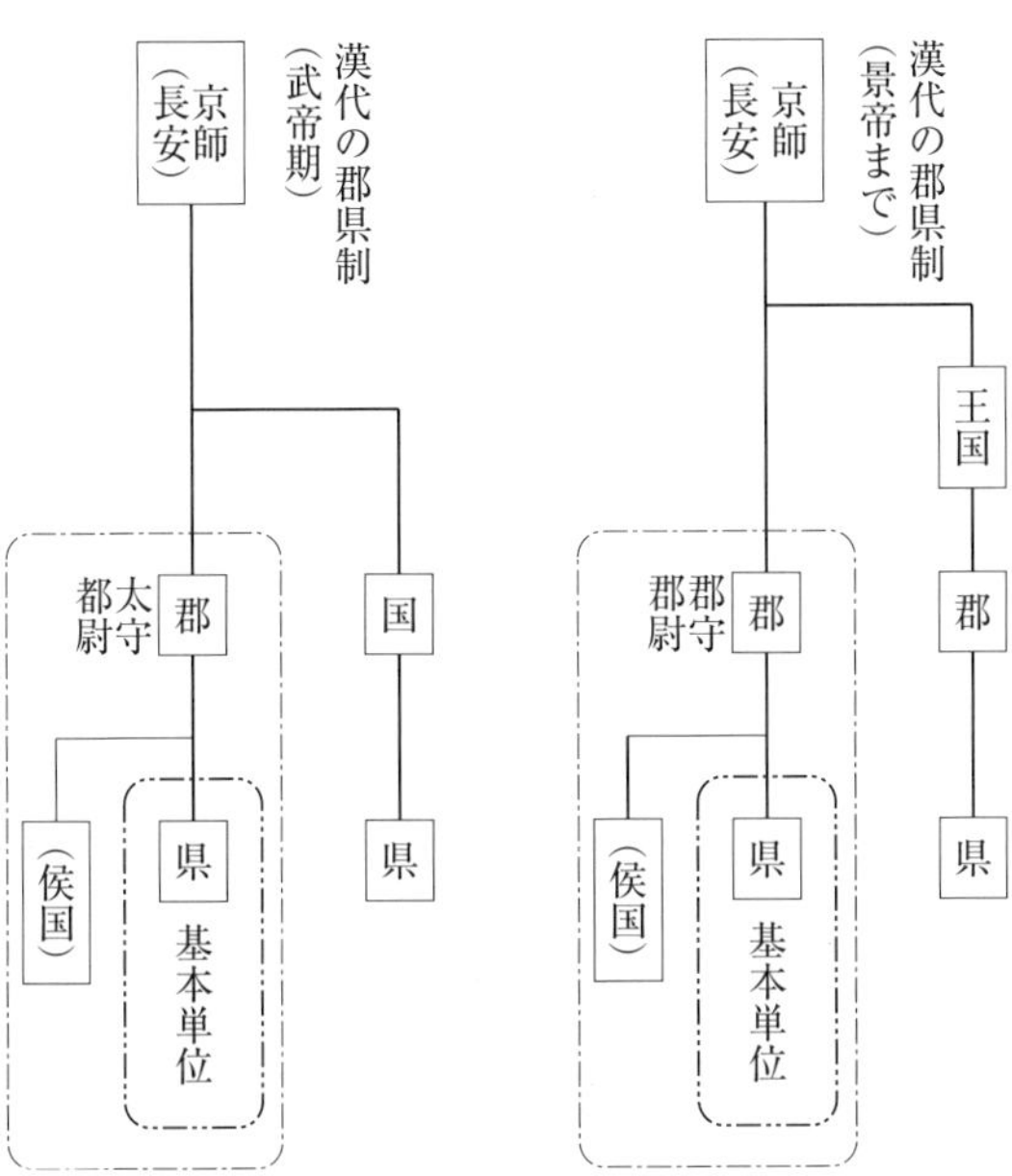

図5　漢代の郡県制と県社会

を探り、出土資料とフィールド調査による情報をあわせれば、秦漢統一国家と地域社会に関する特質を見出すことができるのである。

おわりに

ここでは『史記』の素材と編集、構造と歴史観について整理し、史料的性格を考察した。そのうえで出土資料の分析をふまえて、秦漢統一国家と地域社会の特質を展望した。その要点は、つぎの通りである。

一に、『史記』の素材は、（一）文字資料と、（二）口頭による情報に分けることができる。このうち（一）文字資料は、『史記』本紀、世家、列伝の主要な素材であり、さらに1文書・記録と、2書籍に分類される。1文書・記録の系譜、紀年資料は変化が少なく、年代矛盾の考証は必要であるが、歴史の基本となるものである。この系譜、紀年資料の系統には、漢代に書籍となっているものがある。2書籍のうちエピソードをふくむ説話は、漢代までに文字化されているが、春秋・戦国、秦代の説話は年代による変化があり、信頼性に問題がある内容をふくんでいる。こうした素材は、漢王朝の儀礼と学問をつかさどる太常と太史令に関する資料が多いという特徴がある。『漢書』は、武帝期まで『史記』を再録し、前漢後半の叙述を加えている。その中で独自の部分には、司馬遷が利用しなかった系統の文書や記録の素材を用いている。

（二）口頭による情報は、1旅行の見聞と、2漢代の人びとによる口承などがある。1旅行の見聞は、『史記』五帝本紀、封禅書、河渠書、世家、列伝の論賛に記しており、本文の一部にもみえているが、旅行した地域の文字資料はほとんど収録していない。これは旅行の目的が、『史記』の素材を収集するためではないことを示している。また2

漢代の人びとによる口承は、項羽本紀や列伝の一部にみえているが、それはわずかな分量であり、『史記』の主要な素材とすることはできない。ただし物語のようなエピソードにも、社会背景を反映する場合がある。

二に、『史記』本紀、世家、列伝では、これらの素材を取捨選択して編集しており、その編集パターンは以下のようになる。

A１：紀年資料がなく、説話だけで構成するか、あるいは複数の記事資料を組み合わせた列伝。

A２：紀年資料がないが年代を位置づけ、複数の記事資料を組み合わせた列伝。

B１：「紀年資料＋記事資料」を組み合わせた篇。

B２：「紀年資料＋記事資料」を組み合わせているが、紀年資料が少ない列伝。

C　：A、Bの形式で、とくに天命、運命を強調する篇。

列伝は、A１、A２、B１、B２すべての編集パターンがあり、Cの位置づけもある。本紀、世家はB１の編集パターンで、一部にCの位置づけがある。この『史記』の素材と編集パターンを、父・談と司馬遷の著述の構想に照らしてみると、いくつかの内容に分けることができる。司馬談の構想では、まずA１刺客列伝のような集伝、あるいは漢代の雑伝がふくまれる。また「六家の要旨」で論評しているように、著述を残した諸子列伝も、A１の編集である。佐藤武敏氏は、B１李斯列伝や晋世家のように紀年をふくむ篇も司馬談の著述とみなしており、その根拠として十表の年代と違うことをあげている。また司馬談の遺言では、本紀の内容を構想しているが、それは封禅に関する舜から始まる天命の移動を意識した可能性がある。このほかに八書は、太史令の職務に関する内容であり、一部は司馬談の著述によるかもしれない。

司馬遷の構想では、A１、A２、B１、B２の列伝と、B１の本紀、世家の著述が想定される。ここでは父の構想を継いで、すぐれた人物を顕彰する意図がみられる。つぎに司馬遷の経歴にとって、李陵の禍は大きな転機であり、佐藤武敏氏は著述の作成をこの前後に分けている。ここでは李陵の禍の前後に作成した篇を明確にはできないが、『史記』本紀、世家、列伝には、国の興亡の原理や人びとの運命を明らかにする歴史観がある。Cの編集パターンをもつ本紀や列伝は、父の著述を追加した篇か、あるいは司馬遷の運命観を反映していると想定される。また十表の作成と、八書の完成も司馬遷の著述となろう。こうして『史記』の編集パターンをみると、一部は司馬談が作成した篇も想定されるが、『史記』の最終的な編集をしたのは司馬遷ということができる。このような体系は、『史記』の本質が発憤による著書という理解では説明できないものである。

三に、『史記』の歴史観は、通史で紀伝体といわれる全体的な構造を考える必要がある。太史公自序では、二つの年代区分を記しており、これは父と司馬遷の歴史観を反映する可能性がある。

①「陶唐（堯）以来、麟止（獲麟）に至るまでを述べる」

②「上は軒轅（黄帝）を記し、下は茲（武帝）に至る」「黄帝より以来（武帝の）太初に至る」

①は司馬談の構想に関連し、本紀では五帝本紀の堯、舜から始まり、夏殷周の三代をへて秦漢時代に続き、武帝期の儀礼改革に終わる視点である。このとき『春秋』の「獲麟」になぞらえた下限を封禅とすれば、それは父の置かれた社会情勢と一致する。②は司馬遷の構想に関連し、五帝本紀では暦を作成した黄帝まで遡っている。また下限は、改暦をした太初年間となっており、これは司馬遷が太史令であった社会情勢と一致している。

こうした歴史観と対比させて『史記』本紀をみると、その開始は基本的に堯・舜を基点とする構想に対して、わずかに黄帝・顓頊・帝嚳の位置づけを追加したにすぎない。これは位置づけの変化である。世家は周の封建に始まり、列伝の冒頭は周初の伯夷列伝を置いているが、そのほかは春秋時代より以降の篇である。ただし春秋戦国世家と太史公自序などの各篇では、先祖の伝説が五帝本紀の時代に遡る記述をふくむ場合がある。したがって本紀、世家、列伝では、黄帝と周初に年代区分の意義を認めているが、実際は春秋時代より以降の戦国、秦漢時代にウェイトがあり、しかも大半は漢代の叙述となっている。これは司馬談が孔子の時代の「獲麟」より以来の四〇〇有余歳に「史の記」が途絶えたことを継ぎ、司馬遷が孔子から自分たちの時代まで五〇〇年と意識したように、春秋時代以降の著述を残して論断するという意図がうかがえる。これは太史公自序で本紀、世家、十表、八書、列伝の著述意図を述べることに一致し、また「任安に報ずる書」にみえる「天人の際を究め、古今の変に通じ、一家の言を成す」という意思とも共通している。

四に、こうした『史記』の歴史観からは、当時の社会背景による司馬遷のメッセージを読み取ることができる。父と司馬遷が著述を志したのは、武帝期の儀礼改革に関連して、太史令の職務として過去の由来を知る必要があったことによる。そのため封禅や暦法改正の由来から、黄帝、堯・舜、夏殷周の三代と、始皇帝の事績が問題となっている。したがって司馬遷にとって、過去の歴史は現在につながるものであり、武帝期の現在までの由来を知ることは未来への予言ともなる。父と司馬遷は、これを「空言」ではなく「行事（行為、事績）」で叙述しようとした。それは『史記』戦国、秦漢史でいえば、周を継承した秦帝国の興亡と、項羽本紀の楚の時代をへて、高祖本紀につづく漢王朝の歴史である。この歴史叙述によって、国家や個人の運命を原理として描こうとしている。ここから『史記』は、武帝期の特殊な要請のもとで、重要な儀礼の部署にある太史令の職務に関連した著述といえよう。しかし『史記』は、漢王朝から公的に認められた歴史書ではなく、王朝の資料を利用した家学の思想書と位置づけることができる。

五に、『史記』の歴史叙述をふまえて、出土資料やフィールド調査の情報を加えると、中国古代史を再構成する視点が提示できる。その一つは、秦代の里耶秦簡や漢代の出土資料にみえる郡県制の運営である。秦漢統一国家と地域社会では、つぎのような特徴がある。

1に、歴史学で注目された古代専制国家の実態が問題となる。『史記』秦始皇本紀、項羽本紀、高祖本紀などにみえる王朝の交替では、秦の本拠地である西方の地域と、東方の地域社会の対立が大きな歴史の底流であった。秦帝国が滅亡したあとには、東方に楚を中心とする勢力があり、漢王朝の初期では諸侯王の王国が存在している。また秦帝国と漢王朝の基盤となる郡県制は、郡が軍事や労働編成・文書行政などで県を管轄しているが、県以下の社会を全体的に掌握する機構ではなかった。これらは全体的にみれば、秦漢時代は専制国家の形態ではない。

2に、これまで三国時代への展開で注目されていた漢代の郷里共同体や里共同体、都市国家の形態も再検討すべき課題となる。秦代の里耶秦簡によれば、地方行政の基層単位は県社会であり、郷は県の下部に組み込まれた組織にすぎない。そして里もまた、郷の管轄のもとで県の行政に組み込まれている。また漢代では、馬王堆帛書「駐軍図」のように県レベルの領域のなかに、いくつかの行政区画と里が散在している。このほかにも尹湾漢墓簡牘や漢簡の分析を参考にすれば、秦漢時代の郡県制は、同じように県社会を基礎単位とする構造となっており、県・郷を都市国家とする形態や、郷里共同体・里共同体は確認できないのである。

本書では、『史記』秦漢史料を分析して、その史実を考察してきた。その結果、古代中国では戦国七国のように大きな地域区分があり、それは政治的にみて西方の秦文化の体制と、東方諸国の体制に分けることができる。また東方の楚は、南方の文化圏でもある。秦帝国の成立と滅亡、楚漢戦争の時代は、こうした秦の体制（秦の社会システム）と楚の体制（楚の社会システム）を代表とする異なる文化圏の対立といえる。つまり秦帝国の内部には、習俗や習慣が違う地域社会を組み込んでいる。それを細かくみれば、郡県制という制度のなかで、ともに県レベルの領域にある社会を基礎単位とするものであった。漢王朝の成立後は、これらを一つの政治体制と漢文化に同化してゆく過程ということができよう。したがって司馬遷が《太史公書》を著述した武帝期は、戦国時代から始まる地域社会の統合に到達し、周辺にも郡県制を設置した時代である。このような体制は、いわば中国古代文明の成立といえるものであり、『史記』はその通史となっている。漢王朝の体制は、『史記』が完成したあとも前漢後半から後漢時代へと続いてゆくが、国家と地域社会の基礎は、その歴史叙述に示されている。

このように『史記』秦漢史料と出土資料による研究は、司馬遷が描いた歴史叙述だけではなく、秦漢統一国家と地域社会の実像に近づけると考えている。

注

（1）本章は、拙著『史記戦国史料の研究』（東京大学出版会、一九九七年。曹峰、廣瀬薫雄訳、上海古籍出版社、二〇〇八年）、同『史記戦国列伝の研究』（汲古書院、二〇一一年）の史料研究のほか、拙著『中国古代国家と郡県社会』（汲古書院、二〇〇五年）、同『中国古代国家と社会システム――長江流域出土資料の研究』（汲古書院、二〇〇九年）の地域社会研究を基礎としている。

（2）拙著前掲『史記戦国列伝の研究』序章「戦国、秦代出土史料と『史記』研究」。漢王朝の図書については、佐藤武敏『司馬遷の研究』第五章「司馬遷の官歴」（汲古書院、一九九七年）二二一～二二三頁で、外府・内府の図書保管を考察している。

（3）諺言については、杜文瀾輯、周紹良校点『古謡諺』巻四（中華書局、一九五八年）に『史記』と異聞、注の諺を収録し、新田幸治「司馬遷と諺の周辺」（一九八二年、『司馬遷論攷』雄山閣出版、二〇〇〇年）がある。串田久治『中国古代の「謡」と「予言」』（創文社、一九九九年）は「謡」の時代的な変遷を指摘する。呂宗力『漢代的謡言』（浙江大学出版社、二〇一一年）は、第三章「謡言」で政治との関連を論じ、第五章「政治神話与民間伝説」では劉邦の開国神話を分析している。

（4）『史記』秦始皇本紀と史実については、栗原朋信『秦漢史の研究』「史記の秦始皇本紀に関する二・三の研究」（吉川弘文館、一九六〇年）、鶴間和幸『秦帝国の形成と地域』（汲古書院、二〇一三年）第一編第三章「秦帝国の形成と東方世界――始皇帝の東方巡狩経路の調査をふまえて」、第四章「秦始皇帝の東方巡狩刻石に見る虚構性」、第二編第三章「司馬遷の時代と始皇帝――秦始皇本紀編纂の歴史的背景」、第四章「秦始皇帝諸伝説の成立と史実――泗水周鼎引き上げ失敗伝説と荊軻秦王暗殺未遂伝説」の考察がある。

（5）鶴間前掲「司馬遷の時代と始皇帝」。同「秦始皇帝の東方巡狩刻石に見る虚構性」では、司馬遷や自身で見た刻石や、宮中に残されていた秦石刻資料（『奏事』）から、その文章を収録したとする。

（6）『史記』秦始皇本紀にみえる賈誼「過秦論」の引用は下篇だけであり、上篇・中篇は後世の追加とみなされている。鶴間和幸「漢代における秦王朝史観の変遷（一）」（一九九五年、前掲『秦帝国の形成と地域』）、佐藤武敏「『史記』に見える過秦論」（『中国古代史研究』七、一九九七年）、稲葉一郎『中国史学史の研究』第二部第一章「『過秦論』と『太史公書』」（京都大学学術出版会、二〇〇六年）、李開元「『史記』秦始皇本紀の構造について」（『資料学の方法を探る』一二、二〇一三年）に考察がある。

（7）李開元前掲「『史記』秦始皇本紀の構造について」。

（8）本書の附篇二「『史記』の編集と漢代伝承」。

（9）李開元「論『史記』叙事中的口述伝承」（『周秦漢唐文化研究』第四輯、三秦出版社、二〇〇六年）、本書の附篇二「『史記』の編集と漢代伝承」、第五章「『史記』秦漢史像の復元」。

（10）本書の第五章「『史記』秦漢史像の復元」。また佐竹靖彦『劉邦』（中央公論新社、二〇〇五年）、同『項羽』（中央公論新社、二〇一〇年）に出土資料と比較した考証がある。

（11）李開元『漢帝国の成立と劉邦集団』第一章「漢初軍功受益階層の成立」（汲古書院、二〇〇〇年）。

（12）拙稿「張家山漢簡『津関令』と詔書の伝達」（二〇〇七年、前掲『中国古代国家と社会システム』第九章）。

（13）佐藤武敏『中国古代書簡集』（講談社、二〇〇六年）、拙稿「中国古代の書信と情報伝達」（二〇〇八年、前掲『中国古代国家と社会システム』第十二章）。

（14）拙稿前掲「戦国、秦代出土史料と『史記』研究」。司馬遷は、李陵の禍で刑罰を受けたあと、中書令となって著述を継続しており、あるいは少府に所属する中書令の資料をふくむかもしれない。また籾山明『中国古代訴訟制度の研究』第一章「李斯の裁判」（京都大学学術出版会、二〇〇六年）は、李斯列伝にみえる訴訟制度が、当時の現実を反映すると指摘しており、これも『史記』の素材と編集に関する考証となる。

（15）拙著前掲『史記戦国列伝の研究』終章「『史記』の歴史叙述と戦国史」二三八〜二四〇頁では、二つの編集パターンとその変形として述べた。ここではこの二つをA、Bの編集パターンとし、さらにCの特徴を区別した。

（16）顧頡剛「司馬談作史」（一九五一年、『史林雑識』中華書局、一九六三年）、李長之『司馬遷之人格与風格』（上海開明書店、一九四八年）、佐藤武敏「司馬談と歴史」三「司馬談作史考」（一九九二年、前掲『司馬遷の研究』第二章）。なお父と司馬遷が作成した篇と編集の違いについては、村松弘一氏の「書評：藤田勝久著『史記戦国列伝の研究』」（『日本秦漢史研究』一三、二〇一三年）に問題提起がある。

（17）佐藤武敏「李陵の禍」「『史記』の編纂過程」（前掲『司馬遷の研究』第六章、第七章）では、李陵の禍より以前に作成した根拠として、父の遺命を承けて春秋時代から漢武帝期までの著述を志す契機や、「明聖の盛徳」と「功臣、世家、賢大夫之業」を対象とする意図の外的基準をあげている。李陵の禍より以前に作成した篇は、つぎの通りである。

淮陰侯列伝、張丞相列伝、傅靳蒯成列伝、黥布列伝、田儋列伝、劉敬叔孫通列伝、袁盎鼂錯列伝、呉王濞列伝、仲尼弟子列伝、蘇秦列伝、樗里子甘茂列伝、穰侯列伝、白起王翦列伝、孟嘗君列伝、魏公子列伝、春申君列伝、呂不韋列伝、蒙恬列伝　（列伝一八篇）

高祖本紀、呂后本紀、孝文本紀、孝景本紀、項羽本紀、秦始皇本紀　（本紀六篇）

蕭相国世家、曹相国世家、留侯世家、陳丞相世家、絳侯世家、呉太伯世家、斉太公世家、魯周公世家、燕召公世家、管蔡世家、陳杞世家、宋微子世家、楚世家、越王句践世家、鄭世家、趙世家、魏世家、韓世家、田敬仲完世家、孔子世家、陳渉世家　（世家二一篇）

礼書、楽書、律書、暦書、天官書　（書五篇）

(18)　佐藤前掲「『史記』の編纂過程」では、李陵の禍より以後の篇について、外的基準として天漢以後の記述などをあげ、内的基準では人間・歴史・天などに対する見方の変化をあげている。ここでは司馬遷が、挫折を経験し、不遇な生涯を送った人びとに対して、悲しみや同情をもって見つめる視点や、漢武帝や高級官僚に対する風刺や批判を指摘している。李陵の禍より以後に作成された篇は、つぎの通りである。荊燕世家は不明である。

老子韓非列伝、孫子呉起列伝、伍子胥列伝、平原君虞卿列伝、范雎蔡沢列伝、廉頗藺相如列伝、魏豹彭越列伝、季布欒布列伝、伯夷列伝、管晏列伝、司馬穰苴列伝、商君列伝、孟子荀卿列伝、楽毅列伝、田単列伝、屈原賈生列伝、張耳陳余列伝、韓信盧綰列伝、万石張叔列伝、田叔列伝、扁鵲倉公列伝、魏其武安侯列伝、韓長孺列伝、李将軍列伝、匈奴列伝、衛将軍驃騎列伝、平津侯主父列伝、司馬相如列伝、淮南衡山列伝、汲鄭列伝、南越列伝、東越列伝、朝鮮列伝、西南夷列伝、大宛列伝、循吏列伝、儒林列伝、酷吏列伝、游俠列伝、佞幸列伝、日者列伝、亀策列伝、貨殖列伝、太史公自序　（列伝四四篇）

五帝本紀、夏本紀、殷本紀、周本紀、秦本紀、孝武本紀　（本紀六篇）

外戚世家、楚元王世家、斉悼恵王世、梁孝王世家、五宗世家、三王世家　（世家六篇）

封禅書、河渠書、平準書　（書三篇）

(19)　佐藤前掲「『史記』の編纂過程」三六四～三六五頁。

(20)　岡崎文夫『司馬遷』二「司馬遷に与えた時勢の影響」（弘文堂書房、一九四七年、研文社、二〇〇六年復刊）は、武帝の外征、経済的な動き、政治の動き、儒学の勃興を重視している。儒学の勃興では、古い経典や占星術によって「天人相関」を説明したというより、『孟子』盡心下篇と共通する天運、すなわち歴史哲学を重視したものとみなし、司馬遷は孟子の歴史観をうけ、古今の興亡を叙述したという。これは「天人の際、古今の変」に、儒家と共通する歴史観を見出すものである。また稲葉一郎『中国の歴史思想』第一章（創文社、一九九九年）、同『中国史学史の研究』第一部第一章（京都大学学術出版会、二〇〇六年）に、『孟子』の「一治一乱」（滕文公下篇）、「五〇〇年周期説」（盡心下篇）の歴史観を説明している。

(21)　佐藤前掲「『史記』の編纂過程」三「李陵の禍以前の編纂」二九六～三〇〇頁。

（22）著述の上限と下限について、張大可「史記断限考略」（『史記研究』甘粛人民出版社、一九八五年）は、「陶唐から麟止まで」が司馬談の計画であり、「黄帝より太初まで」を司馬遷の実際の断限とする。諸説の整理は、張新科・高益栄・高一農主編『史記研究資料萃編』二「『史記』整体研究」0089『史記』上下限（三秦出版社、二〇一一年）にみえる。また佐藤前掲「『史記』の編纂過程」、趙生群「『史記』断限辨疑」（『《史記》文献学叢稿』二〇〇〇年）、拙稿「『史記』の歴史観と叙述」（『愛媛大学法文学部論集』人文学科編一七、二〇〇四年）がある。

（23）伊藤徳男「麟止と獲麟」（『歴史』二九、一九六五年）、佐藤前掲「『史記』の編纂過程」四「李陵の禍以後の編纂」三六一～三六三頁。

（24）大島利一『司馬遷と「史記」の成立』（清水書院、一九七二年）では、漢民族の通史として黄帝以下の本紀を描いたとし、系統を説明している。

（25）太史公自序で述べるように、漢代の学者の認識は、周公旦が制度を整え、衰えた礼楽などを孔子が復興（『春秋』など）したというものである。また歴史の始まりは、『尚書』にみえる堯・舜・禹からであるが、五帝本紀の論賛では、これを遡る意図を述べている。前掲『史記研究資料萃編』一「司馬遷研究」0060司馬遷与漢代経学では、諸説を整理している。

（26）『史記』封禅書の一部は孝武本紀に収録され、『漢書』郊祀志にも継承されている。国家祭祀は、目黒杏子「漢代国家祭祀制度研究の現状と課題」（『中国史学』一五、二〇〇五年）が展望している。

（27）佐藤武敏「『史記』河渠書を読む」（森田明編『中国水利史の研究』国書刊行会、一九九五年）、拙稿「『史記』河渠書と『漢書』溝洫志――司馬遷の旅行によせて」（『中国水利史研究』三〇、二〇〇二年）。

（28）山田勝芳「前漢武帝代の祭祀と財政――封禅書と平準書」（『東北大学教養部紀要』三七、一九八七年）など。

（29）永田英正『漢の武帝』（清水書院、二〇一二年）では、秦の始皇帝を政治家の手本とし、かれを超越して最高の皇帝になることを目指したとする。

（30）板野長八「班固の漢王朝神話」（一九八〇年、『儒教成立史の研究』岩波書店、一九九五年）は、『漢書』が堯・舜の道をうけ、天命に順う漢王朝神話を中軸として構成されたとする。

（31）大庭脩「漢王朝の支配機構」（一九七〇年、『秦漢法制史の研究』第一編第二章、創文社、一九八二年）。

（32）伊藤徳男『「史記」と司馬遷』（山川出版社、一九九六年）九五～九六頁では、『史記』を私撰の書とするが、武帝は『史記』の完成に関心をよせ、執筆の便宜をはかり、宮廷所蔵の記録・文書・図書の閲読と書写を許したとする。司馬遷は生前に『史記』正本を武帝に献上し、『史記』は宮廷に納められたという。中西大輔「『史記』の私撰説・官撰説について」（『國學院雑誌』一〇九―五、二〇〇八年）に諸説の紹介がある。

（33）佐藤前掲「司馬遷の官歴」二二三～二二四頁では、『史記』は私史であるが、司馬遷は官庁保存の各種史料を読み、太史の官庁で執筆にあたったとする。

（34）佐藤武敏「『史記』の内容上の特色」（前掲『司馬遷の研究』附篇第二章）五〇八～五一六頁では、「天人の際」よりも、行事を主体として国家の興亡・個人の成敗を明らかにし、それを論賛などを通じて褒貶する「古今の変に通ず」という主張に重点があるとする。

（35）李開元前掲『漢帝国の成立と劉邦集団』第三章「秦末漢初の王国」では王国の経過と性格を分析し、第四章「前漢政権の樹立と劉邦集団」では、群盗集団期、楚国郡県期、漢王国期、漢帝国期に分けている。地域の概念は、鶴間和幸「三つの地域」（前掲『秦帝国の形成と地域』終論、第二章第一節）で説明している。第一の地域は、殷周から春秋時代にさかのぼる都市の基盤であり、のちに郡県郷里の基盤となるものである。第二は『禹貢』の九州や、『漢書』地理志の十三州にみえる区分である。これは戦国諸国家の領域にあたる。第三は、国家を超えた天下であり、中華につながる概念である。本書では、統一国家と地域社会というとき、鶴間氏の第二の地域社会の区分（秦帝国・漢王朝の西方本拠地、東方の諸侯王国）と、さらに第一の地域を、郡と県・郷里社会に分けて考えている。

（36）太田幸男『中国古代国家形成史論』第二編第一章「商鞅変法以前の秦国」、第二章「商鞅変法論」（汲古書院、二〇〇七年）、鶴間和幸「秦帝国の形成と地域」（一九八六年、前掲『秦帝国の形成と地域』）、拙稿「中国古代の関中開発」（前掲『中国古代国家と郡県社会』第一編第一章）など。

（37）陳偉『包山楚簡初探』第三章「地域政治系統」（武漢大学出版社、一九九六年）、同『楚簡冊概論』第三章「中央与地方」

（湖北教育出版社、二〇一二年）、拙稿「戦国・秦代における郡県制の形成」（前掲『中国古代国家と郡県社会』第一編第五章）。

（38）本書の第三章第一節「始皇帝と秦帝国の興亡」。

（39）内藤虎次郎『支那上古史』（弘文堂書房、一九四四年）第七章「秦楚の時代」二二七～二二八頁では、このとき中国は南北ではなく、黄河流域の東西に分かれる形勢とする。岡崎文夫『支那史概説上』（弘文堂書房、一九三五年）第一章第五節「秦漢帝国時代（一）」は、始皇帝即位から武帝の没年までを区分し、秦帝国の滅亡の背景として、戦国以降の二つの潮流を指摘する。一は東方の比較的自由な空気と、二は西北の武断的な流れである。

（40）大庭前掲「漢王朝の支配機構」。

（41）中国出土資料は、駢宇騫・段書安編著『二十世紀出土簡帛概述』（文物出版社、二〇〇六年）、大庭脩『木簡学入門』（講談社学術文庫、一九八四年）、永田英正『居延漢簡の研究』序章（同朋舎出版、一九八九年、張学鋒訳、広西師範大学出版社、二〇〇七年）、李均明『秦漢簡牘文書分類輯解』（文物出版社、二〇〇九年）で概略がわかる。拙著前掲『中国古代国家と社会システム』序章「中国出土資料と古代社会」で最近の動向を紹介している。

（42）大櫛敦弘「漢代三輔制度の形成」（池田温編『中国礼法と日本律令』東方書店、一九九二年）、拙稿「関中経営と水利開発」（前掲『中国古代国家と郡県社会』第二編第四章第一節）。

（43）日本の歴史学では、中国古代専制国家をめぐって、西嶋定生、増淵龍夫、木村正雄、堀敏一、好並隆司氏など多くの議論がある。その一端は、多田狷介「中国古代史研究覚書」（一九七一年、『漢魏晋史の研究』汲古書院、一九九九年）、東晋次「秦漢帝国論」（谷川道雄編『戦後日本の中国史論争』河合文化教育研究所、一九九三年）、渡辺信一郎『中国古代国家の思想構造』緒論、第八章「小結——中国古代専制国家論」（一九九四年）、重近啓樹「秦漢帝国と豪族」（『秦漢税役体系の研究』汲古書院、一九九九年）、足立啓二『専制国家史論』（柏書房、一九九八年）などで整理されている。

（44）拙稿「漢王朝と水利事業の展開」（一九八三年、前掲『中国古代国家と郡県社会』第二編第一章）。

（45）重近啓樹「前漢の国家と地方政治——宣帝期を中心として」（『駿台史学』四四、一九七八年）、同前掲「秦漢帝国と豪族」。紙屋正和『漢時代における郡県制の展開』第一編「前漢前半期における地方行政の状況」（朋友書店、二〇〇九年）では、前漢時代の前期までは、地方行政の中心は県であり、郡は上級の行政官府として未成熟であったという。そして前漢の武帝期から、郡が民政への機能を拡大してゆくと考えている。山田勝芳「張家山第二四七号漢墓竹簡『二年律令』と秦漢史研究」（『日本秦漢史学会会報』三、二〇〇二年）は郡の優勢を指摘する。

(46) 大櫛敦弘「国制史」（佐竹靖彦編『殷周秦漢史の基本問題』汲古書院、二〇〇一年）、高村武幸「日本における近五十年の秦漢国制史研究の動向——郡県制・兵制・爵制研究を中心に」（『中国史学』一八、二〇〇八年）などに問題整理がある。

(47) 杉村伸二「郡国制の再検討」（『日本秦漢史学会会報』六、二〇〇五年）など。

(48) 浅野裕一『黄老道の成立と展開』第十五章「『秦漢帝国論』批判」、第十六章「漢の皇帝権力と諸侯王」（創文社、一九九二）は、漢王朝に諸侯王国が存在することによって、専制国家とみなす説を疑問とする。

(49) 大庭前掲「漢王朝の支配機構」。また大庭脩監修、漢書百官公卿表研究会『漢書百官公卿表訳注』（朋友書店、二〇一四年）がある。

(50) 紙屋正和「前漢時代の郡国制と税役制度」（『名古屋大学東洋史研究報告』三七、二〇一三年）など。

(51) 池田雄一『中国古代の聚落と地方行政』聚落編、第九章「漢代における県の規模」では、県が一定戸数を基準にした郷里を基礎とし、面積を考慮して戸籍を作成したとする。拙著前掲『中国古代国家と郡県社会』終章「中国古代国家と地域社会」、拙稿前掲「中国出土資料と古代社会」で問題点を示している。

(52) 中国古代共同体と都市国家をめぐっては、宮崎市定、谷川道雄、川勝義雄氏などの説があり、五井直弘「中国古代史と共同体」（一九七一年、『中国古代の城郭都市と地域支配』名著刊行会、二〇〇二年）、重近啓樹「秦漢の郷里制をめぐる諸問題」（『歴史評論』四〇三、一九八三年）、飯尾秀幸「中国古代における国家と共同体」（『歴史学研究』五四七、一九八五年）、江村治樹『戦国秦漢時代の都市と国家』（白帝社、二〇〇五年）などがある。

(53) 宮崎市定「中国における聚落形体の変遷について」（一九五七年、『宮崎市定全集』3、岩波書店、一九九一年）では、県と郷・亭が同じ性質の城郭都市で、その規模は人口の多少によって異なり、城郭都市の内部に里があるとみなしている。

(54) 池田前掲『中国古代の聚落と地方行政』聚落編、第四章「漢代の里と自然村」。

(55) 渡辺信一郎「古代中国における小農民経営の形成」(一九七八年、『中国古代社会論』第一部第一章、青木書店、一九八六年)。
(56) 池田雄一「漢代の郷」(『中国古代の聚落と地方行政』汲古書院、二〇〇二年)、高村武幸「秦・漢初の郷――湖南里耶秦簡から」(『漢代の地方行政官吏と地域社会』汲古書院、二〇〇八年)、橋本健史「統一秦における郷の機能――国家と在地社会の接点」(太田幸男・多田狷介編『中国前近代史論集』汲古書院、二〇〇七年)。
(57) 鷲尾祐子「出土文字資料にみえる秦漢代戸籍制度」(『中国古代の専制国家と民間社会』立命館東洋史学会、二〇〇九年)。
(58) 湖南省文物考古研究所編『里耶秦簡〔壹〕』(文物出版社、二〇一二年)、陳偉主編『里耶秦簡牘校釈(第一巻)』(武漢出版社、二〇一二年)。
(59) 連雲港市博物館等『尹湾漢墓簡牘』(中華書局、一九九七年)、謝桂華「尹湾漢墓所見東海郡行政文書考述」(連雲港市博物館・中国文物研究所編『尹湾漢墓簡牘綜論』科学出版社、一九九九年)、西川利文「漢代における郡県の構造について――尹湾漢墓簡牘を手がかりとして」(仏教大学文学部『文学部論集』八一、一九九七年)など。
(60) 大庭脩「漢代の関所とパスポート」(一九五四年、前掲『秦漢法制史の研究』第五篇第一章)。
(61) 拙稿「里耶秦簡の交通資料と県社会」(『愛媛大学法文学部論集』人文学科編三七、二〇一四年)。
(62) 永田英正『居延漢簡の研究』第一部「居延漢簡の古文書学的研究」(同朋舎出版、一九八九年)、同「簡牘の文書学」(『近江歴史・考古論集』、一九九六年)は、居延漢簡の分析によって、漢代では候官が行政文書を作成する最末端機関で、それが県に対応すると論じている。また籾山明『漢帝国と辺境社会』(中央公論新社、一九九九年)にも、候官以下の部と燧に関する説明と図示がある。
(63) 拙稿「里耶秦簡と秦代郡県の社会」(二〇〇五年、前掲『中国古代国家と社会システム』第四章)では、『史記』にみえる沛県の構造と、里耶秦簡にみえる県社会を比べている。
(64) 『墨子』備城門篇などにみえる城郭の規模について、渡邊卓『古代中国思想の研究』第二編第二章「墨家の守禦した城邑について」(創文社、一九七三年)は、小城から中、大城への変化とする。城郭遺跡の大きさは、江村治樹『春秋戦国秦漢時代出土文字資料の研究』第二部の表10「秦漢都市遺跡表」がある。

(65)　王彦輝「秦漢聚落形態研究——兼議宮崎市定的〝中国都市国家論〟」（東方学会、第六回日中学者中国古代史論壇、二〇一四年）は、城邑の分布と考古遺跡などの分析から、郷・聚・亭は城郭を築いておらず、都市国家の形態ではないとする。そして中国古代では、都城・郡・県の城邑と聚落が共存しており、秦漢時代では聚落が行政システムに組み込まれたと論証している。

あとがき

中国古代史の研究は、今日では文献史料と出土資料を利用することが一般的な方法となっている。しかし基本となる『史記』を文献テキストとして利用するためには、その当初の素材と編集をふまえた原形を理解する必要がある。本書は、こうした視点によって『史記』の史料的性格を考察し、歴史研究の基礎とする三部作の一つである。ここでは先人の研究や、出土資料を手がかりとしながら、科学的な資料学として『史記』秦漢史料がどこまで史実をふまえているかを知ろうとした。そのうえで古代統一国家と地域社会の再構成を試みた。

中国の出土資料には、『史記』の素材となっていない資料も多くみられる。そこで『史記』秦漢史では、司馬遷が利用していない出土資料をふくめて、漢代までの文書・書籍のあり方と、社会背景を知る必要がある。またもう一つの問題として、歴史研究では出土資料の釈文を準テキストのように利用するのではなく、簡牘それ自体の機能に即した資料の位置づけが必要である。拙著『中国古代国家と社会システム』（汲古書院、二〇〇九年）は、こうした観点から、長江流域出土資料を初歩的に考察したものである。また秦漢史の研究では、長江流域の出土資料だけではなく、漢代西北の簡牘との比較や、中国のフィールド調査による考察も有益である。これによって『史記』史料の研究は、出土資料の全体のなかで位置づけることができる。この『史記』研究と並行する戦国秦漢史の展望は、拙著『中国古代国家と郡県社会』（汲古書院、二〇〇五年）でアウトラインを示している。

本書のもとになった論文は、初出一覧に示しているが、二つの点で修正をほどこした。一は、著書として通読できるように、これまでの論文を再編集している。なかには論文の一部を組み合わせて、増補や改稿をした篇がある。二は、初出論文を発表してから年月が経過しているために、その後の研究や、新しい出土資料、フィールド調査の情報を追加した。これらは現時点での修正であるが、その主な論点は初出論文から変わっていない。ここでは『史記』研究の発想と、その後の経過について記しておきたい。

『史記』史料研究の視点と方法は、前著二冊の「あとがき」で経過を述べているが、もとは数本の論文で、史料的性格のアウトラインを示すことができればと希望していた。しかし本書までの三部作は、いくつかの偶然と多くの方々のご教示によって成ったという印象が強い。

第一は、本書の骨格となった論文と『史記』の編集については、国内外の学会発表や講演のときにアイディアを考える契機をいただいたことである。本書の第三章第一節は、一九九五年に松山で秦始皇帝陵兵馬俑の展示が行われたとき、NHK日中古代史セミナー「秦の始皇帝とその時代」の講演をもとにしており、当初から論文として予定していたものではなかった。一九九九年には、この講演に参加された鶴間和幸氏と秦始皇兵馬俑博物館の張仲立氏と一緒に、兵馬俑発見二十五周年を記念する学会に出席したが、その発表論文が第三章第二節と、第二章の一部である。それ以降にも、秦俑学の国際学会に参加させていただき、第五章の一部は、二〇〇四年に兵馬俑発見三十周年記念の国際学会で報告したものである。

第六章の論文は、一九九四年に中国社会史学会（西安、西北大学）が開催された折り、李開元氏と楚漢の時代について話す機会があった。このとき田余慶先生の論文を教えていただき、その助言をきっかけに発表したものである。その一部は、一九九五年に司馬遷生誕二一四〇周年記念の国際学会（西安市）で報告し、陝西省司馬遷研究会などの諸先生と交流することができた。そして序章は、二〇〇一年に「長沙三国呉簡暨百年来簡帛発現与研究国際学術討論会」

と、二〇〇五年に陝西師範大学で開催された司馬遷生誕二一五〇周年記念国際学術討論会の報告をもとにしており、これらを通じて出土資料による『史記』研究の方法を再検討することができた。このような事情は、本書の他の論文にも反映されており、多くはその後の国際学会や講演を契機としている。

反対に論文への批判から学んだ点もある。一九八六年に私が『史記』研究の論文を発表した当初は、あまりその主旨を理解してもらえず、一部に厳しい批判をうけた。たとえば、まだ歴史史料として認められていない帛書『戦国縦横家書』のような出土資料を使っているとか、出土資料と比較する『史記』の構造分析は不十分であり、司馬遷の歴史観を解明する方法にならないというものであった。また司馬遷の使った資料が歴史事実を反映しているのかという、同じような質問と批判を何度か受けた。このほか出土資料を使った『史記』史料研究の方法に対して、独創性がなく水準が低いという批判もあった。第六章、第八章の論文は、こうした批判に答えるものであったし、さらに序章の方法論や、『史記』の全体的な構造を考えるようになった。その後、簡牘の出土が増加したために、漢代以前の文字資料の普及がかなりわかるようになり、司馬遷が利用した系統以外にも、多くの書写資料が存在したことが明らかとなった。その一端は、拙著『中国古代国家と社会システム』と、拙著『史記戦国列伝の研究』序章（汲古書院、二〇一一年）で考察したように、秦漢時代では地方官府の文書伝達と情報処理の技術が成立している。こうした情勢のなかで司馬遷は、かれ自身が漢王朝の図書を利用できたと述べていた。だから出土資料の形態からみれば、すでに太常の役所を中心として、父と司馬遷は書写された素材を選択して利用できる時代に入っていたのである。しかもそれらの資料は、歴史学で注目された法制資料や行政文書よりも、古墓から出土する文書や書籍と共通する資料を多く利用していた。そして口語の表現がみえていたのは、上演された語り物によるのではなく、漢代の人々による口承の部分であると推測している。

こうした経過をみると、『史記』を文献テキストとして研究に利用するとき、本来は簡牘や帛書を素材として編集した《太史公書》の原形を理解する必要がある。この『史記』が、のちに紙に書写され、版本となって今日に伝えられている。このように中国の出土資料を全体的に俯瞰し、司馬遷が利用しなかった資料をふくめて、《太史公書》の原形を考察する視点は新しい方法である。漢代には、文字に書かれた資料が少なかったと想定し、まだ漢代以前の出土資料が豊富ではなかった時点では、こうした『史記』の素材に対する批判もやむをえなかったかもしれない。しかし長江流域の出土資料研究の進展からみれば、前著への批判がいかに時代の制約をうけていたかが認識されるだろう。『史記』の文献研究は大切であり、私たちは先人の業績を継承するものであるが、現時点で進行している出土資料研究の成果をおろそかにすべきではない。今後は、海外の研究者と議論を高めてゆくためにも、出土資料をふまえた考察をより一層すすめるべきであろう。

第二は、『史記』の研究に、司馬遷の時代と風土を理解する必要性を再認識し、それを実地に追体験する機会を得たことである。本書の第一章は、早い時期から構想しながら、佐藤武敏先生の『司馬遷の研究』（汲古書院、一九九七年）の刊行によって、ようやくまとめることができた。第二章は、中国での現地調査から、さらに進んで司馬遷の旅行を踏査しようとする転機になった論文である。これは『史記』の取材が文字資料だけでなく、口承や語り物、旅行による取材が多いという説を、実地に検証しようとしたのがきっかけで、一九九九年には西安と昆明の学会で一部を発表し、また武漢大学で講演したものである。このときの滞在では、武漢大学の陳偉先生、覃啓勲先生をはじめ歴史系の諸先生に大変お世話になった。また二〇〇〇年には、ふたたび武漢大学で約半年ほど研修し、このときは復旦大学歴史地理研究所の葛剣雄先生と周振鶴、李暁傑先生、陝西師範大学の張新科先生などのお世話になった。二〇〇一年には北京大学の呉栄曾先生と蒋非非先生のもとで二ヶ月ほど研修した。これ以降に、国際学会の機会と現地調査を通じて司馬遷の旅行ルートや『史記』の舞台をたどることができ、拙著『司馬遷とその時代』（東京大学出版会、二〇〇一年）と『司馬遷の旅』（中公新書、二〇〇三年）にまとめることができた。このあとも現地調査を継続して、『項羽と劉邦の時代』（講談社、二〇〇六年）を刊行した。このように『史記』の取材をたどる考察は、秦始皇帝の事績をたどった鶴間和幸『秦帝国の形成と地域』（汲古書院、二〇一三年）や、一緒に現地調査を進めて『史記』秦漢史の復元を試みる李開元氏のほかには、中国でもほとんど実施されていない方法である。お名前は省略させていただくが、この間、各地の多くの方々から取材の援助をうけたことを本当に感謝している。

第三に、『史記』の史料研究を、秦漢時代の出土資料学のなかで考える方法については、中国と香港、台湾、韓国、アメリカでの学術交流が大きな支えとなっている。私は、一九九一年四月に北京で開催された中国『史記』研究会をはじめとして、一九九五年の「司馬遷生誕二一四〇周年記念国際学術討論会」、秦始皇兵馬俑博物館を中心とする兵馬俑発見記念の学会（一九九九、二〇〇四、二〇〇九年）や、中国秦漢史研究会のほか、一九九五年の「長江文化」の学会（武漢市）に参加した。このとき毎回の集中的な討論を聞いて、個別に議論されている秦漢文化と楚文化を総合的に理解する必要性を実感した。これは古代社会の視野を拡げるきっかけとなった。二〇〇〇年には「司馬遷与《史記》国際学術討論会」（西安市）に出席し、二〇〇二年八月にはアメリカのウィスコンシン大学でニイハウザー氏が主催する『史記』英訳のワークショップに参加することができた。二〇〇八年には「漢代文明国際学術研討会」（北京市）と、台湾の「世界漢学中的『《史記》学』国際学術研討会」（仏光大学）、韓国の成均館大学校東アジア学術院人文韓国事業団国際学術会議「東アジア資料学の可能性模索」（ソウル市）に出席した。その後も中国簡牘や秦漢史、『史記』研究に関する学会で発表し、中国と韓国の大学などで多くの講演をさせていただいた。こうした国際学会の報告と海外の講演は、この十数年で四七回をこえている。私の『史記』研究は、本書の多くの論文が中国語に翻訳されているように、こうした海外研究者との学術交流と現地調査から得た啓発が大きいと感じている。

文献と出土資料の「資料学」を意識したのは、二〇〇一年に中国出土資料学会で開催した「出土資料学への探究」シンポジウムと、二〇〇一年に湖南省長沙市で開催された国際学術討論会であった。ここでは出土資料の総合的な視野を必要としていながら、歴史学や思想史などの分野との連携がまだ十分ではないことを実感した。そこで私たちは、二〇〇一年から愛媛大学「資料学」研究会をたちあげ、二〇〇五～二〇〇七年度に愛媛大学研究開発支援経費・特別推進研究「古代東アジアの出土資料と情報伝達」、二〇〇八～二〇一〇年度に「東アジアの出土資料と情報伝達の研究」（代表：藤田勝久）の助成をうけ、文献と出土資料を社会のなかで位置づけようとする研究プロジェクトと国際共同研究をつづけてきた。こうした機会にも、海外と日本の研究者から多くの教示をうけている。

本書の内容は、『史記』と出土資料を使った歴史研究という側面だけをみれば、従来の歴史学や文学研究と似ているようにみえる。しかし従来と大きく異なるのは、その基礎として、①に素材となる簡牘それ自体の機能をふまえた出土資料学を考え、②に漢代の書籍が竹簡に書かれた情勢で、司馬遷は何を取捨選択して編集したかという《太史公書》の原形を科学的な資料学として理解しようとした点である。そして③に、出土資料とフィールド調査の情報をあわせた同時代史の情勢のなかで、『史記』の歴史叙述にみえる古代社会を明らかにしようとした。その結果、司馬遷のメッセージのほかに、中国古代国家の展望を得ることができた。

それは一に、秦漢時代は中央集権的な郡県制によって、皇帝が個別的に民を支配する専制国家という概念を見直すことである。秦漢時代の郡県制は、生活の基本単位である県社会を、郡が一定の統轄をする体制であるとみなしており、民を支配する内容には制約がある。また前漢時代の景帝期までは、東方の地域に諸侯王の王国が置かれていた。これは秦漢帝国を理念として専制国家に位置づけるとしても、地域社会の全体を通じた実態とは違っている。二に、秦漢時代の基層単位は県社会であり、郷里共同体や里共同体が独自の勢力を形成して、郡県以上の権力をもつ状況は見出すことはできない。『史記』秦漢史料と出土資料をみるかぎり、中国古代は専制国家の形態ではなく、郷里共同体や里共同体の世界も実情にあわない。それは始皇帝のときに、異なる制度と習俗をもつ地域社会をはじめて統合したが、楚漢戦争の時代をへて、漢王朝では旧秦と東方の地域社会との統合を求めて政治制度を形成し、武帝の時代に一つの体制を整えてゆく過程とみなすことができる。これは中国古代文明の成立といえるものであり、前漢時代の後半と後漢時代の約二〇〇年をあわせて、中国文明の基礎となる姿を示している。

このような視点は、さまざまな方面の啓発と教示から生まれたものであり、あらためて研究は一人の力によるものではないという想いを強くしている。『史記』戦国史料の分析から、司馬遷が生きた時代の状況を考え、『史記』の構造と歴史観、戦国秦漢史の理解について、ささやかな手がかりを得たのは、こうした励ましと批判があったからかもしれない。この間、海外や日本の学会、研究会、講演会などの機会を通じて、多くの研究者から受けた学恩をありがたく思っている。とくに恩師の佐藤武敏先生、漢簡の手ほどきをしていただいた大庭脩先生、『史記』研究の出版を最初にご紹介いただいた西嶋定生先生には、感謝の気持ちを忘れることができない。

なお『史記』の研究は、本紀と十表、八書、世家、列伝をあわせた全体像の理解が必要である。『史記』の著述は、戦国時代から秦漢統一国家の成立をへて、武帝期に地域社会を再編して周辺世界を視野に入れた時期と重なっている。そのため漢代の政治、経済、技術、思想と文化は、その後の伝統中国に継承されるとともに、東アジア世界の起点となっている。また古典としての『史記』には、漢学、歴史文学の受容もある。いま私たちが『史記』を学ぶことは、現在につながる中国古代文明の実態を知り、日本文化のルーツを知るためにも必要であると考えている。残された課題については、今後も『史記』の史料研究をふまえて、中国古代国家と社会の歴史叙述を試みたいと希望している。

本書の出版は、汲古書院の石坂叡志、三井久人、小林詔子氏のお世話によって刊行できた。学術出版が困難な状況で、このような成果を公表できることに対して、心から感謝の意を表したい。

二〇一四年一〇月

藤田勝久

初出一覧

序　章　「簡牘・帛書の発見と『史記』研究」（『愛媛大学法文学部論集』人文学科編一二、二〇〇二年）、「簡帛発現与《史記》研究」（中文、李学勤・謝桂華主編『簡帛研究二〇〇二、二〇〇三』広西師範大学出版社、二〇〇五年）、「『史記』の素材と出土資料」（『愛媛大学法文学部論集』人文学科編二〇、二〇〇六年）、「司馬遷与漢太史令――《史記》的素材与出土資料」（中文、陝西省司馬遷研究会編『司馬遷与史記論集』七輯、陝西人民出版社、二〇〇六年）をもとに改稿

第一章　「司馬談・司馬遷と《太史公書》の成立――『史記』太史公自序の構造」（『愛媛大学法文学部論集』人文学科編六、一九九九年）を増補

第二章　「司馬遷の旅行と取材」（『愛媛大学法文学部論集』人文学科編八、二〇〇〇年）を増補。一部は「司馬遷的取材与秦国人物」（中文、秦始皇兵馬俑博物館編『秦俑秦文化研究――秦俑学第五届学術討論会論文集』陝西人民出版社、二〇〇〇年）、「司馬遷的取材与《史記・西南夷列伝》」（中文、中国秦漢史研究会編『秦漢史論叢』八輯、雲南大学出版社、二〇〇一年）、「司馬遷的生年与二十南游」（中文、陝西省司馬遷研究会編『司馬遷与史記論集』五輯、陝西人民出版社、二〇〇二年）として発表

附篇一　「『史記』陳渉世家のフィールド調査」（韓国ソウル大学東洋史学科講演、二〇一三年、『愛媛大学人文学会人文学論叢』一五、二〇一三年）

附篇二　「『史記』の編集と漢代伝承――『鴻門の会』のエピソード」（愛媛大学「資料学」研究会編『歴史の資料を

読む』創風社出版、二〇一三年）、「《史記》的編集与漢代伝説――鴻門宴与《楚漢春秋》」（中文、『第四届中国古文献与伝統文化国際研討会会議論文滙編』、二〇一三年）を増補

第三章

第一節　「始皇帝と秦王朝の興亡――『史記』秦始皇本紀の歴史観」（『愛媛大学人文学会創立二十周年記念論集』一九九六年）、「始皇帝和秦王朝的興亡」（中文、『秦文化論叢』六輯、西北大学出版社、一九九八年）を改稿

第二節　「秦始皇帝と諸公子について」（『愛媛大学法文学部論集』人文学科編一三、二〇〇二年）を増補。一部は「秦始皇帝和諸公子」（中文、『秦文化論叢』七輯、一九九九年）として発表

第四章　「始皇帝と秦帝国の情報伝達――『史記』と里耶秦簡」（『資料学の方法を探る』七、二〇〇八年）、「里耶秦簡与秦帝国的情報伝達」（中文、中国社会科学院考古研究所、中国社会科学院歴史研究所、湖南省文物考古研究所編『里耶古城・秦簡与秦文化研究――中国里耶古城・秦簡与秦文化国際学術研討会論文集』科学出版社、二〇〇九年）、「秦帝国と里耶秦簡」「秦漢簡牘と里耶周辺の調査ノート」（『資料学の方法を探る』一二、二〇一三年）をもとに改稿

第五章　「『史記』秦漢史像の復元――陳渉、劉邦、項羽のエピソード」（『日本秦漢史学会会報』五、二〇〇四年）、を増補。一部は「秦漢帝国成立之際的秦始皇陵与兵馬俑研究的意義――従中央和地方的情報伝達視角考察」（中文、『秦文化論叢』一二輯、三秦出版社、二〇〇五年）として発表

第六章　「『史記』項羽本紀と秦楚之際月表――秦末における楚・漢の歴史評価」（『東洋史研究』五四―二、一九九五年）。一部は「《史記》中紀年資料的利用――司馬遷的歴史思想」（中文、秦始皇兵馬俑博物館・陝西省司馬遷研究会編『司馬遷与史記論集』三輯、陝西人民出版社、一九九六年）として発表

第七章　「楚漢戦争時期的項羽体制」（中文、《史記》与楚漢戦争学術研討会暨中国史記研究会第五届年会、二〇〇六年提出論文）、「項羽的情報伝達与戦略——秦帝国与楚漢戦争」（中文、江蘇省項羽文化研究会編、曹秀明・岳慶平主編『項羽研究』第一輯、鳳凰出版社、二〇一一年）、「中国古代の情報伝達と戦略——項羽の事績をめぐって」（松原弘宣・水本邦彦編『日本史における情報伝達』創風社出版、二〇一二年）を改稿

第八章　「『史記』呂后本紀にみえる司馬遷の歴史思想」（『東方学』八六輯、一九九三年）を改稿

第九章

第一節　「《張家山漢簡・秩律》与漢王朝領域」（復旦大学歴史地理研究所講演、二〇〇九年）、「張家山漢簡『秩律』と漢王朝の領域」（『愛媛大学法文学部論集』人文学科編二八、二〇一〇年）

第二節　「《史記》与漢代諸侯王——《張家山漢簡・秩律》与徐州楚王陵印章封泥」（中文、北京市大葆台西漢墓博物館編『漢代文明国際学術研討会論文集』北京燕山出版社、二〇〇九年）をもとに増補

終　章　「『史記』の歴史観と叙述」（『愛媛大学法文学部論集』人文学科編一七、二〇〇四年）、「《史記》的取材与出土資料——里耶秦簡所反映的秦代社会」（中文、李紀祥主編『史記学與世界漢学論集』唐山出版社、二〇一一年）をもとに書き下ろし

『史記』篇目

〔本紀〕

1五帝本紀第一
黄帝、顓頊、嚳、堯、舜
2夏本紀第二：禹
3殷本紀第三
4周本紀第四：西周、東周
5秦本紀第五：春秋、戦国
6秦始皇本紀第六
始皇帝、二世皇帝
7項羽本紀第七
8高祖本紀第八
9呂后（呂太后）本紀第九
恵帝、呂后
10孝文本紀第十
11孝景本紀第十一〔失〕
12孝武（今上）本紀第十二
〔失〕

〔表〕

13三代世表第一
14十二諸侯年表第二
共和元年～周敬王四十三年
15六国年表第三
周元王元年～秦二世三年
16秦楚之際月表第四
17漢興以来諸侯王年表第五
18高祖功臣侯者年表第六
19恵景間侯者年表第七
20建元以来侯者年表第八
21建元已来王子侯者年表第九
22漢興以来将相名臣年表第十
〔失〕

〔書〕

23礼書第一〔失〕
24楽書第二〔失〕
25律書第三〔失〕
26暦書第四
27天官書第五
28封禅書第六
29河渠書第七
30平準書第八

〔世家〕

31呉太伯世家第一
32斉太公世家第二
33魯周公世家第三
34燕召公世家第四
35管・蔡世家第五
36陳・杞世家第六
37衛康叔世家第七
38宋微子世家第八
39晋世家第九
40楚世家第十
41越王句踐世家第十一
42鄭世家第十二
43趙世家第十三
44魏世家第十四
45韓世家第十五
46田敬仲完世家第十六
47孔子世家第十七
48陳渉世家第十八
49外戚世家第十九
50楚元王世家第二十
51荊・燕世家第二十一
52斉悼恵王世家第二十二
53蕭相国世家第二十三
54曹相国世家第二十四
55留侯世家第二十五
56陳丞相世家第二十六
57絳侯周勃世家第二十七
58梁孝王世家第二十八
59五宗世家第二十九
60三王世家第三十〔失〕

〔列伝〕

61伯夷列伝第一

（春秋時代6篇）

62管・晏列伝第二
63老子・韓非列伝第三
64司馬穰苴列伝第四
65孫子・呉起列伝第五
66伍子胥列伝第六
67仲尼弟子列伝第七

（戦国時代17篇）

68商君列伝第八
69蘇秦列伝第九
70張儀列伝第十
71樗里子・甘茂列伝第十一
72穰侯列伝第十二
73白起・王翦列伝第十三
74孟子・荀卿列伝第十四
75孟嘗君列伝第十五
76平原君・虞卿列伝第十六
77魏公子列伝第十七
78春申君列伝第十八
79范雎・蔡沢列伝第十九
80楽毅列伝第二十
81廉頗・藺相如列伝第二十一
82田単列伝第二十二
83魯仲連・鄒陽列伝第二十三
84屈原・賈生列伝第二十四

（秦代4篇）

85呂不韋列伝第二十五
86刺客列伝第二十六
87李斯列伝第二十七
88蒙恬列伝第二十八

（漢代30篇）

89張耳・陳余列伝第二十九
90魏豹・彭越列伝第三十
91黥布列伝第三十一
92淮陰侯列伝第三十二
93韓信・盧綰列伝第三十三
94田儋列伝第三十四
95樊・酈・滕・灌列伝第三十五
96張丞相列伝第三十六
97酈生・陸賈列伝第三十七
98傅・靳・蒯成列伝第三十八
99劉敬・叔孫通列伝第三十九
100季布・欒布列伝第四十
101袁盎・鼂錯列伝第四十一
102張釈之・馮唐列伝第四十二
103万石・張叔列伝第四十三
104田叔列伝第四十四
105扁鵲・倉公列伝第四十五
106呉王濞列伝第四十六
107魏其・武安侯列伝第四十七
108韓長孺列伝第四十八
109李将軍列伝第四十九
110匈奴列伝第五十
111衛将軍・驃騎列伝第五十一
112平津侯・主父列伝第五十二
113南越列伝第五十三
114東越列伝第五十四
115朝鮮列伝第五十五
116西南夷列伝第五十六
117司馬相如列伝第五十七
118淮南・衡山列伝第五十八

（雑伝など12篇）

119循吏列伝第五十九
120汲・鄭列伝第六十
121儒林列伝第六十一
122酷吏列伝第六十二
123大宛列伝第六十三
124游侠列伝第六十四
125佞幸列伝第六十五
126滑稽列伝第六十六
127日者列伝第六十七
128亀策列伝第六十八
129貨殖列伝第六十九
130太史公自序第七十

数字は、全篇の通巻数を示す
〔失〕は後世に失われたという
十篇

『漢書』篇目

〔本紀〕

1高帝紀第一
2恵帝紀第二
3高后紀第三
4文帝紀第四
5景帝紀第五
6武帝紀第六
7昭帝紀第七
8宣帝紀第八
9元帝紀第九
10成帝紀第十
11哀帝紀第十一
12平帝紀第十二

〔表〕

13異姓諸侯王表第一
14諸侯王表第二
15王子侯表第三
16高・恵・高后・文功臣表第四
17景・武・昭・宣・元・成功臣表第五
18外戚恩沢侯表第六
19百官公卿表第七
20古今人表第八

〔志〕

21律暦志第一
22礼楽志第二
23刑法志第三
24食貨志第四
25郊祀志第五
26天文志第六
27五行志第七
28地理志第八
29溝洫志第九
30芸文志第十

〔列伝〕

31陳勝項籍伝第一
32張耳陳餘伝第二
33魏豹田儋韓信伝第三
34韓彭英盧呉伝第四
35荊燕呉伝第五
36楚元王伝第六
37季布欒布田叔伝第七
38高五王伝第八
39蕭何曹参伝第九
40張陳王周伝第十
41樊酈滕灌傅靳周伝第十一
42張周趙任申屠伝第十二
43酈陸朱婁叔孫伝第十三
44淮南衡山済北伝第十四
45蒯伍江息夫伝第十五
46萬石衛直周張伝第十六
47文三王伝第十七
48賈誼伝第十八

49爰盎朝錯伝第十九
50張馮汲鄭伝第二十
51賈鄒枚路伝第二十一
52竇田灌韓伝第二十二
53景十三王伝第二十三
54李廣蘇建伝第二十四
55衛青霍去病伝第二十五
56董仲舒伝第二十六
57司馬相如伝第二十七
58公孫弘卜式兒寛伝第二十八
59張湯伝第二十九
60杜周伝第三十
61張騫李広利伝第三十一
62司馬遷伝第三十二
63武五子伝第三十三
64嚴朱吾丘主父徐嚴終王賈伝第三十四
65東方朔伝第三十五
66公孫劉田楊王蔡陳鄭伝第三十六
67楊胡朱梅云伝第三十七
68霍光金日磾伝第三十八
69趙充国辛慶忌伝第三十九

70傅常鄭甘陳段伝第四十
71雋疏于薛平彭伝第四十一
72王貢両龔鮑伝第四十二
73韋賢伝第四十三
74魏相丙吉伝第四十四
75眭両夏侯京翼李伝第四十五
76趙尹韓張両王伝第四十六
77蓋諸葛劉鄭毋將孫何伝第四十七
78蕭望之伝第四十八
79馮奉世伝第四十九
80宣元六王伝第五十
81匡張孔馬伝第五十一
82王商、史丹、傅喜伝第五十二
83薛宣朱博伝第五十三
84翟方進伝第五十四
85谷永杜鄴伝第五十五
86何武王嘉師丹伝第五十六
87揚雄伝第五十七
88儒林伝第五十八
89循吏伝第五十九
90酷吏伝第六十

91貨殖伝第六十一
92游俠伝第六十二
93佞幸伝第六十三
94匈奴伝第六十四
95西南夷両越朝鮮伝第六十五
96西域伝第六十六
97外戚伝第六十七
98元后伝第六十八
99王莽伝第六十九
100叙伝第七十

数字は、全篇の通巻数を示す

索　　引

一、文献と出土資料

正史

あ行

か行

さ行

た行

な行

は行

ま行

や行

ら行

二、事項（人名、地名をふくむ）

主要人物

あ行

か行

さ行

た行

な行

は行

ま行

や行

ら行

わ行

Qin and Han History in the *Shiji*

by

Katsuhisa FUJITA

2015

KYUKO-SHOIN

TOKYO

著者紹介
藤田勝久（ふじた　かつひさ）

1950年　山口県に生まれる
1985年　大阪市立大学大学院文学研究科後期博士課程単位取得退学
現　在　愛媛大学法文学部教授

著　書　『史記戦国史料の研究』（東京大学出版会、1997年）
『《史記》戦国史料研究』（中文訳、上海古籍出版社、2008年）
『史記戦国列伝の研究』（汲古書院、2011年）
『中国古代国家と郡県社会』（汲古書院、2005年）
『中国古代国家と社会システム――長江流域出土資料の研究』（汲古書院、2009年）
『古代東アジアの情報伝達』（共編著、汲古書院、2008年）
『東アジア出土資料と情報伝達』（汲古書院、2011年）
『東アジアの資料学と情報伝達』（汲古書院、2013年）
ほか

汲古叢書125

史記秦漢史の研究

平成二十七年二月十八日　発行

著　者　藤　田　勝　久
発行者　石　坂　叡　志
整版印刷　富士リプロ㈱

発行所　汲　古　書　院
〒102-0072東京都千代田区飯田橋二-五-四
電　話　〇三（三二六五）九七六四
ＦＡＸ　〇三（三二二二）一八四五

ISBN978 - 4 - 7629 - 6024 - 6　C3322

Kyuko-shoin, Co., Ltd. Tokyo.

100	隋唐長安城の都市社会誌	妹尾　達彦著	未　刊
101	宋代政治構造研究	平田　茂樹著	13000円
102	青春群像－辛亥革命から五四運動へ－	小野　信爾著	13000円
103	近代中国の宗教・結社と権力	孫　　　江著	12000円
104	唐令の基礎的研究	中村　裕一著	15000円
105	清朝前期のチベット仏教政策	池尻　陽子著	8000円
106	金田から南京へ－太平天国初期史研究－	菊池　秀明著	10000円
107	六朝政治社會史研究	中村　圭爾著	12000円
108	秦帝國の形成と地域	鶴間　和幸著	13000円
109	唐宋変革期の国家と社会	栗原　益男著	12000円
110	西魏・北周政権史の研究	前島　佳孝著	12000円
111	中華民国期江南地主制研究	夏井　春喜著	16000円
112	「満洲国」博物館事業の研究	大出　尚子著	8000円
113	明代遼東と朝鮮	荷見　守義著	12000円
114	宋代中国の統治と文書	小林　隆道著	14000円
115	第一次世界大戦期の中国民族運動	笠原十九司著	18000円
116	明清史散論	安野　省三著	11000円
117	大唐六典の唐令研究	中村　裕一著	11000円
118	秦漢律と文帝の刑法改革の研究	若江　賢三著	12000円
119	南朝貴族制研究	川合　　安著	10000円
120	秦漢官文書の基礎的研究	鷹取　祐司著	未　刊
121	春秋時代の軍事と外交	小林　伸二著	13000円
122	唐代勲官制度の研究	速水　　大著	近　刊
123	周代史の研究	豊田　　久著	近　刊
124	東アジア古代における諸民族と国家	川本　芳昭著	近　刊
125	史記秦漢史の研究	藤田　勝久著	14000円
126	東晉南朝における傳統の創造	戸川　貴行著	近　刊

（表示価格は2015年２月現在の本体価格）

67	宋代官僚社会史研究	衣川　強著	品　切
68	六朝江南地域史研究	中村　圭爾著	15000円
69	中国古代国家形成史論	太田　幸男著	11000円
70	宋代開封の研究	久保田和男著	10000円
71	四川省と近代中国	今井　駿著	17000円
72	近代中国の革命と秘密結社	孫　江著	15000円
73	近代中国と西洋国際社会	鈴木　智夫著	7000円
74	中国古代国家の形成と青銅兵器	下田　誠著	7500円
75	漢代の地方官吏と地域社会	髙村　武幸著	13000円
76	齊地の思想文化の展開と古代中國の形成	谷中　信一著	13500円
77	近代中国の中央と地方	金子　肇著	11000円
78	中国古代の律令と社会	池田　雄一著	15000円
79	中華世界の国家と民衆　上巻	小林　一美著	12000円
80	中華世界の国家と民衆　下巻	小林　一美著	12000円
81	近代満洲の開発と移民	荒武　達朗著	10000円
82	清代中国南部の社会変容と太平天国	菊池　秀明著	9000円
83	宋代中國科擧社會の研究	近藤　一成著	12000円
84	漢代国家統治の構造と展開	小嶋　茂稔著	10000円
85	中国古代国家と社会システム	藤田　勝久著	13000円
86	清朝支配と貨幣政策	上田　裕之著	11000円
87	清初対モンゴル政策史の研究	楠木　賢道著	8000円
88	秦漢律令研究	廣瀬　薫雄著	11000円
89	宋元郷村社会史論	伊藤　正彦著	10000円
90	清末のキリスト教と国際関係	佐藤　公彦著	12000円
91	中國古代の財政と國家	渡辺信一郎著	14000円
92	中国古代貨幣経済史研究	柿沼　陽平著	13000円
93	戦争と華僑	菊池　一隆著	12000円
94	宋代の水利政策と地域社会	小野　泰著	9000円
95	清代経済政策史の研究	黨　武彦著	11000円
96	春秋戦国時代青銅貨幣の生成と展開	江村　治樹著	15000円
97	孫文・辛亥革命と日本人	久保田文次著	20000円
98	明清食糧騒擾研究	堀地　明著	11000円
99	明清中国の経済構造	足立　啓二著	13000円

34	周代国制の研究	松井　嘉徳著	9000円
35	清代財政史研究	山本　　進著	7000円
36	明代郷村の紛争と秩序	中島　楽章著	10000円
37	明清時代華南地域史研究	松田　吉郎著	15000円
38	明清官僚制の研究	和田　正広著	22000円
39	唐末五代変革期の政治と経済	堀　　敏一著	12000円
40	唐史論攷－氏族制と均田制－	池田　　温著	18000円
41	清末日中関係史の研究	菅野　　正著	8000円
42	宋代中国の法制と社会	高橋　芳郎著	8000円
43	中華民国期農村土地行政史の研究	笹川　裕史著	8000円
44	五四運動在日本	小野　信爾著	8000円
45	清代徽州地域社会史研究	熊　遠報著	8500円
46	明治前期日中学術交流の研究	陳　　捷著	品　切
47	明代軍政史研究	奥山　憲夫著	8000円
48	隋唐王言の研究	中村　裕一著	10000円
49	建国大学の研究	山根　幸夫著	品　切
50	魏晋南北朝官僚制研究	窪添　慶文著	14000円
51	「対支文化事業」の研究	阿部　　洋著	22000円
52	華中農村経済と近代化	弁納　才一著	9000円
53	元代知識人と地域社会	森田　憲司著	9000円
54	王権の確立と授受	大原　良通著	品　切
55	北京遷都の研究	新宮　　学著	品　切
56	唐令逸文の研究	中村　裕一著	17000円
57	近代中国の地方自治と明治日本	黄　東蘭著	11000円
58	徽州商人の研究	臼井佐知子著	10000円
59	清代中日学術交流の研究	王　宝平著	11000円
60	漢代儒教の史的研究	福井　重雅著	12000円
61	大業雑記の研究	中村　裕一著	14000円
62	中国古代国家と郡県社会	藤田　勝久著	12000円
63	近代中国の農村経済と地主制	小島　淑男著	7000円
64	東アジア世界の形成－中国と周辺国家	堀　　敏一著	7000円
65	蒙地奉上－「満州国」の土地政策－	広川　佐保著	8000円
66	西域出土文物の基礎的研究	張　娜麗著	10000円

汲 古 叢 書

1	秦漢財政収入の研究	山田　勝芳著	本体 16505円
2	宋代税政史研究	島居　一康著	12621円
3	中国近代製糸業史の研究	曾田　三郎著	12621円
4	明清華北定期市の研究	山根　幸夫著	7282円
5	明清史論集	中山　八郎著	12621円
6	明朝専制支配の史的構造	檀 上　　寛著	13592円
7	唐代両税法研究	船越　泰次著	12621円
8	中国小説史研究－水滸伝を中心として－	中鉢　雅量著	品　切
9	唐宋変革期農業社会史研究	大澤　正昭著	8500円
10	中国古代の家と集落	堀　　敏　一著	品　切
11	元代江南政治社会史研究	植 松　　正著	13000円
12	明代建文朝史の研究	川越　泰博著	13000円
13	司馬遷の研究	佐藤　武敏著	12000円
14	唐の北方問題と国際秩序	石見　清裕著	品　切
15	宋代兵制史の研究	小岩井弘光著	10000円
16	魏晋南北朝時代の民族問題	川本　芳昭著	品　切
17	秦漢税役体系の研究	重近　啓樹著	8000円
18	清代農業商業化の研究	田 尻　　利著	9000円
19	明代異国情報の研究	川越　泰博著	5000円
20	明清江南市鎮社会史研究	川 勝　　守著	15000円
21	漢魏晋史の研究	多田　狷介著	品　切
22	春秋戦国秦漢時代出土文字資料の研究	江村　治樹著	品　切
23	明王朝中央統治機構の研究	阪倉　篤秀著	7000円
24	漢帝国の成立と劉邦集団	李　　開　元著	9000円
25	宋元仏教文化史研究	竺沙　雅章著	品　切
26	アヘン貿易論争－イギリスと中国－	新村　容子著	品　切
27	明末の流賊反乱と地域社会	吉 尾　　寛著	10000円
28	宋代の皇帝権力と士大夫政治	王　　瑞　来著	12000円
29	明代北辺防衛体制の研究	松本　隆晴著	6500円
30	中国工業合作運動史の研究	菊池　一隆著	15000円
31	漢代都市機構の研究	佐原　康夫著	13000円
32	中国近代江南の地主制研究	夏井　春喜著	20000円
33	中国古代の聚落と地方行政	池田　雄一著	15000円